कालिदास

कालिदास

आचार्य जानकीवल्लभ शास्त्री

वाणी
प्रकाशन

प्रकाशन के उत्कृष्टतम 61 वर्ष

सजिल्द पहला संस्करण : 2024

vaniprakashan.com

वाणी प्रकाशन

4695, 21-ए, दरियागंज, नयी दिल्ली-110 002

फ़ोन : +91 11 23273167, 23275710

शाखाएँ

अशोक राजपथ, पटना-800 004, बिहार

कॉफ़ी हाउस कैम्पस, महात्मा गांधी मार्ग, प्रयागराज-211 001, उत्तर प्रदेश

महात्मा गांधी अन्तरराष्ट्रीय हिन्दी विश्वविद्यालय, वर्धा-442 001, महाराष्ट्र

sales@vaniprakashan.in
vaniprakashan@gmail.com

KALIDAS
by Acharya Janaki Vallabha Shastri

ISBN : 978-93-6287-972-1
Novel

मूल्य : ₹ 995

जी.एस. ऑफ़सेट द्वारा दिल्ली-110 095 में मुद्रित

वाणी प्रकाशन का लोगो मक़बूल फ़िदा हुसेन की कूची से

छाया

को

कादम्बरी

(अवतरण 'कालिदास' का)

आज तक 'ज्योतिर्विदाभरण'—नामक ग्रन्थ मैंने अपनी आँखों नहीं देखा। ज्योतिष से मेरा छत्तीस का नाता जो है! किन्तु ग्यारह की उमर में (सन् २७) पहले पहल 'रघुवंश' पढ़ते समय ही उस ग्रन्थ के नाम से मेरा घनिष्ठ परिचय हो गया था। उसमें महाराज विक्रमादित्य के दरबार के नव-रत्नों की प्रथम चर्चा है। तभी से महाराज विक्रमादित्य और कवि कालिदास के साए मेरे माथे में घूमते रहे। शुक्र है कि सपनों का रंग फीका भर हुआ। सपने चकनाचूर न हुए।

सोलहवें साल (सन्'३२) 'शास्त्री' हो गया था। संस्कृत में यहाँ-वहाँ लिखने-छपने भी लगा था। सन्'३५ में 'काकली' निकली तो बचपन के उस सुरीले उच्छ्वास को सबने सराहा। हौसला बढ़ा।

सन्'३६ में कुछ दिन लाहौर में था। सुबह-शाम डी०ए०वी० कालेज के होस्टल से रावी के किनारे तक घूमने जाया करता था। भगत सिंह की शहादत के गरम धुँए से अवचेतन कहीं घुटता रहता था, जब भी 'मेघदूत' पढ़ना-पढ़ाना ही मेरी नियति था। लाहौर में हरेकृष्ण प्रेमी और उदयशंकर भट्ट से प्रायः भेंट हो जाने पर भगत सिंह और उनके साथियों की कोई-न-कोई बात निकल आती थी, भगत सिंह भट्ट जी के छात्र जो रह चुके थे। सो एक दिन रावी के किनारे पर ही मेघदूत गुनगुनाते समय अचानक एक छन्द मेरे मुँह से निकल गया :

कश्चिद्देशोद्धरण-धृतधीः
स्वाधिकाराय मत्तः

तारुण्यस्य स्फुरणसमये
न्यस्त-भोगाभिलाषः
शीर्षोन्नत्यै विनतनयनो
मुक्तये बद्धदेहः
कारागारे सुचिरवसतिं
स्वेच्छया स्वीचकार।

—ठीक उतने ही श्लोकों में, जितने में मेघदूत है, बनारस लौटकर एक पुस्तक पूरी कर दी : वन्दी-मन्दिरम्।

शाश्वत कालिदास के समान्तर इस समसामयिक लेखन में खिड़कियाँ तोड़कर ही उनके पद-पद्मों तक पहुँचा जा सकता था, (युग अवश्य आहट के साथ बिम्बों में दस्तक देता उतरा था।) बाहर द्वार तक पैदल चलकर आए बहुतों के श्रम की बौछारों के गीले दागों का दावा था: 'कालिदास के पास कभी कोई न पहुँच सका। तुम मेमने-हिरनौटे, यहाँ से वहाँ तक झपसी हरियाली को चारागाह समझे बैठे हो!' और वाकई मैं जीवन भर चौकड़ी ही भरता रह गया।

सन्'80 के नवम्बर में 'कालिदास जयन्ती' पर भाषण और कवि-सम्मेलन की अध्यक्षता करने के लिए उज्जैन बुलाया गया था, वहाँ जो मेरी वाग्धारा प्रवाहित हुई तो एक के बाद एक के लिए मैं दूसरे-तीसरे दिन भी रोक लिया गया। मेरी वक्तृताओं वाली किसी गोष्ठी की अध्यक्षता डा॰ भगवत शरण उपाध्याय ने की तो किसी की कमला रत्नम् ने। डा॰ शिवमंगल सिंह सुमन ने आरम्भ में ही अपनी जोरदार आवाज में मुझ हौलजदे का ऐसा हौसला बढ़ाया कि बात कुछ बन ही गई। दक्षिण से आए हुए विद्वानों ने एक स्वर से कहा कि वे यहाँ तो प्रतिवर्ष, इस समारोह में, सम्मिलित होते ही हैं, किसे न सुना? पर कालिदास के दर्शन उन्हें इसी वर्ष हुए। इस पर तालियों की गड़गड़ाहट से सारा हाल गूँज उठा। अन्तर्राष्ट्रीय ख्याति के महान विद्वान् डा॰ उपाध्याय ने गौतम बुद्ध का कोई वचन उद्धृत कर कहा कि इस गंगा-प्रवाह-सी निर्मल वक्तृता पर सिवाय इसके कि यह सुन्दर है, अतिसुन्दर, कोई टिप्पणी नहीं की जा

सकती। कमला रत्नम् ने कहा : यह खोने न पाए! आप इसे अवश्य लिपिबद्ध कर लेंगे। एक्स्टेम्परि (extempore) ऐसी मार्वेलस स्पीच कभी-कभार ही सुनने को मिलती है!

मतलब यह कि तारीफों के पुल बँधे और खूब बँधे। श्रोताओं के आशीर्वचनों से झोली भर गई। अन्दरूनी खुशी की हँसी की खनक से मेरी आँखों में आँसू चमक उठे : रोज-रोज मैं ऐसा ही तो बोलता हूँ! बड़े विद्वान् पिता की उजली छाँह में पला-बढ़ा। हिन्दी तो हिन्दी, दो दाँत का था, तभी से संस्कृत में बड़बड़ाना चालू हो गया था। बनारस में एक पर एक दिग्गज मिले। वर्षों उनके साथ उठना-बैठना हुआ। अनजानते कुछ उनके भी तौर-तरीके सीख लिए। अपने काम से ही काम न रखने पर किसी को भी पीछे पलटना जो नहीं पड़ता। सो, मुँह सिए रहना गवारा न हुआ इस घड़ी।

उनकी तरफ सीधे देखते हुए वायदा किया : 'खोने न दूँगा। मुजफ्फरपुर लौटकर फिर-फिर माथा खुरचूँगा।' ... और फिर इसी उधेड़बुन में वाकई नींद गायब हो गई। रातें करवटें बदलते बीततीं। कायदे का कोई मजमून हाथ न लगता।

अभिज्ञता का जाल फेंकना मुझे कतई न आया। मैं जो जानता हूँ, वह नहीं बोलता। जो मानता हूँ, वह बोलता हूँ।

एक नए निर्माण के लिए जानते-अनजानते क्या तोड़ना और क्या सब जोड़ना पड़ता है, सामयिक सन्दर्भों से कुछ जुड़े ऐसे चिन्तन के मौके मैं हमेशा हाथ से निकल जाने देता हूँ। ऐसी खता वस्तुपरकता की मुझसे नहीं होती। उलझा-पुलझा हो; पर सहज उद्‌गार में उफन-उबल कर छलक आया हो, बेशक भाषा की तमीज हो उस छलकन में, तो मैं उसी छिछली गहराई को तरजीह देता हूँ। प्रतिबद्ध चिन्तन में प्रगल्भता हो सकती है; उच्छ्वास नहीं होता। उच्छ्वास प्राणों की भाषा है। बुद्धि वस्तु से चिपकती है, भावना इन्द्रियातीत तक दौड़ लगाती है।

आगे भी कालिदास से लगाव ने मुझसे दो कविता-पुस्तकें लिखवाई थीं: सन्'४६ में शिप्रा और '५२ में अवन्तिका।

कन्धों की औकाद की पड़ताल किए बिना ही दायित्व का वजन

बढ़ा लिया। कालिदास हर घड़ी मेरी चेतना जीते रहे, मैं बेशक दुर्घटना-ग्रस्त होकर संज्ञा से विशेषण हो गया।

पटना के अस्पताल से दिल्ली के आर्युविज्ञान तक में बिताए आठ महीनों ने 'अष्टपदी' रची थी। उसका गद्य कहते हैं, मेरे पिछले लेखन पर भारी पड़ा था। 'कालिदास' में तो नीम-चढ़े करैले की मिठास ही निचुड़ी होगी।

औसत से कहीं नीचे मेरा ऐतिहासिक ज्ञान है। तब भी वह गरूर गलाना नहीं है कि मैं किसी कीथ या मैकडोनल्ड या याकोबी की स्थापनाओं के धूल-धुन्ध-भरे पथ में क्या घिसटूँ।

क्या कयामत है कि जब वाल्मीकि, व्यास, कालिदास थे तब आधुनिक ढंग के इतिहास-लेखन का रिवाज न था। अब जब से वैज्ञानिक इतिहास लिखे जाने लगे हैं, वाल्मीकि, व्यास, कालिदास के स्तर का कोई कवि पैदा ही न हुआ। कोशिशों के बावजूद यकीन लाना मुश्किल है कि जैसे-तैसे अनुवादों के जरिए इन कवियों का देशकाल निर्णय करने वाले संस्कृत भाषा में इतने गहरे पैठे थे जिसका मुझे अता-पता तक नहीं। ले-देकर अवन्तिसुन्दरी के प्रिय पति राजशेखर पर नजर अटकती है जो मालवा की मिट्टी से जड़ तक जुड़े थे। उनका—

'एकोऽपि जीयते हन्त
कालिदासो न केनचित्
शृङ्गारे ललितोद्गारे
कालिदासत्रयी किमु?'

प्रामाणिक है। दसवीं शताब्दी तक तीन कालिदास अवश्य हुए होंगे। आखिर शृङ्गार-तिलक, नलोदय, राक्षसकाव्य, श्यामलादण्डक, श्रुतबोध आदि के रचनाकार कोई-न-कोई कालिदास ही तो हैं। अवश्य कुमारसम्भव, मेघदूत और शकुन्तला के रचयिता चौथी-पाँचवीं शताब्दी के न होंगे। इनकी भाषा और वस्तु-विधान—दोनों ही इतने परवर्ती नहीं हैं। सो जो हो, अजानी, अँधेरी राह पर घिसटना मुझे कतई कुबूल नहीं। मैं जो मानता हूँ, वही लिखा है।

ऐसे रास्ते कहाँ कहीं हैं जिन पर रेत-धूल या कंकड़-पत्थर न हों! सो स्मृतियों के हिचकोले खा-खाकर धुँधले अतीत से जब-तब फूटती चिनगारियाँ ही मेरी ठिठुरी-सिकुड़ी आस्था को ऊष्मा पहुँचाती रहीं। यों भी ऐतिहासिक उपन्यास अनाड़ी हाथों इतिहास की नाक में सुतली पिरोता ही है। दुहाई देने वालों की बेवफाई देखते ही बनती है।

यों वंजर की यात्रा करते मैं थकता नहीं हूँ। दृष्टि की असमानताएँ मुझे उबाती नहीं हैं। मैं तो जिन्दगी के लबालब भरे प्याले की तलछट तक पी जाना चाहता हूँ। चकराता नहीं है मेरा माथा। आदतन हर घड़ी अपने में रहना अच्छा लगता है। चौंका कर किसी के हृदय को हिला देना एक बात है उसे जगाना जगाए रखना दूसरी।

वास्तविक क्षमता का मुकम्मल पैमाना आमने-सामने की तारीफों का गुलदस्ता तो हर्गिज नहीं हो सकता, सोचता हुआ ही उज्जैन से लौटा था। अटपटे ख्यालों की उमस में फुर्सत के चंद लमहे हाथ लग सकते थे; मगर जबलपुर, सागर, भोपाल से दिल्ली, हरियाणा और बम्बई की लगातार काव्य-यात्राओं में मन फूला-फूला फिरा और यह सिलसिला बदकिस्मती से तब तक चला जब तक कि बाकायदा बांई टाँग तोड़ कर मैं निकम्मा न हो गया।

कसी वयस्तता को तनहाइयाँ झकझोरती रहीं, मगर सीलन-भरे माथे को रतजगा करने की नौबत ही आई।

आसमानी हाथ से बेखबर जिन्दगी को धकेलकर यहाँ तक पहुँचाना जिसका मजाक था उसी ने कालिदास की उबड़-खाबड़ कल्पना को, मन में हर घड़ी उथल-पुथल मची रहने पर भी भागदौड़ के लिए सपाट राह दी। गिरते का हाथ थामने औचक आ खड़े हुए थे कालिदास, जिनकी सुवासित मुसकान के आगे दवाओं की दुर्गन्ध का खयाल ही नहीं आता था। पीछे मुँह करके देखता तो पैरों तले की जमीन खिसक जाती; पसीने से सराबोर तन-बदन पर हाथ फेरते ठिठका रह जाता। फक्कड़ाना अन्दाज और झूमती चाल दोनों ही मेरे आकार और गति की पहचान हुआ करते थे, पाँव तोड़ लेने पर अब कुछ और नए आयाम और सन्दर्भ जुड़ने वाले थे, इसकी किसे सुध थी?

लघु गीत, लघु काव्य एवं लघु कथा के संघबद्ध आन्दोलन के युग में मैंने हजार पृष्ठों का हिन्दी का एकमात्र महाकाव्य लिखा था—राधा। बार-बार बीमार होते रहने के कारण 'कालिदास' में वह तेवर कायम न रह सका। झख मार कर पसारा समेट लेना पड़ा। यह है कि इसी बहाने पल्ला झाड़कर मन को बेचैन करनेवाले स्वीकृत दायित्व से बच-बचाव की कभी न सोची। मेरी सीमाओं और सोच की शिनाख्त करने वालों को शिकायत हो सकती है; मगर अपनी ओर से साहित्य की शर्त और पहचान को बरकरार रखने की मैंने हरचंद कोशिश की है।

लेखों और वक्तृताओं की तावड़तोड़ झड़ियाँ लगाकर जन-मन को संवेदनशील और मानवीय बनाने पर तुले इस युग में मेरे किए-दिए की एकबारगी अनदेखी कोई क्यों करता? न सही किसी जड़ या चेतन संगठन से गठबन्धन; न होऊँ सागर के आर-पार अर्चित-चर्चित, तब भी हमसाये और दोस्त-अहबाब शुभाशंसाएँ बरसते रहे। एक अकेले चिरञ्जीव सञ्जीव ने संजीदगी से मेरे तन की हिफाजत और मन के सन्तुलन पर चौकस नजर रखी जिससे विपरीत परिस्थितियों में भी ज्यों-त्यों कलम घिसटती रही।

डा॰ मारुतिनन्दन पाठक का कलेजा हाथ भर का है। उन्हीं के सक्रिय सहयोग से मुजफ्फरपुर से दिल्ली तक के टेड़े-मेढ़े रास्ते सीधे हो गए। पुस्तक की प्रस्तुति में इन्हीं दोनों की संयुक्त सुरुचि उजागर हुई है। मैं तो 'साक्षी चेता केवलो निर्णुणश्च' ही हूँ।

माघ, शुक्ल, द्वितीया, बुधवार
1-2-95

कालिदास

१

''कोई कैसा भी कठोर सत्य होता, मैं उसे सहज ही सहेज लेती ; किन्तु सुकुमार सपने की यह आँधी तो कैसे भी नहीं झिल रही। यह तो प्राणों की पंखड़ियों को बड़ी बेदर्दी से झकझोरे दे रही है ; बड़ी तेजी, बहुत जोर-शोर दिखा रही है। और तो और, यह अपने अचल अस्तित्व को ही उड़ाए लिए जा रही है।

''वर्षों योग साधा। चित्त-वृत्तियों को बेवजह बहकने से रोका। प्राणायाम द्वारा प्राण-वायु को शरीर के बाहर निकालने और उसे देर-देर तक बाहर ही रोके रहने की भी साधना की। फिर यह ऐसा सपना क्यों कर ? पलकों की घनी रात खुली दृष्टि के प्रकाश पर ! सपने की भूल जाग-जाग कर कैसे जाँची जाए ! यह किसी रूपान्तरण का दर्प-सा नहीं। बाहर-भीतर जो है ; जैसा है ; ठीक है। तीखी और कँटीली अनुभूति पच भी जाती है, पर यह रस-रंग रुचि में कैसे रचे ? काश कि टाल-मटूल न कर कोई गुल कतरता !

''मंदिर में आरती होने लगी। शंख-मृदंग की ध्वनि अनन्त में गूँजने लगी। इस आधे-अँधेरे, आधे-उजाले में गगन की मौन जलन पवन के ठंडे पँखों में पेंग भर रही है। आह ! इस नीरव निशान्त ने आज मेरे एकान्त को क्यों कर मुखर कर दिया ! समय से पहले नींद कैसे खुल गई ?

उज्जयिनी विन्ध्य पर्वत के उत्तरी ढालू हिस्से पर बसी है। इसके आस पास की ढलान वाली भूमि एक फैले-फैले पठार-जैसी दिखती भी है ; किन्तु इससे क्या ? मैं इस जिस सौध-शिखर पर हूँ, यह तो हिमाद्रि

नहीं, हेमाद्रि के उत्तुंग शृंग-सा है ! यहाँ कितनी बार कितनी साँझें बिताई होंगी। मन जितनी दूर आगे बढ़ता जाता है, स्मृतियाँ उतनी ही पीछे छूटती जाती हैं। कितनी अँधेरी गहराइयों में से उभरते महाकालेश्वर के कंगूरे ; नगरी के चारों ओर हरे-भरे वन-उपवन, राजपुरुषों के गगनचुम्बी समृद्ध प्रासाद, फूले-फले उद्यान, शिप्रा के ठंडे जलकणों से सिंची खिंची-सी चली आती पछवा हवा, यह कृष्ण पक्ष की द्वादशी का पल भर झलक दिखा कर डूबता हुआ—एक आँकी-बाँकी लकीर-सा चन्दा, और वह नीले आकाश पर सोने का पानी चढ़ाता आता सूरज ... क्या यह सब सपना ही सपना है ? टटके-टटके फूले फूलों की यह गीली और नशीली वास भी सपना ही है ?

"सिर भारी। अंग-अंग ऐंठते-टूटते-से। और कभी ऐसा कहाँ होता था ! अपने जानते आज भी कोई व्यतिक्रम नहीं हुआ। दिन भर की चकल्लस के बाद थोड़ी देर सो लेने से देह में दूधिया दमक आ जाती है, मैं तो पूरी तरह थक कर शास्त्रों के जंगल से निकली थी। तन्द्रा मेटने के क्रम में विवेक दिशा भूल जाता है। आलोक की छाया में जीवन सुस्ताता है। नींद न हो तो जागने का अर्थ ही क्या ? सो मैं सोने चली गई थी रात्रि के प्रथम प्रहर में ही।

"नींद मेरे लिए भूख, प्यास और साँस लेने-जैसी एक प्राकृतिक वृत्ति है। मैं सोई ; किन्तु इससे स्नायुओं का तनाव न मिटा, न कम हुआ। अँधेरी निस्तब्धता। निःसंग शरीर जैसे अंधकार से लिपटकर चौंक गया हो, मैं अचकचा कर उठ बैठी। ऐसे में मस्तिष्क और दूसरी ग्रन्थियों की उत्तेजनाएँ और तीव्र हो गईं। पिस-सी गईं चित्तवृत्तियाँ दुहरे दबाव से।

"अरे कोई ढंग का सपना भी होता ! वह तो पानी की परत पर चमकती किरण-सा था। जैसे हिचकता-झिझकता मन उस हिलती-डोलती किरण को पारे की तरह स्थिर करने की व्यर्थ चेष्टा कर रहा हो ! जो भाव न कभी अनुभव में आया, न अनुभाव में, कोई नहीं बताता कि उसके सपने कैसे आते हैं ? घर बन्द, आँखें बन्द, फिर ऐसे सपने कैसे, किस रास्ते से आ जाते हैं ?"

—विद्योत्तमा का बुदबुदाना, ओठों के दायरे में, अभी चल ही रहा

था कि सीढ़ियों पर किसी की आहट सुनाई दी। नीरवता में निष्प्रयोजन वीणा-सी बज उठी। राजकुमारी विद्योत्तमा का सुर क्षण भर को थमा। थमना चाहता न था वह। किसी पद के आघात ने उसे चौंका भर दिया था। कमल रात में मुँद गया था, अब खुलने-खिलने की घड़ी आ गई थी। मुड़ कर देखा, कोई न था। यों पाँवों की धमक अब और निकट आ गई थी।

राजकुमारी द्विविधा में पड़ गई, क्या वह ऊपर आते समय नीचे का द्वार बन्द करना भूल गई थी ! कहीं यह भी सपना ही तो नहीं है ?

ऊपर आने वाली छाया अब उज्ज्वल आकृति में ढल गई थी। आकृति जानी-पहचानी ही नहीं, अपनी सगी रानी माँ की थी। गंभीर, गोपन, करुणामयी। खुली आँखों जैसे कोई अरूप को देखे, राजकुमारी ने उन्हें देखा। जैसे किसी अशरीर से लिपट जाए, राजकुमारी उजले अँधेरे से कट कर महारानी की बाँहों में सिमट गई :

"रानी माँ, आप ?"

'हाँ, आज शिवरात्रि है न ! सोचा, इस दिन का स्वागत ऊँचे चढ़ कर, इस सौध-शिखर से क्यों न करूँ ! यहाँ से न केवल महाकालेश्वर के स्वर्णचूड़ मन्दिर के दर्शन होते हैं, शिप्रा का रामघाट भी आमने-सामने दिखता है, हरसिद्धि का मंगलायतन भी। इस ओर घूम कर देखो तो सान्दीपनि का आश्रम दिखाई देता है और उस ओर सिद्ध वट।"

"आज शिवरात्रि है माँ ? कहीं मैंने वेश बदले हुए शिव को ही तो सपने में नहीं देखा ?"

'अरे, तो क्या तू यहाँ अकेली बैठी-बैठी सपने देख रही थी ?"

'नहीं माँ, सपने देख कर उठी और यहाँ खुले में चली आई। शुद्ध हवा पर पिछली बार धन्वन्तरि जी ने प्रवचन पिलाया था न कि शरीर के प्रत्येक कोशाणु को, हर क्षण शुद्ध वायु की आवश्यकता होती है। शुद्ध वायु में एक विशिष्ट प्राण-पोषक तत्त्व होता है जो रक्त को सजीव बनाता है ; शरीर को ऊर्जा प्रदान करता है। उसके अभाव में जीवन की आग बुझ-सी जाती है।

'आप भी सुनिए न माँ, यह आदि-अन्तहीन गगन के नीचे किधर से

भी आकर झिर-झिर तिरती हुई हवा कैसे-कैसे सुगंध-भरे संदेश अग-जग को सुना रही है ! मैं कान बंद कर सब सुन रही हूँ, माँ, सब सुन रही हूँ !'

''तो क्या पिछली अस्वस्थता के समय की सीख आज दुहराई जा रही है ?''

'नहीं रानी माँ, जब भी औचक नींद उचट जाती है, मैं यहाँ चली आती हूँ ! पृथ्वी तो अब तक किसी को नहीं पहचान पाई, पर उस पर से गुजर जाने वाले आकाश से आस बँधती है। वह यहाँ से कितना पास-पास लगता है ! पृथ्वी नहीं रहेगी, जब भी आकाश रहेगा।'

''यह सब क्या सोचती रहती हो ? इसे तुम चिन्तन कहो या चिन्ता, तुम्हारा यह आकाश-गंगा में डुबकियाँ लगाते रहना मेरे पल्ले नहीं पड़ता।''

''मैं सत्यार्थिनी हूँ रानी माँ, मुझे सपने नहीं अच्छे लगते।''

'अरी ओ बाल-विहंगिनी, तुम्हें पिंजड़े के सुन्दर द्वार का पता नहीं है। उड़ो, पंख फैलाकर उड़ो ; पिंजड़ा आकाश में नहीं टँगता !''

''समय बिताने के लिए कुछ तो करना ही पड़ता है। सपने अनायास दिख जाते हैं ; सत्य को देखने के लिए साहस बटोरना पड़ता है।''

''अच्छा, एक बार धरती पर उतर कर याद तो करो, अभी उसी दिन तुमने बताया था न कि आत्मा के चार चरण होते हैं: जागरित, स्वप्न, सुषुप्ति और शान्त ! ये चारों ही चरण मिलकर आत्मा की समग्रता प्रतिष्ठित करते हैं ! आत्मा जागती है, सपने देखती है ; सोती है और निर्विकार रहती है।

''और आज कह रही हो, सपने अच्छे नहीं लगते ! तो क्या आत्मा के ये चारों चरण काल्पनिक हैं ?''

''हाँ, रानी माँ, बिलकुल काल्पनिक हैं। फिर भी आत्मा की उपलब्धि के पहले कल्पना की आवश्यकता होती है। हम इस घड़ी उज्जयिनी के इस जिस सबसे उत्तुंग सौध-शृंग पर हैं, पहले यह बनाने वाले के मन में बना होगा, फिर किसी चित्रफलक पर इसकी छवि रेखांकित की गई होगी ; फिर कितने ही श्रम और अध्यवसाय के बाद इसने यह ठोस आकार ग्रहण किया होगा।

"आत्मा की उपलब्धि भी इसी प्रकार पक्की साध और निरन्तर साधना से साध्य है। आत्मज्ञान की प्राप्ति तक कई-कई पड़ाव पार करने होते हैं। लक्ष्य अवश्य ही आत्मा की उपलब्धि है, किन्तु उस तक पहुँचने के लिए ही तो दुर्गम पथ पर चार पड़ावों की कल्पना की गई है। समझीं माँ ? आत्मा अपने तईं शान्त, शिव और अद्वैत है।"

"शिव ? बेटी, तू तो बड़ी पण्डिता है, शास्त्रार्थ में बड़े-बड़ों को चुटकियों में उड़ा देती है। चुटकुले छेड़ कर पछाड़ती रहती है। क्षितिज से परमव्योम तक की बातें यों करती है जैसे बौद्धिक यात्राओं में उनसे भुज भर भेंट चुकी है !"

महारानी भरसक राजकुमारी विद्योत्तमा को 'तुम' सम्बोधित करती थीं। कभी-कभी भावावेश में 'तू' कह देती थीं और तब राजकुमारी अपने अर्जित महत्त्व को याद कर सिर झुका लेती थी। उसके नाजुक ओठ काँप उठते थे, जैसे फूल की पँखड़ियाँ हवा में काँपती हैं।

सूर्योदय होने ही वाला था, किन्तु एक काला बादल किधर से भी भागता हुआ आया और उगते सूरज के आसपास घूमने लगा। झक्कड़ चलने लगा। यूँ बूँदा-बाँदी की नौबत नहीं आई।

महारानी ने कहा ; "आगे हमारे द्वार पर जो पण्डित आते थे, तेरे पिता-श्री को प्रसन्न कर अयाची होकर लौटते थे, फिर जीवन भर और किसी के आगे हाथ फैलाने की नौबत नहीं आती थी। अब जब तेरी पण्डिताई की चर्चा दूर-दूर तक होने लगी है, यहाँ कभी-कभार ही कोई आने का साहस करता है। आता है पिता से पूजा पाने, पुत्री से पराजित होकर अपना-सा मुँह लिए लौट जाता है। समाज में सिर ऊँचा करने की कामना संजोए आता है, सिर झुकाए, मुँह लटकाए वापस चला जाता है।

"सो खोलकर वेद का भेद बता। तुझसे क्या छिपा है ? मैं तो अपने महाकालेश्वर शिव भर को जानती हूँ। मैंने तो आत्मा का एक चरण भी नहीं देखा, तू कहती है : वह चौपाया है !"

तब राजकुमारी नारंगी रंग के बादलों की आड़ी-तिरछी रेखाएँ देख रही थी। बेहद नाजुक ओठों पर जल्दी-जल्दी जीभ फिराई और कुछ कहने को हुई तो खयाल आया, रानी माँ ने आत्मा को चौपाया कहते

समय ऐसी भंगिमा अपनाई थी जैसे सचमुच ही आत्मा शिव नहीं, शिव का वाहन हो ! इस पर माँ-बेटी का ऐसा कहकहा पड़ा कि उसकी अनुगूँजों से चौंक कर अपने-अपने दरवे से ढेर सारे कबूतर पंख खनखनाते हुए बाहर निकल आए और अपनी गुटरगूँ से नीरव, निस्पन्द वातावरण को आन्दोलित करने लगे।

माँ ने पुत्री के परम प्रसन्न मुख पर एक अलौकिक आभा देखी तो उनका दिल खिल गया। अलबेले ढ़ंग से कहा :

''माँ की मूर्खता पर जी भर कर हँस ! काश कि तू हमेशा ऐसे ही हँसती रहती विद्या ! देख, तेरी ऐसी लबालब भरी हँसी से आकाश का खुला चेहरा गुलाबी हो उठा ! यह हँसी हँसी नहीं, एक तराशा हुआ हीरा है जो तेरी आँखों की नीलिमा को और भी निखार रहा है !

''हाँ, एक और गाँठ लगा ले कि किसी को शास्त्रार्थ में परास्त कर जो कुटिल हँसी हँसती है, उस मटमैली हँसी से इस आकाशी हँसी की कोई तुलना नहीं। यह झरने का पानी है, वह कीचड़-सनी गलियों का।

''अब ऐसे ही हँसते-हँसते अपना गहन ज्ञान मुझ पर खोल। बोल बेटी, आत्मा के चारों अनमोल चरण मैं नहीं देख सकती ?''

''क्यों नहीं, माँ ? मैं अभी पलक झपकते दिखलाए देती हूँ :

''जो ब्रह्माण्ड में ब्रह्म है वही पिण्ड में आत्मा कहलाता है। ब्रह्म और आत्मा अभिन्न है। पिण्ड और ब्रह्माण्ड के भेद से उसे दो अलग-अलग नामों से पुकारा जाता है। यह अन्तर वास्तविक नहीं, नाम मात्र का है। इसी प्रकार आत्मा के कोई चरण नहीं होता, चार चरणों की कल्पना उसे व्यापक रूप में समझने के लिए है। विश्व, तेजस, प्राज्ञ और तुरीय, क्रमशः उन चारों चरणों के नाम हैं।

''प्रथम चरण का सम्बन्ध जाग्रत अवस्था से है। हमारे हृदय के आकाश में उसका अधिवास है। वह आत्मा जब जाग्रत अवस्था में होती है, तब बुद्धि बाहरी विषयों की ओर रहती है।

''सिर से पाँव तक उसके सात अंग होते हैं :—मस्तक में स्वर्ग लोक, नेत्रों में सूर्य, प्राणों में वायु, मुख में अग्नि, मध्य भाग में आकाश, पैरों में पृथ्वी और मूल में जल।''

रानी माँ अकुला उठने वाली महिला नहीं हैं। उनकी निस्पन्द टकटकी सारे शरीर में झनझनाहट पैदा कर रही थी। आकाश में नीले-गुलाबी बादलों के छितरे किनारों पर सोने का पानी चढ़ने लगा था। उनके विचारों के सपने आगे हृदय में घुलकर अब पलकों पर उठने लगे थे :

"विद्या एक तराशी हुई प्रतिमा-सी जहाँ की तहाँ स्थिर बैठी है। न हिल रही है, न डिग रही है। उसकी तीक्ष्ण दृष्टि रहस्य के आर-पार सब देख रही है। मेरी दृष्टि कई क्षेत्रों में कट कर बँट गई है। उसकी बातों पर कोई टिप्पणी करते हुए दिल धमक कर जैसे कण्ठ में आ लगता है। आस्था गढ़ने में हमारे ऋषियों ने बुद्धि-बल को पराकाष्ठा पर पहुँचा दिया है ! अनदेखे को देखने-दिखाने के क्रम में बुद्धि-तत्त्व को थका-सा दिया है। राज-पाट के कभी न समाप्त होने वाले काम-काज, ठकुरसोहाती गाने वालों के हजारों बेसुरे गले, ऊबाऊ हँसी-ठट्ठे, —फिर भी मन है कि कहीं जमता नहीं है और विद्या बिटिया जो बता रही है, झाड़ियों से ढकी चट्टानों-जैसी उसकी अभिज्ञता सौ-सौ फुहारें उठाने की सम्भावनाएँ लिए हुए है।"

पलभर में मन कहाँ-कहाँ से घूम-फिर आया। चिन्ताधारा में लहरों ने जाल फैला दिए। आँखें मिलते ही विद्योत्तमा ने कहना आरम्भ किया :

"उन्नीस मुख होते हैं। मुख—अर्थात्—ज्ञानप्राप्ति के द्वार। पाँच कर्मेन्द्रियाँ और पाँच ज्ञानेन्द्रियां, प्राण, मन, बुद्धि, चित्त और अहंकार—यही उन्नीस द्वार हैं।

"जाग्रत अवस्था में आत्मा विश्व भर में विचरती है अतः उसे विश्वात्मा या वैश्वानर कहते हैं। उन्नीस मुखों से वह शब्द आदि स्थूल विषयों को भोगती है, इस कारण वह 'स्थूलभुक्' भी कही जाती है। उसे विराट् भी कहते हैं ...."

—बोलते-बोलते राजकुमारी विद्योत्तमा अचानक ठिठक गई :

"उत्तर नहीं चाहतीं माँ ?" आपने यों कभी कोई प्रश्न की तरह प्रश्न पूछा ही कहाँ था ! आपकी आँखों के अँधेरे को तो आपके भीतर का प्रकाश ही फाड़े देता है। मैं ही सकपका गई हूँ माँ। मैं क्या वह सब कह पा रही हूँ जो मुझे इस घड़ी कहना था ?

"मैं तो आपकी ही गढ़ी हुई प्रतिमा हूँ माँ, मेरे मुँह की साँकल परिस्थितियों ने खड़खड़ाई है ; चेतना परिवेश की देन है और बुद्धि ने नियमों और सिद्धांतों की पहचान बनाई है और मैं .... "

"और तू एक ऐसा पूर्ण पात्र बन गई है कि जिस पर कुम्भकार की हथेलियों की लकीरें नहीं ढूँढी जा सकतीं। सन्तान का यह ऐसा बहु-आयामी विकास ही माता-पिता के आनन्द का उत्स होता है।

"अच्छा, आगे बता। यों कुछ-कुछ ऐसा आभास हो रहा है कि जाग्रत अवस्था से स्वप्नावस्था की ओर बढ़ना ठोस से वायव्य की ओर नहीं, स्थूल से सूक्ष्म की ओर बढ़ना है।"

"हाँ, माँ, समष्टि में स्थूल शरीरों के साथ तादात्म्य होने के कारण वैश्वानर का पहला चरण स्थूल है। उसका तैजस में विलय हो जाता है।"

"तैजस ?"

"हाँ, उसे अग्नि अथवा सूर्य की अपेक्षा नहीं होती। वह अपने ही प्रकाशमय तेज से स्वप्नावस्था में सूक्ष्म भोगों का उपभोक्ता होता है। माँ, इसीलिए उसे तैजस कहा जाता है।

"तैजस आत्मा का द्वितीय चरण है। वह स्वप्नावस्था में ही व्यवहार करने वाला है। उसकी सारी गतिविधियों का केन्द्र स्वप्न है। सीधी बात यह कि चेतन आत्मा तो एक ही है। वह स्थूल शरीर के साथ हिलमिल कर जब बाह्य इन्द्रियों द्वारा व्यवहार करती है, तब उसका नाम विश्व या वैश्वानर होता है, किन्तु जब वही आत्मा सूक्ष्म शरीर से सम्बद्ध होती और स्वप्नावस्था में ही गतिशील होती है, तब उसे तैजस कहते हैं। वह मानसिक विलास में रमी रहती है, इसलिए उसे 'अन्तः प्रज्ञ' भी कहा जाता है। असली बात यह है माँ कि स्वप्नावस्था में भी मन का लय नहीं होता, लय होता है केवल बाह्य इन्द्रियों का। मन बना रहता है ज्यों का त्यों। वही जाग्रत अवस्था के सारे प्रपञ्च स्वप्न में रच लेता है। तैजस स्वप्न में मानसिक विषयों का ही भोक्ता है। और वासना का भोग करने वाला वह तैजस भी प्राज्ञ में विलीन हो जाता है।

"हाँ, यह आत्मा का आनन्द-भोग करने वाला तीसरा चरण है। सोया हुआ मनुष्य जिस समय स्वप्न नहीं देखता, उस स्थिति-विशेष को सुषुप्ति

कहते हैं। यह सुषुप्ति की अवस्था जाग्रत और स्वप्न से भिन्न है। इसमें सम्पूर्ण प्रपञ्च का अविद्या में विलय हो जाता है।

''जाग्रत और स्वप्नावस्था में हमारी प्रज्ञा काम करती होती है; विवेक बना रहता है। सुषुप्ति में अविद्या से आच्छादित हो जाने के कारण प्रज्ञा या विवेक का अता-पता नहीं मिलता। सब लिप-पुत कर एकाकार हो जाता है। जैसे रात्रि के गहन अंधकार में कोई भी वस्तु स्पष्ट नहीं दिखाई देती, सुषुप्ति में भी ऐसा ही होता है। संकल्प-विकल्पों में भटकता हुआ मन भी सुषुप्ति में कहीं डूब-खो जाता है। यही कारण है कि सुख-दुःख के द्वन्द्व से पिण्ड छूट जाने के कारण सुषुप्ति में आत्मा को आनन्द की ही अनुभूति होती है। सुषुप्ति में किसी स्थूल या सूक्ष्म भोग की कामना नहीं होती, न ही उसके सपने आते हैं। प्राज्ञ उसे इसीलिए कहा जाता है कि ज्ञान के स्तर पर उसे केवल आनन्द की अनुभूति होती है। खूब गहरी नींद सोकर जगे हुए व्यक्ति से कोई पूछ देखे। वह कहेगा कि खूब गहरी नींद सोया, बहुत आनन्द आया। स्मृति-ज्ञान के बल पर ही वह ऐसा कहता है। और, कहना न होगा, अनुभूत की ही स्मृति होती है।

''यही प्राज्ञ अन्तर्यामी है। जब निरुपाधि होकर—माया का त्याग कर—अपने चैतन्य स्वरूप में स्थित होता है, तब यह प्राज्ञ ही सब का नियन्ता, प्रेरक—एक शब्द में ईश्वर होता है।

''इसके बाद ... ''

जहाँ दूसरा बुरी तरह खीझ उठता, वहाँ रानी माँ ने यह भी न कहा कि मेरा बुरा हाल है। जरा दम लेने दे। मैं तो तेरे इस रूखे-सूखे ज्ञान से सकपका गई हूँ, भौंचक्की रह गई हूँ। तंग नहीं आई तो केवल इसलिए कि तूने यह सूखा, खनखनाता हुआ ज्ञान जंगल में नहीं, राजभवन में अरजा है। महाराज ने कुछ सोच-समझ कर ही तुझे ज्ञान की ज्वाला के पास धुंआ पीने की सलाह दी होगी! सोचा जो भी, कहा यही :

''मैं तुझे राजकुमारी न कह कर राजविद्या सम्बोधित करूँ तो कैसा ? सच बतला, तेरी आत्मा शुद्ध और हृदय निर्मल है, तू ने अपना जीवन ज्ञान के भरोसे शून्य को सौंप दिया है या एक दर्पपूर्ण सन्तोष तुझे जिला रहा है। ?''

"मैं समझी नहीं रानी-माँ।"

"मैं तुझे प्यार करती हूँ, इसलिए तेरी हर ऐसी-वैसी बात में हूँ-हाँ कर देती हूँ ! किन्तु तू निरी कल्पना तो नहीं है, हाथ से पकड़ी जा सकती है। कठपुतली भी नहीं है कि सूत्रधार के इशारे पर चें-चें करती रहे !

"तू मुझे आत्मा का एक-एक चरण दिखा रही है ; सच बता, तूने कभी, ऐसे ही, अलग-अलग, इन चरणों की झाँकी ली है ? तुझे कहीं निरे सिद्धांत के रूप में तो इनकी जानकारी नहीं मिली है ?

जीवन की भिन्न-भिन्न अवस्थाओं में जो घुल-मिल जाए ; बुद्धि और मन-प्राण जिससे अभिन्न हो जाएं, मेरे लिए तो वही ज्ञान ज्ञान है राजविद्या ! देख कि एक ओर तू सागर उलीचे जा रही है, इधर मैं हूँ कि उसकी एक बूँद भी छिटक कर मेरे गले के नीचे नहीं उतर रही। हो सकता है राजविद्या, कि समुद्र का जल खारा होता है इसीलिए कभी-कभी हलक में उँगली डालने की भी नौबत आ सकती है।"

—छोहा कर कहा महारानी ने। फिर ठठाकर हँसीं। और फिर स्थिर होकर बोलीं कि राजविद्या, तेरा दिमाग तो सातवें आसमान पर रहता है ; तू भूल ही गई कि आज शिवरात्रि का व्रत है। निर्जल व्रत ! आज तू अमृत भी बरसेगी तो मैं प्यासी ही रहूँगी।'

अब कहीं चकराई बुद्धि को धुरी मिली। विकेन्द्रित विचारों की परिधि का पता लगा। शुष्क-शीर्ण मुख पर एक पुँछी-सी स्मित-रेखा उभरी।

—राजकुमारी आगा-पीछा सोचे बिना ही बच्चों की तरह ठुनक कर बोली :

"आपने तो माँ, किनारे के निकट पहुँची नाव डुबो दी। बातों-बातों में हम तीन सोपान पार कर—'शान्तं, शिवम्, अद्वैतम्' की तुरीयावस्था पर पहुंच ही रहे थे कि अचानक आपके अन्तर्मन में आँधी आ गई। और उस वात्याचक्र में दो आदर्श टकरा गए। ज्ञान और कर्म की नोंक-झोंक बहुत पुरानी है।"

हृदयस्पर्शी बाल-सुलभ स्वर में आँखों में तनिक मुस्कराते हुए, राजकुमारी ने जो कुछ कहा, महारानी माँ को लगा, उनसे अनजानते बेटी के

बौद्धिक उत्कर्ष को चुनौती देने की भूल हो गई है। अत्यन्त शान्त स्वर में बोलीं :

मेरे कहे का बुरा न मानना बेटी, मेरा मकसद कोसा-काटी का न था। चारों खूँट चौकस रहने पर भी धुंध के पीछे छिपे मस्तिष्क से कोई न कोई अटपटी बात निकल ही आती है जब-तब ! उमर-वयस हुई। अब आँसुओं की बौछार से ओंठ सूखने के दिन बीत गए। एक हल्के विनोद से तेरा मन दुखा दिया। बच्चों को छेड़ने का दुष्ट आनन्द ले रही थी। अच्छा, अब तू आत्मा का शान्त, शिव, अद्वैत—चतुर्थ चरण बता।''

विद्योत्तमा महारानी के सीने पर ढह पड़ी। गले में हाथ डाल दिए। ठोड़ी में हल्का-सा कम्पन हुआ। हठीले ओठ फड़क उठे :

''वह शांत है, क्योंकि उसे न किसी से राग है, न द्वेष। कल्याणकारी होने के कारण शिव-स्वरूप है वह। और दुई की कल्पना से भी ऊपर उठी है, इसलिए अद्वैत है।

''जाग्रत, स्वप्न और सुषुप्ति की अवस्थाओं से तुरीयावस्था सर्वथा भिन्न है। वह ज्योतिर्मय स्थिति है। उसके बाहर-भीतर कहीं भी अन्धकार के लिए ठौर नहीं है !

''जाग्रत स्थिति में बाहर का सब दिखता है, स्वयं का बोध नहीं होता। संसार दिखता है, आत्मा नहीं दिखती।

''स्वप्न में दोनों नहीं होते। न आत्मा, न संसार। कुछ परछाइयाँ भर तैरती हैं, जो आँख खुलते ही गायब हो जाती हैं ! व्यर्थ-निरर्थ को भर आँख देखो, कुछ सार्थक देखना सम्भव नहीं है। वस्तुएं जगने पर दिखाई देती हैं, स्वप्न में वस्तुओं की परछाइयों से मुँदी आँखें भरी रहती हैं। वस्तुतः मन की वासना का विलास ही स्वप्नावस्था है।''

रानी माँ ने आकाश की तरह निर्मल अपनी आँखें राजकुमारी की क्वाँरी आँखों में डालकर कहा :

''तब मरुस्थल के कगारे से रसधार फूटने दे राजविद्या ! जब स्वप्नावस्था मन की वासना का विलास ही है तब तुझे अपने सपने को लेकर इतनी उलझन क्यों हो रही है ?

"तेरे मुखड़े पर जो रेखाएँ उभरती हैं, वे तेरे गुमसुम सुख-दुख की ही रेखाएँ तो हैं !

"तूने जो जीवन के पल-छिन हवा में उछाल दिए या अधमुँदी पलकों पर टांग दिए, वही तो हैं वे बारीक लकीरें जो हँसते-मुसकिराते समय तेरी आँख बचाकर माथे पर उग आती हैं !"

"सपने को लेकर नहीं रानी-माँ, 'ऐसे' सपने को लेकर।"

'ऐसे सपने ?'

"हाँ, रानी माँ, स्वप्न तो जाग्रत और सुषुप्ति के बीच की कड़ी है। स्वप्न में हम कहाँ दिखाई पड़ते हैं ? बाहर का संसार भी नहीं दिखाई देता, ले-देकर उसके प्रतिबिम्ब दिखते हैं। तभी तो मिट्टी में ताप रुँधा है कि जिसे देख आँखें चुँधिया गईं ; पलकें झपकना भूल गईं, ऊपर की साँस ऊपर ही टँगी रह गई, ऐसा सपना मेरे मन की वासना का परिणाम नहीं हो सकता।"

रानी माँ ने गहरी साँस ली :

"राजविद्या, सुधियों की डोर कहीं दूर खिंची चली जाती है। धूप के सुनहरे खेत हों कि केसर के पहाड़ पर नीलम की झील। सुधियों की डोर खिंची चली जाती है, पिछले भूले-बिसरे जनमों तक भी ! तू मन को नहीं जानती। आत्मा के चक्कर में पड़ी रह गई। स्वास्थ्य खो बैठी। प्रफुल्ल पुण्डरीक पर शैवाल की श्यामलिमा छा गई। चन्दा की किरनीली परत पर एक आवारे बादल की परछाईं डोलने लगी।

"जाग्रत अवस्था में इन्द्रियों के द्वारा बाह्य विषयों की निरख-परख की लौ न लगने से आँखें धँस गईं। भीतर-भीतर निःशब्द शून्य की परतें खुरचती रही। सोचा होगा, आत्मा की गहराइयों में उतरती जा रही है, उतरती जा रही है, सीधे, गहरे और गहरे ; एकबारगी आत्मा ही हुई जाती है।

"तन्मे मनः शिवसंकल्पमस्तु।" का पारायण भर करती रही, मन का मनन नहीं किया। मन सधता है अभ्यास से, वैराग्य से। स्वप्नों के माध्यम से विषयों का मानसिक भोग भी न हो ; जाग्रत और सुषुप्ति के मध्य की स्थिति की अनुभूति निषिद्ध रहे और तू सारे ऐसे-वैसे विचारों के ऊपर उठी रहे तो ऐसा कैसे हो सकता है ? हाड़-चाम का पुतला चाहे जितना

अभिमान करे अपने अरजे-सहेजे ज्ञान का ; किन्तु पिंजड़े में पला सुआ गगन-बिहारी कैसे हो सकता है ?''

महारानी के स्वर का यह आकस्मिक परिवर्तन राजकुमारी को भौंचक किए दे रहा था। वह अब भी अपने सपनों के सूनेपन में चुप दुबकी हुई थी। शास्त्रीय ज्ञान की बहकी लहरों में उसके मनसूबे उठ, गिर, भटक रहे थे। कोई होता, जो उसके सपने का हाथ पकड़ कर अपने संग-साथ लिवा ले आता कि तू जिन आँखों से छिटक कर इधर भटक रहा है, वे तेरी राह जोह रही हैं। कि वे रात की नींद से जरूर जग गई हैं; मगर बदराई बरौनियों में पुतलियाँ उलझ गई हैं, वे तुझे ठीक-ठीक पहचान नहीं पा रही हैं।

जैसे उनके निर्मल दर्पण में उभरी तसवीर में किसी ने खोंच लगा दी हो, महारानी उठ खड़ी हुईं :

''मानसरोवर के जल की प्यास अच्छी है, मामूली पोखर के पानी से यों प्यास बुझाने में सुविधा है। हार स्वीकारने में भी सत्य की विजय है। उखड़े पाँव टूटे नहीं होते।

''सृष्टि के आरम्भ में आज की रात शिव-शक्ति का परिणय-मंगल हुआ था। मेरा अन्तर उत्तप्त नहीं है। मुक्ति की युक्तियों के सन्धान में मेरा हृदय कभी न दहा। तू ही बता राजविद्या, निष्काम बुद्धि हो तो भक्ति और मुक्ति में क्या अन्तर है ? तब भक्ति का सरल आनन्द छोड़ कोई मुक्ति की संश्लिष्ट निस्तब्धता क्यों चाहे ?

''बहारों या सितारों के देखे पर कान न दे। तू अभिव्यक्ति के उपयुक्त शब्द ही ढूँढती रह गई या किसी से प्रेम भी किया, भक्ति भी की ?—पूछ किसी बड़बोले से।

''एक पंछी गगन के नील मन में एक बारीक-सी रुपहली गूँज छोड़ता चला गया। गूँज के इस एक ही सूत में आकाश का पूरा व्यक्तित्व गुँथ गया। प्रेम यही तो है। गुमसुम रहना आकाश ने उसी एक सुनहले स्वर से सीखा था।

''प्रेम या भक्ति किसी अहंकारी के वश का रोग नहीं है। अहंकार महत्त्वाकांक्षी भी होता है। ज्ञान पर तोतारटंत प्रवचन पिलाने वाला भी

यह चाहता है कि लोग उसे ज्ञानी कहें। अहंकार की सीमा के बाहर निकले बिना कोई असीम नहीं हो सकता। भक्ति-रस का प्यारा-प्यारा सोता तो अहंकार का पहाड़ पार करने पर ही मिलता है।

"इसी संसार में हरे-भरे वृक्ष हैं और उनकी डालों पर एक ओर ओस की बूँदें चमकती हैं तो दूसरी ओर लाल-पीले, उजले-नीले और हरे-बैंगनी फूलों के गुच्छे होते हैं, हवा के हल्के-झीने झकोरों में झूलते हुए ; झूमते हुए। यही प्रेम और भक्ति का संसार है। भक्ति है कि किसी कल्पित देवता को भी मानवीय संवेदनाओं की तीव्रता से पिघला देती है जब कि नन्दनवन को भी महाश्मशान के रूप में देखने की आयासी मुक्ति, देवता से भी ऊपर उठने की आत्यन्तिकता के कारण सुख-दुख, पाप-पुण्य की प्राणवन्त मानवता को शिलीभूत चेतना में बदल देती है। भले ही वह शिलीभूत चेतना काली चट्टान न होकर स्फटिक शिला हो !"

महारानी जिस क्षिप्रता से सीढ़ियों से उतर रही थीं, उनके इन टटके-बदले मनोभावों का आकलन कठिन था। महाराज विक्रमादित्य की एकमात्र महारानी के सुबह-सबेरे उमड़े लाल-गुलाबी बादलों-से भाव थे ये। अभी इन बादलों की रंगत उड़ाने वाली तेज और ठंडी हवा के आने में पल-दो-पल की देर थी। और अभी झटपट यह निर्णय लेना भी कठिन था कि वह राजकुमारी विद्योत्तमा के तथाकथित वैराग्य और बहुचर्चित पांडित्य की विडम्बनाओं से उत्तेजित होकर झटपट उठ खड़ी हुई थीं या कि महाकालेश्वर के मन्दिर में भेरी-मृदंग-डमरू और घण्टा-निनाद से उनका श्रद्धालु हृदय सहसा उमग उठा था या फिर सम्मिलित रूप से जो 'रुद्राष्टाध्यायी' का पाठ हो रहा था, जिसके उदात्त, अनुदात्त, स्वरित स्वर शिप्रा की दुस्तर तरंगों में तनाव और झिझक-भरी हिलकोरें उठा रहे थे, उनसे उनके लचीले मन में कुछ धीमी-धीमी-सी सरसराहट पैदा होने लगी थी, इसी कारण उनके स्वर अटपटे ढंग से मुरझ कर झर गए थे !

शिप्रा के उस पार के नील लोहित अम्बर में किसी नौसिखुए कलाकार की तूलिका से बेमेल भरे रंगों का-सा झिलमिला प्रकाश अपने अटपटे अंकन पर पहली किरण से सोने का वर्क चढ़ाने का प्रयास कर रहा था। बालू पर बिछी हल्के धुँधलके की मटमैली चादरें फड़फड़ाने लगी थीं।

और किसी कामिनी के कमनीय कण्ठ से छन कर भैरवी का दूर से आता स्वर मन को उन्मन और प्राणों को निष्प्राण कर रहा था :

जो यह ऐसा मर्म धर्म का,
क्यों वैसी बंसरी बजाई !

मैं चञ्चल जल नद-नदियों का,
कलकल करता बहता रहता;
मेरे बिन्दु-बिन्दु पर क्यों कर
आँकी अतल सिन्धु-परछाई !

सघन तिमिर को गगन समझता
जो मुझसे तुम तक है फैला ;
गरज मोह पर मेरे क्यों फिर
विद्युत्-दीपशिखा दिखलाई !

कुञ्ज-कुञ्ज में दृग भरमाता,
सुमन-सुमन मन भर निहारता ;
प्रति पराग-परमाणु परखता,
क्यों सुषुप्त उर-सुरभि जगाई ?

सुख-दुख का बन्धुत्व डुबोया,
खोया जिसने स्वत्व स्वजन-सा,
उसे भटकना पड़ा राह भर,
आह ! क्षितिज-छवि क्यों छिटकाई ?

□

२

रानी माँ के चले जाने के बाद जो एक सन्नाटा-सा छाया, उसके कई रूप दिखाई दिए। बाईं ओर से फूलों की नशीली सुगन्ध आई तो दाहिनी ओर से नुकीली किरणें तन-बदन में चमक चुभोने लगीं। जोर लगाकर राजकुमारी उठी और ताजा हवा ने पसीना सुखा दिया। उतरने में खास कठिनाई हो रही थी, क्योंकि मन अब भी परिन्दे से होड़ बदे हुए था। टेढ़ी खीर लगता है उतरना ऊँची उड़ानें भरते हौसलों को, फिर भी धरती है जो चाँद-तारों को भी अपने छोटे-गदले गड्ढों में उतार लेती है।

नीचे उतरते ही सहेलरियों और दासियों के दाँतों की चमचमाती परतें बिछ गईं स्वागत में। जब-तब सूखी दिखने वाली साथिनों के अन्तर में भी हँसी-खुशी की बाढ़-सी उमड़ आई।

दोपहर के बाद स्नान-पूजन के लिए जाने का शोर शुरू हो गया। रथ, घोड़े, पालकी, दास-दासियाँ—सब सज-धज कर तैयार होने लगे। ठीक समय पर शिवरात्रि के मेले की भारी भीड़ के बीच से राजकीय दल निकल पड़ा और तीसरे पहर मन्द-मन्थर गति से शिप्रा के रामघाट पर पहुँच गया। राजकुमारी रानी माँ के पास ही हिचकती-झिझकती जल में उतरी।

दोनों के मनोभाव आपस में टकराने लगे। शिप्रा के शान्त जल में हिलोरें उठने लगीं। स्नान करते समय कुतूहलवश राजकुमारी ने रानी माँ को छेड़ा :

"वह लहर तट से छिटक रही है। यह दूसरी इधर से आई ! ये आपस में गुँथती नहीं हैं ; अधबीच में टूटती भी नहीं हैं ; अपने-अपने ढंग से किनारे लग जाती हैं !"

रानी माँ हँसीं :

"जड़ जो हैं ! ये लड़ना-भिड़ना क्या जानें ? इन्हें अपने होने न होने का भी अनुभव नहीं है ! यों मेरी चेतना इन्हीं से मिलती-जुलती है। मैं भी इन्हीं की तरह यह नहीं जानती ; क्या हूँ ? क्यों हूँ ? इन्हीं की तरह किनारे को उचित सम्मान नहीं देती। छू कर, छेड़कर छहर जाती हूँ !"

विद्या बोली : "रानी माँ, अब क्या हम यहाँ से सीधे मन्दिर चले चलेंगे या इन्हीं लहरों की तरह लौट कर पहले भवन जाएँगे, फिर पूजा की सामग्री लेकर मन्दिर की ओर ... ?"

कई दासियों ने आगे बढ़कर समवेत स्वर में कहा :

"तैयारी पूरी कर आए हैं राजकुमारी जी ! पूजा की सामग्री साथ है। जैसे यहाँ का मार्ग सब ओर से सुरक्षित है, मन्दिर तक लगभग वैसी ही व्यवस्था है। हमें रात होने के पहले भवन लौट जाना है !"

रानी माँ फिर हँसीं :

"विद्या के पाँव ही धरती पर हैं, माथा आकाशवासी है। मैं तो उसे दिवास्वप्न से बचाने के लिए ही यहाँ अपने साथ लेती आई हूँ। यहाँ भी इसे नहाने-धोने की सुधि नहीं, लहरें गिन रही है !"

देखते ही देखते पश्चिम के आकाश में पीली ललाई दौड़ गई। आकाश का अपना रंग उतरने लगा। डूबते सूरज के आस-पास हिरनौटों के रूप-रंग के बादल कूद-फाँद मचाने लगे। डुबकी लगाकर राजकुमारी सांध्य कमलिनी की तरह जल-तल से कढ़ आई। चेहरे के चारों ओर भौरों की पाँत-सी बिथुरी-छिटकी केशराशि से मानो मधु-मकरन्द की बूँदें टपक रही थीं। दासियों की सहायता से सहज सजकर आज के दिन आकाश से निर्वासित ज्योत्स्ना-सी अप्रतिम उज्ज्वलता बिखेरने लगी।

रानी माँ और राजकुमारी को मेखलाकार घेर कर दासियों का दल चल पड़ा। भटों की शृंखला राजमार्ग के दोनों ओर सन्नद्ध थी। मन्दिर के लिए महारानी को उपवास-शिथिल पाँवों से कुछ दूर चलना था। रानी

माँ दासियों की ओर देख और मुसका कर बोलीं :

"थोड़ी देर हो गई। विद्या के पांव आज नीचे पड़े ही नहीं। मैं ही ऊपर चली गई। सोचा, इस अपने आप में खोई-खोई हुई को शिवरात्रि की याद तो दिला दूँ, फिर तीसरे प्रहर शिप्रा नहाने निकलूँ। इसकी बातों में आ गई होती तो यह प्रदोष प्रभात में बदल गया होता।

"वर्ष में एक बार, केवल एक ही बार शिवरात्रि आती है। और देवी-देवताओं के व्रत-त्यौहार तो हर महीने होते ही रहते हैं।"

राजकुमारी ने हुलस कर कहा : "विशेष कर विष्णु के। महीने में दो बार तो अकेली एकादशी ही होती है।"

—राजकुमारी के स्वर में अतुल उल्लास था। प्रकाण्ड जनसम्मर्द सुरक्षित घेरे के बाहर, वात्याचक्र में झुक-झुक झूमते पेड़-पौधों की भांति, गतिशील होकर भी एक ही ठौर संस्थित-सा दिखाई दे रहा था। भीड़ में सम्पन्नों से कहीं अधिक अकिञ्चन थे। अकिञ्चनों का यह चिर-प्रार्थित व्रत था। लोटे भर जल के अलावा विल्वपत्र और धतूरे के फूल, आशुतोष को और क्या चाहिए? धुँधलाए सांध्य-मुख में रामघाट पर डुबकियाँ लगाकर सूखे-गीले कपड़े लपेटे, जलपात्र हाथ में उठाए, सामान्य जनों की यह भारी भीड़ राजकुमारी की आँखों में अट नहीं रही थी। दिगन्त-सञ्चित प्रकाशपुञ्ज में सब नील नीरद-से तैर रहे थे। अतिरेक से उमग कर भावाविष्ट-सी रानी माँ से बोली : "रानी माँ, शिव भारत के सबसे पुराने देवता हैं। आर्य संस्कृति के देशव्यापी प्रचार-प्रसार से भी पहले के। नागरिक और ग्रामीण सभी उन्हें समान समादर देते रहे हैं। वैदिक सभ्यता प्राचीन परम्परा को छोड़कर आगे नहीं बढ़ी है, शिव-भक्ति इसका प्रत्यक्ष प्रमाण है। शिव प्राग्वैदिक देवता हैं।

"हमारी आर्य संस्कृति के मूल में ही शिव-तत्त्व प्रतिष्ठित है। आपको एक नई बात बताऊँ। दुर्लंघ्य व्यक्तित्व को या तो ऊँचाई से मापते हैं या फिर गहराई से। ऊँचाई से गंगा खिसकीं तो शिव ने ही उन्हें सिर-आँखों पर रखा और गहराई ने जब जहर उगला तो उसे भी शिव ने ही अपने कण्ठ में ला बिठाया।

"विष्णु तो बड़े चालाक हैं; अकेले शिव ही भोलेभाले हैं।

"असुरों के विनाश की चिन्ता विष्णु को कब न रही ! एक अकेले शिव ही ऐसे देवता हैं, जिन्होंने सुर और असुर में कभी कोई भेद-भाव नहीं किया। वरदान के लिए तप को मानदण्ड माना, जाति-विशेष को नहीं।

"और फिर सुर और असुर में अन्तर ही कितना है ! वृत्तियाँ विभेद का कारण हैं। एक ही काम सुर और असुर दोनों करते हैं ; किन्तु भाव और कुभाव को लेकर एक रचनात्मक और दूसरा विध्वंसक हो जाता है।

"सात्विक वृत्तियाँ देवाराधन करती हैं। दम्भ और अहंकार से भर कर, दुर्दान्त शक्ति, घोर आसक्ति और प्रतप्त कामनाओं की उत्तेजना से उद्दीप्त होकर जो कठोर तप किया जाता है वह आसुरी शक्ति का, विध्वंसक-प्रकृति का तप है। उससे सृष्टि का कल्याण सम्भव नहीं है। किन्तु सृष्टि, स्थिति और संहार के एक अकेले देवता शिव ही हैं जो सात्विक और तामस , सुर-असुर भावों का भेद भूल कर वर बरसने में कृपणता नहीं करते। अवढर दानीं जो हैं !

"और भी। व्यक्तित्व के गठन में शिक्षा का मूल उद्देश्य निहित है। और शिक्षा के प्रवर्तक भी शिव ही हैं। उन्हीं के डमरू के निनाद से व्याकरण बना है जिसमें पूर्ण प्रवीणता प्राप्त किए बिना कोई भी शास्त्र नहीं पढ़ा जा सकता।

"संहार की नृशंसता को भी इन्होंने नृत्य के माध्यम से लयात्मक सौन्दर्य प्रदान किया है। लीला-भाव भर कर अति कठोर को कोमल कर दिया है।

"आशा और आत्म-विश्वास का पाठ पढ़ा कर इन्होंने जीवन को उत्साह और उमंग से भर दिया है—ऐसा कि मृत्यु की विभीषिका भी नील कंठ की सुन्दरता में ढल गई है ; विध्वंस नवनिर्माण की प्रेरणा बन गया है।"

मन्दिर के अन्दर शंख-घण्टा, तूर्य और दुन्दुभि का गगनभेदी निनाद सुन राजकुमारी चौंकी।

महाकाल का गोपुर आ गया था ! नर-नारियों की उमड़ी हुई भीड़ उद्‌भट भटों के व्यूह से दो पाटों में बँटी शिप्रा की धारा-सी प्रतीत हो

रही थी। दासियों की बाहु-मेखला दुहरी सुरक्षा में तत्पर थी। मण्डप में पहुँच जाने पर स्तम्भों-से खड़े भट जैसे ढह गए। दासियों का दायित्व दूना हो गया। रानी माँ अर्घ्य के निकट बैठ ध्यान-मग्न हो गईं।

कोई भी चित्रकार हाथी का माथा फाड़ डालने वाले वनराज सिंह को मनुष्य से श्रेष्ठ नहीं चित्रित कर सकता। मनुष्य उसकी दृष्टि में सर्वोपरि है। क्योंकि चित्रकार स्वयं मनुष्य है। किन्तु यदि सिंह रंग और तूलिका लेकर बैठे तो? वह क्या मनुष्य को अपना बल-दर्प अवमर्दित करने वाला चित्रित कर सकता है? नहीं कर सकता, क्योंकि वह सिंह है, मनुष्य को अस्थि-कंकाल बना डालना उसका एक मामूली-सा खेल हो सकता है!

कोई रानी-महारानी होगी अपने रत्नजटित अन्तःपुर की, पशुपति के साम्राज्य में राव-रंक सब बराबर हैं। माथे टेक-टेक कर रानी नंगे भिखारी से भीख मांगती रहीं। एक भिक्षा अपनी इकलौती महाविदुषी राजकुमारी के अनुरूप वर की भी थी।

राजकुमारी विद्योत्तमा विद्या के क्षेत्र में अद्वितीय समझी जाती थी। दरबारियों की इसमें सामूहिक सहमति थी। और, तर्कों से परास्त पण्डितों ने भी इसे पूरी तरह प्रमाणित कर दिया था।

बूढ़े विद्वान् इस प्रतिस्पर्धा में अपने को नहीं सम्मिलित करते थे क्योंकि नगर और दूर-सुदूर प्रांतों तक को उस घोषणा का जनश्रुति की तरह पता था जिसके अनुसार राजकुमारी उसी विद्वत्प्रवर से ब्याही जाती जो उसे शास्त्रार्थ में भरी सभा की सर्वसम्मति से, निरुत्तर और परास्त कर देता।

तरुणों और प्रौढों ने बहुत प्रयास किए, पर उनकी सामर्थ्य की सीमा ही हर बार उजागर हुई।

रानी की तन्मयता टूटती न थी, उधर बलपूर्वक भीड़ की व्यग्रता को बहुत देर तक रोके रहना कठिन हो रहा था। दासियाँ उन्हें यह बताने में त्रस्त हो रही थीं कि राजकुमारी किधर को भी आगे निकल गई हैं; कि यहां खड़े, बैठे और भागते लोगों में उन्हें आँखों-आँखों से ढूँढ निकालना सम्भव नहीं है।

ठौर-ठौर मशालों की लाल रोशनी चमक रही थी। मंदिर के बाहर

भृत्य-भटों का दल सुरक्षित मार्ग बनाकर इधर ही टकटकी लगाकर देख रहा था।

राजकुमारी सहचरी चित्रांगदा के साथ पार्श्वद्वार से बाहर निकल कर जिन जुड़वें खम्भों की आड़ में खड़ी हो गई थीं वहाँ आँधी-पानी का भय न था, बौछार का तो और भी नहीं। अन्तस्तर के दुर्धर्ष संघर्ष पर जय पाकर मन्दतर स्वर में, टूटे बिखरे वर्णों में, फूटीं :

"चित्रांगदा, उधर वहाँ देखो! अरे, यही तो मेरा वह स्वप्न! इसे ही मैंने कल सारी रात जग कर देखा था!"

"स्वप्न ?'

'हाँ,' कहते समय भी राजकुमारी की स्तब्धता कम न हुई थी, वह बार-बार ललाट-तट पर झलमल करते स्वेद-कण आँचल से पोंछ रही थी। रोमांच छिपाने का निष्फल प्रयत्न भी कर रही थी ; किन्तु घुटते-घुटते-से बोल बदलते हुए अंग-रंग से ध्यान न हटा पा रहे थे।

चित्रांगदा लाख मुँहबोली हो, थी तो अनुचरी-सहचरी ही। निर्वाक् राजकुमारी का भाव-परिवर्तन लक्ष्य कर रही थी : राजकुमारी बाहर निकल बैठे अपने सपने को पुनः पलकों में बन्द करना चाह रही थीं। पुतलियां निश्चल हो गई थीं ; आँखें मुँदती ही न थीं।

स्वप्न-मंगल की चर्चा प्रातः काल रानी माँ से की थी ; किन्तु उन्होंने कोई उत्सुकता नहीं दिखाई थी, इतना ही नहीं, चलती-सी जिज्ञासा भी नहीं प्रकट की थी। चित्रांगदा ने रानी माँ से कहते समय ही सुना था। अपनी मधुर भावना का वह प्रथम उद्रेक—स्वप्न-जनित व्याकुलता का नीहार-घिरा आलोक राजकुमारी ने आंशिक रूप में भी उसके समक्ष नहीं आभासित होने दिया था।

राजकुमारी धर्म को क्लिष्ट नहीं होने देना चाहतीं। उनका मन काम-तंत्र-परायण नहीं है। एक उत्सुकता प्राकृतिक प्रेरणावश साक्षात् शिव के प्रतिरूप पुरुष की ओर उन्हें खींच लाई थी।

मण्डप में धूप-अगुरु, पुष्प-पुष्पमाल्य की सुगन्ध फैल रही थी। ठौर-ठौर मंगल-कलश पर चौमुख दियने जल रहे थे। कहीं पूरा पुरुष-सूक्त, कहीं रुद्राष्टाध्यायी का सस्वर पाठ हो रहा था। एक चन्दन-

चर्चित-शरीर, व्याघ्र-चर्म का कौपीन धारण किए हुए, डमरू बजाकर ताण्डव नृत्य कर रहा था ; दूसरा ताल में शिवताण्डव के बोल घोल रहा था—उस उद्धत नृत्य में ; किन्तु राजकुमारी जिसे देख कर औचक ठिठक गई थीं, वह कुन्द, इन्दु, तुषार-गौर तरुण अरुण-वारिज-नयन पुरुष स्फटिक की प्राणवन्त प्रतिमा की तरह ज्यों का त्यों बैठा हुआ था। सम्भ्रम क्या, स्पन्दन-कम्पन तक उसके अनंगोपम अंग में अदृश्य था। निश्वास ही उसे अप्रतिम प्रतिमा से पृथक् कर रहा था, नहीं तो, जैसे उसके पास ही प्रतिमा स्थापित थी, उसे कैलास से उतर कर आ विराजे आनन्दमय महेश्वर मान लेने में किसी भी भाव-विभोर को निमिष भर भी विलम्ब न होता।

राजकुमारी ने चित्रांगदा के कन्धे पर बायाँ हाथ रखकर शिथिल करतल से संकेत किया : देखो !

चेतना के उदय-काल से ही ऐश्वर्य की इन्द्रधनुषी छटा से चित्रा की आँखें चुँधिआई रही हैं। उसे आँखें मूँदकर बैठे हुए कौशेय वस्त्रधारी उस गोरे-चिट्टे युवा पुरुष में ऐसा कुछ नहीं दिख रहा था जिसे विशेष रूप से देखने के लिए राजकुमारी उसे कोंच रही थीं। उसे प्रसन्नता हो रही थी तो बस इसी बात पर कि अपने में मगन रहने वाली पहली-पहली बार किसी पुरुष-विशेष को देख कर विभोर तो हुईं ! कि उनकी गूढ़-गहन अन्तरात्मा को विदीर्ण कर किसी निर्दोष कुतूहल ने प्रवेश तो पाया !! कि दैवी वृत्तियों से आच्छन्न अन्तराल में मानवीय आकृति की एक बाती तो टिमटिमाई !!!

जनारण्य में एक विहग-बालिका भटक गई है, उसे अपने निविड़ नीड़ की खोज है जहाँ वह पाँखें फैलाकर भटकन की थकन मेट सके। वैदिक ऋचाएँ उसे दिशा का निर्देश करने में असमर्थ हैं, गीत-वाद्य सुन वह चिहुँकती है, उसे किसी जनम का कोई भूला-बिसरा याद आता है, घोंसला फिर भी उसे नहीं दिखता। उसकी तड़फड़ाहट ताण्डव नृत्य में नहीं है, ताण्डव स्तोत्र में भी नहीं। नृत्य आंगिक आस्फालन है, स्तोत्र वाचिक अभ्यर्थना। उसकी घनी व्यथा अन्तर्गूढ़ है, तभी मौन उसे अपनी ओर आकृष्ट कर रहा है। सत्य की कठोरता उसे अज्ञात रूप में असह्य है,

तभी उसकी आँखों में छिप-छिप कर सपने ही आते हैं।

राजकुमारी देख रही थीं :

कैलास के इस पार आया हुआ यह कोई अलका का गन्धर्व तो नहीं है ! इसके लिए यहाँ कुछ भी दर्शनीय नहीं है, तभी यह आँखें बन्द किए हुए है ! इस अकृत्रिम-हृदय ने आकांक्षाओं का गरल पी लिया है, इसे अमृत की भी आकांक्षा नहीं है। इस तत्त्वदर्शी ने अपने को देख लिया है। यह स्वयं नित नए सपने सिरजता होगा, इसे कौन-सा सपना देखना है ?

लज्जा और भय से राजकुमारी ने तब झटपट आँखें फिरा लीं जब रानी माँ ने उसे महाकालेश्वर को प्रणाम कर बाहर निकलते देखकर भी रोका-टोका न था। उनका व्रत, उनका ध्यान, —सब तो उसी के लिए था !

मणिकुट्टिम पर चमकती हुई आराधकों की आकृतियों और मण्डप में चहुँ ओर प्रतिध्वनित होती हुई ऋक्, यजु, साम की ध्वनियाँ महारानी को भी प्रिय प्रतीत हुईं। रुकने का समय न था। अब और विलम्ब होने पर भीड़ के अमर्यादित होने की आशंका थी। तो भी बढ़ते-बढ़ते उनके पाँव एक ठौर ठिठक ही गए। वह तेज-पुंज तब वहाँ सभी आने-जाने वाले नर-नारियों के आँखें होने का सम्पूर्ण फल था।

पद्मासन में निश्चल-निस्पन्द तलवे टटके खिले लाल कमल-जैसे दिखाई देते थे। कौशेय पट्टाम्बर कमल की पाँखुरियों से सुगन्ध के हाथों बुना हुआ-सा प्रतीत होता था जिससे बाहर निकले मणिबन्ध और चाँदनी में चन्दन के बने करतल-युगल पद-तलों पर गुलाबी रंग के कमलों-जैसे खिले थे। आक-धतूरेवाले के दरबार में यह प्रफुल्ल कमल-वन नयन-नयन में तैर रहा था।

नाक की नोक पर हल्का-सा प्रकाश उफनाती पुतलियाँ, चन्द्रखण्ड-सा उद्भासित ललाट, सुन्दरियों की इकट्ठी हुई चितवनों-सा बंक कुन्तल-स्तवक।

सहमी-सी राजकुमारी को प्यार से उसे दिखला क्रर राजरानी ने पूछा : "कुछ देखा भी या ध्यान लगाकर केवल शास्त्र-पुराण ही सुनती रही ?"

"देखी चरम शान्ति विकल कोलाहल के बीच ; देखी परम कान्ति जो चेतना के उत्स में आनन्द को ऐसे घुलाती है जैसे दूध में इंगुर ; देखी

ज्योतिष्मती इंगुदी, जो प्राणों के व्रण का विरोपण करती है, देखी असूर्यम्पश्य आत्मा, जो किसी अज्ञात कारण से मानवीय आकृति में प्रकाशित हुई है।''

'राजकुमारी !' महारानी मुसकिराईं : 'तब तो तुमने मेरी चिरसंचित आकांक्षा और एकान्त में संवर्धित आशा के अनुरूप ही सब देखा। अच्छा, अब महाकालेश्वर को प्रणाम कर, चलो, लौट चलें।'

दास-दासियों की प्रत्युत्पन्न मति ने बाहुबल से कृत्रिम वीथी का तत्काल निर्माण कर लिया। पंडे-पुजारी कुछ दूर तक पुष्प-फल-प्रसाद की डलिया लिए आगे-पीछे चलते रहे, फिर महारानी के अनुरोध पर बत्तीसों दाँतों से आशीष बरसते हुए और ऐरावत की सूँड़-सी चन्दन-चीती बाँहें उठाए-उठाए उल्टे पाँवों लौट गए।

□

३

बाहर और भीतर के प्रकाश में होड़-सी बँध रही थी। कामनाएँ होम देने से विद्योत्तमा के मन का वातावरण यों भी महमह करता रहता था, यहाँ चन्दन, फूल और धूपबत्तियों ने सुगन्ध की कई नई तहें चहुँ ओर जमा दी थीं जिन पर से सरकते हुए, फूलों से लदी डाली-जैसी राजकुमारी विद्योत्तमा के पाँव कमल के दियों की तरह दिप रहे थे। अर्चना के लिए फैली पुष्पांजलि से जैसे एक-एक फूल झर रहा हो, उसका एक-एक पद-क्षेप कुछ वैसा ही हल्का लग रहा था। पुखराज पर हीरे के कण भी वैसे न चमकते होंगे जैसे उसके पांवों के नाखून प्रकाश-स्तंभों की छवि में चमक रहे थे जिन पर अधिक समय तक उसी की आँखें टिकी होती थीं। प्रीतिकर आकांक्षाओं-जैसी सहचरियों से घिरी-घिरी राजकुमारी भँवर में पड़ी चन्द्रकिरण-सी चमक रही थी। याद रखने के दुःख को नई अनुभूति के सुख से ढक कर उसका मुख-मण्डल सुख-सुषमा का एक नया ही स्पर्शगन्धी प्रतिमान गढ़ रहा था।

महारानी दासियों के साथ आगे-आगे चल रही थीं। पृथु मध्य पर सतलड़ी स्वर्ण-कांची कौशेय वसन की रंग-तरंगों से कुछ ऐसी एकाकार हो गई थी जो प्रकाश के कितने भी साधनों द्वारा अलग से नहीं लक्ष्य की जा सकती थी। दूसरे आभूषण जड़े रत्नों के कारण अपने को नहीं छिपा पा रहे थे। आँख मूँद कर नकार देने पर कोई भी झूठ ताड़ जाता।

रानी माँ ने मुड़कर चुपचाप चलती चली आ रही विद्योत्तमा से पूछा : 'तुझे शकविजय का वर्ष याद आता है? तू तब केवल तेरह वर्ष की

थी, महाकाल के इसी परिसर में उमा-मण्डप के आस-पास वेदपाठ हो रहा था। उस वर्ष भारत के कोने-कोने से वैदिक विद्वानों की मण्डली इकट्ठी हुई थी। एक पण्डित ने अशुद्ध मन्त्र पढ़ा तो तूने टोक दिया था।

एक तो दो दाँत की बालिका, उस पर शकविजयी महाराज की इकलौती राजकुमारी, उसके होंठ काँप कर स्थिर हो गए; तरेरी हुई आँखें सौम्य हो गईं।

तूने कहा : 'आप नंगे पाँवों चले; शीतल जल में खड़े होकर जप किया; खुरदुरी भूमि पर सोए; ऐसे कठोर शारीरिक तप ने आपको अद्‌भुत तितिक्षा दी है; आप कृतार्थ हैं।''

पण्डित ने कहा : 'वाणी की भी तपस्या होती है, राजकुमारी जी ! सत्य बोले, किन्तु अप्रिय नहीं; किसी को दुःख देने वाला नहीं। यही वाङ्मय तप है।'

—सुन कर तू स्तब्ध हो गई थी। तूने अनुभव किया था कि स्खलित उच्चारण वयोजन्य भी हो सकता है; कि उतने-उतने बहुश्रुत विद्वानों के समक्ष उसे टोकना उचित न था। उसे लज्जित जो होना पड़ा था !'

'हाँ, माँ, मुझे एक-एक शब्द याद है। वह 'शिव संकल्पसूक्त' के छहों सूक्त पढ़कर पुरुष सूक्त का पाठ करने जा रहे थे।'

'यह सब क्या है ?'

'शुक्ल यजुर्वेद में, आठ अध्यायों में एक रुद्र-स्तवन है, उसे रुद्राष्टाध्यायी भी कहते हैं। शिवसंकल्प उसी के पहले अध्याय में है। दूसरे में पुरुष सूक्त के सोलह मन्त्र हैं।'

'तूने कैसे इतनी जल्दी यह सब जान लिया था विद्या ? मैं तो तेरे बताए बिना यह भी न जानती कि मैं तेरी माँ हूँ, तू मेरी बेटी है !'

'सम्राट् अशोक को तो जानती हो न माँ, कलिंग-विजय के क्रम में हुए नर-संहार ने उनकी आँखें खोल दी थीं। पश्चात्ताप में जल कर, उज्ज्वल होकर, उन्होंने संन्यासी उपगुप्त से बौद्ध धर्म की दीक्षा ले ली थी। फिर आजीवन, बौद्ध धर्म के प्रचार-प्रसार के लिए जो कुछ सम्भव था, करते रहे। दूर-दूर देशों में संन्यासियों को भेजा। विशाल स्तम्भों पर धर्म के पवित्र वचन खुदवाए और उन्हें जहाँ-तहाँ गड़वा दिया। इतना

ही नहीं, सम्राट् अशोक ने बौद्ध धर्म में दीक्षित कर जहाँ अपने बेटे महेन्द्र को भेजा, वहाँ बोधिवृक्ष के साथ अपनी बेटी संघमित्रा को भी धर्म-प्रचार के लिए सिंहल भेजा था।

''मेरे पिता-श्री ने भी मुझे वैदिक धर्म के मर्म में प्रवेश पाने के लिए, सम्भव है, उसी से प्रेरित होकर छहों शास्त्रों में पारंगत कराने की अभिलाषा की होगी। शाश्वत धर्म का प्रत्यावर्तन शताब्दियों बाद हो रहा है। इस घड़ी गायत्री जपने से बहुत आगे बढ़कर स्वयं गायत्री बनने की आवश्यकता है। पिता-श्री ने सोचा होगा, धर्म का मूल वेद है। आरम्भ में ही वेदों का अध्ययन कर लेने से बुद्धि संयत हो जाती है। चंचल रहकर यहाँ-वहाँ नहीं भटकती फिरती।

''स्वयं पिता-श्री और पितृव्य देव भी अपने पिता महेन्द्रादित्य और माता सौम्यदर्शना को उनके अमित तप से प्रसन्न हुए महाकालेश्वर के प्रसाद-स्वरूप प्राप्त हुए हैं। और अपने पितृव्य महात्मा भर्तृहरि ; जिन्होंने सजगता और एकाग्रता की शक्ति इतनी बढ़ा ली है कि इच्छा मात्र से शिव-स्वरूप हो गए हैं ; मुझे प्यार के क्षणों में भी भीगी धरती की सोंधी गन्ध के साथ मन को निर्बन्ध नहीं छोड़ने देते थे। कहते थे : देह के रन्ध्र-रन्ध्र को प्रकाश से भरने का अभ्यास करो ; मन को दिव्य आनन्द के साथ बढ़ने दो ; तन-मन तुम्हारे अधिकार में रहें, अँधेरे के बहु-रूपियेपन को पहचानो ; तुम्हारा अभ्यन्तर शाप-ताप से मुक्त रहे ; तुग ... और ...

''हिम-शीतल प्राणों में निर्धूम जलती ज्वाला पर चन्दन की बूँदें बिछलाकर आपने जो कहा कि मेरे बताए बिना आप यह भी न जानतीं कि आप मेरी माँ हैं, यह ललित विनोद नहीं, कुलिश-कठोर सत्य है राजमाता !

''नीले आकाश में जगमग करते ग्रह-नक्षत्र किसी प्रकाशमयी के चरण-चिह्न-से दिखाई देते हैं, उस ऊँचाई पर कोई मिट्टी की काया नहीं सञ्चरण कर सकती।

''यह राजभवन मेरे जन्मोत्सव से कभी जगर-मगर न हुआ होगा ; यहाँ की हँसमुख नीरवता में मेरा पहला-पहला क्रन्दन कभी न गूँजा होगा ; सचमुच ही आपने मुझे जन्म देने का कष्ट नहीं झेला था !

"मेरा आविर्भाव, मैं जानती हूँ, सीता-जैसा है। विदेह की अपनी पुत्री—ऊर्मिला वैदेही नहीं कही जाती। सीता, जो खेत से उठा लाई गई थीं, वैदेही—विदेह की आत्मा और आत्मजा कहलाईं ! क्या मैं उसी भूल की नई याद नहीं हूँ ?"

रानी माँ अवाक्। काल-सर्प के फन पर धरती घन-घन नाचने लगी। साहस स्पष्टवादिता का, विद्या को नहीं तो क्या अविद्या को होगा ? कठोर नियन्त्रण के अभाव में सहिष्णुता इतनी अगाध नहीं होती !

पहाड़ी ढलान और उसके नीचे बस्ती के बीच से राजमार्ग की एक छोटी-सी दूरी पार करते ही राजभवन आ जायगा ; किन्तु मालवराज्य की रानी के पाँव थरथराने लगे हैं। सड़क के किनारे ऊबड़-खाबड़ लगने लगे हैं ; बाँहें यों स्वस्तिक के आकार में संवलित हैं ; किन्तु आँखें धरती के ऊपर नहीं उठ रहीं। राजभवन के गवाक्ष दिखने लगे हैं ; ऊँचे दीपाधार के प्रज्वलित दीपक बाहर प्रकाश फेंक रहे हैं।

और बहुत कुछ ढूँढ निकालने की व्यग्रता के साथ रानी माँ ने पारदर्शिता को हिलकोरा :

'राजविद्या, क्या सचमुच ही तुम्हें अपनी अभिज्ञता पर विश्वास है कि तुम कौन हो ?'

'मैं कौन हूँ—इसी जिज्ञासा ने तो माँ, मनुष्य को दार्शनिक बनाया है, और इसी का असन्दिग्ध समाधान आध्यात्मिक ज्ञान है !'—विद्या बोली।

'दर्शन और अध्यात्म का ज्योति-चक्र मेरी बुद्धि चुँधिया देता है—विद्या ! महाकालेश्वर के दर्शन हो गए, हुलस कर आत्मा की गहराइयों से उनसे तुम्हारे अनुरूप वर माँग लिया,—बस, मेरे दर्शन और अध्यात्म की यही सीमा है।"

"सच रानी माँ, बादलों के ढेर में तुम रुई देखती हो ? महाकालेश्वर से मेरे लिए वर मांगती हो ? अपने लिए कुछ भी नहीं माँ ?"

"तुम क्या पराई हो ? मेरे तो और कोई सन्तान नहीं। जैसे महाराज और जेठ भर्तृहरि महाकालेश्वर की देन हैं, वैसे ही तुम भी ..."

"नहीं मां, मैं तो एक 'कुम्भीधान्य' (असंग्रही) अलोलुप, अगृह्यमा-

णकारण' (जितेन्द्रिय) और वेद-वेदांग-पारंगत ऋषि-कल्प ब्राह्मण की कन्या हूँ। मेरे जन्म की प्रसन्नता में माँ ने वह सब किया था जो किसी राजकुल में प्रतीक्षित पुत्र की उत्पत्ति पर राजमाताएँ करती हैं। उनके पास द्रव्य और धान्य के अतिरिक्त कितनी ही गौएं थीं, वह सब की सब दान कर दी थीं। उञ्छ वृत्ति से जीवन-यापन करने लगे थे मेरे माता-पिता, जब एक दिन अनहोनी हो गई।

''सादे जीवन में आवश्यकताएँ न्यूनतम होती हैं। सन्तोष धन का अर्जन ही उसका सर्वोपरि लक्ष्य होता है।

''गाँव के आसपास के खेतों से प्रतिदिन दाने चुन कर लाते थे। धीरे-धीरे सब खलिहान खाली हो गए। खेत के दाने चिड़ियों ने चुग लिए तो उन्हें उञ्छ के लिए दूर जाना पड़ा। उस दिन मुझे रास्ते पर सुलाकर रख दिया था और दोनों झाड़ी-झुरमुट की आड़ में कुछ सूखे-गिरे फल आदि चुनने लगे थे कि माँ की उँगली में कुछ चुभा। सोचा, करौंदे का काँटा होगा। पिताजी देखने गए, शुष्क-काष्ठ और सूखी पत्तियों पर पहला पाँव रक्खा ही था कि सुइयों की-सी चुभन से चौंक कर उसे झटपट खींच लिया। एक साँप घायल-सा सरकता हुआ निकल गया। दोनों जल्दी-जल्दी मुझे पगडंडी से उठाकर घर ले आए। गाँव वालों को संकेत से सब कुछ बता कर अचेत हो गए। महाराज विक्रमादित्य वेश बदल कर रात-रात भर घूमा करते हैं। प्रजा को प्राणों से बढ़कर मानते हैं। उस रात ग्रामीणों को जगाकर दोनों की अन्त्येष्टि के लिए पर्याप्त धन दिया और सर्वसम्मति से मुझे उठा कर ले आए। यहाँ मैं पुरोहित के घर राजाश्रय में पली। पाँच वर्ष की अवस्था में अक्षरारम्भ हुआ। महाराज के पास मैं प्रायः लाई जाती थी। मेरी बुद्धि की तीक्ष्णता की परीक्षा ली जाती थी। पुरोहित की अनुशंसा से एक दिन आपकी शरण में आई। और इस प्रकार दीन दुखियारी माँ गँवाकर मैंने महारानी माँ पाई। ... ''

''झूठ, सब झूठ ! यह मनगढंत कहानी कहाँ सुनी तुमने विद्या ? सौराष्ट्र-विजय के बाद पराजित नृपतिगण ऐसे-ऐसे प्रवाद फैला रहे थे जिनसे साम्प्रदायिक युद्ध की आग भड़के ; प्रजाजन शील-सौजन्य त्याग कर विप्लव पर उतर आएँ। उनकी एक न चली तो इसलिए कि सभी छोटे-

मोटे पड़ोसी राज्य महाराज के साथ मिल गए थे ! उनकी कहीं दाल न गली तो राजभवन के क्षीरसागर में ही एक बूँद छाँछ छोड़ देने की मूर्खता की होगी। तुम्हें दिग्भ्रान्त किया गया है विद्या, विश्वास करो, तुम मेरी ही आँखों की चाँदनी हो।

''जैन धर्म के अभ्युदय के लिए, कौआ चला हंस की चाल, वे छुटभैये सम्राट् अशोक का अनुकरण करना चाहते थे। महाराज के प्रताप का आदित्य मध्याह्न में था, उनकी बकवास टायँ-टायँ फिस्स होकर रह गई, तब अपने को कौटिल्य समझनेवाला उनका आचार्य तक्षशिला जाने के बहाने चीन के सीमान्त से शकों को बुला लाया। उन्हें मालव के राज्य का प्रलोभन देकर जैन बना लिया। लाट-सौराष्ट्र मद्र आदि की प्रच्छन्न सहायता से शकों ने मालव पर आक्रमण करने का दुःसाहस भी कर दिया। तभी महाराज ने उनकी विपुल-विराट सैन्य-शक्ति को दलमल दिया और शकराज साही को देवमार्ग पर महाप्रस्थान के योग्य बना दिया।

''शकविजय के पश्चात् पुण्याभिषेक के समय तुम तेरह वर्ष की थीं। तुम्हें भली-भाँति याद होगा। महाराज और मेरे साथ ही तुम्हारी भी सामूहिक अभ्यर्थना हुई थी। राजकुमारी की जय-जय-कार मालव की प्रसन्न प्रजा ने हर्षोल्लास के साथ की थी !''

राजभवन पहुँच कर अपने प्रकोष्ठ की ओर मुड़ने के पहले राजकुमारी ने रानी माँ के चरण छू लिए और रानी माँ ने उपवास-कृश मुख-मण्डल पर शिशिर किरण छिटका कर वह पुष्पमाल्य विद्या के गले में डाल दिया, जो प्रधान पुजारी ने झुककर महारानी को भेंट किया था।

जिज्ञासु का औत्सुक्य राजकुमारी के हृदय में न था। जागरूक और गतिशील चेतना व्यापक और मुक्त का सन्धान करती है, समसामयिक तथ्यों का तात्कालिक संकलन भर उसका लक्ष्य नहीं होता। तत्त्वहीन वैयक्तिक स्वर वैसा प्रभावी भी नहीं होता जो विचारों में बढ़ चलने का चाव जुगोए; छिले उर का दुराव दूर कर दे !

राजकुमारी ओठों में बुदबुदा रही थी : ''पौरुष और पराक्रम का ऐसा चमत्कार किस काम का ! महाराज को 'शकारि' उपाधि देकर जनता ने ऐसा कौन-सा रोम-रोम फड़काने वाला काम कर दिखाया ? वेद में वृत्रासुर

को 'इन्द्र-शत्रु' कहा गया है, क्या यह 'शकारि' शब्द-जैसा ही अशोभन अर्थ नहीं देता ? इससे सहज, सबल और 'वीर विक्रम' कहलाना क्या बुरा था ? क्या कमी थी उसमें ? वेद तो मित्र की दृष्टि से विश्व को देखने सिखाता है ! अन्ततः बौद्ध या जैन भी तो धर्म ही हैं। दृष्टि-भेद भर है। दोनों चरित्र-गठन को प्राथमिकता देते हैं। किन्तु उनमें एक महान दुर्गुण भी है, वे वैदिक धर्म की शाश्वत प्रतिष्ठा को चुनौती देने में नहीं चूकते। शत्रुता उधर से ही आती है—अपने ही धर्म को सर्वश्रेष्ठ सिद्ध करने के कारण।

''तब शकारि कहलाना क्यों बुरा है ? विष्णु 'दैत्यारि' और शिव 'कामारि' कहे ही जाते हैं। यह उनके गौरव को कम करने वाला विशेषण तो नहीं है ! सूर्य 'तमोऽरि' है—अन्धकार का शत्रु। वीर विक्रमादित्य 'शकारि' हैं, शकों के शत्रु। शक और हूण, जैन या बौद्ध हैं, इसलिए उनका विरोध नहीं है। ये विदेशी जिन या बुद्ध के पर्दे में राजनीति का चक्र चलाते हैं ; राजा बनकर देश को दासता-पाश में जकड़ डालना और यहाँ के अपने शाश्वत वैदिक धर्म को जड़-मूल से उखाड़ फेंकना चाहते हैं। ऐसे में तो उन्हें संगठित होकर खदेड़ देना ही उचित है !

''मुकुल के अभ्यन्तर में रवि की प्रथम रश्मि रन्ध्र बना रही है, यह कोई शत्रुता है क्या ? आगे सौरभ से अन्तराल तो भर जाए, नाक सिकोड़ने वाले सिकोड़ते रहें !

''धर्म कट्टर और अनुदार नहीं होता, सम्प्रदाय होता है। धर्म अविरोध में से आता है, सम्प्रदाय समुदाय को टुकड़ों में बाँट कर अपना ध्वज फहराता है। धर्म के मूल में सब को जोड़ने वाला अध्यात्म है, सम्प्रदाय की नींव राजनीति पर रखी जाती है। अस्त्र-शस्त्रों की झंकार सुनकर सम्प्रदाय के पाँव थिरकने लगते हैं, धर्म व्याघ्र-वृक के कोलाहल-भरे कानन में नहीं टेरता ; जीवन के नीरव क्षणों में, ध्रुव के-से एकान्त-निश्चल प्रकाश में, उर के गहरे सुर में, आत्मा की स्वर्ण-वीणा झंकृत हुआ करती है।

''अकेला वैदिक धर्म ही आर्य धर्म नहीं है—जैन और बौद्ध धर्म ने भी वैदिक धर्म के अहिंसा-तत्त्व को ही व्यावहारिक विस्तार दिया है।

''कृषि-सभ्यता के पूर्व प्राणधारण के लिए मांसाहार व्यवहार में रहा

होगा। फिर मृगया रसनालोलुपता की राजसी क्रीड़ा हो गई होगी। यज्ञों में पशु-बलि विधान के रूप में नहीं, हिंसा-प्रियता को संयत करने के अभिप्राय से ही अनुमोदित हुई होगी। ब्राह्मण-पुरोहितों ने आगे चलकर अपनी जिह्वा-लोलुपता के कारण, जब उसे अनिवार्य घोषित कर दिया होगा, तभी बुद्ध और महावीर को मानवता के अभ्युत्थान के लिए सात्त्विक विद्रोह करना पड़ा होगा। अहिंसा वैदिक धर्म की ही सूझ है, बुद्ध और महावीर ने उसे जन-मानस में उतारने का व्रत भर लिया। आर्य-वैदिक-संस्कृति पर पड़ा झोल झाड़ना ही उनका उद्देश्य रहा होगा। अभी और आगे चल कर जब नाना मुनियों के नाना मत विश्व भर में धार्मिक जटिलता बढ़ा देंगे, तब कट्टरता और बढ़ जाएगी।

"शास्त्र होते ही हैं उलझी सुलझाने के लिए। बुद्ध और महावीर ने तप किया होगा पीड़ित मानवता के कल्याण के लिए ; किन्तु राजनीति ने उसकी उज्ज्वलता को लाल रंग में रँग दिया ! ईर्ष्या, द्वेष, दम्भ और दमन ने मूल उद्देश्य को ही विकृत कर दिया। निर्वाण और शान्ति आहत और क्षत-विक्षत स्थिति में हैं। कलेजा पानी होता है तो हो, किन्हीं धर्मगुरुओं का क्या ?"

—अपने आप यही सब सोचती-सोचती राजकुमारी सो गई। स्वप्न में देखा, बिना बढ़े ऊँचा, बिना फन फैलाए चौड़ा हुआ, बिना झुके गहराया, कुण्डली बाँध कर जीभ लपलपाता वही सोने का वासुकि नाग, जो महाकालेश्वर के अर्घ्य में लिपटा हुआ था ! चमक की चौंध से आकार की विशालता का आभास देकर वह जैसे सहसा छोटा पड़ गया हो ; वास्तविकता छिपा कर आदर्श में प्रकट हुआ हो ! उसे देखकर कुमारी का वक्षःस्थल रोमांचित हो गया ; इकहरी टहनी आगे हरिआई, फिर फूल उठी। सहमी-सी हँसी के अधर पर उतरने तक गुदगुदी का अनुभव होता ; पाटल चटकता रहा। हल्की-सी हँसी चाँदनी में लहर उठाने लगी। कुछ कही-अनकही कहने की चेष्टा में शब्द च्युत या स्खलित हों, इसके पहले ही उनमें स्वर-लय सज गए ; ध्वनि की फाँक से प्रतिध्वनियाँ गूँज उठीं। धूप का धुआँ नासा-रन्ध्रों में भरने लगा जो सुगन्ध के बोझ से ऊपर उठने के प्रयत्न में झरा पड़ रहा था। साँप की

आँखों में हीरा जड़ा था। उससे एक अनोखा प्रकाश फूट रहा था जिससे मन निर्जन में भटक जाता था ; बुद्धि की विशुद्धि काँप जाती थी और अहंकार ओंकार की आकृति में तुड़-मुड़ जाता था। इच्छा आभिजात्य से नियन्त्रित न होती ; अनचाही ऋद्धि-सिद्धियों की पकड़ ढीली पड़ सकती तो सम्भव है, साँप की चमकीली आँखों की ओर विद्या खिंचती चली जाती !

विद्या अनन्त पथ पर ध्रुव तारा की जोत न्योत रही थी ; अन्तर चिर-अज्ञात से परिचित हो रहा था। जिसे सर्वोपरि सत्य जाना था, आज उसे सबसे बड़ी मिथ्या मान लेती तो अपना सुख खो बैठती ; अपने फूलों की गन्ध मन्द कर देती और नए रंग, नई तूलिका लिए सिहरन, गुदगुदी और मुसकान के चित्र उरेहती और चित्रपट को अपने ही उच्छ्वास से उड़ा देती !

□

४

स्वप्नों को भूल जाना मानसिक स्वास्थ्य के लिए आवश्यक समझा जाता है, दूसरी ओर जाग्रत अवस्था में भी स्वप्नों का ही विश्लेषण करते रहना कदाचित् विक्षिप्तता के लक्षणों में एक है। राजकुमारी विद्योत्तमा स्वप्न भी अधिक देखती थी और जगने पर उन्हें स्तर-स्तर कुरेद-कुरेद कर देर-देर तक अनमनी भी रहती थी। स्वप्नों के देशकाल और उनके कार्य-कारण की उधेड़-बुन में ज्यों अनेक अनुभवों को दुहराती रहती थी!

अपने अन्तर्मन का मनन करने के क्रम में वह सदा सोचती थी :

श्रद्धा से सत्य मिलता है। दुश्चरित से बचाना और सुचरित में लगाना जिसका निश्चय है, अपना मन मैंने उसे ही तो अर्पित क़र दिया है!

युग की आँधियों में कितनी ही आधि-व्यधियाँ उड़ी आती हैं, मन उन्हींसे बच-बचाव के लिए 'ओषधीश' और 'सुधाकर' कहे जाने वाले चन्द्रमा की सृष्टि करता है! मेरे अमा-जैसे मन से भी एक चाँद चिपक गया है! चकोर ऊपर उड़ कर पूछता है : चाँद धरती पर क्यों उतर आया ? मैं जिसे ढोए-ढोए फिरता हूँ; बोझ जान पड़ने पर भी उतार फेंकना नहीं चाहता, वह अपने आप कैसे कूद पड़ा ठोस को तरल करने ? भगवान शंकर भी तो इसी की सुधाधार के भरोसे गले में विषधर लटकाए फिरते हैं!

राजकुमारी कुछ छोटे कठघरों के चीतों से निर्भय आँखें मिलाती रही थी। वह अब भी जिद पर अड़ी हुई है, लेकिन यह सिंह न आँखें उठाता है, न आँखें खोलता है, अलबत्ता इस पर राजकुमारी की रेशमी पलकें

कुछ ऐसी चिपक गई हैं जैसी आम्रमंजरी पर भौरों की भीर।

''महाराज भर्तृहरि राजपाट ठुकराकर क्यों गुफा में धूनी रमाकर बैठ गए ? क्यों महाराज विक्रमादित्य इष्ट देवी हरसिद्धि के मन्दिर में अपनी बलि देते रहे हैं ?

'श्रेय और प्रेय में प्रेय इतना आकर्षक क्यों है ? वह सचमुच की राजकुमारी तो नहीं है, विद्या या विद्योत्तमा ही उसके लिए क्यों पर्याप्त नहीं है ? उसके शरीर में किसी त्यागी-तपस्वी का रक्त है। वह महाराज के राजपाट को उन्हीं के ऐश्वर्य के रूप में देखती है, अपनी उपलब्धि के रूप में तो कदापि नहीं।

''यशोदा ने जिसे जन्म दिया था, उसे वसुदेव कैसे निर्विध्न उठा कर ले गए ? क्या नन्दराज के अन्तःपुर में दास-दासियों का अकाल था ? यदि यशोदा ने अकेले में योगमाया को जन्म दिया था तो लड़की के बदले लड़का रख दिए जाने पर कहाँ से भीड़ उमड़ पड़ी ? सन्तान को जन्म देती हुई के शून्य कक्ष में वसुदेव कैसे घुस गए ? जितनी देर में अदला-बदली हुई, उतनी देर योगमाया रोई भी नहीं ? उठाकर किसी ने भी न देखा कि लड़की पैदा हुई है ?''

—ऐसे कैसे अटपटे प्रश्न उसे भुलावा देकर धीरे-धीरे कहाँ-कहाँ भटकाते फिरे।

निद्रा की गोद में बेसुध पड़ी राजकुमारी अपने को झूठ-मूठ काम काज की भाग-दौड़ में व्यस्त देखकर परम प्रसन्न थी। भटकती आत्मा के संत्रास, और लक्ष्य ढूंढते जीवन-मूल्यों की टूटन के बीच अपनी अस्मिता बचाए रखने के अटूट विश्वास का तल-स्पर्श उसकी पलकों को निश्चल नहीं रहने दे रहा था। राजकुमारी देख रही थी : लगभग तीन सौ वर्ष पहले सप्त सिन्धु पर आक्रमण करने अलिक सुन्दर जिस महाजन पथ से हिन्दू कुश और सिन्धु नदी को पार कर तक्षशिला पहुँचा था उसी पर से हिमगौर एक युवक काश्मीर से चलता-चलता मथुरा आया और वहाँ उस महाजन पथ की दो शाखाएँ देख पल भर को ठिठका, फिर एक को चुन लिया। महाजन पथ की यह शाखा पाटलिपुत्र होती हुई ताम्रलिप्ति के बन्दरगाह की ओर जाती थी। दूसरी शाखा उज्जयिनी होती हुई

पश्चिमी समुद्रतट पर स्थित भरुकच्छ के बन्दरगाह को जाती थी।

पाटलिपुत्र वाले पथ का चयन सार्थवाह की सुविधा के ही कारण न था, उसके मन में उस महान मग़ध के दर्शन का प्रबल आकर्षण भी था जिसने प्रत्येक विदेशी आक्रमण का अपने प्रबल पराक्रम से डटकर सामना किया था।

युवक ने काश्मीर-जैसी 'स्वर्गादपि गरीयसी' जन्मभूमि को देशाटन के उन्मुक्त आनन्द के लिए ही नहीं छोड़ा था, देश-दर्शन के बहाने वह देश की आत्मा में गहरे और गहरे उतरना चाह रहा था। केसर की क्यारियों में ही उसकी आँखें भौरों की तरह उलझी-चिपकी रह सकतीं तो वह मृणमयी के वन-पर्वतों-घिरे बौने-से दिखते विपुल विस्तार में बिखरने क्यों निकल पड़ता ?

राजकुमारी ने करवट बदली। दीपाधार के सोने में काँपती हुई-सी दिए की लौ देखी, फिर निंदियारी आँखें मूँद लीं। परिचारिकाएँ तो किसी सोच की मारी हुई न थीं, थक कर सो गईं। उसे नींद क्यों नहीं आती ? पल भर को पलकें झपकती भी है तो सपनों की बारात सजाकर। सपने में सरोवर लहराते हैं, फूल खिलते हैं, सुगन्ध उड़ती है, मन कहाँ-कहाँ भागा फिरता है !

''जीवन क्या है ? इसका कब, कहाँ आरम्भ हुआ होगा ? कहाँ अन्त होगा ? दर्शन इसकी तह तक जाता है और मृत्यु लेकर लौट आता है। आस्तिक दर्शन हो कि नास्तिक, इसके विरुद्ध युद्ध छेड़ता, इसे मार डालता है। फिर तो यह जीवन की जीवनी शक्ति ही है कि उसका एक राई-सा बीज पत्थर फोड़कर अँकुराने, उगने लगता है। पत्थर दार्शनिक जड़ता में पड़ा रह जाता है, बीज अपनी शक्ति की सूक्ष्मता को स्थूल आकार-प्रकार में प्रकाशित करने लगता है। आँधी-तूफान, ओले-बर्फ, आग-पानी—सब उसे अपनी चपेट में ले लेना चाहते हैं, मुँह की खाकर पछताते रह जाते हैं।

''वैराग्य बखानते हैं : मिट्टी की काया है ; कागज की नाव है !

''है तो निर्जीव काया मिट्टी है ; जीवन तो उसे भी चेतना देता है ; मृण्मय को चिन्मय बना देता है। जीवन कागज बनाता है और नाव भी।

''जीवन दुःख को दबाता-दुराता है ; तो सुख भी सँजोता है !

"मेरा जीवन आग में पड़ी सुवर्णयष्टि है, हाथ जलने का डर हो तो उसे जलती छोड़ दे, कोई न छुए ! हाथ लगाए तो इस साहस के साथ कि ग्रीष्म की ऊष्मा से नदी-निर्झर और सारे उत्स सूख भी जाएँ; परन्तु पहाड़ अगली बरसात तक अविचल रहेगा।

"फुल्ल कमलों से हरसिद्धि मन्दिर का सरोवर कैसा सुहावना लगता है, कोई डुबकियाँ लगाकर इनकी जड़ तक जाए, कहाँ है वह ?

"मेरा जीवन हलाहल से मूर्च्छित है, इस पर किसी और सरल गरल का प्रभाव नहीं पड़ता। आधी आँख समग्र को समो लेती है, पूरी आँख आधे-अधूरे में उलझी रह जाती है। जंगली हाथी पहाड़ की चोटी उखाड़ने-ढहाने ललकता है, नदी का किनारा उसे नहीं उभाड़ता।

"हथेली पर पहाड़ उठा लो और उससे फूटते हुए झरने को देखो, मेरा यह मोतियों का हार दिख जाएगा !

"पवन भले ही उड़ाए काले बादल की पताका, मेरा मुँह चाँद का पीछा नहीं कर रहा !

'दिए की बत्ती उकसा दी, चंद बूँदें टपक गईं घी की, क्या हुआ ? मेरी आँखें तो नहीं छलकीं !

'सपनों-गुँथे सपने ! बीच-बीच में नींद खुल जाती है कि ठीक-ठीक याद रखूँ : मैं जग-जग कर सपने देखती हूँ।

"शंकर के सिर पर वक्र चन्द्रमा क्यों है, इसीलिए न कि उसे ग्रहण की आशंका नहीं है—राहु उसे ग्रसने में असमर्थ है ! मेरा चन्द्रमा पूर्णिमा का है उसके आस-पास के आसमान में बादल-दल से स्वयं उसी के विथुरे कुन्तल-जाल हैं।"

राजकुमारी जिसे पलकों के बन्द कपाट में अकेली-अकेली देख रही थी, वह कोई दूसरा नहीं, महाकालेश्वर के मन्दिर में साधना-रत युवक ही था। वह वर्षों देशाटन कर मन्दिर तक पहुँचा था ...

× × ×

अशोक की क्रूरता की कहानियाँ बौद्धों ने बहुत गढ़ी हैं; किन्तु चन्द्रगुप्त के बाद भारत के मानचित्र को एक संश्लिष्ट और उदात्त रूप

देने वाले के प्रति युवक के मन में विशेष आग्रह था। वह जानता था कि उसकी जन्मभूमि काश्मीर को स्वर्गीय सुषमा से मण्डित कर बसाने वाला भी अशोक ही था। अशोक की राजधानी देख कर उज्जयिनी की ओर जाने से अतीत से वर्तमान तक की यात्रा पूरी हो जाएगी।

सार्थवाह पाटलिपुत्र के ठीक पहले के पड़ाव पर था। बौद्धों के चीवर के रंग की धूप फैली हुई थी। युवक कितने ही दिनों से यात्रा पर था, आज वह पहली बार थक कर चूर हुआ-सा दिखाई देता था। हिम-गौर काया पसीने से भीग गई थी, जैसे हिम पिघल रहा हो ! पास ही एक कदली-कानन था। वह पथ के साथियों से कुछ कह-सुन कर उसी ओर चल दिया।

कानन के बीचों-बीच एक नया-नया बना हुआ पुष्कर था। घाट पर कुछ ब्रह्मचारी नहाकर पूर्वाभिमुख बैठे मन्त्र-जप कर रहे थे। यह अभी ठीक-ठीक सायं सन्ध्या का समय न था, क्योंकि दिन और रात की मिलन-बेला यह न थी। आगन्तुक युवक कौतुकवश उसी ओर चला गया और बैठकर हाथ-मुँह धोने लगा। पूछने पर बालकों ने बताया कि वे सन्ध्या का पूर्वाभ्यास कर रहे हैं। अभी कुछ ही दिन पहले उनका उपनयन संस्कार हुआ है। तीनों कालों की सन्ध्या पूर्वाभिमुख होकर ही करनी चाहिए, यों ईशान कोण और उत्तर दिशा की ओर मुँह कर के भी त्रिकाल-सन्ध्या की जा सकती है ; किन्तु यह ध्यान रखना पड़ता है कि अर्घ्य, उपस्थान और जप सूर्य की ओर मुँह करके ही करने चाहिए।

आगन्तुक युवक ने पूछा कि क्या यहाँ घर-घर में सन्ध्या-पूजा का प्रचलन है ?

बालकों ने एक स्वर से कहा : हाँ, जब से पुष्यमित्र सम्राट् हुए हैं, बौद्ध विभीषिका समाप्त कर देने के अभिप्राय से उन्होंने वैदिक आचार-विचार को पुनः प्रचारित करने का बीड़ा उठाया है। गाँव-गाँव में वेद पढ़ने-पढ़ाने की व्यवस्था की गई है और वेद पढ़ने वाले के लिए त्रिकाल-सन्ध्या अनिवार्य है।

'तुम्हारे आचार्य कहाँ मिलेंगे ? मैं उनके दर्शन करना चाहता हूँ !' —आगन्तुक ने उत्साह से पूछा। बच्चे उसे आचार्य के पास लिवा ले गए।

बाँस-फूस से छाए हुए आश्रम में पास-पास कई कुटीर खड़े थे। एक में ब्रह्मचारी बरसात और जाड़ों में रहते थे ; गर्मियों में तो नीली छत के नीचे ही अधिक सुविधा थी। गांवों से भिक्षाटन कर अन्न लाना होता था। ब्रह्मचारियों के लिए भैक्ष अन्न ही विहित था। स्वाध्याय-प्रवचन भीतर कुटिया में नहीं, बाहर विशाल वटवृक्ष की छाया में। आचार्य चौकी पर और शिष्यगण भूमि पर कुश की चटाइयों पर बैठते थे।

दो-चार औपचारिक बातें पूछ लेने के बाद आचार्य ने बताया कि सम्राट् अशोक फिर भी धर्म का मर्म समझते थे। बौद्ध धर्म का प्रचार उन्होंने जिस आग्रह से किया था उसमें उनकी गहरी आस्था थी, वैदिक धर्म को उखाड़ फेंकने का दुराग्रह न था। उनके बेटे-पोतों में कट्टरता ही कट्टरता थी। कुणाल, दशरथ और सम्प्रति के समय से वृहद्रथ तक आते-आते वेद-विरोध ही बौद्ध धर्म का प्रथम लक्ष्य हो गया था। वैदिक धर्म का अनुसरण दण्डनीय समझा जाने लगा था जिसका उपसंहार मौर्यकुल के संहार के रूप में हुआ। मौर्य साम्राज्य के महान सेनापति पुष्यमित्र ने मौर्यों के अत्याचार से ऊब कर देश के हित में राज्य की बागडोर स्वयं सँभाल ली और ग्रीकों की एक न चलने दी, जिससे आज वैदिक धर्म का आकाश मेघमुक्त हुआ दिखता है और शाश्वत आचार-विचार की ओर जन-मन में नई उमंग पैदा हुई है।

मौर्यों की प्रशासनिक दुर्बलता का अनुचित लाभ उठाने के अभिप्राय से कलिंग के राजा खारवेल ने पाटलिपुत्र पर कई बार चढ़ाइयाँ कीं। ऐसा प्रतीत होता था कि जैसे वह अशोक के अभिमान का बदला इन्हें नीचा दिखाकर लिया चाहता था। ग्रीक राजा मिनाण्डर ने देश के उत्तरी भाग पर आक्रमण किया और पाटलिपुत्र की ओर लपका ही था कि उसे पुष्यमित्र ने मार भगाया। दक्षिण के सातवाहनों से भी दो-दो बातें हुईं। अब तो दिग्विजयी होकर पुष्यमित्र अश्वमेघ कर रहे हैं। पाटलिपुत्र में इन दिनों उसी की धूम है। ग्यारह सौ वैदिक विद्वान भारत भर के इकट्ठे हो रहे हैं। लोग खुली आँखों देखें कि पीढ़ियाँ वेद का विरोध करते बीत गईं ; किन्तु अत्याचारों के धुएँ के नीचे अक्षय आर्ष ज्योति तब भी जलती ही रही है।

आगन्तुक ने पाटलिपुत्र जाकर इस महोत्सव में सम्मिलित होने की अपनी उत्कट आकांक्षा प्रकट की और आचार्य्य से इसमें पथ-प्रदर्शन करने की प्रार्थना भी की।

आचार्य ने कहा :

पुष्यमित्र का राज्य अंग, बंग, कलिंग, मध्यप्रदेश, राजस्थान, मालवा और पूर्वी पंजाब तक फैला हुआ है। पाटलिपुत्र साढ़े चार मील लम्बे और एक कोस चौड़े दुर्ग से सुरक्षित है। चारों ओर लकड़ी की मजबूत दीवारें हैं जिनमें चौंसठ द्वार बने हुए हैं। बाहर-बाहर एक गहरी खाई (परिखा) है जिसे युद्ध के दिनों में पानी से भर दिया जाता है। नगर के बीचों-बीच राजप्रासाद है। तुम हमारे साथ वहाँ तक चले चलोगे। हाँ, तुमने अपने परिचय में क्या बताया था कि तुम्हारे पूर्वज भी पंजाब से काश्मीर में जा बसे थे ? कि तुम वात्स्यायन गोत्र के सारस्वत ब्राह्मण हो ? और वेदों तथा षट् शास्त्रों का अध्ययन करने के पश्चात् देशाटन के लिए निकले हो ? कि तुम्हारे इस भ्रमण का कोई राजनीतिक उद्देश्य नहीं है ? पुष्यमित्र से तुम्हें कुछ लेना-देना नहीं है ? कि यज्ञ देखकर तुम दक्षिण की ओर बढ़ जाओगे ? वहाँ से लौटते हुए उज्जैन जाओगे ?

और हाँ, मालवों के बारे में क्या कहा था कि मगध साम्राज्य में उलट-फेर और शासन-तन्त्र में शिथिलता आने पर मालवों ने अवन्ति देश पर आक्रमण किया और उज्जयिनी में अपने स्वतन्त्र राज्य की स्थापना की ? कि मालव पंजाब में रावी नदी के तीर पर रहने वाले चन्द्रवंशी क्षत्रिय थे ? आजकल महाराज विक्रमादित्य राज्य करते हैं वहाँ ? उनके बड़े भाई महात्मा भर्तृहरि वैराग्य-सम्पदा की प्रचुरता के कारण राज्य को लात मार कर पहाड़ की गुफा में जा विराजे, तब महाराज विक्रमादित्य ने अपनी बलिष्ठ भुजाओं पर राज्य का गोवर्धन उठाया ?

हाँ, इस लम्बी यात्रा ने तुम्हें पौराणिक-सी प्रतीत होने वाली घटनाओं को ऐतिहासिक दृष्टि से देखने और उचित परिप्रेक्ष्य में सहेजने की अपूर्व क्षमता प्रदान की है ! किन्तु अन्यथा न लो तो एक बात कहूँ : काश्मीर के राजाओं में अशोक अवश्य सबसे अधिक प्रसिद्ध हुए थे ; किन्तु मगध-सम्राट् अशोक वह नहीं थे। वह अशोक जैन थे, उन्होंने काश्मीर

की राजधानी श्रीनगर का निर्माण किया था। उनके पुत्र जलोक ने भी पर्याप्त यश अर्जित किया था। यह अशोक गोधर, सुवर्ण, जनक आदि राजाओं की परम्परा के थे। जिनके पहले पाण्डव वंश के पैंतीस राजा राज्य कर चुके थे।

इसी प्रकार तुमने मालवों को पंजाब से आकर अवन्ति देश में मालव-राज्य स्थापित करने की बात बताई थी। मेरे ज्ञान के अनुसार वह भी ठीक नहीं है। मालव मालवा के ही थे।

आगन्तुक ने यह सब सुनकर गहरे संकोच का अनुभव किया। चाटुकारिता मूर्खों का पौष्टिक खाद्य है। सुधीजनों को तो उसका एक भी बड़ा वाक्य छोटा बनाने वाला जान पड़ता है। इस प्रकार बिना आक्षेप या आलोचना के कालिदास ने अशोक और मालवा सम्बन्धी जो ज्ञान अर्जित किया, उन्होंने उसके लिए कृतज्ञता ज्ञापित की। किन्तु अत्यन्त विनम्रता से यह भी पूछा कि यहाँ से पाटलिपुत्र के लिए कब प्रस्थान करना होगा ?

आचार्य ने दीर्घ उच्छ्वास छोड़कर कहा :

वाराणसी शीतलहरी की चपेट में थी। दाँत किटकिटाते हुए रातदिन के अभ्यास के बाद कुछ द्रविड़ और तैलंग ही तत्पर हो पाए हैं। शताब्दियाँ बीत गईं, वैदिक कर्मकाण्ड को अपराध घोषित हुए। वृत्ति से कर्मकाण्डी पुरोहित भी अपनी परम्परा भूल गए। युधिष्ठिर के राजसूय यज्ञ में जो मन्त्र पढ़े गए थे, उनका पुनरुद्धार करने में बहुत श्रम करना पड़ा। अब तैयारी पूरी हो गई है। सब यहीं इकट्ठे होंगे। साथ ही चलेंगे हम सब।

आगन्तुक ने शालीनता से पूछा—एक धर्म की जड़ जमाने के लिए दूसरा धर्म उखाड़ फेंका जाता है, यह क्या उचित है ? धर्म का यह वाणिज्य है या टट्टी की ओट में शिकार खेलना ?

आचार्य बोले :

तुम तो स्वयं मेघावी हो।

□

५

“मेरी प्रार्थनाओं को निरर्थ होने से बचा लो ! मेरे नमस्कार तुम्हारे द्वार से लिपटे हुए हैं।

“अब मैं कोसूँ भी तो किसे कोसूँ ? तुम यहाँ कहाँ आते ? तुम्हारी परछाइयाँ थीं और अब वे भी डूब रही हैं, बिना बुलाए सवेरा जो आ रहा है !

“दासी लाल कमल ले आई है ; मैं उसे अपने कलेजे से लगा रही हूँ। जानते हो क्यों ? क्योंकि उसका रूप-रंग मेरे घायल कलेजे से मिलता-जुलता है !

“दीपाधार में सिर धुनते दिए बुझने के लिए व्याकुल हैं। जानते हो क्यों ? क्योंकि अब सब श्वेत-श्याम रेखाएँ आकृतियों में स्पष्ट हो गई हैं। उन्हें झिलमिलाने का श्रम क्यों करना पड़े ? भय है झिलमिलाहट में उलट-फेर होने का। किंचित्प्रकाश भयोत्पादक होता है।

“वासन्ती कल मन्दिर गई थी। तब तुम देवदासियों से घुल-मिल कर बातें कर रहे थे। उसकी उलझनें मैंने सुलझा दी थीं। फिर तो वह झूम-झूम उठी थी।

“दस दिन पहले तुम्हें हम सब ने देखा था। शिवरात्रि को तुम सदाशिव दिखे थे। दासियों की आँखों से देखने की विवशता है। नित्य ही कोई न कोई जाती है। स्वयं जो देखती, उसे घटा-बढ़ाकर दिखाती है। अँधेरी रात में पत्ते खड़के, तो लगा, कोई आया है ! कोलाहल को संगीत समझ लेने पर वातावरण शान्त हो जाता है।

"उनकी-सी सुनूँ तो प्रतीक्षा समीक्षा हो जाए ! तुमसे मिलने का मार्ग नहीं मिलता, व्याकुलता इसीलिए संग-साथ नहीं छोड़ती।

"पगडंडियों से चलने का अभ्यास नहीं है, यों प्रकाश को पगडंडियों से परहेज नहीं है। फिर प्रकाश पहन कर चलने वाले भी तो अन्धकार में खो जाते हैं !

"तुम्हारी नित नई पहचान गढ़ी जाती है, तुम ऐसे कैसे जाने-पहचाने हो !

"कोई तुम्हारे साथ चले तो धूप भी चाँदनी हो जाए !"

—एक अँगराई में राजकुमारी क्या-क्या सोच डालती है ! यह कैसा दुख है जो सुख से भी अधिक सुन्दर है !

"आज मधूलिका और मंजुलिका दोनों जाएँगी। कल देवदासियों से जो बातें कर रहे थे, वह ठीक-ठीक वासन्ती के पल्ले नहीं पड़ी थीं।"

× × ×

वैदूर्यमणि के रंग की हरियाली और कहीं नील-लोहित प्रस्तर-खण्डों के चबूतरे पर पसरी देवदासियाँ फागुन की हवा और गुनगुनी धूप का आनन्द ले रही थीं। कोई चंचला पेड़ों के डाल-पात हिला रही थी, जिससे फूलों की वर्षा-सी हो रही थी। कहीं प्रस्तर-खण्डों पर सुनहली-रुपहली और काली परछाइयाँ तैर रही थीं। कोई बालजाल फैला कर उसमें अपने आप फँसी-सी छटपटा रही थी ; किसी का दहकते अंगारे-सा चेहरा बालों के धुँए से घिरा-घिरा-सा दिखता था ; किसी का गहरे हरे पत्तों के गुच्छे में छिप-छिप कर खिले हुए फूल-सा।

दासियाँ देवदासियों के आसपास घूमने लगीं। एक चौकन्नी दृष्टि मुख्य द्वार पर बन्दनवार-सी टँग गई थी कि कहीं वह अब आ रहा हो ! वह—जिसे जानना ऐसा आसान नहीं है ; जिसे जितना भी चाहो, खिंचता ही चला जाता है ; जो अपनों से दिए हुए दुख की तरह अनुपम है। मोम पिघलाना और है, पत्थर पिघलाना और, राजकुमारी भूल गई है।

घोंसला बिजली की आँख पर चढ़ गया था, उन्हें निराश लौटना पड़ा। मन्दिर के भीतर भी भटकीं, बाहर भी। लौट चलीं तो रास्ते की नीरवता पर कोई गूँज छाई जान पड़ी। शिप्रा से नहाकर आते हुए गाँव

के लोगों के बीच वह खड़ा था। उनसे कुछ पूछताछ कर रहा था; मुस्कान के पीछे छिपे उनके आँसुओं को निरख-परख रहा था। पूजा और भक्ति पर कोई प्रवचन नहीं पिला रहा था, उन्हीं से सुन रहा था कि कैसे इससे जीवन का बोझ हल्का किया जा सकता है; कैसे इसी भरोसे मृत्यु के जबड़े से जीवन को खींच निकाला जा सकता है कि अदृश्य शक्ति हमें अभावों से जूझने के लिए तत्पर करती है; झीखने नहीं देती; बादल के एक काले टुकड़े से पूरे आकाश के ढक जाने की आशंका तत्क्षण दूर कर देती है! हम अन्न के अभाव में उपवास नहीं करते, तन-मन को स्वस्थ रखने का व्रत लेते हैं!

गाँव के बड़े-बूढ़े बता रहे थे: चार दिन बाद होली मनेगी; नए वर्ष का स्वागत हम रंग-भरी उमंग से करेंगे। नए वस्त्र पहनेंगे, नया अन्न, नए फल-फूल पहले महाकाल को भेंट करेंगे, फिर उन्हीं का प्रसाद हम गांव भर के लोग हिल-मिल कर पाएंगे। महाकाल के प्रति कृतज्ञ होकर कहेंगेः तुमने जो दिया, वह यह है। पहले तुम चख लो: हमें क्या खिलाते हो, जान जाओगे। हमारे लिए वस्त्र जुटाते हो, स्वयं नंगे रहते हो! तुम्हारे दिए वस्त्र की हम ध्वजा भी नहीं बना सकते! सब देखें, जिसने सब त्याग दिया है, उसी के नाम-यश का झंडा फहर रहा है!

जब वह दल मन्दिर की ओर बढ़ चला, युवक ने देखा, स्त्रियाँ पुरुषों के लगभग बराबर ही थीं। चपटी या गोल गुरियों वाला कण्ठहार किसी के गले में था तो किसी के बदन पर काँसे के गहने। पुरुषों के गुलमुच्छे और औरतों के अँगरखे बेमेल न थे। हट कर चलने पर भी वे आपस में हिले-मिले थे।

तरुण ऐसा ठगा-सा खड़ा रहा—जैसे वही तारा टूट कर धरती पर आ गिरा जिसे वह आकाश में देखा करता था। पत्थर तोड़ने वालों के नगर में वह जैसे काँच के घर में रह रहा हो!

युवक की आँखें भर आई थीं। गाँव वाले जब उसे घेर कर खड़े थे तो जैसे वह वृक्ष हो गया था! बाँहों की डालें फैलाए हुए था। सब उसी की छांह में इकट्ठे हुए थे। वे तो प्रायः यहाँ इसी भाँति दर्शन करने, जल ढालने आते हैं। कौन उनसे सुख-दुख की बातें पूछता, कहता है!

वह सब गद्गद भाव से उसे मुड़-मुड़ कर देखते और उसके अपूर्व व्यक्तित्व के सम्बन्ध में आपस मे कुछ कहते-सुनते मन्दिर चले गए।

चोरी पकड़ जाने के डर से राजकुमारी की अंतरंग दासियाँ कभी इधर, कभी उधर आती-जाती रहीं। भीड़ छँट जाने पर देखा, युवक अपने घड़े में नया जल भर कर भारी हो गया है। उसके प्राण सुनसान में जो बाँसुरी छेड़ते थे, वह इस घड़ी अनमनी हो गई है। जैसे वह वर्षों से जो संचय कर रहा था, वह अनजानते ही इस भीड़ में बँट गया हो !

अनुभवों के अर्जन का दर्प सर्प-मणि-सा सूर्य के प्रकाश में अदृश्य हो गया।

हम जिसे शास्त्र घोंट कर छानते हैं, देश का सामान्य जन उसे सहज ही पी कर मतवाला है।

अपने ही आनन्द में मगन पंछी अतल श्याम सागर के ऊपर-ऊपर उड़ान भरता हुआ इस पार से उस पार चला गया है !

जन-जन ने अपने आपको महाकाल के हाथों सौंप दिया है और हल्का हो गया है। मैं जिसे ढूँढने दक्षिण के वन-पर्वतों में घूमता रहा, मरीच पर मंडलाते हारिल की टेर में, ताड़ और नारियल के पत्तों की मर्मराहट में और सागर के सतत-गर्जन में जिसे सुनने का प्रयास करता रहा, समग्रता का वह नीरव निनाद यहाँ जन-मन में निरन्तर गूँज रहा है !

—मधूलिका और मंजुलिका ने आपस में कुछ सांकेतिक संलाप किया कि अब हम प्रकाश के लिए कुछ अगरु, कर्पूर जलाएँ। न जलाएँगे तो किसी का घर जल जाएगा !

मधूलिका धड़कते हृदय से आगे बढ़ी। प्रणिपात की विविध मुद्राएँ बनाईं ; किन्तु निर्वाक् रही। राजकुमारी ने उसे निःशब्द देखने-सुनने के लिए ही भेजा था, बातचीत करने के लिए नहीं। तरुण के अपरूप रूप में किन्तु कुछ ऐसा आकर्षण था ; सामान्य जनों के मन में समा जाने वाला बोलने-बरतने का एक ऐसा अन्दाज था कि वह अपने आपको न रोक सकी, प्रणिपात की अंजलि बाँध कर बोली :

'आप यहाँ के तो नहीं हैं ?'

'हैं, इसी देश के हैं !'

'देश के होंगे, काल के भी हो सकते हैं।'

'हाँ-हाँ, कैसे न होंगे। महाकाल की छत्र-छाया में देश-काल कुछ ऐसे सिमटे होते हैं कि दूर से दिखाई ही नहीं देते।'

'तभी आपको अपना देव-रूप यहाँ की माटी की मूरतों से भिन्न नहीं दिखता ! सूर्य की किरणों से विद्ध शरदृऋतु के स्वर्णकमल-सा प्रफुल्ल मुखमण्डल ; सुनहले ओस के कणों-से स्वेद-बिन्दुओं से आपके प्रकाश की कौन कहे, छाया भी उज्ज्वल है। यह आपके शीलवान् होने की अपनी पहचान है।'

'आप अपने शिर से अंजलि तो उतार लीजिए। आपके नेत्र ही पद्म-पत्र के समान नहीं हैं, मन-प्राण भी हैं। किन्तु आप मुझे विशिष्ट करके क्यों जानना चाहती हैं, सामान्य रूप में क्यों नहीं पहचान लेतीं—काश्मीर की काया है, मन-प्राण पूरे देश के हैं और आत्मा समग्र विश्व की।'

'तभी !'

'क्या तभी ?'

'यह अतिमानवीय रूप ! तपस्वियों-सा वेश ! गम्भीर मधुर स्वर ! शिवरात्रि को हमने आपको शिव-रूप में ही देखा था ; पाँच दिन पहले देवदासियों से बातें करते समय यक्ष, किन्नर या गन्धर्व का भ्रम हुआ था। और आज तो आप धरती के बेटों के बीच स्वर्ग से सीधे उतर कर आए प्रत्यक्ष देवता दिखाई दे रहे हैं !'

'आपका नाम विनोदिनी न भी हो, होना था। ... मुझ में इतनी रुचि ले रही हैं ; अपना परिचय क्यों नहीं दिया ?'

'किन्तु विश्वात्मा, आप अपना नाम न बताएँगे ?'

इस बीच मंजुलिका भी मधूलिका से सट कर खड़ी हो गई थी। युवक ने आँखें मल कर कहा :

'रुक जाइए। मेरी दृष्टि में सहसा कोई दोष उत्पन्न हो गया है। अभी-अभी आप अकेली थीं, अब दो दिखाई दे रही हैं।'

मंजुलिका हँसी :

हम शरीर से ही दो हैं। आपकी निर्मल दृष्टि हमें एक देख सकती है। हम महाराज के अन्तःपुर की किंकरियां हैं। प्रायः महाकालेश्वर के

दर्शन करने आया करती हैं। इधर अनेक दिनों से आपके सम्बन्ध में कुतूहल था। आज साहस कर बैठी।'

'साहस की एक ही कही : आपने मेरा रूप बखाना, मैं अपना नाम भी न बताऊँगा ? नाम-रूप के अतिरिक्त यह संसार और है क्या ? ... नाम मेरा, शिव ही है—जैसा आपने समझा था। मेरे माता-पिता ने यों व्याकरण को पूरी शक्ति से झकझोरा है, सीधे शिव न कह कर कहा : काली जिसकी दासी हो।

'अर्थात् ?'

'कालिदास !'

□

६

राजकुमारी सुख की इस सुकुमार अवस्था से अपरिचित थी। खूब सुख दिखाने का कोई-सा भी ढंग सीखा न था। कभी हँसते-हँसते लोट-पोट न हुई। जीती-जागती सहेलियों-जैसी मुँहबोली दासियों से घिरी-घिरी रही, कभी धोखा न खाया। मस्तिष्क उर्वर था, हृदय की क्यारी में अलबत्ता कभी कोई अंकुर फूटा न था।

रुपहली-सुनहली बदली की परियाँ नील-निर्मल जल में तैर रही थीं। आँखों के पंछी भारी और थके डैने फैलाए हुए, भरे मन से घोंसले की खोज कर रहे थे। राजकुमारी का लड़खड़ाता-सा मन आड़ी चढ़ाइयाँ, पाँव रपटाती ढलानें और टेढ़े-मेढ़े मोड़ पार कर रहा था, जब रहस्यपूर्ण ढंग से दोनों दो ओर से आकर खड़ी हो गईं। और तब उल्लास की दीप्ति से उसके मुख की रेखाएँ अधिक आकर्षक हो उठीं। अतीत और अनागत की सीमाएँ टूटने लगीं। बीती आयु की रीती उदासी परछाई की तरह पीछे हट गई और क्षितिज प्रकाश के झरने में नहाया-सा स्वच्छ नक्षत्रों का उत्तरीय सँभालता हुआ प्रत्यक्ष हो गया। कपोलों के कोनों से केशों के घूँघर झटककर मरीचिका में काँपते-से मृग-दृग दासियों की हँसी पर झुका कर और मृणाल बाँहों में हल्की-सी हिलोर उठाकर बोली :

कालिदास !' 'कालिदास !' 'दास ?'—तब तो अपनी दासियों को इस आविष्कार का सुयश मिलना ही चाहिए। दास-दासियों की जय हो !'

राजकुमारी की सनकी प्रकृति से सभी दासियाँ भली-भाँति परिचित थीं। तभी वे उनकी क्षणिक प्रशस्ति से न उच्छृंखल होती थीं और न

आकस्मिक आलोचना से विक्षुब्ध ही। इतने पर भी बिना मिलावट के सच्ची बात कहने का साहस केवल मधूलिका को था। बोली :

''कहा था : काली का दास नहीं, काली ही जिसकी दासी हों ! मेरे मन में तो यह बात आई थी राजकुमारी कि कह दूँ, काली क्या, कोई भी गौरी आपकी दासी बनकर अपने सौभाग्य को सराहेगी। परन्तु स्थिति अस्वास्थ्यकर हो जाती, सोचकर चुप्पी साध ली। आपकी आश्रित हूँ न, आपकी कृपा और क्रोध की असीमता से अपरिचित तो नहीं हूँ !'

'फिर भी चुप्पी का कारण ?'

'उस घड़ी मुझे आपका ध्यान हो आया था।'

'क्या कहा ?'

'हां, राजकुमारी, ! आप उसकी स्वामिनी होतीं तो उसका दास नाम भी सार्थक हो जाता !'

इस ढीठ परिहास पर हँसी रोकने के प्रयत्न में राजकुमारी हँसती-हँसती दुहरी हो गई :

''हाँ, ऐसा जीवन-साथी मिलना सरल नहीं होता, जो साथ-साथ चलता दिखाई दे, अकेले-अकेले चले ! बाहर चाहे जगमग करती दीपमालिका ही क्यों न हो, किन्तु जो अपनी आत्मा के अधिष्ठान के लिए घर का कोई सूना कोना खोजता फिरे ! जो केवल इसलिए दूर-सुदूर की प्यास पालता हो कि जहाँ उसके थके-थके पाँव होंगे, वहाँ कोई न कोई पथ ही होगा, क्षितिज कदापि नहीं !

''इधर मेरे तन-मन हैं जो आत्मा से जुड़ना चाहते हैं, और मैं हूँ कि अपनी काली छाया भी उसी अलौकिक आलोक में विसर्जित कर देना चाहती हूँ।''

'फिर बार-बार उसे स्मृति में लाने से क्या लाभ, जो आत्मा नहीं, कंचन काया है ; निरपेक्ष ज्ञान नहीं, मोहिनी माया है ?'

'यह तुम पूछ रही हो मधूलिका ?'

''और आपने किसे इतनी वाचालता दी है राजकुमारी ? मंजुलिका तो कह रही थी : देखूँ या सुनूँ ? उसका रूप अधिक सुन्दर है या बोल अधिक मीठे ? वह अपना अस्तित्व ढूँढने के प्रयत्न में थी, उसके फुरहरी

आने लगी थी ; रोमांच हो आया था। वह मन के आवरण को भेद कर, उसके अन्तर में छेद कर कहीं पार निकल गई थी। यों उसकी छानबीन ठंडी या कठोर नहीं, वह तो जैसे गुलगुले गलीचे में घँस कर सो गई थी, झकझोर कर जगाना पड़ा था ...''

मधूलिका राजकुमारी की आँखों का आश्चर्य घूँट कर खड़खड़ा उठी :

'मंजुलिका बहक रही है, राजकुमारी। झूठ की झड़ी लगा दी। आपकी कबूतरी उसकी स्थिर आँखों के घोंसले में दुबकी पड़ी थी। बहेलिये की तरह मैंने ताली बजाई तब कहीं अलसाई-सी बाहर निकली।'

राजकुमारी ने जिज्ञासा-भरे नेत्र ऊपर उठाए। चिन्तित-सी दिखाई दी। मंजुलिका बोली :

'मधूलिका भरोसे की लड़की नहीं है राजकुमारी, अब इसे कालिदास के पास कभी न भेजिएगा। इसकी अनझिप आँखें चित्रशाला हैं देखे-अनदेखे की। मैं इसके साथ भर थी, साझीदार नहीं। इससे जो छूट-सा गया है, वह और कुछ नहीं, इसका अपना विनोदी स्वभाव ही है। कालिदास ने इसे विनोदिनी कह कर अचानक उछाल जो दिया !'

राजकुमारी घूमघाम कर अपने धाम पहुँच गई-सी चुप्पी साधे बैठी थी, एकाएक उन्मुक्त हास में फूट पड़ी तो ऐसा लगा जैसे आकाशगंगा से रजत-फुहार छूट चली ! चौंकी हुई-सी अपने आपको नए सिरे से पहचानने का प्रयास करने लगी। यह उसके मन की कौन-सी लीला-भूमि है, गिनती के बाहर का यह कौन-सा आवेग है, जिस अवांछित की टोह में रहना अब उसे अवश्यम्भावी प्रतीत होने लगा है ?

जैसे गौरी ने शंकर के मेघ-से नील कण्ठ में औचक ही अपनी विद्युल्लता-सी बाँह डाल दी हो, राजकुमारी चौंकी-चौंकी-सी सूखे सरोवर-से अन्तरतर में कमल के फूल ढूँढने लगी : आकांक्षा जब अपना लक्ष्य खो चुकी थी और माथे की शिराएँ छोटी-मोटी ख्याति के रक्त-कणों से संतुलित रूप में संचालित हो रही थीं और मैं अपना नाम भूल जाने की स्थिति तक बार-बार आए निश्वासों को रोक सकने में समर्थ थी तब

यह ऐसा क्या हो गया कि लवंगलता की पत्तियाँ झरते-झरते जीवन की नीरसता सहसा उन्मत्त हो उठी ?

'अँधेरी गुफा में निस्तब्ध ठहरे सैकड़ों क्षण घोंसले से निकल कर चहक उठे पंछियों के संग कैसे नृत्य करने लगे ?

''समय की असह्य जड़ता में जो कोमल कामनाएँ लाल पाल खोलकर उस ओर बह चली थीं, वह इस गतिहीन स्थिरता में पलट कैसे आईं ? अँधेरा जलते-जलते उज्ज्वल कैसे हो उठा ? आँसू पलकों से नहीं छलके ; मैंने सिर उठाकर कभी सान्ध्यतारा नहीं निहारा ; मेरी आत्मा का पवित्रतम आनन्द मन-प्राणों के कलुष के किनारे कभी न उतरा ; मेरी अस्मिता अतिरिक्त शक्ति से कभी आहत न हुई ; संगिनियों के आर्द्र अन्तर में अंकुरित स्नेह किसी दुराव से कभी न पियराया, फिर जीवन की अनुशासक ऐसी कौन-सी आवश्यकताएँ आड़े आ गईं जो मेरे उत्तराधिकार पर रक्त के सामान्य सम्बन्ध को ही विशेष रूप से अंकित करना चाहती हैं ?

''बीज अँधेरे में ही टूटता है। जब पपड़ियाँ तोड़ कर वह बाहर की हवा खाने ऊपर आता है, तब सोने का अंकुर हरी पत्तियों में बदल जाता है। नए डंठल निकल आते हैं। कलियाँ लगती हैं। फूल खिलते हैं। फल फलते, पकते और मिट्टी पर टपक जाते हैं। और फिर मिट्टी में मिल कर बीज बन जाते हैं।

''जीवन से नवजीवन तक का यह क्रम अनादिकाल से एक समान चलता चला आ रहा है, फिर भी उद्यमी अपने उद्यम से कहाँ मुँह मोड़ना चाहता है ? वह तो फूल-फल तक पहुँच कर ही रुकना चाहता है, पत्तियों और कलियों पर नहीं। उसे फूल चाहिए, सुगन्ध चाहिए, मीठे फल भी चाहिए। परन्तु पके फल सड़ेंगे, बीज बनेंगे और फिर नए अंकुर फूटेंगे, इस कटु यथार्थ को उसका 'अहं' क्यों स्वीकृति नहीं देता ?

''क्या मेरा बीज भी अँकुरने को बावला हो रहा है ? झींकना झींकते मन थकता क्यों नहीं ? एक को चुन क्यों नहीं लेता ? या तो उस पर अपने आप को निछावर कर दे या फिर उधर से आँख फेर ले ; उसका विचार ही छोड़ दे। बात अध्यात्म की, और काम कामनाओं का, ये दोनों

तो एक होने से रहे। जी चुराना है तो नदी-झरनों के गीत-संगीत के सपने झिलमिलाती आँखों से निकाल फेंके !

''अस्मिता मेटे बिना शान्त सुख नहीं मिलने का। ज्योति चाहिए तो वह दीपिका की भाँति जलना और जलते रहना भी सीखे।

''ज्योति पर मर मिटने की उमंग मक्खी को नहीं होती, भौंरे को भी नहीं, शलभ को ही होती है ! मन रे, शलभ बनेगा ? अपनी पृथक् सत्ता मेट सकेगा ?''

—जैसे सरोवर का जल बुरा बासने लगा हो, उसमें परछाई उभरनी बन्द हो गई हो, उसके कमल जल-जल गए हों, राजकुमारी ने कुछ ऐसी ही दृष्टि से दोनों को देखा।

मंजुलिका मुसकिराई : 'क्या आज भी जाना होगा ?'

'मेरा मन कोई निर्णय न लेगा, तुम्हीं बताओ !'—राजकुमारी मुँह में ही बुदबुदाई।

'मैं राजकुमारी जी ? मैं बताऊँ ? तो मेरी सम्मति में उन्हें दृष्टि से ओझल होने देना ठीक नहीं है : कब कौन उस ज्वाला में जल मरे ! किसका काजल उस गंगा-प्रवाह को कालिन्दी की कमनीयता प्रदान कर दे ! ...'

राजकुमारी के सनकी स्वभाव का यही उज्ज्वल पक्ष था। उसकी संवेदनशीलता स्रोतस्विनी की तरह प्रवाह में पड़े हुए को दूर-दूर तक बहा ले जाती थी। अधिक तर्क-वितर्क का उपयोग पण्डित-मण्डली में करती थी, सखी-सहेलियों में तो वह आस्था की प्रशस्त प्रतिमूर्ति ही हो जाती थी।

मधूलिका ने बात काट कर कहा :

'नजर उतारनी होगी राजकुमारी जी ! सुन रही हैं न बतकही ? मंजुलिका का काजल धुलने-धुलने हो रहा है।'

मंजुलिका ने डपट दिया :

'जो राजकुमारी जी के गहन मन में जा छिपा हो ; गोपन धन की तरह जानते-अनजानते भीतर ही कहीं खो गया हो, उसे बाहर से ढूँढ निकालना, बिडम्बना नहीं तो और क्या है ?'

बाहर कुछ हलचल, कुछ कोलाहल, कुछ हास-परिहास। समाचार :

महाकालेश्वर के पण्डे-पुजारी एक परदेशी बहुश्रुत विद्वान को बलपूर्वक वाद के लिए बुला लाए हैं।

राजकुमारी की आँखों के सामने दूर-दूर तक फैले निरभ्र नील आकाश में जैसे सहसा किसी ऐसे नए तारे का उदय हो गया हो, जो अनन्त प्रकाश-वर्षों से प्रकाश की प्रतीक्षा में था। जैसे छहों ऋतुएं अपने-अपने फूल अंजलियों में भर कर इकट्ठी उपहार देने आ गई हों, वह फूलों से नहाई हुई-सी हल्की और सौरभ-सौरभ हो उठी।

महाराज राजसभा में विराज रहे थे, आगन्तुक के प्रभाव-पूर्ण व्यक्तित्व से सम्मोहित हो अनजानते ही उठ खड़े हुए। सभासदों के आश्चर्य की सीमा न रही। सभा-पण्डितों में से कुछ ने ईर्ष्या की प्रज्वलित अग्नि-कुण्ड-सी दृष्टि आगन्तुक पर डाली जो उसकी सौम्य मुसकान से बिना धुआँए बुझ-सी गई। महाराज के उठ खड़े होने पर उनका सिर भारी हुआ और दिल बैठ गया था, परन्तु इस असहा स्थिति का सामना करना उनकी नियति था। महाराज का आगे अनदेखा ऐसा सम्भ्रम देख छत्र-दण्ड-धारी परिचारक सावधान हो गए, चँवर डुलाती हुई दासियों की दुखती कलाइयाँ पलभर निश्चल हो गईं। महाराज ने सिंहासन के सब से समीपी मयूरासन पर उन्हें विराजमान होने कहा, लेकिन वह खड़े रहे। महाकालेश्वर के धर्मगुरु ने आगन्तुक के संस्कार, विवेक, चेतना, और अभ्यन्तर के निगूढ़ प्रकाश की विस्तृत चर्चा की, सभा में सन्नाटा छा गया। सब की उत्सुकता और व्याकुलता बढ़ रही थी। ज्यों-त्यों कर के उनका मुँह मुँदा, जब कहीं सभासदों की जान में जान आई।

आगन्तुक ने कहा : 'वाणी वक्ता का परिधान है। धर्मगुरु ने मेरी आत्मा में अपना मुँह देखा है, मेरे मौन को अपनी अभिव्यक्ति से अलंकृत किया है।'

'मेरी उत्सुकता निरीक्षण से बढ़ी है : महाराज बोले : मैं जानता हूँ—परीक्षण के उपयुक्त यह अवसर भी नहीं है। मैं तो आपके व्यक्तित्व को वाचिक अभिव्यक्ति का अपेक्षी ही नहीं मानता; किन्तु यहाँ सभासदों की दृष्टि जैसी एकाग्रता से जमी है, वह आपके अंतरंग से प्रकट होने वाली सुधा का आस्वाद लिए बिना न मानेंगे।'

महाराज की व्यंजक भणिति पर सारी सभा हँसते-हँसते लहा-लोट हो गई।

'ज्ञान के प्रकाश में पन्थ निहारा जा सकता है,' आगन्तुक ने कहा—'मानवीयता तो संवेदना की आँखों से ही देखी जा सकती है।'

'आपका अभिप्राय पहुँच से बाहर न भी हो, आत्म-विस्मृति की अवश्य अपेक्षा रखता है। जो अपने अहंकार से छुटकारा पाना नहीं चाहता, अपनी स्वतन्त्र सत्ता के पक्ष में कठोर तर्क देते नहीं थकता, वह आपको नहीं पा सकता, आपकी आत्मा उसके समक्ष उद्घाटित नहीं हो सकती।'

—महाराज ने बोलते समय अपने एक-एक शब्द को तोला था, सुनकर आगन्तुक की पलकें भीग-सी गईं। आगन्तुक ने आज पहली बार यह अनुभव किया कि एक मन ने एक मन को पहचान लिया ; एक की निजी टेक से रुँधी पुकार किसी के भाव-भीने कण्ठ में प्रतिध्वनित हुई।

वह मन-मन में मनाने लगा : मेरी चिन्ता का पहाड़ ढहा, इच्छा-शक्ति ने विविध विघ्नों पर विजय पाई, महाकाल ने तीसरी दृष्टि की ज्वाला को अपने जटा-मुकुट में उलझाई गंगधार से शान्त कर लिया ! गद्गद स्वर में बोला : "कहीं मैं आपके सान्निध्य के सौभाग्य-स्वप्नों में डूब पाता, किन्तु स्वप्न लुटाने वाले को एक और स्वप्न हाथ लगा ! बस ...

"महाराज, यह कैसी विडम्बना है कि हम कभी अतीत का गीत गाते थकते नहीं हैं ; 'कल' को पाने के लिए 'आज' को खोए देते हैं ! इस पिछले और अगले कल ने हमारे आज और अभी को पीसकर छोड़ दिया है ! आज कहीं नहीं है महाराज ! हमें बाल्य-काल में ही यह पिला दिया है कि पलक झपकते आज के पल-छिन उड़े जा रहे हैं, हम भविष्य गढ़ने के लिए अतीत के अँधेरे सन्नाटे में समाए चले जा रहे हैं !

"मेरी अभीप्सा है, मैं समय पर अपनी छाप छोड़ूँ ! मैं न अतीत में अव्यक्त रहूँ, न अनागत में। तीनों काल मेरे अपने हों ! मेरी गति प्रगति से भिन्न न हो !"

सभा स्तब्ध। सब एक-दूसरे का मुँह देख रहे हैं। इस विश्वात्मा से अभिन्न अस्तित्व का निश्चल उद्गार पण्डितों को रोचक प्रलाप प्रतीत हो रहा है।

एक अकेले महाराज को उसका प्रत्येक शब्द ईश्वरीय प्रेरणा और मानवीय उत्साह से समृद्ध मननशील स्वभाव को साकार करता दिखाई दिया। उन्होंने उस वाक्‌सिद्ध को अन्तःप्रेरणा का श्रेय देकर स-संभ्रम उच्छ्‌वसित स्वर में कहा :

'आप कवि हैं ?'

आनन्द की निरतिशयता में निमग्न-सा वह सिद्धि-सम्पन्न व्यक्ति विचार के चुम्बक से ऊपर उठ कर खड़ा हो गया :

''आज पहली बार महाराज ने मेरी सतत साधना को सम्यक शब्द से सम्वर्द्धित किया।

''वाल्मीकि ने राम को अमर किया, व्यास ने कृष्ण को। वाल्मीकि और व्यास की दीर्घदृष्टि ने मनुष्य-जीवन की सूक्ष्मता के कितने ही सूक्ष्मतर स्तरों को वाणी की तीक्ष्ण किरणों से बींध डाला। वेद-वेदांग उनके लिए उद्धरण-योग्य अनुशासन मात्र न थे; दर्शन जलती हुई लुकाठी का स्वांग भर न थे जिन्हें घुमा-घुमा कर शास्त्रार्थ किया जाए, और किसी उपलब्धि-प्राप्त विशिष्ट व्यक्ति को वावदूकता के अभाव में अशिष्ट ढंग से ललकारा जाए और दिशाकाश को वधिर बनाने वाले अट्टहास से परास्त घोषित किया जाए! रामायण मानवीय आदर्शों का दर्पण है, महाभारत जीवन के कटु यथार्थ का चित्राधार। आदर्श को कवि की करुणा ने नहलाया है; यथार्थ आँकते चितेरे ने अपनी जलती तूलिका को अन्त में शान्तिकुण्ड में डुबोया है। आदर्श ईश्वरीय विभूति है, उसे अपने तन-मन में रमाने पर अलौकिक आनन्द मिलता है, परन्तु लोक के सीमाबद्ध अन्तर पर आदर्श का प्रकाश पूरा-पूरा नहीं पहुँच पाता। तभी आदर्श आदर भर पाता है। यदा-कदा समर्थन भी; किन्तु प्राणों का प्यार उसे नहीं मिलता। ऋषि-मुनि हो सकते हैं। सच तो यह कि प्यार से वंचित होने पर ही तो कोई ऋषि-मुनि बनता है ...''

महाराज मगन होकर सुन रहे थे। अनिर्वचनीय दशा थी उनकी। अब तक यहाँ जो भी आए, क्लिष्ट-कठिन शब्दों के ऊबड़-खाबड चट्टानी शिखर पर शास्त्रों को उछालने-पटकने वाले ही आए। आज जाने कैसे पश्चिम में सूर्य उगा, जो शास्त्रों की ऊँचाई को जीवन की गहन गहराई

में से देखने वाले कवि की पहचान बनाने आया ... दो शब्दों में ही आत्मा को हिलकोर कर नवनीत निकाल लिया। हृदय में अटूट विश्वास हुए बिना वाणी में ऐसी चुम्बक शक्ति नहीं आ सकती ...

पुरोहित के आकस्मिक प्रवेश से चिन्ताधारा में भँवर पड़ गया। संकेत से बताया—तब उनकी आँखें आनन्दाश्रु से गीली होकर कोमल हो रही थीं,—कि इन्हें विद्योत्तमा से वाद-विवाद के लिए बुलाया गया है। इस घड़ी राजकुमारी विद्योत्तमा पूरी तरह सन्नद्ध होकर सारस्वत प्रासाद में इनकी प्रतीक्षा कर रही हैं।

महाराज ने चुपचाप स्वीकृति-सूचक सिर हिला दिया।

□

७

"धूप धरती पर उतरती है तो वह जल-थल में सौ-सौ सूरज उतार लाती है।

"सूरज ऊँचा उठने पर भले ही एक हो जाता हो, धरती पर तो उसके शत-सहस्र रूप-प्रतिरूप होते ही होते हैं।"

—महाराज परिषद् में एकत्र पण्डित-मण्डली से वार्तालाप कर रहे थे।

बेताल भट्ट ने कहा :

"महाराज, आपके पास आकाश बर्फीली ढलानों से लुढ़क कर आया है। यों तो हिमपात-सा प्रतीत होता है, किन्तु किरणें बरस रही हैं। पतन आकाश का ! जैसे किसी देवता का अवतार हुआ हो ! कैसा उत्सव-पूर्ण हो उठा है सब !"

महाराज हँसे : "धूप हौले-हौले उतरती है, आसमान तो एकबार ही टूट पड़ता है। धूप का उतरना सभी देखते हैं, आसमान को टूट कर गिरते किसी ने नहीं देखा।"

क्षपणक ने कहा :

"क्यों नहीं ? आज तो सभी ने देखा। कालिदास का यहाँ आना धरती पर धूप का उतरना नहीं, आकाश का अवतरण ही है महाराज !"

"आप ठीक कहते हैं क्षपणक जी, धूप भी तो सूरज की झाईं है। वह सूरज का ज्योतिर्वलय तो कदापि नहीं, है तो उतरी-उतरी-सी परछाई भर है। यों तो निर्मल जल में सारा आकाश सिमट आता है, पीली धूप,

चटक चाँदनी या घना अँधेरा ही नहीं !''

''आकाश प्रकाश बरसता है तो अन्धकार किस कालिन्दी की धार है ? सब तो ऊपर से ही आते हैं, रूप उजला हो या काला, नाम प्रकाश हो या अन्धकार।''

''क्षपणक जी, आपका व्यंग्य भी रंगीन है ! कालिदास जैसे निर्लेप हैं, आकाश उन्हें कहा जा सकता है। राजस स्वभाव वाले विद्वानों की यह सभा मन से ईर्ष्या-द्वेष की धूल अबतक नहीं झाड़ पाई है। हम इसे अधिक-से-अधिक धरती ही कहेंगे, परती धरती भले न कहें ! यहाँ कालिदास का आना धरती पर आकाश का उतर आना कहा जा सकता है। वह कवि हैं ! कवि को किसी से दुराव नहीं होता।''

वराहमिहिर बोले :

विधि का विधान सबसे बढ़कर शक्तिशाली है। प्रकृति उसी का साथ देती है। वह जिसे जिससे मिलाना चाहे, कोई आड़े आने वाला नहीं, फिर एक योग्य से दूसरे योग्य का मिलन तो केवल विधि की बलवती इच्छा से ही सम्भव है।''

घटखर्पर ने कहा :

''अन्धड़ में जैसे पत्ता उड़ा-उड़ा फिरता है, अन्धड़ की मर्जी के अलावा उसकी अपनी इच्छा का कोई प्रश्न ही नहीं उठता, ठीक ऐसे ही विधाता की इच्छा जिधर-जिधर ले जाए, मन के रथ का वही सही पथ होता है।''

वराहमिहिर कुछ अधिक स्पष्ट हुए :

महाराज, मेरी मानें तो कहूँ : ''कालिदास का आगमन आकस्मिक नहीं, नियति-नियोजित है। इस बार राजकुमारी विजयिनी होना न चाहेंगी।''

महाराज के सुखी मुखमण्डल पर अपूर्व प्रसन्नता तैर गई :

''महाकालेश्वर आपकी कल्पना को सत्य में साकार करें। राजा जनक के-से आवेश में मैंने विद्योत्तमा की विद्या को ध्यान में रखकर यह प्रण कर लिया था कि जब वह स्वयं कहे ... ''

शंकु और वेताल भट्ट अधबीच में ही बोल उठे :

''लज्जा कैसे मुँह खोलेगी महाराज ? राम के सौन्दर्य और ओज से कहीं अधिक माधुर्य ने सीता का मन मोह लिया था। वह असमंजस में

पड़कर मन-ही-मन जनक को कोसती थीं कि कछुए की पीठ-सा कठोर यह पशुपति-पिनाक कहाँ, और प्रकाश, आह्लाद और सौम्यता का प्रतीक रामचन्द्र का मुखचन्द्र कहाँ ? यह मधुरमूर्ति प्रत्यंचा कैसे चढ़ाएँगे ? ये कोमल कर धनुष कैसे तोड़ेंगे ? आह ! निष्ठुर पिता, आपका प्रण अत्यन्त दारुण है !

महाराज खूब खुल कर हँसे :

''सीता तो तब निरी बालिका थीं और कन्या केवल रूप का ही वरण करती है। हाँ, दमयन्ती ने आप अपना चुनाव किया था। उस समय तो ऐसा कोई हठ भी न था; प्रण भी न था !

''और फिर, शंकु महाराज, आप अपने पर्वतराज की पुत्री को क्यों भूल बैठे ? जिन्होंने करोड़ों जन्मों तक के लिए कठिन हठ ठान लिया था कि या तो शंकर को वरण करेंगी या फिर आजन्म कुमारी ही रहेंगी ?

''लड़कियाँ माता-पिता की सहायता के बिना न केवल भूख-प्यास या हर्ष-विषाद का अनुभव करती हैं, बल्कि उनके अपने सपने भी होते हैं ; अपना सत्य भी। सरदी-गरमी, गहरे-उथले और धरती-आकाश की तरह उन्हें भले-बुरे, हित-अहित, प्रिय-अप्रिय की निजी पहचान भी होती है। बचपन में पिता, युवावस्था में पति और बुढ़ापे में पुत्र द्वारा उन्हें संरक्षण देने की बात सर्व-साधारण के लिए चाहे उचित भी हो, विशेष के लिए तो वह ग्रन्थिल बन्धन ही है, जिसे रुक्मिणी-जैसी कुलीन और शिक्षित राजकन्या को भी साहस-पूर्वक तोड़ना पड़ा था।

''और फिर सीता को ही क्यों भूल जाते हैं ? गुरु-पुरोहित, सास-ससुर ने लाख कहा ; रो कर गिड़गिड़ा कर लाख समझाया कि वह वन न जाएँ तो संभव है, दशरथ के प्राण बच जाएँ ; किन्तु उन्होंने किसी की एक न सुनी, एक न मानी तो क्यों ? इसीलिए न कि वह बलपूर्वक लादी हुई नीति के चक्कर में नहीं पड़ना चाहती थीं ? साफ बच निकलीं। उनके मन की उद्वेगपूर्ण गूढ़ता वह स्वयं समझ सकीं ; गुरुजन-परिजन-पुरजनों की मायावी प्रशस्ति को उन्होंने दुधमुँहे बच्चों का खिलौना ही तो माना जिसे वह अपने प्रिय के साहचर्य-सुख की पथरीली कल्पना पर तोड़ कर सहज ही फेंक सकीं !

"लड़की लिखी-पढ़ी हो, शिष्ट हो और कठोरता से सदाचार का पालन करती हो तो उस पर गुरु-जनों का शंकाकुल अनुशासन, अतिरिक्त भय, और तीक्ष्ण अंकुश अशोभन अत्याचार ही है। उसे अपनी शिक्षा, सोच और आकांक्षा के अनुरूप अपना भला-बुरा समझने की छूट मिलनी चाहिए।"

कई विद्वानों ने एक स्वर से स्वीकारा : 'हमारी दृष्टि रूढ़ि-ग्रस्त है, महाराज, हम शास्त्रों की घुटाई के बल पर परम्परा की दुहाई देते हैं ; हमारी परम्परा कभी जकड़बन्द नहीं रही, उसमें निरन्तर परिवर्तन, संशोधन होते रहे हैं, यही उसकी जीवन्तता के प्रबल प्रमाण हैं।

"अपने में सारा संसार समो लेने की महत्त्वाकांक्षा ही घिसीपिटी लीकों से जौ भर भी हटने का आदेश नहीं देती !"—महाराज एक निश्चित यथार्थ पर दृढ़ता से अवस्थित थे ; पण्डित-मण्डली को आश्वस्त कर रहे थे कि सावित्री हों कि सीता, पार्वती हों कि दमयन्ती,—सब राजाओं की ही बेटियाँ थीं, सुशिक्षित और सुदृढ़। बचपन से ही उनकी किसी छोटी-मोटी आकांक्षा की भी उपेक्षा नहीं की गई। यों वे सब की सब स्वयं से अनुशासित थीं।

"एक दिन मैं आखेट से लौट कर थका-थका-सा अपने सौध-कक्ष में विश्राम कर रहा था जब विद्योत्तमा के प्रकोष्ठ से बार-बार एक श्लोक सुनाई दिया जिसे जगन्माता ने शुम्भ-निशुम्भ के लिए सन्देश के रूप में अपने मुँह से कहा था कि रणभूमि में परास्त कर जो मेरा दर्प-चूर्ण करे और शक्ति-परीक्षण में जो सदा समकक्ष रहे, वही मेरा पति हो सकता है !

'यो मां जयति संग्रामे
यो मे दर्पं व्यपोहति
यो मे प्रतिबलो लोके
स मे भर्ता भविष्यति !'

"मैंने धीरे-धीरे कुछ सीढ़ियाँ उतर कर स-संकोच उसके स्वाध्यायकक्ष की ओर ताका। देखा कि, वह पद्मासन में बैठी है ; आँखें बन्द हैं और सबल सुदृढ़ स्वर में बार-बार वही श्लोक पढ़ रही है।

'मेरे मन में एक आँधी-सी उठी जिसमें सूखे विचार पत्तों की तरह

उड़ने लगे। आज मैं महाराज हूँ, यह तो एक परिस्थिति विशेष की देन है। इसमें मेरे किसी वैयक्तिक अध्यवसाय या योग्यता का तो हाथ नहीं है। ...''

पण्डित-मण्डली भावोच्छ्वास में एक स्वर में बोल उठी : ''यह आप क्या कह रहे हैं, महाराज ? शूरवीरों के अनन्त आकाश के आप साक्षात् विक्रमादित्य हैं ; आर्य-धर्म, आर्य-संस्कृति के महान उन्नायक, विदेशी शकों की काली छाया से अपने देश की रक्षा करने में सतत सन्नद्ध, मगध-सम्राट् पुष्यमित्र के अंतरंग मित्र ...''

''नहीं-नहीं''—महाराज ने दोनों हाथ उठाकर मना किया :

''आप लोगों की शुभाशंसाएँ ही तो मेरी जीवन-यात्रा की स्वस्थ संबल हैं, किन्तु विचार कर देखें, देश पहले है। जो भी राजा राज्य करेगा, देश की स्वतंत्रता को अक्षुण्ण रखने को ही प्राथमिकता देगा। जो कुछ मैंने किया है, कोई भी उससे बहुत बढ़ कर करेगा। समय जिस रास्ते से निकलता है, उस पर अपनी छाप छोड़ता जाता है। शक-विजय पर श्री वराहमिहिर और आप सब लोगों ने मेरे नाम का जो संवत्सर चलाया है, वही विस्मृतिशील संसार को मेरी याद दिलाता रहेगा। जो मेरे किए न हो सका, उसे दूने उत्साह से पूरा करने का दायित्व भावी पीढ़ी पर होगा।

''अशोक भारतीय इतिहास के एक महान स्तम्भ हैं। एक योद्धा और विजेता सम्राट् कैसे अहिंसा के माध्यम से विश्व-शान्ति का सन्देशवाहक बन गया, यह क्या कभी भूल जाने की बात है ? पर इतिहास किसी सीमान्त पर पहुँच कर रुकता कहाँ है ? सौभाग्य या दुर्भाग्य की लहरों में बहता-बहता वह फिर किसी नए मोड़ पर पहुँच जाता है। यदि दूसरे राम या कृष्ण नहीं, तो दूसरे बुद्ध और अशोक भी नहीं होने वाले। वह सब अपने युग के निर्माता ही नहीं, अपने समय की देन भी हैं।

''सम्राट् पुष्यमित्र को परिस्थिति ने ही ऊँचा उछाला है। शाश्वत धर्मवेत्ता ने समय की नाड़ी पहचानी और वैदिक धर्म की यज्ञाग्नि पर पड़ी राख फूँक कर उड़ा दी। जो काम मगध और देश के दूसरे भागों में सम्राट् पुष्यमित्र ने किया, वही मैंने मालवा और उसके पड़ोसी प्रदेशों में शक्ति भर करने का प्रयास किया है, बस ...''

"आपका नाम पुष्यमित्र की तुलना में कहीं दूर-दूर तक फैला है महाराज, और वह विश्व भर में विख्यात होगा। वह सेनापति से सम्राट् हुए; परन्तु आप ?"

पण्डितमण्डली की इस संकीर्ण भावुकता पर महाराज चकित हुए। बोले :

"स्वयं पुष्यमित्र ने अपने पुत्र अग्नि-मित्र को सेनापति बना कर क्षारवेल से निपटने भेजा था, जो अभी विदिशा में प्रादेशिक के पद पर आसीन हैं और कल पुष्यमित्र के सिंहासन पर विराजने वाले भारत के सम्राट् होंगे!

"बात बिखर गई। मैं सम्भवतः विद्या के बारे में बता रहा था कि वह उस दिन शून्य प्रकोष्ठ में मनोवांछित पति का चुनाव कर रही थी। आप लोगों ने सुना होगा कि इस भरे-पुरे संसार में जब कोई एकबारगी अकेला हो जाता है तो वह सुर से जुड़ता है—तोड़ डालने पर तुले संसार से। संगीत की सूझ ही जीवन की रेत में सुरसरि उमड़ाने की है।

"कितनी विसंगतियाँ सिरजी हैं विधाता ने एक छोटे-से मानव-हृदय में। हाँ, तब वह गा नहीं रही थी मालवी रागिनी, अकेली-अकेली, प्रत्युत शाब्दिक संग्राम के लिए ललकार रही थी इस लोक की खाकर परलोक की डकार लेने वालों को!"

वराहमिहिर के कान में धन्वन्तरि ने कुछ कहा, महाराज ने उन्हें बुदबुदाते-फुसफुसाते देख लिया। पूछा : क्या बात है ?

धन्वन्तरि बोले :

"जी, मैं वराहमिहिर जी को प्रकृति के नियम की याद दिला रहा था। राजकुमारी के मन के भावों का, फूल की गन्ध की तरह, प्रकाश में न आना ही अप्राकृतिक था। सहज भावों का अधिक दबाव उन्माद का कारण हो सकता है।"

महाराज मन की गहनता से आतंकित-से मलिन-उदास स्वर में बोले : 'मृगतृष्णा में भटकने से तृषाग्नि बुझती है क्या ? सई साँझ शिप्रा के किनारे उदासी के झोंके में चुपचाप आ बैठने वालों से कोई पूछ देखे :

कौन-सी अस्वस्थ जिज्ञासा उनके शब्दों को चुपाए हुए है ! कौन-सी चिन्तातुर कल्पना उन्हें उद्विग्न और उत्तेजित किए हुए है !

"तभी मैंने एक प्रण किया और हृदय के भार से मुक्त हो गया।

"मैंने विद्या के अनोखे अन्तर्द्वन्द्व को क्षण भर में ही भाँप लिया था। मेरी आँखों से स्नेह के गद्‌गद अश्रु छलक आए।"

—"ऐसा क्या भाँपा महाराज ने कि जिससे आपका स्वर काँप गया ?" वेताल भट्ट ने स-सम्भ्रम दृष्टि से उनकी ओर देखा।

महाराज जैसे ढालुवे में ढुलक गए हों, कुछ देर अनिमेष दृष्टि से वेताल के बेसुरे सवाल करते मुँह की ओर देखते रहे। फिर सँवर कर बोले : "जीवन की दौड़ किसे किधर ले जाएगी, कहना कठिन है ; परन्तु मैंने विद्योत्तमा को संसार की निःसारता से अपरिचित रखने के लिए एक छोटा-सा प्रयास अवश्य किया था—शास्त्रीय ज्ञान की अनन्यता और संयम के आनन्द की असीमता को कुतूहलों का क्रीड़ा-क्षेत्र बनाकर। एकबार विश्वव्यापी वैभव देख लेने पर क्षेत्रीय और व्यक्तिगत ऐश्वर्य उसकी दृष्टि पर नहीं चढ़ सकता था। वह बड़ी-से-बड़ी होकर महती से महीयसी होने की अभिलाषा ही पालती !

"मैं यह भूल गया था कि अवस्था के साथ उसकी वैयक्तिक रुचि भी विकसित होगी ; प्रवृत्तियाँ उसे अपने घेरे में लेना चाहेंगी और उसे संसार में सार-पदार्थ ढूँढने की अपेक्षा आत्म-मन्थन का अन्तर्नाद सुनना ही अधिक श्रेयस्कर जान पड़ेगा !

"—मैंने उसे अपनी सुरुचि के अनुरूप वर चुनने की स्वतन्त्रता दे दी कि वह जिसे शास्त्रार्थ में शास्त्रीय उक्ति-युक्तियों से पछाड़ सके ; जो उसके अहंकार को सात्विक मोड़ देकर विनम्र उदात्त बना दे ; और जो उसे रूप, वित्त, विद्या और कुलीनता से सभी प्रकार अपने अनुरूप प्रतीत हो, उसे स्वतन्त्रता है कि बिना मेरी सहमति के उसके गले में वरमाल्य डाल दे। प्रत्येक परिस्थिति में उसे मेरी मंगलकामनाएँ ही उपलब्ध होंगी।

"पिछले तीन वर्षों से यह क्रम चल रहा है ..."

वराहमिहिर अधबीच में ही बोल उठे : "तो मैं भी महाराज, एक

ज्योतिर्विद् की दृढ़ता से आपको आश्वस्त करता हूँ : वह शुभ घड़ी आ पहुँची। अब और असमंजस में पड़े रहने और प्रतीक्षा करने की आवश्यकता न रही।''

सायं संध्या का समय हो रहा था। महाराज सभा विसर्जित कर वराह-मिहिर के वचन से प्रसन्नचित्त उठ ही रहे थे कि अन्तःपुर से महारानी का भेजा हुआ शुभ सन्देश मिला।

□

८

''ईश्वर के वश में सभी लोग हैं। कठपुतली का खेल दिखाने वाले के बाएँ हाथ का खेल ही है यह कि वह जब चाहे तब, किसी को किसी से मिला दे या अलग कर दे''—आगे-आगे खड़ाऊँ चटकाता चलता पुजारी सोच रहा था।

''चन्दनवन की सुरक्षा विषधर करते हैं। ऐसा न होता तो कोई भी दाँत दिखाकर मुँह धोने के लिए उसे तोड़ता-मरोड़ता होता।''

—कालिदास साँस ले रहे थे।

अपराह्ण की कचनारी धूप उनके मुँह पर पड़ रही थी जिसे वह लीलाकमल-जैसी हथेलियों से बार-बार हटा रहे थे। तार टूटा न था, एक झंकार और उठी :

''किसी अनजान-सुनसान रास्ते पर पड़ने वाले विशाल जलाशय का निर्मल जल एक बार अनथके बटोही की भी प्यास बढ़ा देता है। वह उसे नहाने-धोने का मौन आमन्त्रण भी देता यदि उसकी देखभाल छुप-छुपकर कोई घड़ियाल न करता होता !''

—चिन्तन की चिनगारी जाने कैसे साँसों में घुस गई थी। एक झटका-सा खाकर पुजारी से बोले : ''इस कक्ष में रंगीन-चिकने पत्थरों के चबूतरे, टीले और उनके किनारे-किनारे वैजयन्ती, इलायची, और सूर्यमुखी के झुकते-झूमते पौधे देखकर बदरी-केदार-यात्रा में पड़ी फूलों की घाटी आँखों में घूम गई। कहीं उड़ते जल-कणों से कुहासा-सा छाया हुआ है, कहीं पत्ती-पत्ती पर धूप की छींट-सी तितलियाँ उड़ती दिखलाई

दे रही हैं। यह उदास शान्ति सन्तुलन और सामंजस्य की ही देन है।''

पुरोहित ने कहा :

''अगला कक्ष और मनोरम है। सुगन्ध की लपटें लपेट लेती हैं। पाँवों में बिछी हुई हरियाली जैसे आकाश की नीलिमा से मिलना चाह रही हो, सिर ऊपर ही ऊपर उठाती जाती है ! कोई आँखें नीची किए-किए निकल ही नहीं सकता। चम्पे की डाल पर मोर, हाथी-दाँत के बने झरोखों में पंख खनखनाते ललौहें, उजले-सुनहले कबूतर, नीचे जलयंत्र के फुहारे में नहाते हंस के जोड़े।''

कालिदास मुसकिराए : ''वर्षों पर्वतों और उनकी अधित्यकाओं, उपत्यकाओं, घाटियों और नदी के कूल-कछारों में घूमता रहा हूँ, जैसे उन सारी दृश्यावलियों की फैली-फैली सुन्दरता यहाँ सिमट कर संक्षिप्त हो गई हो ! कानों ने जलप्रपातों का, समुद्रों का क्लान्त कोलाहल पिया है और वह निनाद कैसे भी नहीं भूलता ; किन्तु यहाँ भौरों की गूँज और पंछियों के कलरव को मैं उस निनाद के विलोम के रूप में सुन रहा हूँ। चारों धाम यहाँ के चार कक्षों में विश्राम करते-से जान पड़ते हैं। शैल-शृंग के समान उन्नत प्राकारों की लुनाई धूप की अरुणाई में पके आमों-लदे आम्रकूट की स्वर्णिम स्मृति-सी अनुभव होती है।

''गोंडवाना (ऋक्षवान्) की पर्वतमाला जैसे विन्ध्य की दुहरी दीवार बनाती हुई-सी सह्याद्रि तक दक्षिण-पश्चिम की ओर चली जाती है, समानान्तर पर बने ये प्राकार भी उसी प्रकार स्वर्ण-अरुण प्रकाश में प्रवेश करते चले गए हैं। सच तो यह कि भारत के बीचों-बीच बसी उज्जयिनी के हृदयभाग में अवस्थित यह राजभवन भी अपनी उपमा आप ही है।''

तीसरे कक्ष में प्रवेश करते ही पुजारी के पाँव जकड़-से गए। कालिदास का हास वृक्षों में खिल गया :

''क्यों भावी राजगुरु, आपको अचानक उदयन की याद तो नहीं आ गई ? आपके दाढ़ी-मूछों के घने वन में नागफणी कैसे उग आई ?''

अब पुजारी भी हँस पड़े। अपनी अनुभूति को अभिनीत करने लगे :

''आपने मेरे मुँह की बात छीन ली : मैं शत-प्रतिशत इसी आशंका से पीड़ित हो रहा था कि यदि महाराज प्रद्योत की प्रिय पुत्री वासवदत्ता

की कहानी दुहराई गई तो मेरी क्या गति होगी ?''

इस पर कालिदास का अट्टहास राजभवन के उस प्रासाद कक्ष तक गूँज उठा जो इस प्राकार के उस पार और चतुर्थ कक्ष के मध्य से लगा-जुड़ा था जिसमें इस घड़ी राजकुमारी विद्योत्तमा मृगया की मनःस्थिति में मणिकुट्टिम फाड़कर उग आए बबूल के फूलों पर दृष्टि स्थिर किए हुए थीं ; पिछली दुर्घटनाओं को एक क्रम में बाँध रही थीं, जिनमें न केवल निराशा हाथ लगी थी, एकान्त के एकाध क्षण में हिचकियाँ भी सुनाई दी थीं। उन्हें अपने अतिरिक्त आवेश पर पश्चात्ताप भी हुआ था कि ठीक और उचित व्यक्ति की पहचान उन्हें नहीं के बराबर है; कि बहकी-बहकी बातों से उन्हें उदासी और निराशा ही तो मिलती रही है ; अब से भी सावधानी व्यवहार में लाएँ तो बुराई भलाई में बदल सकती है ...''

पुजारी की नाक में अट्टहास की तीव्र गन्ध मिरची के झाँसे-सी लग रही थी जब भी वह मल्लिका, यूथिका और माधवी की सुगन्ध थी।

''पुजारी जी, कहाँ वत्स 'राज' और कहाँ कालि 'दास' ! फिर वह राजनीतिक बच-बचाव का एक प्रेमल उपाय भी था !''

—राज और दास के उच्चारण पर बल देकर कालिदास ने कहा। कहते समय उनका मुख रवि-किरणों से विद्ध शरद् ऋतु के प्रफुल्ल कमल-सा सुशोभित हो रहा था।

पुजारी भी परकटा था। उसे आँधी की आशंका हो आई थी कि अब सब उड़ जायगा। कालिदास के समान रूपवान उदयन कदापि न होगा। वासवदत्ता उससे अधिक रूपवती होगी। और तब भी वह अमृत घट लेकर साक्षात् नगर-लक्ष्मी की भाँति उसके पीछे अपने नगर से निकल गई थी। जैसे खीर में नोन की डली पड़ गई हो, पुजारी की जीभ कड़वी हो गई थी। उसे कालिदास विद्या और विनय से कहीं अधिक केसरिया रूप का धधकता ज्वालामुखी दीख रहे थे जिसमें उसकी तो मिट्टी पलीद होगी ही, महाराज विक्रमादित्य की देव-दुर्लभ मान-प्रतिष्ठा भी जलकर राख हो जा सकती है।

राजकुमारी घड़ी भर से प्रतीक्षा कर रही थी। मुँहलगी दासियों ने विश्वस्त स्वर में बतला दिया कि यह कोई और कविर्मनीषी परिभूः स्वयम्भूः

नहीं, स्वयं कालिदास पधार रहे हैं।

राजकुमारी वाद-विवाद के दाँव-पेच भूलकर संसार के इस प्राचीनतम भू-भाग की संस्कृति से जुड़ने का प्रयास कर रही थी। विन्ध्य पर्वतमाला से नर्मदा की घाटियों तक और शिप्रा से चर्मण्वती तक विस्तृत जिस संस्कृति ने अवन्तिका, माहिष्मती, विदिशा, पद्मावती और दशपुर के माध्यम से भारतभर में अपनी एक विशेष पहचान बनाई, जिसके कारण विन्ध्याटवी के आश्रमवासियों और उज्जैन, विदिशा तथा पद्मावती के चिन्तकों ने भारत की धार्मिक एवम् आध्यात्मिक धाराओं को विश्व-व्यापिनी प्रसिद्धि प्रदान की थी। और तो और, सम्राट् अशोक के सुदूर देशों तक जाने वाले धर्म-प्रचारकों में अधिकांश विद्वान् मालवा के ही थे।

कालिदास अकारण-चिन्तित पुजारी को पुलकित करने के अभिप्राय से बोले :

''हिमालय की गोद में प्राकृतिक सुन्दरता की खान-जैसा काश्मीर, जहाँ कुशल मानवीय हाथों के शिल्प से सँवर कर मन्दिरों और प्रासादों से मण्डित हुआ है वहाँ की छाया-छवि इस कक्ष में दिखाई देती है। दीवारों पर मूर्तियों की रचना काश्मीर की प्रसिद्ध वास्तुकला है। माघ, शुक्ल, तृतीया को काश्मीरी पण्डित देवी देवताओं, फूलों और पशुओं के गहरे रंग में अंकित चित्र बालक-बालिकाओं में ऐसे ही वितीर्ण करते हैं जैसे ये शाल्मली, किंशुक और वंशीवट के फूल यहाँ अपने आप उड़-उड़ कर हमारे पास आ रहे हैं। और आषाढ़, शुक्ल, सप्तमी को प्रत्येक आर्य का घर जैसे उगते हुए सूर्य तथा दूसरे यक्ष-किन्नर-गन्धर्वों के चित्रों से सजाया जाता है और जैसे काश्मीर की सुरम्य घाटी कलावन्तों के उकेरे चित्रों से समृद्ध है, ऐसे ही इन प्राकारों को देव तथा यक्ष के चित्रों से आकर्षण भी मिला है और भव्यता भी। ...''

जैसे यन्त्रित मन में गगन का सुर लग गया हो, पुजारी ने भावार्द्र स्वर से संकेत किया : —'आ गए !'

जैसे नव पल्लव से ओस-कण छहरे हों !

कालिदास धुँधली स्मृति के मर्मर में कुछ बुदबुदाए, जैसे कह रहे हों कि तुम क्यों चिन्तित हो ? मैं जनम का अनचाहा हूँ, आज भी ऐसी कोई

चाह नहीं पालता कि अप्राप्य पा लूँ ! मैं तो कुछ अपूर्व अद्‌भुत, अनसुना-अनगाया ही गाना चाहता हूँ, और जो तुम सोचते हो, उसे तो धरती और आकाश ने एक साथ सौ-सौ बार गाया है !

''मेरी आँख किसी निर्दिष्ट क्षितिज पर नहीं गड़ी है ; मेरे प्राण ऐसी बहकी-बहकी हवाओं के संग नहीं उड़ते।''

× × ×

''बुद्धि बढ़ती है कर्म-शक्ति के क्षीण होने पर ; किन्तु सुदृढ़ चरित्र का निर्माण तो जीवन की आपाधापी में ही होता है !''

—सोचते हुए कालिदास प्राकार पार कर ज्यों ही राजकुमारी के विशाल प्रकोष्ठ के द्वार पर पहुँचे, सात सुरधनुषी दासियाँ हँसती दिखाई दीं जिन्होंने आँखों और श्यामा लता-सी लचीली बाँहों से भीतर निःशंक पदार्पण करने का निःशब्द संकेत किया। पुजारी निरीह दृष्टि से उन्हें देखते हुए लौट गए कि मेरी परम्परित प्रतिष्ठा में बट्टा न लगने पाए। आज मेरी लाज अपरूप रूप के हाथ है !

''ओ परम प्रकाश, तुम आकाश से चल कर धरती पर उतरते हो तो सीधे उतर आते हो या घूम-घाम कर ? अनन्तता तुम्हारा विश्राम-स्थल है और वन-बाग-उपवन-वाटिका विहार-स्थल !

''उष्ण किरणों की प्रतप्त देह से उठी हुई भाप जम कर निर्धूम धूप हो जाती है, मेरी प्रज्ञा ईश्वरीय वाणी बन जाए—गहरे और अँधेरे जल की वाणी ; ऋतुओं में उमगे थल की वाणी और करुणा-कोमल आकाश की वाणी !''

राजकुमारी स-सम्भ्रम उठ कर खड़ी हो गईं। स्नेह के आँसू छलकाती हुई दासियों की मन्द मुस्कान ही उजागर हुई।

राजकुमारी की चौंकी हुई आँखों में भोलापन उभर आया था। प्रयत्नपूर्वक निःशब्द बैठने कहा। निस्पन्द-सी अप्रतिम प्रतिमा को बैठते देख स्वयं भी अपनी ही आड़ में छिपती-सी हंसासन पर बैठ गईं।

यहाँ की अक्षुण्ण परम्परा से अवगत होने के कारण जब कालिदास वाद-विवाद की झड़ियाँ झेलने के लिए सिर खुजा रहे थे, गगन-मन

गुँजाता हुआ कोकिल का रसार्द्र कण्ठ सुनाई दिया : 'मुझे राजकुमारी विद्योत्तमा कहते हैं, आपका नाम आगन्तुक ?'

'कालिदास !'

'केवल कालिदास ? कोई उपाधि नहीं ?'

'उपाधि तो व्याधि है राजकुमारी, मैं स्वस्थ हूँ।'

राजकुमारी के कण्ठ में जैसे पानी का झटका लगा हो, उत्तर सुन कर भौचक रह गईं। सोचने लगीं : यहाँ कैसे-कैसे आए ! अपना-सा मुँह लिए लौट गए। यह अकड़ तो एक दम नई है ! समुद्र बिना हिलकोरे बुलबुले उठा रहा है ! बढ़े चलने का चाव कैसे भाव-कुभाव मेट देता है, कोई यह बोल तोले !'

राजकुमारी ने विहँस कर बात काटी :

'पौरुष और पराक्रम का चमत्कार देखना-दिखाना ही तो स्वस्थ होने का एकमात्र प्रमाण नहीं है। होने को तो मैं भी स्वस्थ हूँ ...'

'नहीं राजकुमारी, आप स्वस्थ नहीं हैं, वाद-विवाद की सनक ने आपके प्राणों का रस सोख लिया है, नहीं तो ...'

'नहीं तो ... ?'

'नहीं तो कुटिलता आपकी भवों में न होकर चितवन में होती ; नव पल्लव-से अधर पर कली की तरह मुसकान खिली होती ; आपकी एक-एक रेशमी अँगराई पर सौ-सौ मधुमास लुट जाते ; आप...'

''हाँ-हाँ, रुको नहीं, कहे जाओ कालिदास !'' कहा और जीभ काट ली।

''आपके वीणा-क्वणित-से मधु-घुले अनमोल बोलों से कोयल सुर मिलाती ; आपकी प्रलम्ब श्याम-कौशेय केश-राशि अपनी ही सुधाधौत अटा पर सघन घन-घटा-सी छाती और आपकी फिसलन-भरी मसृण छवि-छाया छूने के लिए चाँद की किरणें नील गगन में रन्ध्र बनातीं ...''

विद्योत्तमा के ललाट-तट पर पसीने की बूँदें झलमला आईं। तर्क पर तर्क करने में सधी साँस जोर-जोर से चलने लगी। लम्बी-नुकीली उँगलियों की पोर-पोर में मीठा-मीठा दर्द होने लगा। वह अपने ही गले पड़े हार के मोतियों की तरह टूटकर बिखरने लगी।

पल भर को दोनों हथेलियों से मुँह ढक लिया ; आँखें मूँद लीं।

'अच्छा तो अभी' ... कहते हुए कालिदास उठ खड़े हुए। विद्योत्तमा ने झटपट आँखों पर पौढ़ी हथेलियों को झटक दिया :

''अरे नहीं, ऐसी भी क्या जल्दी है ? अभी-अभी तो आए हैं !'

कालिदास हँसे : ''आपने आगे स्वस्थ होने का दावा किया था। मैंने देखा, आप अचानक कुछ अधिक स्वस्थ हो गई हैं! बात यह है कि आप चारों ओर से घिरी सभ्यता की देन हैं जो आपके मस्तिष्क में गहरे उतरी हुई है। वह आपको अलगाव सिखाती रही है कि आप औरों-जैसी नहीं, उनसे भिन्न हैं ; आपकी शिक्षा-दीक्षा दूसरों से भिन्न है ; आपकी प्रकृति दीवारों से बाहर की वस्तुओं को सन्देह की दृष्टि से देखने की अभ्यासी है, ऐसे में ...'

'जी, नहीं, हां, कुछ अधिक ... मैं आपका इतिहास जानना चाहूँगी, उसी से अपनी नीति निर्धारित होगी ...

'जी, मैं कुछ समझा नहीं।'

'मेरी निर्धारित नीति का इतिहास सब पर विदित है। अब मैं आपके इतिहास से अपनी नीति निर्धारित करना चाहती हूँ।'

मेरा, राजकुमारी, कोई इतिहास नहीं। काश्मीर के एक कुलीन सारस्वत ब्राह्मण-कुल में जन्म हुआ। पिता व्याकरण, दर्शन और धर्मशास्त्र के उद्भट विद्वान्, अग्निहोत्र, कर्मकाण्डी थे, माँ को भी चित्र और संगीत से गहरा लगाव था। बाल्यकाल में बिना पढ़े ऐसी पढ़ाई हुई कि जी में खलबली मच गई। जीवन का तीव्र बोध आड़े आ गया। सीधी रेखाओं से जीवन का चित्र बनाए नहीं बनता था। पिता से शास्त्र मुँह बिचका कर सुनता था, माता से संगीत खिलखिला कर सीखता था। ठूँठ की तरह कहीं खड़ा रहना भाता न था। वर्तमान भविष्य के कुतूहल से भरा था और भविष्य सुनसान अँधेरे से मुझे पुकारता था : 'आ ... ओ ; मैं यहाँ हूँ; तुम कहाँ हो?' पुकार के भीतर से जी को ऐंठती थी, मैं तड़फड़ा कर रह जाता था। कभी उचाट होने पर एक भगोड़े लड़के की भाँति चीड़ और देवदार के घने वनों में वेणु बजाता फिरता था। आगम-निगम पढ़ कर कुल का गौरव बढ़ाने की ओर रंच भर भी झुकाव न था। केसर

की क्यारियाँ लहरतीं तो उनमें मन लोट-पोट हो जाता। घाटियाँ फूलों से लद जातीं तो मैं उन्हें पलकों से चूमता, किलकारियों से गुदगुदाता था। किरनीले बादलों की छाँह में काले हिरन के छोनों के साथ फलांगना मेरा सबसे प्यारा खेल था।

"और एक दिन अचानक माँ के पाँव छुए तो उनके लय-बद्ध चिंतन को जैसे कहीं झटका लगा, बड़े चाव से पीठ थपक कर पूछा :

'कहां जा रहे हो, कालिदास ?'

"माँ, मैं यहां-वहां अनमना-सा घूमता-घूमता जाने क्या-क्या सोचता रहता हूँ ! सोचता रहता हूँ कि हम सबकी एक और माँ है, बड़ी माँ। देवदुर्लभ इस देश की फैली धरती। उस पर उगे वन-उपवन, गिरि-पर्वत, वेगवती नदियाँ और अथाह समुद्र। इस भारत-भूमि पर बसे बड़े-बड़े नगर, छोटे-छोटे गांव, पुरवे, कितनी-कितनी जातियां, कैसे-कैसे लोग! क्यों न एक बार चलकर, घूमकर उन्हें देखूँ, उस वृहत आयतन में उमग कर मिलूँ बड़ी माँ से! कोटि-कोटि सुत-सन्तति की जननी और भरणी से?"

विद्योत्तमा ने ऐसे एकतान ध्यान से अब तक शायद ही कोई रोचक कथा-कहानी भी सुनी हो। कथा-कहानी सुनते समय तो प्रायः सो जाया करती थी, अचम्भे की बात यह थी कि कालिदास की सीधी-सादी बातों में उलझ कर उसकी ऊँची शिक्षा की ढेर सारी व्यर्थताएँ मन पर से तह की तह उतरती चली गई थीं। वह सोचने लगी थी कि तन-मन को खाद बनाकर गहन और उच्च शिक्षा की भूमि में जो पौध पनपाई, उसमें कैसे फूल फूले ? क्या यह कोई अनोखी सुगन्ध पुराने वातावरण में फैलाएँगे ? कुछ अनचखे फल नई पीढ़ी को खिलाएँगे या फिर पूर्ण पुरातन की सुरक्षा में ही अपनी चरितार्थता का अनुभव कर सूखे वर्तमान पर अतीत के आंसू की तरह टपक जाएंगे ?

कालिदास तो अभी आए-आए हैं। हल्के-हल्के, बातचीत को एक विशिष्ट स्तर प्रदान कर रहे हैं ; धर्म और परम्परा की मिट्टी में लोट-लोट कर वह दुर्भाग्य का रोना नहीं रो रहे कि कहां गए वे सोने के दिन और चांदी की रातें !

उनके समान और कितने दूसरे अपनी बड़ी माँ से मिलने—वृहत्

आयतन में उसके दर्शन करने की हौंस पालते हैं ? जीवन भर हाँफते रहे, लेकिन जहां जनमे, वहीं मरे।

—आकाश की आंखों में धँसी-धँसी-सी राजकुमारी चौंक कर अपने सुस्ताते सपने को हलराती-सी बोल उठी :

'फिर क्या हुआ ?'

अनिल की तरंग में जैसे कल्याण की गत गुंजरित हुई हो ! अतीत-संगीत सुनने के लिए जैसे कक्ष के सभी चित्र-आलेख्य साँस साधे हुए हों ! एक भी नाक-भौं चढ़ाने वाला नहीं कि दिए की बत्ती छोटी पड़ने तक प्रकाश हवा से लड़ता रहे ! कि जो आँखों के उष्ण जल से न बुझा, उसे ठंडी साँसों बुझाने का क्रम चलता रहे !

कालिदास ने गहरी साँस ली :

''माँ ने अपना प्रश्न दुहराया। मैंने कहा :

''तुम्हारे प्यार-दुलार में कोई कमी नहीं हुई है माँ ! मैं किसी अभाव से ऊबा नहीं, भाव में डूबा हुआ हूँ ! तुमने कभी झरने से पूछा : वह किससे मिलने उधर किधर को बहा-बहा जाता है ? अनन्त से मिलने की व्यथा उसे क्योंकर हुई ? मैं तो माँ, फूल-वन में दिन-दिन भर उसे ही ढूँढा करता हूँ जिसके अनदेखे चरणों पर बिछ जाने के लिए फूल खिलते हैं ! माँ, पौ फटते ही पंछी जिसकी आगमनी में चहक-चहक कर दिशाकाश गुँजाते हैं, सुनहली किरणों के जाल में फँसा हुआ मेरा मन उसे ही पाने के लिए मचलता-तड़पता रहता है !

''पास ही पिताजी अपने बटुए की तनियों को कभी खोल, कभी बन्द कर रहे थे। अपने काम की बारीकियों के बारे में बड़ी-बड़ी बातें किया करते थे हर घड़ी। मेरी बातचीत की आहत व्यर्थता से जैसे उनके 'अहं' को ठेस लगी। खम्भे के पास उनकी टेढ़ी-मेढ़ी परछाईं डोली। मेरे भावों की आर्द्रता सुखाने वाले स्वर में बोले :

''यह सब ठीक है मेरे बच्चे ! प्रकृति और पुरुष के सम्बन्ध में ऐसी आध्यात्मिक जिज्ञासा तुम्हारे व्यक्तित्व की मौलिकता का स्पष्ट आभास देती है ; किन्तु तुम तो उस वंश के करीर हो जिसमें चौदहों विद्याएँ अपनी नित-नई शाखाएँ फैलाती आई हैं। वेद और वेदांग हमारे कुल-भवन के

द्वारपाल रहे हैं कालिदास। तुम्हें चारों वेदों का उद्‌गाता ही नहीं, षट् शास्त्रों का अध्येता और प्रवक्ता भी होना होगा! क्लेशपूर्ण देशाटन अध्ययन में बाधक बनेगा।''

मैंने तिनक कर कहा :

''अध्ययन! अध्ययन! अध्ययन! ये पुंस्कोकिल पंचम में कूकने का कब अध्ययन करते हैं? विशेष पौदों ने विशेष-विशेष ऋतुओं में ही फूलने-फलने की किससे शिक्षा ली है? वृक्षों ने दूसरों को ठंडी छाँह देने और स्वयं चिलचिलाती धूप में तपते रहने का कहाँ अध्ययन किया है? पिताश्री, शैवागम पर पुस्तकें पढ़ते रहने से देश भर में घूम-घूम कर द्वादश शिवलिंगों के दर्शन-स्पर्शन और साक्षात्कार की अपरोक्ष अनुभूति प्राप्त करना क्या प्रमाद है?''

पिताश्री ने शान्त स्वर में अवसाद घोल कर कराहते हुए अँगड़ाई ली :

''तब सब लोग तुम्हें मूर्ख कहेंगे कालिदास! अस्पष्ट शब्दों में कोसेंगे कि जिस डाल में टुसिआया, उसी पर कुल्हाड़ी चला दी!

''ब्राह्मण को बिना किसी प्रयोजन के षडंग वेदों का अध्ययन-मनन करना चाहिए। यज्ञ कराने के लिए कर्मकाण्ड का, और अगड़धत्त पण्डितों को भी अखाड़े में पछाड़ने का अभ्यास करना चाहिए!''

मानसिक दुविधाओं को जैसे जीत लिया हो, मैं फट पड़ा :

''तो षडंग वेदों के अध्येताओं ने तर्क की कर्कशता के सहारे गौतम बुद्ध को क्यों नहीं चुपा दिया? कैसे वह वैदिक विद्वानों के बीच वेदों की निन्दा करने में सफल हो गए? कैसे इस देश से सत्य सनातन को समाप्त करने में तत्पर बड़े-बड़े राजे-महाराजे उनके अनुयायी हो गए? मैं पण्डितों से लड़ने-मरने पर उतारू हो सकूँ, ऐसी कोई अभिलाषा मेरे मन में नहीं है। मैं न संशयालु हूँ, न ईर्ष्यालु; किसी के कन्धे पर सिर रख कर आँसुओं की राह अपनी वेदना बहाने वाला भी नहीं हूँ! ...

''मेरी भावनाओं का ज्वार कहीं थमता नहीं दिखता था, तभी मातु-श्री और पिता-श्री ने एक ही साथ झुँझला कर कहा :

''तब पलट कर तुम्हारा काश्मीर आना कठिन हो जाएगा। यहाँ के तो सूखे भोजपत्र भी शास्त्रार्थ करने के लिए हवा को ललकारते रहते हैं,

तुम किस-किससे आँख बचाते फिरोगे ?''

''कोई और होता तो फफक-फफक कर रो पड़ता। जिन होठों से दूधिया हँसी बिखरती होती थी उनमें तनाव था ; जिन काली पलकों से शुभ्रज्योत्स्ना छिटकती थी, वे धूप से कुम्हलाई-सी आँखों के लाल डोरे भी नहीं छिपा पा रही थीं ! माँ के मुँह से कढ़े बोल किसी प्रस्तर-प्रतिमा पर फेंके फूल-से लग रहे थे।

''सहमा-सकपकाया-सा बोला :

तब मैं सदा-सदा के लिए काश्मीर छोड़ दूँगा, माँ !''

''इस पर एक भर्राया-सा स्वर फूटा :

''कहाँ जाओगे, कालिदास ?

''कहाँ जाऊँगा माँ ? मैं वहाँ जाऊँगा जहाँ थोथे पाण्डित्य पर निर्दोष प्रतिभा की बलि नहीं चढ़ाई जाती ! जहाँ पुराने को ही सर्वोत्तम समझ कर केवल उसी की सुरक्षा करना जीवन का लक्ष्य न समझा जाता हो, प्रत्युत नए सृजन, नव-निर्माण की छूट भी हो ! जहाँ सर्राफ और जौहरी की दुकान में चाँदनी नहीं बिकती ; जहाँ नदियाँ कल-नाद करती हुई उमग-उमड़ कर समुद्र में आत्मविसर्जन करती हैं, तट से सट कर शास्त्रार्थ नहीं करतीं ; जहाँ कोयल व्याकरण नहीं रटती ; जहाँ के बादल गरजते-गड़गड़ाते नहीं, रूम-झूम कर बरसते ही बरसते हैं ; जहाँ जीवन के पूर्ण विकास और समग्र प्रकाश के लिए शास्त्र दिशा निर्देश करते हैं, शास्त्रों को माथे और पीठ पर लादे फिरने के लिए जीवन नहीं होता। मैं वहीं कहीं जाऊँगा माँ ...

''गद्‌गद कण्ठ से प्रलाप-सा करता हुआ मैं माथे में झटपट मातापिता के चरणों की रेणु रमा बैठा, फिर प्राणों में काश्मीर की असीम सुन्दरता बसा ली और आत्मा में हिमालय की उच्चता और उज्ज्वलता समेट कर सदा के लिए जन्मभूमि से विदा ले ली।''

सामान्य वार्तालाप का ढंग ऐसा चित्रात्मक और सबल कि सुनते ही बने, राजकुमारी मुग्ध हो रही थीं। प्रत्येक वाक्य मन पर एक चित्र छोड़ जाता है। मैं जीवन को शास्त्रों की गहराइयों में ऊभ-चूभ होकर ढूँढती रही ; किन्तु जीवन की गहराइयों से उभरा हुआ प्रत्येक अनुभव शास्त्रीय

गरिमा के साथ स्मृति-पट पर यों खिंचता चला जाता है, मालूम न था।

ऐसे भीतर-बाहर से एक का जो हृदय इस समय हरियाली में है, मैं उसे इस दृश्यमान जगत की सजातीय, विजातीय और स्वगत—इन तीनों भेदों से रहित एक आत्मा-विषयक वाद-विवाद की मरुभूमि से घेरूँ? मैं इसके खिले चेहरे पर की आनन्द की चमक धुँधली कर दूँ? बुझा दूँ? मेरी आत्म-शक्ति कैसी कड़वाहट से भरी है, मैं इसी एक प्रश्न के चक्कर में घुमा कर इसके सौन्दर्य और बुद्धिवैभव को कड़ी फटकार बता सकती हूँ, सबके हित और आनन्द की कामना रखकर भी स्वयं इसी स्तर पर शास्त्र जीती रही हूँ, शास्त्रीय सत्य का सन्धान ही तो मेरा ध्यान रहा है।

सहसा इस प्रशान्त वातावरण में आह्लाद के मोती लुटाती चंचलता की लहर-सी दौड़ गई। महारानी और महाराज असन्दिग्ध भाव से मुख-मण्डल पर दृढ़ता और आत्मविश्वास का प्रकाश लिए हुए सन्निकट आ गए थे। विद्योत्तमा स-सम्भ्रम हंसासन से उठ खड़ी हुई। कालिदास निःस्पन्द मन्द-मन्द मुसकिराते रहे कि राजकुमारी का अभिमान आहत नहीं हुआ और ज्ञान के सागर ने किनारे पर शंख-सीप फैलाकर पल भर को लहरों का लालित्य भुला दिया है!

विद्योत्तमा की दृष्टि ऊपर उठ न रही थी और उसकी कुछ लटें पलकों तक छिटक आई थीं। ढलाव-कटाव वाला सुन्दर शरीर परिधान में सिमट-सा गया था। कामना का वह पुष्ट और सुनहला बीज, जो अँकुरने-अँखुआने के दिन पार कर चुका था, अचानक टुसिया गया था। अधखुले ओठ प्राणों के रन्ध्र से झाँकती हुई व्याकुलता को ढक-दबाकर रखने के प्रयास में अभिव्यक्ति खो बैठे थे जो हृदय-जैसी बहुमूल्य वस्तु के अनायास खो जाने से उत्पन्न हुई थी।

उन्मादोन्मुख बन्दी पंछियों ने पिंजरा तोड़ डाला था। इधर एक झटके में देखने वाले बन्द द्वार देखकर ही निश्चिन्त थे।

'महाकालेश्वर की महती कृपा!' महाराज और महारानी ने संयुक्त रूप में कहा।

'वास्तविकता का भेद मैंने न जाना।'—कालिदास बोले : मेरे सिरहाने संयोग, पायताने संयोग! आकाश की ओर देखकर धरती की नाड़ी

टटोली। न हृदय में विह्वलता, न पाँवों में लड़खड़ाहट। बारह वर्ष चलता रहा। स्वयं को भूलने पर प्रतिबन्ध न था। मन के एकान्त में विचरा। हर्ष में मरते देखा, दुःख और थकान में प्रतीक्षा करते। अद्‌भुत अनुभव हुआ तो यही कि जहाँ से चला था, चल-चल कर फिर वहीं पहुँच गया।

महाराज हँसे :

'पूर्णता पर पहुँचने वाले और कहाँ जाते ?'

कालिदास चमत्कृत हुए :

''क्या कहते हैं महाराज ? भोर होने के भय से रात कहीं रुकी नहीं रहती। न अँधेरे से मुठभेड़ होने के भय से दिन कहीं थम जाता है। गति की स्थिरता यदि पूर्णता है तो मुझे न उसका चाव है, न उससे लगाव !''

महाराज ने कहा :

''एक दिन तो ऐसा आता ही आता है, जब गति स्थिर हो जाती है।''

''क्षमा करें महाराज, जाता-सा दिखता वसन्त नए वसन्त का अग्रदूत ही होता है। क्षणिक व्यवधान नए की तैयारी भर का होता है। मृत्यु नहीं होती, जीवन का पुनर्जन्म होता है। कहने को तो इतनी सारी बातें हैं, किन्तु साध के अनुरूप साधना न होने पर बातें जहाँ की तहाँ धरी रह जाती हैं। जो अपने ही मंदिर में बन्द रह आया है, उसे पूरे देश के कोटि-कोटि देवताओं के दर्शन होना तो दूर, उनका अता-पता भी नहीं होता।'

महाराज बोले :

''मैं आपका निगूढ़ अभिप्राय समझ गया। आप विश्वास करें, एक छोटी-सी सीमा में सही, मैं इस देश के मनुष्य-देवताओं के सम्पर्क में हूँ। अपने को उनसे अलग या उच्च उसी क्षण समझता रहा हूँ, जब उनमें बढ़ाबढ़ी-चढ़ाचढ़ी का दम्भ-दर्प देखता हूँ। मेरा न्याय कठोर कहा जाता है, परन्तु वह वैसा है नहीं। महाकालेश्वर से प्राप्त और उन्हें ही समर्पित बुद्धि जिस सीमा तक शुद्ध निर्णय ले सकती है, लेती है। त्रुटियाँ चित्त के तरंगित होने से भरसक नहीं होतीं, संवेदनशीलता से कभी-कभी सुख-दुख-अश्रु-हास की पहचान में प्रमाद हो सकता है। जो हँसते-हँसते कठोर दण्ड सह लेता है, मनुष्यों में वही देवता कहलाने योग्य है।''

कुछ अधिक हँस कर महाराज ने फिर कहा :

'देखता हूँ कवि, अब आपके भी देवता होने का समय निकट आ गया है।'

धरती पर अन्धकार के उतरने और आकाश में प्रकाश फैलने की वेला निकट आते ठिठक रही थी। महाराज के उठते ही दिन का प्रकाश उठ गया। नतनयन सन्ध्या की भाँति महारानी महाराज की अनुगामिनी हुईं ! दोनों के पीछे अकेले उगे नक्षत्र के समान कालिदास असीम आकाश का रहस्य समझने की मुद्रा में तनिक मुड़कर विद्योत्तमा के नयनों की सघन श्याम छाया में हल्के काँपती मन्द स्मित की बुँदकियों में सारे तारों का उदय देखते हुए बाहर निकल आए।

राजकुमारी झुकी पलकों पर स्थिति का गौरव उठाए, खड़ी रह गई। कार्य-सिद्धि से भवन अधिक उन्नत दिखाई देने लगा। सब के सब प्रिय आख्यान सुनने के हेतु उत्सुक थे ; किन्तु कोई कुछ बोल नहीं रहा था। आकांक्षा के अपार पारावार में सब के मन-प्राण डूब-उतरा रहे थे : "आनन्द कितना दुर्लभ है ! अपने को समग्रभाव से दिए बिना कोई सम्पूर्णता को पा सकता है ? दीवार के पार क्या है उसे देखने और पहचानने के लिए तो श्रम ही नहीं, साधना भी चाहिए। यहाँ की हवा में जो सुगन्ध घुली है, वह किसी उद्यान से तो नहीं आई !"

मधूलिका और मंजुलिका एक बहुत बड़े परात को दोनों ओर से पकड़े लिए आ रही थीं। प्रकोष्ठ के पास टकरा गईं और वह उनके हाथ से छिटक कर शब्द करता हुआ कुट्टिम पर गिर गया। प्रकोष्ठ में पल्लव और फूल छितरा गए। सुगन्ध की लहर दौड़ गई। दोनों ने लपक कर आजानु-लम्बित बड़ी मालाएँ उठा लीं, परन्तु पीले चावल, दूध, दही और महुए के फूल बिखर गए। उन्हें काठ मार गया। राजकुमारी हँसी :

"अब सकपकाने और पछताने से क्या ? ऐसी भी क्या त्वरा ? भले की कहना ही पर्याप्त नहीं होता, उसे कहने का ढंग भी भला होना चाहिए।"

दोनों सिर लटकाए खड़ी रहीं। राजकुमारी जंगल में भटकी हिरनी की दृष्टि से दाएँ-बाएँ देखती हुई धीरे-धीरे निजी आवास की ओर मुड़ गईं। जैसे मन में मौन गुन रही हों कि कोरी आँखों में ही नहीं बसे, सभी पथों

को घेर कर बैठ गए हैं। मैं निकलूँ भी तो किधर से ?

दोनों सखियों ने उनका अनुगमन किया। हृदय-जैसी बहुमूल्य वस्तु लुट जाने पर कंचन तन भी अकिंचन हो जाता है।

× × ×

राजभवन के बाहर न्याय माँगने आई एक लड़की के पीछे भीड़ उमड़ी पड़ रही थी ! लोग ऐसे सन्नद्ध थे, जैसे पहाड़ खोदने निकले हों, जब भी चुहिया सामने खड़ी थी। उदासी के बासी फूलों से ढकी हुई-सी बालिका की देहवल्लरी शत-सहस्र व्याकुलताओं से बिंधी-सी झुकी-झुकी दिखती थी। अब वहाँ उसे कौन कहता कि जिसकी दूरी ने तुझे इतनी लम्बी जन-श्रेणी के आगे खड़ा कर दिया है उसमें सही बदलाव आ सकता है ! जिस हृदय में कोई खोट नहीं, वह मिथ्या की ओट में घुटता नहीं रह सकता। कुछ दिनों का बिछोह स्वच्छ हृदय को दूनी शक्ति से जोड़ देता है और कहना न होगा, ठीक समय पर सब ठीक हो जाता है। पाने और खोने का खेल पेड़ की छाँह में खेलो कि जो धूप अपने सर-माथे लेता है और ठंडी-ठंडी छाँह थके-माँदों को सौंप देता है !

भीड़ ने बताया कि यह लड़की महाराज से न्याय माँगने आई है। यह जिसे प्यार करती है, वह मांस-मछली नहीं खाता, न ही मादक पदार्थों का सेवन करता है ! वह जुआ भी नहीं खेलता और आखेट पर निकले हुओं के साथ कभी जंगल भी नहीं जाता ! वह मामूली खाता-पीता आदमी है, समृद्ध नहीं है। लड़की कहती है, उसे बहुमूल्य गहने-कपड़ों की चाह नहीं है, उसे वह चरित्रवान् युवक ही पसंद है। उधर घरवाले हैं जो पैसेवाला लड़का ढूँढे बैठे हैं। वह राजाओं की तरह अनेक पत्नियाँ चाहता है, यह तीसरी होगी।

लड़की की देह साँचे में ढली हुई न भी हो, वह सुन्दरी थी। उसकी आँखें देखने वालों का नंगापन ढक लेती थीं और वह संवेदनशीलों से बात बेहिचक करती थी। कच्ची उमर का प्रेम इतना पक्का हो सकता है, सुनकर वयस्क और प्रौढ़ दांतों उँगली काट रहे थे।

महारानी अन्तःपुर चली गई थीं, यह सब सुनतीं भी तो कुछ मुँह में

ही बुदबुदा कर रह जातीं।

महाराज ने पूछा :

'क्यों तुम्हारे माता-पिता तुम्हें उस अप्रिय के हाथों मिट्टी के मोल बेचना चाहते हैं ? उनका क्या तर्क है ?'

''तर्क है कि सन्तान को आँख मूँद कर माता-पिता की आज्ञा माननी चाहिए !'

'आँख मूंदकर ?'

'हाँ, माई-बाप !'

महाराज ने घुमा-फिरा कर यह जानने का बहुत प्रयास किया कि वह स्वयं क्या चाहती है। एक सरल और निष्कपट हँसी के साथ उसने बताया कि वह पार्वती की भाँति तपस्या करने की स्वतंत्रता चाहती है जब तक उसका चरित्र इतना ऊँचा न उठ जाए कि वह उस आदर्श अकिंचन के अतिरिक्त और कुछ न चाहे।

मन के कौमार्य्य का यह स्फुलिंग महाराज के प्रतापादित्य का नीराजन बन गया। वह चकित-चमत्कृत होकर शब्दों में प्रकाशित हुए : ''ऐसा ही होगा !''

अंग-रक्षकों के संग वह अपने घर लौटी और माता-पिता के चरणों में अपराधिनी की भाँति बिछ गई। अंगरक्षकों ने कहा कि अब से आप दोनों इसके जन्मदाता ही रहे, पिता स्वयं महाराज हो गए हैं। इसका विवाह इसी की रुचि से राजकीय देखरेख में होगा। आज से यह राजकुमारी विद्योत्तमा की सहचरी है।

ऐसी अनसुनी सुनने को मिली कि दोनों आनन्द-विभोर होकर रो पड़े। लड़की भी अचकचाई : माँ, मेरी ढिठाई बापू पर न टालना। मेरी प्रतिज्ञा तुम्हारे सिर पर पड़ गई। बापू उबलें तो उड़ा न देना। मेरी-सी स्थिति में अब हर लड़की को अपना भविष्य स्वयं सोचने का मन बनाना होगा। झूठी मान्यताओं को न मानने की क्षमता अपने में उत्पन्न करनी होगी।''

□

१

यों अवन्तिका पौराणिक युग से भी प्राचीन है। स्कन्द पुराण में उसका नाम प्रतिकल्पा आया है, जो सृष्टि के आरम्भ से ही उसकी स्थिति की ओर सार्थक संकेत करता है। मालवा दक्षिण में विन्ध्य-पर्वत की ओर समुद्र की सतह से प्रायः दो हजार फीट की ऊँचाई पर है। अवन्तिका विन्ध्य की उत्तरी ढलान पर, सागर की सतह से प्रायः सत्रह सौ फीट की ऊँचाई पर, बसी है।

तब यह शिप्रा के उत्तरी तट पर थी, अब दक्षिणी पर है। उन दिनों महाकालेश्वर के ऊँचे और विशाल मन्दिर का स्वर्ण-कलश कोसों की दूरी से दिखाई देता था।

हरे-भरे उद्यानों, रमणीय और वैभवशाली राजपुरुषों के गगनचुम्बी प्रासादों तथा मणि-माणिक्यों के जगमगाते आपणों के बीच से निकलने वाले राजपथ से महाराज का रथ महाकाल के मन्दिर की ओर क्षिप्रता से बढ़ रहा था जिस पर कनकाभ कौशेय वस्त्रों और माणिक्य-जटित स्वर्णांगुरीयक से सम्मानित कवि कालिदास विराज रहे थे। राजकीय वेश में दोनों ओर से दो खड्गधारी अंगरक्षक खड़े थे।

मन्दिर के सौ गज ऊँचे कोट के प्रांगण में रथ के प्रवेश करते ही घोड़ों की टाप से चौबीस खम्भोंवाला द्वार आन्दोलित हो उठा। यह तो अच्छा हुआ कि लगभग सारे पुजारी एक साथ ही बाहर निकल आए और गवाक्ष के उस पार कुतूहलवश देवदासियों का दल भी सट-सिमट कर खड़ा हो गया। सुख-दुख का ऐसा आकस्मिक अवसर सामूहिक मन

को भी अन्तर्मुख नहीं रहने देता। ऐसे सम्भ्रम में छोटी-सी हलचल मचना स्वाभाविक है, अचल रहना ही अति कठिन है। कालिदास थे।

राजप्रासाद से महाकालेश्वर तक की रथयात्रा जैसे स्वप्न में हुई हो ! जैसे जिस मान-सम्मान के लिए कलाकार या बुद्धिजीवी लालायित रहते हैं, उसे अनायास पा लेने का उन्हें अनुभव तक न हुआ हो ! —निर्विकार रथ से उतारे गए। मन्दिर में पधारे भक्त दर्शनार्थियों ने आनन्द से उन्मत्त होकर उन्हें घेर लिया। वन्दना के छन्द रोमांचित धड़कनों में बज उठे।

रथ पहचाने पथ पर कुछ नए चिह्न छोड़कर लौट गया। पण्डे-पुजारियों ने महाकाल के निर्माल्य से कालिदास के आभ्यन्तर सुवास को ढक-सा दिया। रेतीले उरों में भी प्रश्नावलियाँ लहलहा उठीं। लड्डू-पेड़ों की प्रतीक्षा में पान पगुरानेवालों में मन की थकान बाँटने का उत्साह न था ; किन्तु कालिदास इस सूखे सागर के किनारे मुँह खोले उन सीप-शंखों को अनदेखा करने में असमर्थ थे जिन्हें अभी कोई भी लहर उच्छल जलधार से तत्काल मिलानेवाली न थी !

बड़े पुजारी ने बताया कि जो पुजारी आपको महाराज और राजकुमारी से मिलाने ले गए थे, उनकी रुचि ऊँची न थी ; बुद्धि भी ईर्ष्या-द्वेष से मुक्त न थी। उनका मनोरथ ओछा था। वह उन लोगों में नहीं हैं जो पराई विभूति निरख कर प्रसन्न होते हैं। मन्दिर के परिसर में आपकी बढ़ती हुई लोकप्रियता उनका जी जलाती थी। वह उल्टा-सीधा समझाकर आपको वहाँ अपमानित, दण्डित और अवन्ती से निष्कासित कराने के निगूढ़ अभिप्राय से ही उदयन की कहानी सुनाते हुए ले गए थे।

महाराज ने सिन्धु के समान उमग कर जब पूर्णचन्द्र के दर्शन किए तब भी बगुले ने हंस की जाति नहीं पहचानी। किन्तु राजकुमारी के मन की उमंग जब परिचारिकाओं की तरंग-भरी पावस-सरि में निहारी, तब वह ग्लानि में गड़े-से अन्तर्धान हो गए। दिन भर नहीं दिखे। हवा से मित्रता गाँठने पर रास्ते की हर घड़ी ठोकर खाती धूल भी आकाश चढ़ जाती है, परन्तु यदि उसने हड़बड़ा कर हवा की जगह पानी से दोस्ती गाँठ ली तब तो बंटाढार हुआ ही हुआ समझो ! धूल कीचड़ हो जाती है।

''पूज्यवर'—कालिदास ने सिर झुकाकर पूछा—'मेरे पीछे पड़ने का

क्या कारण हो सकता है ? हमारी राहों में कहीं टकराव नहीं है। मैं जंगल के गन्दे डबरों, सरोवरों, सरिताओं और पिच्छिल घाटियों के बीच से, पहाड़ों और चट्टानों के अन्तराल से अपना पथ निकालता रहा हूँ, जब कि वह राजमार्गी हैं। और तो और, मैं उनके चुने शब्दों का भी व्यवहार नहीं करता। मेरा उनसे अर्थ सधता ही नहीं है।'

प्रधान पुजारी के पल्ले कुछ न पड़ा। सकपकाए-से बोले : ''कुछ समझा नहीं।''

''जी, भीतर भाव-भावनाओं का समुद्र लहराता है। कभी-कभी कोई अनुरूप शब्द उभरता है जिससे लिपट कर भीतर का भाव बाहर प्रकट हो जाता है। चहक-चहक में पंछी के प्राणों की लहक है। अर्थ बोलता हूँ, शब्द सुनाई देते हैं। शब्द श्रव्य है, अर्थ तो निःशब्द अनुभव है।

''सारे शब्द पार्वती के प्यारे हैं वही उन्हें यत्न से धारण किए रहती हैं। वह न देना चाहें तो कोई अर्थ का भण्डार भर कर स्वयं निहारता रहे। उपयुक्त शब्द के अभाव में ठीक-ठीक हकला भी नहीं सकता, मर्म क्या उड़ेलेगा ! इसी प्रकार सारे अर्थों की धारणा शिव करते हैं, वह न दें तो निरर्थक शब्दों का चमकीला जाल फैलाकर भी कोई अपना कथ्य नहीं निखार सकता।''

'बात यह है कालिदास जी,—बड़े महन्त ठंडे ढंग से बोले—कि वस्तुतः उन्हें आपसे कोई स्पर्द्धा नहीं है। है तो महाराज से, राजकुमारी से। एक समय उन्होंने अपने अनुज को दोनों के सम्मुख प्रस्तुत भी किया था। किन्तु दुर्भाग्य का ऐसा चक्र चला कि न महाराज ने उन्हें राज-सभा के योग्य माना, न राजकुमारी ने अपनी स्पर्द्धा के योग्य। निराश लौटे तो फिर कहाँ चले गए, किसी को ज्ञात न हो सका।'

'और आज यह मुझसे रूठ कर चले गए !'—कालिदास के स्वर में आर्द्रता थी—उन्होंने अपनी आँखों राजसभा में मेरा सम्मान देखा ; महाराज आनन्द-विह्वल हो उठे थे ! फिर अन्तःपुर के अध्ययनकक्ष में मेरा स्वागत-समारोह भी देखा और आह ! उन्हें ऐसा गहरा आघात लगा कि वह मन्दिर की अपनी निश्चित वृत्ति छोड़कर चुपचाप चले गए !'

महन्त सूँड़ की तरह अपनी दिङ्नागी बाँहें उछाल कर बोल उठे : 'विद्वानों

में इतनी ईर्ष्या और स्पर्द्धा क्यों होती है ? वे किसी के सर्वातिशायी गुणों को शीश झुका कर स्वीकार करने के स्थान में एक चंचापुरुष को सामने लाकर खड़ा कर देते हैं जो यों तो घास-पुआल का बना होता है ; किन्तु बहुमूल्य वस्त्र तथा अलंकार धारण कर त्रैलोक्य-विजयिनी निर्लज्जता के बल पर मूर्ख-मण्डली में विद्वान बना फिरता है।

महाराज विक्रमादित्य के अग्रज योगिराज भर्तृहरि ने क्या ही सटीक कहा है :

कि मगर के जबड़े में हाथ डाल कर निगली हुई मणि निकाल लो, यह सम्भव है ;

ऊँची-ऊँची लहरें उठाते-उछालते समुद्र को तैर कर पार कर जाओ, यह सम्भव है।

और क्रोध से फन फैलाए, फुफकारते हुए गेहुएँ साँप को हाथ से उठाकर कोई पुष्पमाल्य की भाँति माथे पर रख ले ; गले में डाल ले, यह भी सम्भव है ;

किन्तु किसी झूठे या मनगढ़ंत सच पर अड़े हुए किसी मूर्ख के अकड़े विचार को कोई हिला दे, यह असम्भव है !

× × ×

'जो कोई अमृत छलकाती सूक्तियों से दुष्टों का मन मोहने का मनसूबा बाँधता है वह कमल के डंठल के कोमल सूत से पगलाए हाथी को बाँधने का कठिन प्रयास करना चाहता है ; शिरीष की पंखड़ी से हीरा तराशने की कोशिश करता है ; और बूँद भर शहद छोड़कर समुद्र के खारे जल को शरबत बना डालने का सपना देखता है !'

× × ×

कालिदास के नेत्रों से ज्योति-प्ररोह फूट रहा था, अब हिम-किरान्न-सा आर्द्र हो उठा था :

धूर्तता एक बात है, साधना दूसरी। साधना को अन्धी अतिरंजना नहीं सुहाती। अपने मुँह से पुण्यों का कीर्तन करने पर वे दिन के नक्षत्र हो

जाते हैं और आत्मश्लाघा तो साक्षात् आत्म-हनन ही है। ऐसे में मैं क्या कहूँ? मैं तो उनका प्रथम दिन से प्रिय पात्र था। यह सूझ-बूझ, यह योजना उन्हीं की थी। उन्हें अप्रसन्न कर मुझे कुछ नहीं चाहिए। मैं आज ही उज्जयिनी छोड़ दूँगा।'

—जैसे धमाके के बाद का सन्नाटा हो या आँधी आने के पहले की स्तब्धता, कालिदास को यह वृत्त भ्रामक प्रतीत हुआ। दृष्टिभ्रम भी यह हो सकता है। ये क्षण ओलों की तरह छाती पर लग रहे थे। दुख और पीड़ा की यह प्रगल्भ घड़ी प्राणों को घेर रही थी। अस्पष्टता की धुन्ध में म्लान हुई मेधा वृत्त के मध्यबिन्दु की टोह में थी।

"आप यह कह रहे हैं?" महन्त चौकन्ने हो गए थे।

'हाँ, मैं यह कह रहा हूँ। मैं अपने मन को यह दुर्वह भार वहन करने कह रहा हूँ! मैं कवि हूँ, किसी देश, किसी काल या किसी जाति की पीड़ा मेरे ही मुँह से तो बोलेगी! निर्झर पहाड़ की छाती चीर कर निकल पड़े, यही पर्याप्त नहीं है, अपनी ऊर्मिल और उज्ज्वल जलधार से तृण-तरुओं से लेकर प्राणिमात्र की प्राण-पिपासा भी दूर करे, यह आवश्यक है! पथराई हुई सभ्यता, जंग-लगी संस्कृति, धुँधलाई हुई विचार-धारा और रूढ़ि-जर्जर मानसिकता से विद्रोह कर अपनी पहचान बनाना ही मेरा उद्देश्य नहीं है, जातीय जीवन में नए उत्कर्ष के लिए नया उत्साह, नई दृष्टि और नया पथ भी निर्मित करना होगा।

'उत्साह ही सुख-सम्पत्ति का मूल है। उत्साह प्रवृत्त न करे तो सारे मनोरथ जहाँ के तहाँ धरे रह जाएँ!

'दूसरे का काम बिगाड़ने के लिए आत्मघात तक करने वाले सुने जाते हैं। जैसे खेती बरबाद कर ओले बिला जाते हैं; कमल जलाकर पाला पानी-पानी हो जाता है; किन्तु पुजारी तो मुझे राजसभा में ले जाने के लिए कितने ही दिनों से प्रयास कर रहे थे; राजकुमारी से वाद-विवाद कर उन्हें परास्त करने के लिए कैसी-कैसी बातें कह कर, मेरे समाहित मन को गुदगुदाते रहे थे!

'उन्हें मुझसे ऐसी वितृष्णा कैसे हो गई कि वह मन्दिर की सारी सुख-सुविधाएँ ठुकरा कर रास्ते की धूल फाँकने निकल गए? मैं उनके

मूल्य पर महाराज का दिया हुआ कुछ भी न लूँगा !'

—कह कर कालिदास ज्यों ही अलंकरण उतारने पर उतारू हुए, उन्हें घेर कर खड़े-बैठे लोगों में एक हलचल-सी मच गई। और तब तो एक सनसनी-सी पैदा हो गई जब प्रांगण के ईशान कोण वाले प्रकोष्ठ का द्वार कोई भीतर से खटखटाने लगा। भीड़ में से जब कोई न उठा, पल्लों को धक्के देकर द्वार भीतर से ही खुल गया। दो बड़े-बड़े सोने के थाल-परात में चन्दन-रोली, केसर और मल्लिका की मालिकाएँ सजाए हुए देवदासियाँ आगे-आगे और आरती का सुगन्ध-सम्भार रजतपात्र में संजोए हुए, थके हुए दिन की, सुस्ताने के बाद की, अँगराई-सी, उस पुजारी की, साँस लेती हुई छायाकृति प्रकट हुई जिसके आकस्मिक तिरोभाव को लेकर अनुमानों की शृंखला तैयार की जाती रही थी। उसके निकट आते ही आकाश के सूनेपन को चाँद-तारों तक भर देने वाला एक सामूहिक अट्टहास कान के पर्दे फाड़ने लगा।

महन्त झुक-झुक पड़े। झुरमुट मारे हुए पुरोहित पर झोंके खा कर देवदासियाँ गिरती-गिरती बचीं। कालिदास पुरोहित के गले से लिपट गए : ''ऐसा भी क्या परिहास ! हौल बैठ गया था। अब की बार आप होड़ बाँध कर आगे आ गए। यह हिचर-पिचर करने की कब सूझी ? हम तो हाहा-हीही करते हुए निकले थे यहाँ से ! ममता को क्षमता के हाथों सौंप कर आप मगन-मन लौटे थे, फिर इस डमरूवाले के घर में मृदंग-मुरचंग करवाने का क्या प्रयोजन था ?

इसके उत्तर में भीड़ के बीचों-बीच से एक अद्‌भुत क्रेंकार सुनाई दी जो किसी वाद्य-यन्त्र के फट जाने से फूटी थी और तब मन्दिर की प्रतिध्वनियों से वह आनन्दोन्माद का कलकलनिनाद कोलाहल-पूर्ण अट्टहास में बदल गया। सृष्टि और लय जिनके भृकुटि-विलास-से थे, उन्हीं महाराज विक्रमादित्य की स्वर्ण-प्रतिमा के सम्मुख सब कालिदास को खींच ले गए।

मणि-माणिक्य के शृंगार-हार से अलंकृत लक्ष्मीश्वर की उस प्रसन्न प्रतिमा को देखकर सरस्वती-पुत्र सहसा सहम-सा गया। उसे ऐसा प्रतीत

होने लगा, जैसे रत्नों की जगर-मगर में सर्वशुक्ला का निर्मल उज्ज्वल वसन छींट हुआ जा रहा हो ! स्पष्टता उघड़ रही हो, बिम्ब धुँधले पड़ गए हों। आस्था तीक्ष्णता की हँसी उड़ा रही हो ! तभी उनके अन्तर से एक उदासीन निर्लिप्त शान्त स्वर फूट पड़ा : मुझे महाकाल के चरणों में ले चलिए। मेरे भटके भविष्य की निःशब्द आहट उसी ओर से आ रही है !

''श्यामायमान वन पर नील नीरद की घनी छाँह डोल रही थी, सहसा अनश्वर बिजलियों का शीतल प्रकाश फैला है। मैं अन्धकार नहाकर प्रकाश के किनारे खड़ा हूँ : महाकाल !

''आकाश सर्वत्र व्याप्त है परन्तु वह अत्यन्त सूक्ष्म होने के कारण किसी में लिप्त नहीं है, ठीक उसी प्रकार आप शरीर के अणु-परमाणुओं तक में व्याप्त हैं, किन्तु शरीर के गुण आप निर्गुण, निर्विकार को लिप्त नहीं कर पाते।

''भक्ति का आनन्द आपका सर्वोपरि दान है। यह यहाँ कौन-सा आनन्द वायुमण्डल को आन्दोलित कर रहा है जो गोदुग्धधार, घनसार, नीहार और मोतियों के हार से भी अधिक उज्ज्वल आपके अट्टहास को साकार कर रहा है ?

''ऊपर से नीचे तक छितराए हुए शून्यों को नुकीली चट्टानें शिशिर-कणों की भाँति गर्त में लुढ़काए दे रही हैं, तुम उन्हें किसी संख्या के सहारे टिका लो ; डोर की तरह तनी हुई साँसों में अन्यमनस्क भाव से भी कुछ फूल उलझा दो।''

× × ×

राजसभा से लौट कर पुजारी ने मन्दिर के पूरे परिवार को कालिदास की विजय की अग्रिम सूचना दे दी थी। सब सामूहिक हर्ष मनाने की विविध विधियाँ बता रहे थे, अन्त में उसी नाटकीय योजना को स्वीकृति मिली थी। कालिदास किन्तु अनमने-से इस कुटिल कुचक्र को कोस ही रहे थे, क्योंकि उन्हें ऐसे उत्कट परिहास का अभ्यास न था। तभी पायल की झंकार के साथ हंस की चाल चलती हुई कुछ देवदासियों ने उन पर

कर्पूर और अभ्रक के चूर्ण फेंके और कुछ ने राजकुमारी के साथ होने वाले परिणय-मंगल की सूचना से पुलकित होकर परिहास-मुखर स्वर में बधाइयाँ भी दीं।

कालिदास फँसे : सच ही तो, पुराने आख्यानों का आधार लेने से हँसना मुनष्य होने की एक पहचान अवश्य है ; किन्तु मैं जिसकी प्रज्ञा पंगु नहीं हुई है ; विवेक दृष्टि-हीन नहीं हुआ है और आस्था भी लूली नहीं हुई है ; ऐसी परिणय-मंगल-जैसी बेपर की उड़ाई पर हँसूँ भी तो कैसे ?

शास्त्रार्थ किए बिना ही जिसने शस्त्र डाल दिए, वह तो अपना प्रण भूल बैठी ; प्रतिज्ञा तोड़ चुकी ; चित्त की ऐसी अव्यवस्थितता वर्तमान से भविष्य का कैसे सेतु बाँधेगी, कौन कह सकता है ? खीज और बौखलाहट की तरह उसका यह एक झटका भी तो हो सकता है ! इतनी शीघ्रता में लिया गया निर्णय पानी का बुलबुला भी तो सिद्ध हो सकता है !

दम्भ, दर्प और अभिमान प्रकृति-विशेष के सहचर हैं, कोई रम्य या मधुर क्या इन्हें किसी हथकंडे से बिना करारी चोट के जड़-मूल-समेत उखाड़ फेंक सकता है ? वह अपनी जगह जागरूक नहीं है और मैं लालायित नहीं हूँ !

भारतीय दाम्पत्य-जीवन विश्व में सिरमौर है, दो बुद्धिमानों(!) के निरन्तर तर्क-वितर्क और वाद-विवाद उसकी गम्भीरता नष्ट कर देंगे ? बौद्धिक अनुशासन और परस्पर का सम्पूर्ण समर्पण एक ही नहीं है !

कांस-कुश-काँटे एक-से चुभते हैं, वन-भ्रमण करना सरल नहीं है।

खरोंच की तरह लगे, तन-मन पर गहरा प्रभाव न छोड़े, तो चल जाता है। घाव-घाव हो जाए जीवन, तो वह परिणय भविष्य के सारे संकल्पों को विकल्प ढूँढने पर विवश कर देता है !

घंटे-घड़ियाल मन्दिर में गूँजते रहते हैं तो जानते-अनजानते साँस-साँस पूजा की वेला बन जाती है। सुगन्धों-लदी चाँदनी रात के एकान्त में भी चमगादड़ों की ही भगदड़ मची रहे तो मन्दिर का एकान्त प्रान्तर शून्य मन से समरस नहीं होता। पूजा की घड़ियाँ बीत जाती हैं।

एक देवदासी गम्भीर हो गई : संभवतः कालिदास जी को राजकुमारी नहीं जँचीं ! मैंने यहीं देखा था, उनकी आँखें वैद्य नहीं, वधिक हैं ! फूलों

के झुरमुट ऐसे कि पूर्वाभ्यास के अभाव में हृदय की धड़कनें भी बिना भेद खोले ही बन्द हो जाएँ ! अन्तर्वेदना के सुलगते हुए एकान्त में उन्हें तारों की बारात भी अच्छी न लगती होगी। इधर कालिदास जी का उड़ने में उन्मत्त मन इस क्षितिज से उस क्षितिज तक गगन का आयाम नापता रहा है, उसे सुरम्य और सुगन्धित अनुभूतियों की कटुता के पिंजड़े में पंख फड़फड़ाना भरसक पसन्द न होगा !

इस पुष्पवर्ण कोमलता की ऐन्द्रजालिक कल्पना ने सब को हँसा दिया।

महन्त ने कहा : सरस्वती पर लक्ष्मी रीझ गई है, अनहोनी तो यह है ही। हाँ, प्रत्येक नियम का अपवाद भी होता है !

कालिदास बिना बिचारे बोल उठे :

राजकुमारी लक्ष्मी से भी पहले सरस्वती है !

इस पर सबके सब एक साथ हँस पड़े जिससे मन्दिर के उद्यान के सभी वृक्ष-लता-गुल्म झूम-झूम उठे। क्षितिज पर जो दिन भर की थकान टिक गई थी, काकली और क्रेंकार के झपट्टे ने उसे एक बार ही खदेड़ दिया।

× × ×

साँचे में ढली देह का असह्य उभार सँभाल कर उदास हुई राजकुमारी की सरल और निष्कपट हँसी दिखती तो स्वप्न सारवान होता ; हड़बड़ी में मिट्टी के मोल बिक रही विद्या की दयनीय दशा आँखों से छलके आँसुओं से नियति की निर्ममता लिखती दिखाई देती तब भी सपने की गली अँधेरी और सँकरी न होती ; परन्तु इस इन्द्रधनुषी सपने का तो आरम्भ भी अचम्भे में डाल देने वाला था और अन्त भी अनन्त उत्सुकताएँ जगाने वाला। मलयपर्वत की भीलनी चन्दन जलाकर रसोई पका रही थी। मेंढकी को सर्दी हो गई थी। और तारों-जड़ी अमा-निशा-से मन्द प्रकाश वाले एक बन्द कक्ष में कालिदास सोए पड़े हैं जब एक तारा टूटा और उनके मांसल वक्षःस्थल में समा गया। हड़बड़ा कर उठ बैठे। गहरी नींद तो आई न थी, औचक जगने पर मन हल्का न लगा। दुविधाएँ झकझोरे दे रही थीं। प्रश्नों की बौछार से झुंझलाहट भीग गई थी। स्वप्न

में देखा था कि वह देवगिरि की ओर कुमार कार्तिकेय से ब्रह्मवर्चस में बने रहने की भिक्षा माँगने जा रहे हैं जब विदिशा से प्रादेशिक अग्निमित्र के भेजे हुए अश्वारोही उन्हें अधबीच में रोक कर युवराज का सन्देश सुनाते हैं जिसके अनुसार उन्हें आज और अभी ही विदिशा के लिए प्रस्थान कर देना चाहिए। अश्वारोहियों को बात में नमक-मिर्च लगाना न आता था। सन्देश आदेश-सा जान पड़ा था।

□

१०

'निर्धन दाता बनना चाहे ; निर्वीर्य अस्त्र-शस्त्रों का कौशल दिखलाए, और अज्ञानी ज्ञान की वर्षा करे तो जैसा हास्यास्पद दृश्य बनता है, कुछ वैसा ही होगा यदि मैं कवि हुए बिना ही शास्त्रीय पाण्डित्य का व्यूह बाँधूं ! कवि होने का अर्थ है संवेदनशील होना ! संवेदनशीलता के अभाव में ज्ञान का संचय, भूखा रह कर अर्थ संचय करने के समान है। ज्ञान की अनुभूति भाव और भाव की आस्वाद्य परिणति रस है। परिणत अभिव्यक्ति ही रस है।

—कालिदास जगकर सो रहे थे :

'विनम्रता न हो तो लक्ष्मी का होना-न-होना एक-जैसा है। उद्दण्डता तो लक्ष्मी की साक्षात् अवज्ञा है। रात काली भी हो सकती है, यों चाँदनी रात की बात कुछ और है। कुछ ऐसे ही उच्चकोटि के कवित्व के अभाव में विदग्धतापूर्ण अभिव्यक्ति संभव ही नहीं है। भाड़ में सूखे पत्ते झोंकना है तोतारटन्त विद्या। नींद के झोंके आने लगते हैं विद्वानों की गोष्ठी में। झूठा पड़ जाता है शास्त्र अनुभव नकारने पर। हाथों के तोते उड़ जाते हैं थोथी युक्तियों का जाल फैलाने पर।'

मन्दिर के घंटे-घड़ियाल ने उन्हें झकझोर कर जगा दिया। हड़बड़ा कर उठ बैठे। अँगराइयाँ लीं, उँगलियाँ चटकाईं ; खड़े हो गए।

झटपट शिप्रा की ओर चल पड़े। चलते-चलते सोच रहे थे कि प्रेम बुद्धिमानी से नहीं, आत्मा की पारदर्शिनी गहराई से ही संभव है। वह तीक्ष्ण आयुध नहीं कि कुटिल कुतर्कों को एक ही झटके से काट फेंके,

शील का निचोड़ है जो चुपके-चुपके अपने दूरगामी प्रभाव को समरस स्थायित्व देता है।

विक्षुब्ध सिन्धु को समझते देर नहीं लगती, अन्तः सलिला का शीतल जल गर्म बालू का ढेर टालने पर ही, देर-सबेर कभी-कभार, हाथ लगता है। तितिक्षा और प्रतीक्षा-जैसे पवित्र भाव उतावले मन में उठते ही नहीं हैं।

वसन्त ऋतु का प्रातः स्नान। उगते सूरज की लाली, श्वेत-श्याम नभ की चितकबरी परछाइयों से मिलकर शिप्रा के शिशिर जल को धारोष्ण किए दे रही है। रक्ताभ कमल से कालिदास के हाथपाँव जल-तल पर खिल कर हल्के झकोरों में झूमते-से दिखते हैं। अप्रसााधित रूप इतना आकर्षक हो सकता है, सद्यःस्नाताओं की भी टकटकी बँध गई है। काले घुँघराले केश निःस्पन्द भौंरों के समान मुख और ग्रीवा पर छा गए हैं, वह उन्हें झटकते हुए बाँहें ऊँची कर कभी उपस्थान, कभी आचमन, कभी ध्यान और कभी जप करते हैं।

शिप्रा के सारे घाट, एक-दूसरे से सटाकर ऐसे बनाए गए हैं कि भिन्न-भिन्न समय के बने होने पर भी एक-से दिखाई देते हैं। यहाँ शिप्रा की धारा धनुष के आकार की है, इस कारण सारे घाट एक साथ दिख जाते हैं।

किनारे पर पहुँच कर भी लगातार सरस्वती का स्तोत्र-पाठ करते रहते हैं। कदाचित् कह रहे हैं : 'ओ माँ, तू तो वाणी की अधिष्ठात्री देवी है, तेरी कृपा हो जाए तो मनुष्य को देवता बनते देर न लगे!

''मानवीय बुद्धि को सोना मान लें, तो तू ही उसे खोटी या खाँटी प्रमाणित करने वाली कसौटी है। मुँह खोलते ही सारा भेद खोल कर रख देती है कि बोलने वाला कोई उद्‌भट विद्वान है या वज्रमूर्ख!

''माँ री, दूसरे देवताओं की ओर हाथ लपकाने वाले क्या पाते हैं, वह जानें! मैं तो यही जानता हूँ कि जो भी अपने मन की बहक रोक कर तेरे हो जाते हैं, वह इसी शरीर से देवता हो जाते हैं!''

जोगीपुरे में रुद्र सागर के पश्चिम तट पर जो हरसिद्धि देवी का मन्दिर है, उसके गर्भ-गृह में पत्थर पर खुदा हुआ श्री-यन्त्र है। कालिदास ने उसी ओर आँख मूँद कर देखते हुए प्रणति निवेदित की। फिर उत्तर की ओर गढ़ पर जो महाकाली का मन्दिर है (जिसके नैर्ऋत कोण पर योगिराज

भर्तृहरि की गुफा है) उस ओर सिर घुमाकर और 'नील सरस्वति' संबोधित कर उन्हें भी भक्ति-भाव से प्रणाम किया।

ऐसे ही इस चढ़ती वय में उनकी अनन्य धर्मपरायणता देख कोई उन्हें तेजस्वी धर्मात्मा कहता तो वह छुटते ही कह बैठते : नहीं, अधर्म का अभाव ही धर्म नहीं होता। निर्दोष होना एक बात है, गुणी होना दूसरी।

यों तो यहाँ गंगादशहरा मनाने की अति प्राचीन परम्परा है। ज्येष्ठ शुक्ल, प्रतिपदा से दशमी तक मेला गहगहाया रहता है। शिप्रा के किसी भी घाट पर तिल रखने भर भी जगह नहीं खाली रहती; किन्तु अभी उसमें देर है। फिर भी आज इस नींद-भरी प्रभात-वेला में सामान्य दिनों से कुछ अधिक ही भीड़ थी। और उस भीड़ में अकेले कालिदास थे जिनके रूप-रंग के निखार पर सब की आँखें अटकी हुई थीं; रूपसियों की तो साँसें भी रुक गई थीं। कोई-कोई अधखुली आँखें भर रही थीं; कुछ आँखें फाड़े, आपा खोए चित्रलिखित-सी जहाँ की तहाँ खड़ी रह गई थीं।

रूप का यह वह इन्द्रजाल नहीं जो प्रसाधन की अधिकता से ग्राम्य हो जाता है : मुस्कान से होठ थर्रा उठते हैं; नहीं, यह तो संयम की धूप में सोनराया हुआ रूप है! व्यायाम ने इस बनावट को पुष्ट रेखाएँ दी हैं, ब्रह्मवर्चस ने शीतल तेजस्विता। लाखों आँखों में जो दुबक कर बैठ गया है उसे अपनी सुधि नहीं। कोई ढीठ कह दे कि आप जामुनी घटाओं से निकले चाँद दिखते हैं तो वह शब्दों की सलवट अर्थ की उँगलियों से ठीक करते हुए बे-झिझक कह उठते, नहीं, मेरे तन-बदन वैसे गोल-मटोल कहाँ हैं, और न वैसा मन ही मलिन है!

लौटते समय स्थानीय जिज्ञासुओं का एक उत्सुक दल मन्दिर तक उन्हें घेरे रहा। एक ने पूछा : आप कवि हैं! मुझे भी कवि होने का आशीर्वाद दें और मार्ग-दर्शन करने की कृपा करें!

कालिदास चौंके : 'आप ने क्या आकाशवाणी सुनी? कैसे जाना कि मैं कवि हूँ?'

तरुणों और दो-चार वयस्कों की उस मण्डली ने एक स्वर से बताया : 'पुजारी जी ने आपकी अन्तर्मुखी प्रज्ञा का व्यापक प्रचार किया है। उन्होंने

हमें ही नहीं, अवन्तिका के सभी सम्भ्रान्तों और शिक्षितों को इसी रूप में आपका परिचय दिया है !'

'मैं लज्जित हूँ मित्रो, मेरा चित्त सदा संशय में पड़ा रहता है कि जब-तब मैं जो भूर्जपत्र पर कभी गैरिक और कभी हरताल और कभी काजल से भी मयूर पंख या सरकण्डे की लेखनी को कुछ अक्षर गोदने का कष्ट देता रहता हूँ, वह कविता कहलाने योग्य प्रयास होता है क्या ? आप लोग सचमुच बड़े भाग्यवान हैं जो झुण्ड बनाकर कविता करते हैं और स-दल-बल एक-दूसरे को कवि कह कर परमानन्द प्राप्त करते हैं !

''मैं आपका क्या मार्ग-दर्शन करूँगा ? आप तो जन्मजात प्रतिभाशाली हैं। परम्परा से हटकर जो भी लिखेंगे, कविता होगी। योजना बनाकर रचें। पुराने ढंग के गुण-दोष बताने वाले को अपनी संगोष्ठी में भूलकर भी सम्मिलित न करें। मंगल हो जायगा। आप इतने कवि जिस डाल पर मिल बैठेंगे वही लाल-लाल कोंपलों से लद जाएगी ; आपकी लहकती हुई चहक सुनकर सूखे पेड़ भी झूमने-झीमने लगेंगे !'

'तो क्या आपने कभी किसी गुरु से कविता की शिक्षा नहीं ली ?'

'ली क्यों नहीं ? वैदिक ऋषियों के पादपद्मों से नचिकेता की भाँति चिपटा रहा। तो भी कलछी क्या रसोई का स्वाद बताएगी ? हाँ, वाल्मीकि-व्यास-जैसे विश्व-काव्य-निर्माताओं से बातें करते अवश्य गले में घुँघरू बोलने लगता ; परन्तु मैंने घुमा-घुमा कर उनसे हेर-फेर की काफी बातें कीं ; तलवे धो-धोकर पीने पर थोड़ी प्यास भी बुझी !'

'पुजारी जी ने यह तो बताया था कि आपने भारत की आत्मा के दर्शन किए हैं, गृह त्याग कर हिमालय से कन्याकुमारी तक की पदयात्रा की है ; किन्तु यह नहीं कहा कि आप काल के गाल में गए हुओं से भी बहुत कुछ सीख आए हैं !'

'धन्यवाद कवि-बन्धुओ, उनके बहाने आपने मुझ पर बात फेंकी, तो सुनिए : गाल मारने वाले ही काल के गाल में जाते हैं, कवि नहीं। फिर वाल्मीकि-व्यास तो कवियों के कवि हैं। यदि वे अमर नहीं तो समझिए, अमर शब्द ही मर गया।'

कवियों का झुण्ड झण्डा खड़ा करने आया था कि कालिदास भी झण्डे तले आ जाएँ तो उनका जौहर खुले ! कुछ गुलछट पड़ गई, समझ कर एक-दूसरे को चिकोटी काटने लगे कि अरे, यह तो मन की मन में ही रह गई ! खट से ढंग बदल दिया :

'हम तो आपसे मार्ग-दर्शन ...'

'जी, कविता के मर्मज्ञों ने कहा है कि गुरु के उपदेश से एक मूर्ख विद्वान हो सकता है ; कवि नहीं हो सकता। कविता तो कभी-कभी, किसी-किसी प्रतिभाशाली ...'

मन्दिर के प्रांगण में प्रवेश करते ही कालिदास ने प्रणिपात की मुद्रा में हाथ जोड़ लिए : 'फिर मिलेंगे !'

बादामी रंग के कपड़ों में त्रिपुण्ड्र रमाए हुए पुरोहित ने अगवानी में ठहाका लगाया :

'मिल लिए यहाँ के कवियों से ?'

'आप यह सब क्या करते रहते हैं ? नगर भर में ढिंढोरा पीटने की क्या पड़ी है आपको ?'

'कालिदास जी, उज्जयिनी में इस समय सात सौ सात कवि हैं, संस्कृत, प्राकृत, अपभ्रंश और मालवी के। ये थोड़े से संस्कृत के थे—'च वै तु हि, च वै तु हि' वाले ! ६६६ कवि और मिलने आएँगे। स्नान करते समय भी नहीं छोड़ेंगे। शिप्रा की समानान्तर एक ऐसी काव्यधारा प्रवाहित कर देंगे कि आप ऊभ-चूभ होकर उसमें डूब जाना ही पसंद करेंगे।'

'किन्तु यह सब किसलिए ?'

—कालिदास ने व्यग्रता दिखाई। पुजारी ने निश्चिंत भाव से बताया : 'भाव मन्दा पड़ गया है कविता का इन दिनों। कभी बड़ी पूछ थी। नीलम, पुखराज और माणिक की अँगूठियाँ पहने हुए जो एक मोटी तोंदवाले कवि मिलेंगे, वह जाति से कुम्हार है। नाम है घटखर्पर। महाराज के सभासद कवि हैं। एक दिन एक बुनकर सभा में चमत्कार दिखाने आया कि वह एक ही समय बुनाई और शब्दों की धुनाई का काम भी करता है। महाराज कोई समस्या या विषय देकर उसकी प्रतिभा का परीक्षण

कर देखें। महाराज ने अवसर दिया और वह सत्य प्रमाणित हुआ।'

कालिदास ने कहा :

'नहीं, एक साथ दो विरोधी काम समान निपुणता से नहीं हो सकते। बुनकर आशु-कवि होगा, सुनते ही मन में शब्द जोड़ लेता होगा और फिर बुनाई के साथ उसे ही सुना देता होगा।'

पुजारी ने कहा कि 'यहाँ के साहित्यिक परिवेश से परिचित हो लेना आवश्यक है। आपकी प्रतिभा का अंकन इसी श्याम शिला पर होना है।'

'किन्तु क्यों ?'

कालिदास के स्वर में एक लयात्मक कम्पन-सा था।

'इसलिए कि'—पुजारी ने पन्ने खोल दिए—'आप अब तक काश्मीर के थे, अब अवन्ती के हो गए। महाराज की मुदित मैत्री पत्थर की लकीर है। उनका आदेश है, अब से आपके भोजन के लिए यहाँ मन्दिर के चत्वर में पत्तल बिछना बन्द हो गया। अशोक स्तूप के निकट, उज्जैन के सात सागरों (झीलों) में सबसे श्रेष्ठ के किनारे जो विशाल प्रासाद है वहीं आपके आवास की व्यवस्था की गई है। अब वहीं से आपकी कीर्ति-पताका उड़ेगी।'

पुजारी सिर हिला-हिला कर क्या-क्या कहे जा रहा था, इधर कालिदास थे कि झील में बादल की छाँह देख रहे थे और प्रासाद के शृंग पर नृत्य-रत मोर-मयूर ! उन्होंने जब नगर में सर्वप्रथम प्रवेश किया था तब कालिका-मन्दिर से चलकर अशोक स्तूप के रास्ते में एक बहुत बड़े ताल के तट पर वह निकुंज-निलय प्रासाद देखा था।

रंगों के झक्कड़ और सुगन्ध की आँधियों में जैसे वसन्त उड़कर आ गया हो, घड़ी भर को उनके पाँवों में पत्थर बँध गए थे, मन की अगाधता में भँवर पड़ गए थे। जैसे पूर्वजन्म की कोई स्मृति उनके कुम्हलाए ओठों से टटके शब्द माँगने लगी थी। उनकी उदासीनता क्रमशः अतिरिक्त प्रसन्नता में बदलने लगी थी और वहाँ की तपस्विनी नीरवता उनकी आत्मा से कानाफूसी करने लगी थी। यहाँ शिव के सुन्दर मन्दिर में कोलाहल का साम्राज्य था, वह प्रासाद बहुमूल्य शिलापट्टों और बड़ी-बड़ी ईटों से बना किसी तरुण तापस के आश्रम-सा ध्यान-मग्न था। वह एक घड़ी

का सान्निध्य उनकी छाती पर फिरता था।

कालिदास के स्वर में, सहसा एक अद्भुत परिवर्तन आया दिखा :

'निचुल, (पुजारी का नाम निचुल था) ऐसा क्या फावड़ा चलाते हो ? बैठे-ठाले का काम है, फिर भी क्या अशान्ति तुम्हारी जनमघूँटी में पड़ी है ? न आप चुप बैठते हो, न मुझे रहने देते हो ! अभी क्या महाकाल का महान पेय पीकर आए हो जो ऐसी जटल मार रहे हो ?'

मुँह पर एक हल्की-सी मुस्कुराहट के साथ निचुल ने लपक कर कालिदास के पाँव छू लिए।

'प्रथम दर्शन के समय से ही मैं आपकी अति दिव्य आकृति और प्रसन्न प्रकृति से अत्यधिक अभिभूत था। आपका अतिरिक्त स्नेह प्राप्त करना ही मेरा लक्ष्य हो गया था ! कभी मैं भी कवि होने का स्वप्न देखता था। आज हौंस बुझी।'

कालिदास का मुखमण्डल नव-पल्लवों के बीच फूलों के गुच्छे की भाँति खिल उठा। निचुल के हृदय का आकाश भी तारों से सज गया। बूँद भर की आस पालने वाले को एक अछूता मधुचक्र जो हाथ लग गया था !

सिर झुकाए हुए दोनों हथेलियों से रस्सी-सी बटता हुआ सकपकाया-सा बोला :

'काम करने का मेरा ढंग अरुचिकर हो सकता है ; किन्तु मेरा उद्देश्य सर्वतोभावेन आपके प्रति श्रद्धा-निवेदन ही है। आप यहीं रहें और शिरोमणि बनकर रहें और मैं आपके चरणों में ठौर पा जाऊँ—और, बस मेरे सारे किए-अनकिए का यही सार है !'

'किन्तु निचुल, मैं यहाँ ऐसे कैसे रह सकता हूँ ? मेरा बचपन चीड़ के झूमरों में बीता। किलोलते पंछियों के साथ मैं झील में तैरा। देवदार के छतनार जब मेरे माथे को छूने लगे, मैं केसरिया घाटियों से समतल पर उतर आया। अयोध्या से द्वारका और काशी-कांची की परिक्रमा करता हुआ अवन्तिका आया। अंग-बंग-कलिंग, सौराष्ट्र और मगध तीर्थयात्रा के उद्देश्य से नहीं गया। गंगा-यमुना और गोदावरी-कावेरी नहाकर ही नर्मदा और शिप्रा में डुबकियां लगाईं। घाट-घाट का पानी पीने वाला

और खुले जंगल-पहाड़ों में विचरने वाला वन का पंछी सोने के पिंजड़े का 'शुकदेव' बनकर रह सकता है ? कामिनी और कांचन, एक अकेले के सामने दो-दो, तुमने इकट्ठे जुटा दिए, जीवन-पथ पर औचक आए और अड़कर खड़े हुए ये दो पहाड़ मैं कैसे पार करूँगा मित्र ?'

'चाँदनी में आँखें कड़वा रही हैं आपकी'—कहते-कहते निचुल ने ओठों में उलझी मुसकान सुलझा ली। अधखुली आँखों कालिदास को घड़ी भर निहारता रहा।

कालिदास ने कहा :

'अँधेरे में आँखें फाड़ते हैं, सिकोड़ते नहीं !'

'अँधेरा ?'

'अँधेर भी !'

'आपको मेरी बातों पर विश्वास नहीं हो रहा तो बड़े पुजारी से पूछ देखिए।'

'क्या ?'

'गुलाबी बादलों के पीछे उगते-डूबते सूरज की ठीक-ठीक पहचान उन्हें ही है ! आप समुद्र हैं, यह मैं तरंगें गिन कर बताऊँ ? कविता के उदयगिरि पर एक नए सूर्य के उदय का स्वागत कौन न करेगा ?'

'निचुल, तुम सरल हो ! कवि हो कि माला-रूपक में बातें करते हो !

'प्रासाद महाराज मुझे क्यों देना चाहते हैं ? सम्भवतः उन्हें मेरी यायावरी वृत्ति प्रिय नहीं है ! तो इसका अर्थ यह हुआ कि मुझे अब से उनकी रुचि का अनुसरण करना होगा ?'

'ठीक ऐसा तो नहीं, किन्तु राजकन्या पेड़-तले शरद और वर्षा काट सकेगी ? महाराज की ओर से जब भी घोषणा हुई, यही कि पराजित राजकुमारी ...'

'देखो निचुल, यह जय-पराजय का खेल मनुष्यता की कोई बड़ी छलांग नहीं, क्रीड़ास्थली की ओर बढ़ाया हुआ एक डग ही है।'

'उचित व्यय करने पर आवश्यकता की पूर्ति भर होती है, आनन्द अतिरिक्त व्यय में है।

'तुम जिसे पराजय कहते हो, उसकी सार्थकता विजय के क्षणिक और

आडम्बर पूर्ण सुख से हटकर सूक्ष्मता में गहरे उतरे आनन्द में है।'

'ऐसी सूक्ष्मता तक सामान्य जनों की दृष्टि नहीं पहुँचती।'

''प्रत्येक विशिष्ट को सामान्य होना क्या आवश्यक है ? चित भी सब की और पट भी ; सम्भव नहीं है।

''अवन्ती मुझे प्रिय है तो इसीलिए कि यह आर्य संस्कृति का केंद्र है। इसके आदर्श सरल भी हैं, सरस भी। यहाँ देवदासियों के साथ देवाधिदेव योग-समाधि में अचल हैं।

''जागृत अवस्था का एक-सा अनुभव भिन्न-भिन्न व्यक्तियों की आँखों में भिन्न-भिन्न प्रकार के सपने सजाता है।

''शाश्वत सम्भावनाओं की यह नगरी, अर्द्धविस्मृत अतीत संगीत मात्र नहीं है। तुम सम्राट् अशोक को जानते हो, वह बौद्धधर्म का पक्का अनुयायी था ; किन्तु उसे दूसरे धर्मों से घृणा नहीं थी। पर-धर्म की कठोर आलोचना उसे असह्य थी। अवन्ती का वर्तमान काला पत्थर भर नहीं, इसके स्वर्ण-भविष्य की कसौटी भी है।

''मैं न तीन में हूँ, न तेरह में, मुझे खरी-खोटी सुनाने की पूरी छूट है तुम्हें। किन्तु मुझे उज्जयिनी में अपने ही संस्कारों के साथ जीने की सुविधा होनी चाहिए। सोना जाने कसे, मानुष जाने बसे। मुझे अभी एक अनगढ़ पत्थर समझो, शिव होने के लिए टाँकी सह सकूँ, प्रार्थना करो। मन्दिर और अर्घ्य न ढूँढो।''

□

११

बादल छाए हुए थे। गर्मी की ऋतु बरसात-जैसी लग रही थी। तमतमाए सूरज को देखकर आँखें चुँधियाई थीं, अकाल जलद देख भर-भर आईं।

राजकुमारी वन-लताओं के साथ उद्यान में मल्लिका-कुंज से माधवी-निकुंज तक घूम-फिर रही थीं। तितलियाँ पकड़ने की चेष्टा में भौंरे उड़ा रही थीं।

राजकुमारी का ज्ञान चर्चा का विषय था। उनसे दो-दो बातें करने वाले कहते थे : साक्षात् शारदा हैं। उनकी वीणा-वाणी से झंकृत होकर तर्क भी कर्कशता खो बैठता है ; श्रद्धा अचल पलकों से जल छलकाती है।

परिजन दबे-दबाए रहते थे। उभरे नहीं कि दई के मारे ऐसी तैसी में गए। भेद की कोई बात, ओठों पर न लाने की प्रतिश्रुति के साथ ही उन्हें कही जाती थी। कालिदास के प्रथम दर्शन के समय मन्दिर के प्रांगण में चित्रांगदा के कन्धे पर हाथ रखकर राजकुमारी ने कुछ संकेत किया था ; किन्तु वह ससुराल जाने की धुन में अनमनी-सी थी। तब उसे कालिदास में ऐसा कुछ भी न दिखा था जिसे दीदे फाड़कर देखने कहा गया था। फिर क्या, उसी सन्ध्या कुछ दिनों के लिए उसकी छुट्टी कर दी गई। घड़ी भर को उसका स्वच्छ हास्य पुंछ गया ; चितचोर वाक्चातुरी लड़खड़ा गई।

मधूलिका और मंजुलिका नेपथ्य में थीं, अब मंच पर आ गई थीं। सिटपिटाई-सी चित्रांगदा आज दोनों के पीछे निःशब्द सिर झुकाए चल

रही थी। ससुराल की सौगात से उसके अंग-प्रत्यंग से गोरोचन की आभा फूट रही थी। मुख की सुषमा ऐसी थी, जैसे रत्नों की लालिमा से शिरीष-सी त्वचा पर लेप चढ़ाया गया हो। मोरपंख-से रेशमी लहरें लेते केश बाँहों पर फैल रहे थे। कभी हँसती तो ज्योत्स्ना-सी छिटक जाती। आज कितने ही दिनों बाद उसी की ओर मुँह उठाकर राजकुमारी ने कहा :

'हमारा जीवन कई रंगों के धागों से बुना हुआ एक चित्रपट-जैसा है। अच्छे और बुरे रंगों का विवेक अभिमानी बनाता है कि हमें अच्छे और बुरे की पूरी पहचान है !'

सहसा पहले-सा स्नेहिल स्वर सुन कर चित्रांगदा चौंकी :

'ऐसा भी क्या राजकुमारी जी ? शास्त्र से हट कर आज अचानक जीवन की ओर मन कैसे मुड़ गया ?'

राजकुमारी हँसी :

'उषा चाहे जितनी सुहावनी हो, दिन वहीं का वहीं नहीं रुका रहता ; आगे बढ़ जाता है। फिर मैंने तो श्रुति-स्मृति की उपेक्षा भी नहीं की है। सभी मुनि-महात्मा जीवन को समग्रता में समझने कहते हैं और उससे जुड़े प्रिय-अप्रिय सभी प्रकार के तथ्यों को स्वीकार करने का उपदेश भी देते हैं। हाँ, इन दिनों जीवन ही मन का मन्थन कर रहा है और अभी उससे निकल भी गरल ही रहा है।'

मंजुलिका और मधूलिका ने आगे आकर कहा : 'राजकुमारी, आपने उस दिन कहा था : शास्त्र कोई ऐसा स्थावर या जड़ नहीं होता जिसे बदलते हुए देश-काल के अनुसार संशोधित कर नमनीय न बनाया जा सके। आर्यों के विश्वव्यापी प्रभुत्व के समय जो आचार-संहिता निर्मित हुई थी, विदेशियों के ताबड़तोड़ आक्रमण और आर्यों की जय-पराजय ने उसमें पर्याप्त संशोधन की गुंजाइश पैदा कर दी है। नई दृष्टि उजागर हुई है। आज हम वही आर्य-धर्म नहीं निभाते, जो वैदिक काल में पाला जाता था।'

चित्रांगदा ने सिर उठाया :

'मधूलिका, अभी प्रसंग सातों द्वीपों पर आर्यो के सार्वभौम शासन का नहीं है, न इसका कि जम्बू द्वीप का आदि शासक आग्रीध था जो सम्राट् प्रियव्रत के दस पुत्रों में एक था। आर्यावर्त के राजनीतिक

उत्थान-पतन की कोई कहानी राजकुमारी हमें नहीं सुना रही थीं। वह कह रही थीं कि एक ऐसा भी समय आता है जब सब लिखा-पढ़ा भूल जाता है। जीवन उन्हीं विकारों को प्यार करने लगता है, जिनसे बचने की विधि सीखने में वह खुला-खिला बचपन गँवा देता है। शास्त्रों के जंगल में उसकी रुआँसी सरलता भटक जाती है, कोमलता कठोर हो जाती है और इतनी-इतनी पगडंडियाँ उसके पैरों को घेर कर पसर जाती हैं कि उसे दाँतों से ओठ काटकर, ठोड़ी पर उँगली रखकर किसी ठाँव ठिठक जाना पड़ता है। राजकुमारी की मनःस्थिति अभी कुछ-कुछ इसी प्रकार की है।'

इस बीच बादल फिर चँदोवे की तरह तनकर नभ की नग्न नीलिमा पर अपनी ऊदी-भूरी झालरें झुलाने लगे। हवा टहनियों में पैंगे भरने, लहरते फूलों में हँसी समेटने लगी। और धरती छाँह में छोटी होने लगी।

मंजुलिका ने कहा :

'चित्रांगदा के माथे पर हल्की-सी भी शिकन नहीं है। जान पड़ता है, अनजानते ही ज्ञानगंगा उमड़ी पड़ रही है। शीतलता का यह स्रोत अनुभव की ऊष्मा के पिघले बिना सम्भव नहीं है। महीने भर ससुराल में भाड़ ही तो झोंकती न रही होगी।'

मधूलिका ने कहा :

'बस, जलन तुम्हारी सँभाल के बाहर हो गई। फफोले फूटने लगे। अरे बाबा, इसी सप्ताह तो तुम्हें भी ... '

मंजुलिका ने डपट दिया :

'धूप और छाँह के बीच फासला ढूँढ़ने की आदत तुम्हारी छूटती ही नहीं है। धूप और छाँह के बीच कल्पनाओं का समुद्र लहराता रहता है और तुम उसमें तैरना चाहती हो। अंकुश दो मन पर। अंग मोड़ कर रहो।'

मधूलिका ने कहा : 'मैं समझती थी, थोड़ी-बहुत समझ है मुझे। तुमने तो मेरे भी चूना लगा दिया। अच्छा, बाकी रहा। इस समय तो रहने ही दो।'

राजकुमारी शीतल फुहारों की झड़ी लगाती-सी बोली :

''समय की निश्चित गति को झटके देकर तुम सब उड़ा देती हो। और इधर मैं हूँ, कि किसी अशरीरी स्पर्श से भी रोमांचित होती हूँ तो

समय ठहर-सा जाता है। अन्तर में रंग तैरते हैं और बाहर सौरभ डैने तोड़ लेता है।''

मधूलिका ने अँधेरा ओढ़कर चाँद उगाया। धारा का बहाव मोड़ती-सी बोली :

'यह अशरीरी स्पर्श क्या होता है राजकुमारी जी ?'

''एक ऐसा रथ भी होता है जो काठ काटकर नहीं बनता, उसे मन का रथ या मनोरथ कहते हैं। वह सँकरे और चौड़े में, उजेले और अँधेरे में, एक समान भागता है। ऐसा कोई ठौर नहीं, जहाँ उसकी पहुँच न हो ! ऐसे ही मन के रथ पर उड़ती-उड़ती आत्मा कभी किसी लोने-सलोने भाव से छू जाती है, और तब वह छुअन...''

—राजकुमारी के आत्मगोपन और परिमार्जन पर स्वर्ण-धूल-सी उड़ाती हुई मधूलिका मुसकिराई :

''मैंने समझा, अशरीरी तो अनंग होता है, उसी ने महाकाल के भय से मन्दिर से भाग कर आपकी आत्मा में छिपने की ढिठाई की होगी ; उसे क्या पता कि आपकी आत्मा के आर-पार केवल पवित्रता ही देखी जा सकती है !''

चित्रांगदा ने टुक रुक कर कहा : मैंने राजकुमारी की आत्मा में प्रायः झाँका है।

मंजुलिका ने पूछा :

'—क्या पाया ? माया या ब्रह्म ?'

'मैं उन्हें नहीं पहचानती। जिन्हें देखा, वह थीं ब्रह्मा के मुख-रूपी कमल-वन में विहार करने वाली कलहंसी-सी सरस्वती।'

'सरस्वती को पहचानती हो ?'

'अरे ! तो मैं रहती किसके साथ हूँ ? मेरे माता-पिता ब्राह्मण होने के कारण निर्धन नहीं हैं। मुझे लिखाने-पढ़ाने में वे अपनी सामर्थ्य भूल बैठे थे, किन्तु विवाह तो एक संस्कार होता है न ! आगे मेरा विवाह करा देने के लिए माता-पिता व्यग्र हो उठे। महाराज ने एक संस्कारी लड़का ढूँढने कहा, व्यय का सारा भार स्वयं उठा लिया। मेरे पिता दान लेने में आनाकानी

करने लगे तो महाराज ने बताया : प्रतिदान में आपकी लड़की अब से अपनी विद्योत्तमा की संगिनी होगी। विवाह हो गया। मैं यहाँ आ गई। दो दिनों के साहचर्य्य में ही समझ लिया कि यही विद्या की देवी हैं।''

मधूलिका गहरी साँस लेकर बुदबुदाई :

''देवी-देवताओं की निगूढ़ कामनाओं का विश्लेषण करना तो अपनी शक्ति के बाहर है। यह कह सकना ही मेरे लिए संभव है कि जीवन के सारे कार्य-कलाप जिस शक्ति से संचालित होते हैं वह मूल शक्ति विद्या नहीं, अविद्या है। वैराग्य नहीं, एषणा है ; कामना है। वैराग्य निष्क्रिय बनाता है, एषणा में भिन्न-भिन्न प्रकार की उत्तेजनाएं होती हैं जो भिन्न-भिन्न भावों और क्रियाओं में प्रकाशित होती रहती हैं। मनुष्य की छोटी-बड़ी चाहों और प्रिय-अप्रिय चेष्टाओं में केन्द्रीय शक्ति के रूप में एषणा को लक्ष्य किया जा सकता है।''

—राजकुमारी चमत्कृत-सी पूछ बैठी : ''मधूलिका, तुम्हें यह सब किसने सिखाया ?''

'आपने राजकुमारी और किसने ?'

''मैंने ?''

''हाँ राजकुमारी : उन दिनों कालिदासजी से मिलने जाती थी! एक दिन वह वहाँ विद्वान श्रोताओं के बीच बौद्ध धर्म के विवेचन के प्रसंग में जो बोल रहे थे, अभी वही मैं कुछ उलट-पुलट कर चित्रांगदा को प्रभावित करने के लिए कह रही थी। मैं उसकी तरह लिखी-पढ़ी तो हूँ नहीं कि पुत्रेषणा, वित्तेषणा का अर्थ समझूँ। मेरे पिता मुझे बहुत छोटी उमर में छोड़कर भिक्षु बनने चले गए थे। माँ पड़ोसियों के घर कूट-पीस कर मुझे पालती रही। विद्या के नाम पर मैंने माँ से पाक-विद्या ही सीखी। चौका-बर्तन, सिलाई-कढ़ाई भी दूसरों को देख-देखकर सीखती रही।''

राजकुमारी ने कहा :

''अरे बाबा, इतने खटराग फैलाने की क्या आवश्यकता आ पड़ी ? सादा ढंग ही काम आ जाता। .... सच तो यह कि तुम लोग दबाई हुई भावनाओं से लबालब भरी हुई हो, किसी ने तनिक छेड़ा नहीं कि खट्टे-मीठे दिनों की याद कर खट से बातों की झड़ी बाँध देती हो!''

राजकुमारी अभी और कुछ कहने वाली थीं कि मधूलिका कुलांच भर कर चित्रांगदा की ग्रीवा दाहिनी बाँह से और मंजुलिका की बाईं बाँह से जकड़कर आमने-सामने खड़ी हो गई। मंजुलिका ने चुटकी काटी तो चित्रांगदा और कस गई। क्षण भर मूक भाषा और नीरव भाव टकराए। फिर निःशंक समाधान का सन्धान आरम्भ हुआ।

तीनों जैसे मन्द्र, मध्य और तार—तीनों सप्तकों के षड्ज, मध्यम और पंचम—तीनों सुरों पर, एक साथ ही बज उठीं :

'राजकुमारी, आपको किसी से प्रेम हो गया है!'

'किसी से ? कब न था तुम सबों से प्रेम ?'

'यह प्रेम नहीं ...' कहकर सब हँस पड़ीं। ... राजकुमारी जी, कुछ बन्द और कुछ खुला, यह तो एक प्राकृतिक उत्पात है, जब प्रणय प्रबल वासना का रूप ले लेता है और मन मधुवन हो जाता है!

''देर-सबेर यह आता ही आता है, किन्तु अधिक दिनों तक टिकता नहीं है। तब मन क्रन्दन कर उठता है : आह! क्या ही अच्छा था वह! क्यों कर चला गया ?

''सतरंगे पंख फहराती हुई एक कल्पना आती है और क्षण भर बाद पंख झाड़ कर उड़ जाती है! शिथिल उँगलियों से हम बिखरे पंख सहेजते रह जाते हैं!

'उर सुरों से सजा हो तो राग उसे अपना आवास बनाता है!''

राजकुमारी खोई-खोई-सी कोई-कोई शब्द सुन रही थी—जैसे जल में जल मिल रहा हो ; फूल पर फूल झुका चला आता हो!

निर्विकार विचार को कारागृह बनाकर बन्दी रहने वाला मन बाहर निकलने के लिए रन्ध्र ढूँढ रहा था। 'विचार को वाणी न दो'—किसी का निःशब्द सुझाव न था, तो भी राजकुमारी चुप थी। हमारे विचार आरम्भ में अपने होते हैं, अन्त में वह क्षत-विक्षत होकर अनन्त हो जाते हैं। जैसे कोई खड्ग-हस्त हड्डी-मांस पर प्रहार करता है, निर्मम संसार ठीक ऐसे ही विचारों पर प्रहार करता है। एक नया विचार पुराने विचार को खण्ड-खण्ड कर अपनी अखण्डता प्रमाणित करता है! समय जल्दी-जल्दी बदलता है। उसे कहीं रुकना चाहिए।

सहेलियों को बराबरी का दर्जा उन्हें उनके मौलिक गुणों से मिला था। दास्य सख्य में परिणत हो गया था; किन्तु सीमा का अतिक्रमण करना उनके हित में न था, यह उन्हें भली-भांति विदित था। बात-बात में मोती पिरोना उनके शील का एक अंग था। राजकुमारी की भाषा सघन जैसी भी हो, अबूझ न थी; जो पंछी आकाश में उड़ान भरता है, वह क्या वहीं घोंसला बनाकर बस जाना चाहता है ? उड़ान जीवन है, परन्तु जीने के लिए धरती से जुड़ना पड़ता है। बीज मिट्टी में ही उगाए जाते हैं, फुनगी भले आकाश में रहे !

स्वच्छ पक्ष था वह, जब कालिदास से राजकुमारी की देखादेखी हुई थी, अब कृष्ण-पक्ष है। झंझावात में पड़ी नौका की भाँति राजकुमारी की चित्तवृत्ति ऊपर-नीचे होती; कभी आगे, कभी पीछे श्वास-प्रश्वासों के साथ आती-जाती। रानी माँ सामने पड़ने पर मुस्कुरा देतीं; महाराज का प्यार सप्तभौम हो उठता। अवश्य वे कोई नया संवाद नहीं सुनाते थे। एक दासी ने कहा था कि आज दासजी को महाराज ने बुलाया है।

संध्या हो चली थी। पंछी चोंच में दाने और तिनके लिए बसेरों की ओर उड़े जा रहे थे। गोल सींगोंवाली माथुर भैसों का झुण्ड थोड़े ही अन्तर से स्वरमण्डल की सारी श्रुतियों-समेत 'विराग' राग, पदगति के ताल-मेल से, गाता जाता था। एक की पीठ पर अधलेटा नवयुवक बीन बजाकर 'महिषियो' का मन मोहे हुए था।

दास जी महाराज के बुलाने पर पधारे या नहीं, कौतुकपूर्ण जिज्ञासा राजकुमारी का मन भारी किए हुए थी। सहेलरियाँ मन टटोलने के लिए चट्टे-बट्टे लड़ा रही थीं। इधर परा विद्या तक पहुँचा राजकुमारी का पावन मन था जिसे प्रेम-जैसी सुख-दुख में एक-सी उद्दीप्त अनुभूति का छीछालेदर उड़ाना पसन्द न था। छेड़ निकाली मंजुलिका ने :

'क्यों तो राजकुमारी अचानक उदास हो गईं !'

'नहीं, जाने क्यों अभी एक की दस सुनाने को जी नहीं चाह रहा। तुम्हीं कोई ऐसा चुटकुला छोड़ो न कि चित्रांगदा और मधूलिका लड़ पड़ें। तुम्हें तो मक्खी छोड़ने और हाथी निगलने की आदत है। वह कहावत

नहीं सुनी कि सिंह को वनराज बनने के लिए नागरिकों द्वारा राज्याभिषेक की प्रतीक्षा नहीं होती !'

'राजकुमारी, एक कहावत मुझे भी याद आ रही है :

'कड़वी औषध बिन पिए मिटे न तन का ताप
हित की कड़वी बिन सुने मिटे न मन का पाप'

'मैं समझी नहीं। स्पष्ट कहो, मेरी ओर से पूरी छूट है।'

'कालिदास जी के बारे में हमें कुछ नहीं कहना है राजकुमारी जी ! प्रेमांकुर फूटा है कुंकुम-केसर की भूमि में भी, वह उसकी सुगन्ध से मतवाले भी हो रहे हैं। तभी भविष्य सुझाई नहीं दे रहा। अग्निमित्र से मित्रता निभाने विदिशा जाना चाह रहे हैं।'

'अरे ! तुम्हें यह सब किसने कहा ?'

'कवि निचुल ने।'

'कौन है ?'

'महाकालेश्वर के दूसरे पुजारी। कालिदास जी के अनन्य मित्र !'

अनन्य ?'

'हाँ, अन्य कहाँ कौन है ?'

अभी राजकुमारी सब स्वीकार और शिरोधार्य करने की मुद्रा में थी, अशान्ति और उद्विग्नता उसे छू तक नहीं गई थी। वह लौकिक विडम्बनाओं से बचकर अविरत गति से जीवन के उच्चतर लक्ष्य की ओर बढ़ती रही थी। उसमें उपेक्षा से अधिक संतोष का भाव था : सोना कुण्डल न भी बन पाए तो क्या अन्तर आने वाला है ? सोना तो वह है ही ! उसने अपनी उपलब्धि जूठी कर फेंक नहीं दी है !

वह बेखटके सिर पर हिमपात और अन्तर में दाह सह सकती है, बावरे बादलों की छाँह और चिलचिलाती धूप में एक-सी हँस-मुस्करा सकती है। वह सकुची-सिमटी रह सकती है, पर दबी-छिपी गन्ध बिखेरने आँधी न उठाएगी। जो गोपन और रहस्य रहकर ही चरितार्थ है उसे हास-परिहास की छिछली सतह पर दिगम्बर उतार कर तालियाँ बजवाने की भूल कदापि न करेगी। छिछोरापन प्रणय के आस्वाद की पहचान नहीं

हो सकता। कहते हैं, स्पर्शमणि के स्पर्श से लोहा सोना हो जाता है, पीतल और ताँबे को सोना होते नहीं देखा गया। प्रणय पारस हो तो आत्मनिष्ठ हृदय लोहा ही होता होगा। नहीं होता तो क्यों कर छूते ही रंग बदल जाता और वह लचीला हो जाता है !

—ऐसे में मंजरी आई और निकट सटकर मंजीर-सी बज उठी कि राजमाता ने घड़ी भर बाद राजकुमारी को स्वाध्याय-कक्ष में रहने कहा है। कालिदास जी पधारे हुए हैं। महाराज से प्रसन्नचित्त होकर वार्तालाप कर रहे हैं। बातों-बातों में कहीं राजकुमारी से मिलने का प्रस्ताव ...

चित्रा, मंजु और मधु—तीनों थोड़ी दूरी पर बया को खोंता बनाते देख रही थीं। मंजरी को देखते ही शिंशपा वृक्ष की घनी टहनियों से दृष्टि हट गई और तीनों किलकारियाँ भरती हुई राजकुमारी के व्यक्तित्व की गरिमा पर ओप चढ़ाने आ गईं।

राजकुमारी धीरे-धीरे उद्यान से भवन की ओर बढ़ती हुई बोली :

'अभी तुम तीनों को इकट्ठे चुहल करते देख मुझे वैदिक त्रिक की याद आ गई।'

'यह त्रिक क्या होता है ?'

'तिकड़ी कह लो ! ऋक्, यजु, सामः, अ उ म ; मन, प्राण, वाक्, सत्व, रज, तमः, भूः, भुवः, स्वः, ब्रह्मा, विष्णु, महेश ; भूत, भविष्य, वर्तमान ; और फिर तुम गंगा, यमुना, सरस्वती, कहाँ तक गिनाऊँ,—सृष्टि की कल्पना ही त्रिक पर निर्भर है !—मेरा अस्तित्व भी तुम्हीं तीनों की चुहल से आकार पाता है। गन्ध की तरह मेरा अस्तित्व गढ़ा चाहे प्रकृति ने ही हो, उसे वातावरण में प्रसार तुम्हीं से मिला है।

''मेरी ऐसी कोई भूल न होगी, जिसे सुधारने के लिए कहकर तुम सब सहमी न होंगी। चाटूक्ति करनेवाला शत्रु है। सत्य पथ पर पांव बढ़ाने के लिए उकसाने वाला बन्धु होता है और जो मुझे भूल-चूक से बचाने के लिए आप कांटों में झूल जाए, वह अपनी तिकड़ी के अतिरिक्त और कौन हो सकता है ?

''गहराई से आत्मा को टटोलना पड़ता है। ऐसे, सत्य पकड़ाई दे जाता है और तब असत्य से बचा जा सकता है। सत्य हठ नहीं है, उल्टे वह

तो हठ से बचाने वाला है। बहुमत से समर्थन होने से कोई असत्य सत्य नहीं हो जाता।''

हरी-हरी दूब पर पाँव और मकरन्द-छहरती फूलोंवाली डालियों पर हाथ रख-रख कर लाल कनेर, पाटल, छितवन, बेला-चमेली, जपा, चम्पा, करवीर और शिरीष के कुंजों से छिपती-निकलती हुई राजकुमारी मेघ-वन में घुस-पैठ करती चन्द्रकला के समान दिप रही थी। एक छत्राकार मेघ-खण्ड माथे पर आ गया था, सहेलरियां बिजली के चँवर-सी दाएँ-बाएँ हो रही थीं।

राजकुमारी अभी स्वाध्याय-कक्ष के निकट पहुँची ही थी कि देखा, कालिदास उसके सिमटे-सिकुड़े शिष्टाचार के आगे निकल गए थे।

× × ×

''मैं कैसे ऐसी अकेली हो गई ! किस गोपन वन में खो गई जहाँ से किसी को पुकार भी नहीं सकती ? चुप बैठी रह सकती हूँ बिना आशा के ! भाषा के सारे प्रयोजन एक बार ही कुण्ठित हो गए ! प्यार सचमुच ही एक अक्षम्य अपराध है ! ...

''मधूलिका कहती थी : पहली ही दृष्टि में जो न हुआ वह कैसा प्यार !

''आगे सपने में देखा, फिर आमने-सामने। अन्तर्यामी जानता है, तब से कब न विजन-विरल में आँखें भर-भर कर देखा ! कब न सब के साथ, सबों में देखा ? कब न नीरव-निभृत में और परिजनों के कोलाहल में निष्कम्प लौ-सी आँखें उठाकर देखा !

''मंजुलिका ने कहा था :

''तरुणाई आँखों से प्यार करती है, हृदय से नहीं ; किन्तु मैं मन ही मन मनाती रहती हूँ कि वह जहाँ कहीं मेरे जीवन में अन्धकार देखें, उसे अपने ही स्पर्श से आलोकित कर दें। मैं उन्हीं के पवित्र आलोक की निर्मल छाँह में बैठकर अपने परिजन-पुरजनों से मिलूँ।

''काला धुआँ और धधकती ज्वाला, अपने दिअने की तो यही नियति है। अब वह यदि अपनी ज्योति-ज्योत्स्ना से मेरे अन्तर-प्रान्तर को उजालें तब कहीं मेरे दियने के अँधेरे-अँधेरे जलते-रहने को सार्थकता मिले !

''जी खोलकर कुछ कहूँ तो किससे ? जीवन में पारा भर गया है ; साँसें भारी हो गई हैं। कोई अदृष्ट हाथ अज्ञात रूप से मुझे उनकी ओर आकृष्ट करता रहा है। मेरी आत्मा के गूढ़ रहस्य उन पर प्रकट हो गए दिखते हैं। अपना अस्तित्व इस सीमा तक पराया हो जा सकता है ! आश्चर्य इस किस कुहासे में ओझल कर रहा है किरण को ! अवसाद की छाँह में बैठकर हंस-सारस को किलोलें करते देखना न ऊँचे विचारों से होता है न दिवा-स्वप्नों से।

''मन अतीत में खोया-डूबा रहता है। घटित होते समय जो क्षण आधे-अधूरे या छूँछे-पोले लगते हैं उनकी स्मृतियाँ अनुकूल-प्रतिकूल परिस्थितियों में कैसे पैनी-नुकीली होकर प्रस्फुटित होती हैं ! वर्तमान जितना ही क्षणिक है, अतीत उतना ही प्रलम्ब और बहु-आयामी। वर्तमान पंख लगाए हुए, अतीत के ही किसी छोर से आता है और दूसरी ओर अज्ञात भविष्य की सीध में विलुप्त हो जाता है। गुदगुदाना वहीं तक, जहाँ तक हँसी आए ! सुख के क्षण दबे पाँव निकल गए, हम दबे-दबाए रहे कि दुख-भरे आभिजात्य का सिर नीचा न हो !

''अन्यथा क्या आकांक्षा के सारे ही स्रोत सूख गए हैं ! अभी मैं जब कुसुमकुंज में सबसे घिरी रहकर भी अकेली थी तब क्या परदे-परदे मेरा रोआं-रोआं नहीं खिल रहा था कि ऐसे में यदि वह साध बाँधकर किधर से भी प्रकट हो जाते और अचानक अपनी हथेलियों में मेरी गरम कनपटियों को दबोच कर मेरी फुरहरी लेती देहयष्टि को कौशेय उत्तरीय में समेट लेते और मैं बेले की माला की भांति उनकी अरुणाभ ग्रीवा से लिपट जाती और उनकी आँखों में निर्दोष प्यार के उमड़ते बादल देख हंसिनी-सी उड़ चलती मानसर की ओर ! और फिर आकाश गंगा-सी आवर्तों उमड़ती उनकी हँसी की प्रखर धार में वेद-वेदांग का बासी और सूखा ज्ञान बहा देती ! हमारे मौन का रहस्य डाल-डाल पर चहकते-टेरते पंछी बताते और उत्तर की ओर से आती शिप्रा की कल ध्वनि मन में उफनते ढेर-सारे प्रश्नों को निरुत्तर कर देती। इधर मधु छहरते फूलों के मुँह पर मण्डल बाँधती मधुव्रत-मण्डली गुनगुनाती और उसकी बिना पंख के उड़ती गूंज कानों में जल भरने जैसी गुनगुनी अकुलाहट भर देती।

वह जैसे तिनके से कान खुजाने झुकते और दो सांसों का टकराव एक नया मनोभाव सिरजता जिसमें अन्तर और बाह्य एकाकार हो आते हैं; ज्ञान संगीत हो जाता है और आत्मा सुरों का उतार-चढ़ाव। ध्वनि और प्रकाश का वह आश्लेष बादल-बिजली का-सा क्षणभंगुर नहीं होता, जिसका प्रत्येक अनुभव लय से बँधा, एक-एक अभिव्यक्ति सुरीली और प्रत्येक मौन आन्तरिक आनन्द से भरपूर। साँस जैसे पवन अपने रेशमी पंख से हल्के-हल्के सहला रही हो जिसकी छुअन पूरे वन-उपवन को प्यार करने कह रही हो; कि जिस स्पर्श से यह ऐसा-वैसा संसार भी भरा-भरा लगता है!

"जैसे पहाड़ से धूप उतर रही हो या पेड़ से छाँह, मैं अधमुँदी आँखों अपनी ठूँठ ऊँचाई से फिसलती-सरकती यहाँ कहाँ आ गई हूँ; साँसों के स्वर सो रहे-से स्तब्ध हैं, अनसुने-अनचाहे को बिना किसी क्रम के सोचने का सिलसिला टूट ही नहीं रहा! ये बादलों-जैसे पहाड़ और उनसे फूटे, बिना किनारे के, झरने तरने की बावरी व्याकुलता आह्लाद और आकर्षण में पारस्परिक सम्बन्ध ढूँढते क्यों नहीं थकती?

—राजकुमारी चिन्तन की श्रृंखला झनझना रही थी। यह ईश्वर, जीव और प्रकृति के विवेचन की लौह-श्रृंखला न थी, न ही यजुर्वेद के कृष्ण भाग की बारह शाखाओं की मिश्र श्रृंखलाएँ थीं जो अथर्ववेद की शौनक और पैप्पलाद शाखाओं में उलझकर टूट जातीं। वह रुद्र, इन्द्र, मित्र और वरुण को सहायता के लिए पुकार भी नहीं रही थीं। मन में बुलबुले उठ रहे थे कि कालिदास से आँखें चार हुई थीं। उन्होंने राजकुमारी की आँखों में अपनी धूपछाहीं परछाईं भी देखी थी। कवि हैं, कौन जाने कुछ दूर जाकर पलट आएँ कि वह कुछ फूल लेने उद्यान की ओर चले गए थे; कि राजकुमारी को देने योग्य उनके पास और है ही क्या?

किन्तु ओठों पर नकली मुसकान चिपकाए आईं महारानी। कुछ इधर-उधर की हँसने-हँसाने वाली बातें कर चुकने के बाद झट से बोल उठीं:

'कवि कालिदास युवराज अग्निमित्र से मिलने विदिशा चले गए।'

१२

'इधर ही इधर कैसा बदलाव आ गया है अपनी आकृति में और किसी सीमा तक प्रकृति में भी ! अग्निमित्र भी वैसे नहीं लगे इस बार, जैसे कुसुमपुर में फूले फूलों में सुलगे लगे थे।'

—विदिशा आए अभी तीन दिन ही हुए थे। तो भी गंध की लहर की तरह उनकी आगमनी नगर की धमनियों में बज उठी थी। जकड़-बंद कर लिया था उन्हें नागरिकों के निराले नेह ने। कालिदास अपने आप पूछते : 'तुम्हें किसी एक तरह जक नहीं पड़ती ? जगह-जगह लट्ठे गाड़ने निकल पड़ते हो, क्यों ?

'मालव में मन न रमा तो दशार्ण आ धमके ! शिप्रा का पानी न चढ़ा तो वेत्रवती का पानी छानने लगे ! दिनों का संचय गोधूलियों में तिरोहित हो गया ; तारों की बारात सूर्योदय के पूर्व ही बिदा हो गई !'

सुप्त सुन्दर राजमार्ग के एकान्त अन्तर पर नीरव निशान्त में प्रेरणा-भरे पग रखते हुए कालिदास प्रातर्भ्रमण के क्रम में अतीत-अनागत का चिंतन करते चल रहे थे। दूसरे आने-जाने वालों की चकित-विस्मित दृष्टियां उत्सुकता से उनकी ओर उठती-झुकती थीं। ऐसा प्रभावी व्यक्तित्व था कि तो भी कोई रोक-टोक नहीं करता था। बेतवा के चौर की ओर घूमते समय कुछ जलपंछी अवश्य उनसे शाश्वत प्रश्न पूछते-से प्रतीत होते थे ; मछलियाँ भी अदम्य उत्कण्ठा से किनारे तक आकर अपनी अभिशप्त जिजीविषा के सम्बन्ध में सजल जिज्ञासा प्रकट करती जान पड़ती थीं। सुरभि-भरा हल्का झोंका पवन का श्रवण से मन तक को शीतल करता

निकल जाता। ऐसे में कालिदास सोते-जागते, अत्यन्त तीव्रता से, अपने अकेलेपन का अनुभव करते थे। यों उन्हें विश्वास था कि उनके श्वास-उच्छ्वास में यह सब संचित ही हो रहा था। प्रतीक्षा थी कि फेर-बदल का चक्कर इन बटे-बिखरे भावों को, बाहर की शुभ्रता और भीतर के धुंधलेपन को, कभी-न-कभी जोड़ने-बटोरने वाला था ; और कोई भी होनी-अनहोनी एक-दूसरे को आसपास लाकर उनके उच्छ्वास-निःश्वास को शून्य से टकराने के लिए छोड़ देने वाली न थी। तृष्णा किसी वस्तु की नहीं ; तृषा किसी अप्राप्य की प्राप्ति की नहीं, फिर भी अतृप्ति ऊँधते अन्तःकरण को जब-तब उदासी से भर दे, यह कुछ अटपटा-सा लग रहा था, जैसे बछड़े के खुर का गड्ढा पार करने के लिए कोई सेतु-रचना की सोचे !

सुन्दर धुँधलके में जलाशय का निर्मल जल भी नीलिमा-निलय-सा लग रहा था। पौ फटने में तनिक देर थी। कभी-कभी अपनी ही परछाईं किसी के जीवन्त साहचर्य का भ्रम उत्पन्न करती थी। यहीं अविद्या से प्रेय और विद्या से श्रेय सधने का आश्वासन सत्य प्रतीत होता था।

आज के अपने गौरव के अनुरूप अग्निमित्र ने कालिदास को अपने निभृत कक्ष में बुला लाने के लिए प्रतीहारी को भेजा। प्रतीहारी ने उल्टे पाँव लौटकर बताया कि सम्भवतः वह प्रातर्भ्रमण के क्रम में आज कुछ दूर निकल गए हैं, अभी तक लौटे नहीं हैं।

'हाँ, काल के प्रवाह में प्रखर गति से बहते जाते जीवन के कुछ चिरन्तन कण छानने का उपक्रम कर रहा था कि जाने कितने जन्मों से नील गगन के तले बालू और मिट्टी, हरियाली और कंकड़-पत्थर पर चल रहा हूँ ; किन्तु आँख गड़ाने पर भी अपना पिछला पद-चिह्न कहीं दिखाई नहीं देता। हवा उसे उड़ा देती, पानी उसे बहा देता है। पीछे नए चिह्नों से वह दब जाता है ; उस पर नई-नई घास उग-उग आती है। फिर भी व्यामोह कि मैं इन जिन मोड़ों से निकला, छाँह में रुका, धूप में पसीने की बूँदें टपकाता चला और चलता ही रहा, उसका कोई-सा भी चिह्न सदा के लिए अंकित हो जाता ! अनजानते थोड़ी देर हो गई।'—कहते हुए कालिदास प्रतीहारी के पीछे ही कक्ष में प्रविष्ट हुए।

अग्निमित्र हँसे : 'हम तो कुछ और ही सोच रहे थे मित्र, कि तुम्हें किन्हीं आँखों ने बन्दी बना लिया। यहाँ की सुन्दरियों के आँखों-जैसी आँखें होती ही नहीं हैं, होता है एक बार ही उन्मुक्त-द्वार बन्दीमन्दिर ! जब तक अपराध की सोचो, दण्डित हो चुके रहोगे ! दण्ड भी कोई ऐसा-वैसा नहीं, ठेठ प्राण-दण्ड ! उच्छ्वास छोड़ो, ठंडे हो जाओ !'

कालिदास ने कहा :

'आप ठीक समझे। आँखें लड़ाना मुझे भी अच्छा लगता है। अब यह बात और है कि मैं पुरुष हूँ, प्रकृति से आँख लड़ाता हूँ। नदियों से, पर्वत-श्रेणियों से, कुसुमित लताओं से, तुषार से ढकी उषा और धूल उड़ाती गोधूलि से। पुरुष निरा नर नहीं होता कि नारियों से ही आँखें चार करता फिरे !'

अग्निमित्र ऊपर-ऊपर हँसे, भीतर के निगूढ़ व्यंग्य से कटकर रह गए।

कालिदास ने कहा :

'सृष्टि के आरम्भ में पवन ने समुद्र का सन्नाटा तोड़ा होगा ; अब समुद्र का अन्तर्नाद कहीं थमता ही नहीं प्रतीत होता। नदियों के क्या मुँह लगता !'

अग्निमित्र ने कहा :

'मित्र, प्रातराश में साथ देने के लिए ढूँढ रहा था। रानी आसन्न-प्रसवा हैं। सूर्य के किरण-सम्पात से तुषार-संघात की तरह आज का प्रात पिघल रहा है। अन्तःपुर से अधिक से अधिक मात्रा में सजाकर पेय, चोष्य, भोज्य—सभी प्रकार के पदार्थ भेजे जा रहे हैं। हलचल है। सम्भव है, कल कोई व्रत रहा होगा। धारिणी के बदले इरावती ने रखा होगा।'

कालिदास ने कहा :

'पत्नियों के व्रत-उपवास पतियों का आहार दुगुना करने के लिए ही तो होते हैं। तन्वंगी पत्नियों को भी अपनी निस्पन्द या काँपती-सी काया की कोई चिन्ता नहीं, पति के सुख से सुखी हैं ! धन्य है अपना देश !'

अग्निमित्र ने कहा :

'हमारी माँ गया की थीं—सूर्योपासक मग ब्राह्मणकुल की। मोदक

और केसरिया पेड़े बनाने में अद्वितीय थीं। पिता श्री को अब भी मिष्टान्न प्रिय हैं। हमारे दादा जी तो राजपुरोहित थे ही, सम्राट् के घर से प्रतिदिन कितना-कितना, क्या-क्या, आता रहता था ! उनका बचपन निर्द्वन्द्व और पूर्ण स्वस्थ-सुखी था। इधर हमारी माँ का असमय अवसान हो गया और सेनापति पिता के कठोर अनुशासन में ही हमारा पालन-पोषण हुआ ...'

कालिदास अधबीच में ही बोल उठे : हाँ, उन्हें भावी सम्राट् का चरित्र जो गढ़ना था ! उनका सम्राट् होना तो आनुवंशिक या पूर्व-नियोजित न था ! आपका था। कोई सम्राट् चटोर और पेटू हो जाए तब तो सातों समुद्र पीकर भी प्यासा ही रहे ; मरुभूमि की सारी बालुकाराशि निगल कर भी भूखा ही रहे ! सच तो यह है कि एक कंकड़ फेंकने पर भी सतह का निस्तब्ध जल चंचल हो उठता है ; किन्तु अन्तर की गहराई में कोई मैनाक भी जड़ जमा ले तो जल की सहज स्थिरता में अन्तर नहीं आता। इसी कारण सम्राट् पुष्यमित्र ने आपकी असाधारणता के अनुरूप ही आपको अनुशासन और नियंत्रण में रखकर बड़ा किया होगा। सच तो यह कि सम्राट् पुष्यमित्र आपके पिता-श्री ही नहीं, आर्य भारत की प्राचीन संस्कृति और शाश्वत धर्म के उद्धारक और पुनः प्रतिष्ठापक भी हैं। रात के देखे सपने दिन के स्वरों में गुंथकर जीवन के गीत बन जाते हैं।'

"सो तो हैं, उन्हीं के काम में हाथ बटाने का अनुरोध तुमसे है। मित्र, बौद्ध धर्म का रंग सामान्य और पिछड़े लोगों में कुछ ऐसा गहराया कि देश आलसी, अकर्मण्य और परभाग्योपजीवी हो गया। परियाँ भी पर कतरवा कर भिक्षुणी होना चाहती हैं। किसी भी माता में वीरप्रसवा होने की आकांक्षा शेष नहीं रही। अलिकसुन्दर के आक्रमण ..."

"वह आक्रमण भारत के लिए एक नया अनुभव मात्र न था, नया अवदान लिए हुए भी था।"—कालिदास ने कहा; वह न होता तो उस युग में भगवान चाणक्य का अपूर्व आविर्भाव रेखांकित ही न होता। देश को उन्हीं के द्वारा निर्मित सम्राट् चंद्रगुप्त की छत्र-छाया में एक और अखण्ड राष्ट्र बनने का अवसर ही न मिलता! दुर्व्यसन और भोग-विलास में गले तक डूबे और आपसी कलह में टुकड़े-टुकड़े होते जाते छोटे-छोटे

राज्यों में बंटे हुए भारत को एक सुसंगठित महान राष्ट्र बनाने का श्रेय एकमात्र आचार्य चाणक्य को ही तो जाता है ! आकाश-कुसुम की सुगन्ध से कतराकर धूल-भरी धरती पर विचरने वाली उन्हीं की आत्मा की आँखें तो थीं जिन पर ऋतुओं का रंग न चढ़ा ; जिन्हें विष-कन्याओं से रूपज मोह न हुआ। उन्हीं की मनीषा की यह महिमा थी कि वेदों में हमारे पूर्वजों ने राष्ट्र की जैसी परिकल्पना की थी, एकबार अपना देश उन्हीं आदर्शों में ढल गया था।'

अग्निमित्र ने ललककर पूछा :

''क्या वैदिक युग में भी राष्ट्र की सर्वांगीण समृद्धि के लिए प्रार्थना की गई है ?'

कालिदास ने कहा :

'प्रार्थना के बहाने राष्ट्र की चौतरफी खुशहाली की तसवीर ही आँकी गई है। ऋषियों का दृष्टिकोण रचनात्मक और सामाजिकता लिए हुए था, वह व्यक्तिवादी उद्‌गार भर नहीं है।

'यजुर्वेद के बाईसवें अध्याय का बाईसवां मंत्र तो एक सभी प्रकार से उन्नत और समृद्ध राष्ट्र की ही झाँकी प्रस्तुत करता है :

'ऋषि की प्रार्थना है कि 'ब्रह्म-ज्ञानी ब्रह्म ही हो जाता है'—उपनिषद् के इस ब्रह्म-वाक्य के अनुसार स्वयं ब्रह्म होने तक ब्राह्मण ब्रह्मतेज से युक्त ही उत्पन्न हों ; राष्ट्र में क्षत्रिय वीर, शस्त्रास्त्र विद्या में निपुण, दूर तक निशाना लगाने वाले और महारथी पैदा हों ; गौएं भरपूर दूध देने वाली, बैल भारी बोझ ढो सकने वाले, घोड़े खूब तेज भागने वाले, स्त्रियाँ कुल और नगर की मर्यादा रखनेवाली, युवा विजयी होने के इच्छुक, जितेन्द्रिय, सभ्य और सुसंस्कृत हों ! ठीक समय पर वर्षा हो, अन्न एवं फल-फूलों की प्रचुरता रहे, औषधियां सफल और शक्तिशाली हों और सब से बढ़कर अपने योग-क्षेम में हम स्वयं समर्थ हों !'

अग्निमित्र ने कहा :

'यह तो व्यष्टि और समष्टि में सहज सन्तुलन रखने के प्राकृतिक प्रयास को भी उजागर करने वाला मन्त्र है। आदर्श समाज का गठन उसे ही समझा जायगा जिसमें प्रत्येक व्यक्ति को पूर्णता प्राप्त करने का अवसर

उपलब्ध हो ! क्योंकि व्यक्ति की उन्नति और पूर्णता के बिना समष्टि की उन्नति और पूर्णता सम्भव ही नहीं है।

'अच्छा मित्र, तुमने यजुर्वेद का यह मंत्र सुनाया किन्तु ऋग्वेद तो सबसे पुराना है; क्या उसमें राष्ट्रीय अभ्युदय की कहीं चर्चा नहीं है?'

'क्यों नहीं ? ऋग्वेद तो ज्ञान-विज्ञान के सभी क्षेत्रों में हमेशा अगुआ रहा है। अखण्ड राष्ट्र की मंगलकामनाओं में भी वह वैसा ही जागरूक है ! कहता है : हमारे राष्ट्र को जल के अधिदेवता वरुण सुजल और शस्य-श्यामल बनाएँ, बृहस्पति उसे ज्ञानवान और बुद्धिमान बनाएँ जिससे राष्ट्रीय भावना उसकी आत्मा में स्थिर रहे और इन्द्र उसे शक्ति दें तथा अग्निदेव उसे तेजस्वी के साथ-साथ अपूर्व धीरजवाला भी बनाएँ।'

अग्निमित्र ने उल्लसित स्वर में कहा :

'मित्र, तब तो आर्य चाणक्य ने ऐसा कुछ न कहा जो वेद-विरुद्ध हो ! वस्तुत : पुरुषार्थों में अर्थ और काम की गणना तो आरम्भ से ही होती रही थी, आर्य चाणक्य और वात्स्यायन ने इनके शास्त्र भर रच दिए।'

'हाँ, बीज रूप में अर्थ और काम श्रुति-स्मृतियों से अपरिचित नहीं हैं, परवर्ती आचार्यों ने उनका उपबृंहण ही किया है; और विषय-विस्तार के क्रम में बदलते हुए युगों के अनुरूप कुछ नए तथ्य भी उद्घाटित किए हैं ! गीता में भगवान कृष्ण की उक्ति है कि वह स्वयं काम हैं। अवश्य ही, वह काम यदि धर्म को लांघ-फलांग कर न उजागर हुआ हो !'

अग्निमित्र ने गहरे नीले आकाश में जैसे गंध के बादल उड़ाए :

'मित्र, तीन दिनों से तुमसे बातें करते समय लक्ष्य कर रहे हैं कि तुम कभी हमें संबोधित नहीं करते। कुसुमपुर की पहली ही भेंट में हमने तुम्हें मित्रता के बंधन में बाँध लिया था। संभवत : प्रकृति से उन्मुक्त होने के कारण तुम बँधे नहीं ! तुमने हमें मित्र के रूप में नहीं स्वीकार कियां। यह राजपाट का विस्तार तुम-जैसे मित्र का कोई उपकार कर सार्थक होने का सौभाग्य नहीं प्राप्त करता दिखता ! रत्न को अपनी बहुमूल्यता का पता नहीं होता। तुम नहीं चाहते कि हमारा नाम सम्राट् पुष्यमित्र के सम्राट् पुत्र के रूप में ही नहीं, तुम्हारे मित्र के रूप में भी विख्यात हो !'

कालिदास संकुचित-से स्वर में कुछ द्वयर्थक बोले। खोलकर नहीं

कहा कि राजा किसका मित्र होता है ? या कि सुई के नकुए से ऊँट का निकल जाना तो सम्भव है ; किन्तु कोई राजा किसी अकिञ्चन का मित्र हो, यह सम्भव नहीं है। कृष्ण-सुदामा की कहानी अपवाद है।

'कोई कवि धन का लोभी हो ज़ाए और प्रतिभा बेचकर धन खरीदने लगे तो वह हुआ खोखला ; गया काम से ! क्योंकि मन तो उसका वहीं रहेगा जहाँ उसका धन होगा। ऐसे में सर्जनात्मक प्रतिभा को सदा धोने-माँजनेवाला कहाँ कौन बैठा होगा ? न माँजने पर जंग लगने, काई जमने का भय रहेगा और मन तो एक ही होता है, दस-बीस होता नहीं। और मेरा वही मन कहीं और जम गया है। अब धन मेरा मन नहीं हो सकता। इस कृत्रिम मित्रता के पीछे पुष्प में कीट के समान यह क्षोभ छिपा है कि धन आमोद-प्रमोद, भोग-विलास के साधन चाहे जितना जुटा दे, अमरता नहीं दे सकता। मन को फुसलाने-बहलाने के लिए धन चाहिए। चाहे उससे जीवन कितना ही हल्का और खोखला क्यों न हो जाए ! नैतिक भूमिका पर निज को ऊँचा उठाने के लिए धन की नहीं, वश में किए हुए एकाग्र मन की आवश्यकता होती है। धन क्रय-विक्रय में विश्वास करता है, वह किसी के अडिग मन पर डोरे डालने से भी नहीं चूकता। बिरले ही नहीं बहकते। वस्तुत : अधिक और अतिरिक्त पा लेने से किसी की महिमा नहीं बढ़ जाती। बढ़ती है तो इससे कि वह कैसी कामना करता है और उसे पूरी करने के लिए कौन-सी विधि अपनाता है ! ...'

—सोचा तो और भी बहुत कुछ, कहा नहीं कुछ भी। धन की चर्चा चलाने पर एक प्रकार के गौरव और अभिमान से अभिभूत-से अग्निमित्र कल जब एक श्रेष्ठी से बातें कर रहे थे, तर्कों के घेरे घिर नहीं रहा था कालिदास का आस्थावान व्यक्तित्व। वह सोचते थे कि विक्रमादित्य और अग्निमित्र को एक तुला पर नहीं तोला जा सकता। वह पहले चरित्र के धनी हैं फिर ऐश्वर्य के ! अग्निमित्र स्त्रैण प्रकृति का है, भरसक कामिनी और कांचन पर ही इसकी दृष्टि जमी रहती है। अपने चारों ओर के संसार से जैसे कुछ लेना-देना न हो, कोई सरोकार न हो, कुछ ऐसी ही निश्चिन्तता के साथ काम-सुख में लिप्त रहता है ! जीवन की एकरसता

तोड़ने के लिए मुझसे जब-तब श्रुति-स्मृति की चर्चा करता है। जैसे मेरी निःशब्द उपलब्धियों को खिलौना समझता हो कि उन्हें जब चाहे तब सोने-चाँदी के ठीकरों से बदला जा सकता है!

—मन में आया कि कह कर विदा ले लूँ: आपने याद किया, आ गया, अब और नहीं। मैं यथासम्भव अपरिग्रही रहकर मन को अकिञ्चन बनने से बचाना चाहता हूँ। नट, विदूषक और अनेकरूपा वेश्याओं से घिरे हुए वातावरण में, मानवधर्म और संस्कृति की गहराइयों से रूप-रस पाने की इच्छुक मेरी कल्पना कृतार्थ होने वाली नहीं है।

इसी समय प्रतीहारी के पीछे स्वर्ण-जटित वेत्रलता लिए हुए कञ्चुकी ने क्षमा-प्रार्थना की मुद्रा में प्रवेश कर निवेदन किया कि महारानी धारिणी ने एक कन्यारत्न को जन्म दिया है।

अग्निमित्र बातों में विसुध रहे, इधर अन्तःपुर गीत-संगीत से गुंजित हो रहा था। कुछ कसैला और कुछ मीठा यह समाचार एक बार ही अग्निमित्र को झकझोर गया। उसने कालिदास की ओर आँख उठाकर देखा, कालिदास बाँहें उठाकर उसे अभिनन्दित कर रहे थे। उन्हीं के सस्मित संकेत पर अग्निमित्र ने प्रतीहारी और कंचुकी को पुरस्कार देकर लौटा दिया। पल्लवों की ललाई लिए करों से पुरस्कार ग्रहण करती हुई प्रतीहारी उषा-सी उद्भासित हो रही थी। बूढ़ा कंचुकी एक-दो तारोंवाले सांध्यकाल-जैसा दिख रहा था। उन्हीं के पीछे महारानी धारिणी की दो परिचारिकाएँ वकुलावलिका और कौमुदिका उपहार पाने के लोभ में मल्लिका की दो मालाएँ लिए हुए आईं। गुम्फन की निपुणता ऐसी थी कि अग्निमित्र ने प्रशस्ति-सूचक शब्दों के साथ एक कालिदास के गले में डाल दी, दूसरी स्वयं पहन ली। स्फटिक से तराशी-सी दोनों परिचारिकाएँ सिर झुकाए खड़ी रहीं। अग्निमित्र ने उन्हें भी स्वर्ण मौक्तिक देकर बिदा कर दिया।

अब आया पण्डित-पुरोहित मान्त्रिक-तान्त्रिक और गणित-फलित ज्योतिषियों का दल। उनकी अत्युत्कट कर्णकटु जय-ध्वनियों से राज प्रासाद जैसे हिल गया। इनमें से लगभग सभी, जिसे जितने श्लोक याद थे, एक साथ सुनाने लगे। यों सब का निष्कर्ष एक ही श्लोक में गौ के

खुर में समुद्र के समान समा गया था कि जैसे वेदों के अध्ययन का फल है अग्निहोत्री होना ; शास्त्रों के अभ्यास का फल शीलवान और धनवान होना और विवाह का फल दाम्पत्य-सुख और पुत्र होना है ... ठीक उसी प्रकार धन का फल जी खोलकर दान और भोग ही है।

'अब जब लक्ष्मी पधारी हैं तो लक्ष्मी से ही उनकी अभ्यर्थना उचित है जैसे गंगा के जल से गंगा को अर्घ्य दिया जाता है !

''हम ब्राह्मण-पण्डित पढ़ते ही इसलिए हैं कि अपने राजा की सेवा में जीवन उत्सर्ग कर दें। 'चना-चबेना-गंगजल' के सहारे बारह वर्ष वाराणसी में बिताए, छह वर्ष उज्जयिनी और पाटलिपुत्र में। राजमार्गों पर मारा-मारा फिरना अब हमारी नियति नहीं रहा। परदेशों में एक नगर से दूसरे नगर में भैक्ष कर विद्यार्जन किया। अब आपकी छत्रछाया में सुख से सो रहे हैं। बिना कठोर परिश्रम के चार बार भोजन मिल जाता है ; पूजा-पाठ, तन्त्र-मन्त्र, कर्म-काण्ड, धर्म के अकाण्ड ताण्डव आदि हमारे अन्नदाता हैं। बौद्धों ने आर्य परम्परा पर ऐसा क्रूर प्रहार किया था कि यदि उसकी जड़ पाताल की भोगवती से न सींची गई होती और उसे आकाशगंगा के जल से सप्तर्षियों ने न नहलाया होता तो आज वेद-वेदांग का कोई नामलेवा न होता। सम्राट् पुष्यमित्र के साम्राज्य में धर्म का पुनर्जन्म हुआ है। आप कंचन बरस कर उसे हृष्ट-पुष्ट करें।'

—इस चाटुगर्भ प्रशस्ति पर तो कंचनजंघा के सूर्योदय से कन्या कुमारी के सूर्यास्त तक को लुटाया जा सकता था। अग्निमित्र ने कोषाध्यक्ष को बुलवा लिया।

□

१३

जीवन के अधिक अनुभव के कारण चित्रा सहचरियों में सबसे बढ़-चढ़कर थी। जब भी देखो, उसके मुँह पर गम्भीर प्रसन्नता दिखाई देती थी। हँस कर बोलने पर भी जैसे कहीं गहरे उतरी उदासी धुलती न थी। कोई होनी-अनहोनी भीतर-ही-भीतर उसकी आत्मा को कचोटती रहती थी।

आज अचानक उबलते-खौलते दूध की तरह अप्रत्याशित रूप में उसकी विनोदवृत्ति प्रकट हुई जिसने राजकुमारी को भी आश्चर्यचकित कर दिया। बोली :

'आप तो कभी चिन्ता को पास नहीं फटकने देती थीं फिर मेघ की जगह चाँद से इन्द्रधनुष के उभरने का क्या कारण है ? एक भारी भरकम कारण तो सर्वसाधारण को विदित है, कोई और हल्का-फुल्का, नन्हा-मुन्ना, छोटा-मोटा ...'

'अरे चित्रा ! आज रेत में लहर कैसे उठ रही है ?'

''राजकुमारी जी, सुख आसपास डोलता दिखता है, उसे बाहुपाश में लेने का प्रयास कीजिए तो वह दूर छिटक जाएगा। वह दुर्लभ है, यही उसका आन्तरिक परिचय है। यहां सुख के आभास को ही सुख मानकर चलना पड़ता है। वास्तविक सुख तो कवि की कल्पना है।''

''ऐसी कोई बात है नहीं।'—राजकुमारी ने कहा—'नीचे के तल्ले पर किसी तंग कोठरी की खिड़की से देखने पर आकाश जैसा ऊँचा और अगम्य लगता है, ऊपर के सौध-शिखर से देखने पर वह वैसा नहीं

लगता। बस, दिशाओं से बँधा, खोखला और पसरे हुए शून्य-सा दिखाई देता है।

''यों मैं तुम्हारा संकेत समझ रही हूँ। 'उनके' चले जाने पर एक ओर को हट कर मैंने चोट तो बचा ली है, परन्तु उन्होंने अपनी ओर से निर्मम प्रहार ही किया है, इसे नकारने को मेरा भी जी नहीं चाहता।''

''नहीं राजकुमारी, कालिदास जी ने यदि प्रहार किया है तो आपके अलौकिक अकेलेपन पर। अब आप अबूझ और अकेली नहीं हैं। एक अशरीरी स्पर्श हर घड़ी आपको गुदगुदाता जो रहता है!'' कहते-कहते हँस पड़ी।

राजकुमारी ने अजीब-सी अँगराई ली :

''हाँ, चित्रा, आज जिस दिवास्वप्न या अनोखी कल्पना में मैं जी रही हूँ, यह देन तो उन्हीं की है। छिन जाए तो जीना दूभर हो जाए। एक झरना उबलता-सा, एक झक्कड़ जो ऊँचे तर्कों के भी रोके नहीं रुकता। आज जहाँ सन्नाटा छाया हुआ है, कल वह वन नहीं, मेरा मन था।''

चित्रा ने रस निचोड़ा :

'राजकुमारी, मीठे बोलों का क्या, सीधे मन को छू कर दबोच लेते हैं। दिए को जलना और पतंगों को जल मरना कौन सिखाता है ?

'सच तो यह कि बाधाओं से बिना जूझे दृढ़ता पैदा ही नहीं होती। खट्टे बेर खाने पड़ते हैं मुँह मीठा कर निढाल हो सुस्ताने वाले को। यों भी सफलता को अपने ही साधनों के सहारे आत्मसात् करने में कुछ समय तो लग ही सकता है। किन्हीं पूर्व-निर्धारित नियमों से प्रेम नहीं सधता राजकुमारी!''

''हाँ, चित्रा, एक बार उस दृष्टि का स्वाद मैंने भी छिप-छिप कर चखा था,—एक सपना-सा था जो दिखते ही समाप्त हो गया! मेरी आँखें कुछ कहने उठीं और लजा कर मुँद गईं। अरे, वह दूर-दूर से कैसे समीपी दिखते थे, समीप आए तो बुद्धि चकरा गई ; मैं एकबार ही घबरा गई। और उस सन्ध्या जब वह एक अपरिचित की तरह चले गए, मैं फटी आँखों अपनी असफल इच्छाओं के सुनहले अंकुर देखती ही रह गई।''

'आप निराश न हों राजकुमारी, आपकी विह्वलता उस अंकुर को प्रकट-

अप्रकट आँसुओं से सींचकर फले-लदे विशाल वृक्ष में बदल देगी। अभी तो यह पहली बूँद है। आप और वह एक हैं, प्रेम तो बिचौलिया भर है। यह मेरा भ्रम नहीं, आप पर अभिमान है राजकुमारी।''

नीले आँगन में मेमनों की तरह उजले-धौले बादल कूद-फाँद रहे थे। चीलें तार सप्तक के परले सुर के साथ ऊँची उड़ानें भर रही थीं। प्यासे कौओं की बोली भी प्यारी लग रही थी। ऐसे में मधूलिका कुछ आँचल में छिपाए आई तो तिनके चुनते-बिखेरते गौरैयों के झुण्ड में भगदड़-सी मच गई। चित्रा ने ओठ काट कर कहा : मधु आ रही है।

गहरी समझ और मर्मस्पर्शिनी मैत्री की प्राणवन्त प्रतिमा-सी मधूलिका आई और अपनी चादर के अनुसार पाँव फैलाने लगी :

''राजकुमारी, आपके प्रारम्भिक प्रणय की अनुभवहीन कोमलता को अच्छे ढंग से सहलाने-सँभालने की क्षमता तो मुझमें नहीं है, किन्तु इस दुर्बलता को दुलराने वाले का भी हाल बेहाल है, यही बताने मैं आई हूँ। अपनी सीधी-सादी बातों को मूल्यवान बनाकर कालिदास जी ने दो महीने में पहली बार एक पत्र लिख भेजा है। निचुल जी के मारा। एक अनदेखा चमत्कार भी है उसके साथ कि स्वयं संकोची और लज्जालु प्रकृति के होते हुए भी उन्होंने पत्र के साथ 'प्रिये' सम्बोधित कर कुछ कविताएँ भेजी हैं। उनके रूप-रंग, आचार-विचार जो हमने यहाँ अपनी आँखों देखे थे, विदिशा में रहते हुए वह विन्ध्याटवी में परिभ्रमण कर प्रकृति पर पड़ने वाले छहों ऋतुओं के प्रभाव को अत्यन्त सूक्ष्मता से निरख-परख कर एक काव्य लिख रहे हैं—'ऋतुसंहार'।''

''अरे वाह !'' चित्रा चहकी : उन्हें यही सब उपद्रव करना था तो उज्जयिनी में क्या कमी थी ? यहाँ भी उनके जयमुकुट-से उलझे-बिथुरे केशों में पंछी घोंसले बना सकते थे ; यहाँ भी उनकी आकाश खण्ड-सी आयत आँखों में मण्डल बाँधकर खंजन अंजन लगा सकते थे ; यहाँ भी उनके गोरे, छरहरे बदन पर वर्षा के बादल उतर सकते थे ; शरद की चाँदनी छिटक सकती थी ; हेमन्त की धूप उत्तरीय बन सकती थी ; शिशिर-समीर प्राणों को सिहरा सकती थी और मधुमाधवी की मन्द सुगन्ध तीखी नाक के फड़कते रन्ध्रों को अपने स्पर्श से स्थिर कर सकती थी ! फिर

अपने घर को पहचानने के लिए विश्व भर के सूने-भरे घरों में ताक-झाँक करने की नौबत क्यों आई, मेरी समझ में न आया।''

मधूलिका हँसी :

'चुम्बक के पास होने से लोहे में भी गति पैदा हो जाती है। यह तुम नहीं, तुम्हारी साक्षात् सरस्वती का सान्निध्य है जो आकाश के समान तुम्हारे बाहर और भीतर व्याप्त हो गया है। सूर्य में अन्धकार नहीं रहता, यह तो तुम भी भली-भाँति जानती हो।'

उसी समय खस और चन्दन से सुवासित कोई शीतल पेय लेकर मंजु आई और हँसा-बहलाकर विद्योत्तमा को पिलाने लगी। अभी वह प्रपाणक-रस पर ही कुछ चुटकुले सुनाती, परन्तु चित्रा के विचित्र आरोप का खण्डन करना उसे प्रासंगिक प्रतीत हुआ। बोली :

''आत्मज्ञानी आत्मकेंद्रित होता है। सामान्य जन यहाँ-वहाँ डोलता फिरता है। जीवन के विविध विकारों में अपने को उलझाए रहता है, संतुलन भी खो बैठता है। आत्मज्ञानी अपने केन्द्र से कभी च्युत नहीं होता। तुम्हें क्षण भर को केन्द्र की झलक भी मिल जाए तो तुम्हारा वहाँ टिका रहना असम्भव है। तुम्हें वहाँ से भाग खड़ा होना पड़ेगा। आत्मज्ञान आनन्दी होता है। सुख-दुख की हलचल में घुसपैठ करने वाले के लिए आनन्द की स्थिति असह्य है।

''कालिदास सामान्य नहीं हैं। तभी हमें अद्‌भुत और चिर-परिचित-से लगते हैं। सामान्य की ठोस पहचान होती है—जो औरों-जैसा हो, सब पर प्रकट हो। कवि ऐसा नहीं हो सकता। उसे राम के साथ राम और रावण के साथ रावण बनना पड़ता है। उसकी कोई ठोस पहचान नहीं बन पाती। वह आसमान के समान रंग बदलता और समुद्र के समान नई-नई लहरें उठाता होता है!''

चित्रा चिहुँकी :

''यह तुम बात-चीत कर रही हो या पाठशाला खोलकर तोता पढ़ा रही हो ? मेरी औंधी खोपड़ी में अपना भरा-पूरा ज्ञान-भण्डार झोंक-खपा दो पर उस सत्य सनातन में अन्तर आने वाला नहीं है!''

राजकुमारी मुस्कुराई :

'मधु, तुम क्या प्राय: निचुल पण्डित से मिलने जाया करती हो ? महाकाल के दर्शनों के बहाने तुम यह क्या करती रहती हो महाकाली ? मुझे कैसी कठिन लज्जा में डालने-डुबोने वाला है तुम्हारा यह आचरण ? क्या सोचते होंगे निचुल पण्डित !'

'कुछ नहीं राजकुमारी ! वह ऐसे दूरदर्शी नहीं हैं कि सोचें: आपने मुझे भेजा है। मैं तो जब-जब आपको अपने आप में खोई-डूबी देखती हूँ, चुपचाप भागकर महाकाल के पास पहुँच जाती हूँ। आपको पता नहीं कैसे बीते हैं आपके ये दो महीने !'

दो गौरैए बाहर से कूड़ा ला-लाकर एक सुन्दर घोंसले की तैयारी में मगन-मन जुटे थे। उनकी बोली में भीतरी सफाई की सरलता थी, जानी-सुनी का बाँकपन नहीं। नील-निरभ्र नभ। स्निग्ध पवन का विदग्ध झोंका। जो इतनी ऊँची दीवारों के घेरे न घिरा, खुले मन का वातायन प्रकृति से उसे ही जोड़े हुए था। धूप का एक टुकड़ा रन्ध्र ढूँढकर भीतर घुस आया था, राजकुमारी के फिसलन-भरे रेशमी आँचल पर तैर रहा था। स्नेह न भी मिल रहा हो, आराम तो मिल ही रहा था।

राजकुमारी की हँसी हँसने वाली और उसी के भावों के पंख लगा कर उड़ने वाली मधु अपनी ओर से आगे का हाल जानने की उत्कट आकांक्षा को चुप्पी में लपेटती हुई, राजकुमारी की झपकती आँखों में अपनी उद्दीप्त आँखें डालकर बोली :

'निचुल जी ने बुदबुदाकर सिखाया था : राजकुमारी जी से न कहना कि कालिदास की कविता है : वह जैसी विदुषी है, उन्हें निराशा भी हो सकती है कि 'ऊँची दुकान की फीकी मिठाई !'

'किन्तु तुमने तो मुझे बिना पूछे बता दिया। अवश्य-ऐसी ही गम्भीरता का परिचय वहाँ भी दिया होगा !'

इस पर मधु रुआसी-सी हो आई। नन्हीं बिटिया की तरह ठुनकने और पाँव पटकने लगी :

नहीं राजकुमारी जी, नहीं, आप कोमल स्वर से मन को अस्थिर कर देती हैं। बुद्धि चकरा जाती है तो बात उलट-पुलट जाती है। सो मुझे जो कहना है, कहने दें :

"सम्पर्क साधना पकड़ में लाने का प्रथम सोपान है, वह आपसे धूल पर छिड़काव के बराबर भी न हो सका। पनपने की कौन कहे, शास्त्रों के जंगल में प्रणय का पौदा उगता ही नहीं है। दूसरी ओर, फूल भले ही कोमल होता हो ; किन्तु जिस पर वह खिलता है, वह डंठल तो कड़ा ही होता है। कोमलता को ढोने के लिए कठोर होना पड़ता है। बात समेटने-बटोरने की नहीं, अपने को निःस्व कर लुटा देने की है।"

"अरे मधूलिका ! निचुल पण्डित ने तो तुम्हें पण्डिताई का सत निचोड़ कर पिला दिया है, अब और कुछ समझने-बूझने को बचा ही क्या ?

"धूल-भरे बच्चे के अधर पर छिटकी मुस्कान तुम्हारे ओठों से छहर रही है ; अपनी ही छाँह बिछाकर तुम्हारे दाँतों की दीप्ति दमक रही है। समय की माया है, तुम्हारी पथरीली दृष्टि पूर्णता के दर्शन कर पिघली है। अब अपनी करतल ध्वनि से चित्रा की नीरवता को तो जगाओ। वही पढ़कर सुनाएगी। देखूँ, इस बार किस ऋतु का संहार किया है ? किन्तु तीखी लेखनी ने छहों ऋतुओं को एक ही बार तो अपना लक्ष्य नहीं बना लिया ?"

चित्रा द्वार की ओट में सिमटी एकटक मधु और राजकुमारी के हास-परिहास का आस्वादन कर रही थी। खुले काँच से आती शिप्रा की हवा रह-रह कर उसी हिमगौर कनपटी पर एक काजल-काली लट छिटका देती थी और वह उसे झटपट उलट कर सहज हो जाती थी।

मधु ने अपनी खीझ और झुँझलाहट पी ली थी। चित्रा पढ़कर सुनाए, गौरव के इस क्षणिक शीतल स्पर्श से उसका अंतर दग्ध हो रहा था ; किन्तु उसने सकपकाई-सी दृष्टि से राजकुमारी की ओर निःशब्द देखती हुई चित्रा के सुकुमार हाथों में पत्र-पृष्ठ थमा दिए। वृक्ष की टहनी पर जैसे धूप पिघल कर, हिम की भाँति, जम गई। कपोलों पर लाली चढ़ आई उन्हें पढ़ते हुए। सुडौल अंगों का उभार जैसे रेशमी केश-गुच्छों का भार भी कसमसा कर ही ढो रहा था।

सुनाने के लिए हृदय तरंगित हो रहा था। किंतु अनुशासन राजकुमारी के आदेश की प्रतीक्षा कर रहा था।

राजकुमारी का हृदय भी निचुड़ा जा रहा था विचार-प्राचीर को तोड़कर

उभर-उमड़ आए 'प्रिये' सम्बोधन का कानों से स्वर-स्पर्श पाने के लिए। कालिदास ने सीधे उन्हें नहीं संबोधित किया था, राजकुमारी की भाव-विभोर अधखुली दृष्टि उन्हें आमने-सामने नहीं देख रही थी। उन्होंने निचुल को माध्यम बनाया था, राजकुमारी ने चित्रा को बनाया है। सरलता कितनी दुरूह होती है !

राजकुमारी के कमल-नयनों की भ्रमर-पुतलियों का निःस्वन स्पंदन-निस्तरंग इंगित-सा प्रतीत होने पर चित्रा त्वरित गति से स्वरित हो गई :

'प्रचण्डसूर्यः स्पृहणीयचन्द्रमाः'

चित्रा के सुन्दर दुर्बल मुख से कालिदास की कला का निरुद्वेग प्रशान्त सौन्दर्य सूरज-चाँद से ऊपर उठ रहा था। 'निदाघकालः समुपागतः प्रिये !' पर स्वर उतरा तो चित्रा को आँचल से स्वेद-कण पोंछते देखकर किसी का भी मन स्वीकार कर लेता : गर्मियों की ऋतु आ गई। 'प्रिये, धूप में चिलचिलाहट बढ़ गई, पहले से कहीं अधिक चाँद प्यारा लगने लगा। नहाने-धोने की चहल-पहल बढ़ जाने से ढेर सारा पानी सूखने लगा। दिन का तीखापन चुँधियाने लगा। जिससे झुराई साँझ ही सुहावनी लगने लगी। मन छिछोरापन भूल गया। ग्रीष्म ऋतु आ गई।'

'चाँद को देखो : कैलास-से ऊँचे और उजले प्रासादों में, खुले में विसुध सोई हुई सुन्दरियों के मुखड़े रात-रात भर उचक-उचक कर निहारता रहा। जितना ही घूरा, उतना ही तृष्णा और व्याकुलता बढ़ती गई। अब सवेरा होने को है। लोग देखेंगे तो क्या कहेंगे, जैसे इसी सोच में बेचारा पीला पड़ता जा रहा है।

'प्रेयसी के बिछोह में जो जले-झुलसे हैं उनसे तो यह सूरज के असह ताप से ताई और धूल-बवंडर में नहाई हुई धरती देखी ही नहीं जाती।'

राजकुमारी ने चित्रा की ओर तर्जनी से टुक रुक जाने का संकेत किया।

कविता की गन्ध से आँखें डबडबाईं या मल्लिका का पराग पड़ जाने से, कहना कठिन था। कुछ भाँपती हुई-सी लहरें मन को किधर को भी तैरा कर ले गईं ! जी धक्-से रह गया। जिस मयूराकृति आसन पर आसीन थीं, वह भी जैसे प्यास से मुँह खोलता हुआ पालतू मोर ही हो !

'कवि की दुहरी संवेदना तुमने परखी मधु ! धरती ही नहीं तप रही है, प्रेयसी भी तड़प रही है ; धरती ही धूलि-धूसर नहीं है, वियोगिन भी मलिन वसन धारण किए हुए है ! उसे सोलह-सिंगार की सुध नहीं ; किसके लिए करे !'

इसी समय श्रृंगार-कोष्ठ से कुछ सौरभ द्रव्य लिए हुए मंजुलिका आई और वार्तालाप के क्रम में किसी भी प्रकार का विघ्न उत्पन्न किए बिना ही पीछे से केश-प्रसाधन में लग गई। मधूलिका भी सहसा अपने को सहेज कर गंध-लेप उठा मंजुलिका से सटकर खड़ी हो गई। वातावरण में ऐसे आकस्मिक परिवर्तन से अन्तर्मुखी राजकुमारी का भी भावान्तर हो गया है—जैसे सूखे सरोवर में नीलकमल खिल आए हों ; कटे खेतों में खंजन उतर आए हों और मर्म की शून्य निगूढ़ता को सौ-सौ आँखों ने अपनी अनफड़की पाँखों से ढक लिया हो !

आगे पढ़ने का संकेत पाकर चित्रा लय में गुनगुनाई :

"कड़ी धूप और जलती हुई धूल में लोट-लोट कर अधमरा हुआ साँप फन झुका कर मोर की पांखों तले छुपा हुआ हाँफ रहा है।

"प्यास से तड़पता हुआ सिंह ईर्ष्या-द्वेष ही नहीं भूला, अपना सारा बल-पुरुषार्थ भी खो बैठा है। जीभ निकाले हुए है और आयाल फुलाए हुए। मुँह फाड़ कर हाँफता ही चला जा रहा है। यहाँ तक कि सामने ही खड़ा मतवाला हाथी भी उसे नहीं दिखाई दे रहा।

"पानी तो पानी, तालाब का कीचड़ भी सूख गया है इस कारण बनैले सुअर अपनी धारदार थोंथ से नागरमोथा खनता-खनता पाताल में धँसता जा रहा है।

"तालाब का कीचड़-भरा पानी भी खौल उठा है। प्यासा साँप जीभ लपलपाता है, पर पी नहीं पाता। छत्ते की तरह फन फैला कर किनारे पर पसरा हुआ है। मेंढक ने देखा तो उबलते पानी से छलाँग लगा ली और साँप के फन के नीचे दुबक गया।"

—राजकुमारी ने एक-एक लहरीली दृष्टि मंजु और मधु पर डाली और चित्रा के मुँह पर अँके प्रसन्नता के आँकड़े बचपने की चिकनी-सी हँसी से पोंछकर उजाल दिए : हिंसक जन्तु भी दुख की घड़ी में प्रकृति

पर विजय पा लेते हैं। अहिंसक और अधिक मैत्रीपूर्ण हो जाते हैं। कल जिस पर मुँह लपकाते थे उसे छाती से लगा लेते हैं। यह अकेले कालिदास ही कह सकते हैं कि भीष्म ग्रीष्म ने हिस्र पशुओं-भरे वन-उपवन को तपोवन बना दिया है।

"वेदों में जो प्रकृति है, वह दैवी-शक्ति-संपन्न, और दिव्य है। वाल्मीकि-व्यास को उसका मानवीय सान्निध्य उपलब्ध हुआ था, किन्तु कालिदास की तो यह सहज सहचरी हो गई दिखती है। यह प्रतिभा है या आग में सोधा सोना ?"

तीनों के शब्दहीन सोच का यही निष्कर्ष था : सोने में मिट्टी मिली है, सोना मिट्टी में नहीं मिला। थोड़ी-सी भी मिट्टी कट-छँट जाए तो असली सोना निकल आए।

अभी तो कालिदास एकावली की मध्य-मणि नहीं बने, सौ-सौ मोतियों में माणिक्य की भाँति चमक रहे हैं; किन्तु ऐसे चमकीले रत्नों की एक ही पारखी कसौटी है—घर-गृहस्थी। कोई भी जमी-जमाई गृहस्थी विशृंखल होती है पारिवारिक उच्छृंखलता से। तालों और सुरों का सही संयोजन सम्पूर्ण जीवन-राग का निर्माण करता है। लय ऐसी एकतान हो कि जीवन-तन्त्री का स्वर श्रवण सुखद ही नहीं, मर्मस्पर्शी भी हो; प्राणों को मदमत्त ही नहीं, आनंद विभोर भी कर दे, कठोर साधना से ही साध्य है।

अकेले-अकेले का दर्शन अव्यावहारिक ही अधिक होता है। समाज में प्रवेश करने की पहली सीढ़ी घर-परिवार है। जिसका पारिवारिक जीवन असफल है, वह समाज में तोड़-फोड़ भले मचा ले, टूटे-बिखरे तिनकों को जोड़कर एक साफ-सुथरा और टिकाऊ घोंसला नहीं बना सकता।

× × ×

रात कालिदास ने विद्योत्तमा को स्वप्न में देखा था—बिथुरे केश, पीले-दुबले गाल, उदास और अकेली—कालिदास हड़बड़ा कर उठ बैठे थे। वह तो चिलचिलाती धूप में चटक चाँदनी ढूँढने निकले थे। ऐश्वर्य के कमल-दल पर प्यार के ओस-कण। नहीं तो यहाँ इस विदिशा में ऐसा क्या है जो अवन्ती में न था। यहाँ सभी धर्म की चर्चा करते हैं,

कभी दर्शनों की समीक्षा। दो अपलक आँखों प्रतीक्षा ? अरे, मेरे जीवन की कविता तो पीछे छूट गई है। तारों के दिए स्नेह से नहीं जलते ; लताएँ पवन के झोंकों से झकझोरी जाती हैं, भीतर की कसमसाहट से सुगन्ध-निश्वास. नहीं छोड़तीं।

उन्होंने आँखों के कोयों पर उँगलियाँ रखीं। भौंहें खुजलाईं। बरौनियाँ छुईं। पलकों-पपोटों को टटोला। कुछ भी हाथ न लगा।

□

१४

आज अचानक कालिदास की आँखों में तारों-भरी साँझ और सकारे जल्दी उग आए सूरज का सम्मिलित प्रकाश देखा जा सकता था। घुँघराले बाल प्रात-वात में लहक उठे दिए की लौ की तरह जैसे शीतोष्ण स्पर्श से लहरें ले रहे थे। निचुल ने संवाद पठाया है कि किन युक्तियों से उसने राजकुमारी को 'ऋतुसंहार' सुनवाया और उनकी दुर्लभ प्रशस्ति प्राप्त की। ग्रीष्म पर कविता सुनते समय उनके नयन वसन्त के आकाश के समान खुले हुए थे और कमल से जैसे पिंग पराग झर रहा हो, उनके मुँह से बीच-बीच में दो-चार शब्द निकलते थे जो वातावरण को सुगन्ध से भर-भर देते थे। पाती बाँच-बाँच कर कालिदास की छाती के भीतर जाने क्या होने लगा था जैसे कोई गुदगुदाने के बदले मर्म की कोमलता को बखोर रहा हो ; बकोट रहा हो ! दक्षिण में एक बार और ऐसा हुआ था, पर्यटन के क्रम में, जब वह अपने एक सम्भ्रान्त श्रेष्ठी मित्र के विशाल भवन में रह रहे थे। उसकी एक अप्सरा-सी सुन्दरी, अविवाहित बहन थी। नाम था पद्मिनी। कविता में उसकी गहरी अभिरुचि थी। यों तो उसे सद्यः प्रवर्तित भरत मुनि की नृत्य-नाट्य-कला में प्रवीणता प्राप्त थी। एक दिन एक श्लोक की आवृत्ति पर भावाभिनय कर रही थी। वैसे वह जानती भी तो कैसे कि उसके कल-कण्ठ से कढ़े श्लोक के रचयिता यही कवि कालिदास हैं जो संयोगवश इन दिनों उसी के यहाँ रह रहे हैं। यों तो वह अपनी कला के जादू में उन्हें ही क्यों, विश्व-भर को बाँधने की सामर्थ्य संचित कर रही थी किंतु किन्हीं अज्ञात क्षणों में

उनके ही शब्दों के सुकुमार स्पर्श से उसकी संवेदना कहीं गहरे छू गई थी ! ऐसे में उसके गुरुदेव पधारे, जो मास-दिवस में कभी आते और पिछले का अभ्यास देखकर नए आयाम के लिए तत्पर करते थे। आज कालिदास पर दृष्टि पड़ते ही वह लपक कर गले-गले मिले और अपने ही घर में प्रवासिनी-सी उदास पद्मिनी को पुकार कर परिचय कराया कवि और उसकी कविता से। कहा कि भरत की नाट्य-कला और वाल्मीकि की काव्यकला का एकाधार समीकरण देखना हो तो कालिदास की कविता से साक्षात्कार करो। पढ़ो तो प्रत्येक शब्द अपनी सार्थकता बोले ; गाओ तो प्रत्येक पद प्रतिध्वनि के साथ गूँज उठे ; गुनगुनाओ तो ओठों से अमृत झरे, नाचो, तो घुँघरू अपने आप लय पर थिरकने लगे !

अभ्यास-कक्ष में गुरु तुम्बरु कालिदास को भी खींच ले गए थे। वह सहज संकोचवश जाने में हिचकिचा रहे थे। जंजीरों में जकड़े हुए-से ले जाए गए थे। जैसे गरदन पकड़ने से उनका आदर्श कुचला जा रहा हो। पद्मिनी ने ज्यों ही टेरा : स्वर भावाभिनय में ढल गए :

इन्दीवरेण नयनं मुखमम्बुजेन
कुन्देन दन्तमधरं नवपल्लवेन
अंगानि चम्पकदलैः प्रविधाय वेधाः
कान्ते, कथं घटितवानुपलेन चेतः ?

(नीलकमल से आँखें बनाईं, सुनहले कमल से मुखड़ा। कुन्द की कलियों से दाँतों की पाँते सजाईं और नई कोंपल से निचला ओठ रचा। और फिर चम्पे की पाँखुरियों से अंगप्रत्यंग उरेहने में भी नहीं चूके। अरी ओ प्यारी, रंग-गंध-दिपे फूलों की क्यारी ही बनाई तुम्हें बनानेवाले ने ! फिर यह तो बताओ कि उसने तुम्हारा हृदय बनाने के नाम पर इतने-इतने फूलों पर पत्थर कैसे धर दिया ?)

पद्मिनी अपनी किरनीली ऊँगलियों से फूल-फूल का सौरभ-सा निचोड़ती रही। कभी तारों-भरे गगन पर बादल-सी पलकें झुकाती, कभी अवयवों की आभा पर स्वर का अमृत छिड़कती। भाव रूप बन रहे थे और रूप रहस्य।

कालिदास के लिए यह पहला ही अवसर था जब उन्हीं के समक्ष उनकी रचना को कोई कलकण्ठ गाकर वसन्त बगरा रहा हो ; स्वर लहरियों के स्पर्श से पुलकित प्राणों को अप्रत्याशित आलिंगन में बाँध रहा हो! घुँघरू खिलखिला कर पाँवों को हँसना सिखा रहे हों कि जिनके कोमल आघात से भूमि आकाश में उड़ने को पँख ढूँढ रही हो ! ... और आज इतने दिनों बाद निचुल के पत्र ने फिर सर्वत्र वही गन्ध फैला दी। यह दूसरी बार उसी स्मृति-शेष अनुभूति की आवृत्ति हुई।

उन्हें अपनी चूक भास गई। जिस माप-तौल से कला तराशी जाती है उसमें शिल्पी की शमित-दमित किन्तु क्वाँरी कामनाएँ शतरूप बारीकियाँ आँकें, यह तो एक सीमा तक अपेक्षित ही है ; किन्तु निरपेक्ष न होकर अगर शिल्पी सुन्दरता का सहभोक्ता होने का लोभ करे तो वह अहंकार से सिर खुजलाकर सौ-सौ युक्तियों और सूक्तियों से घिरे रहने पर भी निष्कलुष नहीं रह सकता। सुन्दरता को ऐसे देखना चाहिए जैसे चकोर चाँद को देखता है, कमल सूरज को ; पतंग की तरह उसे अपने में समेटने का प्रयास करने पर तो विश्वविदित परिणाम ही शेष रहेगा।

रसिक भोगी वासना का विष पिलाकर सुन्दरता को उन्मत्त कर देते हैं। पंखड़ियाँ मसल कर फूल को बदरंग कर देते हैं ; सूँघ-सूँघ कर सुखा देते हैं। देखते ही देखते वह रंगीन कुहासे की तरह उड़ जाती है।

कालिदास को गणेश की वह मंगल मूर्ति याद आई जिसमें मद के लोभ से भौंरे गालों में चिपके रहते हैं तो लगता है कि गणेश के दाढ़ी और मूँछें निकली आ रही हैं।

हँसे कि प्रथम प्रेम के आह्लाद ने राजकुमारी को कोरी कुमारी बना दिया है। अब वह कहती है तो लगता है अछूता कौमार्य कह रहा है। कोमलता सचमुच वैसी नहीं, जैसा आभास होता है, उसे कठोरता का सतत सन्धान है कि वह किसी अकुण्ठ कण्ठ से कस जाए। संकोच से सिकुड़े अवयव अमरबेल की तरह फैलने के लिए स्वस्थ सबल और खुरदरे तने की ही आकांक्षा पालते हैं।

अरे ओ आनन्द ! जो टिकाऊ नहीं, भगोड़ा है, तू उसी के पीछे क्यों भागता है ! झिलमिलाते सपने, अधखिले फूलों पर भौरों की गुनगुन,

आराम और चुहल के पंखिल पल और बचपने की तोतली बोली-ठोलियाँ ! क्या इसी इतनी-सी पूँजी से जीवन का व्यापार चल निकलेगा ? पसीने की बूँदें पी कर जीवन की घुमावदार घाटियाँ पार करना और आदर्श की ऊँची चढ़ाई चढ़ना सम्भव होगा ? एक बरस में छह बार ऋतुएँ बदलती हैं, छहों का सामना करने के लिए छह प्रकार के उपकरण जुटाने होते हैं। अब तक क्या किया है तूने ? छाँहों में छिपी-दुबकी अतीत की स्मृतियाँ कुरेदी हैं और अब कुछ-कुछ पहले प्यार के बारे में कल्पित सुखों के ताने-बाने बुनने शुरू किए हैं ! यह जो फिसलते हुए पल-छिन तेरी हथेलियों में आड़ी-तिरछी लकीरें खींचे जाते हैं, कुछ को इनकी भी सुध है ? तू जिसे अधिक-से-अधिक प्यार करना चाहता है, उसे तुझसे क्या-क्या अपेक्षाएँ हैं, उन्हें भी आँखों से ओझल न होने दे।

'ऋग्वेद में उर्वशी ने पुरूरवा से कहा था कि स्त्रियों से स्थायी मित्रता नहीं हो सकती, उनका हृदय भेड़िए के हृदय के समान होता है, तू क्यों भेड़ियों का आहार बनना चाहता है ?'

हाँ, 'यह अनुभूति उर्वशी-जैसी चिरअतृप्त पुंश्चली की हो सकती है ; प्रेम की प्रतिमा पार्वती और प्रतिमान सीता की नहीं। नारी जाति की कहानी परियों की कहानी नहीं है। विद्या पार्वती होगी तभी तू शिव होगा !'

यों तो ऐसी किसी उलझन से कालिदास का मन मलिन न हुआ था। वह प्रेम को आकर्षक और हृदयग्राही मानते थे। साथ ही आवेगों और भावनाओं के व्यापक क्षेत्र को अपने में समेटे रहने के कारण प्रेम की सघनता और दुरूहता से भी वह अपरिचित न थे। प्रेम जीवनधरा की धुरी है तो ललछौंहे आकाश से होने वाली किरनीली सोनवर्षा भी। विश्वास का भी विश्लेषण आवश्यक है। व्यामोह अन्धा होता है, प्रेम तो मार्गदर्शक है। उत्कृष्टतम चित्तवृत्ति ही प्रेम है।

× × ×

यौवन के द्वार पर आकर ही अंग-अंग की सुगन्ध से बावरी-सी कुछ बालिकाएँ चकित-दृष्टि झिझकती-लजाती आईं और शालीन स्वर में बोलीं :

महाराज ने कहा है कि गरुड़स्तम्भ आप देख चुके, बेसनगर की विशाल यक्षी-मूर्ति भी। आज वेत्रवती में नौका-विहार का आयोजन है। अपराह्न में प्रस्थान-हेतु प्रस्तुत रहेंगे।

उनके लौटने पर कालिदास विस्मय में डूबे-से सोचने लगे :

रूप, रस, गन्ध और स्पर्श—सब संगीत के स्वर लय में बँधे; वातावरण में फूलों का-सा प्रशांत सौन्दर्य; इधर-उधर उड़ते बादल-से लोग ! मुझे शान्त निर्जनता प्रिय है या क्या ? मेरी आत्मा गहरी भरी है जो !

राजकुमारी के जन्मोत्सव पर मगध से विदिशा तक के सामन्त और चारण-बन्दी इकट्ठे हुए थे। तीन दिनों से यह क्रम चल रहा था। सभी दर्शनीय स्थानों पर नवागन्तुकों का सम्मर्द देखा जा सकता था। प्रकृति और मानव-सम्मर्द की मिली-जुली गन्ध पूरे परिवेश में व्याप्त थी। यों इस नौका-विहार के लिए कुछ इने-गिने ही आमन्त्रित थे।

नौकाओं की आकृतियाँ अनेक थीं। हाथी-दाँत पर उकेरे चित्रफलक उन सभी पुष्प और पक्षियों के थे जिनकी अनुकृतियाँ नावों को दी हुई थीं। इन्द्र, चन्द्रमा और कुबेर की लक्ष्मी को एकत्र करने पर सौन्दर्य का जैसा स्फार ज्वार सिरजा जा सकता है, वैसा विदिशा में था। कलाकृति की दष्टि से ये नौकाएँ सोने-चाँदी और स्फटिक से जटित जल-पखेरुओं-सी दिखाई देती थीं। हंस की आकृति वाली नौका पर एक संगीतांगना विराज रही थी और उसके पार्श्व में थी वीणा बजाती हुई लावण्यमयी किशोरी। लक्ष्मी-सरस्वती की इन स्फटिक प्रतिमाओं के दोनों पाखों में गन्धर्वो-जैसे वेणु-मुरज-मृदंग बजाने वाले बैठे थे। मयूराकृति इन्द्रधनुषी नौका पर युवराज अग्निमित्र के साथ कुमार कार्तिकेय-जैसे कवि कालिदास विराजमान थे। श्येन की आकृतिवाली चित्र-नौका पर सन्नद्ध अंगरक्षक थे और दूसरी-दूसरी नौकाओं पर विशिष्ट आमन्त्रित अतिथि। प्रायः एक गव्यूति की यह मन्द-निस्पन्द जल-यात्रा आनन्द-छन्द में ढली रसवती रागिनी-सी प्रतीत होती थी।

कालिदास ने केरल में किसी उत्सव के समय ऐसा दृश्य देखा था। जब भी उसमें ऐश्वर्य की अतिरिक्तता न थी, गति अद्वितीय थी।

यह विलम्बित लय की गति थी, जिसकी शोभा आलाप के उपयुक्त है, उस द्रुत में जीवन की तानों की हिलोर थी। उन्होंने मन ही मन दुहराया : ऐसा निर्जीव माधुर्य और अस्वस्थ लालित्य भी क्या ?

जो रस-राग-तरंग अग्निमित्र के अंग-अंग को, पोर-पोर को विभोर कर रही थी, वह कालिदास के पास फटकती तक न थी। रूप-रंग-गन्ध-स्पर्श उदात्त आत्माओं की आँखों के आगे उड़ती हुई तितलियाँ भर हैं और तितलियाँ पकड़ना बचपन के सतही और तात्कालिक सुख के लिए ही ठीक है। सरस-परस से प्राप्त सुख-भोग तो दुःख को न्योतना ही न्योतना है। लालसा की टहनियाँ ऐसी सबल नहीं होतीं कि उनके सहारे पेड़ की फुनगी तक चढ़ता चला जाए। तनिक पाँव काँपे कि औंधे मुँह आ गिरे। निर्विघ्न चढ़ना जीवन की स्थायी उँचाईयों पर, वासना के निरोध से ही, कभी-कभार सम्भव होता है।

अरुणाई और ललित लुनाई में पाँखें डुबोए हुए आँखों के हटने पर अग्निमित्र ने देखा : कालिदास अनमने-से बैठे हैं, कुछ देख सुन नहीं रहे हैं। टोका :

'मेरे कुछ अगोचर थोड़े ही हैं !'

अग्निमित्र के सोच-समझ कर निकाले हुए गम्भीर स्वर से कालिदास को चैतन्य हुआ। स्नेह का स्वर सुन कर अपनी अवस्था को अब और भूला रहना न हो सका। दोष-अपराध जैसा तो नहीं, परन्तु असमय पकड़े गए-जैसा एक कौतुकी भाव कालिदास के मुख-मयंक पर हिरन के छौने-सा दौड़ गया। सोने की साँकल अँगड़ाई से झनझना उठी। चौंक कर कहा :

'आत्मा की सुन्दरता ! आनन्द का अक्षय स्रोत ! क्षणिक की शाश्वत सृष्टि ! कला को कैसे, किन शब्दों में परिभाषित किया जाए ? यही विचार रहा था। ... यह जो पलक झपकते प्रत्येक सुखद क्षण उड़ा जा रहा है, मैं इसी के पर कुतर देने का उपाय सोच रहा था। मैं ...

'हाँ, किन्तु सांसारिक परितृप्ति के क्षण आध्यात्मिक चिन्तन में खो देने को तुम क्या कहोगे, मित्र ?'

'सजगता।'

'सजगता ?'

'हाँ, अतिरिक्त सजगता ! आपा न खो बैठने का कौशल। प्रकृति के पंक से ऊपर उठकर पंकज-सा खिलने का पौरुष ! और नहीं तो, जो चेतना को सुला दे, वह कैसा सुख ? स्वप्न-सुख से आनन्द का आभास मात्र मिलता है, आनन्द नहीं। स्वप्न का इन्द्रजाल समाप्त होने पर वास्तव और अधिक बदरंग लगने लगता है। इस शोक-लोक में कला ही आनन्द की झलक दे पाती है। कला सुन्दरता की खोज भी है, सृष्टि भी।'

'तुम्हारी सारी बातें तीनों लोकों से न्यारी होती हैं ! अरे बाबा, सुध-बुध बनी ही रही तो कला का आस्वादन क्या हुआ ?'

'हाँ, किन्तु तब भी यह चिन्तन करना अत्यन्त आवश्यक है कि कला ही सुध-बुध भुला रही है या अपनी कला से बढ़ी-चढ़ी स्वयं कलाकार ! सुन्दरता उसकी अछूती अभिव्यक्ति में है या साँचे में ढले शरीर में ? कला में जुन्हाई की निकाई है या उमड़ी-धुमड़ी तरुणाई में ? आप उसके अविनश्वर स्वर-सम्भार में डूबे थे या जो आपकी कीर्ति-प्रशस्ति गाई जा रही थी उसकी ललित-लवंगलता-शब्दावली में ?'

''शब्द स्वयं तो अक्षर ब्रह्म है, 'अर्थ' की माया उस पर मोहिनी डालती है और अक्षर को क्षर, नश्वर होना पड़ जाता है। वैदिक वाङ्मय प्रत्यक्ष अक्षर ब्रह्म है, किन्तु हर्यक, शिशुनाग और नन्दवंश की विरुदावली शीघ्र ही विस्मृति के गर्भ में, पुनर्जन्म की प्रतीक्षा में, निस्तब्ध पड़ी रहने वाली वचन-रचना भर है।'

'तब तो यह बात शुंगवंश के लिए भी उतनी ही सत्य होगी जिसे कहने में तुम हिचकिचा रहे हो ?'

'नहीं-नहीं, सत्य की निर्ममता को सुन्दरता के साँचे में ढालकर मंगलमय बनाना ही कवि-कर्म है, विच्छिन्न, अधकचरे तथ्य को उगल देना नहीं। सम्राट् पुष्यमित्र ने अपने युग को ज्यों-त्यों अतीत संगीत से जोड़कर एक कलात्मक मोड़ ही नहीं दिया, भविष्य की गहरी नींव भी डाली है, यह अविस्मरणीय है। वह सम्राट् होकर भी विनयवश अपने को सेनापति ही घोषित करते रहे ! मौर्यवंश के चन्द्र गुप्त और अशोक की भाँति वह तो भारत की आत्मा के स्तम्भ हैं।'

राष्ट्र के गौरवबोध की गाथाएँ सुनाकर कालिदास सब के स्मृतिकेंद्र में सदा के लिए जम गए। नावें क्रमशः किनारे लगीं। रंगीन कुहासे की तरह सम्भ्रान्त लोगों की भीड़ छँटने लगी। कालिदास को गोपन मन में एक विह्वल आह्वान-सा सुनाई दिया जैसे कुछ अस्फुट स्वर, लय में पंख फड़का रहे हों !

"सोने-चाँदी के पहाड़ में सोने-चाँदी के बिरवे नहीं उगते। हाँ, चन्दन जहाँ होता है वहाँ बेरी और बबूल भी चन्दन बन जाते हैं !

"तू कठोर साधना के लिए विषम परिवेश की चिन्ता न कर। प्राकृतिक दृश्य तेरी शुद्ध बुद्धि को धोखा न दें।

'ग्रह तो नौ हैं ; किन्तु राहु-केतु की दीठ सूरज-चाँद पर ही गड़ती है !

"इन्द्र अपने वज्र से पहाड़ों के डैने काटने लगे तो मैनाक ने समुद्र में छलाँग लगा ली थी !

"कालिदास, तू चन्दन जला कर लहसुन न पका ; सोने के हल से खेत जोतकर आक की खेती न कर ; कोदों के खेत की मेड़ कपूर के डलों से न बना ; कवि होना तपस्वी होना है, तू समाधि की मानसिकता साध कर कविता कर !"

□

१५

राजवाटी
विदिशा
अक्षय तृतीया

प्रिय निचुल,

आज पन्द्रह दिन हो गए, लिखने की कौन कहे, जी भर सोना भी न हुआ। अँधेरे में ही सपने आते हैं। यहाँ इन दिनों रात दिन एक-सी जगमगाहट है। मेरे तो कभी मनोविनोद का चसका न लगा ; अब तक का जीवन संघर्ष में ही बीता। हाँ, यहाँ वालों का दर्शन सुनते ही बनता है। कहते हैं : कालिदास जी, यही तो थोड़े-से सुख के क्षण हैं, इन्हें चकोर की तरह चुग कर अँधेरी रातों के लिए बचा रखना होता है, नहीं तो पहाड़-जैसा जीवन पसीने की बूँदों ही बूँदों कटता नहीं है। और जानते हो निचुल, ये सुख के क्षण कौन-से हैं ? मांसाहार और मद्यपान के क्षण ! राजा अग्निमित्र एक कन्या के पिता बने हैं, मैंने ही उसका नामकरण किया है—वसुलक्ष्मी। लगातार दिन-रात उसी के उपलक्ष्य में उत्सव चल रहा है और सर्वसाधारण को बिना श्रम और बिना मूल्य के 'सुख के क्षण' उपलब्ध हो रहे हैं।

भोर-भिनसारे हाथ-मुँह धो-धोकर लोग जमने लगते हैं और आधी रात तक भीड़ कहीं कम होती नहीं दिखती। पेट काट कर जीने वाले पेट फटने तक सुख के क्षण समोते चले जाते हैं। देख-देख कर मेरा

मन विह्वल हो जाता है, पलकें भीग-भीग जाती हैं : आह ! एक को राजा बनाने के लिए कितने-कितनों को रंक होना पड़ता है !

आदर्श की तुलना में यथार्थ कैसा अरुचिकर लगता है ; किन्तु उसे नकारा तो नहीं जा सकता। सुरुचि संस्कृति की देन है, रंकों की कौन-सी संस्कृति होती ? और फिर मरभुखों का उत्सव भी कैसा ! राजभवन में कोई जन्म ले या मर जाए, भोज का विराट आयोजन होना चाहिए। अनामन्त्रित भुक्खड़ अतिथियों का भोज, निरन्न, निर्वसन अकिंचन जनों का भोज, सभ्य जनों के आसपास रहकर भी ये अकिंचन शताब्दियों तक न जान पाए कि पेट और उसके नीचे के अंग ही मनुष्य का सम्पूर्ण शरीर नहीं है। शरीर में ज्ञान-कोष-सा मूल्यवान माथा भी है ; सूर्य-चन्द्रमा की ज्योति-ज्योत्स्ना के प्रतीक दो आँखे भी हैं ; पदगति को संतुलित रखने वाले कन्धे, प्रत्यंचा चढ़ाने से दोनों ओर खिंचे हुए धनुष-सी भुजाएं और वाणी के लिए खाद्य जुटाने वाला कण्ठ भी है। और सबसे बढ़कर, प्रेम की संवेदनाओं से लबालब-भरा हुआ हृदय भी तो है।

ये सुख के क्षण जन-जीवन-वन में अनन्त दुःखों के बीज बोने वाले हैं, गौतम बुद्ध यही सीख देते रहे थे। परन्तु बात कुछ बनी नहीं और वह अपने पीछे भिक्षुओं की एक भारी भीड़ छोड़कर चुपचाप चलते बने।

भिक्षुक होकर लालसा पर विजय पाना एक बात है, और गार्हस्थ्य धर्म में पारिवारिक सुख-दुःखों के बीच रहकर ऐश्वर्य और क्षणिक सुख-दुख के लिए लालायित न रहना दूसरा। किसी को सुखी देखो तो एक मीठी हँसी से अपने रूखे अन्तर को तर कर लो और किसी को दुखी देखो तो बिना बड़बड़ाए उसे सहानुभूति की एक दृष्टि ही दे दो ; ऐसे, जैसे कहीं गहरे गड़ी सम्पत्ति खोद कर लुटा रहे हो !

परस्परता गार्हस्थ्य की पहली सीढ़ी और सहधर्मता अन्तिम है। निःसंग संन्यासी और भिक्षुक के लिए जो वर्जित है, वह मैत्री ही गृहस्थ की सबसे बड़ी पूँजी है। यदि हम मित्र की दृष्टि से विश्व को देखना सीख लें, तब और केवल तभी, निर्भय जीवन और अमर मरण का स्वाद चख सकते हैं।

प्रिय निचुल, तुम अपनी संस्कृति के मूल-भूत वेदों का ध्यान करो।

वेद इस विश्व को कवि का काव्य बताता है और काव्य कवि-प्रजापति के मन की ही रचना है। जहाँ काव्य है वहाँ मन का स्फुटन है। और ऋग्वेद के अनुसार काम ही मन का प्रथम शक्ति-बीज है उसी से इस विश्व की सृष्टि हुई है।—'कामस्तदग्रे समवर्तत।'

अभी यहाँ, जहाँ से मैं तुम्हें लिख रहा हूँ, पंछियों का एक झुण्ड चबूतरे के पास कलरव कर रहा है। चहक ऐसी मोहक है कि मन भटक-भटक जाता है। कभी कोई एक तिनका लेकर उड़ता है, कोई सुदूर आकाश से आशीर्वाद की तरह धरती पर बरसता है तो कोई उष्ण उच्छ्वास की तरह ऊपर उड़ जाता है। तुमने सुना होगा, वियोगियों की उत्कट कामना होती है; पंख-पखेरु होते तो उड़ कर आ मिलते! मेरा मन कहता है, पंछी कभी ऐसा न चाहते होंगे कि वह मनुष्य होते तो पाती लिख-लिख कर पठाते; संयोग-वियोग की कविता लिखते!

क्षण भर सुख-दुख की गहराइयों में उतर कर उसे बूँद-बूँद पिओ, तर्क करने को तो सारा जीवन पड़ा है!

प्रदीप न जलाने से निष्प्रभ हुए का अपना अभिमान है, प्रदीप से मलिन हुए का अपना। पहला साध्य है, दूसरा असाध्य।

सोने के तार की कढ़ी लाल रंग की रेशमी पगड़ी बाँधे विद्वान् विप्रों के सुदीर्घ काल तक भोजन करते रहने की अपनी विधि है; अपनी भंगिमा है; अकिंचनों के अधीर भाव से कौर निगलने की क्षिप्रता का अभिप्राय और है। मैं स्वयं कभी किसी पाँत में न बैठा, देखा अवश्य देर-देर तक। एक बात अच्छी लगी, पाँतें अलग-अलग थीं, अनेक कक्षों में खुली वीथियों में; किन्तु भोज्य पदार्थों में अन्तर न था। परोसने वाले बिना बहाने बनाए खुले हाथों लुटा रहे थे। उन्हें भी तो यशस्वी बनने का कभी-कभी ही अवसर मिलता होगा।

पिछले पत्र में मैंने जान-बूझकर नहीं छोड़ दिया था, लिखना ही भूल गया था कि कैसे तुम्हारे चक्रव्यूह से अभिमन्यु बाहर निकल आया! बात यह है मित्र, कि मैं श्री पर्वत की कुंकुम-केसरवाली घाटियों का, शारदा-देश का, निवासी हूँ। काव्य के माध्यम से मैं उसके रूप-रस-गन्ध को विश्व में विस्तृत करना चाहता हूँ। सुन्दरता हमारी दुर्बलता नहीं,

शक्ति है। अशोक ने श्रीनगर की रचना में प्राकृतिक संरचना के अतिरिक्त स्थापत्य की सुन्दरता को भी सजीवता प्रदान की है। कोई मुझ-सा अकिंचन उस धर्मप्राण सम्राट् से स्पर्द्धा करेगा ? किंतु मैं अपनी काव्यकला को प्रकृति के ही साहचर्य में श्री-सम्पन्न करने की अभिलाषा रखता हूँ। साधना छोटी और साध बहुत बड़ी है। हिमालय से चलकर विन्ध्य मैं अचानक ही नहीं पहुँच गया। उत्तर की ऊँचाई ने दक्षिण की गहराई का संकेत किया था। गंगा ने हिमालय की चोटी से उतरने और पाँव-पाँव चलकर सागर से मिलने की प्रेरणा दी थी। यही जाना कि ये सारी ऊँचाइयाँ गहराइयों से उभरी हैं। पहाड़ समुद्र की ही देन है। प्रकृति ने इसीलिए माथे को ऊँचा और हृदय को गहरा बनाया है। माथा झुका लेने से हृदय की गहराई उतरा आती है। ऊँचा झुके और गहरा उतराए, तभी मस्तिष्क और हृदय का मिलन होता है।

कला का अधिवास इसी मिलन-तीर्थ पर है। कठोर ब्रह्मचर्य के बिना तन्मयता कठिन है। तन्मयता ही साधना है। इन्द्रियाँ रूप-सौन्दर्य-लावण्य पर मुग्ध हों, लुब्ध नहीं। विराग नहीं, विशिष्ट राग ; मन-प्राणों को विभोर करने वाला आत्मा का अक्षय सौन्दर्य, कदाचित् काव्य का यही लक्ष्य भी है, लक्षण भी।

कोई दो दाँत का बच्चा किसी यौवन-मदमत्ता को सुन्दरी वासवदत्ता समझ कर नहीं रीझ सकता। ऐसे ही अधकचरे श्रोता कला की सौन्दर्य-समग्रता को न समझने पर खीझ उठते हैं। अपने अभाव को छिपाने का, यह अनुभव पर खरा उतरा, नौरंग ढंग है कि सर्जक के ही भाव-बोध पर टेढ़ी उँगली उठाई जाए !

अब व्यासदेव से बड़ा कौन कवि होगा ! उनसे अधिक किसी को क्या कहना हो सकता है ? इतने कितने पात्रों के मुँह से उन्हें क्या-क्या नहीं बोलना पड़ा है ! किन्तु आपाततः परस्पर-विरोधी-से प्रतीत होने वाले शत-शत वक्तव्यों के बीच उन्होंने स्थापित क्या किया है ?

'धर्मो नित्यः सुख-दुःखे त्वनित्ये !'

कि सुख-दुख अटाऊ-बटाऊ है। आते-जाते रहते हैं। टिकाऊ है केवल धर्म। उसे किसी भय या आलस्य के वशीभूत होकर, या फिर

जान बचाने के लिए भी कदापि नहीं छोड़ना चाहिए। यह धर्म ही है जो मनुष्य को पशुत्व से बचाता और देवत्व के निकट पहुँचाता है ; कि मनुष्यता पशुत्व और देवत्व के बीच की स्थिति है। ऊपर उठी तो हो गई देवता, नीचे लुढ़की तो पशु। किसी भी स्थिति में वह निरपेक्ष नहीं है। देवता होना सात्विक होना है, सन्तुलित होना भी। पशुत्व तमोगुणी होने से उत्तेजक अधिक है, हिंसक भी। काव्य में देवत्व प्रतिष्ठित होता है सौन्दर्य-बोध से। सौन्दर्य की अनुभूति सात्विक मन को ही होती है। नारी की देहयष्टि हो या पुष्पावली, सात्विक मन दोनों में एक-सी सुन्दरता देखता है। भौंरा होना कामी होना है। सौन्दर्यपान मधुपान नहीं है। सन्तुलन सर्वोपरि है।

यहीं स्पष्ट हो लूँ कि अश्लील शब्द का अर्थ असुन्दर है। सुन्दर अश्लील नहीं हो सकता। मैं स्त्रियों को सुन्दरता का प्रतीक मानता हूँ। मोक्ष ही काव्य का लक्ष्य नहीं है। मोक्ष शान्त है, परन्तु सुन्दर नहीं है। सुन्दर है धर्म, अर्थ और काम। इसमें भी धर्म पहले है। जैसे अधर्म से अर्जित अर्थ अनर्थकारी है, ऐसे ही अधर्म से प्राप्त काम-सुख भी विनाशकारी है। मैं अपनी भाषा में इन्हें ही असुन्दर कहता हूँ। सुन्दर है श्रम और पुरुषार्थ से अर्जित अर्थ और अपनी ही धर्मपत्नी से प्रगाढ़ प्रेम। क्षणिक सुख के लिए किसी कुमारी या दूसरे की पत्नी से छिप-छिपकर किया जाने वाला उन्मत्त प्यार अधर्म ही नहीं, असुन्दर भी है। पूर्वराग कुछ और है क्योंकि उसकी परिणति विवाह में होती है। जो केवल विलास है और आमोद-प्रमोद के लिए किया जाने वाला उत्तेजक कार्य-कलाप है, वह असुन्दर है।

ऐसे में तुम ऋतुसंहार की रचना का औचित्य जानना चाहोगे। विनोद की भाषा में इसे मेरे विवाह का प्रारूप समझो। विवाह अर्थ-सापेक्ष है और उसकी व्यवस्था तुमने ज्यों-त्यों कर दी ; किन्तु काम-सुख की तीव्रता तो अर्थ मात्र से चरितार्थ होती नहीं दिखती। धर्म जड़ जमा कर न रहे तो काम उड़ा-उड़ा फिरे। वात्स्यायन ने भी कामशास्त्र का आरम्भ करते समय धर्म, अर्थ और काम को ही, इसी क्रम से, नमस्कार किया है। कहा है कि इस त्रिवर्ग का आपसी सम्बन्ध परस्पर गुँथा-गुँथा होना चाहिए।

एक ने दूजे से आँख बचाने की कोशिश की तो सर्वनाश निश्चित है। ऐहिक जीवन तीनों के सन्तुलन से ही सफल होता है।

एक बार पुरु इन्द्र से मिलने स्वर्ग गए तो वहाँ दिव्य देह धरे इकट्ठे धर्म, अर्थ और काम को देखा। उन्होंने अर्थ और काम की ओर से दृष्टि घुमा ली और वह धर्म की ही ओर पूरे उछाह से उमग कर लपके। पास-पास बैठे अर्थ और काम क्रोध से तिलमिला उठे। काम के शाप से उन्हें उर्वशी का वियोग सहना पड़ा। और अर्थ के अभिशाप से उनका लोभ इस सीमा तक बढ़ा कि उन्होंने ब्राह्मण, क्षत्रिय, वैश्य और शूद्र—सबका सर्वस्व हर लिया। सबका धन लूट-खसोट कर भी कभी सन्तुष्ट न हुए। ब्राह्मणों ने देखा कि अब्र यज्ञयाग की तो गुंजाइश न रही। धन बटोरने में ही राजा तन-मन से जुटा हुआ है। त्याग के लिए अर्थोपार्जन का आदर्श भूल बैठा है। फिर क्या, उन्होंने हाथ में कुश लेकर शाप दे दिया जिससे अतुल तेजस्वी पुरूरवा का सर्वनाश हो गया।

बौद्ध धर्म संन्यासियों का धर्म है। भैक्ष से चलता है। वैदिक धर्म विशेष कर गृहस्थों के शील का ही गठन करता है। अर्थ और काम उसे समृद्ध और स्वस्थ रखते हैं। यह धर्म अपने से निबिड़ भाव से जोड़ कर अर्थ और काम को बराबर का दर्जा देता है। इसका लक्ष्य मार-विजय नहीं, अर्थ और काम का संयम तथा सन्तुलन है। पुरुषार्थ के रूप में यहाँ सब का समान मान है।

मैं जब काश्मीर में था, सुना था कि आज जहाँ काश्मीर की सुरम्य उपत्यका (घाटी) है, वहाँ कभी झील हुआ करती थी। कश्यप ऋषि ने अपने योगबल से उसे सुखा कर भूमि निकाली थी।

एक कवि की कल्पना ही समझो इसे कि वह बौद्ध तथा आर्यधर्म के विभाजन को नकार कर मानव धर्म की प्रतिष्ठा कविता द्वारा करना चाहता है। तोड़ने वाला धर्म राजनीति से प्रेरित होता है; मानव-मानव को जोड़ने वाला धर्म ही वास्तविक धर्म है। इसे ही साहित्य का धर्म कहना चाहिए।

स्वर्ग और निर्वाण पर वही बल देता है जो मानव-समाज की वास्तविक स्थिति को समृद्ध स्वप्नों से ढक कर रखना चाहता है। स्वस्थ मन के

स्वप्न आकाश के तारे तोड़ने के लिए अँधेरे रास्ते पर नहीं घिसटते। पाँवों के नीचे कंकड़-पत्थर हो सकते हैं, रेत हो सकती है, धूल हो सकती है। पदत्राण का निर्माण करना आवश्यक है। सिर पर भी धूल, धूप, झड़ियाँ हो सकती हैं। शिरस्त्राण का निर्माण आवश्यक है। धर्म रचनात्मक हो तो वह पदत्राण और शिरस्त्राण की रचना कर जीवन-यात्रा को सरल-सुगम बनाना सिखा सकता है। न करे तो यह काम साहित्य को करना चाहिए। इसे स्वर्ग का सौन्दर्य पृथ्वी पर उतारना आता है। रस की सृष्टि कर वह चंचल मन को समाधि की स्थिति में ला सकता है। भगोड़ापन मेट कर उसे स्वस्थ और शान्त कर सकता है।

प्रिय निचुल,

मैं अब प्रभावित होने और प्रभावित करने वाली अवस्था में स्थित हूँ। सत्य का सन्धान और ठोस अनुभव की भूमि पर ज्ञान का अर्जन मेरा लक्ष्य है। मेरे रहस्य तुम्हें अविदित न रहें, प्रयास करूँगा। इधर कुछ दिनों से निरन्तर इस चेष्टा में हूँ कि अपने आप से भी प्रभावित न होऊँ। यात्रा के क्रम में मैं कितने ही नगरों, जन-पदों, ग्रामों और ग्रामटिकाओं में घूमा, फिरा, टिका। पाया कि संसार माया से ही संचालित हो रहा है, ज्ञान से नहीं। यह हमारा परम्परागत पुस्तकीय बोध ही है जो हमें अनादिकालीन वेदों से जोड़ता है, वैसे संसार वेदों से बहुत दूर जा पड़ा है। गौतम बुद्ध की तात्कालिक सफलता का भी यही रहस्य था। लोग जो सुनना चाहते थे, वही वह कह रहे थे। कुछ मूर्तिमान शास्त्र आड़े आते भी थे तो उनकी परम्परा की दुहाई टायँ-टायँ फिस्स हो जाती थी। जो आचरण में न था, वह सुनने में व्यंग्य जैसा लगता था। आरम्भ में मैं भी शास्त्रीय सिद्धान्त ढोए फिरता था; परन्तु आगे चलकर अनुभव किया कि वह मेरे प्रत्येक अनुचित को उचित ठहराने के क्रम में कुछ तर्क ही जुटा कर चुप हो जाते थे। सत्य के सन्धान में समय और श्रम की अधिक आवश्यकता है, इसका बोध मुझे विलम्ब से हुआ। अब भी आदर्श और यथार्थ के समीकरण का चक्कर मेरे माथे में चलता रहता है। इसे एक विडम्बना ही समझो कि मैं आदर्श को छोड़ नहीं सकता और यथार्थ को अस्वीकार नहीं कर सकता। आगे छोटी-मोटी भूलें हो

जाती थीं तो हो जाती थीं। मैं उनके लिए माथा-पच्ची नहीं करता था। अब चाहे आलस्य से हो या उपेक्षा से, कोई ऐसी-वैसी भूल हो जाती है तो घड़ियों सोच में डूबा रहता हूँ। पूर्वाग्रह, तर्क और प्रत्यय का शीतयुद्ध सतत चलता रहा है। मैं जो चाहता हूँ उसमें विवाह व्यवधान तो न बनेगा ?

मेरे सिद्धान्तों में कितना फेर-बदल हुआ है, यह तो मैं कभी और बताऊँगा। अभी मैं अपने विषय में तर्क पर तर्क भर करता रहता हूँ और अपने उल्टे-सीधे निर्णय पर डटा भी रहना चाहता हूँ। तुम सोच ही नहीं सकते कि मैं अब पहले देखी हुई वस्तुओं को भी एक दूसरे ही प्रकाश में, एक दूसरे ही दृष्टिकोण से देखने का अभ्यास कर रहा हूँ। अब छलना-भरे दुराग्रह और परोपदेश-कुशल शास्त्रों को अन्तिम प्रमाण मानना भूल रहा हूँ। तर्क और प्रभाव में से अपने अनुभव और अनुभाव को अलग करने में अभ्यास आड़े आता है। जो अविकच बचपन में सुनकर सहेज लिया गया उसे ठीक से समझ और पहचान कर एक ओर डाल देना ऐसा सरल व्यापार नहीं है।

जो प्राचीन है, उसकी प्रामाणिकता परम्परा-प्राप्त है और जो नई उद्भावना है, उसका ठीक होना चूँकि प्रमाणित नहीं है, इस कारण अग्राह्य है, अब यह मानने को जी नहीं चाहता।

सम्भव है, मेरा यह मत भी भूलों-भरा हो, क्योंकि लम्बे अभ्यास से अवास्तविक भी वास्तविक जैसा प्रतीत होने लगता है। तर्क और प्रभाव से आन्दोलित मन को निर्णय लेने में कठिनाई होती ही होती है।

मेरा पहला पूर्वाग्रह शास्त्रीय लगन है जिसे मैंने पढ़-पढ़ कर और विद्वज्जनों से सुनकर, सीखकर सुदृढ़ किया है। उसी ने मुझे इस निष्कर्ष पर पहुँचाया है कि शताब्दियों से धर्म के अतिरिक्त कोई ऐसा जीवन का सार नहीं ढूँढ निकाला गया ज़ो सर्व-साधारण को समान रूप से स्वीकार्य हो।

मैं इससे इसी परिणति पर पहुँचा हूँ कि प्रकृति एक-जैसी है। शताब्दियों पूर्व वह जैसी थी, अब भी है। मनुष्य जैसा पहले था, वैसा ही अब भी है। कुछ रीति-रिवाजों में फेर-बदल हुआ भी हो, मानव-प्रकृति में ऐसा

कोई चौंका देने वाला परिवर्तन नहीं हुआ है जिसे चिन्तन का मूल आधार बनाया जा सके।

हजार-दो-हजार वर्ष पहले पेड़-पौधे, पशु-पक्षी आज से श्रेष्ठतर स्थिति में थे। रामायण-महाभारत का बोध भी इसमें साक्ष्य देगा कि पहले का मनुष्य अच्छाइयों और बुराइयों, अपनी साहसिक उपलब्धियों और कायरतापूर्ण दुर्बलताओं के साथ भी आज के मनुष्य से किसी भी दृष्टि से कम न था। पुरातन के प्रति पक्षपात शिक्षा और पाण्डित्य की देन हो सकता है, विशेषकर इस युग के मिथ्याहंकार, ओछेपन और आडम्बर-पूर्ण अज्ञान की हिंस्र चेष्टाओं को देखने पर। अब तो ऐसा लगता है कि एक निरीह और भले आदमी की प्रतिष्ठा ही नहीं, उसका शान्त और स्नेहिल जीवन भी कुछ रँगे आलोचकों की तर्जनी का लक्ष्य बन गया है। विशेष फिर ...

□

१६

लोग सयाने, लिख-पढ़ कर, अपनी बातें चाहे जितना सजा-सँवार कर कहें, संसार भर के बच्चे एक-जैसा ही बोलते हैं।

मान-सम्मान की भाषा सुनते-सुनते कालिदास का जी भर गया था। विद्वान् थे जो शास्त्र से कम कुछ बोलते ही न थे, जैसे उनका अपना कोई मन न रह गया हो ; मस्तिष्क एक ही साँचे में ढल गया हो ! कालिदास चिन्तित थे कि तब उनकी अपनी पहचान क्या होगी ! वह जन-जन तक पहुँचने के लिए ही निर्जन में बैठते थे। जन-मन से सम्पर्क स्थापित करने का वह एक बहाना था। उनका वास्तविक उद्देश्य अपने अनुभव के क्षेत्र का विस्तार ही रहा होगा।

रात भर रुक-थम कर पानी बरसता रहा था। जब सब सोए पड़े थे, वह घूमने निकल गए। गाँव की झुलसी हुई धरती ने सारा पानी सोख लिया था। रास्ता साफ हो गया था। धूल मिट्टी हुई थी ; कीचड़ होते-होते रह गई थी। हरहराते बवंडर को तृप्ति की साँस-सी मिल गई थी। घूमते हुए जहाँ पहुँचे, वह नदी का किनारा था। वर्षा ने बालू की चमक मेट दी थी। काँस और सरपत की ठूँठियों पर कुछ बूँदें अटक कर रह गई थीं। पेड़ों के सपने झकझोर दिए गए थे। आगे आकाश में झीने कुहरे का जमाव था, अब छितर कर रह गया था। पौ फटने ही वाली थी। सोंधी गन्ध लिए हवा का एक ठंडा झोंका आया और धरती को परितृप्ति की साँस-का गुदगुदाता-सा अनुभव करा गया। धरती की प्यास आकाश ही तो बुझा पाता है। आकाश के बिना धरती अधूरी है !

और आगे बढ़ने पर रेत पर घरौंदे बनाते बच्चों का कोलाहल सुनाई दिया। कालिदास को अपना बचपन याद आया और वह घुँघराली लटों वाली लड़की भी याद आई जिसका आधा बदन केशों की गोल-गोल लहरियों से ढका रहता था और जब उस पर पेड़ फूल बरस देते थे, वह परियों के देश से उतर आई दिखलाई देती थी।

ऐसे में नीली ओढ़नी का कोई बेल-बूटा चमका और कालिदास कछार की ओर बढ़ गए। बच्चे होड़ बद कर घरौंदे बनाने में जुटे थे। डर-भय की क्या बात, जाने कब से सब आए हुए थे। कालिदास को देखकर सब किलकते, तालियाँ पीटते हुए उन्हीं के आसपास आकर खड़े हो गए।

कालिदास ने पूछा :

'कब से आए हो तुम लोग ?'

'कोई घड़ी भर पहले से।'

'इकट्ठे आए या एक-एक कर ?'

'एक-एक कर आए ; यहाँ इकट्ठे हो गए। यही तो हो सकता है। इकट्ठे घर से निकलने की सोचें, तब तो हो चुका आना !'

'घरौंदे पास-पास क्यों बनाते हो'—कछार में तो यहाँ से वहाँ तक रेत फैली हुई है !'

'हम गरीब लोग हैं न, झुग्गी-झोपड़ियों में रहने वाले ! दूर-दूर पर बड़े-बड़े मकान हम कैसे बना सकते हैं ?'

'क्यों ? रेत तो दूर-दूर तक फैली है।'

एक बच्चे ने कोहनी से गाल सहलाते हुए कहा :

'होगी! अपने को तो दो-तीन हाथ के घर में रहने की ही आदत बनानी है। पास-पास खड़ी दीवारें एक दूजी को सहारा देती हैं। हमें पास-पास और साथ-साथ रहने की आदत है !'

—कहते-कहते डैने की तरह फैले हुए अपने उलझे-पुलझे बाल सहेजने लगा। हवा का एक झोंका आया और आस-पास की फूल-पत्तों से लदी लताएं झूम उठीं।

कालिदास ने फिर छेड़ा :

'सवेरे के बने ये घरौंदे साँझ तक खड़े रह जाते हैं ?'

लड़का जैसे सवेरे की हल्की हवा फेफड़ों में भर कर बोला :

'रहते भी हैं, नहीं भी रहते, कुछ अन्तर नहीं मालूम पड़ता। हम साँझ को उन्हें ढहा कर ही घर लौटते हैं !'

'ऐसा करते तुम्हें दुख नहीं होता कि जिन्हें इतने उत्साह से खड़ा किया उन्हें हँसते-हँसते तोड़-तोड़, ढहा-बहाकर हाथ झाड़ते हुए घर लौट गए !'

'अरे, आप तो कुछ समझते ही नहीं हैं। काम करते रहने का एक और ही आनन्द है। वह जब पूरा हो जाता है, तब जी कैसा-कैसा करने लगता है ! उससे घृणा-सी हो जाती है कि वहाँ यह कमी रह गई, कि यहाँ वह त्रुटि हो गई, कि इसे और अच्छे ढंग से किया जा सकता था ...'

'फिर जब नित नया बनाने का उत्साह हो तो'—दूसरे लड़के ने कहा, 'ढहने का दुख कैसा ? कल हम और सुघड़ सुडौल बना लेंगे। चाँदनी रात में सारे तारे नहीं दिखाई देते। आप इन्हें तोड़ने में हिचकिचाएँगे ; तोड़ कर देर तक तड़पते भी रहेंगे। जानते हैं क्यों ? क्योंकि आप इन्हें और अधिक सुन्दर, और अधिक सुडौल नहीं बना सकते !'

कालिदास हँसे : 'कभी बनाए थे, अब तो सचमुच ही न बना सकूँगा।'

लड़के ने तालियाँ पीटीं : 'क्यों' ?

'क्योंकि अब कच्चे घरौंदे नहीं, पक्का घर बनाने के चक्कर में हूँ !'

'अरे वाह ! जो एक अच्छा-सा कच्चा घरौंदा नहीं बना सकता, वह पक्का घर क्या बनाएगा ?'

कालिदास सोच में पड़ गए : बच्चों के मुँह लगना ठीक नहीं, इनके हाथ अपनी विद्या-बुद्धि को औने-पौने बेच कर चलते बनने को ही उचित समझा। वह आगे बढ़ने ही वाले थे कि लड़के उनके पाँवों पर मत्थे टेकने लगे :

'आप हमें बहुत अच्छे लगते हैं। हम तो यों ही हँसी-ठट्ठा कर रहे थे। बच्चे हैं, अनाथ, निर्धन। हमारे कोई घर नहीं है। हमारे बाप-दादों ने कभी जो बाँस-फूस के छप्पर डाले थे, सिर छुपाने के लिए, वे धर्म की आँधी में कब के उड़ गए। अब हम बच्चे मिलकर फिर से घरौंदों की एक नई बस्ती बसाने की सोच रहे हैं। बालू की भीत उठते-उठते

भहरा जाती है। हमारे सपने बिखर कर रह जाते हैं। प्रयत्न हम प्रतिदिन करते हैं ...'

कालिदास उदास हो गए : 'एक पक्की अट्टालिका जाने कितनी कच्ची दीवारें ढहाकर खड़ी होती है !'

समवेदना भी एक प्रकार की उत्तेजना है, उसकी सघनता अपने ही अन्तःस्तर की गहराई से मापी जा सकती है।

अतीत की किन्हीं संगीतात्मक स्मृतियों में डूबे-से, 'फिर मिलेंगे' कहकर वह आगे बढ़ गए। सोने-चाँदी के तार कहीं-दूर सुदूर बजते सुनाई देने लगे थे।

अगले पड़ाव पर पनघट था। रंगबिरंगी लहरिया, ओढ़नी, मयूर के पुच्छ-गुच्छ से केशपाश, छलकते और भरे घड़े। एक ही पेड़ के ऊपर धूप, नीचे छाँह। किसी के ओठों में हल्की-सी थिरकन, किसी की गहरी भीगी-भीगी आँखों में घनी पलकों से ढके अवसाद और आक्रोश-भरे आँसू। एक ही सरोवर। ऊपर कमल-कमल, नीचे कीचड़-कीचड़।

आगे एक छोटा-सा कुंज था। उसमें जो पेड़-पौदे थे, उनकी शोचनीय स्थिति थी। कुछ लम्बी कँटीली झाडियाँ थीं। एक किनारे शिरीष के कुछ पेड़ थे। कर्णफूल-जैसे महीन तारों के लच्छे यहाँ-वहाँ झूल रहे थे। कालिदास के मुँह पर एक मधुमक्खी मँडलाई तो उन्होंने ऊपर ताका, कुछ उलझी डालियों के बीच जो एक तने की तरह सीधी तनी डाल थी, उसमें मधुमक्खियों का छत्ता था। तो इतनी डंकें मधु सिरजती हैं ?

लयपूर्ण पगध्वनि की चिन्ता किए बिना ही वह लौट चले। पनघट पर अब भारी भीड़ इकट्ठी हो गई थी। लड़के फिर उसी तन्मयता से घरौंदे बनाने में जुट गए थे। बाईं ओर अकेले फैले पीपल की कुछ पतली टहनियाँ छाँट-छाँट कर एक लड़का गिरा रहा था, नीचे कुछ बकरियाँ जल्दी-जल्दी मुँह चला रही थीं। ठंडी हवा बरबस बदन से चिपक रही थी। कालिदास अपने राजकीय आवास पर जल्दी ही लौट आए।

अन्तःपुर की प्यासी दासियाँ जल-यन्त्रगृह से नहा-नहा कर चाँदनी-सी निर्मल वेश-भूषा में निकल रही थीं। ऊँचे वक्षःस्थल पर सूक्ष्म वसन—

आकाश में यहाँ-वहाँ छितरे बादल के टुकड़ों को हाथ ऊँचा कर एक-दूजी को दिखलाती हुई भीतर चली गईं।

उनके चले जाने पर भी पूरे परिवेश में उनकी विलासपूर्ण मीठी मुस्कान, बाँकी चितवन और केशपाश की छहरी-सी सुगन्ध देर-देर तक अनुभव की जा सकती थी। देखने वालों की आँखें बस देखती ही रह गईं।

कालिदास बोझिल मन से आत्म-निरीक्षण कर रहे थे कि वह अपने आदर्श से रंच भर भी डिग तो नहीं रहे। उन्होंने अपना आदर्श आप गढ़ा था कि विकार के सारे साधन प्रचुर परिमाण में चहुँओर फैले रहने पर भी यदि चित्त चंचल न हो तभी उसकी गहराई और स्थिरता पर भरोसा किया जा सकता है।

अब तक उनके ढीठ मन ने उस सीमा-रेखा के बाहर पग नहीं डाले हैं जहाँ सौंदर्य का अमृत-कलश वारुणी का उन्माद नहीं छलकाता ; और जहाँ रूप की अतिशयता अरूप से साक्षात्कार के लिए निष्पाप अन्तर्दृष्टि खोल देती है।

पाप की छाया में पुण्य को पनपाना कठिन है, असम्भव नहीं। असत् से सत् की ओर जाना है, असत् हो ही नहीं तो निर्द्वंद्व सत् निष्क्रिय हो जाएगा। पाप की आँख बचाकर विजय नहीं पाई जा सकती। आँखें चार न होने पर निर्भय नहीं हुआ जा सकता। पुण्य छुई-मुई नहीं है।

सौंदर्य डोलते हुए मन की माया नहीं, अडिग आस्था है।

घुटने को छूने वाली कालिदास की भुजाएँ आकाश को कसने ऊपर उठीं ; कन्धों पर बिथुरे केश पीठ से सट गए। शक्ति और सौन्दर्य का विस्तार वक्षःस्थल बन गया। उन्होंने बालादित्य से कुछ कहा। मन्त्र और क्या होता है ?

तभी महाराज अग्निमित्र का स्वल्पाहार में सम्मिलित होने का आमन्त्रण आ गया। कालिदास के पहुँचने पर महारानी इरावती सम्भ्रम में पड़ कर खड़ी हो गईं। महाराज उस विस्मय-विस्फारित दृष्टि का आनंद लेने लगे : उत्सुकता भर आँख देखने के लिए उकसा रही थी ; किन्तु अग्निमित्र के सान्निध्य का संकोच पलकों पर भरे मेघ-सा झुक रहा था। हिमगौर शरीर पुलक को छिपा नहीं पा रहा था ; किन्तु परिवेश का आभिजात्य हाथ

जोड़ लेने को विवश कर रहा था। किसी के सारे शरीर में झुरझुरी छूट रही हो; मन किसी अनचीन्ही ज्वाला में सुलग रहा हो, तब भी उसे अपनी किसी भी चेष्टा से प्रकट न होने देने की कला इरावती गहराई तक अधिगत किए हुए थी। जब मगध (पाटलिपुत्र) में थी, तभी अपने अपरूप रूप और अलौकिक गुणों के कारण अग्निमित्र को वासना की तुषाग्नि में झोंक चुकी थी। सम्राट् पुष्यमित्र के भय से अग्निमित्र तब अग्नि के साक्ष्य में उसे सहधर्मिणी बनाने का स्वप्न साकार न कर सके थे। फिर भी इन छोटे-मोटे झटकों से कुछ अन्तर न आया। इरावती के माता-पिता एक ही महामारी में चल बसे तो दायाद-पड़ोसियों ने उसे बौद्ध विहार में, बल-पूर्वक, रखवा दिया। इस मोड़ की कच्ची सड़क पर भी वह दौड़कर आगे न निकल सकी, आसपास चक्कर काटने वालों ने कुछ हेर-फेर कर उसे एक सार्थवाह के साथ मालवा की ओर भेज दिया। तब पुष्यमित्र का मगध-साम्राज्य बंगाल, उत्तर प्रदेश, राजपूताना, और मालवा से लेकर पूर्वी पंजाब तक फैला हुआ था। उज्जयिनी पहुँचकर इरावती गान्धर्व-विद्या में पूरी तरह पारंगत होकर महाकाल मन्दिर में देवदासी-शिरोमणि के पद पर प्रतिष्ठित हो चुकी थी, जब विदिशा के शासक के रूप में युवराज अग्निमित्र ने उसे पुनः देखा।

कलिंग के राजा क्षारवेल ने पाटलिपुत्र पर कई बार चढ़ाइयाँ की थीं जिनसे ऊब कर पुष्यमित्र को कुछ समय के लिए पाटलिपुत्र छोड़ देना पड़ा था। किन्तु जब ग्रीक राजा मेनाण्डर ने उत्तर भारत पर आक्रमण किया और पाटलिपुत्र की ओर बढ़ने लगा तब पलट कर पुष्यमित्र ने उसे मार भगाया। फिर दक्षिण के सातवाहनों से भी उन्हें कई बार लड़ना पड़ा। किन्तु गुलाबी बादलों के पीछे की वास्तविकता छिपाए न छिपी। दिग्विजय और विश्वविजय के बाद ही उन्होंने दो-दो बार अश्वमेध किए। छत्तीस वर्षों के अपने राज्य-काल में पुष्यमित्र ने क्या-क्या न किया; किन्तु अग्निमित्र ने जब-तब युद्ध में भाग लेने के अतिरिक्त कला-विलास में ही अपना अधिकांश समय बिताया। मृग से मृगनयनी तक के सन्धान में अधिक अभिरुचि दिखाई। और इसी क्रम में विदिशा के राजा अनेक जतन-जुगुत से उसे विदिशा की दूसरी रानी बना सकने में सफल हो

गए। इस बार अति-वृद्ध सम्राट् विरोध न कर सके।

दुःख और कड़वाहट पीकर इरावती के ओठ जो अमृत-सीकर-सी मुसकान छिटकाते थे, उसकी मिठास शब्दों से नहीं बखानी जा सकती। जीवन में पद-पद पर विघ्न-बाधाएँ हैं; विपत्तियाँ हैं; किन्तु काँटों में छिपी कला की तरह उन्हीं अँधेरी घाटियों में आशा की किरणें भी हैं, उमंगों की चाँदनी भी। और यही वे सहारे हैं जिन पर भावनाओं की बेल लतरती हैं, और वह जीने की इच्छा टिकाए रही है। कड़वे-मीठे अनुभव सहेजती रही है। व्याकुलताओं को विवशता के नीचे दबाती रही है।

अग्निमित्र अब और न रुक सके। दोनों को परस्पर परिचित कराया और यह भी बतला दिया कि महारानी धारिणी की आकांक्षा इस लगातार चलने वाले आनन्दोत्सव के अवसर पर इरावती की नृत्यकला से परिवार और कुटुम्बियों का अनुरंजन करने की है। संगीतशाला में नीचे महारानी धारिणी और दूसरी सारी की सारी नारियाँ प्रियदर्शिकाएँ होंगी। हम ऊपर के कक्ष से देखेंगे।

'क्या अभी ?'

'अरे, नहीं ! सायंकाल !'

बीच में इरावती वीणा की भाँति बज उठी :

'वह तो मृदंग पर थाप पड़ते ही पता चल जाएगा। छलिक के अभिनय के साथ मयूर-नृत्य ...'

कालिदास ने विनम्र नेत्रों से लगभग बिना देखे ही पूछा : 'छलिक' से आपका क्या तात्पर्य है ? क्या वह शर्मिष्ठा-रचित गीतिनाट्य या फिर किसी पुरावृत्त के व्याज से आत्माभिव्यक्ति के लिए परिकल्पित भावों का अभिनय ?

निशारम्भ के अन्धकार में जैसे बिजली कौंध गई हो, इरावती तैरते केशों में छिप कर मुसकिराई :

''यों 'सुन्दर' कोई विचार नहीं है जिसे स्पष्ट अभिव्यक्ति दी जा सके। आँखों-आँखों में अच्छी तरह पाला-पोसा हुआ कोई सपना भी नहीं है जिसे कोई दूसरा वैसे का वैसा न देख सके। एक अनोखा अनुभव भी नहीं है जो दुबारा न हो। है तो वह एक ऐसा कल्याणकारी सत्य है जिससे

साक्षात्कार हुए बिना जीवन को समग्रता में नहीं समझा जा सकता।

"सीता को दूसरी बार परीक्षा देने कहा गया तो उनका स्त्रीजनोचित स्वाभिमान मौलि-मुकुट बन गया। उन्होंने साम्राज्यलक्ष्मी को ठोकर मार दी और शील को आकाश में उछाल कर आप पाताल में धँस गई।...

"यह सुन्दर है।"

× × ×

नाट्य-नृत्य देखकर कुछ बदले-बदले-से कालिदास एकाएक उठे और अपने तात्कालिक आवास में लौट आए। अकेले-अकेले जाने क्यों कुछ अधिक अनमने-से दिखाई दिए। अग्निमित्र को भी बिना बताए ही उठ गए थे। और तो और, आते समय इरावती को औपचारिकता के दो रोचक शब्द भी नहीं कहे।

दृढ़-अवयव कुंचितकेश और हिमगौर कालिदास इस घड़ी श्लथ-शिथिल और ताम्र-वर्ण दिख रहे थे और किसी गहरे चिन्तन में डूबे-से बार-बार केशों में उँगलियाँ उलझाते और फिर-फिर माथे पर हाथ फेर रहे थे। कभी लेटते, कभी उठकर टहलने लगते। ऐसा लगता था, जैसे उनका सब कुछ छिन गया हो और उन्हें उसके बदले में जो मिला हो उसे वह सहेज नहीं पा रहे हों। कविता लिखते हैं, अपने इस प्रयत्न में वह कभी सुन्दरता की कमी नहीं होने देते। आगे वह कभी किसी कलाकार कामिनी के कमनीय कण्ठ से, स्वर-लय में बँधी, अपनी कविता भी सुन चुके हैं, उसका भावाभिनय भी देख चुके हैं ; किन्तु वह सब ऐसा प्रभावी कहाँ था ? इरावती जिस समग्रता में सुन्दरता सिरजती है उसे वह सत्य से अलग कर केंद्र में नहीं बिठाती। वह भली भाँति जान गई है कि समग्रता में ही सौन्दर्य की सार्थकता है। केवल विकास में नहीं, बाधा में भी सौंदर्य है।

दक्षिण में उन्होंने संगीत-विद्या का विशद् ज्ञान अर्जित किया था और उसके व्यष्टिगत और समष्टिगत प्रभाव का भी गहरे उतरकर अनुभव किया था। किन्तु आज कला की देवी इरावती ने उस ज्ञान को आधा-अधूरा सिद्ध कर दिया। कालिदास भली भाँति समझ गए : जो कविता नहीं कह

पाती, वह संगीत कह लेता है।

संगीत किसी ऐसी अधभूली अनुभूति की उपरली परतें उतार देता है जिस पर लोक-व्यवहार परिस्थितियों की धूल जमाता रहता है। नृत्य की लय से बँधा एक-एक पद-क्षेप अनगिनत चिन्ताओं को अपनी ठोकर पर रखता है। संवेदनशील मन हो तो सुननेवाला या देखनेवाला कुछ समय के लिए निश्चय ही अपनी सुध-बुध खो बैठता है। मीड़ पर साँस रुकने लगती है ; आँखों में अन्तर लहरें लेने लगता है ; सारे प्रतिबन्धों को चीर कर कोमल भावों के बहाव में एक हरी परछाई इस पार से उस पार तैरती चली जाती है। ...

जैसे मीड़ पर की अपनी ही ऊँची झंकार से सितार का कोई एक तार टूट गया हो, कालिदास का चिन्तन-प्रवाह द्वार पर के कलहास्य से कम्पित हुआ। चौंक कर देखा, नव-पल्लवों से लदी चार ललित लतिकाएँ मुस्कान के मुकुल खिलाती हुई अभिवादन की मुद्रा में वल्लरियों-सी बाँहें झुकाए खड़ी थीं। चारों एक ही सप्तक पर, एक साथ, वृन्द-वाद्य-सी बजीं :

'महाराज' आपकी प्रतीक्षा कर रहे हैं, महारानी इरावती भी वहीं उसी वेश-भूषा में सजी बैठी हैं। आप अकस्मात् अस्वस्थ हो गए, उनकी चिन्ताओं का अन्त नहीं है।'

कालिदास एक बार ही बहुत-सी गर्म साँसों से सिंक गए ; परिचारिकाओं के ओठों पर श्रम की, अनुनय की मुसकान ने उन्हें हल्के-हल्के सहला दिया। वह कौशेय उत्तरीय कन्धे पर रखते-रखते बाहर निकल आए।

पास पहुँचते-पहुँचते अन्धकार रँग गया ; परिहास करने लगा। इरावती ने कहा :

'मुद्राओं की माँग थी, एकाध बार मेरी दृष्टि ऊपर उठी थी। देखा था, महाराज मुझे देख रहे थे और आप मेरी कला-साधना।'

कालिदास ने संकुचित कृतज्ञता से सिर झुकाए-ही-झुकाए अंजलि बाँध ली।

अग्निमित्र ने उद्विग्न स्वर में कहा :

''मैं ब्राह्म मुहूर्त में पाटलिपुत्र के लिए सदल-बल प्रस्थान करने वाला हूँ। महाराज अधिक अस्वस्थ हो गए है। मुझे वहीं कुछ दिन रुकना पड़

सकता है। यहाँ मन्त्री, सेनापति आदि तो रहेंगे ही, थोड़ा समय तुम भी देना। नए अनुभव होंगे। देखोगे, जहाँ एक घर में दो भाई भी मिलकर रहना नहीं जानते, लड़ मरते हैं, वहाँ किसी भारी जनसंख्या वाले देश को अनुशासित रखने के लिए किसी राजा को क्या-क्या करना पड़ता है! कैसे उसे रंगशाला से उठकर एक ही झटके में रणभूमि पहुँच जाने योग्य मन बनाना होता है! जिन हाथों में कोण-वीणा हो, उनमें कैसे तुरत ढाल-तलवार सज जाती है!

''साधारण जन जानते हैं, भोग-विलास ही राजधर्म है। श्रम प्रजा करे; करते-करते ही मर जाए, उस जीवनव्यापी श्रम का अखण्ड फल राजा भोगे, यही राजनीति है।

''यहाँ तुम अपनी आँखों देखोगे और बिना उत्तेजित या पक्षपाती हुए वस्तु-स्थिति को सही-सही समझने की चेष्टा करोगे तो पाओगे कि राजा का उत्तरदायित्व कितना कठोर है।

''उसे प्रजा के शील की रक्षा करनी पड़ती है। भरण-पोषण के अतिरिक्त भयहीन सुरक्षा देनी पड़ती है, और ...''

□

१७

चन्द्र-किरण सन्नाटे में लेटी हुई थी। उसे पेड़-पौदे सारी रात सिर-आँखों पर रखे हुए थे। अब पौ फटती देख वह अपने आप छाँह में उतर आई थी और उसके थकन-भरे टूटते-से अंग धरती पर बिखर गए थे।

महाराज भर्तृहरि ने पिछली किसी वैशाखी पूर्णिमा को गुफा के भीतर ही महासमाधि ले ली थी। जग भर को नीति, श्रृंगार और वैराग्य की दीक्षा देने वाले ने जैसे इस अन्धी गुफा में जीवन का प्रकाश भर दिया था। पर वह सशरीर किसी को दिखाई नहीं देते थे। उनकी ओर से गुफा की भित्तियाँ अव्यक्त शब्दों में कुछ बोलती थीं; प्रतिध्वनियाँ उनके मूल स्वर पर चढ़-चढ़ जाती थीं; किसी को स्पष्ट कुछ सुनाई नहीं देता था।

प्रजा की पीड़ा और व्यथा को अपनी ही पीड़ा और व्यथा समझने वाले महाराज विक्रमादित्य की कथा कौन नहीं जानता? रात-रात भर वेश बदल-बदल कर घूमने वाले अपने महाराज को प्रजा ने तब भी हृदय और बुद्धि से इतना नहीं पहचान लिया था कि वह देखते ही जान जाती: हो न हो, यह स्वयं महाराज ही इस संकट की घड़ी में वेश बदलकर पधारे हैं!

मालव गणतन्त्र ने प्रद्योत और पालक के समय में ही एक विशाल राज्य का आकार ग्रहण कर लिया था और तभी से अवन्ती की राजधानी उज्जयिनी थी। पुष्यमित्र का साम्राज्य दशार्ण तक फैला हुआ था। विदिशा पहुँच कर वह रुक गए थे। महाराज विक्रमादित्य के उच्च चरित्र और शौर्य-वीर्य ने ही नहीं, उनकी अतुल लोकप्रियता, विद्या-व्यसन और विनम्रता ने भी उनके विजयोन्माद को शिथिल कर दिया था। उन्होंने अवन्ती को तत्काल मगध-साम्राज्य में मिला लेने के दिवास्वप्न को अभी

अपनी खुली आँखों में ही स्थगित कर दिया था। सच तो यह कि विक्रमादित्य-जैसे यशस्वी और प्रतापी की दुर्लभ-मैत्री भी उनके लिए कम मूल्यवान न थी।

तो, महाराज विक्रमादित्य के प्रजा-पालन की अपनी प्रणाली थी। पुष्यमित्र ने प्रभुत्व को बड़ा माना था, विक्रमादित्य ने प्रजा के प्यार को।

वैदिक संस्कृति के जयघोष का युग था वह। धर्म, आचार और चिन्तन के क्षेत्रों को नियमित करने वाले शास्त्र कब के रचे जा चुके थे। जन-जीवन वेदों से लोक-भाषा के समतल पर उतर आया था।

मौर्य राजे या तो बौद्ध थे या फिर बौद्ध धर्म के समर्थक। वैदिक धर्म के अनुयायी ही वर्ण-व्यवस्था और आश्रम-व्यवस्था को दृढ़ता से माननेवाले थे। पुष्यमित्र का इन पर वरद हस्त था। पुष्यमित्र ने बौद्ध मत को उखाड़ फेंकने के लिए वेदों का सहारा लिया था; किन्तु महाराज विक्रमादित्य महाकाल मन्दिर के प्रांगण में भी बुद्ध के जीवन के कतिपय उत्कृष्ट अंशों—सुजाता, मार्-विजय, आनन्द के संन्यास आदि पर आयोजित लोकनाट्यों में न केवल सम्मिलित होते थे, प्रत्युत कलाकारों को वस्त्र, आभूषण और स्वर्णमुद्राओं से पुरस्कृत भी करते थे।

पहाड़ों, तराइयों, बीहड़ निर्जनताओं, नदी-नालों और झाड़-झंखाड़ों को पारकर शारीरिक शक्ति और बौद्धिक, राजनैतिक क्षमताओं के हिंसक प्रदर्शन में ही राजत्व की चरितार्थता नहीं है। लोक-मानस में पड़ाव हो; आर्तों के परित्राण में प्राणों को संकट में डालने का अदम्य उत्साह हो; निर्दोष आँखों के आँसुओं को अनमोल मोतियों में बदल सकने की सदाशयता हो और डर से रुँधे हुए गले में आनन्द के स्वर सजा देने की उदारता हो तो राज-धर्म की शोभा का क्या कहना? वह और निखर जाती है। पुष्यमित्र भारत के सम्राट् थे और विक्रमादित्य केवल मालव-नरेश; किन्तु एक नाम इतिहास के एक नुक्कड़ की सामग्री बन कर रह जाने वाला था और दूसरा नाम जन-मानस में, लोककथाओं में, उपमानों और कहावतों में, इतना ही नहीं, महाकवियों के काव्यों और नाटकों में भी, जब तक संवत्सरों की गिनती सृष्टि में होती रहेगी, तब तक बना रहने वाला था।

पौ फटने लगी थी। रात-भर एक गाँव से दूसरे गाँव का चक्कर लगा कर महाराज का घोड़ा थक गया था। लगाम झाग-झाग हो रही थी; घोड़ा हाँफ भी रहा था।

भर्तृहरि की गुफा दिखी तो महाराज लपक कर उसी ओर बढ़ गए। बाहर अश्वत्थ के तने से घोड़े को बाँध दिया और आप गुफा के द्वार पर जा बैठे। उनके लम्बे छरहरे बदन के सभी अंगों का गठन साँचे में ढला-सा दिखता था। पास ही झाड़ में फूलों के लच्छे खिलते हुए दिखाई दिए। गन्ध की फुहारें झड़ने लगी। महाराज ने जड़-से प्रतीत होने वाले भीतर के अन्धकार में कुछ सुगबुगाहट या हल्की-सी हलचल का अनुभव किया। चौंके नहीं, अधिक स्थिर हो गए।

'अरे, तो तुम इतने व्याकुल क्यों हो रहे हो ?'

स्वर महाराज भर्तृहरि का-सा था। महाराज विक्रमादित्य सावधान होकर सुनने लगे। उस अतुलनीय स्वर में सरलता घुली थी :

'कालिदास कोई ऐसा-वैसा कवि नहीं, वाग्देवता का अवतार है। उसकी बुद्धि की टोह न लो। वह यहाँ से भागा नहीं है। उसे तो यहीं का होकर रहना है। समझ लो, अभी वह इसीकी तैयारी कर रहा है।'

विक्रमादित्य सचमुच ही अधिक असमंजस में थे। सभी तरह के, प्रजा की भलाई के कामों में सदा व्यस्त रहने पर भी रह-रह कर विद्योत्तमा की चिन्ता उन्हें सताती थी। पिछली रात वह उसी के विषय में सोचते रहे थे।

'ऊँचे आदर्श कभी व्यर्थ नहीं जाते। कोई खोई हुई वस्तु उसके तप्त मन को याद आती है जो उसे बेहद तड़पाती और व्यर्थ उदासी से भर देती है। उसे धुँधले नभ पर छाया घुप्प अँधेरा-सा दिखने लगता है जब कि एक अनूठी विभा-प्रभा उसकी अगवानी में आनेवाली है। वह वसन्त की पुष्प-पुलकित घाटी में पाले की चादर ओढ़े ठंडा, ठिठुरा देवदारु-सा खड़ा दिखता है। दूसरे सूखे झाड़, जिनकी जड़ों पर काई की परते चढ़ी हैं। उसे समानधर्मा समझे बैठे हैं। सुख की बौछार में वह अपना तन सुखाता है कि दुखी मन चिन्तन-मनन में और गहरे उतरे। सुन्दरता की सुधा पी कर उन्नत-सा मृत्यु की अँधेरी गुफाओं से जीवन-ज्योति ढूँढ

लाता है। मुड़े-मुड़ाए भूर्ज-पत्र पर वह जो सीधी-सादी पँक्तियाँ लिख रहा है, भारत-भारती को अमरता उसी से उपलब्ध होने वाली है ...'

स्वर की विह्वलता निर्बाध प्रवाहित हो रही थी। महाराज को कुछ अस्पष्ट-सा समाधान भी मिल रहा था; किन्तु उन्हें यह भ्रम-भी होने लगा था कि यह ध्वनि गुफा के भीतर ही है या स्वयं उन्हीं की आत्मा की प्रतिध्वनि ?

हृदय कभी डूबता, कभी उछलता ! एक अस्पष्ट-सी छायाकृति उदास और पीले मुँह पर जुगनुओं-सी टूटी-फूटी हँसी चिपकाए हुए गुफा में जब-तब हिलती-डोलती दिखाई देती थी। महाराज मुँदी हुई आँखों में ही यह सब अनुभव कर रहे थे। रूप की परछाईं सूनेपन में व्यर्थ बीते हुए अनमने क्षणों को स्मृति में दुहराती हुई-सी डोल रही थी :

जानते हो, स्त्री ही सृष्टि के विकास-ह्रास का दायित्व सँभालती है ? राम जने या रावण,—जननी वही है। शक्ति के बिना शिव भी शव है। कालिदास विद्योत्तमा को परख रहा है : विदुषी वह है; किन्तु कोरी विद्या ने उसके स्त्री-सुलभ स्नेह के स्रोत सुखा तो नहीं दिए ? एक बार विद्या से गृहस्थी टुटरूँ टूँ चल भी जाए, किन्तु ऐसे जीवन तो नहीं चलता। जीवन ज्यों-त्यों जी लेना ही तो नहीं है। मन का जादुई वन उसे भटका कर कभी फूलों की ओर, कभी सपने झरते झरने की ओर और कभी यथार्थ की धूप-छाँहीं घाटियों में थकन और चुभन के कटीले झाड़ों की उलझन की ओर फुसला कर ले जाता है। कभी मैं भी तो कवि था। राजपाट की चकाचौंध में मन चैन नहीं पाता था। मृगया-विहार पर निकलता तो अरण्य का संगीत भय से मौन हो जाता था। रतनारे अंगारे-से फूलों के गुच्छे घोड़ों की टाप से उड़ाई धूल से मैले पड़ जाते थे। वाणों के सामने अल्पप्राणों के प्राण मेरे शौर्य को केवल क्रूरता कहकर निछावर हो जाते थे। एक दिन मृग-चर्म की तथाकथित पवित्रता को धिक्कारता हुआ मैं कई-कई हिरनों के शव उठवाए हुए थोड़ी रात बीते घर लौटा तो देखा, अपने कक्ष में महारानी नहीं हैं। दासियाँ सिर झुका कर एक ओर खड़ी हो गईं। उनके भय का कारण अपने आप समझ में आ गया था, मैंने कुछ पूछा नहीं, चुपचाप बाहर निकल आया। महारानी अकेली

अँधेरे-अँधेरे गोल चक्करदार अश्वशाला की ओर से जल्दी-जल्दी लौटी आ रही थीं। चौंक कर हँस पड़ीं कि "आपको अचम्भा हुआ ? मैं ऐसा साहस प्रतिदिन करती हूँ। दासियों की अतिरिक्त सेवा-शुश्रूषा ने मेरे सबल शरीर को लुंज-पुंज कर दिया है। मैं भीतर-ही-भीतर अश्वशाला तक जाती हूँ। मुझे घोड़े बहुत अच्छे लगते हैं। चँवर-जैसी उनकी पूँछें, अयाल, पुष्ट टाँगों और सुतिआई कनपटियों से निकलती पसीने की तीखी गन्ध, पीठ और कन्धों को झकझोरती-सी झाग-भरी साँसों की आहट—मैं तो ठगी-सी देखती रह जाती हूँ; ... परन्तु आप ऐसे परिश्रान्त-से क्यों हैं ?"

मैंने माथे का पसीना पोंछते हुए कहा : 'नहीं, ऐसी तो कोई बात नहीं है। चढ़ाई और उतराई में थोड़ी-बहुत थकान तो होती ही है !'

'क्या कोई चीता हाथ लगा ?'

'नहीं ?' दिख जाता तो अलबत्ता बच निकलना कठिन होता। अभी तो बस उन्हें ही थका कर मार डाला जिनका मांस तुम्हें सब से मुलायम और मीठा लगता है ! ... अच्छा, यह तो बताओ, तुमने वह फल खा लिया ?'

'कौन-सा फल ?'

'कौन-सा फल ? ... तो तुमने वह नहीं खाया ?'

'अरे वो ? जो आज आपने प्रात : सन्ध्या-पूजा से उठने पर मुझे दिया था ?' अरे हाँ, हाँ वह अक्षय फल कि जिसे खाकर मैं चिर-युवती रहती ? वह तो मैं तभी खा गई थी। अरे नहीं, आधा आपके लिए रखे हुई थी, दुख है कि उसे एक बिल्ली उठा ले गई ...'

'बिल्ली फल उठाकर ले गई ? हाँ-हाँ क्यों नहीं ?'—उत्ताप की भाप तक न उठने दी मैंने। उल्टे एक ऐसा ठहाका लगाया कि रात प्रात हो गई।

'बुद्धि-विवेक के अनुसार व्यवहार करते उसे कभी नहीं देखा। हँसकर टालता रहा उसकी उच्छृंखल प्रकृति की असंयत विकृतियों को। पुत्र की कामना थी उसे। पूरी न हुई। तुम तो जानते हो, हम दोनों भाइयों की उत्पत्ति भी किसी दैवी चमत्कार से हुई थी, इसी प्रतिश्रुति के साथ कि अब वंश-विस्तार के लोभ की बलि देनी होगी। मेरी छोड़ो, अपनी ही

सोचो। अब विक्रमादित्य के वंश में कोई होता तो लीलादित्य, वक्रचन्द्र या खद्योत-तारक ही तो होता। बचे-खुचे से ही मूलधन का अनुमान लगाया जाता। राजाज्ञा और गुरूपदेश से कोई कछुआ तो हो सकता है, मृगेन्द्र नहीं।

'दूसरे दिन मैं ध्यान से उठकर उद्यान की ओर बढ़ ही रहा था कि सामने अश्वपाल सिर लटका कर खड़ा हो गया। उसके हाथ में वही फल था। देखा तो दिन में तारे दिखाई दिए ; हाथ का तोता उड़ने को पर तोलता दिखाई दिया। यों ही पूछ बैठा : कहाँ मिला ?

'बोला : अमृत फल है यह। खाने वाला कभी बूढ़ा नहीं होता। मैंने सोचा—इसे महाराज को देना चाहिए। वह हमारे माई-बाप हैं। सब दिन जवान रहें, युग-युग जिएँ—ईश्वर से हम सब यही मनाते हैं।'

'ठीक है, तुम्हें यह फल कैसे मिला ? किसलिए किसी ने दिया तुम्हें ?

'बताओ, अभयदान देता हूँ, तुम्हें !'

'राजमाता ने !'

'क्यों कर भला ?'

वह लज्जा से पानी-पानी हो गया। उसके माथे से पसीना बह-बह चला ; किन्तु मुँह से एक शब्द न फूटा। ...

—तो यह रहीं तुम्हारी भाभी महारानी पिंगला ! महत् कुल में उत्पन्न, उच्च शिक्षित, सुसंस्कृत, मेरे जीवन-यज्ञ की सहधर्मिणी।

'मैंने यों ही संन्यास नहीं लिया विक्रम ! संन्यास मेरी टेक न था, आत्मग्लानि से उबरना ही लक्ष्य था मेरा। जिसमें जीवन की सहजता नहीं, ऐसे सौंदर्य में मन को समेटना संभव न हुआ। मेरी अनुभूति की जटिलता तुम भली-भाँति समझ सकते हो : किन आदर्शों को ढो-ढोकर चेतना की थकन तब मेरा मन बन गई थी !

'हाँ, तुम्हारे सरल हृदय को, सम्भव है, मेरे प्राणों की फड़फड़ाहट में, परेवों की ललित केलि का आभास हुआ हो ; किन्तु इस एक घटना में अनेक सामाजिक स्थितियाँ गुँथी हुई थीं ; संशय ने कोमल परतें उतार कर स्फटिक-शिला पर विश्वास को ला पटका था। भावना के स्तर पर

मैंने प्राणान्तक दबाव का अनुभव किया था कि मैं जिसके ध्यान में डूबा रहता हूँ, उसे मुझसे तनिक भी अनुराग नहीं है। वह अपनी रुचि के किसी और को चाहती है, कुल और शील को तिलांजलि देकर ; लोकमंगल को रौंदकर। और लो, उस पुरुष की भी चहेती कोई और है। उसे झूठी मर्यादा की, ऐश्वर्य और रूप की इन्द्रपुरी नहीं रुचती, धूल-मिट्टी से सने किन्हीं पसीना पोंछते हाथों की सुगन्ध ही विसुध-विमुग्ध कर देती है। और फिर कोई यह कैसे कह सकता है कि कहीं कोई कैसी-सी भी मुझ एकपत्नी-व्रत के लिए भी कोमल भाव न पाल रही होगी ! ऐसे में मन कैसे न धिक्कारे इस चाह-चक्र को ? कैसे न तोड़ फेंके इस कुछ का कुछ दिखाने वाले माया-दर्पण को ?

' ... तुम निश्चिन्त रहो विक्रम, विद्योत्तमा की अग्निपरीक्षा लेने वाला स्वयं पंचाग्नि-सेवन कर रहा है। उदयगिरि के प्रकाश के पास पहुँचने के लिए कालिदास कुहरा कुतर रहा है ; अलाव जलाकर ठिठुरी मनःस्थिति को नहीं सेंक रहा। उसका उन्निद्र मन जैसे स्वप्नों का समुद्र है, वह ऊभ-चूभ हो रहा है ; गहराइयाँ माप रहा है, झटपट तट पर नहीं आना चाहता, जीवन कहीं से अनथाहा जो रह जायगा ...'

विक्रमादित्य के मन को तब कुछ ऐसा लगा होगा जैसा हाट उठ जाने के बाद गाँव की ऊबड़-खाबड़ परती भूमि को लगता होगा। जैसे कोई प्रकाश की हिलोर थी जो पलक झपकते बुलबुलों में समा गई। जैसे छूँछे आकाश की छाँह भर ठहरी रह गई। गुफा के बाहर-भीतर हैरान आँखों ने क्या-क्या न ढूँढा, कहीं कुछ न दिखा। तगड़े माथे ने पहाड़ खोद डाला, एक चुहिया भी न निकली।

वापसी में महाराज के ओठों पर मुस्कान की रेखाएँ खिंच गई थीं। कुछ सन्तोष-सा अनुभव हो रहा था कि हवा में लौ काँपी न थी। सोच पर जो कुहासा छाया था वह एक हद तक छँट गया था।

कुल, विद्या, वैभव और प्रताप का सम्मिलित प्रभाव उनके व्यक्तित्व में था। राजमार्ग पर जो जहाँ के थे वहीं रुककर अभिवादन कर रहे थे। इसमें कोई राजकीय अनुशासन का दबाव न था।

भवन में प्रवेश करते ही महारानी ने प्रणय-प्रफुल्ल लोचनों के रंग

और गन्ध से उनका स्वागत किया। दोष-गुण का पारखी विश्व-संसार है। पत्नी एक ऐसी मित्र है जिसे पति में या तो दोष दिखते ही नहीं या फिर दोष भी गुण का ही कोई कम प्रचलित नाम प्रतीत होता है।

रात भर के अनुभव रानी के आँचल में भर कर उन्होंने महाराज भर्तृहरि के पहचाने हुए कण्ठ-स्वर से सुनी हुई वे सारी बातें बताईं जिन्हें सुनते समय बार-बार रानी के रोंगटे खड़े होते रहे : ''महाराज भर्तृहरि जीते जी जो किसी को न कह सके, उनकी आत्मा में घुटे हुए वे कठिन-कोमल शब्द मरने के बाद आपको सुनाई दे गए। कुलीनता ने मुँह बन्द कर रखा होगा, फिर भी समय पाकर स्वजन के समक्ष सात तहों में छिपाया हुआ दुःख शील-बन्द आत्मा का वज्र-कपाट तोड़ कर निर्विकार भाव से प्रकट हो गया। जैसे वह आप-बीती नहीं, कोई अविश्वसनीय पौराणिक कहानी सुना रहे हों।''

विक्रमादित्य ने कहा :

'हाँ, एक शुभ बात बताने के लिए उन्हें अशुभ का स्मरण करना पड़ा।'

'क्या आप जानते थे ?'

'जानता था, मानता था। आज अन्तर्ध्वनि ने अवश्य निःशब्द कर दिया।'

'तो ... ?'

'वयस्क होने के पहले ही मुझे राजसिंहासन क्यों कर मिल गया था, स्पष्ट हो गया। तो भैया अनुराग के तार टूट जाने से विरक्त हुए थे। भाभी की मानसिक अशान्ति ने ही उनकी सुन्दरता की तीव्र संवेदना को मन्द-मलिन कर दिया था। वह जन्म से कवि थे, वैरागी न थे। आँख की किरकिरी ने सुन्दर को कुरूप कर दिया।'

'यह सब अचानक ही तो न हो गया होगा ! जेठ महाराज का ध्यान आगे क्यों न गया ?'

'राज-काज में बुरी तरह व्यस्त रहने वाले को अन्तःपुर के लिए पर्याप्त अवकाश नहीं रहता। किन्तु महाराज मांसाहार के कट्टर विरोधी होने पर भी महारानी की परितृप्ति के लिए जब-तब मृगया पर अवश्य चले

'इसी दुर्बलता का अनुचित लाभ जेठानी ने उठाया।'

'कैसे भला ?'

'स्त्री-बुद्धि ने अन्यथा लिया। कुछ ऐसा कि महाराज उनकी अनुपम सुन्दरता पर अपने सारे आदर्शों की बलि दे सकते हैं। एक-नारीव्रत होने के कारण उनके सारे अत्याचार सह सकते हैं ...

'अच्छा, कालिदास जी के विषय में उन्होंने क्या भविष्यवाणी की ?'

'कहा कि कवि होने के कारण वह सुन्दर-असुन्दर के चक्कर से उबर नहीं सके हैं। आन्तरिक सौन्दर्य के साथ वह बाह्य सौन्दर्य के भी आग्रही हैं।'

'तो ... ?'

'तो उन्हें विद्या के रूप और विद्या के गुण के सम्बन्ध में मीन-मेष निकालने का अवकाश नहीं मिला है, वह केवल अन्तःसौन्दर्य के रूप में उसके शास्त्रीय अहंकार पर प्यार की रतनारी ज्योति जगी देखना चाहते हैं। वह उसकी वाद-विवादवाली धृष्टता में लज्जा की शालीनता घुली देखना चाहते हैं। वह मुखरा सरस्वती को गृहलक्ष्मी के रूप में ढली देखना चाहते हैं और इसी के लिए उसे प्रतीक्षा का साँचा दिया है ; विरह की ऐकान्तिकता दी है। अब विद्या-विहीन कालिदास की कल्पना भी नहीं की जा सकती। सौन्दर्य-चेतना से लबालब-भरे हृदय में प्रणय का सहस्रदल कमल खिलाना ही कालिदास का लक्ष्य है जिसकी सुगन्ध से शील-सुरुचि-पूर्ण मानवजीवन मह-मह कर उठे।'

'सौन्दर्य का यह आग्रह क्या विश्व से कुरूपता को मिटा देगा ?'

'अपने जीवन को अपने अनुरूप रचे बिना विश्व के विषय में कैसे कोई दावा किया जा सकता है ? विश्व में कितनी ही रुचियाँ हैं ! कितने ही ऐसे होंगे जो पशु-बल से विजेता बनना चाहते होंगे। धर्म, अर्थ, काम, मोक्ष का सुख भी वह पशु की तरह ही प्राप्त करना चाहते होंगे, किन्तु जीवन की रचना प्रकृति पर विजय से नहीं, प्रकृति के मैत्रीपूर्ण सहयोग से ही सम्भव है। विजयी होना प्रणयी होना नहीं है। विजय में हिंसा का भाव है, प्रणय अहिंसक सत्य है।'

□

१८

काला, लम्बा और सूखा हुआ। दुबलेपन में हड्डियों का पहाड़ा पढ़ाता हुआ। भरे-पुरे खोखल पर भी असर डालने वाला। आँखों की रोशनी जीवन के घने अँधेरे को और गहराती हुई। बदरंग रेखाओं के फटे जाल-से चेहरे पर बल देकर बताया : ब्राह्मण श्रमणक हूँ।

कालिदास ने लम्बी बाँहें उछालकर प्रणाम किया। उसने सिकुड़ कर मना किया : नहीं, बौद्ध धर्म नई प्रवृत्तियों, संघबद्ध आन्दोलनों का धर्म अधिक है, व्यक्तिगत उपलब्धियों का कम। मैं प्रवाह में बह गया। श्रमणक हो गया। ब्राह्मण ही अच्छा था। दरिद्रता से छुटकारा पाने के लिए काषाय धारण किया था, अब इस काषाय की ऊष्मा से प्राणों पर बन गई है। वैदिक धर्म अपनी पिछली संचित शक्ति के साथ वापस जो आ गया है।

मानसिक संघर्ष और अन्तर्व्यथा से ब्राह्मण का मन मथा जा रहा था। वह मगध से चलकर विदिशा पहुँचा था।

कालिदास ने कहा : धर्म की उच्चता उसकी सघनता और तीव्रता से मापी जानी चाहिए, अन्न-वस्त्र की सुविधा से नहीं। बौद्धधर्म में उपगुप्त और अनाथपिण्ड जैसे चेतना की तहों में गहरे उतरे, धर्म की वास्तविक अनुभूति का स्वाद लेने और देने वाले संन्यासी भी तो हुए हैं। सच तो यह कि आपके मन में धर्म की प्यास न थी, आपने अपनी दरिद्रता को रंगीनी भर देनी चाही थी, इसीलिए 'इतोभ्रष्टस्ततो भ्रष्ट :' की नौबत आ गई। हीनयान में गृहस्थी के ढेर सारे सुख लादने भर अवकाश है भी

नहीं। किन्तु वह दिन दूर नहीं जब गृहस्थों के लिए भी कोई बड़ा यान ढूँढा जायगा। देश का हर तरुण स्थविर होना क्यों चाहेगा ? यों भी धर्म को तरुणी से कतराना न चाहिए। धर्म 'बहुजन हिताय, बहुजनसुखाय' न कहकर 'सर्वे भवन्तु सुखिन : सर्वे सन्तु निरामया :, सर्वे भद्राणि पश्यन्तु मा कश्चिद् दुःखभाग् भवेत्' कहे, तभी सब का उद्धार सम्भव है।'

—कहा, प्रणाम किया और अपने साथ की सारी मुद्राएँ भेंट कर दीं। श्रमण ने श्रद्धा से दोनों हाथ उठाकर रास्ता छोड़ दिया।

रानी इरावती ने इस उतरे अपराह्ण में प्रेक्षागृह में मिलने बुलाया था, किन्तु आवास से निकलते ही ऐसे संन्यासी का अशिव दर्शन ! शिव-शिव ... ! कालिदास को महाभाष्य में पंतजलि की कही एक कहावत याद आ गई, बेर-आँवले कच्चे-हरे रहें या पक कर लाल-पीले हो जाएँ, वे बेर और आँवले ही रहते हैं।

पहुँचने की त्वरा थी। देश-काल आदि अशेष उपाधियों से रहित चैतन्य-घन आकाश को अन्तश्चक्षु में बसा कर मन ही मन यह मनाते हुए बढ़ चले कि कोई भी माया मेरी मति को न घेरे।

मोतियों-भरी सीप-सी रानी इरावती शून्य कक्ष में तरंगित होते मौन सिन्धु के किनारे खड़ी थीं। कालिदास को आते देखा और फूट पड़ीं :

'अग्नि कहते थे, कालिदास मेरे मित्र है,' आज वह सच हुआ। वह भी बहुत प्रतीक्षा कराते हैं।—स्मित-मुकुलित मुख से यह कह कर अव्यक्त मन की अदृश्य वासना का संक्षेपण सीमन्त में चम्पे के फूलों-सी उँगलियाँ खोंसते हुए किया।

कालिदास की पलकें यों भी कम झपकती थीं, इस घड़ी झुकी ही रहीं। फिर जैसे दिन में तारे दिख रहे हों, उन्होंने आकाश में उन्हें टिका कर स्वगत-भाषण-सा किया : गौतम बुद्ध ने द्विज और शूद्र में भेदभाव नहीं बरता। शूद्र पैतृक वृत्ति छोड़कर साधु हो गए। जाति जनमने भर से बनती है। वर्ण की पहचान प्रतिश्रुतियों से होती है। कोई त्यागी-तपस्वी हो, विद्वान् और कुलीन हो, तभी उसे ब्राह्मण कहा जाएगा। शूद्र तो वे सभी ब्राह्मण, क्षत्रिय और वैश्य भी हैं, जो शास्त्र-विहित अपने-अपने कर्मों का पालन नहीं करते।

इरावती उन्हें अपलक दृष्टि से देख रही थीं। ऐसी सम्मोहित-सी दृष्टि थी वह कि तनिक चौंकी भी नहीं कि आते-आते कालिदास की दमकती हुई कान्ति किस परछाईं से उलझ गई है !

'अधबीच में अभी एक जाति मात्र से ब्राह्मण ने मेरा रास्ता रोक लिया था'—कालिदास ने कहा : उसकी आँखों में न जिज्ञासा थी, न कौतुक। काम से बचने के लिए बौद्ध साधु हो गया था। वहाँ भी पेट न भरा तो धर्म को कोसता हुआ संघ से भाग निकला था। ब्राह्मण होने भर से भीख माँगने की छूट मिल जाती है न ! अब छुट्टा डगर-डगर डोलेगा।'

—सहसा संकुचित हो नव पल्लव-सी जीभ निकाल कर अपनी विवेकशून्यता के लिए क्षमा माँगी कि निकले थे हरिभजन को, ओटन लगे कपास !

इरावती मुसकिराई तो जैसे मरु में चन्द्र-किरण बरसी। शब्दों में गुम्फित हल्की-सी हँसी कि अग्निमित्र से मिलकर ऊँची उड़ान भरने के लिए पंख माँगूं ! पवन ही अग्नि का मित्र है न ? शून्यता की शान्ति सब समय नहीं सुहाती।

'पवन का क्या भरोसा' !—कालिदास का अन्तर तरंगों में तैरते हुए प्रदीप-सा झिलमिलाया : 'पवन के मन का क्या ? जाने कहाँ-कहाँ उड़ाए फिरे ! मैं कहूँ शान्ति है कहाँ ? वह हो जब तो सब सुहाए। शून्यता खोखलापन है। उसमें शान्ति कहाँ ? शान्ति तो समग्रता और परिपूर्णता की शब्दातीत अभिव्यक्ति है। वह विवशता की चुप्पी नहीं है।'

इरावती की दृष्टि विस्मय से विस्फारित हो उठी। कालिदास को वह क्या समझे—कवि ? दार्शनिक ? योगी या सदाशिव ?

वह कहना चाहती थी कि अग्नि मित्र के औचक चले जाने से उसका जी कहीं नहीं लग रहा है, पर बोलने को हुई तो मुँह से निकला :

''ब्रह्मा ने सब से पहले 'अमृतमन्थन' नामक समवकार (दश रूपकों में एक) का प्रयोग करने कहा था। उसकी रचना उन्होंने स्वयं की थी और उसे भगवान शंकर को भी दिखलाया गया था ; फिर 'त्रिपुरदाह' नामक डिम (दश रूपकों में एक) का मंचन किया गया। जाने क्यों,

मुझे यह सब साभिप्राय और सांकेतिक प्रतीत होता है कि जीवन पहले अमृत-मन्थन है ..., फिर त्रिपुरदाह।''

कालिदास ने चमत्कृत होकर स्वीकृति-सूचक सिर हिलाया। यों उन्हें लग रहा था कि पंछी उड़ना चाहता है ; गीले पंख उसे पिंजरे की तीलियों की याद दिलाकर फड़फड़ाने के लिए रोके हुए हैं।

इरावती कहना चाह रही थी कि किसी का कलाकार होना इस अर्थ में अभिशाप-जैसा जान पड़ता है कि वह घर के घेरे के भीतर पर्याप्त प्रशस्ति न पा सकने पर उसे बाहर से पाने की प्यास पालने लगता है। घर में घुटता है, बाहर उँगलियाँ उठती हैं। अपनी परछाइयाँ थामते हाथ पिराते हैं। शब्दों के जंगल में आह भटक जाती है ; किन्तु मुँह खोल कर बोल सकी तो यही कि पवन की चपेटों की अग्नि को अपेक्षा है, अकेले-अकेले वह झिलमिलाता ही रहेगा, प्रज्वलित न होगा। समय आ गया लगता है जब उसका कलाप्रेमी शीतल मन अमृतमन्थन के श्रम से बच-बचाव की सोचे ! किन्तु देव न दानवों से बढ़े हैं, न दानव देवों से घटे हैं। युद्ध बराबरी का है। अमृतकलश दोनों को उकसाता रहता है। शक्ति-सन्तुलन की होड़ युग की अव्यक्त अभिव्यक्ति है।

कालिदास ने कहा :

''यश की चाह होने पर अपयश से नहीं बचा जा सकता। मैं सौन्दर्य की सृष्टि पूरी तटस्थता से करता हूँ, किन्तु कामान्धों को उसमें अश्लीलता ही पहले दीखती है।

''प्रवृत्ति और निवृत्ति धर्म के दोनों रूप वेद-विहित हैं। निवृत्तिमूलक बौद्ध धर्म कलिंगविजय नहीं करता। विजयी होने के बाद अशोक को बौद्ध धर्म प्यारा लगा था। ब्याह पर ब्याह रचाते समय धर्म आड़े नहीं आया। सन्तानों को सिंहल भेज कर भूल सुधारी।

''महाराज अग्निमित्र को भी अशोक-जैसे सफल सम्राट् के चरण-चिह्नों पर चलना चाहिए। धर्म-धर्म के बीच देव-दानव जैसा बटवारा ... ''

इरावती मन ही मन बुदबुदाई : कालिदास, तुम जीवन्मुक्त हो, कवि और कलाकार हो ; किन्तु राज-पाट की पेचीदगी न अध्यात्म से सुलझती है, न ललित कलाकौशल से। ज्वलन्त यथार्थ ऐसा सहृदय नहीं होता।

किन्तु बोली यही कि यहाँ अग्नि को नेक सलाह देने वाला भी कहाँ कौन बैठा है ? और कुछ मुझे भी पूछना था कि दर्पणों के साक्ष्य में मैं एक सौ आठ करणों का अभ्यास करती न थकी। मुझे प्रशस्ति नहीं चाहिए ; किन्तु कोई आप-सा मर्मज्ञ उसे देखे और त्रुटियों का संशोधन कर दे तो पूर्णता का आनन्द मिले। ऐसे श्रम-बिन्दु टपकाना भर होता है, सार्थक उल्लास नहीं।

कालिदास ने कहा :

यह तो भरतनाट्यम् में परिनिष्ठित आचार्यों का क्षेत्र है। मैं उसके घनीभूत प्रभाव से पुलकित भर होता हूँ, विश्लेषण के उपयुक्त शास्त्रीय शब्दों का परिचय मुझे कहाँ प्राप्त है ?

इरावती ने कहा :

यह तो देखने पर ही प्रकट होगा। अर्थ के अनुरूप शब्द अपने आप निर्मित हो जाएँगे। भावना की शक्ति स्वयं उपयुक्त शब्दों में रूपान्तरित हो जाती है।

कालिदास मुसकाकर रह गए : अच्छी बात है। महाराज को लौटने दीजिए। उन्हीं के समक्ष अपनी साक्षरता प्रमाणित करूँगा। यों तो पार्वती का सौन्दर्य सदाशिव ही साधिकार निरख सकते हैं। क्योंकि सौन्दर्य चाहे शरीर का हो, चाहे आत्मा या कला का, वह एक अतिरिक्त अनुभूति है। भँवर, बुलबुले और लहरें समुद्र के अलंकरण हैं, वे ही समुद्र नहीं हैं। उछाल किस गहराई से आई है, इसकी पहचान जरूरी है।

इरावती के माथे में एक धमाका-सा हुआ, फिर गहरा सन्नाटा छा गया। पलभर को मुँह मोड़कर कसमसाते अंगों को तोड़ना चाहा, फिर कालिदास के अनुरूप नए स्वरूप में ढल गई। व्यक्तित्व की गहनता कलात्मक विविधता में फूट पड़ी :

'आपके मुँह से निकला प्रत्येक शब्द एक अरुणोदय-जैसा होता है जो मेरे मन के अन्तरिक्ष को आलोकित कर देता है। आप क्या हैं ?'

'मैं तो कुछ भी नहीं, हूँ तो काव्य-कला की अन्तर्ज्वाला हूँ, महकते धुँए से ढकी लहकती ज्वाला।'

'कुछ समझी नहीं। मैं तो आपको शीतल तेज समझती हूँ। इस पर

आर्द्र समिध में भी ज्वाला। और यहाँ तो ऐसे वैसे लोग ही हैं जो कला को निरा हवा-बतासी विलास समझते हैं।'

'कविता को आत्मा की मुक्ति भी चाहिए, प्राणों का बन्धन भी। नहीं तो उन्मुक्त को किसे और कहाँ उतारा जा सकता है ? वाल्मीकि ने कविता को राम का गलहार बनाया ; व्यास ने उसे कृष्ण के सुदर्शन चक्र में उलझा दिया। कविता राम से गले-गले मिली तो उसका गला भर आया ; कृष्ण के चक्र में पड़ने पर वह शान्ति के सन्धान में कहीं हिम में जल गई।'

इरावती के अन्तर्मन को मकड़ी का जाला बनाने वाली स्थितियाँ स्पष्ट हो गईं। कैसे वह असमय में खिले फूलों को वसन्तागम का पूर्वाभास समझ बैठी थी। कैसे उसे अपनी मुट्ठी में अपने आप पर विजय बँधी रखी दिखी थी ! सोच के बीच अपनी ही गीली भाप से अनन्त अन्तर्दाह सुझाकर बुदबुदाई :

'बाहर अर्थ, भीतर काम—राजसदन बन कर वन का मन पछताया : क्या नाम ! कैसा काम ! मिथ्या दर्प, सर्प से मणि माँगने का ! कला मेरी म्लान हुई तो बस, शाण चढ़ाने की सुविधा के सन्धान में। मेघ पर चढ़ा मेघ ऐरावत कहलाता है, हाय रे, इरावती हो कर भी मैं इसे भूल गई।

कालिदास ने कहा : 'आपकी कला का मोती विदिशा के आँचल पर टपका है, मोल आँकने वाले उसे अनमोल ही तो बता पाएँगे।

''इसमें कला की आत्मा का अधिवास न होता तो यह सौध-सदन क्या होता,—चूने-गारे का ढेर ही तो ! स्थापत्य ने इसे एक रूप दिया, एक नाम दिया,—अब यह ढेर नहीं, गगनचुम्बी प्रासाद है ! स्थापत्य कला के पथरीले मर्म को संगीत-कला पिघलाती रहती है। आप रानी ही रानी होतीं, तो अन्तःपुर का श्रृंगार एक दिन अंगार-हार होकर राख हो जाता ; किन्तु आप तो कलाकार हैं। जहाँ हैं, वहीं से आपका सुयश-सौरभ दिग्दिगन्त में फैल रहा है। लोग भविष्य में भी आपकी कथा कहेंगे ; काव्य-नाटक लिखेंगे।''

'अब और लज्जित न करें। स्वयं विधि ने हिमालय को पर्वतों का, सागर को नदियों का, चित्ररथ को गन्धर्वों का अधिपति बनाया है। आपको भी कवियों का ...

'यह कहना मैं भूली नहीं हूँ बल्कि यही कहने के लिए और सब कहा है। अग्नि ने आपको ठीक पहचाना है। कभी महाराज विक्रमादित्य देखें तो बस, देखते ही रह जाएँ : अरे ! यह तो सूर्य-मण्डल के ऊपर खिले सहस्त्रदल कमल का ऊर्ध्वमुख विकास है !'

कालिदास ने हौले-हौले सिर झुका लिया तो बाहर चहुँओर खिले फूलों की साँस पल भर को रुक गई। हृदय के तार झंकार भूल गए।

फिर जैसे चाँद के बहुत ऊँचे चढ़ने पर सागर के अन्तर में कुछ होने लगा हो ; कालिदास ने हिमालय की यात्रा पैदल करने पर तुली सुकुमार कला की सम्राज्ञी इरावती से कहा :

"शिखर पर कोई किसी को उठा कर नहीं पहुँचा सकता। पहले संकल्प करना होता है फिर यत्न। और यत्न की निरन्तरता तब तक बनाए रखना आवश्यक है जब तक पूरी सफलता न प्राप्त हो जाए।

"विद्योत्तमा के कठोर हठ के कारण महाराज विक्रमादित्य से मुझे एक-दो बार बातें करने का अवसर मिला है। मैंने उनकी आँखों की खिड़कियों से झाँक कर जो दृश्य देखे उनमें विषमता कम, समता ही अधिक थी ; पद-पद पर संघर्ष के स्थान पर समन्वय का स्नेहिल प्रकाश था। ...

"एक दिन विद्या से विवाह का प्रस्ताव रख कर मेरे मनोभाव जानने चाहे। उन्हें एक यायावर को अपनी परमविदुषी कन्या का वर बनाने में कोई हिचक नहीं। निचुल ने बताया, वह राजकुल की नहीं है। धर्मपुत्री है महाराज की। एक ऋषिकल्प ब्राह्मण की पुत्री। मैं मन्त्र-बद्ध हो गया। उस मुखरा सरस्वती में मुझे चाँदनी रात की नीरवता भासित हुई। उसके प्रत्येक श्वास-उच्छ्वास में मुझे सुदूर दिगन्त तक फैली प्रभात-वात से आहत कमलदल की सुगन्ध का अनुभव हुआ। कहावत है कि 'आदमी का तोल एक बोल में पिछानिए।' वह बोली तो लगा, जैसे पंछी की आधी-अधूरी टेर ने सारे-संसार का संगीत कानों में उड़ेल दिया। ..."

इरावती खूब खुल कर हँसी : "फिर जो रास्ते सूरज-चाँद के उजाले हैं, उन्हें छोड़कर अँधेरे-अँधेरे, एक अकेले अपनी ही खींची रेख पर पाँव घसीटते रहने का क्या अर्थ हो सकता है ? सुना नहीं आपने—

आप मिले सो दूध,
माँगे मिले सो पानी ;
उसे समझिए रक्त
जामें खींचा-तानी।''

कालिदास ने कहा : ''मैं तर्क के मुँह की ओर नहीं बढ़ना चाहता। तर्कोऽप्रतिष्ठः। यों आपने अपनी अभिरुचि जता कर मुझे मेरे कर्तव्य का आधा पता बता दिया है। फिर भी किसी से कुछ लगाव होना ही तो सारी समस्याओं का समाधान नहीं है। ...

निचुल ने स्वजन भेजकर जान लिया है कि मेरे माता-पिता मेरी पदयात्रा के वर्षों में ही क्रमशः स्वर्ग सिधार गए थे। मेरे और दूसरा कोई भाई-भतीजा-भानजा कभी था ही नहीं। मैं शब्द के पूरे अर्थ में अकेला हूँ। यों तो महाराज विक्रमादित्य की विद्वत्सभा ने मुझे आमन्त्रित किया है, निर्वाह के योग्य सारे साधन उपलब्ध कराने का आश्वासन भी मिला है ; किन्तु ...''

''अब मैं समझी ! प्रतिष्ठा की खड़ी की हुई बाड़ को अनाड़ी हाथों हिलाए जाने की आशंका आपका मन खट्टा कर देती है !—है न यही बात ? अँजुरी को कबूतर का आकार देती हुई इरावती बोली।

'हाँ, लगी-लपटी रखने वालों से ही संकट की सम्भावना है। लगाने-बुझाने की कला में वही दक्ष होते हैं।'—कालिदास जी तोड़ प्रयत्न करने के बाद भी इरावती के मुँह पर अपनी आँखों की जोड़ी न जमा सके।

कालिदास की दुहाई देनेवाली मुद्रा पर अपनी हँसी रोक कर इरावती ने कहा : अरे क्या बात है उसे ? हाँ, है ही यह धूम मचा देनेवाली बात। कोई घरजमाई कह कर मुँह चिढ़ाएगा, कोई धुरंधर विद्वान। जामाता को विद्वत्परिषद में सर्व-समादृत होते देख मुँह बिचकाएगा। ऐसे तो कालिदास जी, आपका सपना साकार होने से रहा। अच्छा, अग्नि को लौटने दें, न होगा, मैं ही उन्हें लाभ-हानि का गणित समझाऊँगी। निष्कर्ष कुछ-न-कुछ अच्छा ही निकलेगा। आप अग्नि के मित्र जो हैं !

कालिदास भौंचक। सारी काव्य-कला दाँव पर लगा दी, पर बाजी हार गए। अभिनय में पारंगत इरावती गम्भीर स्वर में धीरे-धीरे बोली :

''बात बहुत टेढ़ी है। देखती हूँ, लोकभय से आपको विद्या से हाथ धोना पड़ सकता है। स्वप्न के प्रशान्त आलस्य को जागरण-क्षण का झटका असह्य हो सकता है, एक खिलते हुए कुमुद की खुली पंखड़ियों पर पड़ी चाँदनी की फुहार के पुँछने-जैसा।''

कालिदास का उदास मुँह धुआँते बोलों से घुटा जा रहा था जैसे कमलदल पर तुषारपात हो गया हो कि एक मरते हुए के मुँह से राम-नाम छिन गया हो !

इरावती अब और हँसी न रोक सकी : ''अरे ओ कवि-कोविद महाराज, प्रश्न विवाह का नहीं, प्यार का है। आप विद्या को मन-प्राणों से प्यार करते हैं या नहीं ? यदि हाँ, तो व्यर्थ बकनेवालों की मीठी छुरी-सी बातों को कान न दीजिए और यदि नहीं तो अग्नि को लौटने दीजिए, यहीं कहीं वर के योग्य वधू मिल जायगी। अग्नि इस कला में पारंगत हैं।''

पत्तों के झूमर में एक शब्द-हीन कलरव, जो मौन के ही निश्वास से फूटा हो, कालिदास ने वन-उपवनों में सुना था ; भेड़ के रेवड़ में बादलों के रंग देखे थे ; गतिशील ध्वनि सुनी थी ; किन्तु ऐसा कुछ न सुना था जो अभी इरावती कह रही थी।

हरियाली पर उभरी धूप की परछाई-सी इरावती निस्पन्द थी ; किन्तु उसकी लालसा-भरी दृष्टि दृश्य की विविधताओं तक फैल रही थी।

कालिदास ने उस ओर देखे बिना ही तनिक हल्कापन का अनुभव किया। उनका आवर्तहीन स्वर भी पारदर्शी हो गया था :

'मेरा प्यार ही पर्याप्त नहीं, समाज की स्वीकृति भी तो चाहिए। पार्वती ने प्यार किया, परिणाम मदन-दहन ; शकुन्तला ने प्यार किया ; फल दुर्वासा का शाप। प्यार अवश्य चाहिए ; किन्तु ...'

इरावती फिर हँसी : ''प्रश्न स्त्री के छुईमुई प्यार का नहीं, पुरुष के पौरुष-प्रगल्भ प्रेमल व्यवहार का है। शंकर ने जिस घड़ी चाहा, उन्हें पार्वती मिल गई ; दुष्यन्त ने आँख उठाकर ताका और शकुन्तला समर्पित हो गई।

''पुरुष के वाग्विलास और स्त्री की विवशता को एक न समझिए। पिता ने प्रतिज्ञा की, धनुष तोड़े, सीता उठा ले जाए ; मत्स्य-वेध करे,

द्रौपदी उसी की है। यह तो एक संयोग था कि राम ने धनुष तोड़ा या अर्जुन ने लक्ष्य-वेध किया !''

कालिदास चौंके, मन में सोचा : 'यह तो नर-नारी सम्बन्धों पर किसी दूध की जली की-सी तीखी प्रतिक्रिया मात्र है। सफल दाम्पत्य के लिए यह उद्दीप्त आक्रामक भाव कदापि वांछनीय नहीं है।' प्रकट में कहा : 'मैं सबके अविरोध को धर्म मानता हूँ। विवाह परम्परित रीति से निर्वाह मात्र नहीं है। वह एक अक्लिष्ट धर्म का निष्ठापूर्वक पालन-कर्म है। मन में छाये, किन्तु जाने क्यों, आपके आक्षेप-मूलक वचन प्रस्तुति की संवेदनशीलता की ओर से निश्चिन्त हैं !'

इरावती के मुख की कान्ति ईषत् परिवर्तित हुई : 'कालिदास जी, अपने आप माणिक्य लाल, फूल उजले और बादल धौले काले होते हैं; किन्तु आस्थान-मण्डप के कुट्टिमतल पर उभरी हुई उनकी परछाइयाँ रंग बदल देती हैं।

''स्त्री की लज्जावगुण्ठित विवशता पुरुष की दम्भभरी कर्कश रुचि की वेदी पर बलि हो जाती है। स्त्री की कोमलता को लोमश निष्ठुरता उसकी प्राकृतिक दुर्बलता समझ लेती है। अबलाओं पर प्रदर्शित पौरुष की कितनी ही कहानियाँ आपने सुनी होंगी !''

—कालिदास ने एक झटके से सिर हिलाया : नहीं, इसमें मेरी अभिरुचि नहीं है। मैंने प्रेम, सौन्दर्य और माधुर्य को ही अपनी कविता के लिए पसन्द किया है !

इरावती ने बात उलझाई : 'किन्तु जीवन के प्रति यह दृष्टिकोण तो एक बार ही एकांगी है। भरत मुनि ने यों ही नाट्यकला के लिए नौ रसों की कल्पना नहीं की होगी !''

''प्रेम का एक छोटा-सा क्षण भी सौ वर्षों तक चलने वाले संघर्ष की तुलना में कहीं अधिक स्पृहणीय है। संघर्ष से जो उपलब्ध होता है उसमें उत्तेजना ही उत्तेजना होती है। और कहना न होगा, अस्वस्थ रसना को तीता, कड़वा, चटपटा भोजन ही अधिक रुचता है। दुबले-पतले लोगों के, नाक पर क्रोध होता है। पल-छिन के सूत कातने वाले जीवन नहीं बुनते, लच्छियाँ बनाते चुक जाते हैं।''

इरावती भीतर से विस्मित और ऊपर से सस्मित स्वर में फूटी : "कालिदास जी, आप बाहर से बंगोपसागर हैं, परन्तु भीतर से प्रशान्त महासागर। इस बार अग्नि के आगे मैं इस हरिआई गहराई का सारा भेद खोलूँगी। अब और आपको आपकी विद्या से दूर नहीं रहने दिया जाएगा। अब वह कुंज-गली अँधेरे में सुनसान न रहेगी, जल्दी ही जगर-मगर होगी और उसमें सुख-चैन की बाँसुरी बजेगी।"

कालिदास ने अट्टहास की स्वतंत्रता पर अंकुश रखकर प्रणयवेदना के प्रच्छन्न साम्राज्य में प्रवेश किया :

"दुःख एक पवित्र अनुभूति है। आप महाराज से कहेंगी तो मुझे उस पवित्र अनुभूति का सुख मिलेगा। प्रणय वस्तुतः प्रचार और परिहास से परे है। परिणय से पहले प्रणय की बात भी वर्जित है अपनी संस्कृति में।"

'ऐसा क्यों है ?'

'लगता है, मित्रों में, गोष्ठियों में चर्चा करने से प्रेम उड़ जाने की स्थिति तक हल्का हो जाता है। विनोद से विलास के पंख उगते हैं, प्रणय निःशब्द गहराई में पनपता है। वह बुद्धि से नहीं सधता, उसका अधिष्ठान आत्मा है।'

इरावती की हँसी थमती न थी :

"आपके प्रणय-दर्शन से मेरी तो ईर्ष्या भड़क उठी है। पराकाष्ठा की यातना मैं अकेली ही झेल लूँगी, अग्नि को न कहूँगी।"

इस बार कालिदास भी हँसे। चीड़ पर चढ़ी चाँदनी-सी हँसी थी दोनों की ; किन्तु तभी दो घुड़सवार बाहर किसी को बता रहे थे :

सम्राट् पुष्यमित्र नहीं रहे।

□

११

कोई-कोई बात अनोखी हो जाती है,—जैसे एक सम्राट् की मृत्यु का शोक भी नियन्त्रित आनन्द-जैसा होता है। क्योंकि उत्तराधिकारी का राज्याभिषेक सम्राट् के श्राद्ध और महाभोज से कहीं अधिक चर्चा में रहता है। लगता है, संसार भर के सम्राटों का निधन शोकोत्सव के रूप में मनाया जाता होगा। बहुत बड़ा होना सब समय सौभाग्य का ही विषय नहीं होता।

पाटलिपुत्र विदिशा से प्रायः पचास योजन दूर उत्तर-पूर्व में स्थित है। वेत्रवती (बेतवा) और दशार्ण (धसान)—नदियों को पार कर और हाथीदाँत की बनी ढेरों उपहार-योग्य वस्तुएँ साथ लेकर सम्राट् के शोक और भावी सम्राट् के राज्याभिषेक में सम्मिलित होने के लिए अग्निमित्र के निर्देशानुसार अनेक पड़ावों पर रुकते-रुकते, रानियों-समेत कालिदास जब पाटलिपुत्र पहुँचे, उनकी अभ्यर्थना करने वालों के मुख पर सम्मान के साथ आनन्द का भी भाव था। अवश्य अग्निमित्र मुँह पर पुती उदासी पर स्मित की एक पतली-सी रेख खींचकर मित्र का चित्र उकेर रहे थे।

राजे-महाराजाओं के जन्म-मरण के कोमल-करुण भाव अपने आप नहीं उभरने पर औरों के अनुकरण की शरण लेनी पड़ी। यों दूसरे सारे आने-जाने वालों की अपेक्षा कालिदास अधिक सफल रहे।

श्राद्ध के दिन विद्वन्मण्डली जुटी। ब्राह्मणों ने वैदिक धर्म के उद्धारक की प्रशस्ति में दौड़ा-दौड़ा कर विवश वाणी को श्रान्त-क्लान्त कर दिया। सम्राट् पुष्यमित्र की आत्मा की अनन्त शान्ति के लिए प्रार्थना तक वर्जित

थी, क्योंकि उन्होंने स्वर्गप्राप्ति की कामना से दो-दो बार अश्वमेध किए थे ; स्वर्ग-सुख भोग कर उन्हें पुनः जन्म ग्रहण करना था। 'क्षीणे पुण्ये मर्त्यलोकं विशन्ति।'

बौद्धिक लवलीनता और एकाग्रता कोई कालिदास से सीखे। एकाग्रता की तीव्रता द्वारा वह ब्राह्य स्पर्शों के प्रति संवेदित होते थे। वह जिस प्रकार संचित शक्ति को निष्क्रिय रख सकते थे, उसी प्रकार उसे उच्चतर सहजवृत्ति से निरन्तर अधिगत करने और आवश्यकतानुसार व्यवहृत करने की क्षमता भी रखते थे। उनका मौन भी ज्ञान की अनन्तता का परिणाम था।

× × ×

गंगा-तट के निकट एक बड़ा पड़ाव था। सूर्योदय-सूर्यास्त की ज्योतिर्मय लय वहाँ से सदा सुनाई देती थी। अस्ति और नास्ति का फैसला वहाँ धूप और धुन्ध करती थी। कालिदास वहाँ प्रायः बैठते थे समाधि-स्थ-से निश्चल होकर, पूर्ण और नितान्त सत्य चेतना के साथ। ऐसी कोई वैयक्तिक वासना या कामना आड़े नहीं आती थी कि जिससे उन्हें ऐकान्तिक अनुभूति भी किसी विशिष्ट रूप में ही हो।

बाहर देखने का अर्थ है विविध और विचित्र का विस्मयकारी विवेचन-विश्लेषण और भीतर देखने का अर्थ है—एक ही अनुभूति। ब्रह्मा के चार मुख हैं ; चार तरह की बातें हैं—चारों वेद। विष्णु के चार हाथ हैं, चारों ही चारों पुरुषार्थ बाँटते-लुटाते रहते हैं। इधर एक अकेले अष्टमूर्ति शिव हैं, जो अपने भीतर अपने को ही देखते हैं—'आत्मानमात्मन्यवलोकयन्तम् !'

अग्निमित्र के निर्देश से कालिदास धारिणी और इरावती—दोनों रानियों को सैन्य संरक्षण में लेकर पाटलिपुत्र आए थे। अनुभव किया था ; धारिणी समुद्र हैं, इरावती लहर। इरावती प्रत्येक पड़ाव पर प्रश्नों की झड़ियाँ लगा देती थीं। कला उनके नाम और रूप का आभरण है, तो लहरें लेते अवगुणों का आवरण भी। परिस्थितियों ने उन्हें ऊँच-नीच समझने के पर्याप्त अवसर दिए। ऊँचाई जँची। नीचाई वह सन्धिस्थल-सी लगी जिस पर पैर रखे बिना ऊँचाई की सुषुप्ति टूटती ही नहीं। संगीत

और आभा की यह निर्झरिणी तो तमस और कोलाहल के पहाड़ों से ही फूटी है। आनन्द का आवेग अन्यथा परिपूर्णता नहीं प्राप्त कर सकता, छोटे-मोटे हर्ष-विषाद में डूब-उतरा कर श्लथ-शिथिल हो जाता।

वह आजीवन उषा की तरह चिरतरुणी और अतिसुन्दर बनी रहें और अग्निमित्र से अपने मनोनुकूल फैसले करवाती रहें, उनकी यह कनक-कामना बौद्धिक बातों में भी झनक उठती है। अब तो साम्राज्य की भाग्यरेखा भी वह अपनी ही रूप-छाया में उभरने देना चाहेंगी। सहज और स्वाभाविक से अधिक अब वह तीव्र और तीक्ष्ण होना चाहेंगी। अपनी आन्तरिक चेतना के दबाव में उन्होंने यह भी बताया कि अग्नि इस प्रौढ़ावस्था में फिर एक बालिका को वधू बनाने पर तुले हैं। उन्होंने अपनी मान्यताओं के परीक्षण का निष्कर्ष सम्भवतः आपको नहीं बताया है। अब उन्हें अवस्था के अनुरूप सौन्दर्य का सहज और स्वाभाविक साँचा नहीं जँचता। अपनी गरिमा को दाँव पर लगाकर वह फुलबगिया में तितलियों के रंग-रूप परखते हैं और जिसकी दुर्बलता औचक पकड़ में आ जाती है, उससे दार्शनिक व्यवहार नहीं करते। इन दिनों महारानी धारिणी की सेवा के निमित्त उनके भाई द्वारा भेजी हुई एक कुलीन बालिका पर उनकी लालसा-भरी दृष्टि जमी हुई है। उसका वास्तविक नाम नृत्यकला सीखने के क्रम में बदल दिया गया है। महाराज उसे मालविका कहते हैं। उसकी डरी-डरी-सी दृष्टि में अग्निमित्र को हिरनी की आँखें दिखती हैं। उसके अवयवों की सद्यस्कता पर जो विवशता की परछाइयाँ हैं, वह भी अग्नि की आग्नेय आकांक्षा में घृताहुति देती हैं ...

ऐसी सारी स्मृतियाँ झटक कर कालिदास ने ऋग्वेद की एक ऋचा पढ़ी :

मनुष्य की ओछी बुद्धि मुझे न घेरे !

(मा नो मर्त्यस्य दुर्मतिः परिष्टात्।) और ध्यानस्थ होकर महर्षि वाल्मीकि-रचित गंगा की स्तुति का पाठ करने लगे। उनके भीतर का और सब कुछ इन्द्रजाल की तरह विलीन हो गया; अस्तित्व स्थिर और नीरव हो गया और तीव्र आनन्द के साथ वह एक प्रगाढ़ ध्यानावस्था में प्रवेश कर गए।

अपनी-अपनी धारणा से कालिदास को ठीक-ठीक पहचान पाना कठिन है। आगबबूला होकर तो उनके ध्यान का विश्लेषण करना कि कैसे वह किसी एक बिन्दु पर अपने आपको एकत्र कर लेते हैं, हास्यास्पद ही होगा। सच तो यह है कि उस चकाचौंध करने वाली ज्योति का साक्षात्कार शास्त्रीय ज्ञान की उद्भट अतिरिक्तता से सारा भूगोल घेर कर पसरी आँखों से संभव ही नहीं है। गभीरतर या उच्चतर में प्रवेश पाते ही कवि अनन्यसाधारण हो जाता है।

कालिदास शैव नहीं शिव थे।

जब वह आदिकवि द्वारा रचित गंगास्तवन के उस अंश का मानस परायण कर रहे थे जिसमें कहा गया है कि मैं तुम्हारे ही किनारे किसी वृक्ष के खोखल में पक्षी की तरह रहूँ; तुम्हारे ही निर्मल जल में मछली या कछुए का रूप धरूँ; किन्तु माँ, तुम मुझे ऐसा अभिशाप न दो कि तुमसे अलग-थलग रहकर मैं कहीं का राजा बन जाऊँ और मदांध हाथियों के पैरों तले कुचले शत्रुओं की विवश बहुओं से चँवर झलवाऊँ !

तब एक महोत्सव-सा होने लगा था नए-नए भावों का और आस्था का अपरिमेय आनन्द हिलोरें लेने लगा जब कालिदास ने धीरे-धीरे आँखें खोली थीं। किन्तु यह तो महाराज अग्निमित्र के भेजे हुए कुछ अंतरंग लोग थे जो अभी उनके पीछे खड़े थे। ढूँढते-ढूँढते यहाँ आ पहुँचे थे।

पहली बार का-सा प्रबल उच्छ्वास तो न था, परन्तु उस अविमिश्र आनन्दध्वनि की स्मृति प्राणों में बज उठी थी जब यहीं, इसी ठौर, अग्निमित्र से पहली बार अकस्मात् उनकी भेंट हुई थी। अत्यन्त संवेदनशील पूर्व-स्मृतियों के सहेजने में ऊष्मा का-सा अनुभव हुआ। तरह-तरह के दुःख-सुख, बाधा-विघ्न, शोक-संताप का अतिक्रमण कर इतने दिन निकल गए विश्व-पथ पर अग्रसर होते !

और उस क्रम में वह यह सोचना भी न भूले कि एक दिन का वह हर्ष वर्ष पर वर्ष बीतते रहने पर भी कठोर कर्म-पथ पर उत्साह का स्रोत उमड़ाता रहा है। क्षितिज छोटा नहीं हुआ, सुगम हो गया है। जिसे ढूँढने में आयु निःशेष हो जाती है, वह अपने आह्वान से आयु बढ़ानेवाला प्रतीत होने लगा है। ऋतुसंहार उसी अप्रतिहत उत्साह का तरुण परिणाम

है। निचुल ने लिखा है कि उसे पढ़ते हुए बूढ़े भी अपने शिथिल अवयवों में हरे-सुनहरे रुधिर की गुनगुनाहट का अनुभव करेंगे। आगे प्रकृति की जो छवि संज्ञाशून्य-सी लगती थी, अब अनुभूति की वह दरिद्रता मिट जाएगी और सौन्दर्य की प्रच्छन्न महिमा उनके शुष्क-शून्य मन में भी स्फूर्त हुए बिना न रहेगी।

आए हुओं में एक ने कहा :

'मगध के मग-ब्राह्मणों में श्राद्ध की जो प्रचलित पद्धति है, उसके अनुसार द्वादशाह के दूसरे ही दिन प्रतीक रूप में वार्षिक श्राद्ध की तरह त्रयोदशाह (तेरहीं) की विधि भी सम्पन्न हो चुकी है। श्राद्धभोजी ब्राह्मणों ने महाराज को बता दिया था कि आप श्राद्धान्न नहीं स्वीकार करते। और यह सूखी अकड़ नहीं, आपका आनुवंशिक संस्कार है। अब कल महाराज का राज्याभिषेक होने वाला है, उस अवसर पर तो आपको अवश्य पधारना चाहिए। आशीर्वाद ...'

'महाराज हर तरह मुझसे, सबसे बड़े हैं; बड़ों का अभिवादन किया जाता है, मैं भी यह अवसर चूकूँगा नहीं।'

यह कालिदास का स्वभाव ही है, चेतना का द्वन्द्व नहीं कि वह राजे-महाराजाओं के साथ नहीं रहते। विदिशा की तरह वह यहाँ भी राजभवन से दूर गंगातट पर बने एक विशाल शिवालय में ठहरे हुए हैं। इरावती की बातें सुन किसी और की मनःस्थिति कबाड़ा हो जाती और उसका उछाल लेता हृदय बैठ जाता; किन्तु कालिदास के आत्मबोध का स्फुरण तो देखते ही बनता था; वह राजाओं के उत्थान-पतन से देश के प्रजा-जनों के भाग्य का लेखा-जोखा लेते थे। मानवीय संवेदनाओं और हार्द-सौहार्द की तलहटी में उनके आदर्शों से समशीतोष्ण कण ही जल की उज्ज्वलता में परिवर्तित होते दिखाई देते थे। विलासिता पर उनकी दृष्टि सदा ही व्यंग्यपूर्ण रही। आत्मा की गहराइयों से जो न उभरा, उस निरे शारीरिक सौष्ठव को उन्होंने कभी कलात्मक सौन्दर्य की गरिमा या उदात्तता नहीं माना। डंठल पर खिले फूल मुरझाते हैं, शब्दों की ऊर्जा जो फूल खिलाती है, उसकी गंध पवन-पंखों पर एक देश-काल से दूसरे देशकाल में उड़ती ही रहती है।

एक बड़े वैयाकरण किधर से भी आ निकले। बोले : आपकी तटस्थता (किनारे पर बना रहना) राजभवन के सुख-प्रवाह को खटक रही है। वहाँ कहाँ-कहाँ के बड़े लोग रुके हुए हैं, आपका वहीं अधिक अनुरंजन होता !

कालिदास ने कहा : नहीं, जब हम अकेले होते हैं तब सब के साथ होते हैं। गिने-चुने लोगों में अकेले हो जाते हैं।

वैयाकरण हक्का-बक्का रह गया। 'तड़के राजभवन पहुँचना है' कह कर जब सब चल पड़ने को हुए तो कालिदास का अट्टहास गूँजा। यों कालिदास का उद्देश्य उनके निगूढ़ विस्मय की जड़ता तोड़ना भर था। आत्मिक निश्चलता आगुन्तकों का कौतुक बढ़ा रही थी। बोले :

'बोलचाल से आप सब ब्राह्मण जान पड़ते हैं। छाँह से घिरे हुए एकांत में जब प्रज्ञा की किरण फूटती है तब ब्राह्मणत्व की अनुभूति अंकुरित होती है। राजा ब्राह्मण भी हो तो उसे क्षात्र-तेज से प्रजा-पालन करना पड़ता है। ब्राह्मणत्व उसका झूठ-सच के समिश्रण से अस्वस्थ हो जाता है। उसे सत्य को पुरस्कृत और असत्य को दण्डित करने का लोकव्यवहार निभाना ही पड़ता है। किन्तु सत्य और असत्य का निर्णय ऐसा आसान तो नहीं है।

'आप लोगों को राजभवन में मेरी अनुपस्थिति अखरी। मैं वहाँ होता तो विधि-व्यवस्था में पुरोहितों की चाटुकारिता को आतंकित रहना पड़ता। पुरोहितवर्ग द्रव्य से धर्म को तोलता है, मैं श्रौतस्मार्त निष्ठा से पौरोहित्य को तोलने लग जाता। विश्व भर को चरित्र की शिक्षा देने का हौसला रखने वाले को आगे अपने ही व्यक्तित्व को गढ़ना—उसे मानवता का अप्रतिम प्रतिमान बनाना आवश्यक होता है। कोई मनु की सन्तान हो तो मानव कहलाने का दावा करे !

'आस्था के अभाव में शास्त्रों के गढ़े में गड़े पड़े रहने पर भी सौ जन्मों तक मुक्ति मिलनेवाली नहीं है।'

'तो क्या आपको कर्मकाण्ड पर आस्था नहीं है ?'

'क्यों नहीं ? किन्तु यजुर्वेद (कर्मकाण्ड) से पहले ऋग्वेद (ज्ञानकाण्ड) है ! ज्ञान के अभाव में कर्म श्रम ही श्रम है !

'आप ऋग्वेद की भाषा में मेरी एक विनय भी सुनते जाएँ : सब घोड़े एक-से नहीं होते। कोई बेहद तेज, तो कोई 'चलना हराम वाको रुकना कठिन है !' ऐसे में केवल जाति की दुहाई देकर सब घोड़ों को एक साथ जुटाना ठीक नहीं है। और फिर—

'न गर्दभं पुरोऽश्वान्नयन्ति !'

गधे को तो कोई भी घोड़े के आगे नहीं ले जाता।'

× × ×

अनधिकार हस्तक्षेप कालिदास का उद्देश्य न था। जाति और धर्म को लेकर उठ खड़े होने वाले विवाद में वह नहीं पड़ना चाहते थे। जिस जाति का जो आनुवंशिक व्यवसाय है वह उनकी दृष्टि में, और जैसा भी हो, निन्दनीय न था। वह कहते थे, अहिंसा को परम धर्म मानने वाले श्रोत्रिय अश्वमेघ में अश्व की हिंसा में तत्पर देखे जाते हैं। इसका यह अर्थ तो नहीं कि वैदिक धर्म की नींव ही हिंसा पर रखी गई है या कि वैदिक धर्म जीव-हिंसा का उपदेशक-प्रचारक है !

गंगा की लोल लहरों पर दृष्टि स्थिर रखने पर उन्हें गंगाधर का ध्यान हो आया। गंगा क्या है ? एक लहरीली गति, जो उनके जटाजूट में ही उलझ-पुलझ कर रह जाती है, मन-मस्तिष्क की स्थिरता उससे प्रभावित नहीं होती। यों भी लहरों में स्थिर बने रहने का आनन्द ही कुछ और है। उन्होंने राज्याभिषेक के समय की कोमलता को टिकौना देने के अभिप्राय से रचा :

एकैश्वर्य्ये स्थितोऽपि प्रणतबहुफले
यः स्वयं कृत्तिवासाः
कान्तासंमिश्रदेहोऽप्यविषयमनसां
यः परस्ताद् यतीनाम्
अष्टाभिर्यस्य कृत्स्नं जगदपि तनुभि
र्विभ्रतो नाभिमानः
सन्मार्गालोकनाय व्यपनयतु स व-
स्तामसीं वृत्तिमीशः।

प्रणत जनों का क्या, जो चाहें, माँग लें ; जितना चाहें, बटोर लें ; मगर औढरदानी हैं कि खुद पेड़ों की छाल या बघछले लपेटे फिरते हैं। ऐसे ही स्वयं तो प्रेम के पचड़े में पड़कर अर्द्धनारीश्वर हो गए हैं ; किन्तु दूसरी ओर विषय-वासना से ऊपर बड़े-बड़े वैरागियों के ज्ञान-ध्यान की पकड़ में भी नहीं आते। अपने ही अठपहले शरीर के बल विश्व-ब्रह्माण्ड को उठाए रहने पर भी जिन्हें अपनी अपरिमित शक्ति पर रंच भर भी गर्व नहीं,—कुछ ऐसे ही अटपटें-से दिखनेवाले भगवान शंकर से प्रार्थना है कि वह आपके तामस (काम, क्रोध, लोभ, मोह, मद, मात्सर्य-भरे) स्वभाव को कभी उजागर न होने दें, कि जिससे आपकी आँखों के आगे सदा सन्मार्ग ही आलोकित होता रहे !

—"कोई कैसा भी उन्मत्त, उद्दण्ड आततायी क्यों न हो ; एक झोंके के साथ, अस्तव्यस्त स्थिति में भी परमशिव के चरणों से चिपट जाए तो आप-ही-आप उसका बेड़ा पार समझो।"—कहते हुए एक जटा-जूटधारी महात्मा पधारे। कालिदास ने हँसकर कहा :

'चर्खा चालू हो गया ? दिन-भर में कितना सूत कात लेते हैं आप ?'

'द्रव्य उपार्जन करना लक्ष्य न होने पर चाहे जितना सूत कातूँ, कोई लेखा-जोखा लेनेवाला नहीं है।'

'वही तो है। लच्छी नहीं, एक-एक सूत का हिसाब-किताब रखने वाला !'

कालिदास जहाँ रुके थे, उसके बिलकुल ही पास शोण और गंगा के त्रिकोण संगम पर बाबा का आश्रम था। अकृत्रिम और निष्कपट भाव से बाबा जो बोलते थे, कालिदास उसमें अपने रस छलकते बोल घोल देते थे। बौद्ध धर्म ने रागात्मक लगाव तोड़ने पर बल दिया था, कालिदास अनुराग को मानवीय संवेदनाओं का सिरमौर प्रमाणित करते थे। नर-नारी के नैसर्गिक सम्बन्धों को भी वह संयम और मर्यादाओं से बाँधने में ही जीवन की मुक्ति मानते थे।

बाबा ने कहा : 'घोड़े-हाथियों और रथों की लम्बी-कतारें इन दिनों यहाँ, वहाँ—सब कहीं दिखाई दे रही हैं। ऐश्वर्य-प्रदर्शन मनुष्य का पशु

करते हैं। मनुष्य पशुओं की भीड़ जुटा कर अपना देवत्व प्रतिष्ठापित करता है।''

कालिदास हँसे :

'देवताओं की चित्तवृत्ति भी तो कुछ ऐसी ही करुण याचना या शून्य निराशा चिपकाए रहती है। वह अपने समर्पित भक्तजनों पर सवारी न कस कर चूहे से हाथी तक आसन जमाए बैठे हैं, मनुष्य की भाव-भक्ति पर उनका भी विश्वास नहीं जमता दिखता।'

बाबा ने अट्टहास किया :

'सो तो है ... भगवान शंकर भी पशुपति हैं। नरपति तो राजा ही होता है।

'आदमी-आदमी पर सवारी कसता है ; देवताओं पर भी प्रभाव दिखलाने से नहीं चूकता कि हम नकार देंगे तो तुम्हारा स्वर्ग भी सीधे पाताल पहुँच जाएगा ; नन्दन वन उजड़-झड़ जाएगा और उसमें जहाँ-तहाँ बसेरा लेनेवाले लक्ष्मी-वाहन ही रह जाएंगे !

× × ×

लोगों की भाग-दौड़ में हर पहला पल दूसरे में सिमटता चला गया और कब रात ढल गई और कब सबेरा हो गया, अलग से अनुभव न हुआ। रोड़ों को तले-ऊपर चुन कर नए बनाए राजमार्ग पर एक रथ आकर रुका। बाबा विस्मय-भरे गर्व से फूल उठे। उन्होंने चकित नेत्रों से सामन्ती वेष-भूषा में सजे-धजे दो अपरिचितों को रथ से उतरते देखा। वह सीधे कालिदास के आवास की ओर बढ़ गए। सम्राट् अग्निमित्र ने उन्हें याद किया था। आगुन्तकों ने जिन शब्दों में सन्देश सुनाया, उनसे सन्देश की सुन्दरता निखर आई थी। मन्दिर के सामने के पुष्पोद्यान और उसके बीच-बीच में बने संगमरमर के चबूतरों में सौमनस्य उत्पन्न हो गया था। बादलों तक उठे राजप्रासाद का गंगा की लहरों पर लहराते सजल प्रकाश के लिए ललकना बड़ा प्यारा लग रहा था। राजलक्ष्मी का सरस्वती से भुज भर भेंटने का आन्तरिक आग्रह चहुँओर खिले-अधखिले फूलों में अनाघ्रात सौरभ भर रहा था। स्वार्थ की विक्षिप्तता में जो सत्य अवगुण्ठित रह आया था, वह इस मिलनोत्सव में खुल-खिल रहा था।

बुद्धि से बुद्धि का टकराव लक्ष्मी-सरस्वती में कलह की कल्पना करता है। वस्तुतः लक्ष्मी भी सरस्वती की होकर ही समग्र होती है। दोनों के अंतर्मिलन में ही मंगल है, अकेला सत्य सुन्दर नहीं होता। केवल सुन्दर मंगलमय नहीं होता।

कस्तूरी के पास होने का आभास कालिदास ने आगन्तुकों को दिया। नमस्कार-धन्यवाद जैसे शब्द ऊँचे अर्थ तक सिर उठाने में बौने दिखे। सुगन्ध दिशाओं की सीमा को विस्तार देने लगी।

आनन्द और निश्चिन्तता के पक्षधर होने के नाते कालिदास के संकल्प कभी पथ में पंगु नहीं हुए। हाँ, इस घड़ी उनका चित्त दोलायमान था कि अग्निमित्र ने अभ्यर्थना-पूर्वक उन्हें बुलाने में अपनी प्रगाढ़ मित्रता का अवश्य प्रदर्शन किया है; परन्तु राजभवन में प्रवेश करते ही उन्हें उसी पंक्ति में खड़ा होना पड़ेगा जिसमें ढेर सारे कवियों और ब्राह्मण-पुरोहितों के अतिरिक्त कितने ही चारण, बन्दी और भाट होंगे। मौन उन्हें रहने नहीं दिया जायगा और सबके स्वर में वह अपना स्वर मिला नहीं पाएँगे! और, सबसे बड़ी बात, ऐसे समय उनकी वाणी विद्रोहिणी नहीं होना चाहती।

असमंजस की स्थिति में ही वह रथ पर सवार हुए। तोरण और वन्दनवार राजमार्ग को दोनों ओर से अट्टालिकाओं से अलग कर रहे थे। ध्वजा-पताकाएँ फहर फहर होकर उनकी भावुकता को अनुभूति की स्थिरता प्रदान कर रही थीं। सतरंगी झालरों में परछाइयाँ झूल रही थीं; किन्तु कालिदास का मन आकाश में पेंग भर रहा था। वाद्य-वृन्द मिश्र-स्वर की मिठास हवा में घोल रहे थे, किन्तु परख रखने वाले एक-एक सुर का अलग-अलग स्वाद ले रहे थे। मिलने के पहले गंगा और यमुना का जल अलग-अलग रंग दिखाता है, मिलने पर एक हो जाता है—केवल गंगाजल। कलात्मक मिश्रण प्राकृतिक मिश्रण-जैसा नहीं होता। वहाँ हर रंग छोटी-से-छोटी परिधि में भी भरपूर चमकता है। व्यास वाल्मीकि में नहीं डूबते, कालिदास भी व्यास की व्याघ्री प्रतिभा के ग्रास न होंगे। सोचने का ढंग न्यारा होने पर समझने वाले की मति-गति भी अपंग नहीं

होगी। इसी भरोसे जब वह रंग-गन्ध, स्वर-निनाद के मेले में उतरे, उनकी दृष्टि राजा विक्रमादित्य पर पड़ी।

रत्न-आभूषणों से जटित सिंहासन जहाँ स्थापित था, चार घोड़ों से जुते रथ को वहाँ पहुँचने के लिए राजप्रासाद के सात खण्ड पार करने थे।

साढ़े चार कोस लम्बी और डेढ़ कोस चौड़ी गंगा के किनारे-किनारे बसी मगध की यह राजधानी आज की साज-सज्जा में सौ कोस की दूरी से भी देखी जा सकती थी। राजमार्ग के अतिरिक्त उसके रथ-पथ, पशु-पथ, पौर-पथ और चक्रपथ भी आज अपूर्व ढंग से सजाए हुए थे। काठ के मकान कई रंगों से रँगे हुए थे, पथ पर से वे दूर-दूर तक टँगे इन्द्रधनुष जैसे दिखाई दे रहे थे।

फिर यह तो राज प्रासाद का प्रांगण था। यहाँ किसी कोने में भी महाराज विक्रमादित्य खड़े होते तो कुमुदों-सजे कैलास के शिखर के समान दूर से ही दिख जाते। सामुद्रिक शास्त्र के सारे संकेत जैसे व्यक्तित्व को राजा-महाराजा ठहराते हैं, विक्रमादित्य का वह ठीक वैसा ही था। हाँ, वह जन्मजात महाराज थे, परिस्थितियों के गढ़े हुए नहीं।

कालिदास के कहने पर रथ वहीं का वहीं रुक गया। महाराज विक्रमादित्य ने बढ़ कर अभ्यर्थना की : सम्राट् अग्निमित्र आपके मित्र हैं, जानकर असीम हर्ष हुआ। विद्योत्तमा मुझसे सुनेगी तो उसे भी गौरव-बोध होगा कि आप अपने समय के सबसे बड़े कवि ही नहीं, भारत के सम्राट् के घनिष्ठ मित्र भी हैं।

कालिदास सिर झुकाए खड़े रहे। हर्ष किसी ठोस निर्णय पर पहुँचने के पहले गूँगा और बहरा हो जाता है। असीम समुद्र ही नहीं है, कवि की संवेदना भी होती है। राज्याभिषेक का कार्यक्रम सविधि सम्पन्न हुआ। कालिदास की शुभाशंसा अपने दूरगामी प्रभाव के कारण सबसे अधिक सराही गई। विक्रमादित्य ने एक-एक कर बिखरती पण्डित-मण्डली से यों ही पूछ दिया कि आखिर कविता हम किसे कहें : वाल्मीकि ने एक बात बताई है, व्यास ने दूसरी, भरत का कुछ और ही अभिमत है !

तभी जाने कैसे उनकी दृष्टि कालिदास से टकरा गई : वह बोलते

रहे : विविच्य समीचीनं किमप्येकमेव लक्षणं व्याहरन्तु भवन्तः। सर्वाविरुद्धं हृद्यं किमप्येकमेवाभिमतम् : 'किं नाम काव्यम् ?'

कालिदास ने हल्के हँस कर वस्तु की प्रस्तुति सरल और सहज कर दी : कवनीयं शब्दान्तरैरनिर्वचनीयम्। मन्मतेन त्वेतदेवानवद्यं प्रतिभाति। काव्यम्—

'अस्ति कश्चिद् वाग्विशेषः।'

□

२०

'अस्ति कश्चिद् वाग्विशेषः !'

[अभिव्यक्ति मात्र कविता नहीं है। विशेष प्रकार की अभिव्यक्ति भी नहीं। विशेष प्रकार की अभिव्यक्तियों में भी ऐसी कोई (कश्चित्) ही अभिव्यक्ति होती है जिसे कविता कहा जा सकता है।]

एक अजब-सा अनुभव हुआ सबको। अब तक जो अनदेखा रह आया था वह जैसे औचक ही दिख गया। कितना कुछ अनजानते बीत जाता है। काल की क्षिप्र गति में कहीं कुछ स्थिर रहता नहीं दिखाई देता। साधन और सुविधा की भी अपनी सीमाएँ हैं। एक मान्यता अभी ठीक से पैर नहीं जमा पाती कि दूसरी उसे धकियाती हुई आगे आ खड़ी होती है।

—महाराज विक्रमादित्य की स्फटिक प्रतिमा-सी प्रतिष्ठित मनीषा को आनन्द से अनायास निकली हुई कालिदास की इस एक छोटी-सी साँस ने हिला दिया था। उन्होंने कहा : इस चित्र-विचित्र सृष्टि में सबसे महत्त्वपूर्ण को पहचानना कितना कठिन है !

वररुचि विहँस कर बोले :

'कठिन है, असम्भव नहीं। आपने ही कितनी सहजता से कालिदास की अलौकिक प्रतिभा को पहचाना है।'

'विक्रमादित्य हूँ न मैं। दुर्बल अन्धकार मेरे पास फटकता ही नहीं

है। याद कीजिए, पहली-पहली बार आपके मुँह से दो ही वाक्य सुनकर मैंने कैसे समझ लिया था : भाषा पर आपकी मजबूत पकड़ का जवाब नहीं है। अत्युक्ति नहीं, पाणिनि के बाद पहला नाम आपका ही होगा।

—कहा और खूब खुलकर हँसे।

वररुचि सजल आह्लाद से भरे बादल की तरह झुके :

'आज महाराज, किन्तु कालिदास के ही हाथों बाजी रही। अहा ! क्या ही अच्छा कहा है : 'अस्ति कश्चिद् वाग्विशेषः !' मैं अधिक से-अधिक एक मात्रा कम करने की सोचता। वैयाकरणों के यहाँ इस कौशल की तुलना पुत्रोत्सव से की जाती है। कहावत है : एकमात्रालाघवेन पुत्रोत्सवं मन्यन्ते वैयाकरणाः।'

मैं बहुत कहता तो यही कहता :

'उक्तिविशेषः काव्यम्।'

लेकिन इस अभिव्यक्ति में वह अर्थ-गौरव कहाँ ?

जैसे परती भूमि में फूल के बीज अंकुरा गए हों ; जैसे हर पल बढ़ती उमर सुगन्ध के एक बिन्दु पर ठहर गई हो, जैसे कितनी ही साधों से उगाई फसल में बालियाँ झूम उठी हों !

कालिदास कुछ कहना चाह रहे थे, कह न सके। जैसे लाज की उमस-भरी रात होंठ दाब कर जागी, तो सवेरा उसे दर्पण दिखाने लगा।

विक्रमादित्य बोले :

'मैं तो आज ही ब्राह्म मुहूर्त में प्रस्थान करने वाला हूँ। विद्या मुझसे सब सुनेगी ही। ... आपका अगला कार्यक्रम, सम्भव है, आपको भी मालूम न हो। जिस पर चन्द्रमा को ईर्ष्या हो, वह मुँह चन्द्रमा नहीं बनाता। फूल के आँसू ओस के कण कहलाते हैं।'

× × ×

कालिदास अपने आवास की ओर बढ़ते गए, पर अनुभव में जैसे अनजानते पीछे लौट गए, जहाँ अभी विद्वन्मण्डली से घिरे हुए महाराज विक्रमादित्य बोल-बतरा रहे थे।

रथ राजपथ पर बढ़ रहा था। पैदल चलने वालों के लिए बनी हुई

कई-कई कच्ची पगडंडियाँ राजपथ से मिलकर समाप्त हो जाती थीं या फिर उनका वहीं से आरम्भ होता था जो ढलान की ओर जाकर पेड़-पौदों के अँधेरे में खो जाती थीं।

कालिदास मन ही मन बुदबुदाए :

जीवन की खोज में हमारे जीने का सिलसिला भी कुछ ऐसे ही चलता है। राजपथ से जनपथ की ओर; जनपथ से राजपथ की ओर। एक समाधान कई नई शंकाएँ पैदा कर देता है। किसी भी स्तर पर स्थिरता नहीं। यदि राजप्रासाद की ऐश्वर्यमयी एकरसता से ऊब कर राजे-महाराजे मृगया के बहाने जंगल-पहाड़ के निर्जन खुलाव में निकल जाते हैं तो दारिद्र्य-दुःख के धनी अर्द्धनग्न निरन्न वनवासी भी दीपोत्सव या वसन्तोत्सव देखने नगरों की ओर उमड़ पड़ते हैं! जो जहाँ है, वहीं असन्तुष्ट है। यों बाँस गाड़ कर ऊँचे चढ़ने वाला कभी भी धम्म से जमीन पर आ जाता है।

रास्ते के एक ओर मदारी साँप के करतब दिखा रहा था। डुगडुगी बजाकर दर्शकों को पास बुला रहा था कि विष के दाँत तोड़े हुए हैं, आप चाहो तो पिटारी के सारे साँपों से खेल सकते हो।

कुछ लड़ाकू लड़के लपके भी, परन्तु सयानों ने कहा, जब ये साँप हैं ही नहीं, दूसरे कीड़े-मकोड़ों-जैसे हैं, तब इनसे क्या खेलना?

कालिदास ने अपने आप कहा : हम तो हर मोड़ पर साँपों से घिरे हैं। शिव होकर ही फुफकारों के बीच निर्भय रहा जा सकता है। कोई कितने विषैले दाँत तोड़ेगा? सपोले तो एक साथ ही अंडे फोड़ कर बाहर आते हैं।

बूँद-बूँद अमृत छहराता हुआ माथे में चमक रहा हो तो काले-विषैले नाग गले लग कर जब-तब जीभ भी लपलपाया करें, तो क्या अन्तर आने वाला है? 'मृत्योर्मा अमृतं गमय।'

आवास के पास आकर रथ रुका, तो बाबा अपने कुछ चेलों के साथ बाँहें उठाए आगे आ गए। बाबा का रंग खुलता हुआ साँवला था। बाल उलझे-पुलझे, भस्म के अंगराग से महकता हुआ तन-बदन। ऊपर से झग-झग करता दुपट्टा। ... हँसे कि 'गगनचुम्बी प्रासाद से उतर आए

'गंगायां घोषः' में !

'यह हुई न एक बात—कालिदास रथ से उतरते-उतरते बोले : 'सचमुच ही आज आप बहुत दूर की कौड़ी लाए, बाबा। झड़बेरी के बेर झाड़ते देखा था एक भीलनी को। हथेलियाँ लहूलुहान हो रही थीं और वह जँतसार गाए जा रही थी।

'अच्छा बाबा, जिन्होंने लड़-लड़ कर अनार्यों को अलग कर दिया था, वह आर्य बड़े थे या वह, जिन्होंने दोनों को जोड़ने का प्रयास किया था—जैसे राम ?'

'अरे ! यह क्या पूछ रहे हैं आप ? जोड़ें या तोड़ें, अब राम से बड़ा कौन होगा ? वह बड़े भाई को मारते थे और छोटे को गद्दी दे देते थे। कृपालु ऐसे कि जिस अपराध पर बड़े को मारते थे, छोटे के उसी अपराधी गुण पर रीझ-रीझ जाते थे।'

'बस-बस, अब शैव होने का यह अर्थ नहीं कि राम या कृष्ण के दुरूह और गहन चरित्र पर छींटाकशी की जाए। असुरों पर भगवान शंकर की अपार कृपा थी तो इसका यह अर्थ तो नहीं कि शिवभक्त होने के लिए असुर होना आवश्यक है ?'

भीगी आँखें मुस्करा उठीं। अब किसी की कोई सुनने वाला न था। हँसी ठहाके से वातावरण गूँज उठा।

बाबा के हठ करने पर कालिदास ने बताया कि (महाराज विक्रमादित्य के आमने-सामने) सम्राट् अग्निमित्र के राज्याभिषेक के बाद मुझ-जैसे अल्पवय अल्पज्ञ से ही कुछ अवसरोचित कहने को कहा गया। मैंने भगवान् चाणक्य की आड़ ली। भारत को पौराणिक युगों के बाद भगवान् चाणक्य ने ही तो एक, और अखण्ड राष्ट्र के रूप में संस्थापित करने का सर्वप्रथम प्रयास किया था और कहना न होगा, उन्हें इसमें ऐतिहासिक सफलता भी मिली थी।

'राजनीति की विरूपता और व्यवस्था के विरुद्ध दहाड़ने वाले तो गली-कूचों मे भी पाए जाते हैं, किन्तु ऐसी सदाशयता, जो राष्ट्र-निर्माण और उसके उन्नयन के लिए सर्वस्व होम दे, भगवान् चाणक्य में ही दीखती है।

'विदिशा के शासक के रूप में अग्निमित्र राजतंत्र में दक्ष हो चुके हैं। उधर सम्राट् पुष्यमित्र के सफल शासन ने मगध साम्राज्य के ढहते हुए कँगूरों को नई शक्ति से सँभाला और सुप्रतिष्ठित किया है। ऐसे में मैंने उत्तर-पश्चिम में सिन्धु नदी तक, और अयोध्या पर भी आधिपत्य रखने वाले के अतीत और अनागत को समेट कर संक्षेप में यही निवेदन करना उचित समझा कि सुख का मूल धर्म है और धर्म का मूल अर्थ। अर्थ का मूल राज्य-श्री की स्थिरता और वह होती है जितेन्द्रिय होने से। अपनी इन्द्रियों पर अपना आधिपत्य पहले ; फिर सुदृढ़ मन से अपनी रोक थाम करने वाले के प्रभावी राज्यानुशासन का क्या कहना ! और जो राजा एक अकेले अपने मन को भी वश में नहीं रख सकता, वह समुद्र तक फैली हुई पृथ्वी को अपने वश में रखने का स्वप्न भी कैसे देख सकता है ?

'फिर मेरी दृष्टि श्री, सुख, सौरभ से मूर्च्छित-से वातावरण पर पड़ी। अविरल पुष्प-वर्षण से अग्निमित्र के नव-रत्न-जटित मुकुटकिरीट अस्थिर हो उठे थे। उनके होठों से जैसे अस्फुट उल्लास झाँक रहा था। फिर जैसे उच्चाकांक्षाओं से महाराज विक्रमादित्य का स्वर्णमयूरासन कुछ ऊपर उठता दिखाई दिया तो अनायास मेरे मुँह से निकल पड़ा :

'धर्म ही सब अलंकरणों का अलंकरण है। महाभारत में लिखा है कि मानव-समाज को सुव्यवस्थित रखने वाली नीति ही धर्म है और यह भी कि किसी को लोकचरित का अनुसरण नहीं करना चाहिए।

'क्योंकि लोग भेड़ियाधसान एक-दूसरे का अनुकरण करते देखे जाते हैं, वह विवेक से काम नहीं लेते। और लोक है कि कामादि दोषों में आकण्ठ डूबा होता है। उसका अनुसरण करने से धर्म का नाश निश्चित है। महाभारत की कड़ी चेतावनी है :

'न लोकचरितं चरेत् !'

क्योंकि

'गतानुगतिको लोको न लोकः पारमार्थिकः।'

बाबा बोले : अब और कहने को क्या रह गया : आपने तो बेहद

दूरगामी शब्दास्त्र हवा में छोड़े ! हाँ, बरगद का दूध मँगवा कर जटाजूट बाँधने अवश्य नहीं कहा।

'पानी से कीचड़ धुलता है, परन्तु कीचड़ बनता कैसे है ?

'अच्छा, कालिदासजी, वहाँ जवनिका के पीछे रानियाँ भी तो सब सुन रही होंगी, उन पर आपकी वक्तृता का कैसा प्रभाव पड़ा ?'

कालिदास ने कहा :

'भौतिक प्रगति ने मनुष्य को जितना साधन-सम्पन्न बनाया, उतना ही उसे तोड़ा भी है। मनुष्य से मनुष्य कितना अलग होता जा रहा है ...'

'यह तो हँसिये के ब्याह में खुरपी का कोहबर-गीत हुआ ! मैं ...'

'हाँ, जवनिका को अब लोग यवनिका कहने लगे हैं। बर्वर आक्रामक की ओर मेरा ध्यान चला गया था। भारत की अग्नि-सी सब कुछ को आत्मसात् करने की आध्यात्मिक संवेदनशीलता उसकी अपनी ही संस्कृति को विदेशी पाठ पढ़ाने लगी है। जीवन की यह सांस्कृतिक क्षति किसी भी मूल्य पर पेट भरने का जुगाड़ करने वालों को नहीं अखरती। सिकन्दर के जन्म से पहले हमारे देश में कितने ही काव्य-नाट्य रचे गए थे, परन्तु वे परम्परा के माथे तोड़-फोड़ कर उसे यवनाधिपति के शुभागमन की ही देन सिद्ध कर देंगे। अपने को अँधेरे में रखकर विश्व-मन्दिर में दीप जलाना हमारा स्वभाव होता जा रहा है। असूर्यम्पश्या राजदारा इस प्रकाशवर्षी देश की अपनी सूझ बूझ नहीं है।

'हाँ, 'यवनिका' न थी वहाँ। महारानी धारिणी भाग में विराजमान थीं। इरावती एक पारदर्शी कौशेय पट-मण्डप की तिरष्करिणी के पीछे खड़ी थीं। आज धारिणी के मुँह पर ही चंचल उल्लास खेल कर रहा था, इरावती दीपशिखा-सी निष्कम्प थीं।

'भीड़ छँटने पर सिंहासन के समीप आ गईं और महाराज के गले में रत्नमाला डालकर पाँव छू लिए। महारानी धारिणी ने उन्हें अपने पास खींच कर बिठा लिया।'

'नाम कमा कर आए हैं। बात पर बात आ जाती है। यों तो आपकी हर बात में फूल झड़ते हैं, पर यहाँ मुँह पर हाथ रखने वाला तो कोई है

नहीं, इसलिए एक बार फिर याद दिलाता हूँ : आपके धर्मोपदेश का अन्तःपुरिकाओं पर क्या प्रभाव पड़ा ?'

कालिदास को ऋग्वेद की एक उक्ति ने मुँह खोलने में सहारा दिया : देवताओं के गुप्तचर यहाँ-वहाँ सर्वत्र विचरते होते हैं, वह न कहीं रुकते हैं, न पल भर को भी उनके पलक झपकती है :

'न तिष्ठन्ति न निमिषन्त्येते
देवानां स्पशा इह ये चरन्ति !'

'बाबा, मैं जब बोलने उठा था तब स्वस्थ और सुदृढ़ राष्ट्रीय संस्कृति ही मेरी आँखों के सामने थी। बोल चुकने पर चौंकाः धर्म आचरण में नहीं उतरना चाहता, क्या उसका उपदेश ही पर्याप्त इसीलिए समझा जाता है ? किन्तु अर्थ तो अर्थ, काम भी धर्म के बिना सधने वाला नहीं है, यह बात क्यों लोगों के गले के नीचे नहीं उतरती ? हाँ, प्राचीन ज्ञान में जिसकी जड़ हो उसकी डालें युग की नई किरणों से आँख बचाएँ, यह वांछनीय नहीं हो सकता।'

बाबा ने जमुहाई ली और मुँह बाए ही बाए बोले :

'किन्तु अन्तःपुरिकाओं पर ...'

'हाँ-हाँ इस बार मैं चाँदी की दीवारें और सोने की छत के बारे में ही बता रहा हूँ। मैं जब हाथी-दाँत-जड़ी चन्दन सीढ़ियाँ चढ़ कर ऊपर पहुँचा तो जैसे वहाँ चन्दन उतर आया हो, भुजंग-भूषित चन्दन वन में ; चाँदनी दिवा-धूप जलाकर ठंडी हो गई हो, कुछ ऐसा ही अद्भुत अनुभव हुआ। धमाचौकड़ी की कौन कहे, जैसे शान्त सरोवर में निस्पन्द-निश्चल कमल-दल खिले हों, जिन पर नयन-भ्रमर जब-तब घूम भर लेते हैं, किंच मंजु गुंजन भी मना हो जैसे ...

'किन्तु अन्तःपुरिकाओं ...'

'हाँ-हाँ, वही तो बता रहा हूँ बाबा ... और नहीं तो क्या किसी झील के किनारे झाऊ काट रहा हूँ !

—एक ओर से चाँदी के बरतन में फूल-फल आए, दूसरी ओर से सोने की मंजूषा में सुवासित पान-सुपारी। एक तीखी नैन-नाकवाली

देवकन्या होंठ भींच कर आकर्षक-ढंग से मुसकिराई : 'रानी इरावती आपके गुण गाते थकती नहीं हैं। आप जब नीचे उपदेश दे रहे थे, वह यहाँ हम सबको कोंच रही थीं।'

इसी बीच रात्रि के निस्तब्ध अन्धकार में, शान्ति और समता की ओर अग्रसर होती हुई प्रकृति की रूपहली परछाईं-सी देवी इरावती आकर खड़ी हुईं। आँधी, मेह, बिजली इस प्राकृतिक शान्ति को झकझोरने के लिए रन्ध्र ढूँढ़ती रहती होंगी, परन्तु परा प्रकृति पर उनका स्थायी प्रभाव पड़ने से रहा। सार्थ मथुरा और कौशाम्बी के रास्ते पाटलिपुत्र पहुँचे या काशी और विदिशा के रास्ते, इरावती गरुड़ की भाँति आकाशमार्ग से आने वाले संकटों से भी अप्रभावित रहने वाली हैं। परन्तु उस घड़ी जाने क्यों मुझसे प्रभावित न थीं। छूटते ही बोली : आज महाराज-महारानी ने ही सब सुना, मैं तो आपकी भंगिमाएँ देख रही थी। आप नाटक कब लिखेंगे ?

× × ×

मैं लज्जा से लाल हो गया। फिर सिर झुकाकर जैसे अपने आप से कहाः 'मेरे योग्य कोई आदेश ?'

'अनुनय आदेश कहलाता हो, तो है। देखिए, मेरे कहने पर अग्नि ने विक्रमादित्य से सारी बातें स्पष्ट कर ली हैं। अब आपको न कुछ कहना है न करना। आपकी बारात धूमधाम से विदिशा से निकलेगी। मैं कुछ ही दिनों में, वहीं, मालविका के पास पहुँच रही हूँ। आपके शुभ विवाह में बड़ी बहन के सारे नेग मैं करूँगी।'

आँखों की निर्जनता में आनन्द-कलरव भर आया। यह क्या ? हँसी तो बिजली, रोई तो घटा !

अपनी घनी भौहों वाली आधी खुली, आधी मुँदी आँखें शून्य में चुभोकर बाबा बोलने को हुए तो उनके ओठ खुले के खुले रह गए ; फूटे ढोल से बोल न फूटे तो न फूटे।

आकाश में गुलाबी बादल एक सिलसिले से जमे हुए थे। एक पंछी चम्पे की झुकी डाल से साथी को पुकार रहा था।

बाबा जैसे पुण्य पुरातन के खण्डहरों में दूर-दूर तक अकेले घूम-फिर कर लौटे : सो तो है; सो तो है; किन्तु अनन्त अन्तःपुरिकाओं के दिन-मलिन तारामण्डल में धूप-दीप से उद्भासित जो चन्द्रोदय हुआ ...'

कालिदास ने गम्भीर रूप अपनाया :

'बाबा, आप क्या धैर्य और प्रतीक्षा जैसे शब्दों को सार्थक करने के पक्ष में नहीं हैं।''

बाबा बोले : नहीं, दिन अकेला है। अगले दिन और पिछले दिन की बात कोरी कल्पना है। आज से अभी निपटना है : हाँ तो, अनन्त अन्तःपुरिकाओं ...

कालिदास ने थके गले से कहा :

संभ्रान्त घरों की कुछ महीयसी महिलाओं का आग्रह था—मैं एक कहानी कहूँ ...

बाबा ने बिगड़ कर टोका :

'सो क्यों ?

'भिन्न रुचिर्हि लोकः !' आखिर इरावती देवी ने मुझे नाटक लिखने के लिए क्यों उकसाया ?'

'नहीं कालिदासजी, गीत भी वही मर्मस्पर्शी होता है जिसमें कोई कहानी गुँथी होती है। रामायण-महाभारत कवित्व के कारण विद्वत्समाज में भले ही प्रतिष्ठित हों, सामान्य जनों पर संक्रामक प्रभाव उनकी कहानी का ही है।'

कालिदास चौंके :

'हाँ, बाबा, आपकी यह बात तो आँख खोलने वाली है। ऋतुसंहार में मैं प्रकृति के सौन्दर्य को ही पर देता रहा। कोई ठीक-ठाक कहानी नहीं पिरोई उसमें। अब ऐसी चूक कभी न होगी। अब से मैं बस ऐसे ही काव्य लिखूँगा, जिसमें कोई न कोई कहानी भी हो ... अपनी पूरी रोचकता में।'

'ठीक है, ठीक है, बाबा झुँझलाए : 'वह जब होगा तब होगा ...' किन्तु अन्तःपुरिकाओं का ...'—कालिदास जी ने कुछ ऐसे ढंग से कहा कि अगले दिन को नकारने वाले, हा-हा-हा—काठ-सी हँसी हँसे बाबा।

कालिदास जी ने वह कहानी सुना दी :

एक दिन गोकुल-गाँव की एक गाय, जिसका नाम नन्दा था, अपने झुण्ड से तनिक हटकर चरते-चरते खजूरवनी में पहुँच गई। वहाँ खूब झपसी हुई घास खाने को मिली। साँझ पड़ने पर बछड़े की सुध आते ही थन से दूध टपकाती हुई वह ज्योंहीं लौटने को हुई, उसे खजूरवनी की घनी छाँह में छिपकर घात लगाए बैठा एक बाघ दिखाई दिया। देखते ही नन्दा की आँखें खजूर के सौ-सौ पीले-नुकीले काँटों से बिंध गईं। आँसुओं की धार उमड़ पड़ी।

बाघ बोला : 'रोती क्यों है ? मैं तुझे कहीं ढूँढने तो नहीं गया। अब बैठे-बिठाए ईश्वर ने मेरे लिए आहार भेज दिया तो मैं उसे धन्यवाद भी न दूँ, ऐसा कैसे हो सकता है ?'

गाय ने कहा :

'मैं अपने लिए नहीं रो रही। जनम के साथ ही मरण लिख दिया जाता है, यह मैं भली-भाँति जानती हूँ। मरने के मामले में जहाँ देवते भी लाचार हैं—अमर भी मरते हैं—वहाँ मैं ही बराबर बनी रहने की कैसे सोच सकती हूँ ?'

'फिर ?'

'बात यह है बाघ जी, कि मैं एक दुधमुँहे बच्चे की माँ हूँ। उसे अब जोरों की भूख लग रही होगी। वह भूखी आँखों से मेरी बाट जोह रहा होगा। आप विश्वास करें तो उसे पिलाकर लौट आने भर का अवसर मुझे दें।'

बाघ ने व्यंग किया :

'अरे तू तो बड़ी खेली-खाई, तेज-तर्रार लगती है, मुझे चकमा देकर चम्पत हो जाना चाहती है ?'

'नहीं बाघ जी,' गाय की आँखों ने मघा की झड़ियाँ लगा दीं : 'आप बाघ-लोगों से बचकर कोई भी गाय कहां जायगी ? जिस बनाने वाले ने हमें निर्बल और असहाय बनाया है उसी ने तो आपको हमें दबोच लेने की ताकत और चबा जाने के लायक चमकीली दाढ़ें भी दी हैं।'

बाघ बोला :

'तू तो बड़ी समझदार मालूम होती है। बहुत अच्छा कहा तूने कि हम दोनों में कोई भी अपराधी नहीं है : 'जीवो जीवस्य जीवनम्।' एक जीव को खाकर दूसरा जीव जीवित रहता है। फिर भी तेरा रोना नहीं थम रहा तो जा, बच्चे को पिला कर जल्दी ही आ जा, मैं यहाँ बैठा तेरी राह ताकता रहूँगा।'

गाय आनन-फानन खुश हो गई और बाघ को धन्यवाद देकर आगे बढ़ने लगी। उसकी चाल में अचानक ऐसी तेजी आ गई कि बाघ को फिर कुछ दाल में काला नजर आया। डपट कर पूछा :

'अरी हो गैया-मैया, तू वाकई लौट कर आ जाएगी न ?'

नन्दा रँभाई : ''बाघ जी, मैं कभी झूठ नहीं बोली। फिर भी आप के विश्वास के लिए सत्य की सौगन्ध खाकर कहती हूँ कि मैं बछड़े को अन्तिम बार भर पेट पिलाकर उसे अपनी संवेदनशील साथिनों को सौंप दूँगी। सूँघ कर, चाटकर, चूमकर अन्तिम विदा ले लूँगी और फिर आपके पास आकर खड़ी हो जाऊँगी।'

सत्य की अभिव्यक्ति सुन्दर शब्दों से ही नहीं होती, लड़खड़ाती हुई आर्द्र ध्वनियों से भी होती है और गहन मौन से भी।

बाघ को विश्वास करना पड़ा। संध्या की आँखों से छलके दो बूँद आँसू की तरह दो तारे आकाश में निकल आए। खजूरवनी की घनी छाँह में अँधेरा डेरा डालने लगा। खजूर की सूखी टहनियाँ पेड़ों के आस-पास गिरी पड़ी थीं। पट-पट आवाज पर बाघ ने चौंक कर देखा, नन्दा आकर चुपचाप खड़ी थी। पूछा : आ गई तू !'

'मैं शिवि, दधीचि, हरिश्चन्द्र की मिट्टी से बनी हूँ।'

'आहार बनने के लिए तैयार है ?'

'सत्य पर निछावर होने ही तो आई हूँ। एक मेरे झूठ बोलने से सारी पशु-जाति बदनाम न हो जाती ? फिर मुझे मनुष्य योनि में जन्म लेने की यन्त्रणा भी झेलनी पड़ती।'

□

२१

'सोने का बरतन वैसा नहीं बजता, जैसा काँसे का बजता है।'

'काँच चमकता है बाहर से, रत्न भीतर से।'

—मोती की लड़ियों से गुँथे हुए जूड़े से फिर-फिर सरकते आँचल को सस्मित सँभाल कर विद्योत्तमा ने रानी-माँ से पूछा :

'आज कोई विशेष बात है ? पिता-श्री बहुत प्रसन्न हैं। आज जो वह बोल रहे हैं, वह पहले कभी न सुना हुआ-सा लग रहा है और जो पहले कभी का सुना हुआ भी होगा, उसका ठीक-ठीक अर्थ आज ही खुल रहा है।'

रानी माँ हँसी की बाढ़ में अर्थ-भरे बोलों के द्वीप बनाती हुई-सी बोलीं :

'हाँ, क्यों नहीं ? प्रसन्न होने की बात तो है ही। जब से मगध से आए हैं, मागधी से कम कुछ बोलते ही नहीं हैं। सूक्तियाँ सुनाते हैं; पहेलियाँ बुझाते हैं; तुम्हारे सुख-सौभाग्य की विरुदावली बखानते हैं, किन्तु खुलकर कुछ कहते नहीं हैं। ...'

विद्या का मानस सरस सार-गर्भ संकेतों से तनिक तरंगित-सा हुआ :

'क्यों न हो, कल तक जो विदिशा के राजा थे, उन्हें पिता-श्री मगध का महाराज राजेश्वर बनाकर लौटे हैं। सम्राट् पुष्यमित्र से पिता-श्री की जैसी निभी, वैसी ही निभाने की अग्निमित्र ने भी ...

इसी समय सामने की सुनहली तिरस्करिणी में थोड़ी सरसराहट हुई।

उसे एक ओर सरका कर महाराज प्रकट हुए :

'यह बुढ़ापा है न विद्या, विवाह इसका सबसे प्यारा विषय है। जानती हो, सन्तान के ब्याह की बातें करते-करते अपने ब्याह की सूखी जड़ भी हरिया जाती है ... ।'

तभी रानी माँ ने प्यार से झिड़क दिया :

'लड़की सयानी हुई। अब इसके सामने भी बुढ़भस !'

'अरे कहाँ ?'—महाराज सिटपिटा गए।—'मैं तो विद्या के ब्याह की बात ... ।'

और विद्या अपनी विभूति से परे हटकर गुड़िया-बिटिया-सी-हाथ-पाँव झटक-पटक कर ठुनकने लगी :

'ओह पिता-श्री, अकुला गए न आप भी ? आह ! क्या वे दिन अब कभी न बहुरेंगे जब आप छठे-छमाहे भेंट होने पर ललक कर पूछते थे : बेटे, आजकल क्या लिखना-पढ़ना हो रहा है ? और मैं सिर लटका लेती थी : 'कुछ नहीं पिता-श्री, आजकल मैं पढ़ती कहाँ हूँ। सिर्फ देखती रहती हूँ—खिले-अधखिले फूलों को, और अपने आप से चुप-चुप पूछती रहती हूँ : जो आज खुले-खिले हैं—कल ऐसे थे ? अगले कल ऐसे ही रहेंगे ? आज की धूप ढल जाएगी तो कल तड़के फिर निकलेगी ; आज की चाँदनी छीज-मुरझ जाएगी तो कल फिर नई चटक-चमक के साथ छिटकेगी ; परन्तु ये फूल ?'

'बेटी मेरी, कुछ थोड़े ही ऐसे सूरज-चाँद जैसे होते हैं, जो व्यक्ति के रूप में बराबर बने रहते हैं, शेष सारे तो जाति में ही जीते हैं।

'तुम्हारे ये फूल निश्चय ही कल न रहेंगे, कल कोई और खिलेंगे, फूल फिर भी रहेंगे ही रहेंगे।'

—इस पर मैं फिर पूछ बैठती थी : 'पिता-श्री, व्यक्ति चाँद-सूरज हो सकता है ?'

और आप दुलरा देते थे :

क्यों नहीं बेटी ? 'कीर्तिर्यस्य स जीवति !' लोग लिखने-पढ़ने वाले जब तक धरती पर हैं, तुम्हारा नाम चाँद-सूरज की तरह आकाश में प्रकाशित रहेगा। विद्या जो हो तुम ! और अब, जब देखो तब, उसी

विद्या के विवाह की बात ...'—सुनते ही विक्रमादित्य की विनोदवृत्ति गोल-गोल घूमने लगी। उनके खिले नेत्र झुक गए : मुसकान संकोच से मधुर हो गई। बोल या तो जीभ से दब गए या फिर ओठों में उलझ कर रह गए।

विद्या ने अपनी भूल समझी। वह सुनहले प्रच्छंद पट पर झिलमिलाती हँसी से अपनी उपलब्धि की कृतज्ञ अभिव्यक्ति-सी देती हुई बोली :

'क्षमा, पिता-श्री, आपके अतिरिक्त प्यार-दुलार ने ही मुझे मुखर बना दिया है, नहीं तो पतझड़ की अकड़ी टहनी क्या जाने, वसन्त की कोंपलों से लदी लता का झुकना क्या होता है ! यों भी शीतकाल में धूप प्रिय होती है तो ग्रीष्म में छाँह।'

विक्रमादित्य ने धीरे-धीरे पलकें उठाईं :

'मेरी बेटी विदुषी से कम कुछ हो ही नहीं सकती।—कहने को तो मणि-माणिक्य भी पत्थर हैं; किन्तु उन्हें पत्थर कौन कहता है ? मैं कवि कालिदास से मिलकर आया था, कुछ उन्हीं के अभ्युदय की चर्चा करनी ... ।'

विद्योत्तमा उठकर जाने को हुई तो रानी माँ ने खींचकर उसे अपनी गोद में बिठा लिया :

'विवाह स्त्री जाति के लिए कोई लज्जा की बात नहीं है विद्या, प्रत्युत वह गौरव की ही बात है। मैं क्या थी, क्या होती ? स्वार्थ की निक्षिप्तता में सत्य को खण्डित करके देखना स्त्री-पुरुष दोनों की भूल है।'

'रानी माँ, मैं यह सब सुनकर क्या करूँगी ! पिता-श्री मगध में मिले थे, अब वह कन्या कुमारी के लिए प्रस्थान कर चुके हैं।'

'कन्या कुमारी ?'

—'हाँ रानी माँ'—सुजाता बोली—'मैं प्रतिदिन महाकालेश्वर के दर्शन करने जाती हूँ न ! मुझे ही निचुल पण्डित ने बताया था।'

'ओ, तो वह तू ही है जिसकी उल्टी-सीधी बातों से बेचारी विद्या को इतनी बड़ी सांसत सहनी पड़ी है; बातों की खींच-तान में उसकी आकांक्षाओं की दुर्गति कर दी तूने !'—कहती हुई विद्या से आँख बचाकर सुजाता को आँख मारी : 'तेरा इतना पुराना संग-साथ है, अब भी मुँह

बिचका कर रोका-टोकी करने से नहीं चूकती !'

वह आँसू भरी आँखें रानी-माँ के पाँवों पर टिका कर बोली :

'कोई ऐसी-वैसी बात सुनने पर राजकुमारी के मन में क्या प्रतिक्रिया होती है, इसे जान लेना जरूरी नहीं है रानी माँ ?'

रानी माँ उसे झिड़कें या सराहें, इसके पहले ही महाराज मन्द्र सप्तक के ऋषभ-गान्धार पर स्वर स्थिर कर बोले :

'सुनती हो ? यह जो कविता है न ! वह होती ही ऐसी है। जिस पर उसकी परछाँई पड़ जाती है उसकी नींद उचट जाती है, मन किसी ऐसे विरल विजन में खो जाता है कि वह वहाँ से पलटने का पथ ही भूल जाता है !'

रानी माँ मुसकाईं :

'ए लो, विद्योत्तमा, महाराज फिर, पँवारा पसारने लगे ; सूक्तियों के कान खींचने लगे ...'

इस बार राजकुमारी भी तनिक तिनक कर सुजाता से बोली :

'कन्या कुमारी किस कुमार के लिए गए हैं, वह भी बता दो न ... ।'

राजकुमारी उलझन में हठ न पकड़ ले, इस डर से सुजाता ने महाराज को लड़खड़ाते शब्दों में पूरा विवरण सुना दिया कि कालिदास कुमारी कन्या से कुमार-सम्भव नामक एक महाकाव्य माँगने गए हैं ; कि वह गहरे उतर कर ऊँचे को समझने की शक्ति वहाँ के रोर-हिलोर-भरे एकान्त से उपलब्ध करेंगे ; कि काव्य के विस्मय-भरे सत्य को वह मंगलमय सुन्दर देने का संकल्प ले बैठे हैं !

रानी माँ ने आँखें मूँद कर कान खोले : 'क्यों काँटों में घसीटते हैं स्वप्न-जीवी कवि बेचारे को ? देखते नहीं, एक बार बात कुछ दूर तक खिंची तो उज्जयिनी से विदिशा भागे, इस बार विदिशा ने उमग कर तत्परता दिखाई तो मगध से चलकर सीधे कन्या कुमारी से कुमार माँगने चले गए। अबके कोई गले पड़ा तो समुद्र में छलाँग लगा लेंगे, फिर भले ही बाँहों से तैर-तैर कर लौंग और इलाइची के द्वीप में पसीना पोंछते पहुँच जाएँगे।'

'अरे ! कवि के गुण बखानते समय तुम भी कविता करने लगती

हो। देखो, 'विश्वास ने बसेरा भर बदला है;—महराज का स्वर मध्य सप्तक के मध्यम और पंचम के बीच की श्रुतियों से फूटा—'कवि विहग कहीं एकबार ही उड़ नहीं गया। अनुभव के सीमित क्षेत्र में उछलकूद मचाते रहने से कहीं अच्छा है, वह उसे नए आयाम दे।'

विद्या के सुनसान प्राणों में एक साथ ही वेणु-वीणा, मुरज और कांस्यताल बज उठे : सुख केवल वही तो नहीं, जो स्थूल इन्द्रियों से भोगा जाता है। उल्टे, आँख मूँदकर जो रूप निहारा जाता है वह कुछ और टटका लगता है ... ।

× × ×

महाराज एक काँपती हुई चुप्पी के साथ यह सोचते हुए बाहर निकल आए कि तृप्ति से छलकती हुई आँखों की भीगी कोर भी, कहीं गहरे, सूखे में प्यास सँजोए होती है !

कभी आश्चर्य-चकित, कभी लज्जित, कभी सस्मित-से वह बाह्योद्यान में घूमते-फिरते रहे। सूर्य-किरणों के स्पर्श से उनकी चेतना जब-तब झटका खाने लगी :

'समय मेरे अस्तित्व को भी झुठला दे सकता है; खींच-तान कर तले-ऊपर कर दे सकता है; मेरे नाम को किसी का उपनाम भी सिद्ध कर दे सकता है, पर इस ज्वलन्त सत्य पर पर्दा नहीं डाल सकता कि कालिदास को मैंने ही पहली-पहली बार पहचाना था।'

'उन्हें एक न एक दिन विश्वकवि के रूप में विश्व को जानना और मानना है; किन्तु मेरा सुख कहीं और है, मैंने तो उनके अलिखित को भी उनकी स्थिर आँखों में पढ़ लिया है।'

महाराज के शरीर के रोम-रोम, हृदय की हर सतह और आत्मा की अतल गहराई, जैसे सब के सब अपूर्व आभा से आलोकित हो उठे। उन्होंने हँसकर उड़ा दिया : राजतन्त्र का क्या, बदलाव किसी के भी विकास के लिए आवश्यक है। हो सकता है, कोई अगला तन्त्र अपने विक्रम संवत् को नकार दे, और कोई शक आक्रामक इस देश पर राज्य करे और अपना संवत् चलाए। और परतन्त्र प्रजा उसे सहर्ष स्वीकार भी

कर ले। जीवन में कुछ कड़ुवे-मीठे अनुभव चाहे जिस क्षिप्रता और आकस्मिकता से संचित होते हों, नित नई आशाएँ और उमंगें उन्हीं पर मन को केंद्रित नहीं रहने देतीं,—महाराज की भव्य भावनाओं में गहरी वेदना की छटपटाहट न थी, वह अधिक अनमने भी न थे, बस, यूँ ही एक झटके से उठकर इधर आ गए थे।

चौंके तब जब उनकी एकात्मता को झटका लगा—किधर से भी अलक्ष्य रूप में आकर विद्या ने उनके पाँव छू लिए और उनके कपाट वक्षःस्थल से आ लगी :

'क्षमा ! प्रज्ञा द्वारा अन्तर्गृहीत भावनाएँ सदा नहीं स्पष्ट होतीं। मेरे सोए हुए संस्कार सहसा कैसे और क्यों उन्मिषित हो जाते हैं और मैं क्यों सतही सम्पर्क से नहीं सन्तुष्ट होती और जो नहीं कहना चाहती, वही कैसे कह जाती हूँ, यह सब मेरे लिए एक अनबूझ पहेली ही है। आप मेरी प्रखरता को क्षमा कर दें, पिता श्री ...।'

विद्योत्तमा अप्रतिम सुन्दर थी, इसका उसे आभास तक न था ; उसका स्वर मधुर और झंकार-भरा था, यह कहने पर वह अप्रसन्न ही अधिक होती।

महाराज ने अनुभव किया जब से विवाह की चर्चा चली है, विद्या के स्वभाव में बहुत बदलाव आया है। और फिर भी उसका जड़ीभूत पाण्डित्य आड़े आ ही जाता है जो उसे सहज नहीं होने देता। ज्ञान और विद्या का यह भरा हुआ भंडार सहज स्वाभाविक व्यवहार से रिक्त है। और यह सच है कि जीवन के स्पन्दन पर हाथ रखे बिना विद्या विश्ववन्द्य नहीं होती।

—अभी महाराज इसी उधेड़बुन में थे कि वातावरण का मौन विद्या की साँसों से धड़का, वह सहमी-सिमटी-सी रुआसे स्वर में बोली :

'तो आप क्षमा नहीं ... ।'

'कोई अपराध भी तो हो क्षमा करने-जैसा ? अरे, मैं तो तुम्हारी ऐसी ही प्रखरता में बहकर बुढ़ापे ...।'

'पिताश्री ... आप अजर हैं, अमर रहेंगे।'

महाराज ने उमग कर विद्या की पीठ थपकी : 'कालिदास कल्पतरु

है, उसकी छाँह में तुम्हें वह सब मिलेगा, जिसकी तुमने कभी आकांक्षा भी नहीं की ...।'

'यह वर है या ...'

'न वर, न शाप' केवल जीवित यथार्थ। जानती हो, कोई सम्राट् भी वही देता है जो उसके अधिकार में होता है। किन्तु वह कवि है, उसे त्रैलोक्य का साम्राज्य लुटाने की छूट है। वह तुम्हें अमरता देगा।'

'मैत्रेयी की तरह ?—येनाहं नामृता स्यां किमहं तेन कुर्याम् ?'—बोलती हुई थोड़ा हट कर हँसी : 'वह तो कोई किसी को देता नहीं है।'

विक्रम चौकन्नी आँखों उसे देखने लगे, फिर गगनस्पर्शी हँसी हँसे : 'विद्या भी कोई किसी को नहीं देता। वह स्वयं किसी को ...।'

× × ×

गाँवों और नगरों में ठौर-ठौर रुकते-विलमते हुए कालिदास ने अनुभव किया कि जन-जीवन को सुखी और जीवन्त बनाए रखने के लिए भिन्न-भिन्न स्थानों और अवसरों पर किए जाने वाले ये उत्सव, ये सामूहिक गीत-वाद्य-नृत्य-कलाएँ कितनी आवश्यक हैं !

किसान पसीना बहा रहा है तो व्यापारी डंडी मार रहा है ; राजा आदेश दे रहा है तो सैनिक अपनी बलि। और लो, देश चल रहा है। जीवन स्वादहीन और अपुष्टिकर भोजन पर ज्यों ज्यों पल रहा है।

जीवन संघर्ष ही नहीं, गति भी तो है। हमें उद्योग के साथ उल्लास भी चाहिए ; कर्म का कोलाहल ही नहीं, प्राण-गान भी चाहिए। सामूहिक नृत्य-गीत की तरल तरंगों में बहे बिना वैयक्तिक दुःखों की जड़ता साँसों के पथ पर अड़ी पड़ी रहेगी।

कावेरी में नौका-विहार, मदुरा और केरल और कांची के नारिकेल-वन-उपवनों में स्वच्छन्द विहार वहाँ के कष्ट-क्लिष्ट जन-जीवन में आनन्द-मन्दाकिनी उमड़ाता प्रतीत होता था। जीवन जीने के लिए है, यह भाव वहाँ के लोगों के चेहरे बता रहे थे।

आध्यात्मिक जीवन इससे समृद्ध ही होता है। भौतिक अतृप्त आकांक्षाओं का पूरक होकर वह गौरवान्वित होता है। जीवन की उत्कट आकांक्षा

को परास्त कर अध्यात्म-विजयी नहीं होता। मुक्ति की कामना मृत्यु की कामना नहीं है।

वैदिक युग के ब्राह्मणों ने यज्ञ की कल्पना कदाचित् इसी सामूहिक हर्षोल्लास के अभिप्राय से की थी। उसमें लोक-परलोक की कामनाओं का सुन्दर समन्वय था ; किन्तु जब उस पर अपना ही एकाधिकार बनाए रखने के लोभ ने कर्मकाण्ड के आन्तरिक सौन्दर्य को कृत्रिम वितानों से ढक दिया तब उत्तर वैदिक काल के क्षत्रिय राजाओं ने यज्ञों की स्थूलता से आत्मा की सूक्ष्मता की ओर बढ़ने का प्रयास किया होगा क्योंकि अर्थ और राजनीति के सांग्रामिक चक्रव्यूह से उबर कर दीर्घकालव्यापी यज्ञ करने का न उनके पास धैर्य रहा होगा, न अवकाश। फिर वह ब्राह्मणों की भाँति अकिंचन नहीं, समृद्ध थे, अत: राजयोग और समाधि का महत्त्व उजागर करने लगे होंगे। अश्वपति कैकेय से विदेह जनक तक अध्यात्म विद्या के उपदेशकों की एक लम्बी परम्परा यज्ञों पर अध्यात्म-साधना को प्रमुखता देती रही। गौतम बुद्ध ने तो पूरी परम्परा को ही झकझोर दिया। उन्होंने न केवल यज्ञों को नकारा, आत्मा को भी नहीं माना। गुण और कर्म पर आधृत वर्ण-व्यवस्था की धज्जियाँ उड़ा दीं। पंतजलि ने ब्राह्मण और श्रमण की तुलना साँप और नेवले से की है।

नई आवश्यकतओं को पुराने धर्म-सम्प्रदाय नहीं पूरा करते, अतः प्रत्येक युग में नए जीवन-दर्शन का सन्धान करना ही पड़ता है। जोड़-तोड़ का यह सिलसिला जीवन की एकरसता और जकड़न को खदेड़ता रहता है। ऐसा न होता तो संसार आदिम युग के आगे बढ़ता ही नहीं। ज्ञान और कर्म के संघर्ष को यथास्थिति की ऊब से उबरने का सचेत और सतेज प्रयास ही समझना चाहिए—दो छोरों को एक बिन्दु पर समेटने, सन्तुलित करने का प्रयास। किन्तु जो धर्म, संस्कृति या कला सामान्य जन के दैनन्दिन जीवन से कतरा कर केवल प्रतिमान-निर्माण में व्यग्र है, मैं उस सर्वोच्च स्तरीयता को एक कवि के रूप में प्राथमिकता न दूँगा। मनुष्य मात्र का जीवन काव्यमय, कलामय हो सके तभी धर्म और संस्कृति की सार्थक पहचान बने। राजाओं और राज-पुरोहितों द्वारा जो धर्म प्रतिष्ठापित होता है, वही किसी देश की स्वनानुभूति नहीं है। संस्कृति

स्वानुभूति है ; जीवन-सत्य का सामूहिक प्रकाश, रस, आनन्द। एक ही वनस्पति की कोई डाल फलों से लदी होती है, कोई पत्तों से ही ढकी। धर्म की दुन्दुभी सुनते-सुनते जिनके कान बहरे हो गए हों उन्हें प्रकृति का संगीत सुनने दिया जाए तो उनके कान खुल जाएँ। संगीत जीवन का स्वर है। और जीवन प्रकृति का गीत। ऋचाएँ बाँच-बाँच कर जिनकी आँखें पथरा गई हों उन्हें सामूहिक नृत्योत्सव या रंगमंच पर जीवन का नाट्याभिनय देखने दें, उनकी पियराई पुतलियों में पुन : प्रकाश लौट आएगा। जीवन से कटा हुआ परलोक-चिन्तन, हृदयहीन आत्मानुष्ठान, कवित्वहीन कर्म-कलाप मानवीय मूल्यों की विडम्बनाएँ हैं। सत्य तो यह कि जीवन से बड़ा कोई सत्य नहीं।

कालिदास को दक्षिण का भू-भाग बड़ा प्यारा लगा। गोदावरी का उद्गम देखकर पंचवटी और नासिक की राह वह आगे बढ़ते गए थे और हर पग यह अनुभव करते रहे थे कि जीवन का सार क्या है! उनकी मनोवृत्ति में बदलाव आ रहा था ; राजसी वेदना से उनका चित्त आन्दोलित हो रहा था। आदि कवि ने प्रकृति की आत्मा से उन्हें जैसा जोड़ा था, वह निःशब्द संकल्प ले रहे थे कि वह अपनी ओर से कुछ उठा न रखेंगे, प्रकृति उनकी कविता की शाश्वत सहचरी होगी। वह मनुष्य को अपनी ही खड़ी की हुई दीवारों से हमेशा घिरा न देख सकेंगे। वह ऐसी साधना करेंगे कि पकृति के लिए पुरुष के मन में तड़प हो। प्रकृति-पथ पर जौ भर भी विचलित होने वाले काल्पनिक रंगीनियों की खोज में भटक जाते हैं। अपनों का प्रेम और दूसरों का आदर जीवन को चाहिए ही चाहिए ; किन्तु अपना केवल सजातीय ही नहीं होता ; पेड़-पौदे, नदी-नाले, पशु-पक्षी भी अपने हो सकते हैं। उन्हें कोई अपनाकर तो देखे ! जब प्रकृति अनजानते चेतना को कोंचे, सपनों में छाने लगे, उससे बिछुड़ने पर मन उचटा हुआ-सा बौखलाए, कुछ खोया-खोया-सा रहने लगे तब सब कुछ छोड़कर उससे मिलने की तैयारी नहीं करनी पड़ती, हृदय धड़क कर बन्द नहीं होने लगता ; सब सहज हो जाता है।

तब पल्लव के ओंठ नहीं पपड़ाते ; फूलों की हँसी नहीं मुरझती ; मकरन्द बिन्दु नहीं सूखते।

मानव-प्रकृति केवल अनिवार्य और आवश्यक के सहारे विकसित नहीं हो सकती। आलाप और तान से काट कर जैसे गीत को संगीत की मोहक परिपूर्णता नहीं दी जा सकती उसी प्रकार बन्धन से बचकर मुक्ति की खोज नहीं की जा सकती। प्रकृति बुद्धि-वृद्धि के लिए, मानसिक दीनता पर हरित-भरित अवगुण्ठन डालने के लिए भी नहीं ; आनन्द के लिए, आत्मा की व्यापकता को, गहराइयों में उतर कर, स्वतंत्रता, पूर्णता और परितृप्ति के रूप में, प्राप्त करने के लिए है।

कवि प्रकृति को सहचरी इस मूल्य पर नहीं बनाता कि वह प्राकृतिक के अतिरिक्त अपनी नई सर्जना शक्ति, नई कल्पनाओं और नई उद्‌भावनाओं की प्रतिभा को नकार दे और उसी की अनुकृति में आत्म-मुग्ध हो रहे ! नहीं ...

शब्द-ब्रह्म सब प्राणियों का चैतन्य है, वही गद्य-पद्य बनकर वर्णों में प्रकट होता है।

सन्तोष और पूर्णता का अनुभव हुए बिना जैसे त्याग का सुख नहीं भोगा जा सकता, ऐसे ही समग्रता में अपने को उलीचे विना रचना के स्तर पर आत्मानन्द की उपलब्धि नहीं हो सकती।

म्यान के भीतर कुण्ठित तलवार का भी आतंक रह सकता है, बाहर काट करने के लिए तो चमकदार ही नहीं, उसका धारदार होना भी आवश्यक है। ...

कभी धूप की आँच में तपते हुए, कभी नावों से ठंडी धार पार करते हुए उनके मुख की कान्ति में थोड़ी क्लान्ति या सिहरन का आभास मिल सकता था ; किन्तु उनकी आँखों की चमक में थोड़ा भी अन्तर कभी नहीं देखा गया। योगियों की-सी अन्तर्मुखी दृष्टि बाहर को भीतर भी निहारती थी। भीतर वह बाहर से कुछ अधिक स्पष्ट दिखता था—अनछुआ, अनबिंधा। दृष्टि की निर्मलता गोपन का मर्म भेद कर कहाँ से कहाँ निकल जाती थी।

कन्याकुमारी पहुँचकर सागर के अँधियारे सुनसान में जब-तब एक पीली लौ-सी काँप जाती। मन बिखरने-विघटित होने की स्थिति से कुछ ऊपर, कुछ दूर, निःस्पन्द हिचकोले खा रहा था। आत्म-सम्मोहन और

अतिरंजनाओं में जीने वाले और होंगे, वाल्मीकि-व्यास की रचना-धर्मता हवा में लटकी हुई कदापि न थी, धरती से उसका गहरा सरोकार था। सच तो यह कि उनकी चुम्बक कल्पना ने आकाश को भी धरती पर ही उतार लिया था। आकाश और पृथ्वी को समान मान दिया था ; समानता का भ्रम नहीं फैलाया था। वे यज्ञों के माध्यम से जनारण्य से जुड़े थे, रामायण-महाभारत में जन-जीवन की सर्वत्र भागीदारी है।

कालिदास उनका अगला सोच बनने की नहीं सोचते। वह हिमालय से समुद्र की ओर यों ही नहीं आ गए हैं। ऊँचाई को गहराइयों में उतरकर देखना चाहते हैं। मानव-जीवन को समान धरातल पर प्रतिष्ठित होने के लिए रूढ़िबद्ध अन्धकार की घुटन से बाहर आना और सुर-दुर्लभ आध्यात्मिक चकाचौंध से बच निकलना आवश्यक है।

वह बिच्छू का मन्तर सीखकर साँप की बामी की ओर हाथ बढ़ा रहे हैं। जो अपने गुण और शील से आगे चलकर संसार के माता-पिता कहे गए, उन्हीं योगिराज शंकर और सुन्दरी राजकुमारी पार्वती की आरम्भिक, किन्तु विकासशील जीवन-प्रक्रिया से सृष्टि के अनुबन्धों को जोड़ने के लिए तैनात हो रहे हैं। हमारे सर्वोच्च आदर्श शंकर-पार्वती में सपाट यथार्थ नर-नारी-जीवन की एक ऐसी प्रणाली भी है जिससे नर नारायण हो सकता है ; चट्टान में फूल खिलाने वाली एक ऐसी सधी साँस भी है जो पवित्र मिट्टी को पार्वती बना देती है।

धीमे, शान्त और शनैः शनैः परिवर्तन मन की नई तहें ढूँढने लगा था। ग्रीष्म ऋतु की उजली रात में कोई एक तारा अलग से सुलग उठा था। वह क्या है जो सान्ध्यतुहिन में सागर की उत्ताल गरिमा पर छा जाता है, वह क्या है जो सूर्योदय-सूर्यास्त की पिघली आभा को अग्निगर्भ शीतल समीर से थपकता है !

हिमालय की पथरीली शिराओं में देवदारु की फुनगी पर की कोंपलें सुख की नींद सोई रहती हैं, सन्ध्या की लोहित द्युति से लिपटा हुआ सागर प्रातःकाल की स्वर्ण-वर्ण तरंगों में तैर-तैर कर नहा चुका होता है।

दक्षिण मुझे उत्तर दे रहा है। संमुद्र हिमालय के आमने-सामने खड़ा किए दे रहा है। कछार में पहाड़ पटकने से क्या निष्कर्ष निकलता ? एक

तीखी-सी हँसी उनके ओठों पर फैल गई। हिमालय की स्मृति ही तो उन्हें उत्तर की देहरी लाँघ कर यहाँ खींच लाई है।

कवि को क्या चाहिए—प्यार और यश? प्यार उन्हें मिल चुका है—सूखी सिसकियों में, परिहास की चुटकियों में, ...र ... सहमति के बिन्दुओं पर!

जैसे सपने में सपना देख रहे हों, पत्र-पुष्प-हीन पेड़ तले फूल बीनने का; कुहरिल टहनी से किरण की टुसुकती कलियाँ टूँगने का! मर्म की दूरारोही पुकार में किसी अकूत शक्ति के सन्धान का! रन्ध्रहीन व्यक्तित्व में चिर-संचित सुगन्ध का!

तन्मयता को बौना बनाकर मन हिमालय की ऊँचाइयाँ चढ़ने लगा :

अस्त्युत्तरस्यां दिशि देवतात्मा
हिमालयो नाम नगाधिराजः ...

उत्तर दिशा में देवोपम विराट व्यक्तित्व का पर्वतराज विराजमान है। लोग उसे हिमालय कहते हैं। वह बंगोपसागर से अरब सागर तक—हिमालय से हिमालय तक, यों फैलता चला गया है जैसे धरती का माप बताने वाला कोई बड़ा-सा लग्गा हो!

अनगिनत रत्न सिरजे हैं हिमालय ने; जभी हर घड़ी होने वाला हिमपात भी उसकी ऊँची सुन्दरता नहीं ढक पाता। सच तो यह कि किसी के हजार गुण हों और कोई एक ऐसा-वैसा दोष भी, तो उस पर किसी कम निर्मम की दृष्टि टिकती ही नहीं; उमड़ती हुई चाँदनी में चाँद की चोट खाई छाती के घाव का कोई चिह्न दिखाई ही नहीं देता।

ऐसी धूप-छाँही ऊँचाई और किसी की न होगी। आठों सिद्धियों से सम्पन्न देवोपम सिद्धगण यहाँ जब-तब अध-बीच में घुमड़ते बादलों की छाँह में बैठते हैं। जब झमाझम पानी बरसने लगता है, और कहीं वर्षा थमती नहीं दिखती तब वे निबुक कर उस चोटी पर छलांग लगा लेते हैं जिस पर जाने कब से सुनहली धूप फैली होती है!

हर तरह यह पर्वत दिव्यांगनाओं के विहार के योग्य है। कहीं गेरुए और सिन्दूरी रंग की रोशनाई की तरह धातुएँ पिघलती-ढलती रहती हैं

और कहीं प्रेमपत्र लिखने के लायक मदान्ध हाथी के माथे से छहरते मद-जल-जैसे (शराबी) रंग के भोजपत्र उड़ते रहते हैं।

हिमालय की कन्दराओं से छनकर जो पवन-तरंगें बाँस के रंध्रों में भरती हैं उनसे किन्नरों के, मध्यलय में कोई राग गाते समय दुगुन की तानें अपने आप लगने लगती हैं।

यों तो विन्ध्य और मलय पर्वत के घने वनों में भी झुण्ड के झुण्ड हाथी पाए जाते हैं किन्तु हिमालय की बात ही कुछ और है। यहाँ के मतवाले हाथियों की मस्ती का क्या कहना ? वे जब चीड़ देवदार के तनों में कनपटी रगड़ते हैं तो पेड़ों की छाल छिल जाती है और दूध टपकने लगता है। फिर तो पूछिए मत, ऐसी मदिर गन्ध फैलती है वातावरण में कि निचले टीलों की कौन कहे, ऊँची से ऊँची चोटियाँ भी मह-मह कर उठती हैं।

हिमालय का बड़प्पन कोई क्या बखाने ! ऐसा संवेदनशील है वह कि दिन-दोपहर से डरे हुए अँधेरे जब उनकी गुफाओं में शरण लेते हैं, सिमट-सिकुड़ कर छिपे-छिपे होते हैं तब उन्हें लाल-पीले होते हुए सूरज की चिन्ता छोड़कर अभय दान देता है ; चुपचाप डटे रहो निर्भय-निश्चिन्त होकर ! हाँ, यहाँ सूरज तो क्या, उसके पुरखे भी नहीं पहुँच सकते हैं।

सच है, ऊँचे लोगों की ममता शरण में आए हुए छोटे-खोटों पर भी वैसी ही बरसती है, जैसी अच्छे-भलों पर।

हिमालय का पर्वतराज कहलाना बड़बोलेपन का नतीजा नहीं है। उसमें चाँदनी के तारों-जैसे पूँछ के झाग-झाग रेशमी बाल उछालती-छहराती चँवरी-हिरनियाँ यहाँ वहाँ फलांगती फिरती हैं तो हिम के छत्र और चमरी के चँवर उसके राजाधिराज होने के परम्परित अलंकरण जैसे दिखलाई देते हैं।

शिकार ढूँढने निकले कोल-किरात जब थक-थक जाते हैं, और पसीना पोंछने, सुस्ताने के लिए किसी चीड़ की छाँव में बैठते हैं तब गंगा के जलकण लिए (ठंडी) और देवदारु की टहनियों से अठखेलियाँ करती हुई (सुगन्धित) और शिकारियों की कमर से बँधे मोर पंख को हौले-हौले हिलाती हुई (मन्द) हवा उनकी थकान मेटती है।

कोई ऊँचाई-सी ऊँचाई है हिमालय की, सूरज भी उसके नीचे ही नीचे चक्कर काटता है ! और तब, उसके ऊँचे शिखरों पर जो कुण्ड और सरोवर हैं, उनके कमल सूरज की ऊपर की ओर उठनेवाली किरणों से ही खिलते हैं। ध्रुवतारा से भी ऊपर जो सप्तर्षि-मण्डल है, वही उन फूलों के लिए हाथ लपकाता है। कलियों पर भी हाथ साफ करने से बाज नहीं आता, ऐसे में छिटपुट बची हुई कलियों को ही ऊर्ध्वमुखी किरणें खिला पाती हैं।

कालिदास ने एकाएक करवट बदली तो समुद्र की सतह से कहीं अधिक अपनी ऊँचाई से भी ऊँचे दिखने वाले हिमालय से नजर रपट गई और वह झील-झरनों में बहने-डूबने लगी। तन जन्मभूमि काश्मीर में कुलाँचे भरने लगा। काश्मीर की सुन्दरता दूर से देखने पर ही अधिक निकट लगती है। अहा ! यहाँ से हिमालय का सब कुछ कैसा सुन्दर लग रहा है, हिंसक पशु भी चित्र-लिखित की भाँति छूने और छेड़ने पर गुर्राते नहीं हैं।

हाथी का माथा फाड़कर सिंह गजमुक्ता बिखेरे दे रहे हैं ; कस्तूरी की गन्ध पूरे परिवेश को सुवासित कर रही है और बहेलिए हैं कि बीन बजाकर उन्हें सम्मोहित कर रहे हैं—उनके प्राण ले लेने के लिए।

भविष्य गहरे उतर कर कस्तूरी-मृगों को समुद्र-सा टेरता प्रतीत हुआ : "अरे ओ हिमालय के सर्वोच्च शिखर, प्यासी धरती को सुन्दरता का सुवासित सोमपान कराने उभरे हो ? कड़वाहट तो बहुत झेली जग-जीवन ने, तुम उसे पवित्र मिठास के स्वस्थ अनुभव पिलाने उठ खड़े हुए हो ? मेरा क्षार-जल अबसे तुम्हारे ही प्यार का सोमरस हो गया। और यह सोमरस समरसता से भिन्न नहीं है।

"मेरी अश्रान्त ध्वनियों पर न जाओ, वह तो मेरे समाहित मौन की पहरेदार चारदीवारी है। तुम जो रुक-थककर हल्की-सी मुसकान के साथ थोड़े-से शब्द आकाश में उछाल देते हो, मैं उन्हें अपनी लहरों में नहीं गूँथ पाता। तुम्हारे गिने-चुने शब्द सारवान हैं, मेरी भी जयकार स्वीकारो।"

एक अत्यन्त सुगन्धित निश्वास के साथ कालिदास की आँखें खुल

गईं। पीठ पीछे सागर हाहाकार कर रहा था ; सामने कन्या कुमारी निःशब्द साधना में निष्कम्प थी।

लोग वन-भ्रमण करते हैं, क्षण भर मन बहलता है, तन थक कर चूर-चूर हो जाता है, फिर दैनिक जीवन में लौट आते हैं।

कालिदास की साँसें ही आ-जा रही थीं, वह नील निर्जन में प्रकाश का सृजन कर रहे थे। उन्होंने देखे नहीं, पूर्ण परितृप्ति में कितने ही पेड़-पौधे पिए थे ; गुफाओं में आसन नहीं जमाया था, जिए थे उसे। हिमालय उनकी शिराओं में उतरा था, वह उसमें भटके न थे ; भौगोलिक प्रकृति के ओने-कोने ताक-झाँक करनेवालों की तरह उन्हें कुछ दर्शनीय दृश्यों के छूट जाने का पछतावा न था, सारे दृश्य उनके अन्तरतर के अवयव हो गए थे। समुद्र साक्षी है, उन्होंने हिमालय को पुकारा या ललकारा न था, स्वयं हिमालय हो गए थे।

□

२२

सत्य जब आनन्द की साँस ले रहा था, मस्ती से स्वतः स्फूर्त ज्ञान छन रहा था, शीतल-मन्द-सुगन्ध पवन वन के असाधारण रूप में सधे हुए मन की भी सिहरन बन रहा था ; तब एक ऐसा तन जिसे पाप ने कभी स्पर्श न किया था, हिमालय के बेटे कालिदास की ज्योति-ज्योत्स्ना के समकक्ष आ खड़ा हुआ। अपराजिता के फूलों की मालिका-सी वह एक आदिवासी बालिका थी जिसे बनाने वाले ने बिना छुए ही ऐसे साँचे में ढाला था जिस पर उसकी उँगलियों के निशान तक न थे। उसके ओठों में एक हल्की मुसकान की फड़कन-सी हुई : [क्या देखते हैं ? उजले पाख को उजालने के लिए काले को बहुत सहना पड़ता है ! लहरें जलपरियाँ गढ़ती हैं, किनारे ताड़ और नारियल के पेड़ों की काली छाँह में मिट्टी की काली-काली मूरतें गढ़ते हैं—चलती-फिरती, बोलती-बतराती मूरतें। इन्होंने दीनता की गहरी रेखा के बाहर कभी पग न डाले, काया-काँपने लगती है।]—'आप कौन हैं ?'

'मैं अँधेरे में ढेला नहीं मारता।'

'और उजाले में ?'

'ईंट के जवाब में पत्थर फेंकता हूँ।'

'बिना जड़ का टंटा-बखेड़ा खड़ा करने की आदत है क्या ?'

'अरे नहीं, सहज मार्ग में कँटीले पेड़ों की बढ़ोतरी मुझे सोच में डाल देती है। पुतली नचाने वाले सारा दोष सोच-विचार करने वालों के मत्थे डाल देते हैं।'

'आप कौन हैं ?'

'मैं मनुष्य के अतिनिकट पहुँचने की अतिदुर्लभ क्षमता का संधानी हूँ। मनुष्य-मनुष्य को जोड़ने के प्रयास कला तभी से कर रही है जब से जाति, सम्प्रदाय और राजनीति ने मनुष्यता को तोड़ने-फोड़ने के लिए सहृदयता की तलवार हृदय के ऊपर के पहनावे में लटका रक्खी है।'

'आपकी बात समझ में नहीं आती।'

'कभी किसी की समझ में कोई बात नहीं भी आती है, यही एक बात है; परन्तु बात का क्या ? संगीत हिरने की मीठी मौत बन जाता है; अपरूप चित्र आँकने वाला भूखों मर जाता है; अनुपम मूर्ति के निर्माता के हाथ काट लिए जाते हैं,—क्या यह सब समझ में आता है ?'

'नहीं, पर आप कलाओं की ही बात क्यों करते हैं।'

'क्योंकि मैं एक कलाकार हूँ। विश्व-प्रकृति के समग्र सौंदर्य को आत्मसात करता हूँ, फिर उसे अपनी अनुभूति के स्वर और कल्पना के व्यंजन देता हूँ।'

'मैं यह सब कुछ नहीं समझती।'

'तभी तो मैं तुम्हें समझा रहा हूँ। समझवालों को कौन समझा सकता है ?'

'ऐसा क्यों होता है ?'

'होता है। अब क्यों की बात न करो। किसी को आम अच्छा लगता है, किसी को इमली,—क्यों?'

'हाँ, सो तो है, मुझे आप अच्छे लगते हैं ! आपके जैसा यहाँ कोई नहीं है। कोई होता ही नहीं है !'

'वह तो कहीं नहीं है। एक के जैसा दूसरा होता ही कहाँ है ?'

'मैं यह नहीं कह रही। मैं तो यह कह रही हूँ कि आप मुझे बहुत अच्छे लगते हैं, सो क्यों ?'

'क्योंकि तुम्हें शील की सीख नहीं मिली।'

× × ×

पुरातन विस्मय का यह अकिंचन अनुकरण, निस्तल सागर और सघन नारिकेल-वन की श्यामलता को ग्रहण लगाने वाला यह गहन कौमार्य,

माथे में मानो एक टेढ़ी-मेढ़ी लकीर-सा खिंच गया :

'क्या कीचड़ में लिथड़े हुए पत्थर के इन खुरदरे टुकड़ों को खरोंच-खखोर कर इनकी गिनती अनचीन्हें रत्नों में की-कराई जा सकती है ? जिन्हें बोलकर बहा देते हैं, वे शब्द कविता में रुक-ठहर कर अभिव्यक्ति को एक नया आकर्षण दे सकते हैं ? हिमाचल के वनचरों के कितने ही जोड़े तुम्हारी कविता में अँक गए हैं, यह सागर-कन्या तुमसे कविता या शील की परिभाषा नहीं पूछती, प्यार की विवशता जताती है कि जब से तुम्हें देखा है, इसे और कुछ अच्छा नहीं लगता—प्रकृति के सबसे उदार उपहार—रतजग्गा करती आँखों के आड़े-तिरछे सपने भी इसे नहीं बहला पाते। इसका जीवन पर्वतराज की पुत्री का जीवन नहीं है, तुम इसे अपनी लेखनी से दुबारा नहीं गढ़ सकते ? एक का स्पर्श बचाकर दूसरे पर से हाथ हटाना नहीं चाहते ? तुम्हारी तूलिका सोने-चाँदी की है, अकिंचन को कंचन से तोलती है ! अँधेरी रात से डर लगता है ? किन्तु उसे पार किए बिना तुम्हें शुभ्रवसना आकाश-कुमारी उषा से भेंट होगी ही कैसे ? पल भर रुको, इससे तुम्हारी गति में तीव्रता ही आएगी !'

× × ×

बालिका की उज्ज्वल उत्सुक दृष्टि जैसे पूछ रही थी :

'यह शील क्या होता है ?'

कालिदास ने हड़बड़ा कर अपने आप से पूछा, 'क्या होता है ?'

कन्याकुमारी तीन-तीन सागरों की लहरें पीती है। यह ऐसा गम्भीर कौमार्य भी एक निर्दोष बालिका के कौतुक से कतराने कहता है ? पवित्रता की यह अतिवादिता असमंजस में डालने वाली है।

यह निरीह दृष्टि से देखती है तो तुम्हें अपनी सुरभित स्पृहा की याद आती है ! ...

नाम उसका अलका था, वह तुमसे थोड़ी बड़ी थी। झील के उस ओर रहती थी। उसकी मुसकान में मोहिनी थी, हाँ, तुम्हारे ओठों में प्यास न थी।

× × ×

राज परिवार, संभ्रान्त वर्ग, विद्वत्समाज और ललित कलावन्तों की भीड़-भाड़ में कालिदास कितने अकेले रह आए हैं कि कितनी ही रूपसियों और सुन्दरियों के एकटक नेत्रों ने उनके गहरे हृदय में कमल और केतकी की सुगन्ध भर दी है, पर जैसे इसका आभास भी उन्हें न हो, कुछ ऐसे डूबे-खोए अनमने-से कालिदास को बचपन की संगिन भेड़ चराने वाली अलका की सुधि आ गई। आश्चर्य कि इस तन्वी श्यामा लता को देखकर किसी केसर की क्यारी की याद आई ; जिस गोरे गाँव से बिछड़े एक युग बीत गया उस घर की, देहरी की याद आई !

अलका के स्वर में कँपकपी होती थी : 'ऐसे मुड़-सिकुड़कर क्या बैठे हो कालिदास?' और वह हर बार मौसम के फूलों का एक गुच्छा उसके ठिठके हाथों में थमा देती।

यों भी वह कालिदास से तीन-चार बरस बड़ी थी। बोलते समय उसके हृदय का स्तर-स्तर सिहरता होता था।

कालिदास कहते : यूँ ही, अब यहाँ मन नहीं लगता, अलका !'

'क्यों भला ?' कहकर वह हँसती-हँसती सिर से हल्का-सा धक्का देती :

'सारा संसार उचटे मन को मनाने काश्मीर आता है और तुम्हारा यहीं मन नहीं लगता ?'

'हाँ, अलका, मधुमक्खियों को देखो, एक ही छत्ते का मधु छक कर वह कहाँ सुध-बुध खो बैठती हैं ?'

और अलका सुनी अनसुनी कर अधीर भाव से देखती रह जाती।

व्यक्तिगत जीवन की छोटी-मोटी बातों से संसार का क्या ? उसे तो बौद्धिक वाग्विलास ही बाँधे रखता है। हर तरह सुखी-सम्पन्न दिखने वाले जीवन के उन अप्रत्यक्ष रन्ध्रों से किसी का क्या, जिनमें श्वास-उच्छ्वास भरने पर जीवन वेणु बन जाता है, पीर-भरी टेर लिए !

कभी पीछे से लता की भाँति लिपट कर, कभी घुटन से भरकर कालिदास की ढीली-बिखरी बाँहों में ही सिमट कर कुरेदती :

'तुम मुझे छोड़कर चले जाओगे, कालिदास ?'

और तब एक ठंडे और उदासे स्वर में कालिदास फूटते : 'जाना ही होगा अलका।'

ऐसे ही कुछ देर निस्तब्धता छाई रहती फिर ... 'जाना ही पड़ता है अलका .. जीने के लिए मरना पड़ता है, ... मैं मरना नहीं चाहता ... ?'

अलका उसे तेज नजर से देखती, फिर लजा जाती। झेंप मिटाने के लिए भर्राए स्वर में कह उठती, मरें तुम्हारे ... और उसकी दृष्टि का उन्माद अन्तर्गूढ़ वेदना में बदल जाता।

कालिदास तब कुछ नहीं समझते थे। जब समझ आई, तब सुधि आते ही सिर झुका लेते थे।

इस नीलाभ अपराजिता की दृष्टि की गन्ध उन्हें चौंका रही थी। वह रह-रहकर उसे कहना चाहते थे :

'तुम आभूषणों की दुकान में लज्जा ढकने वाली मामूली साड़ी ढूँढ रही हो, तुम्हें निराशा होगी ही।

'या फिर चटाई बीनने वाले से महार्घ शय्या माँग रही हो। किसी भी तरह तुम्हारी माँग उचित नहीं है।'

तब बालिका की आँखें हाल की ही देखी पम्पा-सरीखी दीख पड़ीं जिसका जल स्फटिक-सा निर्मल था और जिसमें रात-दिन कुमुद-कमल खिले रहते थे ; नीले-पीले फूलों से लदे किनारे के पेड़-पौदों की परछाइयाँ डोलती होती थीं जिसमें !

× × ×

यह समय अपने अस्तित्व का (होने और बने रहने का) सम्मान है, क्षुद्र कामनाओं के बीज मैं उर की उर्वरता में न बोऊँगा। मेरे प्रत्येक स्वर को संयम समझा जाए, और प्रत्येक व्यंजन को गूढ़-गहन अन्तर्वस्तु का अभिव्यंजन। मैं चाहता हूँ, अभिज्ञों के प्रत्येक अध्ययन का, उनके सामूहिक अन्वेषण का यही निष्कर्ष हो !

कोरी सतही अनुभूति मेरी रचना का स्तर न हो ; इस या उस विचार का प्रचार मेरे सौन्दर्य-सृजन के आड़े न आए !

कला की सभी परिभाषाओं से कहीं अधिक गहरा और व्यापक सृजन हो मेरा !!

जीवन के साँचे में ढला हर्षोल्लास का प्रकाश सागर की लहरों में प्रतिबिम्बित हो रहा था। जीवन से जुड़ा हुआ रव कोलाहल के ऊपर उफन रहा था। वास्तविकता की मिट्टी पर आदर्श का आकाश छा रहा था। सूरज की चुँधिआने वाली किरणें लहरों में लहराकर ठंडी होने लगी थीं। भारत-भूमि का यह शेष भाग लहरों की थपकियों से उन्नींदा-सा गहरी साँसें ले रहा था। कालिदास की मनोदशा का सूक्ष्मतम विश्लेषण पवन की सनसन कर रही थी कि पक्ष तथा विपक्ष के अनुभव से ही जीवन का ज्ञान समग्रता में सन्तुलित होता है ; कि जीवन से टक्कर लेने की प्रक्रिया में ऐसा ही सातत्य होना उचित है, जैसा इन जीवन्त लहरों का सागर के किनारे से टकराने में है ! ऐसे कभी जड़ीभूत मर्यादा टूट भी सकती है और कभी चेतना का पाट कुछ चौड़ा भी हो सकता है !

कालिदास धुँधलके में डूबे हुए आए थे—संकुचित पाँवों, धीरे-धीरे, रुकते-थमते। एक ललौंही किरण से मुठभेड़ होते ही पाँवों की झिझक कुछ कम हुई थी, सोच के तनाव में कमी आई थी कि वह सचमुच सागर से रत्न ही उलीचने आए हैं?

माथे का बोझ कम हुआ तो हृदय को समाधान भी मिला कि वह सबसे कट कर अलग नहीं हुए हैं, सबसे जोड़ने वाली शक्ति की सुन्दरता का सृजन करने के अभिप्राय से ही भीड़ को कुचला है। जैसे सुनसान रात में कलियाँ चटकती हैं, उनका यह एकान्तवास दिव्य सौन्दर्य को ध्यान में लाकर उसे मानवीय संवेदनाओं से जोड़ने का ही प्रयास है।

योगी हुए बिना क्या कवि हुआ जा सकता है ? गम्भीर अन्धकार से घिरी हुई बाह्य प्रकृति का निस्तब्ध स्थिर भाव प्रकाश-सृजन की पीड़ा पिए हुए है। धुआँ दबी-छिपी आग की ही ओर संकेत करता है। कोई उस समय लहराते सागर के किनारे ध्यानमग्न कालिदास को देखता तो अपूर्व भाव से पूर्ण उनका कान्तिमान मुख-मण्डल स्निग्ध-शान्त चन्द्र किरणों से ही घिरा-घिरा दिखता। मन जैसे सुषुम्ना के पथ पर हो, आत्मा में तन्मय,—आत्मद्रष्टा !

उन्होंने आँख मूँद कर अन्तरिक्ष में कितने ही स्तर देख लिए थे पंछियों की-सी उड़ान के। कहते हैं, अन्न खानेवाला कुलिंग सबसे कम दूरी तक देख पाता है, उससे कहीं अधिक,—दूनी दूरी तक,—उन पंछियों की दृष्टि फैलती है जो केवल फल खाकर जीते हैं। चकवा-चकई, कुरर-कुररी उनसे भी ऊँची उड़ान लेते हैं, बाज चौथी और गीध पाँचवीं तहें पार कर जाते हैं, हंस छठें स्तर तक और गरुड़ सप्तम सोपान के पार पहुँच जाते हैं। कालिदास ने दृष्टि स्थिर कर फिर-फिर देखा कि उनका अतीत गृहत्याग था, भविष्य विक्रमादित्य की विद्वत्सभा। दो अदृश्यों को झाग और रेत के हवाले कर वह वर्तमान को अनन्त रत्नाकर में देख रहे थे।

सागर के किनारे जलराशि के आवर्त से मीनार की तरह उठती हुई एक लहर क्रमशः दिव्यनारी की काव्यात्मक मूर्ति में ढलकर धुंध में विलीन हो गई। समुद्र की पवित्रता और आकाश के प्रकाश ने जिसे लहरीली उँगलियों से उकेरा था उसकी एक झलक पलकों ने उठा ली थी जिसमें कितनी ही उनीदी रातों के सपने पिरोए हुए थे; कितने ही दिनों के किरण-कण झिलमिल कर रहे थे।

तो क्या वह आकृति पार्वती की परिकल्पना की थी ? या फिर अपने मूल्य और महत्त्व के साथ मन के अणु-परमाणुओं में रसी-बसी विद्या की ही थी ?

आभास की आभा ? रूप की छाया ? असीम आनन्द की सुन्दर सीमा ? हिमालय और विन्ध्य प्रकृति के आँचल के फूल हो सकते हैं, कालिदास ने उन्हें जैसा देखा, वैसा चित्रित कर दिया होता, तब भी चलता; किन्तु तब समुद्र-मन्थन की क्या पड़ी थी उन्हें ? वह लहरों में स्थिरता की टोह लेने क्यों आते यहाँ ?

कवि प्रकृति की परछाइयाँ ही नहीं उकेरता फिरता, रचता है उसे फिर से ! जड़ को चेतन बना कर भी नहीं चुक जाता, उसे वह एक स्वतंत्र और ठोस व्यक्तित्व देता है; रूप का रस लेकर विसुध होना सिखाता है; गन्ध के स्पर्श से, घायल पंछियों की तरह, फड़फड़ाने की संवेदना देता है।

कोई रमता राम उन्हें फुसला-बहला कर इधर नहीं ले आया था और न किन्हीं नियमों और आचारों से बँधकर वह मुक्ति ढूँढने निकल पड़े थे।

वह समूह और समाज को नकार नहीं रहे थे, उसे अपने में समेट-लपेट कर रखने के पक्ष में थे। व्यक्ति समुद्र है, समाज उसकी अगणित तरंगें ; व्यक्ति सूर्य-चन्द्र है, समाज धूप और चाँदनी। वह व्यक्तित्व गढ़ेंगे, स्वतंत्र और समग्र समाज उससे प्रभावित होगा। समाज के अशान्त समुद्र में जिसे पत्थर की तरह फेंका जाएगा वह पहले जल को हिलकोर देगा, हलचल मचाएगा, फिर धीरे-धीरे शान्त होकर नीचे बैठ जायगा।

कल्पना की अस्तव्यस्तता के ऊपर कुछ शब्द जलपंछियों की तरह पंख फड़काने लगे। कालिदास ने हथेलियों पर ठुड्डी टिका ली। समुद्र की धुन्ध और किनारे की गीली-मटमैली फिसलन भरी मिट्टी—दोनों में कोई भी तो ऐसी नहीं, जहाँ दो घड़ी हाथ-पाँव गुमेट कर गहरी नींद में डूबा जाए और समुद्र को कसमस कर करवट बदलते हुए बता दिया जांए कि नींद तुमसे कही गहरी है। कालिदास मिट्टी से बँधकर स्वर्गिक गान गाना चाहते हैं जबकि नभचारी भाव मटमैले शब्दों में सहज-सहज रागा नहीं पाते हैं। जीवन और मरण मिट्टी के जाने-पहचाने हैं, इनसे हटकर भी कोई प्रत्यय है, शब्द उसे नहीं सहेज पाता। कालिदास भरसक उसे वह ऊर्जा दे रहे हैं ...

"विधाता ने हिमालय को पर्वतों का, समुद्र को नद-नदियों का और चित्ररथ को गन्धर्वों का अधिपति बना दिया। कोई यज्ञ-याग करना चाहे तो उसे सोमलता आदि सभी जड़ी-बूटियाँ हिमालय ही दे सकता है और फिर इस लम्बी चौड़ी धरती के धारण करने की क्षमता हिमालय के अतिरिक्त और किसमें है ? तब ऐसे देवोपम पर्वत को पर्वतराज कहकर न पुकारा जाता तो और किसे यह गौरव दिया जा सकता था !

पर्वतराज हिमालय का घनिष्ठ मित्र रत्नशृंग सुमेरु था। उसकी सम्मति हुई कि वंश की मर्यादा बनाए रखने के लिए हिमालय अपने ही जोड़-तोड़ की किसी कुलीन कन्या से विवाह कर लें। चिन्तन और अनुसन्धान के पश्चात् मेनका नाम की एक ऐसी कन्या मिली जो ब्रह्मवादिनी भी थी और योगिनी भी। बड़े-बड़े ऋषि-मुनि और योगी-तपस्वी भी उसकी पूजा

करते थे। वह पितरों की मानसपुत्री थी। कुल, शील और सौन्दर्य में वह हिमालय से रत्तीभर भी घट कर न थी। वही पर्वतराज की रानी हुई। कुछ दिनों बाद उनके एक पुत्र हुआ—मैनाक, जिसके पंख काटने की साध लिए स्वयं इन्द्र भी जीवन भर वज्र भाँजते ही रह गए। फिर कुछ दिनों बाद उनके एक पुत्री हुई—पार्वती, जो जन्म से ही अलौकिक गुणों से सम्पन्न थी। पर्वतराज उसे पुत्र से कहीं बढ़कर मानते थे। जैसे वसन्त ऋतु में खिलने को हजारों फूल खिलते हैं, परन्तु भौंरे घूम-फिर कर आम की मंजरियों में ही लुभाए रहते हैं, वैसे ही पर्वतराज की दृष्टि पार्वती पर ही जमी रहती थी। सच तो यह कि जैसे दिपती-दमकती लौ से दिया, मन्दाकिनी से स्वर्ग का मार्ग और सुसंस्कृत वाणी से मनीषी विद्वान् सँवरते और उद्‌भासित होते हैं, ठीक उसी प्रकार इस पुत्री की प्राप्ति से पर्वतराज परम पवित्र भी हुए और अत्यधिक अलंकृत भी।

इधर पार्वती अपनी हमजोली सखी-सहेलियों के साथ बचपने का भरपूर आनन्द लेती रहीं। वह कभी मन्दाकिनी के किनारे बालू के घरौंदे बनातीं, कभी गेंद खेलतीं और कभी कठपुतलियों के खेल देखतीं।

माता-पिता ने उन्हें लिखाने-पढ़ाने की ठानी तो फिर चमत्कार ही हो गया। देखते-देखते मेधाविनी बालिका ने सारी विद्याएँ सीख लीं। यह कुछ ऐसा हुआ जैसे शरद ऋतु में हंसमाला अपने आप मानस से उतर कर गंगा के किनारे आ जाती है; या कि जैसे घुप्प अँधेरी रात में जड़ी-बूटियाँ मणियों की तरह अपने आप चमकने लगती हैं!

खेल-खेल की भाग-दौड़ में बचपन बीत गया। बचपन के बाद की वय लाज की ललाई लिए एक ऐसी अनुभूति है जो शब्द के स्पर्श से बिखर जाती है। सच तो यह है कि असीम से जोड़ने वाला बस एक ही धागा है—मौन, और कवि है कि उस असीम को संश्लिष्ट सौन्दर्यानुभूति की वाणी देने की व्याकुलता में चित्रों द्वारा आकृति गढ़ता और संगीत द्वारा उसमें प्राण प्रतिष्ठित करता है।

अंग-प्रत्यंग के अनायास-सिद्ध प्रसाधन, अलंकरण, मधुपान किए बिना ही मदमत्त करने वाले और काम के फूल के पाँचों बाणों से कहीं अधिक घातक प्रहार करने वाले छठें अस्त्र-जैसे नव यौवन के, तन में

प्रवेश करते ही, पार्वती और की और हो गई। कि जैसे किसी सधे चित्रकार ने तूलिका के एक हल्के-से स्पर्श से चित्र की एक-एक रेखा उजागर कर दी ; कि जैसे सूरज की किरणों ने कमल की एक-एक पंखड़ी खोल दी !

[वाल्मीकि-व्यास ने किसी अनिन्द्य सुन्दरता की झाँकी भर दिखलाई है, यह पहले कवि कालिदास हैं जो अनिर्वचनीय का निर्वचन करने के क्रम में विश्वकाव्य में पहली बार नख-शिख-वर्णन करने जा रहे हैं :]

वह जहाँ-जहाँ पाँव रखतीं वहाँ-वहाँ स्थल कमल-से खिल-खिल जाते क्योंकि उनके उभरे हुए लाल-लाल अँगूठों और नुकीले नाखूनों की चमक रंग-तरंग उठाती जान पड़ती थी। उनकी अनोखी पदगति का क्या कहना, उन्हीं के नूपुरों की-सी रणन-झनन सीखने राजहंसों की टोली उनके पास आती थी और चलते-चलते उन्हें अपनी-सी चाल सिखा जाती थी।

उनकी गोल-सुडौल पिंडलियों की रचना कर चुकने के बाद विधाता को भी गहरे सोच में डूबना पड़ा होगा कि बाकी के अंगों की रचना दर्शकों की आँखों को कहीं बेमेल, बेडौल और फीकी न लगे।

शिरीष के फूल भी वैसे सुकुमार क्या होंगे जैसे पार्वती की बाँहे थीं। इसका सबसे बड़ा सबूत यह है कि कामदेव हारा तो हारा, मगर मरते-मरते भी उसने उन फूलों-सी बाँहों को शंकर का गलहार बना ही दिया।

मुँह चाँद-जैसा हो तो उसे कमल-जैसा होने पर, जो सोने में सुगन्ध का सुख मिलता, वह नहीं मिलने का। और यदि वह कमल-जैसा ही हो तो उसे चाँद की चमक से हाथ धोना पड़ेगा। किन्तु यह पार्वती का ही प्रफुल्ल मुखमण्डल है जिस पर चाँदनी भी छिटकी हुई है और जिससे कमल की सुगन्ध भी फूट-फैल रही है।

पार्वती के लाल-लाल ओठों पर हल्के फैली मीठी मुसकान की तुलना तभी तूल पकड़ सकती थी जबकि कोंपलों में कोई उजला फूल खिल उठता या फिर लाल-गुलाबी मूँगों की लड़ी में मोती पिरो देता कोई !

उस बड़री अँखियों वाली की चंचल चितवन हवा में झोंके खाते नील कमलों की याद दिलाती थी और यह सन्देह भी जगाती थी कि इन्हीं आँखों से हिरनियों ने चकित चितवन की सीख ली होगी या कि फिर इन आँखों ने ही सतत-सहचरी हिरनियों से इस तरह देखना सीखा होगा !

चँवरी गायों को अपने चँवर से बेहद प्यार है। एक बाल किसी डाल-पात में उलझ जाए तो वह उसे वहीं बैठकर सुलझाने लगती और कभी-कभी अपने प्राण तक गँवा देती हैं। अपने बालों का यह ऐसा व्यामोह उन्हें पशु होने के कारण ही है। यदि उनका सौन्दर्यबोध विकसित होता तो वे पार्वती का वैसा कुन्तल-कलाप देख चुकने के बाद अपने बालों का व्यामोह अवश्य कम कर देतीं !

ऐसा प्रतीत होता था जैसे प्रकृति में चहुँओर बिखरी सुन्दरता को समेट कर उसे एक ठौर देखने की अद्‌भुत उत्सुकता से ही विधाता ने अत्यन्त प्रयत्नपूर्वक पार्वती को गढ़ा होगा !

एक दिन यहाँ-वहाँ घूमते-फिरते हुए नारद ने उन्हें देख लिया जब वह पिता के पास बैठी थीं और देखते ही भविष्यवाणी कर दी कि यह पार्वती और दूसरी कोई नहीं, भगवान शंकर की होने वाली पत्नी ही हैं, जिनके अनन्य प्रेम में पड़कर भगवान शंकर अर्द्धनारीश्वर हो जाएँगे !

देवर्षि नारद की बात पर विश्वास न हो, इसका कोई कारण न था। हिमालय ने भी कभी किसी दूसरे वर की खोज न की। वह पतीक्षा करते रहे।

लोक की रीति के अनुसार भगवान शंकर को आगे बढ़कर हिमालय से उन्हें माँग लेना उचित था। उन्होंने ऐसा न किया तो हिमालय भी मन मार कर बैठे रहे। सच तो यह कि जहाँ अभ्यर्थना के ठुकराए जाने की सम्भावना हो, वहाँ महान व्यक्ति को मुँह न खोलना ही उचित है।

शंकर उन दिनों हिमालय की ही एक चोटी पर तप कर रहे थे। बघछाला लपेटे, गंगा किनारे, देवदारु के देश में रहते थे। वहाँ की हवाओं में कस्तूरी की गन्ध घुली रहती थी और रह-रहकर उनसे किन्नरों की मधुर स्वरलहरी छन-छनकर आती रहती थी।

और उनके गणों का यह हुलिया था कि मैंसिल का लेप लगाए और चोटी में नागकेसर के फूल खोंसे हुए मुलायम भोजपत्र पहन कर शिलाजित की सुडौल चट्टानों में बैठे रहते थे।

और उनका वाहन साँड़ (नन्दी) पुट्ठा उठाए हुए मस्ती के आलम में खुरों से बर्फ की चट्टानें खोदता रहता या और जो कभी सिंहनाद सुनकर

नहीं चौंकता, वह जब-तब नील गायों के दिख जाने पर जोरों से बाँय कर उठता था।

एक दिन पार्वती ने पिता के समक्ष यह इच्छा प्रकट की कि वह अग्नि धधका कर तप करते हुए शिव की सेवा करना चाहती है तो पिता ने उसे भावी का संकेत समझकर सहर्ष स्वीकृति दे दी।

पार्वती की-जैसी चितचोर सुन्दरता किसी भी समाधि में डूबे रहने वाले के लिए विघ्न ही सिद्ध होती ; परन्तु खुले पहाड़ पर पड़े रहने वाले ने मना नहीं किया। अरे, अभाव में अँकुराया संयम भी क्या संयम है ? संयम की सच्ची कसौटी तो ढूँढ़ी जा सकती है विकृतियों के बीच अविचल रहने में।

और लो, पार्वती तन-मन से जुट गई शंकर की परिचर्या में। कभी वह पूजा के लिए वनफूल तोड़ लातीं, कभी वेदी की जुटकर सफाई करतीं, कभी पानी भर लातीं, कभी कुश खुटक कर ले आतीं। लहरीले केश फहराती हुई वह दिन प्रतिदिन किसी न किसी सेवाकार्य में जुटी रहतीं। इधर शंकर के जटाजूट में उलझा चाँद अपनी अमृतमयी किरणें जो छिटकाता रहता था, वह हर घड़ी तरोताजा रहती थीं, कभी थकने का नाम तक नहीं लेती थीं।

—सर्ग समाप्त होने पर आँखें उठाईं तो आकाश के सौ-सौ नेत्र खुले दिखे। तीनों सागरों ने मिलकर दिन भर में जितने चित्र उरेहे थे, एक-एक तारे में वे सबके सब झिलमिल-झिलमिल कर रहे थे ; केवल चतुर चितेरों द्वारा अजन्ता की गुफाओं में आँकी हुई तस्वीरें ही चिरस्थायी नहीं होतीं, किसी सच्चे कलाकार की आत्मा ताड़पत्र, भूर्जपत्र पर भी अंकित हो जाए तो उसे कोई हवा उड़ा नहीं सकती। हाँ, किसी समर्पित कलाकार की आत्मा ऐसे कहीं उत्कीर्ण हो भी तो !

उस दिन उत्तर-पश्चिम में स्वर्गिक सुषमा-शृंखला-सी फैली नीलगिरि की पहाड़ियों से घूम कर आए थे। भारत के प्राचीनतम भूखण्ड का यह निरुद्देश्य भ्रमण सुदूर अतीत के आद्यकल्प में सशरीर विचरण करने के समान था। प्रकृति का यह खेल भी मन को चिन्तन में डुबो देता था कि

यहाँ की कावेरी, कृष्णा, गोदावरी, महानदी-जैसी नदियाँ और ताप्ती क्योंकर पश्चिम की ओर बहती और क्यों अरब सागर में गिरती हैं ?

वह कुछ समय ऋग्वेद के मन्त्र बुदबुदाते रहे ; सुदीर्घ आयु तक यह सब यों ही खुली आँखों देखता रहूँ ! मुझे कुछ ऐसे काम करने हैं जो अब तक किए नहीं गए !

आवास की ओर मन्द पद लौटते हुए, आत्मा के प्रकाश को सुवासित करते रहे :

चन्दन के पेड़ से फल-फूल मत माँगो, वह शीतलता और सुगन्ध ही दे सकता है !

□

२३

एक सजे-सजाए राजप्रासाद के प्रकोष्ठ में, खिड़की के पास, जो पहाड़ की ओर खुलती थी और जहाँ से खेतों में झुण्ड के झुण्ड उतरते हारिल और ऊपर आकाश की चुप्पी को अकेली ही चुनौती देती चील पर अचानक दृष्टि चली जाती थी, कालिदास गुमसुम बैठे थे और उनके घुटनों पर ताड़पत्र के कुछ गुँथे पृष्ठ रखे हुए थे, संभवतः जिन्हें वह मन ही मन गुनगुनाते और फिर अपने में डूब-खो जाते थे। शून्य में अपनी घनी बरौनियाँ चुभोकर सुदूर अतीत को कुरेदते और कुछ सुर-दुर्लभ-सा पाकर कृतार्थता का अनुभव करते दिखाई देते थे।

कुमारसम्भव रचा जा चुका था। पार्वती के साथ अपनी भी सामर्थ्य समेट-बटोर कर उन्होंने अंगारों की बौछार झेली थी, ओलों-सी बरखा की बूँदें सिर से, पलकों से उठाई थीं, और ... सौन्दर्य की ऊष्मा से औदात्य को पिघला लिया था—एक ही फूल में वसन्त का सारा वैभव संचित कर लिया था। उपनिषद् ने तो हैमवती उमा का नाम ही दिया था, उन्होंने उसे ऐसा रूप दिया, जो विश्व भर में निष्पाप सुन्दरता का प्रतिमान बन गया।

कन्याकुमारी से लौटते समय चोल, पाण्ड्य, केरल, उरगपुर आदि राज्यों का परिभ्रमण लक्ष्य था, वहाँ के राजाओं से मिलना उपलक्ष्य। उनके लिए राष्ट्र के विराट रूप का दर्शन कृष्ण के विराट रूप के दर्शन से कम न था। पहाड़, नदियाँ, झील, सरोवर, सागर, गदले कीचड़-भरे गढ़े, वन-उपवन, चीड़-देवदार, अशोक, शिंशपा, ताड़, खजूर, नारियल,

आम-जामुन और फिर झाऊ-सरपत के भी दूर-दूर तक फैले कुंज-निकुंज देखना पहली अभिरुचि था, राजे-महाराजों के मनोरंजन के लिए बनाए हुए क्रीड़ाशैल, लतागृह, चित्रगृह और नैश विहार के अनुरूप कैलास-सदृश सदनों और प्रासादों को निकट से, भीतर से देखना दूसरी अभिरुचि।

गहरे-गहरे खाँच मन के, कैसी-कैसी गन्दी बातें, अँधेरे कोने में कोई छोटी-सी, चिपचिपी उलझनों में चिपकी कामना, भीड़ से कतराना, संग-साथ के बिना जी उचटना, धर्म की धुरी के अतिरिक्त, अर्थ, दण्ड-नीति और समाज के सुघटन-विघटन का चक्र चलना, चिकटी हुई काम-कामनाओं से जिन्दगी की बोझिल हवा के तिड़ीबिड़ी झोंके झेलना, टूटे व्यक्तित्व की दरारों से छोटे-छोटे मिजे-मसले और धब्बेदार सपनों का झिलमिलाना, क्या कुछ नहीं देख-सहेज रहे थे वह ! सच तो यह कि निरुद्देश्य कुछ नहीं होता, भ्रमण भी नहीं।

चित्रण किसी भी दूसरे व्यक्ति या वस्तु का अपने ही अनुभव के अनुरूप तो हो सकता है! अभ्यन्तर पर पड़े आवरण को बाहरी हवा नहीं उड़ा पाती। अब जैसे कोई आगे बढ़ा हुआ समाज है, कोई बुरी तरह पिछड़ा हुआ। पिछड़ेपन का कारण कोरा ऐतिहासिक ही नहीं होता। प्रमादवश यथास्थिति को स्वीकार कर आलस्यवश अपने आप में सिमटा रहना भी हो सकता है। हमें अपनी आँखों इस अन्तराल को देखना-परखना और अपने अक्लान्त श्रम की निरन्तरता से पाटना भी होता है। कुछ पेड़ फूल खिलाते, फल लुटाते हैं; कुछ अपनी बाँह-जैसी छाँह ही फैलाए हुए होते हैं। दोनों ही तो प्रकृति की देन हैं।

हर नव्य-भव्य चिन्तन के साथ उनका भावावेश अधिक तीव्र होता जाता था ; हर साँस नए परिमार्जन के लिए नई-नई स्फुरणाएँ उपजाती थी। लोहे के छल्ले में छिपाई सोने की मुँदरी की तरह या फिर केवड़े की काँटेदार कोंपलों में उलझी हुई सुगन्ध की तरह कोई बेहद अनोखी सूझ हर बार पहली को पिछड़ा देती थी।

नर्मदा और कृष्णा नदियों के बीच दक्षिणापथ के इस भू-भाग में महाराष्ट्र, कन्नड़, आन्ध्र—सब आते हैं। कृष्णा और तुंगभद्रा नदियों के दक्षिण के समस्त प्रायद्वीपों का प्रायः पदाति परिभ्रमण कर चुकने के बाद

चोल, चेर, पाण्ड्य आदि राज्यों में देशाटन का क्रमिक आनन्द प्राप्त कर रहे थे। राजकीय सम्मान-सहित एक राज्य से दूसरे राज्य में जाने योग्य यान, वाहन आदि की समस्त सुविधाएँ उन्हें उपलब्ध हो रही थीं।

ताम्रपर्णी जहाँ समुद्र से मिलती है वहीं सबसे मूल्यवान मोती उपजते हैं, पाण्डु-जनपद में रुक-थम कर पर्यटन करते हुए स्वयं अनुभव किया था।

कुमारसम्भव के मदन-दहन में उन्हीं मोतियों की लड़ियाँ पिरोई गई हैं। मलयगिरि की उपत्यकाओं में जो चन्दन और इलायची की सुगन्ध के अणु-परमाणु बिखरे होते हैं, उन्हीं की समन्वित विराट सृष्टि है यह तीसरा सर्ग। सौन्दर्य के कितने सादे-रंगीन धागों से यह चित्रपट बुना गया है !

माना कि यह संसार एक फूल है, हम किन्तु उसके कीड़े न बनें।

मृत्यु और क्या है—फूल के रूप, रस, गन्ध, स्पर्श से चिपके रहना, उसकी पंखड़ियों में बन्द होना, मुँद जाना ही तो !

धूप की कड़वाहट पिए बिना ही चाँदनी के नशे में ठंडा पड़ जाना !

अपने ही विषैले निश्वास में सूखे पत्ते की तरह मर्मर कर उड़ जाना !

× × ×

चिन्तन के क्षण क्रमहीन हो सकते हैं, चिन्तन को तो सुसम्बद्ध ही होना चाहिए। सब कुछ नहीं लिखा जा सकता। सोच के सारे पंखों को आकार नहीं मिल पाता। वृहत् और महत् की संयोजना कठिन है, सामान्य स्तर से उसे समझा भी नहीं जा सकता और विशेष के सामान्य होते-होते भी कुछ-न-कुछ ऊँचे ही छूट जाता है। सतही माथों की पहुँच सतही बातों ही तक होती है। अनिवार्य होने पर भी अर्थ और काम की समस्याएँ सतही होती हैं। सौन्दर्य-सृष्टि कितने नियम, संयम की अपेक्षा करती है ! तूलिका तनिक बहकी कि चित्र भोंडा हुआ। दूसरी ओर यदि सारी शक्ति संयम पर ही केन्द्रित रही तो फिर सौन्दर्य नित-नूतनता का-सा अनुभव नहीं दे सकता।

—पाण्ड्यराज सूरज की सवेरे-सवेरे की किरणों से चुँधिआई, छोटी-छोटी लहरों-जैसी हँसी हँसते हुए कालिदास के पास आ गए : क्या हो रहा है ?

कालिदास हड़बड़ा कर उठ खड़े हुए: 'आपने क्यों कष्ट किया, मुझे ही बुलवा लिया होता !'

पाण्ड्यराज हँसे :

'मुझे पत्थरों से प्रतिस्पर्द्धा नहीं है। मैं चलता-फिरता हूँ।'

—कहकर ऐसा अट्टहास किया कि कालिदास ढालवें किनारे से लुढ़क-से गए :

''जी, अभी मैं भी कुछ ऐसा ही सोच रहा था कि कैसा सौभाग्यशाली हूँ मैं, जो मुझे ऐसा युग मिला है जिसकी सभ्यता में भौतिकता और आध्यात्मिकता का सन्तुलन है। दोनों ही भाव सम-तोल हैं। राम-राज्य-जैसा है। इसमें दैनन्दिन सुख-दुख के चक्र का घर्घर-नाद ही नहीं है। गति में सौम्यता है; शान्ति है ! तभी तो साहित्य में व्यक्तिगत सत्ता की समता-विषमता पर, व्यक्ति-चरित्र की दुरूहता और गहनता पर वैसा ध्यान नहीं जाता, जैसा विशुद्ध सौन्दर्य-सृजन पर।

''केरल-नरेश ने भी,—कालिदास भावुक हो उठे थे,—यह कहकर मेरा उत्साह बढ़ाया था कि मैं अब और कुछ लिखूँ, न लिखूँ, एक अकेला कुमारसम्भव मेरे समग्र को—आभ्यन्तर रस और बाह्य सौन्दर्य को विश्व भर में प्रकाशित कर देने के लिए पर्याप्त है।

मैंने भी सस्मित स्वीकृति दे दी थी : कुमार मेरी कविता का कौमार्य है !'

पाण्ड्यराज ने हँसकर कहा :

''कल मैं अकेले-अकेले उस रस-स्रोत में ऊभ-चूभ हुआ था, आज सभी सभ्य सहृदय नागरिकों को आमन्त्रित किया है। संगीत और नाट्य के धुरन्धर कला-कोविद भी पधारेंगे।

रति भावाभिनय करेगी, मदन नृत्य करेगा।''

'ये रति और मदन कौन हैं ?'

'मेरी रंगशाला के कलाकार ! कल आपका काव्य-पाठ इन्होंने भी सुना था।

'जो ढहकर ढेर हो गया, वह बहुत अच्छा था, अभी जो खड़ा है, हम उसी के नीचे बैठेंगे।'

'क्या था वह, जो ढह गया ?'

''पूर्वजों का अहंकार कि संगीत-नाट्य से अधिक लगाव होने पर उदयन की-सी स्थिति हो जायगी, हमारी रंगशाला पर गरम राख बरस गया, नहीं तो, आपने उरगपुर में जैसा देखा होगा, यहाँ भी वह सब था जो अब गरम राख में दब गया। धूल की ऊँची तह के नीचे स्तम्भ का एक टुकड़ा आज आप भी देखेंगे।''

'मैं समझा नहीं !'

'मेरी लड़की है तो जामुनी रंग की, परन्तु उसकी कला का रंग फालसाई नहीं है। जो है वह मल्लिका की तरह उज्ज्वल, निर्मल और सुगन्धित है। आप देखेंगे ही, पार्वती-तपस्या के आपके अलौकिक चित्रण से वह प्रभावित हुई है। वह उसे प्रदर्शित करने का आदेश मुझसे प्राप्त कर चुकी है।'

'मेरे मन में इसकी धुँधली-सी आशंका थी, मैं भीड़ का आदी जो न रहा। यों संग-साथ से कतराना मेरा स्वभाव नहीं है। सो, समाज के स्तर और जीवन के प्रतिमान-निर्माताओं से जुड़ने की प्यास-सी पैदा हुई थी मेरे भीतर। तभी व्यासदेव का वचन इस नई यात्रा का संबल-सा सिद्ध हुआ— 'यथा राजा तथा प्रजा।' प्रजा-जनों से समूह में मिलने का संयोग कम मिला है। दिलचस्पी है, पर कभी-कभी उकताहट भी होती है।'

'उकताहट क्यों ?

'धर्म और संस्कृति के भेद से भी बढ़कर रुचि-भेद है। वैष्णव होने भर से समानता नहीं हो जाती। कोई विष्णु को मानता है तो कोई राम को, कोई कृष्ण को। कृष्ण में भी कोई गोकुलवाले को मानता है, तो कोई द्वारकावाले को। समाज सबको लेकर है।'

''यों भी मानव-हृदय और मानव-चरित्र ही कल्पना के वितान तानने की हमारी सीमाएँ हैं।''

''अन्तर्जगत् की सारी हलचलें बाहर प्रकट होना चाहती हैं; किन्तु बाह्य-जगत् जिन परछाइयों के सहारे स्थूल से सूक्ष्म होकर अन्तर में प्रवेश

पाता है वह परछाइयाँ बाहर ठीक उन्हीं आकृतियों में नहीं ख़ो जातीं जिनसे छनकर अन्तर में प्रतिबिम्बित होती हैं। ऐसा होता तो यह यातायात निरर्थ-निष्फल ही होता। वह कोई कलासृष्टि की अनिवार्य प्रक्रिया न होती। स्वप्न भी सृष्टि है, एक अत्यन्त कलात्मक सृष्टि—इस सत्य को झुठलाया नहीं जा सकता।''

पाण्ड्यराज भाव-विभोर हो उठे : हमारा जीवन राजनीति से प्रतप्त रहता है, उसमें जब-तब ही ऐसे शीतल और स्निग्ध छींटे पड़ते हैं ; किन्तु ...'

'किन्तु क्या ?'

'आप तो सदा रिमझिम फुहारों से भीगे रहते होंगे, राजनीति के झंझावात आपके सपनों को तो कदापि प्रभावित न करते होंगे !'

कालिदास हँसे कि 'राजनीति के राहु-केतु तो सकल कलाओं से पूर्ण सूर्य-चन्द्रमा को भी ग्रसने से बाज नहीं आते, हमारी ललित कलाओं की तो बिसात ही क्या ! यह और है कि राहु-केतु शक्ति-प्रदर्शन के जोम में सूर्य-चन्द्रमा को निगल भर लेते हैं, पचा नहीं पाते। तभी वाल्मीकि-व्यास बच गए।'

पाण्ड्यराज हँसे कि राजनीति आपका भी कुछ नहीं बिगाड़ सकती। आप तो आत्माराम हैं ...

'नहीं महाराज, ऐसी बात नहीं।'

'क्यों ?'

'क्योंकि वह राजनीति ही क्या, जो समग्र के टुकड़े न करे ! मानवता को जाति, धर्म, राष्ट्र के नाम पर विभिन्न वर्गों में न बाँट दे !'

'आपसे क्या छेड़ करेगी ?'

'मेरे भी टुकड़े कर देगी।'

'कैसे भला ?'

'कई नकली कालिदास गढ़ कर !'

इस बार दोनों हँसे तो लगा, सागर का रेतीला तट झाग-झाग हो गया। जैसे ज्वार आकर कहता हो : देख लो, तुम्हारे पद-चिह्न मिटाने की शक्ति मुझमें नहीं है कालिदास ! जैसे हवा का झोंका कह रहा हो : तुम

भावों के नित-नए फूल खिलाते रहो, मैं उनकी सुगन्ध उस पार भी पहुँचा दूँगा, कालिदास !

किधर से भी चम्पे की सुगन्ध आई। वह यह कहती हुई इधर से उधर बह गई कि तुम्हारी सामर्थ्य ऐसी है, तुम अपनी कल्पना और अभिज्ञता से मनुष्य मात्र के हृदय के शाश्वत आवेगों और मार्मिक अनुभवों को अपनी वीणा-वाणी में झंकृत कर सकते हो !

बाहर कुछ सम्भ्रान्त लोग इकट्ठे हो गए थे, पाण्ड्यराज मोतियों के लम्बे हार को उँगलियों में लपेटते हुए, विवशता की-सी मुद्रा में उठ खड़े हुए।

× × ×

धूप पीते और चाँदनी जीते कालिदास की यायावरी वृत्ति सयानी हो गई थी। पेड़-पौदों की तरह गाँव-गाँव के एक-जैसे चेहरे, सबके सब, पहचाने-से लगने लगे थे। थके पंख समेटे पंछी और खेत से लौटे आते दुहरे हुए-से कृषक उन्हें एक-जैसे लगते थे। गूह्य सत्य यह हो सकता है कि प्राणियों में मनुष्य सर्वश्रेष्ठ है ; किन्तु इसलिए नहीं कि वह सबको मारकर खा जाता है ; बल्कि इसलिए कि वह सबकी रक्षा कर सकता है। दूसरे प्राणियों की सामर्थ्य नपी-तुली जो है, मनुष्य की शक्ति असीम।

चालुक्य, पल्लव, चोल, चेर (केरल), कहाँ न गए, रमे पाण्ड्य के यहाँ। तृप्ति के एक कण के लिए कलाकार को भी चातकी वृत्ति अपनानी पड़ती है। दूसरे ही तो उसे सफलता की प्यास की बुझन के कुछ अनबुझ क्षण देते हैं। आत्म-सम्मोह कला की तीर्थयात्रा का संबल नहीं है। आत्म-विश्वास का भाव भी जब-तब चढ़ता-उतरता रहता है, श्रोता और दर्शक ही उसे स्थायित्व देते हैं।

फूल चुनने वालों को बासी और टटके की पहचान अपने आप होती है। सुगन्ध सौन्दर्य की आन्तरिक पीड़ा है, इसका अनुभव सबको नहीं होता।

प्रकाश तो ठीक है ; किन्तु जब हृदय दीपक की तरह जलकर प्रकाश

पाता है तब उस आन्तरिक अग्नि का श्रृंगार झिलमिलाती आँखों से नहीं देखा जा सकता।

आनन्द की बुलन्दी पर किन्हीं पद-चिह्नों के सहारे नहीं पहुँचा जा सकता।

परदेश के हरे-भरे वन प्रेम के मरुस्थल-से दिखते हैं। संसार को तड़पानेवाला सौन्दर्य लोलुप आँखों का ही चमत्कार है।

—ऐसे कितने ही जाने-अनजाने भाव कालिदास के मन को बचपन से छूते रहे होंगे जैसे जल के कण पवन में उड़ते-उड़ते कभी-कभी फूल की पंखड़ियों को छू जाते हैं। ओस बनने पर ही हम उन्हें देख पाते हैं। कुमारसम्भव का फूल ऐसे कितने ही ओसकणों से सज गया है जिसे देखते ही आँखें सजल हो जाती हैं। वह सिर से पाँव तक शीतल ज्योति है जो क्षितिज के संकल्प को थकान से बचाती है।

अनादिकाल की जिस सुन्दरता को उन्होंने नया बचपन दिया है ; नई तरुणाई दी है उसे अब जरा-मरण का भय नहीं है। सौन्दर्य की वह अद्वितीय छवि अन्धकार का भी शृंगार करती रहेगी; प्रकाश को तो जाज्वल्यमान ज्योति मिली ही है उससे।

सागरतट की निर्जनता ने सौन्दर्य की आत्मा में गम्भीरता से प्रवेश करना न सिखाया होता तो राजभवनों की बाहरी जगर-मगर में पार्वती की प्रभा मन्द पड़ जाती।

हवा के घोड़े को कोड़े की प्रतीक्षा नहीं होती। वह पलभर में कहाँ से कहाँ भगा ले जाता है। कुछ ऐसे ही एकान्त की कल्पना भी कोलाहल और आर्तनाद को अनसुना कर पहाड़ और समुद्र को एकायन कर देती है। देश के अंग-प्रत्यंग को स्थूल दृष्टि से देखनेवाले की अन्तर्दृष्टि यदि सुसंयत और सुसंगत ही देखने लगी हो तो इससे प्रभात-तारा के कान का मोती क्यों हिले या सान्ध्य-तारा के माथे का टीका क्योंकर खिसके ?

कोई संस्कृति जंग लग जाने की हद तक पुरानी हो गई हो तो उसे माँज कर चमकाना चाहिए, वह कहाँ-कहाँ से दरकी या फट कर चीथड़ा हो गई है या उसपर कहाँ-कहाँ बड़े बेढंगे तरीके से मैल के धब्बे उभर

आए हैं, इस पर टीका-टिप्पणी करते रहने से क्या कुछ हाथ लगने वाला है ?

अपनी दुर्बलता और ढुलमुलापन पर कुछ बेतुकी बातें करते रहने से कौन-सा मनोरथ सिद्ध होने वाला है !

एक ओट लगाकर पुरानी के समान्तर नई संस्कृति नहीं खड़ी की जा सकती। प्रश्न और द्वेष-भरी दृष्टि से कोई स्थायी सृष्टि सम्भव ही नहीं है। घृणा की भावना मन को उत्पीड़ित करती है ; द्वेष से आत्मा उद्विग्न होती है। बौद्ध धर्म में अँधेरा और गन्दा कुछ नहीं है, निवृत्तिपरक होने के कारण ही कुछ निषेधात्मक और कुछ अव्यावहारिक भर है वह। मैं भारतीय संस्कृति से विषय या विजय की कामना को काटने के पक्ष में नहीं हूँ। मैं उसे समन्वित, संयत और उदात्त रूप में अंकित करना चाहता हूँ।'

—सात दिनों के सतत अभ्यास के बाद प्रेक्षागृह में आज जब राजकुमारी तपस्विनी पार्वती के समाधिस्थ वेश में प्रकट हुई तो सबके मन में सन्नाटा-सा खिंच गया। जिस वल्कल से उसका बदन कसा हुआ था वह पृथु और स्थूल वक्षःस्थल पर मसक-सा गया था ; लहरें लेते घने काले केशपाश जटाओं के जाल-से दिखाई देते थे ; मध्य भाग को मूँज की तिगुनी मेखला प्रतिक्षण रोमांचित कर रही थी ; कुश खुटकते रहने के कारण क्षत-विक्षत हुई-सी उँगलियों में रुद्राक्ष की माला फेरी जा रही थी ; आस-पास और कोई नहीं, दो-एक हिरने आते-जाते थे, कभी-कभी सटकर खड़े भी हो जाते थे।

फिर ऋतु-परिवर्तन के दृश्य दिखलाए जाने लगे। गर्मियों में पंचाग्नि तापती हुई पार्वती की आँखें सूरज में गड़ी हुई ; आँखों के निचले हिस्सों पर हल्की स्याही-सी जमी हुई।

बरखा की पहली-पहली बूँद टपकी तो पलभर घनी बरौनियों पर अटकी रही, वहाँ से खिसकी तो निचले ओठ ने चोट-सी खाई, वहाँ से ढुलकी तो पथरीले वक्षःस्थल के विस्तार पर चूर-चूर हो गई, वहाँ से हौले-हौले सरकी तो सटे पेट की तीनों रेखाएँ फलाँगती हुई नाभि में जा गिरी।

खुले आकाश के नीचे लगातार झंझा के झोंके झेलती हुई वह कैसे खुरदरी चट्टान पर अकेली सोई-पड़ी होती थीं, इसे उस महातप की साक्षी-सी बरसात की रातें ही जब-तब बिजली की आँखों देख पाती थीं !

जाड़ों में उनकी तपस्या की उग्रता देखते ही बनती थी। ऊपर बर्फीली हवाएँ बह रही थीं और वह ठंडे जल में अविचल खड़ी थीं। हाँ, जब-तब इस और उस पार से चकवा-चकई की करुण पुकार अवश्य उनकी अन्त-रात्मा को हिलाती रही थी। उनका कमल-सरीखा मुख-मण्डल, काँपती हुई ओठों की पंखड़ियों से जैसे बर्फ गिरने से जल से उजड़े हुए कमल की कमी पूरी कर रहा था।

कहते हैं, जब-तब पेड़ से टपके पत्ते खाकर जीना तपस्या की पराकाष्ठा होती है, पार्वती ने तो उसे भी छोड़ दिया था, तभी लोग उन्हें अपर्णा कहने लगे थे।

अंगभंगिमाओं से कहीं अधिक अंगों की निश्चेष्टता और दृष्टि की स्थिरता से निकलते ज्योति-प्ररोह ने दर्शकों को अभिभूत किया। ऋषियों की काया को पौरुष की कठोरता का सहारा होता था, यहाँ पार्वती के व्यक्तित्व में ढली राजकुमारी स्वयं भी अपने नाम के अनुरूप मृणालिनी थी। कठोर तपस्या ने उसे यों गला दिया था जैसे हिमपात से नलिनी। कष्टों की परम्परा ने क्रम-क्रम से खोल की तरह उसके सौन्दर्य को उतार लिया था। किन्तु प्रबुद्ध दर्शकों ने अनुभव किया कि बाह्य सौन्दर्य की वास्तविकता आभ्यन्तर चेतना की तपःपूत सुषमा के सामने फीकी पड़ गई है।

धर्मगुरु के आसन से सटकर बैठे हुए, चिकट चेहरे पर कई रंगों का चन्दन लगाए हुए, गंजा सिर, खिचड़ी बाल, अखण्ड-पण्डित-पुरोहित ने सबके सुनने लायक स्वर में, सूजे पपोटे पर हथेली फिरा कर कहा :

'यह अभिनय देखकर भरत मुनि को भी अपना विचार बदलना होता। नाट्य में शान्त रस को भी गिनना ही होता।'

पाण्ड्यराज चन्दन, पुष्प और धूप से सुवासित मत्स्यासन पर विराजमान थे। उनकी बड़ी-बड़ी आँखें प्रफुल्लता से और बड़ी दीख रही थीं। कभी कुछ बोले न थे, परन्तु उनकी प्रसन्नता सब कुछ कहे देती थी।

कालिदास का मयूरासन उनके ही पास था। अनूठे सौन्दर्य का गूढ़ रहस्य उनके अन्तर्मन को प्रदीप्त कर रहा था। उनके अनुभव हर घड़ी अभिव्यक्ति की उत्सुकता में सबसे समर्थ माध्यम की टोह में रहते थे। बोले :

'राजकुमारी अपने मौन से वह सब कह गई, जो मेरा कथ्य है। मैं कहना चाहता हूँ कि अपने आप में सुन्दरता चाहे जैसी हो, उसकी परिणति शिवत्व में ही होनी चाहिए। कैसे भी रूप की धूप में शिव-दृष्टि नहीं चुँधियाती। कोई-सी भी पार्वती, अंग-प्रत्यंग के उन्मत्त कर देने वाले सौष्ठव से तो उसे कदापि नहीं सम्मोहित कर सकती है। शिवत्व सौन्दर्य का ही उदात्त रूप है।'

□

२४

राजकुमारी गुमसुम बैठी थी। उसके मुँह पर एक ऐसी उदासी छाई हुई थी, जैसे किसी क्रूर ग्रह ने चाँदनी से चाँद छीन लिया हो !

आग पर रखा जाए या धूप में, एक दफ़ा पानी गरम तो हो ही जाएगा, पर गरम रहना पानी का स्वभाव नहीं है। उधर आग बुझी या धूप बदराई, इधर पानी हुआ पानी-पानी।

लोहा गरम रहने पर ही मुलायम होता है, मुलायम को जो चाहे, तोड़-मोड़ ले। ठंडा लोहा ठोस और अकड़ू होता है उससे छेड़ नहीं चल सकती।

राजकुमारी विद्योत्तमा क्या थी ?

इस घड़ी उसके चेहरे पर एक और ही रंग चढ़ा हुआ था, साँझ-सकारे आकाश का जैसा होता है। सो कर उठी थी, तब भी थकी-थकी, खोई-खोई-सी दिख रही थी।

विद्रूपताओं और विरोधाभासों की गहरी जड़ें जिससे जुड़ी होती हैं, वह हृदय कोई और होता है। वह प्यासे हिरने को मृगमरीचिका से छलता है। कैसे भी जीवन-दर्शन को धुँधला कर देता है। सादे सपनों को तोड़-मरोड़ कर किसी कोने डाल देता है।

राजकुमारी उदास बैठी थी। उसकी दुःसह वेदना अवज्ञा के-से भाव ढो रही थी, भार कदापि नहीं।

'क्या बात है ?' चित्रांगदा ने निकट सट कर पूछा :

'कोई-सी भी चिन्ता तन का स्वास्थ्य या मन की शान्ति रहने देगी

क्या ? स्वयं से शत्रुता करने की ऐसी कौन-सी घड़ी आ पड़ी आनन्-फानन् ?'

राजकुमारी ने, मन की दो-चार बातें करना तो दूर, चित्रांगदा की ओर से दृष्टि भी घुमा ली तो वह ठठा कर हँस पड़ी :

यह घनचक्कर सुजाता का चलाया हुआ लगता है राजकुमारी जी, उसी ने किसी कुमारी से कुमार माँगने जाने की बात बताकर कालिदास जी की ओर से आपका मन खट्टा कराना चाहा था ! उसे द्व्यर्थक बोल बोलकर आपको चिढ़ाने-खिजाने में मज़ा आता है।

राजकुमारी के चढ़े चेहरे पर पिछली स्मृतियों की कितनी ही परछाइयां उतर आईं :

तुम सबों के मन की बुनावट में एक-से धागे लगे हुए हैं। खींच-तान से कोई गाँठ पड़ने वाली नहीं है, किसी धागे के टूट जाने की सम्भावना तो और भी नहीं। ऐसे में ...

तब तो राजकुमारी जी, यह सुजाता की बहुत बड़ी विजय है। उसी के कारण आप अब हम सब को एक ही तुला पर तोलने लगीं !
—कहते समय उसकी काली पलकों ने मोती ढुलकाए या गुलाबी ओठों से दूधिया हँसी छहरी, कहना कठिन था। उभार सँभालते हृदय बैठा जाता था या वह सिसकियों से सांसों का संगीत जोड़ने में हिचकिचा रही थी, कौन कहे ?

राजकुमारी उसकी कल्पित पीड़ा को अन्तर्गीत में बदलने लगी :

''क्या हुआ ! हरी घास पर हिमकण सजने लगे ! सूखे फूल पर मन भँवरने लगा !

''क्या हुआ ? मैं तो आरम्भ से ही तुम्हें सब से अधिक लिखी-पढ़ी, शीलवती और मधुरभाषिणी मानती रही हूँ ; किन्तु संगति तो उन्हीं की है जो शिप्रा के जल की सतह पर निर्माल्य-सी बहती रहती है। वहाँ तो झूठ पर झूठ ठँसा पड़ा है और एक अकेली तुम हो कि सत्य से कम कुछ बोलती ही नहीं !

''तुम्हारी लय जैसे चाँदी का झरना है ! तुम्हारी बोली में पतझर का मुरझाया सौरभ नहीं, सोने-चाँदी के बजते तार हैं !

''सुजाता की बात और है, वह ... ।''

तभी किधर से भी आकर सुजाता ने चित्रांगदा को तर्जनी दिखाई :

मेरी अस्मिता को चुनौती न दे चित्रा, नहीं तो ...

'नहीं तो क्या ?'

'सुन रही हैं न राजकुमारी जी, चित्रा असीम हुई जा रही है ! इसकी बातों के सन्दर्भ-सूत्र अकुलाने वाले होते हैं। गड़बड़ कर बैठती है हड़बड़ी में। इसकी आँखें कुछ और कहती हैं, ओठ कुछ और। बड़ी वो है ...'

राजकुमारी अब और योगमुद्रा में न रह सकी। हँस पड़ी :

'टूट-फूट हुई है कुछ तुम्हारी गुप्त मन्त्रणा में। सच बोलते साँस रुकने लगती है ?'

'नहीं राजकुमारी जी, मैंने कहा था न, सब राजकुमारियाँ तो आपकी ही तरह लिखती-पढ़ती नहीं रहतीं, निठल्ली बैठी रहती हैं। प्रेम करने के अलावा उनके और कौन काम होता है ? सो पाण्ड्य की राजकुमारी भी प्रेम करने लगी कालिदास की कला से, फिर कालिदास जी से। किसी ने चाँद को अनदेखा कर चाँदनी चाही है?'

चित्रा ने ललकारा :

'सावधान सुजाता, बहुत हुआ। भोरे-भोरे अब यह भी न कह डाल कि अन्तिम प्रदर्शन की रात पार्वती की भूमिका कर रही पाण्ड्य राजकुमारी के आन्तरिक अनुरोध पर स्वयं कालिदास जी शंकर के रूप में मंच पर उतरे थे; भले ही उन्होंने पार्वती के सत्य-प्रेम की पैनी परख के लिए ब्रह्मचारी का बाना बना रक्खा था !

'और यह भी न उगल दे कि परख पूरी हो चुकने पर शंकर के रूप में कालिदास, ऊब कर वहाँ से चल पड़ी पार्वती के सुकुमार चरणों पर घुटनों के बल झुके, तो राजकुमारी को स्तम्भ, स्वेद, रोमांच का अभिनय नहीं करना पड़ा। वह सचमुच ही आगे की ओर पग उठाए ही उठाए जड़ हो गई ; पसीने से भीग-भीग गई और उसका फूल की डाल-सा तन-बदन काँटों से लद गया।

''और सुजाता, तेरी मुखरता जैसी प्रखर है, क्या तू वह अत्यन्त गोपनीय रहस्य भी छिपा पाएगी कि एक दिन जब निर्मल नील गगन में

चाँदनी का ज्वार आया हुआ था और निर्जनता अनेक स्वरों में गुँजरित हो रही थी, पाण्ड्य राज धीरे-धीरे कालिदास के पास आए और कहा कि गहराई के अनदेखे तल से, जहाँ हरी-नीली घास का सुवास फैला होता है, सागर का सन्देश आया है कि राजकुमारी देखते ही देखते आपसे अनन्य हो गई है ! अब आप उसके यमुना-तरंग-से हल्के उठे हाथ को अपने गंगा-तरंगी हाथ से थाम लें, यही मेरा अनुनय है !'

सुजाता सिर झुका कर किसी-किसी तरह सुनाई देने भर स्वर में बिसूरने लगी :

यह क्या रहस्य है ? यह तो राजकुमारियों की अपनी नियति है चित्रांगदा ! जैसे सौ-सौ नदियाँ एक ही समुद्र पर आपा खो बैठने पर विवश हैं, ऐसे ही बेचारी राजकुमारियाँ भी किसी एक ही राजा के गले की मणि-माला में गुँथ जाती हैं। यही उनके सौभाग्य की चरम सीमा है।'

राजकुमारी का भावावेश तीव्रतर होता जा रहा था। कुछ न कह सकने की वेदना शिराओं में प्रवाहित होने वाले रक्तकणों को अस्तव्यस्त किए हुए थी। तभी निश्चित योजना के अनुरूप पूर्वाभिनय में फिर-फिर खरी उतरी मंजुलिका और मधूलिका सबकी आँखें बचाकर दाहिनी ओर से धमा-धम आ धमकीं और आते ही कान में फुसफुसाने भर स्वर में आरम्भ कर एकबारगी चीख पड़ीं :—'कुछ हमें भी तो बताओ, राजकुमारी को क्या उल्टी पट्टी पढ़ा रही हो तुम दोनों ? (यों उनकी दृष्टि प्रश्नभरी न थी, वह उधर देख भी नहीं रही थीं) । कोई एक सड़ियल-सी बात सुनी होगी कहीं, फिर क्या ? पेट में गहराई कहाँ कि उसे पचा सको, खिंची चली आई होगी सीधी-सादी राजकुमारी की भवें टेढ़ी कराने!'

—यह कहती और हर साँस के साथ खाँसती हुई दोनों ही राजकुमारी की ओर बढ़ आईं :

'आ गए !'

राजकुमारी ने चौंक कर एक जिज्ञासा-भरी दृष्टि मंजुलिका के फूले गालों पर जमा दी :

'कौन आ गए ?'

दोनों ने तालियों की ताल पर स्वर भरा : 'कालिदास जी और कौन !'

'क ... हाँ ?'

अब सुजाता और चित्रांगदा भी उन्हीं की ओर से ठुनकने लगी—'राजकुमारी जी, यहाँ, आपके मन-मन्दिर में, और कहाँ ?'

'यह क्या प्रलाप है ?'

'प्रलाप नहीं, राजकुमारी जी, आलाप है यह आपके अनुराग-राग का !'

राजकुमारी ने एक लम्बी आह भर कर अँगराई ली। साँचे में ढली हुई देह से जैसे अंगराग झरा :

सहज और निष्कपट हँसी भूल गईं तुम सब। आगे थोड़ा-बहुत दबती भी थीं, अब तो हर घड़ी हड़बड़ाहट मची रहती है मुझे छेड़ने की ; गले की सारी शक्ति लगाकर हँसने-खिलखिलाने की ; छोटी-छोटी बातों का बतंगड़ करने की, और मुझे कुछ ऐसा विवश असहाय दिखाने की कि जैसे सचमुच हृदय मेरे हाथ से निकल गया हो ! अब भी यदि तुम लड़-भिड़ कर थक गई हो या अनुनय-विनय कर सहृदयता का स्वांग रचना खत्म कर चुकी हो तो मुझे अकेली छोड़ दो ...'

'कालिदास जी के लिए'—कहती हुई चित्रांगदा भागी।

असंगत स्थिति की परिकल्पना करती हुई, और अपनी मान-मर्यादा की हेठी की सोचती हुई सुजाता भी उसी के पीछे कबूतर की बोली बोलती चली गई।

मंजुलिका और मधूलिका ने जैसे निश्चिन्तता की साँस ली। राजकुमारी के बिखरे कुन्तल में एक किरनीला फूल खोंस कर मंजुलिका ने कहा :

'निचुल पण्डित आए हैं आपसे मिलने।'

'मुझसे ?'

'बड़ी देर हुई, बाहर चम्पककुंज में खड़ेखड़े जमुहाई ले रहे हैं।'

'मुझसे मिलने की नौबत क्यों आई ?

'कोई सन्देश सुनाना होगा !'

'अब तक तो तुम्ही तुम थीं यहाँ की बात वहाँ, और वहाँ की यहाँ करने वाली ! अब क्या हुआ ?'

'वही बताएँगे ! वह आपके दर्शन करना चाहते हैं ...'

'दर्शन ? नहीं बाबा, नहीं, रानी माँ सुनेंगी तो कुमारी सीता का गहन वनवास निश्चित है। कुल, शील, विद्या, बुद्धि—सब को झुठला कर वह मेरी बचकानी दुर्बलता को न दुलरा सकेंगी। मैं स्वयं भी अपने, अपने ही जैसे व्यक्तित्व, को मिट्टी के मोल बेचने से रही।'

मधूलिका आँखों में विस्मय का भाव भर कर जीभ दाब कर बोली :

किन्तु राजकुमारी, रानी माँ को यह भेद मालूम कैसे होगा ? उन्हें आपके विषय में इतनी छोटी-छोटी बातें सोचने का अवकाश कहाँ है ?

राजकुमारी ने डपट कर कहा :

'तब तुम स्त्री-स्वभाव की कोई जानकारी नहीं रखती। जो माता-पिता बच्चों को अधिक छूट देते हैं, वह उन पर अधिक कड़ी दृष्टि रखते हैं। जब-तब, छोटी-मोटी बातों में ही, उनकी वास्तविकता को आँखों-आँखों में तोल लेते हैं। ढील देने की पात्रता की पहचान उनकी अपनी होती है !'

मधूलिका ने गम्भीर स्वर में मंजुलिका से कहा : देखा ? राजकुमारी की गहराई थाह पाना कितना कठिन है ! चलो, निचुल पण्डित को मना कर दें, वह कालिदास जी को यों छिपा कर न रखें, न यहाँ लाएँ।

मंजुलिका ने दाँतों से ओठ काट लिया : 'अब चुप भी रहो। मुझे तो कुछ दाल में काला नजर आ रहा है। उनके साथ जो दूसरा आदमी है, मुझे पक्का विश्वास है, वह पूरी तरह वेश बदले हुए कालिदास जी ही हैं। अच्छा, अब और प्रतीक्षा कराना बेकार है। चलो, उन्हें समझा-बुझाकर लौटा दें कि वह राजोचित ढंग से, दिन के सुनहले खुलाव में आकर महाराज, महारानी के कक्ष में ही राजकुमारी से मिलें !'

—दोनों एक साथ उठने को हुईं तो विद्या ने मधूलिका का आँचल खींच कर बिठा लिया :

'अब तो तुम्हीं सब मेरी सखी-सहेली हो, तुम भी तो अपनी उचित सम्मति से अवगत करा सकती हो कि ऐसे में मुझे क्या करना चाहिए।'

एक हल्की उमस-भरी साँस लेकर मधूलिका ने कहा :

''राजकुमारी जी, वेद-वेदांग की महापण्डिता को प्रेम के मधुर स्पर्श का अनुभव कौन करा सकता है !

''शिप्रा की छोटी-छोटी लहरों पर साँझ-सकारे सूरज की लाल-गुलाबी

किरणें प्रतिदिन प्रतिबिम्बित होती हैं ; किन्तु इससे शिप्रा का क्या, वह अपनी ही धुन में बहती जाती है, आगे, और आगे, ... जाने कहाँ ?

''प्रेम तो एक पड़ाव है राजकुमारी, जहाँ पलभर रुक-थम कर जीवन अतीत से अनागत को जोड़ता है। कोरा वर्तमान क्या होता है ? जीवन का प्रत्येक क्षण अतीत से भविष्य की ओर सरक रहा है। आप अब अपने बचपन की मुस्कान अधर पर नहीं उतार सकतीं, वह सदा के लिए पुँछ चुकी है। हो सकती तो अब वह सरल, सौम्य मीठी मुस्कान नव-यौवन का अलंकरण होती, पहचान नहीं , सचाई नहीं।''

मंजुलिका ढालवें किनारे पर लघु-लघु लहरों की गुरु-गम्भीर ध्वनि उतारने लगी :

'यह तो केवल आपके अपने अनुभव की बात है। क्या आपके हृदय में कालिदास जी इस हद तक आसन जमा कर बैठ गए हैं कि आप उन्हें एक पल को एक ओर सरका कर, खुले दिमाग से, अपने ऊपर पूरी तरह काबू पाने का कोई उपाय भी नहीं सोच सकतीं ? यदि ऐसा है तो आपको रुक्मिणी के समान साहस प्रदर्शित करना चाहिए। वह पूजा के बहाने मन्दिर आई थी, वहीं उसका हरण हुआ था। यहाँ रथ पर आए हुए काले कृष्ण नहीं, बेहद गोरे-चिट्टे कामरूप कालिदास जी हैं जो मन के रथ पर तन को भगा लाए हैं।

''मेरी मानें तो ... यों आप स्वयं तन-मन पर पूर्ण विजय प्राप्त करने वाली महायोगिनी हैं, बुद्धि में साक्षात् स्त्री-वृहस्पति ... ''

बातें थीं कि थपकियाँ, जो राजकुमारी की उन्नीदी प्रज्ञा को सहला रही थीं। वह जैसे अलसाई आँखों दिवास्वप्न देख रही थी। सपने में ही अनन्त शून्य को काँपती उँगलियों से टटोल रही थी।

'किन्तु ...'

'किन्तु क्या राजकुमारी जी ?'

वस्तुतः राजकुमारी को ऐसी सपाट सलाह की उम्मीद न थी। उसके चेहरे से उदासी उतरी नहीं, जैसे हरी झाड़ी में खिला एक पीला फूल ! बोली के पाँव में जैसे छाले पड़ गए हों, वह ज्यों-त्यों घिसट रही थी :

'तो क्या मुझे यहाँ से ऐसे ही उठकर चल देना होगा ?'

'नहीं राजकुमारी जी, आप प्रसाधन-गृह में चलें। मैं अभी आपको भरपूर सजाऊँगी। सड़न-सीलन का मरा बीज चिकनी मिट्टी पाकर भी पूरी तरह नहीं पनपता। आपने भी तो कभी ऋग्वेद पढ़कर सुनाया था : हाथ में सोना लेकर सूर्य का आवाहन करना चाहिए।'

मंजुलिका की व्यावहारिक बुद्धि पर राजकुमारी आश्चर्यित हो रही थी। कभी बीमार रहने पर भी शायद ही इस गति से प्रसाधनगृह में गई हो ! उसके पाँव डगमग कर रहे थे। एक अपरिचित अनुभव सन्तुलित बुद्धि को झकझोरे दे रहा था।

मंजुलिका ने मधूलिका को पैनी दृष्टि से संकेत किया कि वह भाग कर चम्पक-कुंज पहुँच जाए। निचुल पण्डित के कान में कह दे कि राजकुमारी अब आने ही वाली हैं, कालिदास जी को वेश बदल कर आने पर भी यहाँ हम सबने पहचान लिया है। अब वह सुरभित सुमन को सिर-माथे रखने के लिए तैयार रहें। पिछली बार राजकुमारी की विद्या-बुद्धि से डर कर दक्षिण की हवा खाने चले गए थे, इस बार उसकी रूप-श्री का भी साक्षात्कार कर लें। अभी उन्हें जिस कुंज-निकुंज में सहमा-दुबका सन्नाटा दीख रहा होगा, वहाँ बस कुछ ही क्षणों में अछूते प्यार से जगर-मगर हृदय का नगर बसा दिखाई देगा !

मधूलिका के चले जाने पर राजकुमारी को एक ऐसे ठंडे वातावरण का अनुभव हुआ, जिसमें उसी के प्राणों की ऊष्मा उसे असह्य होने लगी।

जैसे प्यार का, पथरीले तर्कों में गहरे दबा हुआ, कोई झरना अचानक उबल उठा हो ! जैसे जनम-जनम की साधी हुई साँसें रेत में उठी आँधियों में बदल गई हों !

लहरें लेते केश, जैसे चमेली की बेल कन्धों पर लतर आई हो !

मंजुलिका के सहारे ऐसे एक-एक पग रखती थी जैसे उसे स्वयं चलना नहीं आता, आवेश किसी खड्ड-खाई में भगाए लिए जा रहा है।

चलते-चलते एक बार ग्रन्थों में पढ़ा हुआ याद आया कि विश्वामित्र, पराशर-जैसे हवा-पानी पर पले हुए ऋषि-महर्षि भी ... और लो, इधर मैं हूँ कि पीठ पर मनों शास्त्र लादे हुए और पालतू तोतों की तरह श्लोक पर श्लोक पढ़ते हुए ...

"नहीं, अभी ऐसे छिछले और निरर्थक भाव, भुस्स-भरे माथे में ही बने रहें तो अच्छा ! अभी तो कण्ठ में अटकी सूखी ध्वनियों को सन्नाटे में छटपटाना चाहिए ..."

मंजुलिका ने कहा :

राजकुमारी, आप जिस गन्धवीथी से गुजर रही हैं उसके दाएँ-बाएँ स्थल कमल खिलते जा रहे हैं; सहमी-सहमी दृष्टि जिधर उठाती हैं, उधर नीलकमल हवा में लहरें लेने लगते हैं ... और ...

अब हम आ गए। मधूलिका रास्ता काट कर खड़ी है, उसे रानी-माँ की आहट लेने लौटा देती हूँ। और मैं किसी डाल-पात की ओट में हो लेती हूँ।

वह सामने फूल-दोल पर निचुल पण्डित कालिदास जी को कोंच रहे हैं। अरे ! आप तो पसीने से नहा गई हैं ...'

फूल-दोल में कम्पन हुआ। दोनों जैसे अचकचा कर अगवानी करने उठ खड़े हुए। निचुल पण्डित की पगड़ी चम्पे की डाल में उलझ गई तो चोटी की जगह लम्बे केश निकल आए और कालिदास जी उसे ढकने की कोशिश में पूरी तरह उघड़ गए।

राजकुमारी चौंकी :

"अरे, यहाँ तो तुम चित्रांगदा और सुजाता हो !"

राजकुमारी का पसीना सहसा सूख गया। मधूलिका भी पास ही खड़ी थी।

चारों ने तालियाँ बजा कर ऐसा ठहाका लगाया कि सारे पंछी उड़ चले; फूल झरने लगे और राजकुमारी ... ?

□

२५

ऐसे कैसे कठोर धरातल पर पाँव थे इस घड़ी ! जब भी तेज-तेज धड़कनें अतीत की लोरियाँ सुना रही थीं और बड़ी-बड़ी आँखों में छोटे-छोटे सपने उग रहे थे !

दोपहरी का सन्नाटा आकाश में पसर गया था। राजप्रासाद के पथों और वीथियों पर सूनेपन की धूल उड़ रही थी। मन की अशान्ति क्लिष्ट तर्क-वितर्कों की बोली-ठोली कौओं से सुन रही थी। विक्षिप्त कर देने वाले प्रश्न बौद्धिक प्रखरता को निरुत्तर किए दे रहे थे।

किसी अनचीते ठौर-ठिकाने की ओर उड़ना सम्भव न था, सो सारिकाओं की चेंचामेची सुनते ही बनती थी। एक दूसरी पर धावा बोल रही थी कि यह सारा षड्यन्त्र मधूलिका का रचा हुआ है ! सुजाता की खनक-भरी आवाज रणभूमि में तलवार की-सी झनकार उतार रही थी ! चित्रांगदा हथेलियों को धरती पर जमा कर पड़ाव डाले हुए थी कि इस षडयन्त्र का भंडाफोड़ होना ही चाहिए। कुहराम मचा हुआ था, परन्तु राजकुमारी के हाथ का तोता उड़ चुका था, वह ठगी-सी चुपचाप खड़ी थी। स्थिति, वातावरण, विवशता,—चक्रव्यूह-सा दिखता था चहुँओर। चेहरे पर कैसी-कैसी लकीरें बन-बिगड़ रही थीं !

राजकुमारी के इस बदले-बदले-से मिजाज को, झुरमुट की ओट से गरदन उचका कर चित्रांगदा समझने की कोशिश कर रही थी। एक सूखी-सी निष्प्राण हँसी सुजाता के गले में अटकी हुई थी। झूठ बोलने के तमाम रास्ते आगे की बकवासों से पट चुके थे। मुँहफट मंजुलिका

ने विकल वाणी को विराम दे दिया था। मधूलिका का जैसे सिर फिर गया हो, हकला कर सफाई देने में कुछ-न-कुछ बकना चाह रही थी ; मगर लगातार कोशिशों के बाद भी उसके बोल न फूटे तो नहीं ही फूटे। मंजुलिका फुसफुसा कर उसके कानों में कुछ कहना चाह रही थी, परन्तु उसे मधूलिका ने झझकार कर झिड़क दिया। हाथापाई की नौबत नहीं आई तो केवल इसलिए कि इनमें से कोई भी किसी को बेतरतीब बातों से बरगला नहीं सकती थी। झगड़ा लगाने से सुलझाने तक का काम अकेली सुजाता कर लेती थी, अभी की गहमा-गहमी में बीच-बचाव के लायक कहीं ताल-मेल बिठाना कठिन समझ कर एक बड़ी-सी कैंची से सिर पर लटकी डालियों की काट-छाँट करने लगी थी।

साँचे में ढला हुआ शरीर अपने कसाव-कटाव के कारण यों भी जड़ों तक की आँखें खोलने वाला होता है,—तारों से गगन देखता है, फूलों से वन-उपवन ; किन्तु राजकुमारी के लज्जारुण कपोलों पर ढुलके स्वेद-कण और लम्बी नुकीली पलकों वाले अँसुआए-से नयन उस व्याकुलता का विस्तार कर रहे थे जिसके वशीभूत होकर गर्मी के दिनों में हिरने जलती जीभ और सूखते तालू से एक वन से दूसरे वन में भटकते फिरते हैं, जिधर भी उन्हें बादल झुके दिखते हैं।

राजकुमारी इन सहेलियों-सहचरियों से थोड़ी खुली हुई तो अवश्य थी किन्तु कभी किसी से बेलाग बात नहीं की थी। सांकेतिक रूप में भी नहीं कि जिससे उसकी दुर्बलता प्रकट होती। सहेलरियाँ आपस में जब-तब हँसी-ठट्टा करती थीं, उस घड़ी भी उसका व्यवहार ऐसा संयत और शिष्ट होता था कि भड़कने की या बात काटने की कभी नौबत ही नहीं आती थी। अनजानते भी किसी एक को इतना नहीं मान देती थी कि दूसरी उससे ईर्ष्या या द्वेष करे। आज की बात और थी। आज उसका स्वर अनमना न था। आँखों में विराग उड़ेल कर वह अनुराग की बातें नहीं सुन रही थीं।

हाँ, वह यह अचम्भा ही मानती थी कि समान अवसर मिलने पर जो उसी की प्रतिमूर्ति हो सकती थीं, वह परिस्थितिवश उसका मन बहलाने

में अपनी प्रतिभा खपा रही हैं ; उसी की चपल पलकों की एक अलसाई झपक बनी हुई हैं !

उनके इरादों के बारे में भारी आँखों से हल्कापन छलकाना कुछ अच्छा नहीं लगता, परन्तु मन है कि शयन-कक्ष से बाहर निकल कर खिड़कियों के सीखचों से भीतर झाँकता है !

कान बन्द कर सुनी-अनसुनी किया चाहती है तो आत्मा की अमराइयों में कोयल कूकने लगती है।

यों तो जीवन के प्रति एक अपना स्वतन्त्र दृष्टिकोण रखने की आकांक्षा आरम्भ से ही विद्योत्तमा में थी। केवल उच्छिष्ट विचारों से माथा भरना उसे रुचता न था। परन्तु प्राचीन परम्परा के शास्त्रीय दबाव को मानसिक परिष्कार से सह्य बनाने की स्वतन्त्रता उसे नहीं प्राप्त थी। विश्व भर के विविध और विराट परिवर्तनों से तटस्थ रहना कदापि उसका स्वभाव न था। वस्तुतः वह रानी माँ के विशिष्ट आचरणों का अनुसरण कृतज्ञता-वश ही करती थी।

रचनात्मक विकास उसकी रुचि को रास आता था। अश्वमेध यज्ञ में कौन-कौन से मन्त्र पढ़े जाते रहे हैं, इसकी पूरी जानकारी रहने पर भी उनसे उसका कोई लगाव न था। सम्राट् पुष्यमित्र के बहुचर्चित यज्ञ उसके मानसिक व्यक्तित्व के अभिन्न अंग न थे।

× × ×

जीवन की डगर पर हर पग हिचकोले ही हिचकोले हैं, मन का रथ कोई आँख मूँद कर कैसे दौड़ाए।

ऐसी-वैसी बातों से जरा फफोले फूट जाते हैं नहीं तो सुख के दुख से वह कब की झूठी पड़ जाती !

× × ×

धूप से जले-झुलसे को पेड़ की छाँह प्यारी लगती है, गोद में बढ़े हुए को तो ठीक-ठीक धूप भी नहीं लगती।

कभी किसी ने सोचा भी न होगा कि मैं झोंपड़े से उठ कर राज-प्रासाद में पहुँच जाऊँगी। माता-पिता ने मेरा विद्या नाम इसलिए रखा होगा कि

जग जाने, पवित्र अकिंचनता ही 'सा विद्या या विमुक्तये' को जन्म दे सकती है अन्यथा राक्षस और साक्षर में बराबर ही स्वर-व्यंजन हैं।

मैं क्या माता-पिता की अमृत आकांक्षा हो सकी ? भले ही एकदम विद्या से राजकुमारी विद्योत्तमा न हो गई होऊँ ; किन्तु आकस्मिक सुख-सुविधाओं को नियति का कौतुक समझ कर क्या मैं उनसे लिपटी ? कभी उनकी आग्रही हुई ?

मेरी उपलब्धि राजकुमारी होना नहीं है बल्कि जिसे जन्म-जन्मान्तर की तपस्या से ही पाया जा सकता है, उस समृद्धि के बीच रहकर स्वयं तपस्या करना ही है।

× × ×

कालिदास को देखकर जाना कि जीवन गहन शास्त्र या शुष्क सिद्धान्त नहीं है। ऐसे ही प्रणय भी कोई प्रक्रिया या तारतम्य नहीं जानता !

× × ×

बीज स्थूल है, उसे पनपने के लिए स्थूल मिट्टी ही चाहिए। गन्ध सूक्ष्म है, उसे रंगीन फूलों की कोमल पंखड़ियाँ भी नहीं बहका सकतीं, फैलने के लिए उसे सूक्ष्म आकाश ही चाहिए।

सुजाता बतिया रही थी। महाकालेश्वर के मन्दिर में किसी दिन कालिदास जी ने श्रोताओं को एक कहानी सुनाई थी :

एक पतित चरित्र का, समाज से निकाला हुआ व्यक्ति, बौद्ध संन्यासी के पास गया कि रिश्ते-नातों के सारे फंदे तोड़ चुका है, वह संन्यास लेने की तैयारी कर रहा है। अभी बस दो-चार काषाय परिधान बनवा रहा है, फिर सारा सामान तैयार होते ही प्रव्रज्या ले लेगा। बौद्ध संन्यासी ने कहा ; 'तुम सामान ही जुटाओ ; संन्यास तुम्हारे लिए नहीं है।'

× × ×

फिर एक दिन जीवन की विभिन्न अवस्थाओं की व्याख्या करते हुए कहा था कि जीवन सौरंग अनुभवों की सुगुम्फित मालिका है ; किन्तु भिन्न-भिन्न अवस्थाओं में ही भिन्न-भिन्न प्रकार के अनुभव होते हैं।

किसी तरुणी को देखकर शिशु जो अनुभव करता है, तरुण वही नहीं अनुभव करता। सभी प्रकार के अनुभवों को सहज-सहज सहेजने के लिए ही बाल्य, यौवन, प्रौढ़ि, वृद्धत्व, सुख-दुख, हर्ष-विषाद, उत्थान-पतन, विरह-मिलन, दैन्य-ऐश्वर्य-जैसी अवस्थाएँ हैं। एकरसता जीवंतता का लक्षण नहीं है।

× × ×

राजकुमारी भीतर से विचलित होकर भी अत्यंत संयत स्वर में बोली :

'यह सब क्या है? ऐसी उथल-पुथल मचाने की नौबत क्यों कर आई? अब तो एक पत्ता खड़कने पर भी रोंगटे खड़े होने लगते हैं कि कहीं किसी ओने-कोने से सचमुच के कालिदास न निकल आएँ और इधर मैं उनकी उत्तुंग-श्रृंग मेधा की शिखरिणी चित्रांगदा को ही समझे बैठी रहूँ और उनके ज्ञान-गर्भित वाक्य और सूक्ष्म-शक्ति-सम्पन्न सुन्दर हास-परिहास उसी के मुँह से सुनूँ!'

चित्रांगदा हाँफती हुई-सी बोली :—

'राजकुमारी, हमें जी भर डाँट-फटकार लीजिए; किन्तु कुछ देर आप वहीं खड़ी रहिए!'

राजकुमारी के अधर पर हँसी बहुर आई। हिमालय चाहे जितना बड़ा दिखलाई देता हो, विश्व भर के दीर्घायु पर्वतों में वह सब से कम आयु का है। आयु का प्रभाव राजकुमारी हो कि अकिंचन वनवासिनी, सब पर पड़ता ही है। कील ठुँकने पर पल भर को धरती फैलती-सिकुड़ती है। फिर बराबर हो जाती है। ओठों तले सौ-सौ बातें दबी पड़ी रहती हैं, वह उसी क्रम से नहीं कढ़तीं जिस क्रम से दबी होती हैं। धीमे-धीमे क्रम पकड़ती हैं।

चित्रांगदा ने सबकी सकपकाहट उगाह कर अपनी हँसोड़ थैली भर ली और सहमे-सहमे-से स्वर में बोली :

पलटकर देखिए न राजकुमारी जी, आपकी लचीली बाँहें चम्पे की ही नई डालें हैं या नहीं? और हम पर क्रोध से फड़कते हुए ओठ आप के, उसी के हौले हिलती कोंपलें हैं या नहीं? और ... 'और' कहकर वह भागने ही वाली थी कि मंजुलिका की पकड़ में आ गई।

राजकुमारी घनी छाँह की निस्तब्धता से लिपटी खड़ी थी, उसे चित्रांगदा का विनोद चाहे बहुत अच्छा न लगा हो, मन का भारीपन अवश्य कुछ कम हो गया था। जैसे किसी ने भागते हुए को वैसाखी थमा दी हो! एक चकराया हुआ प्रश्न आँख की सीध में ठहर गया। मंजिल मिली न मिली, ओझल तो नहीं हुई, तुम सबसे सम्पर्क साधने का क्रम तो चलता रहा!

धूप और छाँह का सन्तुलन है क्या? जीवन में कितनी धूप और कितनी छाँह हो, इस पर अपना वश है?

हास-परिहास भी तो सन्तुलन खोकर व्यंग्य बन जाते हैं।

यह अतिवाद ; अभिशप्त हैं ओठ मेरे तुम्हारी सम्मिलित प्रतिभा की प्रशस्ति गाने को। अब तो बताओ—यह बेबूझ सूझ किस माथे ने साधी थी पहले?

चित्रांगदा आमने-सामने खड़ी हो गई :

'राजकुमारी जी, जो खुल जाए, वह भेद कैसा?'

आँखों में समा गई चित्रा इस उत्तर पर। अफर कर यों ही नहीं चली थी। अँगूठी का नगीना है वह तो!

बोली : 'दिमाग का अर्क निचोड़ना बेकार है राजकुमारी जी! मैं समझ गई : मुझे ही खाता डालना होगा।

'कल सुजाता के साथ महाकालेश्वर गई थी। निचुल पण्डित ने लपककर आपका हाल-समाचार पूछा। सुजाता धीमे-से मुस्कुराई : पण्डित जी, हाल बेहाल है राजकुमारी का, और क्या समाचार पूछ रहे हैं?

यह सुनना था कि सुजाता अपने पथराए हृदय पर गर्म हाथ रख कर ठंडे-ठंडे युद्ध के मैदान में उतर आई :

क्षुद्र विजय के लिए चित्रा महाभारत छेड़ रही है! मैं तो अकेली दोनों हाथों से सिर थामे नन्दी के पास खड़ी सोचती रही थी कि यहाँ इतनी सुन्दरता व्यर्थ बही जा रही है और वहाँ कवि कालिदास हैं कि उसे अपने शब्दों और अर्थों से रोक कर उजागर करने के लिए आप जहाँ-तहाँ छिपे फिर रहे हैं! सुन्दर शब्द पुराना हो गया था, कालिदास जी उसे एक नया अर्थ दे रहे हैं।

कोमल स्वर से थपकते हुए चित्रा ने कहा :

'यही तो मैं कह रही थी, पगली !'

जैसे पत्थर से ठोकर लगी हो, सुजाता बोली :

परन्तु मैंने तुमसे कब कहा था ? मैं तो अपने मन में सोच रही थी।

चित्रांगदा ने जैसे उस पत्थर को, जिससे सुजाता को ठोकर लगी थी, परे सरकाते हुए, फूल की एक पंखड़ी से उसे छुआ :

'तो क्या तन की तरह हमारे मन भी दो हैं ?'

राजकुमारी के हृदय की धड़कन तेज हो गई : ओस की एक बूँद में पूरे चाँद की परछाईं !

कारण कुछ भी हो, जीवन की यह सरलता प्रकृति ने तो उन्हें भी दी थी, परिस्थिति ने छीन ली।

अब उन्हें चाटूक्तियों से ही सन्तोष करना होगा। ईर्ष्यालु लक्ष्मी को सहजता सह्य नहीं है।

सुजाता उसे रह-रह कर कनखियों से देख रही थी जैसे रेत से पंजे तो निकल गए हों मगर एड़ियाँ धँसी रह गई हों !

राजकुमारी ने आँखों से कहा तो उनमें एक अद्भुत-सी चमक आ गई :

फिर ?

इस घड़ी न वह क्षुब्ध थी, न झिड़कने की मुद्रा में। चित्रांगदा ने अपने कन्धे सिकोड़े, फिर दुष्टतापूर्ण हँसी हँस कर कहा :

'सार्थवाह दक्षिण के आए हैं। कालिदास की दिग्विजय की ढेर सारी कथाएँ उन्होंने यहाँ प्रचारित की हैं। कांची के गुरुकुल ने उन्हें विशेष रूप से सम्मानित किया। चोल-चालुक्य को उनकी प्रतिभा ने आकृष्ट किया और मदुरा के पाण्ड्यराज तो उन पर ऐसे मुग्ध हुए कि अपनी राजकुमारी ...

राजकुमारी ने एक नजर चित्रा पर डाली, फिर मुँह फेर लिया।

चित्रा के हाथ हल्के-हल्के उन विथुरे केशों को लपेटने लगे, जो फिसलकर गालों के स्पर्श से खुलने लग गए थे। बोली :

'फिर ?' नहीं कहा इस बार ! हँसी उबल रही थी उसके ओठों में और राजकुमारी थी कि उसकी अन्तर्गूढ व्यथा रेत में रौंदी जा रही थी।

फिर एक गहरी साँस लेकर बोली : राजकुमारी जी, कालिदास जी हैं ही ऐसे, उन्हें जो भी देखती, सौ प्राणों से बलि-बलि जाती। पाण्ड्य की राजकुमारी तो ठिंगनी और काली-कलूटी है। इधर जिनकी आँखों में आपका रूप बसा हो, वह जान-बूझ कर उसकी ओर आँख भी उठाते क्या ? चल पड़े वहाँ से। विदिशा पहुँच कर फिर लिखेंगे निचुल पण्डित को।

राजकुमारी चित्रा की ओर देखकर मुस्कराई तो ओठ कुछ ऐसे हिले जैसे अपने ही सुनने भर स्वर में वह कुछ फुसफुसा रही हों !

'फिर लिखेंगे ?'—तो क्या पहले भी लिखा था, तुमने बताया क्यों नहीं ?

सिर हिलाकर चित्रांगदा आकाश ताकने लगी :

वही बताने तो यहाँ लाई हूँ, राजकुमारी जी ! पत्र लम्बा है। आगे निचुल पण्डित ने पीस कर धूल बना दिया है। जाने कितनी बार बाँचा कि मिच-मसल कर पत्र को पत्र का साँचा बनना पड़ गया। अब यहाँ उसी साँचे में मन-प्राणों को ढलना है ...

एक डग पीछे हट कर बुझे हुए स्वर में राजकुमारी ने कहा :

'अरे! ऐसा भी क्या?

'ऐसी भी क्या बुद्धि जो गति के पाँवों की जंजीर बन जाए—उलझा ले; अटका ले, रोक ले?

'साँप की तरह बल खाती पक्की पगडंडियों से तुम मुझे कहाँ ले आई हो ? यह चिनाई हुई राह बुद्धि को फिसलाती है, विचारों को रपटाती है। यह राह नहीं, भटकाव है। कैसा भी लम्बा पत्र मेरे अध्ययन-कक्ष को बौना नहीं बना सकता था। तुम्हारी जीभ ही लम्बी है, पत्र तो पत्र-जैसा ही होगा!'

चित्रा की साँसों की सुगन्ध फैली :

नासमझ मन्दिरों में भगवान ढूँढने जाते हैं। समझदार बैठे-ही-बैठे मुक्त हो जाते हैं। हमें बैठी-ठाली मुक्ति नहीं रुचती, सो हम मन्दिरों के फेरे लगाते हैं राजकुमारी जी !

झाड़ियाँ झूमने लगीं कि जैसे उन्हें भी दर्शनों की प्यास हो ; डालियों

से फूल झरने लगे कि जैसे उन्हें भी शून्य नहीं, प्रशस्त मस्तक चाहिए, अँकुराने से फूलने तक की प्रतीक्षा-प्रक्रिया की सार्थकता के लिए।

सब शान्त था। मौन मधु हो रहा था।

राजकुमारी ने उतराए वाग्विस्तार को अन्तर्मुखता में डुबाने के लिए उत्सुकता और कौतूहल-भरी दृष्टि चित्रा के जोगिया रंग के वस्त्र पर डाली जिसका अर्थ था—कहाँ छिपाया हुआ है पत्र ?

चित्रांगदा ने कान उमेठने की-सी मुद्रा में हाथ घुमाकर सुजाता की नीली कंचुकी से वह हरित-पीत पत्र खींच निकाला। राजकुमारी की आँखें प्रत्येक गतिविधि पर गड़ी की गड़ी रह गईं। उस घड़ी चित्रा के अधखुले ओठों पर एक अनोखी मुस्कान खेल रही थी, राजकुमारी ने पिछले माथे को ठोड़ी तक झुकाकर पढ़ने का संकेत जो किया था ! सब के मुँह पर निर्मल प्रकाश फैल गया था।

'प्रिय निचुल,

सार्थवाह के प्रमुख श्रेष्ठिप्रवर के हाथों यह पत्र भेज रहा हूँ। उज्जयिनी पहुँचते ही यह महाकालेश्वर जाएँगे। वहाँ ढूँढ़ कर तुमसे मिलेंगे। उमंगों से भरे हुए हैं। मैं यहाँ कहाँ-कहाँ घूमता फिरा, बिल्कुल बेकार तो कहीं नहीं, इनसे जान सकोगे। हाँ, इसे गाँठ लगा लेना कि स्पष्ट दृष्टि ही समग्र दृष्टि नहीं है।

शाश्वत और उदात्त कला के उपादान तन-मन की क्षुधा या भोग और ऐश्वर्य में नहीं ढूँढे जा सकते। प्राथमिक और अनिवार्य आवश्यकताएँ पथ हो सकती हैं, क्षितिज नहीं।

शाश्वत क्या है, कहना कठिन है। जिनसे आत्मशक्ति जगती और आदर्श और मर्यादा की अक्षुण्णता बनी रहती है, मैंने कविता में ऐसे तत्त्व प्रतिष्ठित करने का प्रयास किया है। 'कुमार-सम्भवम्' की एक प्रति भेज रहा हूँ। तुम आत्मा-परमात्मा के मिलन के-से तपःपूत आनन्दी भावों का एकान्त में मनन कर मेरी अभिव्यक्तिगत अतिरंजनाओं, परिकल्पित भावनाओं तथा अमित सम्भावनाओं को कुमार के आविर्भाव की पूर्वपीठिका के रूप में देखकर अपने निष्पक्ष निर्णय से अवगत कराना। अध्यात्म के मोती श्रृंगार की खुली सीप से मैंने समुद्र के किनारे चुनने का प्रयास

किया है, परन्तु प्रत्येक प्रयास उपलब्धि तो नहीं होता।

कुन्ती का धैर्य हो कि गान्धारी की धर्मशीलता, विलास की कालिख वाली चतुर तूलिका उसकी चितेरी नहीं हो सकती।

रावण के भोग और ऐश्वर्य और विलास के तार स्वर किसी महर्षि की ही अन्तर्वीणा में झंकृत हो सकते थे।

मेरा तन राजभवन में रहकर भी तपोवनवासी मन को भरमा नहीं सकता। निचुल, तुम मेरी साँसों की परछाइयों में ही मेरा प्रकाश देखना।

मूर्द्धाभिषिक्त जनपदेश्वरों के यहाँ मैं अपनी आस्था को अडिग करने के लिए ही आता-जाता रहा। आज अपने देश के सभी बड़े विद्वान् और कवि राजाश्रित हैं। जनता तो ऐसी शिक्षित है नहीं कि अपनी आदिम बुभुक्षा की तृप्ति के अतिरिक्त विद्या और कला से अपने मन-प्राणों को आनन्दित करे। ऐसे में कुछ थोड़े-से राजे-महाराजे ही हैं, जिनके आश्रय में पल रहे विद्वानों और कवियों से आर्शीवचन प्राप्त किए जा सकते हैं। यों कांचीपुरम में ऋषि-कुल और गुरुकुल ने भी कम स्नेह नहीं दिया। श्रेष्ठ जनों के ओष्ठों का स्फुरण क्या कुछ नहीं दे देता है ? बन्धु निचुल, वशवर्तिनी वाणी सत्य ही बोलती है।

भुवनेश्वरी से प्रार्थना करता हूँ तो यही कि मेरी वाणी उन-जैसी कदापि न हो जो तुम्हारी कृपा पाए बिना ही किसी सम्प्रदाय की आड़ में, मतों की गिनती कर, अपनी तात्कालिक प्रतिष्ठा का जुगाड़ कर लेते हैं।

मेरी दृष्टि सृष्टि के प्राणों में सौहार्द उत्पन्न करने वाली हो। उसके शील और वृत्त से सारे संसार को जीवन से प्यार करने का पवित्र संस्कार मिले।

एक मात्र पुत्र हूँ मैं अपने पिता का। जब जन्मभूमि से विदा ली थी, तब मेरी इच्छा नैष्ठिक ब्रह्मचारी रहने की ही थी :

'अद्य प्रभृति मे तात ब्रह्मचर्य भविष्यति!'

'किन्तु जब धर्म का मर्म न समझने वालों ने देवियों के देश को थेरियों का मठ बना देना चाहा तब मुझ पर उसकी प्रतिक्रिया हुई। सीता, सावित्री की पुण्य परम्परा में ही मैंने पार्वती का पुनर्निमाण किया है जिसे मानवीय संवेदनाएँ भारतीय नारी के प्रतीक रूप में स्वीकारें। तुम स्वयं

देखोगे, कैसे मेरे आराध्य ने विवाह को गृहस्थाश्रमियों का जीवनयज्ञ प्रमाणित कर दिया है !

'बौद्ध साहित्य में धार्मिक उत्कर्ष है, जीवन की सहजता नहीं। चार पुरुषार्थों में दो को चलता कर दिया गया है। धर्म और मोक्ष की चर्चा है, अर्थ और काम वहाँ अनदेखे ही रह आए हैं। आदर्श और मर्यादा मानवता को देवत्व की ओर उन्नीत करने वाले तत्त्व हैं ; किन्तु मार-विजय एक अकेले गौतम बुद्ध के ही वश की बात थी। सामान्य जन उसे सुनने बैठते हैं तो उनकी पलकें झपकने लग जाती हैं। उकता कर पूछते हैं : कहानी लम्बी है क्या? कुछ तो हड़बड़ा कर उठ खड़े भी होते हैं :

'मर गए ! मारने दौड़ेंगे घर वाले ! अभी घर के कितने ही काम मुँह बाए खड़े हैं।'

'देखो न, बौद्ध साकेत को गंगातट पर बसा बताते हैं और रामायण की अयोध्या सरयू-तट पर है। चमत्कार यह है कि लोक में सर्वत्र ही साकेत और अयोध्या को पर्यायवाची माना जाता है।

'तन को तज कर मन की बात नहीं की जा सकती। ऐसे जीवन को समग्रता में नहीं गढ़ा जा सकता। मन तो तन और आत्मा के बीच की कड़ी है। तन से तन को भी मन मिलाता है ; मन से ही आत्मा की अनुभूति होती है। निरुद्देश्य जीवन अभिशाप-जैसा है।

'एक रहस्य आज तुम पर प्रकट कर रहा हूँ। इसी महाशिवरात्रि की रात मैं अखण्ड ब्रह्मवर्चस के साथ पच्चीस वर्ष पूरे कर चुका हूँगा। गृहस्थाश्रम में प्रवेश ... '

चित्रा पत्र पढ़ रही थी, लक्ष्य न कर सकी ; किन्तु औरों ने देखा : राजकुमारी के कपोल रक्ताभ हो उठे थे और आँखें छलछला आई थीं और वह जैसे किसी घोंसले में छुप जाना चाह रही थी।

कल्पना की मिठास और साक्षात्कार की सुन्दरता एकाकार जो हो गई थी!

□

२६

कुछ बड़े जमावड़े लाँघे। फिर भुलक्कड़ सुनसान छान कर कालिदास जब विदिशा पहुँचे, इरावती ने उद्वेलित हृदय से अट्टालिकाओं पर दीपमालिका प्रज्वलित कर उनकी भरपूर अगवानी की।

कुछेक ने उनके गुणों के रोचक आँकड़े प्रस्तुत किए तो कुछेक औपचारिक बातचीत करते हुए भी संकुचित हो रहे थे।

जिनकी कामनाएँ बौना गई थीं, उन्होंने हाथ बढ़ा कर पाँव भर छू लिए और जिनकी कल्पनाएँ उड़ानं के अधबीच ठहर गई थीं और जिनके पाँवों में पत्थर बँध गए थे, वह बँधी मूठों वहीं के वहीं खड़े रह गए थे।

मंगल-कलश उठाए हुए अनुचरियाँ, अँजुरी भर-भर खील उछालती हुई सहचरियाँ और आगमनी की आकुलता को रेखांकित करती हुई स्वयं इरावती इस संभार से सीधी जुड़ी हुई थीं। कालिदास अलबत्ता राग-विराग के बीच की अपनी सहज समझ पैनी करते रहे : भारत की संस्कृति पुस्तकों के पृष्ठों में सन्धान के योग्य नहीं है। उदार हुए बिना समग्र नहीं हुआ जा सकता ; निर्भीक हुए बिना अँधेरे की परतों के पार नहीं जाया जा सकता और वैचारिक स्वतंत्रता के अभाव में नित नया कुछ सोचा नहीं जा सकता।

निर्जन वन-उपवन में और कूल-कछारों पर भी अकेले और चुप रहने का स्वाद बादलों की गड़गड़ाहट और सागर की लहरों की बौखलाहट में लिया था। सन-सन पवन के झकोरे, झरनों का झर-झर स्वर और नद-नदियों के निर्मल जल का कल-कल निनाद कालिदास के कानों में

अभी प्रतिध्वनित हो ही रहा था, जब इरावती द्वारा आयोजित स्वागत-समारोह में वाद्य-नृत्य-गीत का आनन्द-सिन्धु कुछ ऐसा उमड़ा, मंगलकलश से रस कुछ ऐसा छलका कि मन पुलकन से भर गया ; तन की सुध न रही।

ठीक तभी प्रासाद की रूपहली-सुनहली जालियों से दो आँखें झाँक रही थीं। उनसे जो प्रकाश छिटक रहा था, पार्वती की आँखों का वर्णन करते समय वही छूट गया था—कालिदास ने मन मसोस कर अनुभव किया। हिरन हों कि खंजन—भोलेपन और चंचलता के ऊपर भी कोई चैतन्य है जो काली पुतलियों को निर्मल आलोक का निर्झर बनाता है।

ऊपर उठी दृष्टि को फिर समतल न मिला। रश्मि-विद्ध प्रफुल्ल कमल ने कालिदास की आँखों को रंग-गन्ध में रूपान्तरित कर दिया। इरावती ने विस्मय की दरारों में तभी एक अर्थवान् शब्द भर दिया :

'मालविका !'

सन्नाटे में बिलबिलाया करें सौष्ठव की परिभाषाएँ ; उदात्त का वर्चस्व और सौन्दर्य की मर्यादाएँ, हथेली लगाकर उत्सुकता की बाढ़ नहीं रोकी जा सकती। तर्क वितर्क की झोली इस अनदेखे सौन्दर्य की गरिमा से फटी जा रही थी। आदर्शों के जोड़-जोड़ हिल उठे थे।

इरावती भौंचक थी कालिदास के इस भाव-परिवर्तन पर : "अपना कितना कुछ लुटा कर क्या बटोर लाए इस बार ?

"कभी वह भी पहली बार दिखी थी उन्हें, तब तो ऐसा कुछ न हुआ था। फिर कितनी ही बार मिल-बैठी, कभी कालिदास जी ने उसे भर आँख नहीं देखा। अब तो वह बड़ी बहन बन गई है। सो अस्त-व्यस्त वस्त्र सँवार कर अन्तर में फैलती हुई तरंगें समेटने लगी। अलसाई आँखों पल भर कालिदास को देखती, फिर रह जाती। सृष्टि से ऊपर उठी कालिदास की दृष्टि से टकराने की सामर्थ्य उन आँखों में कहाँ थी ? यों मुँह पर लाली दौड़ गई थी और धड़कनों में गुदगुदी तो भला क्या होती, किन्तु एक अद्भुत मिठास अवश्य घुल गई होगी कि मुँह खुलते ही बोलेगी :

"भैया, अब और विलम्ब उचित नहीं, विद्या की सुनहली माँग कब

से तुमसे चुटकी भर सिन्दूर माँग रही है और तुम हो कि उसकी सकुचाई चुप्पी तुम्हारे अघाए कानों से टकराती ही नहीं है!''

किन्तु कुछ भाँप कर उस लजीले, शान्त मधुर मुख को वह यही कह सकी :

'मालविका है !'

'हाँ'—अनमने स्वर में कालिदास ने कहा : आपके नाते मेरी छोटी बहन !'

राजप्रासाद के चहुँओर वकुल, शिंशपा और अशोक़ के बड़े-बड़े पेड़ों पर जैसे कुहरा उभर आया हो। वस्तुतः इरावती के स्वभाव की तेजी ही उसकी सबसे बड़ी बाधा थी। सखी-सहेलियों से उसका आन्तरिक व्यवहार भी कुछ ऐसा ही होता था जिसे औपचारिक से अधिक कुछ नहीं माना जा सकता था। अपने आप में एक घुटन का अनुभव उसके दैनन्दिन जीवन का अंग बन चुका था। कोई-सी व्याकुलता उसके अन्तर को कुरेदती रहती थी। कालिदास के सहज उत्तर ने उसके अमिट दर्द को सहलाया न था।

इधर कालिदास थे कि उन्हें अपने अनसोचे वचन का पछतावा था। मालविका उनकी सगी छोटी बहन भी होती तो इससे इरावती के बड़ी बहन होने के निष्प्रतिद्वन्द्व अभिमान को सहलाया नहीं जा सकता था। उसे आगे यही खटकता रहता कि छोटी बहन बड़ी बहन के अत्यन्त उदार और ऐश्वर्यपूर्ण व्यवहार को भी अपने निरे टटकेपन से फीका करती रहेगी। अधिक से अधिक वह उसके बचपन की बड़े जतन से सँजोई गुड़िया-जैसी ही लगेगी।

कालिदास संकुचित न थे कि सेंध पर उनकी चोर दृष्टि पकड़ी गई थी। वस्तुतः वह चोर नहीं, समझ पैनी करने वाली दृष्टि थी।

पार्वती के रूप की परिकल्पना उनकी अपनी थी। उसका रेखांकन कल्पना के सधे हाथों हुआ था। वह अलौकिक था। उसकी त्रुटियों का समाधान देवत्व या दिव्यता के आधार पर ही सम्भव था।

यह निर्दोष निर्माण मुग्ध प्रकृति का है। अब कहीं शिल्पि-रचित कलाकृति की तरह इसमें भी स्थायित्व होता !

'मालविका, मुझे क्षमा करना। मैंने तुम्हें देखा है, इस विश्वास से देखा है कि तुम्हारे नाम और रूप से कभी कला जगत् को शून्य न होने दूँगा।

'अग्निमित्र के सौन्दर्यबोध को सौ बार सराहता हूँ। मगध का साम्राज्य तो कभी न कभी उनसे छिनेगा ही, किन्तु कला के क्षेत्र में तुम्हारे ही कारण उनका नाम अमर रहेगा।

'तुम स्वनिर्मित हो। तुम्हें किसी ने नहीं बनाया। ज्ञान ऐसा ढीठ कहाँ होता है कि तुम्हें छन्दों से बाँधने की ढिठाई करे! मैं कविता के मर्म का सन्धानी ही हूँ, उसमें ज्यों का त्यों यह रूप समा सकूँगा, इसका अभिमानी नहीं। मेरी झिझक कला की सामर्थ्य और उसकी सीमा की झिझक है। मैं कविता जिऊँ,—रूप और प्रेम, प्रकृति और उसका पवित्र उद्देश्य जिऊँ, तुम्हारी यह उज्ज्वल झलक मेरी अन्तर्दृष्टि को निष्पलक रखे।'

—इरावती अरुणाभ अधर पर चाँदनी बिछला कर बोली :

'कहाँ डूबे-खोए हैं कवि? अपने चारों ओर तने दृष्टियों के बन्दनवार को भी देखिए।'

'हाँ-हाँ, मैं देख रहा हूँ, ऐसे हल्के कसे स्नेह-बन्धन कैसे मेरी बावरी मुक्ति की छटपटाहट के मजे ले रहे हैं!'

'हाँ, कवि, अब और आपकी मुक्ति को विद्या की सौत बनने का सौभाग्य-प्रदान करना सम्भव नहीं है।

'दाम्पत्य प्रेम भी एक अनोखा अनुभव है। अब खुले हृदय से आपको उसके प्रति संवेदनशील होना ही होगा।

'आप पहले कवि हैं, फिर मेरे भाई, मैं पहले आपकी बड़ी बहन हूँ फिर विदिशा की रानी!'

'हाँ, सो तो है ही।'

'फिर ?'

'मेरे अभ्यन्तर में एक आत्मा उतर आई है। जो सपने आँखों में जमे थे, इस आत्मा के तेज से पिघल कर खौलने-खदबदाने लगे हैं। कुछ नया ढलने वाला है मिट्टी पर। आकाश सूख गया है, खाली हो गया है, सब धरती पर उतरा आ रहा है! आकाश ने मिट्टी को अपना हृदय

दे दिया है ! कोई किसी से कुछ न कहे। मैं इसे अपने छन्दों में छिपा लूँगा।'

इरावती आनन्द से उन्मत्त हो रही थी। मालविका से जुड़े पूर्वाग्रहों को छाती से चिपकाए हुए ही कालिदास को इस-उस से मिलाती रही। स्वेदकणों की मदिर गन्ध उसके अद्‌भुत रूप को लुभावना बना रही थी। यों वह न उदासीन थी, न असमर्थ ; किन्तु आयोजन की गहमागहमी में अब उसे कालिदास की आँखों में मालविका की परछाईं ही दिखने लगी थी। मुँह बन्द रहने पर भी दिल खुलता न था, जैसे कोई भेद छुपा रही हो और बिगड़ती- बात को अपने अनुकूल बना लेना चाह रही हो !

समारोह की समाप्ति तक इरावती के ओठों से चंचल मुसकानें उलझी रहीं। वह कालिदास को सिर से पाँवों तक देखती और फिर सिर घुमा कर कुछ न कुछ पूछ लेती।

कई दिनों बाद वह विवाह की बात आगे बढ़ाने के अभिप्राय से सामने आई तो उसके गाल लाल थे और पलकें अपने आप झुकी-झुकी।

इस घड़ी हरसिंगार के झाड़ की तरह फूलों के रात भर पहने गहने उतार कर हल्की-फुल्की-सी लग रही थी जैसे दूधिया चाँदनी धुँधली हो गई हो ; साँस की परत काँच पर जम रही हो !

कालिदास ने चौंक कर देखा तो इरावती सिकुड़-सी गई :

'आप ?'

'हाँ ! ईश्वर की इच्छा अनचीन्ही पगडंडियों से भी चल कर आती है !'

—कहते समय इरावती की बोली सरक गई। ऐसा लगा, जैसे वह किसी बात से उद्विग्न थी। महीने भर से महाराज विक्रमादित्य से उसका पत्राचार हो रहा था कि महाशिवरात्रि पर कालिदास किसी भी मूल्य पर रास्ते में नहीं रोके जा सकते, वह अवश्य महाकालेश्वर पहुँच रहे हैं। आपकी सहमति हो तो उसी दिन विद्या-परिणय हो जाए। सम्राट् अग्निमित्र की अनुमति से बारात विदिशा से ही सजकर आएगी।

अभी उसकी दाहिनी आँख फड़की तो वह यह कह कर न टाल सकी कि कभी यूँ ही वायु यहाँ-वहाँ अटक-भटक जाती है।

कालिदास अकेले ही सब के साथ होते थे। रास्ते का पत्थर उनकी ठोकरों से टकरा कर गा उठता था, अकेले उन्हीं की उँगलियों की छुअन फूल के दिल के काँटे तोड़ती थी।

इरावती बोलते-बोलते रुक गई, जब देखा, कालिदास बड़े मनोयोग से कुछ लिख रहे थे। पूछ कर हाथ में उठा लिया :

'जो प्रणत जनों के सभी अभीष्ट फल देने वाले, ऐश्वर्य के एक अकेले अधिपति होकर भी,स्वयं व्याघ्राम्बर धारण करते हैं और जो स्वयं तो प्रिया से हर क्षण लिपटे हैं—अर्द्धनारीश्वर हो गए हैं, किन्तु बड़े-से-बड़े जितेन्द्रिय यतियों, संन्यासियों की पकड़ में नहीं आते ... ।'

थोड़ी-थोड़ी देर रुक-रुक कर इरावती पढ़ती रही, फिर विहँस कर बोली : यह सब क्या है ? आप छोटी गुफा में रह कर बड़ी सिद्धि प्राप्त करना चाहते हैं, यही न ? किन्तु मैं बताऊँ, आप छोटी गुफा में अटेंगे ही नहीं। यह रूप, यह व्यक्तित्व ओछे समाज और छोटे दायरे में घुट कर रहने के लिए नहीं है।

कालिदास ने रिरिआए-से स्वर में कहा :

'मैंने आपके सहयोग से आँखों पर काँटे उगाने की ठानी है। कोरी भावना को कविता बनाने में आपके पुलक और रोमांच का संरक्षण अनिवार्य है।'

सन्देह-भरी तृष्णा से इरावती ने कालिदास को भर आँख देखा :

आपको अधिकार है कि मेरी संवेदनाओं का स्वेच्छया उपयोग करें। मैं अपनी आस्थाओं के विपरीत भी ..., कहते हुए उसका निचला ओठ जीभ से दब गया।

चुप्पी की खाई कालिदास की सकपकाहट ने पाट दी :

'कुछ शब्द मुझे गाने के लिए मिले हैं पर स्वरों की तुतलाहट उनके खुरदुरेपन को ही उछाला करती है, लय नहीं बनने देती। लय मिले, सुर सधे तो उनका ठावँ-कुठाँव बिलबिलाना बन्द हो ...मैं मालविका ...'

इरावती ने अलसाए हुए ढंग से जमुहाई ली : और इधर मैं हूँ कि आपके विवाह के गीत गुनगुनाती रहती हूँ ...

''आगे कुमार सम्भव में देवाधिदेव का विवाह सम्पन्न हुआ। क्या ही

अच्छा हो कि अब अग्निमित्र की शेष प्रणय-पिपासा की, परिणय-मंगल में, परिणति भी, लगे हाथों, मैं नाटकीय रूप में प्रस्तुत कर लूँ, फिर अपनी चिन्ता करूँ ? अब अग्निमित्र मगध सम्राट् हैं, हर घड़ी साम्राज्य की सुरक्षा, विस्तार और व्यवस्था में ही व्यस्त और व्यग्र रहने वाले। कीचड़ का गड्ढा पार करते समय ही पद्म खिलाने वाले। अब उन्हें गीत, नृत्य, वाद्य के लिए या काव्य-नाटकों के लिए कब अवकाश मिलता होगा ! ऐसे में जब कभी वह इसे देखेंगे तो पुरानी स्मृति उनके थके मन में नए प्राण फूँक देगी ; उनके शीर्ण मुख पर नई कान्ति झलमल कर उठेगी !

कालिदास ने बहुत पाँव पटके किन्तु इरावती का अचल स्वर किसी आरोह-अवरोह में कोमल या तीव्र न हुआ, बोली : पल भर को अपने काम से दम लेकर विद्या में मन को केन्द्रित कर देखिए। तेरह वर्षों तक वन में संग-साथ रहे, लंका का वर्ष भर का प्रवास भी सीता से झिलता न था, रात-दिन मरने की ही सोचती रहती थी। विद्या ने आपको आँखों से ही तो छुआ होगा और उस छुअन को गीली पलकों पर उठाए हुए पल-छिन गिन रही होगी। नाटक तो फिर कभी लिख लेंगे आप !

कालिदास ने कहा :

'नहीं बहन, फिर लिखना सम्भव नहीं है। यों तो उसी दिन मालविका की निश्चल पलकों ने सब लिख दिया था, आपने मगध जाते समय थोड़ा-बहुत बताया भी था ; किन्तु तब तक मैंने मालविका को देखा कहाँ था !

'उसे देखना तो चाँदनी रात में चाँदनी देखने जैसा है। सारा कुछ धुल-पुँछ जाता है। आकाश भी अनदेखा ही रह जाता है ! आँखें देखती हैं केवल चाँदनी, निर्मल चाँदनी !

'दाम्भिक कुलीनता की एक पतली-सी परत भी उस चाँदनी पर नहीं है जब भी वह मालवा के राजकुल के ही माधवसेन की सगी बहन है।'

इरावती के अन्तर की आग भड़क कर जीवन्त हो उठी। खौलती हुई स्पर्द्धा की झील भाप से भर आई :

'अरे आप तो अन्तर्यामी भी हैं ! मैं समझती थी : अकेली मैं ही इस रहस्य से परिचित हूँ ! महारानी धारिणी को तो अपने आभिजात्य का

वर्चस्व ऐसा अभिभूत किए रहता है कि उसे अपनी परिचारिका से अधिक कुछ न जाना और वह उसे नृत्य की शिक्षा भी मेरा गर्व खर्व करने के उद्देश्य से ही दिलवा रही है।'

कालिदास ने कहा :

'किन्तु कला की तो एक अपनी मर्यादा होती है। सौन्दर्य इस सौतिया डाह को जिस हद तक पचा सकता है, नाट्य-कला को उतना ही ग्राह्य होगा। यों तो मालविका के कुलीन संस्कार ने ही उसे चुप रहने की सीख दी है नहीं तो वह किसी भी कमलनयन को राजकुमारी ही दिखती !

'सरस का सुरुचिपूर्ण होना आवश्यक है। रोचकता कला का गुण है, पाठक हों कि दर्शक कि श्रोता—सबका मन बँधा रहे, ऐसी साधना तो होनी ही चाहिए।'

'आपने एक ही बार देखकर तैयारी पूरी कर ली, अचम्भा होता है।'

—इरावती ने सस्मित व्यंग्य किया।

'बड़े पते की बात कही आपने !'—कालिदास मस्ती में थे।

—'प्रतीक्षा काहे की ! अँधेरा था, किसी ने चौमुख दियना जला दिया, फिर क्या, एक ही झटके में सब दिख गया। अँधेरा भी। अँधेरे को देखने के लिए भी तो प्रकाश की ही आवश्यकता होती है!'

इरावती चकित थी कि अग्निमित्र के साथ वह जब भी मिलती थी, कालिदास उसे छुई-मुई दिखते थे। अब डूबे हैं तो डूबे हैं, बात करते हैं तो अर्ध-विराम, पूर्ण विराम तक भूल जाते हैं ! घनी पलकों से गहराती हुई दृष्टि जिसे देखती, सात पर्दों को पार कर जाती है ! क्या हुआ इनके उस आदर्शवादी उलझाव का !

अटपटे ढंग से सोचते समय अनजानते चिन्तन का स्वर प्रेषणीय हो गया :

'बदलाव आकर्षक है ! समुद्र ने यह खुलाव दिया होगा।'

'हाँ, समुद्र देता ही देता है। चाहने वाले निहाल होकर लौटते हैं उसके द्वार से।

'मैंने तो सुना था कि वह संग्रह ही करता है। दाता नहीं, भयानक कृपण है, तभी रसातल में पड़ा रहा !'

'गहराई ही तो रसातल है, जैसे ऊँचाई स्वर्ग। हाँ, यह है कि स्वर्ग जाने के लिए लोग गंगा या समुद्र की गहराइयों में गोते लगाते हैं।'

—इरावती के सूखे लाल अधर पर हँसी रेंग आई। खुली आँखों वह जो देख रही थी वह देखने ही योग्य था। वह था जीवन के पीछे छुटे पत्तों में छिपा हुआ उसकी कल्पना का एक स्वर्ण-कमल। राज-पाट की सोने-चाँदी की धूल से वह सदा के लिए ढक गया। एक बहुत चमकीला लाक्षागृह था, अपनी ही आँच से जल गया।

—दबे-से स्वर में बोली :

'आसान सोचना अधिक कठिन होता है ... हाँ, तो आप अभी अपने नाटक के बारे में कुछ कह रहे थे न ! परन्तु पहले मुझे यह बताइए कि मालविका को देख कर ही आपको नाटक लिखने की क्योंकर सूझी ? पार्वती ...'

कालिदास यों चौंके जैसे आर्य और द्रविड़ संस्कृतियों को दूध-पानी की तरह एकाकार किए बिना ही कोई भारतीय संस्कृति को रेखांकित करने का विफल प्रयास कर रहा हो ! बोले : ''पार्वती को देखा कहाँ था ? मन ने उन्हें जैसा गढ़ा, दूसरे भी मन की ही आँखों उन्हें देख सकेंगे। वह 'नेति नेति' रूप अवर्णनीय है, मैंने वर्णन करने के बहाने वाणी की वन्दना की है ; उनके अलौकिक गुण तो श्रवण के ही योग्य हैं, सो मैंने श्रव्य काव्य के साँचे में उन्हें ढालने का यथाशक्ति प्रयास किया !

''नाटक चाक्षुष यज्ञ है, उसे आँख खोलकर देखा जाता है। मालविका इसी के योग्य है।

''हाँ, नाटक का कथानक मैंने मनमाने ढंग से नहीं गढ़ा है। आपने ही मुझे मगधयात्रा के किसी पड़ाव पर बताया था। अवश्य आप भूल गईं किन्तु मैं तो रूप पर छाए अरूप तक का सिलसिला मिलाता हूँ ! यहाँ मालविका को देखा तो जैसे एक अनोखे अनुभव के प्रति संवेदनशील हो उठा। मालविका कोई बौद्धिक प्रस्तावना नहीं है, उसने तनिक दृष्टि उठाकर जैसे मेरी सर्जना को ही चुनौती दी थी।

''आपने कहा था, माधवसेन अपनी बहन को अग्निमित्र से ब्याहने के लिए कृतसंकल्प थे ; वह उसे लेकर विदिशा जा भी रहे थे किन्तु

उनके चचेरे भाई यज्ञसेन को यह रुचिकर न लगा। उन्होंने विदिशा के बीच रास्ते से माधवसेन को जबरदस्ती पकड़ कर मँगवा लिया और उन्हें कारागार में बन्द कर दिया।

''माधवसेन के सुमन्त्र मन्त्री सुमति ने बुरी तरह घबराई हुई मालविका को अपनी बहन कौशिकी से ला मिलाया और विदिशा जाने वाले सार्थवाह के साथ दोनों को सुरक्षित लिए-दिए चल पड़ा। विदिशा पहुँच कर उसने माधवसेन की इच्छा पूरी करने की ठान ली कि वह स्वयं सारा वृत्तान्त अग्निमित्र को बता कर मालविका के लिए प्रार्थना करेगा : महाराज उसे अपनी रानी बना कर अन्तःपुर की शोभा का विस्तार करें।

''परन्तु विधाता को यह प्रस्ताव पसंद न आया। आधीरात के सन्नाटे में जंगल-पहाड़ पार करता हुआ सार्थवाह जब थक कर सोया पड़ा था, अचानक डाकुओं ने उस पर आक्रमण कर दिया। दस्युदल ने सार्थवाह के संरक्षक सैन्य को मार भगाया और मालविका की प्राणपण से सुरक्षा के लिए अड़े खड़े मन्त्री सुमति को तो मार ही डाला।

''भाई सुमति के मरते ही कौशिकी बेहोश हो गई। डाकुओं ने समझा, वह भी मर गई। फिर क्या, उसे वहीं छोड़ भरपूर धन-सम्पत्ति के साथ मालविका को भी लूट लिया और सब-के-सब चम्पत हो गए।

''धर्म-भीरु डाकुओं को धन चाहिए था, मालविका को वह कहाँ-कहाँ उठाए फिरते ? सो, उसे दुर्ग की देखभाल करने वाले वीरसेन को सौंप दिया, जो महारानी धारिणी का भाई और अग्निमित्र का साला था।

''प्रतिष्ठा पर आँच आने के भय से वह भी अपरूप सुन्दरी मालविका को अपने साथ न रख सका। उसने अपनी बहन धारिणी की परिचर्या के लिए उसे उपहार-स्वरूप भेज दिया।

''धारिणी ने मालविका के कलाप्रेम को दूर-दूर से लक्ष्य किया, फिर उसे नृत्यकला के आचार्य को सौंप दिया। महारानी धारिणी की देख-रेख में मालविका नृत्यकला में दिन-दूनी, रात-चौगुनी उन्नति करने लगी। (आपको मालविका की सौगन्ध, तनिक साँस तो ले लीजिए) इधर मन्त्री की बहन कौशिकी की चेतना लौटी तो उसे संसार की नश्वरता का कठोर अनुभव हुआ और ज्यों-त्यों विदिशा पहुँच कर उसने प्रव्रज्या ले ली।

किन्तु संन्यासिनी के काषायवेश में भी वहाँ उसके पाण्डित्य और कला-निपुणता को सभी ने लक्ष्य किया और धारिणी कुछ ऐसी अभिभूत हुई कि उसे अपनी परम विश्वसनीय सहचरी बना कर अपने ही पास रख लिया।

''राजभवन में संन्यासिनी कौशिकी ने राजा माधवसेन की बहन मालविका को चौंक कर पहचाना, परन्तु किसी को उसका परिचय नहीं दिया ...''।

'अब बस भी कीजिए'—इरावती हँसी : आपकी स्मरणशक्ति का लोहा मान गई। मालविका की एक ही पैनी दृष्टि ने उस पर क्या सान चढ़ाया है !'

कालिदास भी मुस्कराए :

'आप स्वयं कलाकार हैं, फिर भी बुद्धि के तल पर ही हल करना चाहती हैं 'अहं' की समस्या ? यह असम्भव है। मन भी एक बाधा है। मनन कर देखिए।

'आप एक बार मालविका को खुले दिल से दुलरा कर उसके अन्तर्दपण में झाँकें, मैं कहता हूँ, आपको निराशा न होगी। उसे आप पर अटूट श्रद्धा है, वह आपसे प्रतिस्पर्द्धा की तो कभी सोच भी नहीं सकती।'

इरावती अपनी कसौटी पर कालिदास के सु-वर्ण को परखती रही। आकांक्षाओं की कील से उसका रोम-रोम बिंधा रहा। ढलान पर पहुँच कर भी वह ऊँचे दिनों की निचली सतहें ही कुरेदती रही। वसन्त में निर्गन्ध टेसू की याद करती और वर्षा में सुखाड़ की। पहाड़ झगड़ते रहे, फूलों की माला मुरझती रही। जिन भावों को नेह से भीगना था, वह थकान और विषाद से भीगते रहे।

मन मरु हो तो हो, उसके नयनों में मेघ ही उमड़ आए थे। बोली :

'कालिदास जी, वसन्त आने पर पिक का स्वर-परिवर्तन सुना था। आप आगे मुझसे ऐसे क्यों नहीं बोलते थे ?'

कालिदास ने छुटते ही कहा :

तब आप रानी थीं, अब बहन हैं ...

□

२७

कोई पर्दा हटाए रंगीले बादलों का, उषा का रूप, बस, खुलना ही चाहता है !

सूरज हुआ तो क्या हुआ, कभी देखा है उषा का मुँह ! पलटकर देखा है ?

भागमभाग जीवन भर ! पलभर को भी रुके तो देखे—पीछे क्या छूट गया !

सब समय आगे; आगे; किन्तु आगे क्या है ?

'जीवन !'

माना, पर उसके आगे ... ?

'जीवन !'

—कालिदास आते दिखाई पड़े। इरावती ने बुला भेजा था। तो यहाँ जीवन-जीवन की रट कौन लगा रहा था ? क्या समर्पण ? क्या सन्नाटे की घुटन ? क्या मन का पंछी ?

इरावती ने बढ़कर लिया :

''पधारिए। मेघ को देखकर मन उदास हो जाता है; संगीत के सुरों से भी अन्तर के तार उलझने-तड़कने लगते हैं पर आपसे मिलना तो एक इन्द्रजाल का-सा अद्‌भुत अनुभव है। अपना सब भूल-बिसर जाता है, आपकी एक-एक भंगिमा हृदय की धड़कनों में बजती रहती है।

''इतना घूमे, इतने चित्रात्मक रूप देखे, इतने स्त्री-पुरुषों के सम्पर्क में आए, पर क्या कभी किसी ने आपसे इसकी चर्चा नहीं की !''

''चर्चा की होगी, मैंने ही ध्यान नहीं दिया होगा'—कालिदास ने कहा।

'क्यों ?—इरावती ने गम्भीरता से पूछा :

''बात यह है कि रूप-रचना के ऊपर प्रेम कोई और ही तत्त्व है। रूप से मुझे व्यामोह नहीं होता। मैं जैसे सूर्य-चन्द्रमा को शब्दों का प्रकाश देता हूँ, ऐसे ही रूप को भी। यों कहूँ, मैं सूर्य-चन्द्रमा को शब्दों से छूता हूँ, रूप के अनूठे रचाव को भी।''

''कोई विश्वास करेगा आपके द्वारा अंकित रूपों—अवयवों के उन्मादक रचाव को पढ़कर कि आप ...''

''जो करेगा उसी के लिए तो लिखता हूँ। उन्मादक रूप ही जीवन्भर जिनका पीछा करता रहता है, उन्हें स्वर्ग की कामना भी अप्सराओं के लिए ही होती होगी !''

इरावती हँसने लगी।

कालिदास ने कहा : ''राज्य-विस्तार के लिए सैन्यबल का संचय हो कि युद्ध, भोग-विलास के लिए ऐश्वर्य हो कि काम-साम्राज्य-विस्तार—देखती नहीं हैं, लोग विध्वंस की ओर झपट रहे हैं ? उन्हें विश्व-शान्ति नहीं, अपना सुख चाहिए। संसार जकड़ा जा रहा है सुख-सुविधा की बहु-आयामी भावनाओं से; जूझ रहा है भोग और ऐश्वर्य की छिछली, सतही आवश्यकताओं से। रोग एक ही है, गौतम उसे विराग का कड़वा घूँट पिलाते हैं, मैं राग का प्रपाणक। मैं अनुपात पर बल देता हूँ—संयम के अनुभवों से होकर राग अस्तित्व में आता है। जो संयमी नहीं, वह प्रेमी नहीं हो सकता।''

इरावती पल भर को निष्पलक होकर कालिदास को देखती रही। तब वह कह रहे थे :

''राग अँधेरी घाटियों में हमारी अगुआई करता है, विराग की चोटियों पर यों कोई नहीं चढ़ पाता। प्रकाश भी अँधेरे रास्ते ही चलता है।''

इरावती ने उतरे गले से पूछा : 'तो गौतम ?'

'वह राग को भलीभाँति भोगकर उसी के स्रोतों के रास्ते विराग की ओर बढ़े थे। आपने तो दोनों किनारों पर परिभ्रमण किया है, देखा होगा कि एक से कोई कुछ 'बनता' है, दूसरे से 'सँवरता' है!'

× × ×

'अच्छा, कालिदास जी, अब कविता की भाषा छोड़िए, मेरे गद्य जीवन के बारे में भी कुछ सोचिए :

'मैं यदि अबसे ईर्ष्या, स्पर्द्धा से ऊपर उठ जाऊँ, धारिणी को बड़ी और मालविका को छोटी बहन मानने लगूँ तो क्या मेरे वे दिन पलट सकते हैं जब अग्निमित्र मुझे पलकों पर उठाए फिरते थे और मुझे भी उन्हें देखते रहने के अतिरिक्त और कुछ अच्छा नहीं लगता था ... बीता हुआ तो एक घूँट के बराबर था, प्यास इतनी ही तो नहीं !'

''आप कहती हैं, कविता की भाषा छोड़ूँ, तो फिर बोलूँ कैसे ?

''गंगोत्री का जो पानी बंगोपसागर बन गया, वह अब गंगोत्री का हो सकता है या नहीं ?

''और आज जो जल गंगोत्री से चल निकला, वह गंगोत्री के अतिरिक्त किसी और का कहलाएगा क्या?

''तनिक ऊपर देखिए, आपके इन आमों में जो मंजरियाँ पिछले साल निकली थीं, क्या इस बार वही निकली हैं?

''इरावती जी, तीव्र वेदना बहते हुए पानी की तरह अपनी राह आप बना लेती है! अब आप प्रेम को भक्ति के रूप में नयापन और टटकापन दे सकती हैं। अब वह अछूते रूप में केवल उसी डंठल पर खिल सकता है।

''प्रेम परदा है—परन्तु पारदर्शी—जो मन पर पड़ता है तो उसकी जड़ता और चेतना—दोनों को निखार देता है। रूप की तरह वह मन को ढककर नहीं खुलता, खुलकर मन में ही मुँद जाता है।

प्रेम निष्ठा की तरह ही मन को जमाता है, नहीं तो मन का क्या, यहाँ-वहाँ उड़ता फिरता है। कभी थक कर पल भर सुस्ताता भी है तो फिर एक नए आकाश की तलाश शुरू कर देता है।''

इरावती ने प्रेम नहीं किया और न पाया ही। बचपन में माँ-बाप मर गए तो ताऊ-ताई ने उसे बौद्ध मठ को भेंट कर दिया। उसके रूप की ज्वाला से मठ जलने लगा तो वह एक सार्थवाह के साथ अवन्ती आ गई और यहाँ वर्षों के श्रम से नृत्य-संगीत-कला में पारंगत हो गई। एक शिवरात्रि पर्व पर महाकालेश्वर के मन्दिर में इसका कला-प्रदर्शन हुआ

तो उस अवसर पर विशेष रूप से पधारे हुए युवराज अग्निमित्र की आँखों में बस गई। उन्होंने धारिणी से सम्मति लिए बिना ही इरावती से विवाह कर लिया। ऐश्वर्य की कमी न थी। भोग-विलास में मन डूब गया तो वह तभी उभरा, जब राज-प्रासाद में मालविका का आकस्मिक प्रवेश हुआ।

जीवन में अप्रत्याशित बहुत कुछ घटित होता रहता है। विरोध कोई समाधान नहीं है। झुक कर अधिक ऊँचे उठा जा सकता है। अड़ियल होने से विनम्र होना अधिक शक्ति का परिचायक है।

राजा-रानी की कहानी कौन नहीं जानता। देश-विदेश में जहाँ कहीं राजा गया, एक-न-एक रानी कहानी बनने आ गई। मालविका की तो डाली लगाई गई थी, इस चुप्पा को बलि का बकरा बनना ही था।

इरावती उसके निर्दोष रूप को सराह सकती थी; उसकी करुण-कथा से व्यथित हो सकती थी परन्तु वह उस रूप पर झपटी, उस निरीह जीवन के उद्धार के लिए अगुआई नहीं की। जिन स्रोतों से उसे सहायता की आशा थी, उन्हें भी वह सौत की चाल समझ बैठी थी। हाय रे, क्या रानियों की कहानियाँ ही हुआ करती हैं? उन चन्दन-गन्धी साँसों की फूलडोर सचाई के हिण्डोले से कभी नहीं बँधती? ऐश्वर्य की चादर उन अभावों को ढँक पाती है क्या, जो सुगन्धकीट की भाँति अन्तर की एक-एक तह को फूल की पंखड़ी समझ कर कुतरती चली जाती है?

यह प्रेम जिनके लिए एक खेल है, वह इसमें कभी जीतते, कभी हारते हैं। हार-जीत का चक्कर चलता रहता है और प्रेम उन्हें खुशी और परेशानियाँ भेंट करता रहता है। और हाँ, "खुशी भी बराबर बनी रहने के लिए परेशान रहती है। प्रेम को सुख घेरता और दुखी करता रहता है।

"आप आग की नदी तैर कर पार कर चुकी है, चन्दनवन में भ्रमण करती हैं, आपको साँपों का क्या भय है?"

—इरावती कालिदास जी की आधी-अधूरी अभिज्ञता पर मन ही मन हँस रही थी कि एक नैष्ठिक ब्रह्मचारी की स्त्री-पुरुष-सम्बन्धों की ठोस प्रत्यभिज्ञा का क्या कहना? क्वाँरे क्या सोचते हैं? उनका लगाव स्त्री के तन, मन या आत्मा किससे होता है? स्त्री कभी उनके स्वप्नों के अनुरूप

भूमिका निभा भी पाती है या नहीं? यथासम्भव तत्काल निर्णय लेने की क्षमता क्वाँरों में किस सीमा तक होती है?—मैं दावे के साथ कुछ नहीं कह सकती; किन्तु क्वांरी की मनोदशा से थोड़ा-बहुत परिचय है। विद्योत्तमा को मैं अपनी क्वांरी भाभी मानती हूँ, इसलिए यह मानसिकता उभरी है। ... कहते-कहते हँस पड़ी : ''सुना है, प्रत्येक पुरुष दो स्त्रियों से प्रेम करता है; एक जो उसके कल्पना-कानन की रानी होती है और दूसरी जो अभी या कभी पैदा ही नहीं हुई। विद्योत्तमा, सुना है, लम्बी और साँचे में ढले-से सुडौल शरीर की सुन्दर लड़की है। उसकी विद्या-बुद्धि की बचपन से ही ऐसी धूम मची रही है जो बहुतों को कभी भी नहीं नसीब होती।

''इधर आप हैं कि एक बेचैन आत्मा के लिए एक ही डंडे से हिमालय और समुद्र दोनों को नापते चल रहे हैं। लिखते नहीं, अपने जीवन्त अनुभव निचोड़कर अमरता रच रहे हैं। विवेक और मानवीयता को देवत्व से बड़ा बता रहे हैं; बुद्धि और संवेग, विश्वास और भावावेश में संतुलन बनाए रखने में अभी से आदिकवि के समशीर्ष हो रहे हैं। सौ-सौ परिवर्तनों में जो स्थायी होता है, आप उसी के तो निर्माता हैं।''

कालिदास ने कहा :

''स्वप्नद्रष्टा जीवन के यथार्थ को नकारता नहीं है। वह जीवन को उथला और अनात्म और एकायामी भर नहीं स्वीकार पाता।''

इरावती हँसी तो जैसे कभी बासी न होने वाली हँसी की किरणें केसर की तरह फैल गईं और उसका मुँह लावण्य के जल में कमल की तरह खिल उठा :

आपका शिल्प मालविका के रूप-पट्ट पर ऐसा उजलता है जैसा स्वाती का जलकण समुद्र की सीप में मोतियों में ढल कर।

तभी आपके अग्नि-मित्र मालविका का रूप छक कर, सराह रहे हैं :

''बड़ी-बड़ी आँखें; मुखड़ा चाँद का टुकड़ा, कन्धे के पास से टुक झुकी-झुकी बाँहें, फूल के गुच्छों से रचा वक्षःस्थल, हथेली में समा सकने भर कमर, उभरा नितम्ब-बिम्ब, नुकीली उँगलियाँ ...

''—पलकों पर से बिछलते हुए इस रूप के और कौन-से आयाम नहीं उभारे हैं आपने ?

"किन्तु, आपको उन आँखों में वेदना क्यों न दिखी ? चेहरे के चाँद से अन्तर्गूढ़ व्यथा क्यों न निचुड़ती दिखी ?"

कालिदास ने कहा :

"इरावती जी, कुछ जानना तो अपने ही ज्ञान की सीमा में सम्भव है न ? यह रूप कालिदास नहीं देख रहा, इसकी रट लगा रहे हैं अग्निमित्र, प्रेम के चातक; उन्हें बाहर से ही मन बहलाना है, गहरे उतर कर मन को पाना नहीं है !'

'फिर वासना को धधकाने वाले इस-ऐसे रूप के सांगोपांग वर्णन से लाभ ?'

'लाभ है, उफनती-उछलती हुई नदी ही समुद्र तक पहुँच पाती है; चन्द बूँदों वाली की एँड़ी अपनी ही रेत में धँसने लगती है।

"कवि तो निर्वैयक्तिक होता है। उसे चरित्र की माँग पूरी करनी पड़ती है और इरावती जी, कहना न होगा कि महर्षि वाल्मीकि ने पहली-पहली बार जिस दृष्टि से आश्रम में आई सीता को देखा था, अग्निमित्र उसी दृष्टि से महल में मालविका को नहीं देखते।

"फिर अशिक्षित या अल्पशिक्षित लोग भी नाटक देखते हैं। उनकी संवेदनशीलता को यहीं खाद-पानी मिलता है। उन्हें अपने प्रीत-प्यार के दिन याद आते हैं। जो उनके भूखे-प्यासे मन को कभी न मिला, वह उसे यहाँ पा जाते हैं। उनकी आँखों के सपने न छीनें, इरावती जी !"

इरावती कालिदास के सपने अपनी आँखों में सजाती रही। वह स्वयं कलाकार है। सामान्य जनों की विसंगतियाँ क्या हैं, विडंबनाएं क्या हैं, भलीभाँति जानती हैं, उनकी जिजीविषा को उभारना एक कलाकार का प्रथम कर्त्तव्य है, मन ही मन मानती हैं; किन्तु इस रूप में कि यदि सारा का सारा संसार अन्धा हो जाए तो पूनम की चाँदनी की क्या सार्थकता होगी !

इरावती एक ऐसी नदी है जिसकी हर बूँद भरी, मगर हर लहर रीती है। किनारे से बाढ़ देखने वाले गहरे उतर सकते तो उन्हें रेतीली पूर्णता पर अचम्भा ही होता।

अब कालिदास जैसे उसकी अस्मिता हुए जा रहे हैं। उसकी हर स्मृति और हर वेदना-विवृति में कालिदास की परछाई पिरोई रहती है : निद्रा

अँगराइयों में मुचमुचाकर अनुभव करेगी—यह कैसा कंचन तन ! दाँतों से तिनका कुतरती हुई बुदबुदाएगी : मेरे मृण्मय अस्तित्व को बिना दबोचे मन को समतल बनाने वाला निर्मेघ गगन-सा यह कैसा निर्मल मन ! और फिर यह कैसी, सागर के समान अगाध, हिमालय की, आत्मा !

विद्या प्रणयकला के क-ख से भी अपरिचित है। वह दूसरी नदियों से भिन्न समुद्र के ही कभी-न-कभी आ मिलने की प्रतीक्षा कर रही है ! यह इरावती है जो अपनी अदम्य आकांक्षाएँ विद्या की स्थिर धार पर तिरा रही है।

अकिंचन के पाँव कंचन के लोभ में कीचड़ में पड़ सकते हैं ; किन्तु इरावती तो ऐरावत पर चढ़कर नन्दन वन में भ्रमण कर चुकी है फिर यह अबुझ उत्कण्ठा क्यों कर ? सचमुच ही भोग और ऐश्वर्य को कोई पड़ाव पसन्द नहीं है। उसे न कालिदास से कुछ लेना-देना है, न मालविका से। उसके मन के क्षितिज को कोई रंग चाहिए। मन का एक रंग काला है। इसका काम केवल दूसरों को दुख पहुँचाना है। कदम्ब की डाल पर पंछी का एक जोड़ा चहक रहा है, ऐसा ढेला फेंका कि दोनों तड़फड़ा कर टपक गए। वह हँस कर आगे बढ़ गया।

मन का दूसरा रंग सुरा की तरह सुनहला है जिसकी उद्दाम कामना भोग और प्रभुता है। शक्तिशाली होऊँ और दूसरों को अपने वश में रखूँ, यही इस रंग की तरंग है। तीसरा निस्तरंग रंग है मन का, उज्ज्वल, परम प्रशान्त। तम की आँधी और रज का ढेर वह नहीं है। शान्ति शक्ति की चरम अभिव्यक्ति है।

परन्तु वह है अत्यन्त विरल। इरावती कलाकार है। विध्वंस नहीं, निर्माण कला का उद्देश्य है। सो वह तमोगुणी नहीं हो सकती।

रजोगुणी है तो अन्तःकरण के विरोध के बाद भी उसके साथ आदर्श का सामंजस्य नहीं जुटा पाती।

अपने कार्य-कलाप को उचित ठहराने के प्रयत्न में उसे अन्तःकरण को मरोड़ना भी पड़ता होगा। अभ्यासवश स्नायुएँ उस कार्य-कलाप को दोहराती होंगी जिसे अब वह भरसक नहीं भी चाहती होगी।

सुख की अधिकता से सर्वनाश होता है। वर्षा सुखद है, बहुत वर्षा सब जला देती है।

शक्ति ही नहीं, दुर्बलता भी तो मानवता की ही पहचान है। शालीनता की लौ के नीचे विद्रूपता का अँधेरा छिपा रहता है। मानवता का प्रदीप इकहरा नहीं जलता।'

—अपने को सबसे सुखी समझनेवाली का चेहरा सिकुड़ने लगा था। निचुड़ने लगी थी उसकी लापरवाही। अब वह पल-छिन छान-बीन करने लगी थी समय की गति की। उसके भीतर का कुछ तड़ाक से टूट गया था। डूबते को छान नहीं पा रही थी।

—कालिदास मालविका की रचना में मग्न थे। प्रकृति में सौन्दर्य के जो उपादान हैं उन्हें ललक कर छूते, फिर उदास होकर छोड़ देते। नहीं, ऐसी निखूट सुन्दरता कोरी प्रकृति नहीं गढ़ सकती। प्रकृति में कहीं कुछ भूखे के जबड़े की तरह खुला हुआ है, कहीं कुछ कंजूस के धन की तरह बन्द ; कहीं से ऐसी बास आती है कि सिर ठोंक लो, कहीं से ऐसी नशीली गन्ध कि नथुने फड़कने लगें। प्रकृति ठीक हो सकती है, पर्याप्त नहीं।

सत्य ही सबसे बढ़कर दर्शनीय होता तो आँखें सपने न देखतीं।

कल्पना अनुभूति की आँच सह ले, तो काँच की तरह चमक उठती है। मुझे मालविका की आँखों से मालविका को देखना होगा।

× × ×

नशे में डगमगाते पाँव ; परन्तु इरावती मालविका से मिलने पहुँच गई। वह पूरी तन्मयता से नृत्य का अभ्यास कर रही थी। इरावती ने पीछे से पीठ थपकी :

'अरे, तुम तो अपने शयनकक्ष को भी नृत्यशाला में बदले डाल रही हो !'

—मालविका भौंचक। फिर जल्दी-जल्दी सिर का पसीना पोंछते हुए इरावती के चरण छुए :

'अहा दीदी ! मेरा अहो भाग्य !'

'कैसी हो ?'

मालविका हँसी : 'गऊ की तरह सीधी !'

इरावती : 'अरे वाह ! मेरा मतलब है : अभ्यास ठीकठाक चल रहा है तो ? हमें जीवन के सारे दर्द को घुँघरुओं में ही समोना होता है।'

मालविका : वही तो सीढ़ी है दीदी, मन्दिर में प्रवेश करने की, नहीं तो आप देवी-देवताओं के दर्शन ...

'अच्छा-अच्छा, बहुत न बनो। आगे देवी तुम्हें अवसर देती रहीं। अब तो तुम स्वयं ही देवता की देवी हो ! क्या तुमने देव-वाणी नहीं सुनी ?'

—भूपाली में गुनगुनाती है :

> **'सर्वान्तःपुरवनिताव्यापार-**
> **प्रतिनिवृत्तहृदयस्य**
> **सा वामलोचना मे**
> **स्नेहस्यैकायनी भूता !'**

मालविका आँखों की अँजुरी से जैसे राग-रस पी रही हो, उसके अधर और कपोलों में फड़कन हुई और फिर वह विसुध-सी इरावती के चरणों में लुढ़क गई।

इरावती ने अपनी पूरी ऊँचाई तक तनकर एक घुटी हुई-सी गहरी आवाज में मालविका को सहलाया : इसमें तुम्हारा क्या अपराध है ?

मालविका जैसे डर से पीली पड़ गई हो : —कौन-सा अपराध दीदी ? मैं जानबूझकर तो अपराध नहीं करती। अनाड़ी हूँ। मेरे हर अपराध को आप अपनी एक ही क्षमा से ढके रखेंगी दीदी जी !'

'अच्छा, तो तुम मालवी के अलावा संस्कृत बिलकुल ही नहीं जानती ?'

'नहीं दीदी, मेरे पिता को नृत्य-संगीत से ही लगाव था।'

'तब जो मैंने गाया, उससे तुम्हारी पलकें क्यों भीग गई थीं ? वह तो संस्कृत थी !'

'मैं तो आपके करुण-कोमल कण्ठ और भूपाली के 'सां ध सां ध प ग रे सारे' की लयकारी पर लुट गई थी। विभोर थी कि स्वर क्या

कुछ नहीं कह लेता ? लोग शब्दों के चक्कर में क्यों पड़ जाते हैं ?'

'अरे, तब तो तुमने बिलकुल ही न जाना कि मैंने क्या गाया ?'

'क्यों नहीं, राग भूपाली !''

इस बार इरावती ने ठोड़ी चूम कर उसे अंक में भर लिया।

''सचमुच 'भू-पाली' ! चटपट पंछी चतुर सुजान राजा की चोंचलेबाजी ! सुनो, तुम्हारे राजा जी कह रहे हैं कि जबसे मालविका को देखा है पुराने रनिवास की तो भूले-भटके भी याद नहीं आती। तन, मन, आत्मा सब मालविका में ही डूब गए हैं !'

—'यह किससे कहा है उन्होंने ?—मालविका की आँखें भर आईं।

'सब से।'

'सब से ?'

'हाँ !'

'हाय राम, सुनने वाले क्या कहते होंगे ?'

'कहेंगे क्या ? मजे लेते हैं।'

'कहाँ कहा था ?'

'मंच पर।'

'तो क्या किसी नाटक में ?'

'और नहीं तो क्या जीवन में ?—कहकर इरावती दूसरी बंदिश में भूपाली गुनगुनाती है—गरे ग प ध। सांध सा ध प। ग रे ग प। ग रे सा ग।' दीदी, इस रचना में पहले से ज्यादा मिठास है।'

'भूपाली' है न, इसमें हर नई रचना पुरानी को पीछे छोड़ देती है। इरावती पीछे छूट जाती है, मालविका आगे आ जाती है—कहकर आलाप के स्वर गुनगुनाने लगी : —सा रे ग , रे ग ग रे सा रे ग ध सा रे ग।

'क्यों दीदी, आप अचानक अनमनी क्यों हो गईं ?'

इरावती आँखें तरेर कर मुसकिराई : कादम्ब ... द्राक्षासव ... ! मालविका, जानती ही हो—भूपाली पाँच स्वरों की होती है, धारिणी षडज है, मैं ऋषभ और तुम गान्धार हो। अभी पंचम और धैबत की प्रतीक्षा है।'

इरावती के गले से निकली दबी-घुटी आवाज में मालविका की साँस बन्द हो गई। इरावती ने उसके कन्धे झंझोड़े। ओठ बिचकाकर उसके

ऊँघते-से मुखड़े को हथेलियों में ले लिया।

मधु-गन्ध-भरे गहरे प्यार का दबाव झेलना मालविका के बूते के बाहर की बात थी। लहकती-सी तेज साँस उसके पिघलते कपोलों पर बादल बना रही थी। मालविका की साँस कछुए की चाल में घिसट-सी रही थी। बोली : बहुत कड़ाई से न जाँचेः मैं मालवा की हूँ!

इरावती ने कहा : 'आज बहुत तड़के तुम्हारी याद ने यह अन्धड़ चला दिया था। मैं डंठल से टपके पत्ते की तरह उड़ी-उड़ी यहाँ आ गई हूँ। तुम्हारी डाल से जुड़ने की कोशिश कर रही हूँ।'

'मेरी डाल तो रास्ते-रास्ते ऐंठ गई दीदी। मैं आपकी गोद में दुबकी हूँ ... आप तो दीदी; मेरी माँ-जैसी हैं।'

इरावती हँसी :

'मैं रास्ते भर झाड़ियों में झपसे कुकुरमुत्ते देखती आ रही थी, यहाँ एक ही तो रजनीगन्धा है!'

'दीदी ...'

ऐसा भी क्या कि अपने डंठल पर झुकी-झुकी पंखड़ियों में ही गन्ध घुट जाए! भौरों का रैनबसेरा देखा है कभी? कमल की पंखड़ी काट कर वे बाहर नहीं निकल पड़ते। सूरज के उगने की प्रतीक्षा करते हैं। मनुष्य भौंरा नहीं हो सकता। यों डंक मारने भर में समता है। ... अग्निमित्र का पत्र आया है। वह अपने मित्र के विवाह में सम्मिलित होने आ रहे हैं। इस बार भरसक तुम्हें साथ लेकर ही मगध लौटेंगे।''

मालविका ने इरावती के मन के गम्भीर अनुभाव को हल्का करने के अभिप्राय से कहा :

''मैं आपके बिना कहीं नहीं जाऊँगी।''

□

२८

शिप्रा की रजत धार पर एक उचटती-सी दृष्टि डाली तो दूर से आती हुई एक नौका दिखाई दी। किनारे की गहरी चुप्पी झनझना उठी, जब विद्या ने बाँह उछालकर कालिदास को उसे देखने कहा।

उस पार के पेड़ों की परछाइयों में वह नौका चित्र-लिखित-सी दिखाई देती थी। ऊपर नारंगी रंग के बादल, दाएँ-बाएँ हरे अँधेरे पर उगते चाँद की झिकमिक-झिकमिक चाँदनी। अद्‌भुत सुन्दर था सब। नवोढ़ा की भंगिमाएँ भाँप कर कालिदास यों भी रीझ-रीझ जाते थे, इस घड़ी तो सन्नाटा भी बोल उठा था।

फूलों से सजे जिस रथ से उतर कर वह किनारे तक आए थे, उसमें जुते घोड़े हिनहिनाते थे तो लगता था, जैसे वह कह रहे हों :—'ऐसे कैसे अनमने हो जी, हम ठहरे हवा से बातें करने वाले, हमें क्यों पानी के पास लाकर खड़ा कर दिया ? हम पर क्या बीतती है, मन से पूछ लेना, यों हम में पैर जमाए रहने का धीरज है।

नौका निकट आई तो उसे कालिदास ने रोका, और विद्या के दोनों घुटनों को दाहिनी बाँह पर और दोनों बिदकती बाँहों को बाईं बाँह पर साधकर नौका में लहरा दिया। विद्या आँख मूँद कर देखते हुए युवा माँझी को भौंएँ नचाकर दिखाती ही रह गई, नाव आगे बढ़ चली।

विद्या ने गर्वीली मुस्कान आँखों में भरकर पूछा : आनन्द-उल्लास की ओर तुम्हारा यह ऐसा गहरा लगाव तुम्हें सोने कैसे देता था ?

कालिदास दाँत पीसकर बुड़बुड़ाए : 'सोता कौन था ? अरे हाँ, सोता

नहीं तो स्वप्न कैसे देखता ? स्वप्न में नहीं तो और कहाँ दिखतीं तुम ?

'हाँ, एक दिन तुम मुझे कन्या-कुमारी में समुद्र के किनारे दिखी थीं : सन्ध्या करते समय आचमन किया तो ऐसा लगा जैसे खारे पानी में किसी ने मिसरी की डली घोल दी। एक लहर उछल कर गले से ठीक ऐसी ही लिपट गई जैसी तुम्हारी यह रूई के गाले-सी बाईं बाँह है।

'चौंक कर देखा तो भीतर-बाहर हलचल-सी मच गई : रंग में थोड़ा हेर-फेर था। अब जैसे तुम्हारा रंग चम्पे का-सा है, उसका वर्षा की सघन घनघटा का-सा ; तुम्हारे केश भौंरों की तरह हैं, उसके शरद् के उजले-धुले बादलों-से थे !'

चलो, हटो, झूठ बोलना तो कोई तुम कवियों से सीखे—कहती हुई विद्योत्तमा कालिदास के कपाट वक्ष और वृषस्कन्ध पर लोट गई।

—कालिदास ने केवट की ओर संकेत किया तो विद्या बोली :

'केवट आगे ही आगे देखता है।'

कालिदास ने अपनी बेचैन उँगलियाँ विद्या के मोरपंखी केश-कलाप में उलझा लीं :

'केवट आगे देखता है तो देखे, तुम तो पलट कर देखो, तुम्हारा नैहर कितना पीछे छूट गया !'

'वह तो तभी छूट गया था जब मैंने तुम्हें पहली-पहली बार महाकालेश्वर के मन्दिर में देखा था ...'

'अच्छा ... ? ऐसा क्या कुछ देखा था मुझमें, जो राजपाट छोड़ कर ...'

'तुम्हारे आगे राज-पाट क्या है ? राजपाट तो बहुत होते हैं, तुम-सा दूसरा कौन है ?'

—कहते समय फूल की पंखड़ियों की तरह उसके ओंठ काँप रहे थे।

सूर्यास्त के समय की गुलाबी आभा आकाश की शिप्रा के गहरे जल में डूब गई थी। प्रासादों की खुली खिड़कियों से भीतर जलते दिए तारों की तरह झिलमिला रहे थे। वृक्षों की टहनियाँ जल-तल पर पाताल लोक का चित्र उभार रही थीं। ऐसे में सुख और सौन्दर्य से ढका विद्योत्तमा का मन सहसा कसमसा उठा। चम्पे के हार-सा बाँहों का हार कालिदास

के झुके गले में डाल दिया : कवि हैं तो झूठ बोलने का जन्मसिद्ध अधिकार है आपका, फिर भी एक बार, केवल एक बार सच बोलने का कष्ट कीजिए ...

कालिदास ने विद्योत्तमा को छाती से चिमटा कर छेड़ा—यह तो झूठ बोलने के लिए सन्नद्ध होने की-सी ललकार है। वस्तुतः शास्त्रों के जंगल में तुम भटक गई हो; सहज स्वर भूल गईं और अलंकार-झंकार से किसी अनदेखे को पुकारने का अभ्यास हो गया।

विद्योत्तमा बच्चियों की तरह मचली : 'नहीं, आपको मेरे सिर की सौगन्ध, यह सच बताना ही होगा।'

कालिदास ने कहा :

'दो निर्मल दर्पण आमने-सामने रखे हैं! ... परख रखनेवालों के आगे मोती बिखरने और ...'

'अच्छा-अच्छा, तो सच्ची-सच्ची बताओ, जब तुमने मुझे पहली-पहली बार देखा, तो तुम्हें कैसा लगा?'

'ऐसा'—कहकर कालिदास ने उसे निर्दयता से दबोच लिया।

'झूठे कहीं के! निर्विवेक भावुकता मुझे सिखाते हो? तुमने तो कभी आँख उठाई ही न थी! बस, अपनी पार्वती की तरह लीलाकमल की पंखड़ियाँ गिनते रहे थे!'

'अरे, तो तुम दीदे फाड़ कर मेरी एक-एक चेष्टा का ... ।'

'और नहीं तो क्या? वह मेरे जीवन-मरण का प्रश्न था : 'मैं जिसे देखते ही अपने हाथ से छूट गई, मेरा हाथ थामते कहीं उसे हिचकिचाहट तो न होगी!'

कालिदास ने कहा :

'ऐसे तर्क-वितर्क करने वाली से मुझ-जैसे बम भोलेनाथ का विवाह चर्चा का विषय तो अवश्य होगा। इसी सोच में यहाँ-वहाँ भटकता फिरा। उत्सुकता की हर घड़ी को टालता रहा .... ।'

—इस वाक्य ने विद्या की चहक और चुहल का सफाया कर दिया। उसके रसीले ओठ सूख गए। साँस लू उठाते अन्धड़ में बदल गई। वह कालिदास के हाथ से अपना हाथ छुड़ाती हुई हड़बड़ा कर उठ बैठी।

जागृति की हर क्षति की भरपाई स्वप्नों से होती रहती है। आनन्द का आतंक खड़ा करने में इस स्वप्न ने भी कुछ कसर नहीं छोड़ी। मन में खोट ! नहीं, बनावटी डर की रोक-टोक नहीं, फिर भी उखड़ी-उखड़ी नींद सोने से उसके मुख पर टट्कापन न था। पलक झपकते बच्चों की-सी हँसी फूट पड़ी।

—तभी सुजाता और चित्रा झगड़ती हुई आईं : राजकुमारी को रात-रात भर नींद नहीं आती और तुम मुझसे वैर पाल रही हो कि मुझे तुम्हारी ही ओर क्यों बहुत गहरा लगाव पैदा हो गया है ! अरे बाबा, लगाव का क्या ? वह जब होता है, ऐसे ही हो जाता है। राजकुमारी को ही देखो ... ! जिसके हाथों से कभी ग्रन्थ छूटते न थे, वह हाथ अब हवा में कुछ टटोलते और जमुहाई लेते समय उँगलियाँ चटकाते हैं ...

... अच्छा चित्रा, क्या तुमने राजकुमारी को यह बता दिया कि अब तक एक हजार, एक सौ आठ हाथी, पाँच हजार, पाँच सौ पाँच घोड़े और दो हजार, दो सौ इक्यावन रथ इकट्ठे हो चुके हैं ?—हरसिद्धि मन्दिर हो कि गढ़कालिका, भर्तृहरि गुफा हो कि सिद्ध वट, काल भैरव हो कि सान्दीपनि-आश्रम,—सब कहीं ऐसी भीड़ इकट्ठी है कि कोई किसी को नाम लेकर नहीं पुकार सकता ; किसी की पुकार सुनाई ही नहीं देती। कल गाँव का एक बूढ़ा बड़बड़ा रहा था कि किसी ने उसे बड़ा झाँसा दिया। कुरकुरी बोली में बोला—'शिवरात्रि का ऐसा मेला आगे कभी न लगा। हाथी, घोड़े, रथ अटे पड़ रहे हैं। महाकालेश्वर के आसपास अभी से तिल रखने को जगह नहीं है।' मेरे मन में क्या हुआ, क्या न, चला आया देखने। अब यहाँ जितने मुँह, उतनी बातें। कहते हैं, उस रात किसी का विवाह होगा। तभी पिछड़े बूढ़े को नई पीढ़ी ने डाँटा : विवाह-जैसा विवाह होगा ? महाराज विक्रमादित्य की धर्मपुत्री का सम्राट् अग्निमित्र के मित्र से विवाह होगा। दोनों ओर से तैयारियाँ हो रही हैं। पहाड़ पर घास उगाई जा रही है। धूल का एक कण भी किसी के सिर न चढ़े, इसलिए लगातार राजमार्गों पर छिड़काव हो रहा है। विवाह की वेदी लम्बी-चौड़ी बनाई जा रही है, उसके चारों ओर मणि-माणिक्य-जटित सोने के मंच बन रहे हैं जिन पर देश के कोने-कोने से पधारे हुए राजे-

महाराजे विराजेंगे। उनके ठीक पीछे गाँगी-जमुनी मंच रहेंगे जिन पर साधु-महात्मा, विद्वान् और कलाकार बैठेंगे और सबके पीछे नागरिक और सुदूर जनपदों से आए हुए दर्शक कुछ बैठकर कुछ खड़े ही खड़े उत्सव का आनन्द लेंगे।'

—सुजाता ने कहा : 'कुछ भी कहो चित्रा, आज तक किसी कवि का इस धूमधाम से विवाह कदापि न हुआ होगा।'

पट से चित्रा ने डपट दिया :

'सब कहते हैं : आगे कोई ऐसा कवि भी नहीं हुआ !'

'हो सकता है—सुजाता का स्वर उतर गया—निचुल पण्डित हमेशा कहते हैं कि कवि तो कवि, आज के युग में ऐसा देवता-जैसा मनुष्य कहाँ मिलता है ! कैसा भी अपरूप रूप देखकर न कभी उनके पाँव लड़खड़ाए, न मझधार में नाव की तरह मन डावाँडोल हुआ। पूर्वजों के पिछले महत्त्व को उछालकर न कभी उन्होंने अपने व्यक्तित्व को बड़ा बताया और न किसी मैले-कुचैले, बौने-नाटे की मन्द-मलिन आकृति देखकर मुँह ही बिचकाया !'

चित्रा ने कहा :

निचुल पण्डित की एक ही कही। उन्होंने एकबार मुझे भी बताया था :

महर्षि वाल्मीकि के बाद कवि कालिदास ! उनकी एक-एक साँस अमर वाणी है। जिसने उसे सुना, वह उनके एक-एक पद पर लुट गया। विद्वत्समाज में तहलका मचा हुआ है। अब तक एक अकेले कालिदास ही तो ऐसे कवि हुए हैं जिन्हें यश या पद-प्रतिष्ठा के लिए कभी संघर्ष नहीं करना पड़ा।

राजकुमारी हँसी : अरी ओ तू-ती, मैं-ना, कब तक फहरेगा तुम्हारा जंगल में रोना डैना ? तुम समझती हो—मैं तुम्हारी सुन रही हूँ ?'

'अब हमारी कौन सुनेगा ?'—कहकर दोनों कुछ ऐसे हँसीं कि उनके ओठ कान तक फैल गए और आँखें सर चढ़ गईं।

इसी समय मधूलिका मंजुलिका के साथ आई और राजकुमारी के पाँव हथेलियों में लेकर रोने लगी : अब हमारा क्या होगा ?

'क्यों' ?—हल्के मुसका कर राजकुमारी मधूलिका की पीठ थपकने

लगी : —'तुम्हें भी तो ससुराल जाने की जल्दी है !'

'नहीं राजकुमारी, आपके साथ रहकर अब सब भूल ... ।'

'नहीं, यह समाज की मर्यादा का उल्लंघन है। समाज को व्यवस्थित रखने और विकसित करने के लिए व्यक्ति-व्यक्ति को अपनी बहकी इच्छाओं की बलि देनी होती है, यही सामाजिक मर्यादा है।'

'फिर भी, आपके साथ बिताए हुए दिन वहाँ चैन लेने देंगे?'

'क्यों नहीं? विवेक से काम लोगी तो मुझे भी भूल-बिसर जाओगी। पति से प्रेम सास की डाँट और ननदों की चुगली भुला देगा।'

'पति का प्रेम तो सीता जी को भी धोखा दे गया।'

'मैंने पति का प्रेम नहीं, पति से प्रेम कहा। सीता ने कभी, किसी भी परिस्थिति में, प्रेम का सौदा तो नहीं किया। राम ने व्यक्ति-प्रेम को समाज-प्रेम से छोटा माना, किन्तु सीता ने तो राम से अधिक कुछ नहीं चाहा। न समाज से न्याय, न संसार से सहानुभूति।'

'क्या सभी नारियाँ सीता हो सकती हैं ?'

'होना चाहिए।'

'ताली तो दोनों हाथों से बजती है न राजकुमारी !'

'क्षणिक मनोरंजन ही तो होता है उससे।'

'जब तक पति-पत्नी—दोनों एक-दूसरे से प्रेम न करें, तब तक लोक-जीवन सन्तुलित कैसे होगा ?'

'यह समतोल सन्तुलन नहीं, प्रति-स्पर्द्धा है, लेन-देन है, व्यापार है, प्रेम का यह व्यावहारिक पक्ष हो तो हो, हार्दिक हर्गिज नहीं।'

'तो स्त्रियों की इच्छाकांक्षा का कोई मूल्य नहीं ?'

'मूल्य है त्याग। त्याग का सुख।'

'तब तो राम को भी सीता के त्याग का सुख मिला होगा ?'

'त्याग का सुख, सीता के त्याग का सुख नहीं।'

'यह क्या हुआ ?'

'यह हुआ कि जीवन का मूल आधार सुख ही है, दुःख नहीं। जो स्वेच्छा से दुःख को वरण करता है, वह दुःखी नहीं है। ऋषि-मुनि कन्द-मूल खाकर स्थण्डिल पर सोते थे, किन्तु वह दीन-दुखी न थे।'

'क्यों ?'

'दुःख अभाव से होता है, राग-द्वेष वाले भोग के उछलते-छलकते भावों के परित्याग से नहीं। जो भोगी नहीं, योगी है, उसे क्या दुख, क्या सुख ?'

'सब लोग ऋषि-मुनि या योगी हो सकते हैं ?'

'नहीं हो सकते, तभी तो ऋषि-मुनि या योगी होना गौरव की बात है।'

'गौरव की नहीं, व्यवहार की बात बताइए राजकुमारी !'

'व्यवहार से तुम्हारा अभिप्राय कामचलाऊ ढंग से है ? यदि तुम पति को स्वयं से श्रेष्ठ नहीं समझतीं तो उसके प्रति तुम्हारा अकारण प्रेम या भक्ति होना असम्भव है। तब तुम्हारे घर की जो रीति होगी, तुम भी वही करना।'

'सब तू-तू—मैं-मैं करते हैं, मुझे भी करना होगा ?'

'होगा।'

'क्यों ?'

'क्योंकि तुम किसी को स्वयं से श्रेष्ठ नहीं समझती हो !'

'ऐसी बात तो नहीं है, राजकुमारी, मैं आपको सर्वश्रेष्ठ समझती हूँ, प्रेम-आदर, भक्ति-श्रद्धा—सब करती हूँ; किन्तु मेरा पति जब मद्यपान कर गालियाँ बकता हुआ घर आता है और जो घर में नहीं है, उसी के लिए मुझपर बरस पड़ता है, तब उसे आदर नहीं दे पाती।'

'और जब परम प्रसन्न चित्त घर लौटता है और तुमसे ढंग की बातें करता है, तब ... ?'

'तब की बात और है।'

'तब तो वह निरा मद्यपायी, अकर्मण्य और उन्मत्त नहीं है। स्थिति-विशेष में वैसा हो जाता है। उसे तुम प्रेम और आदर देकर देखो, उसका स्वभाव बदल जायगा।'

'मैं तो समझती थी, आप उसे छोड़कर मुझे अपने पास रहने की अनुमति दे देंगी !'

'नहीं मधूलिका, वह तो अन्तिम उपाय है। पहले जीवन में सहजता लाने का ही प्रयास करना चाहिए, असम्भव होने पर तो विष-भरे अंग

को काट फेंकना ही उचित है।

'सुनो मधु, सच्ची बात यह है कि खेत में बालियों से लदे धान के पौदे झुके-झुके ही भले लगते हैं !

'घर-आँगन में बहुएँ जब धमाधम मुसल चलाती हैं, तब उनके कंगनों या चूड़ियों की खनक बहुत ही लुभावनी होती है!

'पुरुष खेत-खलिहान में पसीना बहाता है, स्त्री घर-आँगन को देवालय बनाने में मरती-खपती है—यही गार्हस्थ्य धर्म है, दाम्पत्य-प्रेम का सौन्दर्य इसी डंठल से सुगन्ध फैलाता है।'

मंजुलिका ने कहा :

'तब तो राजकुमारी, सामान्य जन को ज्यों-त्यों जीवन-निर्वाह की कठोर तपस्या में ही मर-खप जाना चाहिए ? कभी उसे अपने जीवन-स्तर को ऊँचा करने का स्वप्न भी नहीं देखना चाहिए ?'

'वाह ! ऐसा क्यों ? स्वप्न को साकार करने का उचित उपाय करना चाहिए। परिवर्तन तो प्रकृति का नियम है। जो आज दीनहीन, उपेक्षित और प्रताड़ित हैं, कल वे ऊँचे उठ सकते हैं ; उठेंगे भी। गाड़ी के पहिए की नेमि की तरह स्थितियाँ बदलती रहती हैं। हाँ, गाड़ी का चलते रहना जरूरी है।'

'आपने ससुराल जाने के पहले हमें बहुत दे दिया। जो कुछ ढका-छुपा था, उभर कर सामने आ गया। हम भी कभी उँचे उठ सकते हैं,—यह आश्वासन हमारे उत्साह को भरोसे से भर देता है।'

मंजुलिका ने हथेलियाँ बजाईं : हम जरूर ऊँचे उठेंगे, क्योंकि यह हमारी भीतरी आकुलता है। आप कभी तनिक छू देती हैं ; खुले केश उछाल देती हैं या पीठ थपक देती हैं तो यह नहीं लगता कि हम निरी दासी हैं ; दैन्य भुलाने यहाँ लाई गई हैं ; किन्तु आप इसे हमारे मन की खोट ही कह लें, रानी माँ खुले बाल देख लेती हैं तो लगता है, बाल पकड़कर झँझोड़ रही हैं ; पुकारती हैं तो एक सिसकती-सी आवाज मुँह से निकलती है, डर भी लगता है, बौखलाहट भी बढ़ जाती है। आप मानें या न मानें राजकुमारी, किन्तु आप हमें प्यार करती हैं और वह हम पर शासन।'

राजकुमारी की आँखें भर आईं : प्यार करती हूँ तभी तो कहती रहती हूँ—पार्वती अपने अपरूप रूप और वसन्ती तरुणाई से जब योगिराज शंकर को न हिला सकीं, तब उन्होंने उनसे कसकर बदला लेने की नहीं ठानी, तपस्या द्वारा उन्हें अपना बना लेने की प्रतिज्ञा की ...'

मधूलिका ने रुआसे स्वर में राजकुमारी से आँखें चुरा कर कहा—'ये शब्द आपके ही मुँह से कढ़ने पर शोभा पाते हैं। कालिदास जी को पाने के लिए आपने किसी भी पार्वती से कम तपस्या नहीं की।'

'एक जिज्ञासा और है राजकुमारी, आपने न कभी दीनता देखी, न गृहकलह सुना, आपको हमारी विसंगतियों का आभास कैसे मिला ?'

राजकुमारी ने कहा :

'लिखने-पढ़ने से अनदेखे को देखने की एक विवेक-दृष्टि मिल जाती है। वह कल्पना-जैसी नहीं, अनुभूति-जैसी होती है। तुम सब जब मेरे पास आती हो, तब तुम्हारे मन में क्या होता है, मुझे बिना बताए मालूम हो जाता है।

'मेरे मनोरंजन के बहाने तुम अपना भी दिल बहलाती हो। चाटुकारिता से मैं प्रसन्न नहीं होती, भीतर-भीतर बिसूरती हूँ कि पीढ़ियों ने तुम्हें यह संस्कार दिया है। तुम्हें सिखाया गया है कि हम राजा-रानी की जात हैं, तुम दास-दासी हो।

'एक बात और बता दूँ, कालिदास जी को पाने के लिए मैंने कोई कठोर तपस्या की अथवा अपना घर ढूँढ निकालने के क्रम में उन्होंने रास्ते-रास्ते की धूल फाँकी, यह हमारे सोचने का विषय नहीं है। जो इतनी जल्दी बीत गए, वह दुख के दिन कैसे हो सकते हैं ?'

इसी समय रानी माँ की भेजी महरी आई और चिचिया कर इन सबों को डाँटा कि यह समय राजकुमारी के सजाने का था, इन्हें देखने और आशीर्वाद देने नगर की बड़ी-बूढ़ियों का एक दल पूजा-घर के बाहर इकट्ठा है, इन्हें जल्दी लेकर आओ !'

मधूलिका ने ओठ मोटे कर चिढ़ाया—'यह रही सोने की खेती, एक-एक फूल सोने का, ऐसी झपसी खेती को क्या सजाना ?' तुम आगे बढ़ो, हम तुम्हारी पीठ पर चले आ रहे हैं।

तीन आँगन के ऊपर धूप में सिंकते और छाँह में दम लेते हुए चित्रा, सुजाता को आगे और मंजुलिका, मधूलिका को पीछे लिए हुए राजकुमारी भीड़ से बचती हुई रानी माँ के पास पहुँच कर ज्योंही चरण छूने झुकी, उन्होंने उसे कलेजे से लगा लिया और फफक-फफक कर रोने लगीं कि जैसे वह कहीं बहुत दूर जा रही हो ! उन्हें देखने पर लगता था, जैसे वह कई रातों की जगी और दोपहर की धूप खाई हुई हों ! यहाँ स्त्रियों में नेग-चारों के लिए उतावली हो रही थी।

एकादशपुर (ग्यारसपुर) और दशार्ण जनपद के दूसरे दशपुर (मन्द-सौर), वाराहखेड़ी आदि से आई हुई महिलाओं में महाराज विक्रमादित्य की विश्वविख्यात विदुषी पोष्यपुत्री को देखने की अधिक उत्सुकता थी। सहेलियाँ जब चुटकी लेती हुई चल रही थीं, वह चिड़चिड़ाती-सी जब-तब झिड़क देती थी।

दशपुर की एक सीमन्तिनी ने राजकुमारी पर दृष्टि पड़ते ही कहा :

'चन्द्रमा आकाश में हो कि जल-तल में, उसे पहचानने में चूक नहीं होती !'

दूसरी ने बात काटी :

'आँखें नहीं, ये तो नीलकमल हैं, चन्द्रमा के आमने-सामने ऐसे खिले नीलकमल और तो कहीं नहीं देखे !'

विद्या रानी माँ के गले से लिपट कर बोली :

'आपके आँसू कलेजे में चुभते हैं। मैं तो कहीं जा नहीं रही।'

रानी माँ ने आँखें पोंछ कर कहा :

वेद की भूलभूलैयाँ में तुम लोक भूल गईं ! जा ही तो रही हो तुम, बल्कि जा चुकी हो ! तुम्हें पता नहीं, मैं फिर अकेली हो गई।

विद्या सोच रही थी—क्या हो गया है रानी माँ को ! कभी अपने साथ नहीं रखा, कह रही है—फिर अकेली हो गई !'

रानी माँ ने उसकी बाँहें अपने गले में डालकर कहा :

थोड़ी समझ हो चुकने पर माँ-बाप बच्चों के मत्थे पर नहीं लदे रहना चाहते। कोमल बिरवे की सुरक्षा के लिए जो बाड़ बाँधते हैं बिरवे के विकास के लिए उसे तोड़ते-तोड़ते तोड़ डालते हैं।

'ऐसे ही, वे अपने बच्चों को यह भी नहीं जानने देते कि उनकी आँखें हर घड़ी बच्चों पर ही अटकी रहती हैं। जब से तुमने कालिदास जी को अपनी शुभ दृष्टि की वरमाला पहनाई है, तुम्हारे माता-पिता निश्चिन्तता की नींद अवश्य सोए हैं, किन्तु तुम्हें अकेली छोड़ कर नहीं।'

जिस पटमण्डप गें दूरागत स्त्रियां बहुरंगी वेश में इकट्ठी थीं, उसके ठीक ऊपर गगनचुम्बी प्रासाद के बीचोंबीच, स्वर्ण-कलश चमक रहा था। उसके हर मोड़ और घुमाव पर रंग-बिरंगे रत्न जड़े हुए थे। पौरांगनाओं का रत्नाभरणों से विभूषित दल कांचन-तोरणों की चमक से दूनी द्युति बिखेर रहा था। श्रुतिमण्डल के सारे स्वर एक साथ 'प्रयोग में लाए जा रहे थे जिस कारण कोलाहल एक अनसुने महाराग का रूप ले रहा था।

स्फटिक-हर्म्य के सबसे उत्तुंग शृंग पर उजले बादल का एक टुकड़ा उड़ता दिखाई देता था। वह चाँदनी चँदोवे पर कमल के डंठल की तरह जब-तब टूटकर लटक जाता था। स्वस्थ सुन्दर मालविकाओं के केश-पाश कोंपलों, कलियों और कुसुमों से गुँथे थे। कभी कभार आंचल लहरकर स्त्री-सौन्दर्य-सागर में छिपे मैनाक का आभास करा देता था। सुजाता चित्रा के कान में फुसफुसा रही थी कि वय के चढ़ने से मध्य भाग टूट जाने की स्थिति तक कृश हो गया था।

राजकुमारी को सहेलियों ने न घेर लिया होता तो अतिरिक्त स्नेह का यह उच्छल प्रवाह उन्हें कहाँ से कहाँ बहा ले जाता। वह भौंचक थी कि उसके मुँह ने तो केवल हिरने की आँखें ली हैं, चाँद ने तो पूरे हिरने को दबोच रखा है! राजकुमारी की बाल-मृणाल-सी बाँहें सहेलरियों की माँसल बाँहों में सुरक्षित थीं—उपहारों की अजस्त्र वर्षा हो रही थी, उसकी लाजवन्ती दृष्टि सृष्टि का वैभव तटस्थ भाव से देख रही थी। उसके भीतर दो विचार-धाराओं का संगम हो रहा था। दोनों धाराएँ अपने-अपने ढंग से लहरें ले रही थीं। एक समय वह नित्य-निर्द्वन्द्व की साधिका थी, तब वह अकेली थी; एकान्त में शान्त। आज जब वह नर-नारी के विश्वव्यापी सामान्य सम्बन्ध से बँधने जा रही है, तब उसे आकाश से प्रकाश की प्रतीक्षा नहीं है, वह रत्नालंकारों की जगर-मगर में डूबी जा रही है। एक ओर अनन्त की जीवन्त शान्ति है, दूसरी ओर लोकमंगल

की कर्म-संकुल चंचलता। आकाश के लिए दिन क्या, रात क्या, धरती के लिए है। उसे आकाश से प्रकाश भर चाहिए, निश्चलता की जड़ता नहीं। जो नित्य नहीं है, वह शान्त नहीं हो सकता। अनित्यता की चिन्ता ही नाम-रूप बदलकर जीवन-व्यापी अशान्ति है।

राजकुमारी अनुभव कर रही थी ; यह एक चहल-पहल-भरा पड़ाव भी हो सकता है अब तक की गति-विधियों का, यहाँ से जीवन एक नया मोड़ लेगा। यह नए मोड़ का आह्वान भी हो सकता है, पहचान भी। यहाँ जितनी इकट्ठी हैं, सब इस नए मोड़ को जानती हैं, सबकी मुखर स्वीकृति है इसे इसी रूप में चुपचाप अंगीकार कर लेने के लिए। प्रसन्नता अकेली ही आशा की देन नहीं है, निराशा भी उसकी बराबर की साझीदार है।

ऊपर पलकें उठाईं तो राजकुमारी की दृष्टि गुलाबी बादलों से जा टकराई जिनके आसपास कुईं के अधखिले फूलों की तरह चार तारे खिल रहे थे—दो तुम्हारे, दो ... ।

□

२१

दोपहर की धूप खाई हुई विदिशा, दिन के ढलते-ढलते, बीहड़ पर पटकें खाई हुई-सी, टूटी-फूटी फुनगियों पर फूले फूलों की हरी परछाइयों से सँवरने लगी थी।

मनुष्य की नीची-से-नीची श्रेणियाँ भी ऊँची-से-ऊँची श्रेणियों के साथ सम्राट् अग्निमित्र को देखने उमड़ पड़ी थीं। युगों से समृद्धि और समृद्ध को देखकर ही सामान्य जन आँखें जुड़ाते आए हैं। युवराज अग्निमित्र को जब-तब सबने देखा था, सम्राट् तो पहली बार पधारे हैं। रात-रात भर के जागे हुए भी दिन-दिन भर उत्सव देखते रहते हैं। यह निःशब्द सेवा, यह अमित अपार धैर्य और यह अतन्द्र-अनलस प्रसन्नता विदिशा की नित्य, शान्त, विश्वव्यापी और निर्द्वन्द्व अन्तःप्रकृति की पहचान थी। दर्शकों में जैन, बौद्ध और सनातनी—सब इकट्ठे बैठे थे, और चुप थे। सामान्य जन के धार्मिक और सामाजिक अज्ञान पर ऐसा कोई विवाद नहीं उठ खड़ा हुआ था जो अग्निमित्र को झझोड़-कर शक्ति-प्रदर्शन का अवसर प्रदान करता।

मालविका स्वयं तो ऐसी लिखी-पढ़ी न थी कि उसे कवि कालिदास को देखने की रंच भर भी उत्सुकता होती ; किन्तु सम्राट् की देख-रेख में जब कालिदास के लिए फूलों से सुसज्जित रथ आया और अलंकृत वेश में इरावती परिचारिकाओं से घिरी हुई मंगलोपचार के लिए आ पहुँची ; बारात के निकल चलने की सूचना अभ्रभेदी वाद्यवृन्द ने दे दी तब उसे एक झटका-सा लगा कि उसने आज तक कालिदास को क्यों नहीं देखा ? धन का मद उसे नहीं है। अग्निमित्र के कृपामिश्रित प्रेम ने उसे कुछ यों

आत्मविभोर कर दिया हो जिससे उसे अन्य किसी व्यक्ति, वस्तु या पदार्थ की याद भी न आती हो, ऐसा भी कुछ न था। अन्तःपुर के सातवें खण्ड में निर्वासित-सी वह मुग्ध-वय किशोरी किसी एक ही चन्द्र की चकोरी बनी रहने पर विवश थी। उस दिन इरावती ने नाटकीय प्रसंग में कालिदास के बनाए कुछ पद, वाक्य उसे सुनाए थे; किन्तु संस्कृत न जानने के कारण उसे इसकी तनिक भी उत्सुकता न हुई कि आखिर इनका निर्माता कौन है ? जिस भोलेपन को उसने कलेजे से लगाकर रक्खा है उसे वह यहाँ-वहाँ खोना नहीं चाहती; किन्तु इसका यह अर्थ कदापि नहीं कि वह पर्वत को राई समझती थी या सूनी घड़ियों में किसी के सिर ठीकरी फोड़ती थी। अचानक अग्निमित्र उसे उज्जैन ले चलने आ खड़े हुए तब उससे मुँह में ठेपी देते न बनी। बेहद भोलेपन से पूछ बैठी :

'ये कालिदास जी क्या हैं ?'

'कवि।'

'आपके कैसे मित्र हैं ?'

'जैसा और नहीं।'

'मैं समझी नहीं, महाराज !'

'समझाने को सारा रास्ता पड़ा है। जल्दी रथ में आ जाओ।'

—कहकर कालिदास का पथ पर खड़ा रथ आगे बढ़ाने चले गए। कालिदास रथ के आसपास कहीं नहीं थे। इरावती ने विकल-विह्वल स्वर में कहा : किसने इस बने-बनाए काम में पच्चर अड़ा दिया, महाराज ?

महाराज हँसे : 'अब के फंदा पड़ा है, देखें, कैसे बचते हैं !'

गुरु-पुरोहित यात्रा-मुहूर्त विचार रहे थे कि प्रस्थान-मंगल का मुहूर्त बीतता जा रहा है। बाजों की ताल पर घोड़े नचाने वाले, साजों की भिड़न्त में जुटे बाजों वाले और शुक्ल यजुर्वेद का उदात्त स्वर से पाठ करने वाले—सब पसीने से नहाने लगे थे !

राजा से रंक तक सम्भार जुटाने में व्यग्र थे, किसी ने नहीं देखा कि कालिदास का अधिवास सूना पड़ा है, वह ऐन वक्त पर किधर को भी चुपचाप निकल गए,—इतनी-इतनी आँखों के सामने से, उमड़ पड़ी भीड़ में से, अकेले-अकेले !

कालिदास ने महाराज के मन पर अपनी जो छवि स्थापित की थी उसमें किसी भ्रम के लिए गुंजाइश न थी। उन्हें वह सन्ध्या आज भी अच्छी तरह याद है जब वह एक बार मगध जाने पर गंगा के किनारे घूम रहे थे। सूर्यग्रहण का नहान था। औरतों की भारी भीड़ थी। उनकी आँख एक पर टिक गई। कालिदास पास ही मन्त्र जप रहे थे। व्यक्तित्त्व ऐसा था कि उन्होंने उन्हें ही छेड़ा। अपने अन्तर्मन की उधेड़बुन उनपर प्रक्षिप्त और आरोपित कर पूछा : आँखें खोलो तरुण तपस्वी, सामने देखो।

कालिदास ऐसे स्वर के अभ्यासी न थे। दुविधा में ही आँख खोली। कोरमकोर प्रवचन भी पिला सकते थे परन्तु राजकीय वेशभूषा में एक विहँसते हुए चेहरे को देखकर सकुचा गए। उस मुस्कान-भरे चेहरे ने दुहराया : समग्रता में देखो, विभक्त करने पर आधा-अधूरा ही दिखेगा। भीतर का भँवर देखा, बाहर की लहर भी देखो ! सामने देखकर कहो : ऐसी सुन्दरता कभी आँख मूँदने पर दिखी है ?

'कैसी सुन्दरता ?'

उन्होंने सामने खड़ी सद्यः स्नाता की ओर संकेत किया तो कालिदास बोले :

'यह तो हू-बू-हू मेरी माँ-जैसी है !'

'माँ-जैसी?'—उनकी वाणी का व्यंग्य कालिदास के स्फटिक-गौर शिखर व्यक्तित्व से सहम-सा गया। ओठों के भीतर बुदबुदाए—हो सकता है !'

कालिदास ने आँख मूँद कर कहा :

'तस्य भासा सर्वमिदं विभाति !' 'उसी की सुन्दरता से सब सुन्दर लगता है।'

उन्हें भलीभाँति याद है, उस घड़ी कालिदास में उन्हें हिममण्डित गिरिशिखर का गर्वोन्नत सौन्दर्य ही दिखा था। और वह अपनी पद-पदवी-प्रतिष्ठा को दाँव पर लगा कर कालिदास को अपना अंतरंग मित्र बनाने में सफल हो गए थे।

सम्राट् अग्निमित्र को सहसा ऐसा आभास हुआ जैसे अपनी उदात्त

आकांक्षाओं की पूर्ति में विवाह को अवरोध समझकर कालिदास के मन में अकस्मात फिर किन्हीं नए द्वन्द्वों का आविर्भाव हुआ हो और वह उन्हें ही सुलझाने शिवालय में ध्यानमग्न हों !

वस्तुतः कालिदास कला-साधना में अपने को खपा देने के पक्ष में थे। उनकी दृष्टि में जीवन ज्यों-त्यों जीवित रहना मात्र न था। वह मनुष्य जाति को सुरुचि और सहृदयता देकर उसके सामान्य सुख-दुःख को विशेष सार्थकता प्रदान करना चाहते थे। आनन्द-दान उनके जीवन का लक्ष्य था। सौन्दर्य-सृष्टि द्वारा वह उसे पूरा करना चाहते थे।

भौंरा फूलों के आसपास मंडलाए ही मंडलाए तो गुंजन सुनने को मिले, वह कहीं स्वयं मधु-मकरन्द पीने लग जाए, तब तो गुंजन बन्द हो जा़यगा।

सम्राट् अभी तर्क-वितर्क कर ही रहे थे कि हवा का भारीपन कुछ कम हो गया ; ऊपर हरियाला हो उठा। कालिदास जहाँ-तहाँ घूमा किये थे। घुमक्कड़ी के संस्कार गहरे बिंधे थे उनमें। वाकई वह प्रस्थान के पूर्व देवालय में गूँगे-बहरे-से बैठे थे। कुछ घुटी हुई-सी एक गहरी आवाज ने उन्हें चौंका दिया। आगे वह थोड़ा डगमगाए, फिर हाथ झाड़कर उठ खड़े हुए। दिखा चौखट से चिपका विदूषक का चेहरा। पहले खिड़की में से ताक-झाँक की होगी, कालिदास अपनी ही गहराइयों में डूबे होंगे। तब चौखट से सटकर लमतडंग ने आँखें चमकाई होंगी—ऊदबिलाव की-सी आँखें। अन्धेर दिखा होगा तब हर तरह हार कर वैसी आवाज बेसुरे बाजे से निकाली होगी।

अभी विदूषक का बड़बड़ाना बन्द भी न हुआ था कि कालिदास हड़बड़ा कर उठ खड़े हुए : 'सम्राट् प्रतीक्षा कर रहे हैं, मालविका को भी बुला लिया है। इरावती दही-हल्दी-रोली-दूर्वा लिए सुसज्जित रथ के निकट खड़ी हैं ?'

'बगुले को ध्यान लगाकर बैठे देखा था, आज राजहंस को भी ध्यान लगाए देखा तो मेरे मानस-सरोवर में हँसी के कनक-कमल खिल गए। पढ़ाकू ज्ञानियों को भी विवाह का उछाह बदले डाल रहा है—ह हा हाऽ'

भौचक्के-से कालिदास ने विदूषक को झिड़का : 'गड़बड़ न मचाओ।

बस, और अपना थूथन न उठाओ। यहाँ से रफूचक्कर हो जाओ। महाराज तुम्हारी लगाम कसकर पीठ थपथपा देंगे। पुरस्कार बटोरो। मैं तुम्हारे पीछे ही पहुँच रहा हूँ।'

विदूषक हँसता हुआ भागा तो उसकी बाहर निकल पड़ी-सी आँख पुरस्कार पाने की संभावित खुशी की गहराइयों में डूब गई।

× × ×

पहले पड़ाव पर सम्राट् अनमने मित्र का मन बना रहे थे कि कहीं से विदूषक आ टपका और कालिदास की ओर हाथ लपकाकर सूखी हँसी के साथ चिंघाड़ा : हड़वोंग मचा दिया कालिदास जी ने !

इरावती रुआँसे स्वर में फूटी : 'भाई की दूरदर्शिता मुझे बहुत भाई। यह विवाह है, गुड्डे-गुड्डियों का खेल नहीं।'

अग्निमित्र ने इरावती के द्व्यर्थक शब्दों पर होंठ बिचकाए :

'ऐसी दूरदर्शिता से आपकी मुठभेड़ हुई होती तो मेरा अन्तःपुर तो विन्ध्य-गिरि-कानन ही रह आता !'

जैसे साईस ने घोड़ी के चाबुक लगाए हों और उसने धारा-गति भूलकर अन्धड़ चला दिए हों, इरावती बिदकी :

''क्यों, क्या, कैसे की झड़ियाँ लगाने वाले आप बाहर-बाहर सरस-रसीले, पर भीतर-भीतर रूखे-सूखे। कभी यह न समझ सके कि धूल ढके या धुआँ घेरे, सूर्य वैसे का वैसा कैसे बना रहता है!''

कालिदास ने हँसकर बीच-बिचाव किया : 'महारानी-बहन संस्कृत के कान ऐंठना खूब जानती हैं। जैसे बैठे-ठाले कहते रहते हैं—जहाँ न जाय रवि, वहाँ जाय कवि। कहते हैं और ठहाके लगाते हैं। वह यह समझना नहीं चाहते कि सूर्य वहीं तक जा सकता है, जहाँ रुकने-ठहरने के लायक कोई ठौर-ठिकाना पहले से हो ; किन्तु कवि तो हर घड़ी कुछ ऐसे नए-नए ठौर-ठिकाने गढ़ता रहता है जिनकी खबर तक सूर्य को नहीं। सूरज धूल से लिपट कर ही धरती तक पहुँचता है। विरज लोक की सृष्टि कवि ने की है।'

अग्निमित्र सम्राट् चाहे जैसे हों, किसी सम्राज्ञी के हृदय-सम्राट् नहीं

हैं। महारानी धारिणी ने तो कई अवसरों पर उन्हें टोका भी है। स्त्री-सौन्दर्य के प्रति कला के आवरण में उनका धीर-ललित आकर्षण कला-प्रेमियों में चर्चा का विषय बना रहा है। स्वयं अग्निमित्र कहते हैं कि सेनापति पिता का निरा लड़ाकू जीवन ही उन्हें कला की ओर खींच ले गया। इरावती के रूप और यौवन ने उनके मन में नाट्य-नृत्य को जीवन के सर्वोच्च सुख के रूप में ला बिठाया। अब वह सम्राट् पुष्य-मित्र के सुयोग्य उत्तराधिकारी ही नहीं, उच्च कोटि के कलामर्मज्ञ, प्रेमी और आदर्श मित्र भी हैं।

कालिदास के विवाह में इस उत्साह के साथ सम्मिलित होना उनके इतिहास को अमर करनेवाला है। नहीं तो सत्ता की ऋतु बदलते देर नहीं लगती। आज जिस विशाल वैभव को देखते हुए आँखें चकमक पत्थर की तरह चमकने लगती हैं, समय से दैवी सन्देश आता है और धरती काँपने लगती है और तब, सबकुछ उसी के नीचे आ जाता है।

आकाश की ऊँचाइयों तक कालिदास जीता है। नक्षत्रों के अक्षरों में उसकी अमरता अंकित रहती है।

अग्निमित्र की पारखी आँखों ने कालिदास की शाश्वतिकता पहचान ली थी, वह अपने नश्वर प्रशासकीय अस्तित्व और प्रेमल इच्छाओं की लोल हिलोर को उन्हीं की साँसों की सुगन्ध बनाकर निश्चिन्त हुआ चाहते थे।

आम तौर पर मानव-प्रकृति में एक खास खोट पाई जाती है। जाने क्यों, लोगों की अभिरुचि सब में कोई-न-कोई ऐब देखना चाहती है। देवी-देवता, ऋषि-महर्षि, ज्ञानी-विज्ञानी, कवि-कलाकार, राजे-महाराजे, यहाँ तक कि सामान्य जनों में भी वह कोई न कोई दोष ढूँढ निकालकर बहुत अधिक प्रसन्न होती है। कालिदास का सबसे बड़ा अवगुण यही था कि उनमें कोई अवगुण न था।

इरावती मालविका की ओर देखकर बोली : मानवीय सृजन में कविता सर्वोत्तम है। विशुद्ध बुद्धि की ओर वह संवेदनाओं का सम्प्रेषण है।

कालिदास जी कविता के क्षेत्र में चिर-नवीन हैं। वैदिक और पौराणिक उपलब्धियों को वह व्यतीत या बासी कहकर छोड़ते नहीं हैं, शिवपुराण

को कुमारसम्भव में ढाल देते हैं ; दैवी चमत्कार को मानवीय संवेदनाओं से जोड़कर सर्व-संवेद्य बना देते हैं।

ऋतुएँ आती-जाती हैं, मदनदहन के पूर्व कालिदास जी ने जिस वसन्त की अवतारणा की है, वह दूसरी ऋतुओं के घर कभी न जायगा।

कालिदास ने कहा :

आज महारानी बहन वीर वेश में शब्दों के आखेट पर निकली हैं, कोई शरव्य नहीं मिला तो उद्भ्रान्त हो गईं और असन्तोष से भर कर अपने ही गढ़े हुए को तोड़ने-फोड़ने लगीं। मैं दुर्गम का रहस्य, दुरूह का संकेत अपने अर्द्धचेतन मन में जुगाने उन्हीं के शिवालय में आँख मूँदकर बैठा हुआ था ; देवी-देवताओं को गुहार रहा था ;—

'माता सरस्वती मेरी आँखें खोलें कि जिनके उदय होने पर जीवन के दिन खुलते और ओझल होने पर मुँद जाते हैं।

'सदाशिव के, पतंग की तरह अनंग को जला डालने वाले, तीसरी आँख के प्रज्वलित प्रदीप की जय हो, माथे के चाँद की किरण जिस जलते हुए दिए की बत्ती के समान जान पड़ती है !'

इरावती ठठाकर हँसी : 'चन्द्रकिरण की यह बत्ती तो कपूर की बत्ती से भी अधिक ठंडी होगी ! जभी काम जला और उसकी सारी की सारी राख शंकर ने अपने ही बदन में मल ली। दूसरा मलता, जभी तो ठंडक का भेद खुलता।

'हाँ, तो फिर क्या हुआ ?'

'अब और क्या होना बचा था। विदूषक ने व्यग्र होकर कहा : आप सब मुझे ढूँढ रहे हैं और मैं उपस्थित हो गया।'

'मेरे बेहद भोले-भाले भाई, तो आप कितने दिन भगवान शंकर के विवाह की ही सोचते रहे ? अपनी सुध कभी न ली ?'

'मैं कौन होता हूँ सुध लेनेवाला ? सुध लेने से विसुध होना पड़ता है। मन्दिर में नीरव आश्वासन मिला ... सुख हो कि दुःख, प्रिय हो या अप्रिय—जो सामने आए, उसे सहर्ष स्वीकार लो !'

इरावती अग्निमित्र की ओर सैन चलाकर निर्झर-स्वर में हँसी :

'कालिदास जी विवाह करने नहीं, किसी भूलभुलैया की ओर भागाकर

ले जाए जा रहे हैं। हम साक्षी हैं। हमें धुँधले आते हैं। हम उन्हें नए आरम्भ का ज्ञान नहीं, अपने खट्टे-मीठे अनुभव नहीं, कुछ और ही दिया चाहते हैं जो उनकी आकांक्षा निखारनेवाला नहीं ; उनकी स्वतंत्रता के गले में फूलों का फंदा-जैसा है !'

'यह आप क्या कहती हैं महारानी बहन ! बरगद तो देखा है न आपने ? उसकी ऊँची फुनगी और ऊँची डालियाँ आकाश छूना चाहती हैं और जटाएँ हैं कि पाताल में धँसकर अपनी जड़ें जमाना चाहती हैं। मानव-मन का भी लगभग यही हाल है। मनुष्य कितना ऊँचे चढ़ सकता है और फिर कितना नीचे उतर सकता है, यह सारा का सारा करिश्मा उसके अपने ही मन का होता है।'

'आप कालिदास जी, हर सहज को गहन बना देते हैं। आरपार दिखनेवाले पर दर्शन का लेप चढ़ा देते हैं कि जिससे वास्तव मुँद जाता है !'

कालिदास ने कहा : 'महाराज विश्राम करने चले गए हैं। विदूषक शिविका में खर्राटे ले रहा है। आपको नींद नहीं आती ?'

'नहीं कालिदास जी, कवि और कलाकार को नींद कहाँ आती है ?' नींद जड़ता है, हम विवेकी हैं, प्रबुद्ध भी।'

'कालिदास ने उल्लसित स्वर में कहा : 'मैं जिन दिनों दक्षिण में था, राजदरबार के एक विदूषक ने पाप-पुण्य की विलक्षण परिभाषा बताई थी। कहा था कि कामिनी और कांचन का कौन दीवाना नहीं ? हाँ, जो उन्हें पा लेता है, वह हुआ पापी और जो जीवन भर तरसता रह जाता है वह हुआ पुण्यात्मा।'

इस ग्राम्य अभिव्यक्ति पर इरावती ने ऐसा अट्टहास किया कि आँखें मलते हुए अग्निमित्र पटमण्डप के बाहर आ गए :

अरे, इरा के तो पलक झपकती ही नहीं, सीधे देवलोक से उतरी है ; किन्तु कालिदास, अगली रात विवाह की रात होगी, तुम्हें थोड़ी देर भी सो लेना था। कल मरुभूमि के बातास की तरह उच्छ्वास-निश्वास छोड़ोगे तो उज्जयिनी की अति लघुभार सुकुमार नारियाँ झुलस जाएँगी।

इरावती को साहस न हुआ कि जो बात असभ्यता की कोटि तक पहुँचती है और कालिदास जाने अंतरंगता के किस उत्साह में स्वगतभाषण

की तरह इरा के आगे बोल गए, उसे महाराज से कहे !

उसने बात बदल कर महाराज को बतलाया कि कालिदास जी मन्दिर बन्द कर क्या कर रहे थे।

'क्या ?'

'रो रहे थे।'

'हाँ ऽऽऽ ? तो तुम हँसी क्यों ?'

'हँसी कि कालिदास जी कहते हैं : ब्याह के बाद तो लड़कियाँ रोती हैं!'

इस बार महाराज भी हँसी न रोक सके :

'हाँ, तो यह बात है!'

इरावती की जीभ और लम्बी हुई : 'नहीं, महाराज, इतना ही नहीं, कालिदास जी को अचानक माता-पिता की याद आ गई ...'

इस बीच कालिदास जी सिर झुकाए ही झुकाए उठ खड़े हुए और महाराज को अभिवादन करते हुए चुपचाप अपने पटमण्डप में, सम्भवतः सोने, चले गए।

इधर अग्निमित्र ने इरा को भुजबन्धनों में समेट कर अपने आवास-मण्डप में प्रवेश किया। वहाँ मालविका गहरी नींद में सोई पड़ी थी। आहट मिलने पर करवट भर बदल ली।

उसे कालिदास व्यक्ति या कवि के प्रति कोई उत्सुकता नहीं है। वह महाराज के प्रेमवृत्त की पूर्णता है।—शून्य दिखती है।

इरावती हँसी कि इस वरयात्रा ने आज एक नया ही अनुभव मूर्त्त कर दिया। आधी रात के सन्नाटे में, मालविका के कक्ष में, मेरी उपस्थिति है न चौंकाने वाली बात ! झुँझलाइए नहीं, विदिशा के राजप्रासाद में जो कभी सम्भव न हुआ, वह आधे रास्ते के इस सुनसान में सहज ही घटित हो गया ! मैं यह नहीं मानती कि मालविका की ओर जो आपका बढ़ता हुआ रुझान था वह एकबारगी थम गया है या उसमें थोड़ी-बहुत गिरावट आ गई है, फिर भी उसके बेहद भोलेपन पर आपके मन की पकड़ मजबूत नहीं है। वह तो यह भी नहीं जानती कि भूपाली पाँच स्वरों की रागिनी है। ...

'अब चाँद तेजी से ढल रहा है ...'

'नहीं-नहीं, यह क्या कह रहे हैं आप ? यह कहें कि चाँद देर से उग रहा है—आज एकादशी-द्वादशी का संगम जो है।'

'इरा, आज मैं राजा नहीं हूँ, मित्र हूँ, तुम्हारा, कालिदास का,—सब का। ...'

'सब के ? मालविका के भी मित्र ही हैं ?'

'इरा !'

× × ×

विश्राम मण्डप में कालिदास घुसे कि सचमुच ही एक झपकी ले लेना ठीक रहेगा ; किन्तु वहाँ पण्डित-पुरोहित अनुष्टुप् से दण्डक तक दहाड़ कर अपने जुझारू ज्ञान से वाग्देवी को दहला रहे थे। कालिदास ने दोनों हाथ जोड़कर सामूहिक अभिवादन किया और पूछा कि महापण्डितों को नींद नहीं आ रही ? और समवेत महोच्चार से दिग्दिगन्त काँप उठा :

'या निशा सर्वभूतानां
तस्यां जागर्ति संयमी।'

कालिदास ने फिर हाथ जोड़े : 'आप लोग हाथ भांज-भांज कर इतना चिल्लाते क्यों हैं ? यहाँ कोई बहरा तो है नहीं। यामिकों (पहरुओं) को छोड़कर पड़ाव के सभी लोग सो रहे हैं।'

इस पर पण्डितों का स्वर-समूह तार सप्तक को पार कर गया :

'सुनिए, कालिदास जी, जिसे शास्त्र कम याद हों, वह धीरे-धीरे बोले। हम तो भरे-पुरे यजुर्वेद को हाथ के इशारों पर नचाते हैं, हमें किसका भय है ? हम क्यों धीरे से बोलें ?

'अच्छा, पहले आप आसन ग्रहण करें फिर हमारी कुछ छोटी-मोटी शंकाओं का समाधान ... ।'

कालिदास मुँह में बुदबुदाते हुए बैठ गए कि इसी शंका-समाधान और शास्त्रार्थ से बचने के लिए मैंने कभी अपना घर छोड़ा था।

फिर विनम्र स्वर में बोले कि मैं तो यों ही आपलोगों के प्रकाण्ड पाण्डित्य का लोहा मानता हूँ। कम-से-कम मुझसे तो सहज स्वर में ही

कुछ पूछने की कृपा करें।

इस पर जो उन लोगों ने अट्टहास किया तो आकाश में छेद हो गया।

× × ×

'ताऊ थे मेरे। कन्धों पर बैठाकर घुमाने और पुरानी कहानियाँ सुनाने का नित्य का अभ्यास था उनका। तब मैं पाँच साल का हूँगा जब उनकी उँगली पकड़ कर जंगल-जंगल घूमने लगा था। कभी नदी के किनारे, कभी झील के आमने-सामने।

'फिर कुछ बड़ा हुआ तो भेड़ चराने वाली लड़कियों के साथ दूर-दूर तक चला जाता था। घर-घर में माता-पिता ढूँढते फिरते थे, मैं कहीं झाड़ी-झुरमुट की ओट हँसता-खेलता होता था या किसी की दुछत्ती पर चकल्लस करता रहता था।'

—'ऐसा क्यों करते थे आप ? लिखने-पढ़ने में मन नहीं लगता था क्या ?'

'नहीं, मन तो खूब लगता था, पर उसमें नहीं, जो मुझे पढ़ाया जाता था। उसे पढ़ते झिझक भी होती थी, डर भी लगता था।'

'फिर किसमें जी लगता था ?'

'जो ताऊ किस्से-कहानियों में पढ़ाते थे, उससे माथे पर बोझ नहीं पड़ता था—कभी जल-प्रलय की कहानी सुनाते थे, कभी समुद्र की, कभी अगस्त्य मुनि की कहानी, कभी विन्ध्य पर्वत की, कभी कैलास, मानस सरोवर, राजहंस के विषय में कभी ऋग्वेद और सांख्य दर्शन के। सबसे बढ़कर बात यह कि कुछ भी पूछने पर वह कभी टालमटोल नहीं करते थे। चिड़चिड़े नहीं थे।'

'आपके लिए तोता-मैना और ऋग्वेद या सांख्य-योग में कुछ अन्तर न था ?'

''तब कुछ भी न था, अब बहुत है। तब सब बेसिर-पैर का लगता था। सत्य से सामना न हो, जैसे इसीलिए असत्य को खूब सजधज कर सामने लाया जाता था !'

'पिता आपके क्या पढ़ाते थे आपको, ज़िसमें आपका मन न लगा ?'

'मन का क्या ? रटना-रटना रहता था—कभी व्याकरण, प्राति-शाख्य और निघण्टु, कभी ज्योतिष और कभी पौरोहित्य-कर्मकाण्ड ... ।'

'फिर आपने घर क्यों छोड़ दिया ?'

'मैं शताब्दियों के एकरस जीवन को थोड़ा उलट-पुलट देना चाहता था। मेरे पिता और पिता के पिता ने सदाचार का जो पिंजड़ा बनाया था वह उनकी सुरक्षा के लिए बहुत अच्छा हो सकता था, मैं उस पिंजड़े को तोड़कर उन्मुक्त उड़ान भरना चाहता था।'

'लाभ ?'

'वाल्मीकि ने अपनी आँखों राम के जीवन के उतार-चढ़ाव न देखे होते तो करुण रामायण के लिए कड़वे बोल उठाना कठिन न होता ? और निरे गुंजार से चरित्र ऊँचा नहीं उठता। शूलों पर खिला है—फूल की मुस्कान की यही सार्थकता है। गुदगुदे गलीचे पर शिव को नींद नहीं आती।'

'क्या आपको ऐसा लगता है कि उस उमर में व्याकरण न पढ़ लिया होता तो फिर पढ़ना सम्भव न था ?'

'बिलकुल। वस्तुतः तब कुछ बीता तो न था जिसकी चिन्ता करता, फिर भी ऊब होती थी कि बहुत तेजी से बीतता जा रहा था।

'मैं पिता-श्री की कठोर कृपा से ही बालपन में धाराप्रवाह संस्कृत बोलने लग गया था। भविष्य में, विशेष कर दक्षिण में परिभ्रमण के समय मुझे उसका लाभ मिला।'

'कहते हैं, अतीत भरे-पुरे का होता है और भविष्य आधे-अधूरे का। आप क्या सोचते हैं ?'

'मेरा तो न अतीत था, न मुझे भविष्य की चिन्ता है। मैं तो वर्तमान हूँ।'

'कभी अतीत या भविष्य न होंगे ?'

'नहीं, मैं सब दिन वर्तमान ही रहूँगा। जिसका अतीत होता है, उसी का भविष्य भी होता है। किन्तु जैसे धरती है, पानी है, हवा है, सूरज-चाँद है—इनका क्या अतीत, क्या भविष्य ? हैं सो हैं।'

'यह आपका अभिमान नहीं है ?'

'विश्वास है।'

'वाल्मीकि-व्यास नहीं रहे और ... '

'आप व्यर्थ उत्तेजित हो रहे हैं, वाल्मीकि-व्यास के न होने जैसा कठोर वचन बोल रहे हैं। वाल्मीकि-व्यास हैं।'

'कहाँ ?'

'मुझमें, आप में, हम सब में। हम किसकी बोली बोल रहे हैं ? किसके बताए रास्ते से विचारों को हाँक रहे हैं ?'

'यह बात ! तब तो भगवान भी हमीं में हैं ... ?'

'और नहीं तो कहाँ ? अगर हम में नहीं है तो वह कहीं नहीं हैं।'

'आप कहते हैं तो जटिल सत्य भी सरल लगता है ...'

'जटिल झूठ होता है।'

'ईश्वर को स्थापित करने के लिए जो ढेर सारे शास्त्र सिरजे गए हैं अथवा देश और काल के स्पष्टीकरण में जो तर्क पूर्ण और गहन लिखा गया है, वह सब झूठ है ?—क्यों ?' 'क्योंकि वह सरल नहीं है।'

'नहीं, वह झूठ नहीं है। रामायण से सरल क्या हो सकता है परन्तु निरक्षर भट्टाचार्यों के लिए वह भी कठिन है। पाँच वर्ष के बालक के लिए जो सरल है, वही सरल नहीं है। सरल वह भी है जो विद्वानों को सरल लगता है। स्तर-भेद है।'

'फिर आप झूठ किसे कहेंगे ?'

'जो सुन्दर नहीं है।'

'सुन्दर ?'

'हाँ', सुन्दरता ही आत्मा है। पृथ्वी कहो तो इसी एक शब्द में सारे स्थावर और जंगम पदार्थ सिमट आते हैं। पृथ्वी की सुन्दरता समस्त प्राणियों और पदार्थों की समवेत आत्म-शक्ति है। अकेला शान्त हो सकता है, शिव हो सकता है, सुन्दर नहीं।

'तन और मन के सम्पुट में सुन्दरता का मोती पलता है।

'सुन्दरता भीतर होती है, बाहर झलकती है।'

'आप कहना चाहते हैं कि सुन्दर ही सत्य है ? किन्तु बड़े-बड़े धाकड़ों का कहना है कि सत्य कठोर होता है। जैसे मृत्यु सत्य है, पर कितनी कठोर है।'

'मरणं प्रकृतिः शरीरिणाम्।' मृत्यु तो प्रकृति है—कोमल क्या ? कठोर क्या ? चन्द्रमा से आँखें चार हुईं कि कमल मुँदा, तो क्या चन्द्रमा कठोर है ? वह तो प्रकृति है। चकोर चिनगी चुगता है तो क्या चिनगी मीठी होती है ? नहीं, वह तो प्रकृति है।'

अभी प्रश्न और उत्तर का सिलसिला चल ही रहा था कि प्रभात होने की सूचना दुन्दुभी ने दी। घोड़े हिनहिनाए; हाथी सजने लगे। रथों की लम्बी पंक्ति लग गई।

बार लगी बारात उठने में। बारी बाँधकर चतुरंगिनी सेना चली। कनौतियां उठाए हुए सिन्धु देश के पीठ के कच्चे घोड़े हवा से बातें करते आगे-आगे चलने को हुए।

घोड़े थे कि जिनके खुर घड़ी भर को भी चैन नहीं लेते थे, धरती खोदते रहते थे।

धूल-धूल उनके पाँव ऐसे लग रहे थे जैसे जन-जन का मन कुछ और अधिक चंचलता सीखने के लिए उन पाँवों से लिपटा हुआ हो !

अयाल और पूँछ के बाल ऐसी लय में झलमल कर रहे थे जैसे वे घोड़े नहीं, घोड़ों के राजा हैं जिनके सिर पर छत्र तने हैं और चँवर झले जा रहे हैं !

दर्शकों की आँखें पलक झपकना भूल गईं जब घुड़सवारों का दल एक साथ निकल पड़ा।

'गणानान्त्वा गणपतिं हवामहे' पढ़ते हुए पण्डित-पुरोहितों ने कौशेय उत्तरीय से ढकी मोटी-मोटी बाँहें उछालकर कालिदास जी से टटके सीखे ढंग से कहा :

'आगे मंगलमूर्ति के प्रतिरूप हाथी रहेंगे, उनके पीछे घोड़े होंगे। सघन वन-पर्वत पार करते समय कोई क्रम न रहेगा।

'सचाई यह है कि थम-थम कर चलने वाले को ही अगुआ होना चाहिए, सरपट भागने वाले धूल अधिक उड़ाते हैं; ठीक रास्ते को धूल से ढक देते हैं।

'हाथी चिड़चिड़े स्वभाव के नहीं होते; जल्दी खिसियाते नहीं हैं। लहरों में लहराते ऊँचे-नीचे पहाड़-जैसे हाथी नेग-दस्तूर करते समय

चिंघाड़ते नहीं हैं।'

इस प्रकार हाथियों की खूब चढ़ बनी। हाथी-घोड़ों में आगे आने की जो चढ़ा-ऊपरी लगी हुई थी, वह समाप्त हो गई।

कालिदास ओठों में हँसे, एक विचित्र-सी मुस्कुराहट के साथ सोचा कि पुरोहित-वर्ग ने व्यावहारिकता को महत्त्व दिया और वेदों को बिलकुल कुचल कर रख दिया। 'गणानां त्वा' मन्त्र तो घोड़े के लिए ही है, हाथी या हाथी-जैसे किसी सूँडवाले के लिए हर्गिज नहीं।

× × ×

अश्वारोही आगे आ गए। तूर्यनाद और दुन्दुभि-निनाद से महाकालेश्वर का विशाल परिसर रोमांचित हो उठा। भारत भर के कलाकारों द्वारा महार्घ मणि-माणिक्य की झालरों से सजाए जनवासे में स्वागत की तैयारी पूरी हो चुकी थी।

सम्राट् अग्निमित्र रानियों-समेत जिस अट्टालिका में ठहरनेवाले थे, उसके प्राकार की सुरक्षा में दोनों पक्षों के सशस्त्र सैन्य-दल नियुक्त थे।

देखते-देखते बारात आ गई और विक्रमादित्य के राज-भवन की परिक्रमा करती हुई दो घड़ी रात बीतते-बीतते जनवासे में भी पहुँच गई। घोड़े-हाथियों ने ऐसे-ऐसे करतब दिखाए कि दूर से आए हुए दर्शनार्थियों की थकान मिट गई। पूरी उज्जयिनी नई बहू की तरह सजी-सँवरी थी। जँगलों और छज्जों पर पौरांगनाएँ लदी हुई थीं और अग्निमित्र तथा कालिदास के रथों पर फूल बरसा रही थीं। स्थान-स्थान पर लोक-नृत्य और लोक-संगीत देखने-सुनने वालों की भारी भीड़ इकट्ठी थी। प्रकाश की ऐसी अद्भुत व्यवस्था थी कि हिलते-डोलते लोगों की भीड़ परछाइयों से दुगुनी दिखती थी और इस पार की प्रतिध्वनियाँ शिप्रा को उस पार से पुकारती प्रतीत होती थीं।

मंच के आसपास अमावस के तारों की तरह अनगिनत दर्शकों की अपार भीड़ लहरें लेती दिखती थी ; किन्तु विधि-व्यवस्था ऐसी कि रसास्वाद के चटखारों के अलावा कोलाहल का नाम तक न था।

विनत विक्रमादित्य का अलौकिक स्वागत-सत्कार स्वीकार कर सम्राट्

अग्निमित्र ज्यों ही रत्न-सिंहासन पर विराजे, मालविका उनके वाम पार्श्व में हल्के पाँवों चल कर बैठ गई। एक ही दृष्टि में सारे संसार को देख लेने के दावेदार भी अपनी नाक के आगे कुछ नहीं देख पा रहे थे। देवदासियों का एक झुण्ड कंकण-किंकिणि-नूपुर गुँजाता हुआ आया और सम्राट् को पुष्पमालाओं से लाद दिया। मालविका मालिकाओं की सुगन्ध-सी प्रतीत भर होती थी, दिखती न थी।

इरावती ने सगी बहन के-से उल्लास के साथ कालिदास की पीठ पर मानो अपना वरद-हस्त रखे हुए, मंच के दक्षिण भाग में सहचरियों की सहायता से पुष्पसज्जित उच्च आसन पर उन्हें बैठाया और स्वयं चामर-धारिणियों के बीच के कुछ कम ऊँचे आसन पर ठीक उनकी पीठ के पीछे बैठ गई। देवदासियों में कोई-कोई अब भी इरावती को पहचानती थी। वसन्तपुष्पों के गहने पहने हुए, कालिदास पर सस्मित कटाक्ष के साथ पुष्प बरसती हुई उन सबों ने इरावती को मालाओं से ढक दिया।

उधर विवाहमण्डप की शोभा अवर्णनीय थी। मोटे मोतियों की बड़ी-बड़ी लड़ियों से उसे सजाया गया था। जैसे पुष्पपुरी की विपणियों में रंग-बिरंगी रत्नावलियों का विपुल प्रसार देखकर सम्भ्रान्त दर्शकों की बुद्धि में यह बात भलीभाँति बैठ जाती है कि समुद्र रत्नाकर क्यों कहलाता है ? ठीक वैसे ही यहाँ की नन्दनवन सुरभित सुन्दरता की वीथियाँ बतला रही थीं कि राज्य-साम्राज्य जहाँ भी हो, महाराज विक्रमादित्य की उज्जयिनी से सुन्दर कहीं कोई नगरी नहीं है ! रूप-रस-गन्ध की यह चिरतरुण नगरी किसी अनदेखी अमरावती से घट कर नहीं है।

क्षणभर बाद विविध वाद्यों और चारों वेदों के मन्त्रों के महोच्चार के बीच रत्नजटित शिविका से राजकुमारी विद्योत्तमा समानरूप-वयवाली विशिष्ट सहचरियों से घिरी-घिरी धीरे-धीरे उतरी और स्वर-तरंगों पर से तैर कर श्रुति-स्मृति-महार्णव पार किए हुए पण्डितों के निर्देशानुसार यथास्थान बैठाई गई। उसके बैठते ही सर्वप्रथम सम्राट् अग्निमित्र उठे।

सिर पर तना छत्र एक ओर झुका लिया गया, दोनों ओर से झले जाते हुए चँवर एक ओर स्थिर हो गए। सम्राट् के मुकुट में जड़ी हुई मणियों की बहुवर्णी प्रभा उनके विराट् व्यक्तित्व को और ऊँचा उठाने लगी।

घुटनों तक लहराता मौक्तिक हार उनके विशाल वक्ष और परिणद्ध कन्धों पर गंगावतरण का-सा दृश्य दुहरा गया।

कनककुण्डलों में मरकत-मणि पोई हुई थी। उससे कुछ ऐसी हरित पीत द्युति विच्छुरित हो रही थी कि अंगद और वलय से छूटे हुए प्रकाश से मिलकर जैसे इन्द्रधनुषी सोपान सिरज रही थी उस प्रकाशमय व्यक्तित्व पर सामूहिक दृष्टियों के आरोहण के लिए। एक बार कोई भी भौचक्का हुए बिना नहीं रह सकता था। यों गड़बड़ मचाने का साहस बटोर पाता, ऐसा कोई भी आनन्द-विह्वल व्यक्ति वहाँ कैसे प्रवेश पा सकता था !

खड्ग-चर्म परिधान में सैनिकों से घिरे हुए सम्राट् के भीषण विराट् व्यक्तित्व को क्षारवेल और सातवाहन के साथ युद्धों में लोगों ने पहले भी देखा होगा, किन्तु उनके इतने सौम्य-सुन्दर रूप को ऐसे मांगलिक अवसर पर देखने का कदाचित् ही किसी को अवसर मिला होगा।

महाराज विक्रमादित्य की पुत्री के लिए मगध से जो रत्नालंकार और थैलियों में भरकर स्वर्णमुद्राएं भेंट करने लाए थे, उसे परिचारकों की सहायता से अंजलि में भर-भर कर राजकुमारी के सामने क्रमशः सजाते रहे। जब आशीर्वाद देने के लिए अपना हाथ उसके सिर पर रखा तब वह स-संकोच उठ खड़ी हुई और अपना माथा उनके चरणों पर रख दिया। सम्राट् पुलकित होकर शुभकामनाओं की झड़ियाँ लगाते हुए अपने आसन पर आ गए। यह भी न कह सके कि अभी तो यह महाराज विक्रमादित्य की कुमारी राजकुमारी को ऐसे अपूर्व वर के चुनाव के लिए आशीर्वाद दिया गया। विवाह के बाद अपने मित्र की पत्नी को मेरी और अपनी ओर से महारानी इरावती उपहार देंगी।

सम्राट् के स्थान ग्रहण कर लेने के बाद पण्डित-पुरोहितों ने दिङ्मण्डल भेदी जलधर स्वर से सम्राट् की जयजयकार कर वातावरण को गुँजा दिया।

स्वर्णकमल के डंठल-सी तन्वंगी राजकुमारी उदार उदरवाले पण्डितों की दिग्गज भुजाओं से आगे ही सहमी-सहमी-सी थी; जब कालिदास जी को बुलाकर दाहिनी ओर उससे सटकर बैठने को कहा गया, तब तो वह सागर-सरिता अपनी ही अंग-तरंगों में डूब-खो गई।

मगध-मालव और काश्मीर की मिली-जुली पद्धतियों के अनुसार परिणय मंगल सम्पन्न हुआ।

अब महारानी इरावती के अनुरोध से राजकुमारी और कालिदास उत्तरीय की ग्रन्थि से बँधे हुए ही स्वर्ण-सिंहासन पर बैठाए गए।

विद्योत्तमा ने कभी कंगन पहने हुए अपने हाथ नहीं देखे थे, देख-देख कर रोमांचित हो रही थी; मंगल मणिमाला गले को बाँधे हुए थी, एक शब्द भी बोल नहीं पा रही थी। कज्जल-कला अवश्य दृष्टि की उज्ज्वलता पर डोरे नहीं डाल पा रही थी। वही जब-तब मन के भेद खोलती थी। कभी-कभी अधर की मधुर लाली के आलबाल में मल्लिका की कलियाँ भी चटक जाती थीं।

राजकुमारी की सहचरियों में, जिनसे अचानक कालिदास की आँखें चार हो गईं, वे तो लाज से झुक-झुक गईं। अलबत्ता उनके झीने अम्बर से दो-दो चाँद उजागर हो गए जिससे सब जगर-मगर हो गया। और जो चँवर झलने में ही व्यग्र थीं और जिनसे कालिदास की आँखें नहीं टकराईं, वह फिर बार-बार उन पर तीखे तीर फेंकती ही रह गईं।

आज की इस चहल-पहल में भी कालिदास के ओठों पर एक मीठी मुस्कान ही देखी जा सकती थी, कभी दो बोल फूटते भी नहीं सुने गए।

विलासियों की वासना को उकसाने वाले रूपों की यह हाट अब उठने ही वाली थी क्योंकि वैवाहिक यज्ञ की गन्ध दूर-दूर तक फैलने लगी थी—हवनकुण्ड का धुआँ कामि-जनों के मनों में भर गया था जो आस-पास खड़ी अविवाहित मात्र के कौमार्य पर अपना ही अधिकार जतला रहे थे और अगरु-चन्दन की आग की धधक उन कदर्यों के तन-मन को जला रही थी जो स्वयं अविवाहित रहने का ढोंग रचकर गार्हस्थ्य धर्म की प्रतिष्ठा को सशंक किए रहते हैं।

इरावती उपहार-सम्भार के साथ चहकती हुई आई और विद्या के माथे पर हाथ रखकर शंकर-पार्वती की जोड़ी से इस नई जोड़ी की तुलना करने लगी। फिर आर्द्र आँखों कालिदास का हाथ उसकी हथेली में रखते हुए कहा :

मेरा यह एक ही भाई है, आज इसे ही उपहार-स्वरूप तुम्हें भेंट कर रही हूँ। यों इसके आगे यह सब क्या है, फिर भी अपनी छोटी भाभी को पराई बड़ी नन्द का यह उपहार स्वीकार हो—कहकर एक विशाल स्वर्ण-मंजूषा विद्योत्तमा के सम्मुख रख दी और जब तक वह इरावती के चरण छूने उठने-उठने को हुई, वह सम्राट् के पास मालविका से सटकर बैठ गई।

मन्दिर परिसर में तूर्य निनादित हुआ ; दुन्दुभी, मृदंग, पणव, भेरी, शंख और पटह एक ही साथ बज उठे : देवदासियों की किंकिणी और पायल वेणु-वीणा की स्वरलहरियों पर थिरक उठी। मृदंग पर थाप पड़ते ही जैसे नन्दी का ककुद फड़क उठा।

सुसज्जित पुष्परथ पर विद्योत्तमा के साथ कालिदास को बैठाया गया। रथ राजभवन की ओर चला। ईहामृग के आकारवाले रत्नस्तम्भों, आकाश में स्वर्णध्वज फहराते हुए स्फटिक के बने तोरणों और मोतियों की लड़ियों से गुँथे बन्दनवारों से धरती पर उतरी अमरावती-सी महाराज विक्रमादित्य की अट्टालिका के भीतर रथ रुका और उससे चित्रा और चन्द्रमा की जोड़ी पुष्पवर्षा के बीच उतरी और मंगल गीत गाती हुई प्रांगण में फैली शत-शत अंगनाओं की भीड़ में खो गई।

महारानी मां के चारों ओर खड़ी होकर भाँति-भाँति प्रकार के नेगों की माँग करती हुई ललित ललनाओं में से एक ने उत्तरीय-बँधी जोड़ी के कन्धे झँझोड़ते हुए कहा : बहुत पढ़ चुके आप लोग। उतनी पढ़ाई कुछ कम नहीं होती। फिर भी अभी हमारी कक्षाओं की पढ़ाई बाकी है ... आगे हम जैसा कहें, आप दोनों बिना तर्क-वितर्क किए वैसा ही करेंगे !

हँसोड़ स्त्रियों के अट्टहास के बीच नींद से ऊँघते-ऊँघते-से कालिदास जी सहमी आँखों से देखकर, होंठ बिचका कर बुदबुदाए : अपने बूते के बाहर की कोई भी बात बहुत तड़के कोई कैसे करेगा ? एक शान्त सुखी जीवन के लिए जो कुछ चाहिए, मिल चुका है !'

□

३०

ऊँची-ऊँची फुनगियों से नीचे तक बादाम की डालियाँ फूलों से लदी हुई थीं। अशोक के लाल-लाल फूल रंगीन सुगन्ध बिखेर रहे थे। स्वर्ण-कदली के जोड़े-जोड़े स्तम्भ बहिर्द्वार से प्रवेश द्वार तक बन्दनवारों-से सजे थे। मंगल-कलशों पर दूर्वांकुर और नारिकेल मधुश्री को साकार कर रहे थे। जैसे राजभवन के कोलाहल से ; चुपचाप निकल कर सन्नाटा यहीं आ छिपा था !

विद्या का हाथ पकड़ कर कालिदास अपने नए आवास पर रथ से उतरे तो उन्हें एक चिर-परिचित कण्ठ स्वर सुनाई दिया :

'कुर्वन्तु वो मंगलम्।'

चौंक कर इधर-उधर देखा तो जैसे दिवास्वप्न देख रहे हों, वन्दनवार के पीछे दधि-हरिद्रा-दूर्वा-केसर-कुंकुम-सज्जित सुवर्ण-पुटक लिए वृद्ध माता-पिता आरती उतारने वालों की भीड़ की अगुआई-सी करते हुए सामने खड़े थे।

देखते ही कालिदास की आँखों में शिप्रा उमड़ आई। वह लपक कर आगे बढ़े और पुष्प-माल्य की तरह उनके पाँवों में बिछ गए। आँखें ही माता-पिता को पाद्य-अर्घ्य अर्पित करती रहीं। माता-पिता ने पीठ थपक कर, माथा सूँघ कर उन्हें उठाने का जितना ही प्रयास किया, वह उतने ही सम्भ्रम से उनके घुटनों से चिमटे रहे। कभी माथा उठाते भी थे तो आँखे कैसे भी उठती ही न थीं। ऐसे ही निमिष-निमिष कर घड़ी बीतने को आ गई।

विद्या मूर्खों की विद्या की तरह कालिदास की पीठ से टिकी रही। कभी एक कोहनी आगे बढ़ाती, कभी दोनों। आँचल सँभालने के बहाने ज्यों-त्यों अपने को सँभाले हुए थी। उसके चन्द्रमुख पर मेघ-से उमड़े घने केश हवा की अठखेलियों से घुटनों तक लहरें लेते हुए जब-तब दिख जाते थे।

घड़ी-दो-घड़ी बाद कालिदास उठे और तब कहीं विद्या को सास-ससुर से आशीर्वाद प्राप्त करने का अवसर मिला।

नित नई सृष्टि की परिकल्पना करने वाले ने कभी इस ऐसे सुख की कल्पना नहीं की थी। यह सारी सूझ-बूझ अकेली इरावती की थी। ज्योंही कालिदास जी दक्षिण से लौटे, वह उसे वाम से दक्षिण हुए-से बदले-बदले दिखाई दिए। इरावती की पारखी आँखों ने परख लिया कि अब वह उस कसौटी पर घिसने के लिए तैयार बैठे हैं जो उनके सही स्वरूप को निष्कपट भाव से प्रकट कर देगी। विवाह ही वह कसौटी है। जो अपना सामना करने में अक्षम है, वह विवाह नहीं कर सकता।

क्वाँरे की भवें कितनी भी सुन्दर क्यों न हों, आदर ब्याहे के खुरदुरे ललाट का ही होता है।

उसने सब समझा-बुझाकर अपने दो गुप्तचर काश्मीर भेज दिए कि घूम कर पता लगाएँ, यदि हों तो कालिदास जी के माता-पिता को अपने साथ ही उज्जयिनी लिवा लाएँ और शिवरात्रि की रात, चढ़े मेले में, उन्हें संकेतित स्थल पर इरावती से मिलाएँ। कैसे भी कालिदास जी को यह भेद मालूम न हो।

जाते-जाते गुप्तचरों को आगाह कर दिया था कि पता लगाने के क्रम में वह सब से प्यार से मिलें, किन्तु विश्वास बहुत थोड़े लोगों पर ही करें। और कुछ गलत तो किसी भी हालत में न हो उनसे।

कविता मन को बाँधती है, मन को खोलती है। ऐसे आकस्मिक रूप में वर्षों के बिछड़े माँ-बाप से सही समय पर मिलने का यह अकल्पित सुख किन पल-छिनों के शब्दों से बँधने और खुलने वाली कविता है माँ! मेरे पास तो इससे अधिक मूल्यवान क्षण न पहले थे, न फिर होंगे।

हाय रे माता-पिता का प्यार, मैं चाहे जितना बुरा होऊँ, वह तो अच्छा ही अच्छा है !

ओ माँ, तुझसे बिछड़ कर मैंने क्या ढूँढ़ा, क्या पाया, जो मेरे लिए तुझसे भी अधिक मूल्यवान होता !

बड़वानल से ढके हुए अमृत के समान कालिदास के अन्तस्तल में पूर्ववत् पल रहे माता-पिता के प्रति अति प्रबल प्यार का आभास पाकर माँ के हृदय का बाँध टूट पड़ा :

"अरे पुत्र, तुमने तो अपने कुल को पवित्र और जननी को कृतार्थ कर दिया। हमारा व्यामोह न छोड़ा होता, तो तुम्हें महारानी इरावती-जैसी बहन हम कहाँ से देते ? महाराज विक्रमादित्य की लाड़ली हमारे गृह की लक्ष्मी क्योंकर होती?"

"पवित्र घृत से निर्धूम धधके यज्ञ के अग्निदेव-जैसे तेजस्वी पिता ने कहा : मैं तुमसे अप्रसन्न नहीं, अति प्रसन्न हूँ। हिमालय की चोटी से छूटा हुआ गंगा का जल-प्रवाह बहते-बहते समुद्र में पहुँच गया, हमीं किनारे की चट्टानों से चिपके रह गए। 'चरैवेति-चरैवेति' का मर्म तुम्हीं ने समझा ; हम तो उकड़ू बैठे श्रोताओं को उस महामन्त्र का शब्दार्थ ही समझाते रह गए।"

—यह कहते हुए उन्होंने कालिदास की विशाल भुजाओं को अपनी शिथिल बाँहों में समेट कर उन्हें गले लगा लिया।

कालिदास गद्‌गद स्वर से सोचते रह गए कि वह न कैलास-शिखर पर हैं, न समुद्र के अन्तस्तल में, वह तो यहाँ हैं।

'जो सब सुन कर बहरा, सब देख कर अन्धा और सब जान कर अज्ञ है, वही तो सर्वज्ञ है।

'किसी का जी न दुखाया ; किसी नीच के आगे सिर न झुकाया, कभी सदाचार को न बिसराया। ऐसे जी कर अगर कुछ कम भी कमाया तो क्या फर्क पड़ गया ?'

मन काबू में हो तो भौतिक सुखों का आकर्षण उसे विचलित नहीं करता।

'माँ कहती हैं कि मैंने जो भी अरजा उसके लिए सन्तोष और शान्ति में डूबे-खोए घर से अलग होना आवश्यक था। सचमुच ही आध्यात्मिक साम्राज्य मगध-मालवा को काश्मीर की घाटियों में नहीं समेट सकता था!

'अब तुम जो समाधान दो माँ! आगे मेरे अनगिनत अपराध तुम्हींने तो क्षमा किए हैं! तुम्हारी क्षमाओं ने ही मुझसे अधिक अपराध कराए हैं, माँ! इस बार एक अपराध (यदि यह अपराध हो) मैं और कर रहा हूँ माँ, मेरी प्रार्थना को मेरे सिर की सौगन्ध समझ कर स्वीकार लो माँ! 'कुपुत्र होता है, कुमाता नहीं।'

माँ ने सिर पर हाथ रखा : अब कुछ कहेगा भी या कविता ही करता रहेगा!

कालिदास के घिग्घी बँध गई। आँसुओं से आँखें बन्द हो गईं : 'माता-पिता के श्री-चरणों में एक ही विनम्र निवेदन है कि अब मुझे छोड़ कर कभी न जाएँ; कहीं न जाएँ।'

पिता-श्री भाव-विह्वल हो गए। माता ने कहा : 'अरे पगले', अब ऐसी बहू छोड़ कर हम कहाँ जाएँगे? बहू ने राजसुख ही तो भोगा है, सास-ससुर के सनातन अनुशासन का दुःख तो नहीं जाना है! फिर बिना दुःख के सुख क्या?

'तुमने तो अब तक घुमक्कड़ी ही की है';

'तारों की छाँह में हवा बहते देखा है; चाँद पर जब-तब छिटकी बादल की एक टुकड़ी देखी है, घर-गृहस्थी क्या होती है, क्यों गार्हस्थ्य धर्म में सबसे बड़ा गृहिणी का पद होता है, यह तू क्या जाने?

'गृहिणी होना लक्ष्मी -सरस्वती होने से भी कठिन है। चञ्चल और मुखर होना लक्ष्मी-सरस्वती का गुण हो सकता है, गृहिणी का नहीं। मुझसे मेरी सासुजी ने जितना निचोड़ा है, नई बहू से उतना वसूलने का मेरा भी तो हक बनता है!

'अब तुम अपने लिए कुछ और सोचो, तुम्हारे घर और अपनी बहू को मैं देख लूँगी!'

× × ×

आप नदी रहती है रेत में, दुनिया भर को पानी पिलाती है।

× × ×

जंगल में धूप-वर्षा, बर्फ-ओले सह कर पेड़ पलते हैं, महलों में जलते हैं।

× × ×

सम्राट् मनुष्य भी होता है। यों उत्सव का अर्थ सामान्य जनों के लिए और है, सम्राट् के लिए और। सामान्यजन देख-देख कर आनंदित होते हैं, सम्राट् सारे आयोजनों में विशेषताएँ और त्रुटियाँ ढूँढ़ता है और सम्बद्ध अधिकारियों को पुरस्कृत और दण्डित करने की सोचता रहता है। साधारण जन असाधारणता के सुख-दुख से अपरिचित रहकर तृप्ति और कृतार्थता का अनुभव करता है। नीरस, निरर्थ और रिझाऊ शब्दों पर टिके मुकुट जनसामान्य की एक सुखद साँस के सामने झुक-से जाते हैं।

विदाई का दृश्य अपूर्व था। अनगिनत दर्शक नरनारियों के समक्ष यह समारोह सम्पन्न हुआ। विद्या और विनय के पराक्रमी विग्रह के समान महाराज विक्रमादित्य व्यक्तित्व में सम्राट् अग्निमित्र से कहीं बढ़-चढ़ कर थे। अग्निमित्र मोटे-गुलथुल-से थे। मेदस की स्वेद-सिक्त चमक चेहरे पर भी थी। इसके विपरीत विक्रमादित्य का बदन गठीला और बेहद फुर्तीला था। विदा देते समय उनकी स्फूर्ति और तत्परता देखने ही योग्य थी। सम्राट् अग्निमित्र अवाक् थे, इरावती मुग्ध और मालविका स्तब्ध।

तभी अग्निमित्र ने कहा :

किसी भी देश में प्रजातन्त्र हो कि राजतन्त्र, यदि शासन अनुशासन पर आधृत हो ; जन-जन को शिक्षित करना, सब के धन और प्राणों की रक्षा करना, भरण-पोषण का सम्पूर्ण उत्तरादायित्व सँभालना शासक का लक्ष्य हो तो सभी तन्त्र तन्त्री-स्वर-से मनोहर हो उठते हैं। व्यक्तिगत स्वार्थ के आड़े आने से ही अनुशासन असन्तुलित होता है और सारे बहाने झूठे हैं,—महाराजाधिराज विक्रमादित्य ने प्रमाणित कर दिया है। जो अनुशासित या स्व-शासित है, वही स्वतन्त्र है। स्वतन्त्रता न किसी

पर लादी जा सकती है न अपने आप ओढ़ी जा सकती है,—यह कहते हुए सम्राट् अग्निमित्र जब विक्रमादित्य से गले-गले मिले तब फूलों की वर्षा हुई और उत्तर-पूर्व के कोने पर दर्भ, चमस और स्त्रुक्क से सज्जित तथा समिध और फूलों से अलंकृत प्रस्थान यज्ञ-वेदी प्रज्वलित हो गई और धूप, अगुरु, चन्दन और आज्य की सुगन्धि से दिशाएँ महक उठीं। दुन्दुभी बजी और सैन्य से घिरा सम्राट् का विशाल रथ मगध के लिए चल पड़ने को हुआ।

''एक बड़ के पेड़ को दर्शक घेरे हुए थे। उसकी सघन शीतल छाया में सम्राट् अग्निमित्र का दायाँ पाँव रथ की ओर उठा हुआ था और बायाँ भी रह-रह कर उचक रहा था। जब वह कह रहे थे :

''किसी राजा के राज्य में यदि कोई कवि गरीबी से जीवन गुजारता है, तो यह दोष राजा का है, उसके हठी या जड़ स्वभाव का है। कवि तो धन न रहने पर भी कभी निर्धन नहीं होता। वह तो मणि है, दोष सारा का सारा उन पारखी (!) आँखों का है जो उसका सही मूल्य आँकने में अक्षम हैं।

''प्रस्थान के पूर्व मैं आज सवेरे महाराज भर्तृहरि की गुफा पर मत्था टेकने गया था। वहाँ भी यही हुआ। यही स्वर गूँजा :

''विधाता बिगड़ खड़े हों, तो हंस से मान-सरोवर छीन ले सकते हैं; किन्तु हंस की उस विश्वविख्यात विवेक-शक्ति का क्या बिगाड़ सकते हैं जिससे वह 'दूध का दूध और पानी का पानी' कर दिखाता है ?''

''कालिदास जी को मैंने पहली ही बार देख कर पहचान लिया था कि मैं भले ही सम्राट् पुष्यमित्र का उत्तराधिकारी होने के कारण इतिहास-निर्माताओं को याद आऊँ; किन्तु कालिदास तो वह हैं जिनके कारण अभी कितने ही कवि, आलोचक और इतिहासकार जन्म लेंगे। हम भारत की मिट्टी की रक्षा करेंगे, कवि अपने भारत की आत्मा गढ़ेंगे !

''तन्त्र कोई हो, मन्त्र एक ही है मानवता के विकास का कि जैसे मनुष्य जीना चाहता है, वैसे ही सभी प्राणी; यहाँ तक कि पेड़-पौधे भी जीना चाहते हैं। मनुष्य की ही तरह सब सुखी रहना चाहते हैं। जब तक

मनुष्य उनके जीवन, सुख और विकास में बाधक बनता रहेगा ; सबका सुख छीन कर स्वयं सुखी होना चाहेगा, तब तक मानवता का विकास असम्भव है। कितने भी धर्म गढ़े और शास्त्र रचे जाएँ।

गुण और दोष संक्रामक तत्त्व हैं। एक कुकर्म औरोंको सौ-सौ कुकर्म करने की प्रेरणा देता है। ऐसे ही जब कोई संगीत का अभ्यास करता है तो उसका स्वर-सौन्दर्य सौ-सौ बिफरे हुओं को बिलमा लेता है। उसका माधुर्य काठ-कठोर हृदयों में भी मिठास घोल देता है।

''एक कवि कालिदास सौ-सौ कवियों को जन्म देंगे। इन्हें पढ़ कर लोग वाल्मीकि-व्यास के आदिम काव्य-स्रोतों तक की तीर्थ-यात्रा करेंगे। अब महाराज विक्रमादित्य की उज्जयिनी ही कला के क्षेत्र में विश्व-विजयिनी होगी।''

× × ×

एक सन्नाटे की ओर दृष्टि घूम जाती थी। बार-बार कालिदास की मीठी-मुस्कान छिप-छिप कर देखने और कुछ गहराई से सोचने लगने पर उसके मन में बिंध जाती थी। विद्या की अछूती प्रतिष्ठा को जैसे गहरा धक्का लगा था। संकोच उसकी आँखों के बड़प्पन को बार-बार दबोच लेता था।

सिहरती उँगलियां जैसे उसे छूकर छेड़ रही हों, वह अपने आपको गुप्तचर आँखों से निहारने लगती थी। कालिदास से पहले जग कर उनकी नींद की मादकता पर चकित और रोमाञ्चित हो रही थी।

उसकी देह इतनी चिकनी है जिससे फिसल कर कालिदास का संयम टूट गया था, इसकी स्मृति उसे बावरी किए देती थी। वह नहा-धोकर गीली लटें छिटकाए हुए इसलिए खिड़कियों से उन्हें चोरी-चोरी देख रही थी कि तब और कोई दूसरी आकांक्षा उसके मन में फूटती ही न थी। कालिदास झूठी नींद में सच्चे सपने देख रहे थे, उन्हें उठने की जल्दी न थी। घड़ी-दो-घड़ी बाद सम्राट् के विदाई-समारोह में सम्मिलित होने जाना था। यह सवेरा किस रात का सवेरा है,—यह तो दुबारा न आएगा !

कुछ क्षण इसी की अगवानी की धुन क्यों न निःशब्द गुनगुना लूँ !

अकेलेपन से लगभग ऊब उठी थी, घुटते-घुटते-से संकल्प-विकल्प उसे कहीं गहरे झकझोर रहे थे, जब वह कवि कालिदास की ओर खिंचती चली गई थी। अब जब अनहोनी होकर रही, तब उनके सान्निध्य से संकोच हो रहा है ; फिर-फिर उन्हीं को देखने के लिए व्याकुल आँखें उठ नहीं रही हैं !

इस बार कालिदास ने खिड़की से झांकती उसकी आँखों की चोरी पकड़ ली। उमग कर उठ बैठे ; ललक कर पास बुलाया.....

'नहीं, मैं तो यह देख रही थी कि क्या आप सम्राट् की विदाई में जाने की बात भूल गए हैं।''

'अरे नहीं, वहाँ तो जाना ही जाना है ! तो तुम भी झटपट तैयार होकर आ जाओ ?''

'नहीं, मैं नहीं जाऊँगी !'

'क्यों ?'

'मुझे लाज लगती है !'

'कल तक तो......'

'कल तक की बात और थी !'—कहती हुई भाग खड़ी हुई।

× × ×

अँधेरे-उजाले के दो पहिए। पायल-बँधे पाँवों के दो। सत्य और स्वप्न के दो पहिए। और चोरी-चोरी, चुपके-चुपके किए हुए और करने के संकल्प के दो पहिए। सम्राट् इन आठ पहियों वाले रथ पर बैठे राजधानी लौट रहे थे। ठंडे सरसराते अँधेरे से रथ गुजरता तो इरावती हँस देती और भुरभुरी रेत के बने घरौंदों के बीच से निकलता तो मालविका मुसकिराने लगती। कुछ देर चुप-चुप सम्राट् उन सूने झरोकों को देखते रहे जिन पर किन्हीं प्रियदर्शिकाओं की आँखें अटकी न थीं, फिर कुछ देर उन रंगारंग बादलों से अपनी आँखें भरते रहे जो आकाश का खोखलापन छिपाने की कला में माहिर हैं।'

इस घड़ी जाने क्यों, चेतना उन्हें ले उड़ी थी पहाड़ और समुन्दर की ओर। दाएँ-बाएँ बैठी लक्ष्मी-सरस्वती के टोकने पर उन से बात भी नहीं की। तिलमिलाए हुए थे कि जब बाप के डैने काट लिए गए और वह ठंडे-ठंडे एक ही ठौर जीवन बिताने पर मजबूर हो गया तब क्या बेटे को समुन्दर में मुँह छुपा कर चैन की जिन्दगी बसर करना उचित था?

भले ही बाप का नाम हिमालय और बेटे का मैनाक रहा हो!

□

३१

सांझ-सकारे कालिदास काली मन्दिर की ओर घूमने निकलते थे। एक दम अकेले। क्षण भर हवा की छुअन का अनुभव करते थे, क्षण-भर किरणों से उगाई आकांक्षाओं के स्फुरण का, जब किधर से भी शकट-यानों की चरमराहट सुनाई देती या फिर खुलती-बन्द होती खिड़कियों से अरविन्द-मिलिन्द की ताक-झाँक। सड़क के नुक्कड़ तक एक दृष्टि में जो दिखता, वह कौतुक जगाता और रहंस्यमय लगता था। वह निर्जीव सन्नाटा तो उन्हें कभी ही मिलता था, जिसमें कुछ अनुताप-भरी स्मृतियाँ रोके हुए आँसुओं से लिपटी होती थीं। न कोई ऐसा साथ चलता होता था जिससे बतियाते समय बोली लड़खड़ाने लगती हो। और न कभी ऐसे भुलक्कड़ों का साथ होता था जिनसे एक ही बात बार-बार कहनी पड़ती हो।

वस्तुतः कालिदास को अबतक गाढ़े समय का सामना नहीं करना पड़ा था और न ऐसा जीवन जीना पड़ा था जिसमें कदम-कदम पर कठिनाइयाँ हों, कठोर श्रम और शून्य के बराबर फल हो।

प्रतिभा के नित नए उन्मेष ने उन्हें दुखी जीवन और कष्टमय संसार को जानने ही न दिया था।—फिर भी बैठे-बैठे बातें बघारने वालों के झूलते हुए अनुभवों की तुलना में उनकी कल्पनाएँ कहीं पक्की और कहीं अधिक सही हुआ करती थीं।

अभी-अभी जो एक सीधा-सादा, दुबला-पतला व्यक्ति अभिवादनपूर्वक उनके साथ-साथ चलने लगा है, उसकी दृष्टि में कोमलता के अलावा

थकान भी है। वह महाकालेश्वर से पैदल चल कर आया है। उसकी आँखों में विद्या की चमक है। कायदे से बातें नहीं कर पाता तो केवल इसलिए कि लहरों की उछाल जल के तल से काफी ऊँचे चली जाती है। यों भी कालिदास से अनायास कोई क्या बात करेगा ! वह तो साक्षात् सरस्वती के पुरुष रूप हैं। उसे इसका पछतावा नहीं कि वह उनके चरणों तक ही पहुँच पाता है, बल्कि इसका गर्व है कि वह चरणों तक तो पहुँच जाता है! ऐसे और कितने सौभाग्यशाली होंगे! आत्मश्लाघी नहीं है, कालिदास से सटकर खड़ा होने का हौसला नहीं पालता, बल्कि मन ही मन यह सोचता रहता है कि कैसे किसी युग का सर्वोच्च अकेले किसी में एकाधार हो जाता है! कालिदास तो व्यक्ति नहीं, एक समग्र युग हैं। इनके व्यक्तित्व की अस्मिता निर्वैयक्तिक काव्यधारा के रूप में अजस्र प्रवाहित होती रहेगी। हृदय में ज्वार-भाटा उठानेवाली भावनाओं की भाषा है कालिदास की कविता। जो सुनता है, अनुकरण करने का भरपूर प्रयास करता है। माथा लड़ाने से सम्प्रेषणीयता आती है ? आप लिखो, आप पढ़ो। युग का ज्योतिष कविता होता तो वराहमिहिर सबसे बड़े कवि होते; भाषा की खरादी हुई विशुद्धि कविता होती तो वररुचि से बड़ा कौन कवि होता ?

इस विनम्र व्यक्ति का नाम निचुल है। निचुल बेंत को कहते हैं। यह व्यक्ति बेंत की तरह ही झुका-झुका है। हर घड़ी मन में कुछ टटोलता रहता है। स्वयं प्रश्न करते समय भवें सिकोड़ता है, स्वयं उत्तर देते समय खिलखिला कर हँस पड़ता है।

सन्नाटे रास्ते को ताकता हुआ, जैसे विचारों का तांता उसके मन को झकझोर रहा हो और वह अपने आप में सुलग रहा हो; जैसे सन्देह का तूफान उसके मस्तिष्क को कुरेद रहा हो, गहराई से सोच कर पूछा :

'मालविकाग्निमित्रम्' की रचना के पीछे आपका क्या उद्देश्य है ?

'कोई उद्देश्य होना जरूरी है ?'

'यह आप पूछ रहे हैं ? जिन्होंने ऋतुसंहार की रचना का उद्देश्य भी नकली वैराग्य से...'

'मैंने नकली नहीं कहा होगा। बौद्ध धर्म और चाहे जैसा हो, नकली नहीं हो सकता। अधिक-से-अधिक मैंने उसे अव्यावहारिक या अप्राकृतिक कहा होगा। मैंने कठिन मानव-मन को प्रकृति से जोड़ने, उसे प्रकृतिस्थ या स्वस्थ रखने के उद्देश्य से ही वह बाल-प्रयास किया था। प्रकृति के साहचर्य में मैं जन्म से ही रहा हूँ। मैंने भरसक अनुभूति को ही वाणी दी है।'

'और उसमें जहाँ-तहाँ जो शृंगारिक प्रसंग हैं उन....?'

'वे महाराज भर्तृहरि के अनुशीलन से प्राप्त हुए थे। राजर्षि भर्तृहरि विलासी न थे। वह तो नीति-मूलक शृंगार के पक्षपाती थे कि जिसकी परिणति वैराग्य में हो! अन्ततः यह कमी न भूलना चाहिए कि धर्म से चला हुआ और मोक्ष तक पहुँचने वाला काम भी एक पुरुषार्थ ही है। पशु-पक्षियों में द्वन्द्व-भाव है; मनुष्य में रति है, रस है, आनन्द है।

'मेरा मन कहता है कि यह सब पशु-पक्षियों में भी है, हाँ, वे मनुष्य की बोली बोल कर अपनी कहीं अधिक स्वस्थ रसिकता का दावा नहीं कर सकते!'

—कहते हुए हँस पड़ते हैं। इस बीच काली-मंदिर की ओर जाने वाले दूसरे लोग भी निचुल-कालिदास-संवाद में सम्मिलित हो गए थे।

एक ने बड़ी विनम्रता से पूछा : 'कविवर, आर्य-साहित्य में—'यतो धर्मस्ततो जयः' की ही घोषणा की गई है। महाभारत में मनुष्य के कलुषित चरित्र का कम चित्रण नहीं किया गया है, परन्तु कुरुक्षेत्र का पाप पक्ष चाहे जितना भी प्रबल रहा हो, धर्म के आगे उसे मुँह की ही खानी पड़ी है।

'यही हाल रामायण का है। एक ओर राम, दूसरी ओर रावण का ताम झाम...'

कालिदास जी ने अपनी गुलाबी हथेली उठा कर उन्हें रुकने का संकेत किया। फिर धीरे-धीरे बोलने लगे :

'रामायण-महाभारत केवल धर्म-ग्रन्थ ही नहीं हैं, मानव-चरित्र की विविधता और विचित्रता को बेबाक चित्रित करने वाले महाकाव्य भी हैं।

'इनमें राजनीति, समाजनीति और लोकनीति भी है। ये जैसे महाकाव्य हैं वैसे ही हमारे जीवन्त अतीत के ज्वलन्त इतिहास भी हैं। इन्होंने हमारे जातीय जीवन में शक्ति और शान्ति की एक-सी धारा प्रवाहित की है।

'राजनीति, समाजनीति और धर्मनीति में हजार बार फेर-बदल होने की गुंजाइश रहती है। आज जो घटनाएँ सबसे अधिक प्रासंगिक प्रतीत होती हैं और जिनके उन्माद के कोलाहल से दिशाएँ बहरी हुई जाती हैं, कल कोई उनका नामलेवा भी न होगा। वाल्मीकि-व्यास ने तो इस देश को जीवित हृदय दिया है; हृदय को प्राणवन्त धड़कनें दी हैं। जातीय जीवन में स्थायी अभ्युदय के मूलभूत उपायों को रेखांकित किया है। शोक में सान्त्वना, पतन में उत्थान की आशा, थकान में उत्साह-उमंग और अकिच्चनता में भी शाश्वत सौन्दर्य का मर्म उद्घाटित कर हमें अमरता का पाठ पढ़ाया है।'

'किन्तु'—दूसरे अपेक्षाकृत मुखर सहयात्री ने पूछा : 'किन्तु महत्‌कला तो स्तुति-जैसी होती है, उसमें दुनियादारी, तिकड़म, लोकनीति-जैसी घटिया किस्म की बातों के लिए कहाँ गुंजाइश है ? चिन्ता, पीड़ा, तनाव, कँपकँपी, घबराई हुई चेतना महत् कला, महान् साहित्य का विषय नहीं हो सकती।

सूखा हो कि बाढ़ कि भूकम्प, इनसे जूझनेवाले किसी महत् काव्य के उपयुक्त पात्र नहीं हो सकते।'

कालिदास ने उसे बाँह उठा कर रोका : ऐसे तो महत् को तुम कितना छोटा, कितना ठिंगना बना दोगे ! महत् या उदात्त प्रतिमान होता है, समतल नहीं। सिर आकाश में रहे, पाँवों को तो धरातल ही चाहिए !

'हम जिसे प्यार करते हैं उसी की स्तुति करते हैं। वह फूल की पंखड़ी भी हो सकती है, फल की पूर्णता भी ; शरीर का सौष्ठव भी, सुरधनु की छवि छटा भी।....

'किन्तु यहाँ तनिक रुकना चाहिए। इस संसार में सब कुछ महत् या सुन्दर ही नहीं हैं। महत् या सुन्दर ही कला-साधना का एकमात्र विषय है, यह कहना समग्र कहना नहीं है। गँवई-गाँव के क्षुद्र, दरिद्र, भूखे-प्यासे

लोग टूटी-फूटी मड़ैया, सड़े हरे पानी वाले तालाब, सूखे-खनखनाते जंगल भी कला के वैसे ही विषय हैं जैसे समृद्ध सम्पन्न लोगों का आभिजात्य, राजोद्यान, कमलों-सजे सरोवर। कविता का सम्बन्ध मानव-जीवन से है और जीवन की सभी स्थितियों को समेट कर ही समग्रता सधती है। राम-कृष्ण गली-कूचों में खड़े नहीं मिलते, पिता-पितामह, भाई-बन्धु मिलते हैं; सीता-सावित्री नहीं मिलतीं, माँ-बहनें मिलती हैं, कविता को और क्या चाहिए ?'

× × ×

अरे राजकुमारी जी, इस चेहरे से तो चाँद को ईर्ष्या होना वाजिब ही है !

—सहेलरियाँ झुण्ड बाँध कर मिलने आई हैं। ओस के सन्देश से जैसे फूल के आँसू भर आए।

मञ्जुलिका ने बाएँ पाँव में चिकोटी काटी : कहाँ ?

'मैं क्या जानूँ, हो सकता है, असम्भव से टकराने के अभ्यास को माँजने निकले हों !'

'अच्छा, तो यह बात है ? मैं सारी सुन-गुन कर रखने वाली तो हूँ नहीं। कल मधूलिका बोल रही थी : पौरांगनाएँ बिजली की कौंध-सी चञ्चल चितवन से डोरे डाल रही हैं उन पर। वह काली-मन्दिर की ओर ही क्यों घूमने जाते हैं ?

विद्या बोली :

'बको, और बको, खुले को बकवास से भर दो, वातास बन्द हो। तूफान की मदद करो। उसाँस से बादल उमड़ाओ।' मधूलिका ने हाथ जोड़े :

'दुहाई है। गंगा पार्वती की सौत थीं। भगवान शंकर ने उन्हें सिर-माथे रखा था।'

विद्या विहँसी :

''मेरा ऐसा भाग्य कहाँ? वह तो मेरी ही आँखों में अपना मुँह निहारते बैठे रहते हैं। मैं उन्हें राजसभा जाने कहती हूँ तो वह टाल जाते हैं।

उँगली उठा कर चुप रहने का इशारा करते हैं कि कहीं उनकी कोई कोमल कल्पना कुम्हला न जाए !''

मञ्जुलिका रहस कर बोली :

''यह कोमल कल्पना कोई और नहीं, उन्हीं पौरांगनाओं में कोई देवांगना-सरीखी दिखी होगी, उसी की याद सन्नाटा पी कर जीना चाहती होगी ! होठों पर आँखों-देखा रूप अँक न जाए, इस लिए सूनी-सूनी तलैया में सोनचिरैया की चहक सुनाई देती होगी ...''

विद्या ने धुनी रुई-से चेहरे को हवा-बतास से बचाते हुए कहा :

'अब बस भी करो !

'जिन्होंने मुझे दार्शनिक सिद्धान्तों, धार्मिक अनुभवों, नैतिक चरित्रों और परम्परागत विश्वासों से घेरकर रक्खा था, वह मेरे भौतिक सुखों के शत्रु न थे...'

अभी वाक्य समाप्त भी न हुआ था कि अस्वाभाविक रूप में माता जी पधारीं :

'यह सब क्या हो रहा है ? कौन हैं ये ?'

'जब वहाँ थी, ये सब मेरी सहचरियाँ थीं माँ जी !'

'सहचरियाँ ! अरे वाह ! इनके साथ तुमने कितने बरस बिताए होंगे ।'

'यही कोई बारह बरस, माँ जी !'

'बारह बरस ?'

'सब की सब पढ़ी-लिखी लगती हैं ?

'हाँ, माँ जी ।'

'बाप रे ! तब तो पुस्तकीय ज्ञान-विज्ञान का बोझ इनके सिर पर होगा और जीवन का यथार्थ इन्हें कड़वा लगता होगा !'

''माँ जी, यह मच्चुलिका है, यह मधुलिका, उसका नाम पद्मा है । और ...''

'हाँ-हाँ, मैं इन सब से मिल चुकी हूँ । इन्हें दूधों नहाने, पूतों फलने का आशीर्वाद भी दिया है, परन्तु...'

'ये तो अभी बच्चियाँ हैं । सब की सब ब्याही हैं । घर पर मन नहीं लगता तो यहाँ भागी आती हैं ।'

'यह कोई अच्छी बात है बहू ? समुद्र के किनारे बसने वाले को उसके गर्जन और विलाप से क्या बचना ? ऐसे तो ये जीवन के असली उद्देश्य को ही भूल जाएँगी !'

'मैं तो बक-बक कर थक चुकी, अब आप ही इन्हें समझाइए माँ जी !'

'मैं इन्हें क्या समझाऊँगी बहू ? इन्हें बदलती ऋतुओं से सीख लेनी चाहिए। कठिन-से-कठिन मार्ग पर चलते हुए इन्हें ऊँचे उठने की आकांक्षा पालनी चाहिए।'

× × ×

'कभी संगीत सीखने की इच्छा नहीं होती ? कालिदास कितना अच्छा गाता है, ऐसी खनकभरी आवाज व्यवसायी गायकों में शायद ही किसी-किसी की होती है।'

'मुझे कभी न बताया !'

'तुमने कभी पूछा ही न होगा। मैंने अभी उस दिन पूछा था तो उसने हँस कर बताया कि दक्षिण में गीत, नृत्य, वाद्य—तीनों का पर्याप्त ज्ञान अर्जित किया है ! बचपन वाला सहज था, अब शास्त्रीय हो गया है। उसने मृदंग और सरस्वती-वीणा बजाना भी सीख लिया है।'

'तो क्या जीजा जी नाचते भी हैं?'—सहचरियों ने समवेत स्वर में पूछा।

'अब बहू नचाएगी तो नाचना ही पड़ेगा।'

इस पर हँसी का धारायन्त्र छूटा तो सब सूखे वस्त्र निचोड़ने लगीं।

—ठीक इसी समय कालिदास ने अपने कक्ष में प्रवेश किया और अचकचा कर माँ को देखा। चरण छुए और पास ही बैठ गए।

माँ ने कालिदास के माथे पर के झलमलाते श्रमकण अपने आँचल से पोंछते हुए कहा :

'बहू की सहेलियाँ आई हैं। उलटी पट्टी पढ़ा रही थीं। मेरे कानों में भनक पड़ी तो यहीं आकर बैठ गई। सोचा, मेरे सामने ये परिहास के बहाने ऊटपटांग बातें न कर पाएँगी। सो, यहीं बैठकर तुम्हारी बाट जोहती रही।'

सहेलियों को काटो तो एक बूँद रक्त न गिरे। सब की सिट्टी-पिट्टी गुम।

कालिदास जी ने कहा : 'आपकी बहू के नाते, माँ, ये मेरी... हैं न। इनके भीतर जो दुबका हुआ है, उसे खोलने ये कहाँ जाएँ?'

'अच्छा बेटा, अब तुम लोग हँसो, बोलो। मैं भी देखती हूँ, तुम्हारे पिताश्री महाकालेश्वर से लौटे या नहीं।'

× × ×

''हाँ, मैं निचुल को समझा सकने में सफल रहा। मानवीय धरातल पर ही देव-चरित्र का चित्रण संवेदनीय हो सकता है। अलौकिक अचम्भे में डाल सकता है, जीवन में रसता-बसता नहीं है। और जो जीवन को स्पन्दित नहीं करता, वह काव्य नहीं है। बाहर हू-ब-हू वैसा न भी हो, पर हृदय में अपनी वैसी की वैसी परछाइयाँ उगाता है और वे परछाइयाँ ठीक-ठीक पकड़ में आ जाएँ, कविता में ऐसा जादू होना ही चाहिए।''

'और मानव-चरित्र के चित्रण में?'

'यह कवि की मर्जी पर है कि वह मनुष्य को देवत्व की ओर उठाए या राक्षसी वृत्तियों के अँधेरे में गिराए या फिर उसे ज्यों का त्यों रहने दे जिसमें न कभी देवत्व दिपे, न तमोगुणी अँधेरा ही उजागर हो। आदर्श और यथार्थ का चक्कर पुराना है।'

'मालविका और अग्निमित्र के जीवन को आपने कौन-सा रूप दिया है?'

'संगीत का!'

'संगीत का? अर्थात्?'

'संगीत में सुर और शब्द दोनों होते हैं। सुर जरूरी है, शब्द के बिना भी...'

मैं कुछ समझी नहीं!

'वर्तमान जीवन निर्विशेष भी हो सकता है; किन्तु मानव-जीवन की परिधि बहुत बड़ी है। सच तो यह कि मानव के ऊँचे और ऊँचे उठने की सारी सम्भावनाएँ इसी जीवन में समाप्त नहीं हो जातीं। अग्निमित्र

क्रूर नहीं प्रेमी सम्राट् है। राजनीति-कूटनीति में ही पारंगत नहीं, ललित कलाओं का प्रेमी और सौन्दर्य्योपासक भी है ...''

'हाँ-हाँ, क्यों नहीं ? आप उनसे काहे में कम हैं ?—यह दोनों शाम काली-मन्दिर क्या माँगने जाते हैं ?'

'माँगने ? ठीक कहा तुमने, मैं तो जनम-जनम का मँगता हूँ ही...माँ काली से कहता हूँ कि तुमने मेरी हर कामना पूरी कर मुझे अव्वल दर्जे का मँगता बना दिया है, अब कुछ ऐसा करो कि मुझे मँगता होने की लज्जा न सहनी पड़े और तुम्हें अपना सर्वस्व लुटा कर पछताना न पड़े।'

'विद्या ठठा कर हँसी : क्या कहने ? बात बनाना तो कोई आपसे सीखे ?'

□

३२

विद्या चौंकी। उठ बैठी। चम्पे की उँगलियाँ उसे कोंच कर गुदगुदा रही थीं। माँ के व्यंग्य से बिंध कर जो गईं, लौटीं नहीं। उनके लौटने का यह समय भी नहीं। फिर ?

तिरस्करिणी में हलचल-सी हुई। सुखद विचारों के स्वर्ग में जैसे पतझड़ घुस आया। तरुण वातावरण में झुर्रियाँ उभर आईं। आनन्ददायक गीत की टेक ही बेसुरी हो गई। बदन सिहरा। पसीना छलछला आया। चीखने को हुई तो एक बिल्ली निकल आई। हँस पड़ी। तभी कालिदास किधर से भी प्रकट होकर बोले : बिल्ली ने रास्ता काट दिया। अब आज कहीं न जाऊँगा। विद्या ने अचम्भे से पूछा : आप कहीं गए न थे ? यहीं थे ? कहाँ थे ?

'जहाँ-जहाँ तुम थीं !'

'कभी परछाईं तक न दिखी !'

'मैं तिरस्करिणी विद्या जो जानता हूँ।'

'यह क्या होती है ?'

'विद्या !' कहा और साड़ी का पल्लू पकड़ लिया।

वह छुड़ा कर भागने लगी तो कालिदास ने उसे भर आँख देखा। जैसे बिजली की कौंध से चुँधिया गई हों, विद्या ने आँखें बन्द कर लीं।

कालिदास ने ठोडी पर हाथ रखा तो 'अंग-अंग फूले कदम्ब सम।' इतना ही नहीं—'साँस-झकोरे झूले।'

कालिदास ने प्रेम-पयोनिधि में डुबकियाँ लगाने के अपने पहले अनुभव

के बारे में कुछ पूछा, कुछ बताया। वह हाँ-हूँ करती रही। कभी न फूटी। ओठ की ओर जीभ लपकाने पर मुँह घुमा लिया। दर्पण को ताका तो पीछे खड़े की लालची आँखें दिखीं, फिर तो लाज की ऐसी लपेट में आ गई कि उस घड़ी अपना हाथ भी अपने किसी अंग से छू जाता तो वह सिमट-सिकुड़ कर फूल से कली हो जाती।

भवें टेढ़ी कर पूछा : 'किससे सीखे ये सारे हथकंडे ?'

''ब्रहाचारिणी के स्पर्श से—स्फुरण से? प्रतिभा की नित-नई उद्भावनाओं से।'

'ब्रह्मचारिणी ! प्रतिभा से ?'

'और नहीं तो क्या वात्स्यायन से ? बात यह है विद्या कि चरित्र ही असल है। जो चरित्रहीन है, वह काम-सुख भी नहीं भोग सकता। भोगने का ढोंग भर करता है। नए-नए बर्तनों में खाता है। शायद बर्तनों के परिवर्तन से उसे क्षणिक उत्तेजना होती है। मद्य-पान करता है। शायद रक्त में सनसनाहट बढ़ जाती है। किन्तु यह सब तो वास्तविक काम-सुख का आभास मात्र है। सुख प्रकृति का आत्मिक अवदान है... विलास भौतिक सुविधाओं की अतिरञ्जना। शक्ति का स्वाद नहीं, विक्षेप, उन्माद।'

जिन्होंने गर्मियों में किसी ताल-तलैया के किनारे सन्ध्या समय स्वर्ण-चम्पे की डालों में खिले फूल देखे होंगे या फिर कोई डाल झुका कर किसी किशोरी को जल्दी-जल्दी आँचल भरते देखा होगा, वही इस घड़ी नींद की गुलगुली गोद से धरती पर उतर कर खड़ी विद्या की कितनी ही मुद्राओं में फिर-फिर देखी मधुर मूर्ति की एक और भंगिमा देख सकते थे।

उसके जीवन के खुलाव के लिए अभी कितने ही प्रसंगों की पंखड़ियाँ खुलनी हैं, कितने ही सन्दर्भों और सम्पर्कों की सुगन्ध का सामना करना है उसे।

वह सोच में डूब गई कि क्या अब तक उसकी सारी लिखाई-पढ़ाई महज एक मुखौटा थी ? वह ऐसे गुह्य और श्रीहीन सपने ही क्यों देखती

है ? उसे झरना पाषाण क्यों दीखता है ? गुदगुदाना वहीं तक, जहाँ तक हँसी आए !

मन मक्खी छोड़ देता, हाथी निगल लेता है। यह सब जो सपने में दिखा, कभी घटित तो नहीं हुआ। मन मीठी छुरी है, क्या काटना चाहता है ?

उनके शील और मर्यादा ने कभी मेरे मुँह की बात नहीं छीनी। मैं ऐसे सपने ही क्यों देखती हूँ ? ऐसे क्यों नहीं देखती कि चार दिग्गजों से मैं अकेली भिड़ी हूँ ? एक से पूछ दिया : गार्गी, मैत्रेयी और कात्यायनी उनके नाम थे या गर्ग, मैत्रेय और कात्यायन गोत्र की अपनी सहज और पारम्परिक विशेषताओं को नारी का व्यक्तित्व भर प्रदान किया गया है ?

और किसी से पूछ बैठी; पतञ्जली पाणिनी के पूरक भी हैं या अष्टाध्यायी के निरे भाष्यकार ?

और किसी से... ।

जान पड़ता है, सहचरियों की आपसी गन्दी बातें अनचाहते मेरे कानों में घुसती रही हैं। कभी पढ़ा था : एक-से शील और शौक वाले में ही सख्य सम्भव है। माँ की परख कैसी खरी है ! ऋग्वेद में पढ़ा था : 'न दुरुक्ताय स्पृहयेत्।' दुष्टतापूर्ण बचन बोलने या सुनने का अवसर भरसक नहीं आने देना चाहिए।

ठीक तभी कालिदास काली-मन्दिर से लौट कर आ गए। विद्या अनमनी खड़ी थी। आँखें मिलीं तो ढर-ढर आँसू बह चले।

कालिदास ने गले-गले मिल कर पूछा : 'यह सब क्या है ? आज माँ के पास नहीं गईं ?'

'गई थी। आज दोनों महाकालेश्वर चले गए हैं।'

मैंने तो कई बार कहा : 'तुम्हें अकेली रहने की आदत नहीं है। दो-चार परिचारिकाएँ रख लो।'

'और उनकी गन्दी बातें सुनो और घड़ी भर रहसो-विहँसो। फिर भोंड़े सपने देखो... ।'

'सपने ?'

'और नहीं तो क्या ? आज और क्या हुआ ? माँ जी तुम्हारे निकलने

के तुरंत बाद मन्दिर चली गईं। मैं खड़ी-खड़ी झख मारती रही। फिर अलसा कर लेट गई। लेटते ही सपना शुरू !''

'किसे देखा सपने में ?—अपने माता-पिता को ? महाराज-महारानी को या... ?'

'तुम्हें देखा। उन्हें तो तुम्हीं ने भुलवा दिया।'

'क्या देखा...?'

'देखती क्या—अपना सिर ? तुम्हारी गन्दी हरकतों से झुँझला उठी थी !'

'अच्छा, तो यह बात है!'

'और नहीं तो क्या ?'

'अच्छा, ऐसा करो, कल से तुम भी मेरे साथ मन्दिर चला करो।'

'नहीं बाबा, नहीं, मुझे लाज लगती है।'

'लाज ? इन दिनों बहुत लाज लगने लगी है'—कहकर कालिदास ने जैसे एक ऐसे कमल-वन को भर आँख देखा, जिसमें, कहीं भौरों की पाँत थी, कहीं हंस था और कहीं चकवा-चकई।

आगे राजकुमारी थी हर घड़ी चेरियों से घिरी-घिरी। घर में नौकर-चाकरों की भरमार। महाराज ने यहाँ भी तो सब दिया था। कालिदास के माता-पिता ने हाथ जोड़ कर मना कर दिया। वह दूसरों का बनाया खाना नहीं खाते; दूसरों के धोए कपड़े भी नहीं पहनते। बड़ी विपत्ति। विद्या को कुछ करने नहीं देते। शिप्रा-स्नान। मन्दिर-मन्दिर दर्शन। यहाँ जो सेवक-सेविकाएँ हैं, सब की ढलती उमर है। सब नहा-धोकर काम में लगते हैं। विद्या उनसे क्या बातें करे। पहले की तरह पुस्तकों में मन नहीं रमता। समय बिताती है। महाराज-महारानी ने समय-समय पर बुलाया। मिलने पर उन्हें अपने किसी भी कष्ट से अवगत नहीं कराती।

सुख भी नहीं बखाना। अब वह अपने घर में आकर भी ऐसा ही अनुभव कर रही थी, जैसे बुलावे पर कहीं गई हो। नदी चल-चल कर सागर से मिल चुकी थी। अब उसका रूप बदल गया था, नाम भी गंगा-सागर हो गया था।

अपने कक्ष में गई तो कोई-सी याद यों छू गई कि वह छुई-मुई हो गई। बारी-बारी सारी सखियाँ मिलने आईं। कानों में झाँझन गूँजी। ओठों

पर आँखों-धुली हँसी खिली। अन्तर में अँगारे सेती सखियों की आँखों में नदी उमड़ आई। उन्होंने तो कभी अतिरिक्त सुख-सुविधाएँ नहीं चाही थीं, फिर अपनापन क्यों छिन गया उनका ?

× × ×

एक नई कहानी गढ़ी है रास्ते-रास्ते। नींव चट्टान पर जमाई है। गहरे खोद सका या नहीं, समय बताएगा। बाढ़ आएगी : लहरें टकराएँगी, सब हिला-डुला कर देखेंगे। चट्टान पर नींव ! नहीं, बुनियाद गहरी है, चट्टान उथली भूमि पर नहीं, गहरे गड़ी है, बहुत गहरे,....समय बताएगा।

....रामगिरि की चोटी पर एक यक्ष आठ महीनों से रह रहा था। अकेला, उदास, खोया-खोया।आठ महीने उसने बैठे-बैठे मक्खियाँ उड़ाकर नहीं बिताए। नई-नई झुग्गियाँ बनाईं, नए-नए परिवेश से अपने उखड़े-उखड़े मन को जोड़ने की जी-तोड़ कोशिश की ; किन्तु अपनी जन्मभूमि से निर्वासित होने की पीड़ा उससे कैसे भी नहीं झिल रही थी। सो वह जब-तब ओठों में बुदबुदाता :

एक छोटे-से अपराध की ऐसी कठोर सजा ? अब तक के जीवन की एक छोटी-सी भूल ने कैलास पर बसी अलका के चन्दन-चाँदनी-जैसे अस्तित्व को मिट्टी में मिला दिया ? आनन्द की उनींदी उज्ज्वलता पर निराशा की कालिख पोत दी ! एक बिजली-सी कौंधी। क्षणिक आलोक से आँखें चुंधिआईं और फिर सिर पर वज्र गिर गया।

क्या किया था मैंने ?—अपनी नई-नई ब्याहता पत्नी को बहुत-बहुत प्यार ! यही जो उसके भोले-भाले प्यार के नशे में आपा खो बैठा था ; बावरा हो गया था। दीन-दुनिया भुला बैठा था। अन्नदाता कुबेर की भी सुधि जाती रही थी। प्यारी पत्नी के अंग-अंग से फटी पड़ती सुन्दरता पर ही टकटकी बँधी रह गई थी कि शरद ऋतु के बादलों की छाँह है यह। यों तो प्रत्येक रमणी रमणीय होती है ; किन्तु किसी अपूर्व सुन्दरता को ही ग्रहण लगने का अंदेशा रहता है। तारे कहाँ कभी घटते-बढ़ते हैं, यह साँसत सिर्फ चन्दा को सहनी पड़ती है।....

विद्या ने अधबीच में टोक दिया : 'सोने का कमल तो रात में भी खिला ही रहता है।....

'देखती हूँ, यक्ष की भावुकता आपके आपे को छाप कर छलकी पड़ती है। कुछ थोड़े-से शब्द आपके ओठों से चिपक-से गए हैं, आपको सामने करके स्वयं ओट में हो गए हैं।'

कालिदास हँसे : हाँ, सुन्दरता की ओट में सत्य रहे तो वह अप्रिय नहीं लगता।

'अच्छा, यक्ष से अनजानते ऐसी कौन-सी चूक हो गई थी ?'

'चूक नहीं, सामाजिक मर्यादा का उल्लंघन ... अपराध।'

'सामा...?'

'हाँ, जिस प्रेम पर देवता का आशीर्वाद नहीं बरसता : जिसे समाज का सौहार्द नहीं प्राप्त होता, वह अकेला, उन्मत्त और उच्छृंखल हो जाता है। प्रेम में भी स्वजन, परिजन, पुरजनों की भागीदारी जरूरी है। वह प्रेम के बाधक नहीं, प्रेम को मर्यादित करने वाले हैं।

'उतनी ही खाद खेत में डालनी चाहिए जितनी डालने से पैदावार बढ़े, उतनी नहीं जितनी डालने से खेती जल-झुलस जाए, खेत बंजर हो जाए।'

'फिर भी। क्या था उसका अपराध ?'

'प्रेम'

'प्रेम अपराध है ?'

'हाँ, यदि वह सबसे अलग-थलग हो गया हो। सबसे कट कर एक अकेले से अन्धी वासना के रूप में तालमेल बनाए हुआ हो !'

''कहते हैं, यह प्रेम ही है जिसकी बदौलत धरती अपनी ही धुरी पर घूम रही है।''

'जभी वह प्रेम से कहती है कि प्रेम रे, तू भी न पूछ कि तू क्या है ?'

'कौन कहती है ?' विद्या चिहुँकी।

''धरती और कौन? वही कहती है कि प्रेम के फूल न खिले हों तो मैं सुनसान, उजाड़ हो जाऊँ।'

'फिर ?'

'फिर क्या ? धरती से चन्द्रमा तक फूल ही फूल हों तो कँटीले संघर्ष के अभाव में जीवन चलेगा ? सख्ती है तभी नर्मी की सार्थकता है। लज्जा, संकोच, विनय ... प्रेम के पहरुए हैं, वैरी नहीं।''

''यह आपकी अपनी मान्यता हो तो मुझे कुछ नहीं कहना। यों जब किसी के माता-पिता न हों, दूसरे अपने-पराये भी न हों तब किसी पति-पत्नी का एक दूजे में खोया रहना कोई ऐसा अपराध नहीं जिस पर किसी के शाप के पंजे कसें। उपवास रख कर आधा रह जाना सबको नहीं आता।

'अपनी औकात भूल कर धर्म पर धावा बोलना क्या बड़ी बुद्धिमानी है ?' 'धर्म' ? सारी दुनिया से प्रेम के सम्बन्धों में यह बदलाव सिर्फ आपकी निजी सूझ है। प्रेम क्या अपने आप में धर्म ही नहीं है...' —कह कर विद्या हँसती रही :

'टकराहट के स्वर से कोई स्थायी हल तो निकलनेवाला है नहीं। फैसले की खोज जारी रहेगी। कोई अवसर चूकूँगी नहीं। 'हाँ', आप अभी यक्ष-यक्षिणी की प्रेम कहानी ही कहिए।'

फिर चाटूक्ति पर उतर आई :

'जीवन की सचाइयों और अनुभूतियों को प्रौढ़, परिमार्जित एवं सुन्दर शब्दों में अभिव्यक्त करने की कला कोई आपसे सीखे ! प्रेम-वियोग की घिसी-पिटी बातों को भी आप जीवन की सच्चाइयों से जोड़कर चिरनवीन रूप दे देते हैं।'

आप सौन्दर्य को—प्रियेषु सौभाग्यफला हि चारुता—कहकर आँखें रोकने का साधन नहीं बनाते। और न रूप को कामोत्तेजक कलुष का कारण बताते हैं—

'यदुच्यते पार्वति पापवृत्तये
न रूपम्... ।'

'यह सब बहुत अच्छा है। हाँ, वाणी से प्रेम की अभिव्यक्ति सम्भव नहीं है, चेष्टाओं से उसका आभास मिलता है। प्रेम में सिसकना-रोना तो सम्भव है, वाणी रुँध-सी जाती है।

'यों ऐसे लोग होते हैं जिनके वहाँ होने से कोई-सा भी स्थान तीर्थ हो जाता है। आपकी प्रतिभा के स्पर्श से अबोले बोल उठते हैं। आपमें यक्ष-यक्षी के प्रेम की चिनगारियों पर चन्दन का लेप चढ़ाने की क्षमता है।'

रचना के सुख से फड़कते ओठों की मुसकान कब की पुँछ चुकी थी। स्वर्ग से अमृत झरते अथवा नरक से जहर उफनते किसने देखा है? मेघदूत भी कालिदास की एक ऐसी ही कल्पना है, जिसमें प्रेमी हृदयों की अधकचरी विह्वलता ही नहीं है। भारत के हृदय भाग से उमड़ा हुआ मेघ उसके शीर्ष भाग में स्थित कैलास तक की यात्रा करता है। कितने ही वन-पर्वतों, नद-नदियों को पार करता हुआ अलका पहुँचता है।

हृदय से वन-पर्वतों, नद-नदियों का लगाव है, उन्हें अनदेखा कर ऊपर-ऊपर उड़ना भर लक्ष्य नहीं है, तन की भूख, मन की विह्वलता और आत्मा के प्रेम को साथ-साथ उड़ान भरने की चेत कराना भी जरूरी है।

'किन्तु तुम्हारी दृष्टि में तो कौर उठाते वक्त ही मक्षिका-पात हो गया। तुम्हारे विचार से उनके अनन्य प्रेम को दण्डित होना ही अनुचित है?'

'नहीं, कुबेर-जैसा मोटी तोंदवाला कोई हृदयहीन मालिक हो तो वह दण्ड दे सकता है। उसे ऐसे प्रेम का अनुभव तो कभी न हुआ होगा सो चकवे-चकई को बिछड़ा देने की सामर्थ्य तो वह दिखला ही सकता है। कोई धनकुबेर दिलवाला हो, ऐसा तो कभी सुना न गया।'

'अरे तुम तो आलोचक हो। न तुममें रचना पढ़ने का उत्साह है, न सुनने का धैर्य्य। रचनाकार ने फूल खिलाए, तुमने उन पर मक्खियाँ बैठा दीं! तुम्हें भौंरे काटते हैं न! मैंने समझा था, एक दिये से दूसरा दिया जला रहा हूँ। गलत समझा था।'

× × ×

कल रात एक अजब-सा सपना देखा था। तुम्हें सोई छोड़कर तड़के काली-मन्दिर चला गया था। फिर बताना भूल गया। बात मन की किसी अनदेखी परत में चिपक कर रह गई।

'ऐसा भी क्या!'

'क्यों ? कभी तुम माँ के पास रही, कभी पड़ोसिनों के। मैं दुपहर में जल्दी ही सभा चला गया था, अचानक वररुचि बुलाने आ गए थे।'

'कैसा सपना देखा था ?'

देखा था कि हमारी सुहागरात है। तुम बनी-ठनी बैठी हो, मैं काठ-मारे हुए-सा एक कोने में खड़ा हूँ। तुम्हारी आँखों की कौंध से बिंध कर चेहरे पर जमे अवसाद को पोंछने का प्रयास कर रहा हूँ।'

'क्यों ?'

'क्योंकि तुमने मुझे मूर्ख कहा था !'

'वो तो मैं अब भी....'

'सच ?'

'और नहीं तो क्या ?'

'क्यों ?'

'मूर्ख न होते तो इस नीरस ब्रह्म-विद्या से विवाह करते ? करते भी तो बिना किसी धूमधाम के, चुपचाप कर लेते। एक उत्तरीय मेरे लिए ले आते, एक अपने कन्धे पर डाल लेते। महाकाल के साक्ष्य में निचुल गाँठ लगा देता।'

'सच विद्या ? ऐसा हो सकता था ? तुम्हारे पिता इसे स्वीकार कर लेते !'

'स्वीकार कर लेने की एक ही कही ! जब वह तुम-जैसे को, जिसके न घर का पता, न कुल का, और न शील का ही, मेरा हाथ दे सकते थे, तब वह....?'

'मैं सचमुच मूर्ख हूँ विद्या।'

'आपको अपने मुँह से अपनी प्रशंसा छोड़ देनी चाहिए।' अच्छा, तो सपने में और क्या देखा था ?

उस घड़ी विद्या की खरी गुराई लम्बी-नुकीली घनी बरौनियाँ निखार रही थी।

'देखा कि तुमने मुझे धक्के देकर ऊपर से नीचे फेंक दिया !'

'मैंने सोचा, कहोगे, आसमान में उछाल दिया। ...अच्छा तो फिर....?'

'फिर क्या, नीचे माँ काली आँचल फैलाए खड़ी थीं, उन्होंने मुझे लपक कर गोद में उठा लिया।'

और बेचारी माँ कर भी क्या सकती थीं ! माँ जो थीं। माँ की यही तो महिमा है। जिनकी महत्ता सबसे नहीं झिलती, जिनके गौरव से विश्व गौरवान्वित होता है, ऐसे महान्-से-महान् व्यक्तियों को भी तो वही जन्म देती हैं। तुम तो बिना कुछ समझे ही धड़धड़ा पड़ते हो। मगर वह बेटे का पतन कैसे सह सकती थीं !

पतन ?

'और नहीं तो क्या ? कवि कहीं दुबारा ब्याह रचाता है ?'

'दुबारा ?'

'हाँ, कविता से तो आगे उसकी सगाई हो ही चुकी रहती है !'

इस पर दोनों साथ ही हँस पड़े। टुकड़े-टुकड़े बोल कढ़े, तनाव की धज्जियाँ उड़ गईं।

'विद्या ने तनिक खाँस कर फिर पूछा : 'हाँ, तो सपने में और क्या देखा?'

'देखा कि औंधे मुँह गिरने से मुँह लहूलुहान हो गया, माँ का आँचल तर-बतर हो गया था।'

'आँचल भरकर सौगात जो मिलनी थी !'

'सौगात ? मैंने कुछ समझा नहीं !'

'इसमें समझना क्या है ? आप जैसा वर पुत्र नील-सरस्वती को पहले कब मिला था ? हाँ, तो फिर क्या हुआ ?'

'माँ काली ने मुझसे पूछा : तुम्हारी धूप में छाँह के छाले पड़े हैं—क्यों ?'

'मैं कुछ आदर्शों, कुछ उदात्त सिद्धान्तों को यहाँ-वहाँ ढोए फिरता हूँ। अब तक उन्हें तर्किक आधार नहीं दे सका। जन-जीवन में वे रचे-पचे नहीं हैं। यों राजदरबार या समाज के ऊँचे लोगों में ही उन्हें लुटा या भुना देना मेरा उद्देश्य नहीं है। क्योंकि जो अनायास मिल जाता है, उसे नष्ट होते देर नहीं लगती। समाज के ऊँचे लोगों में उन्हें भुनाना मेरा उद्देश्य नहीं है।'

माँ तभी भुनभुना कर मुसकराईं :

'विद्या का सिक्का खूब बैठ गया है ? छुड़ाए नहीं छूटता—क्यों ? अविद्या ही किन्तु हृदय की धड़कन का दबाव रोक पाती है। पछतावे

की जरूरत नहीं है, न अचम्भे में पड़ने की। विद्या की शोभा सिर-माथे पर विराजने में है। हृदय का व्यापार अविद्या से ही चलता है।'

मैं कुछ सोच में पड़ गया और माँ काली मेरे सपने के साथ उजली हो गईं। पौ फट रही थी।

× × ×

'देर हो गई ? पिताजी ने मुझे बैठा कर अपनी बदरी केदार-यात्रा का रोचक वर्णन सुनाना आरम्भ कर दिया था। मैं तो तुमसे जब-तब छिट-पुट बहुत कुछ सुन चुकी थी, परन्तु उनकी बात और थी। तोता राम-राम बोलता है और बालक भी तोतली बोली में, दंतुलियों में बिम्बोष्ठ उलझा कर, राम-राम कहता है। दोनों का स्वाद एक ही नहीं है। राम एक हैं, उन्हें सुमिरनेवाले अनेक। सब अपने-अपने ढंग से सुमिरते हैं। एकरसता का प्रश्न ही नहीं उठता। पिताजी ने जहाँ समाप्त किया वह अत्यन्त मार्मिक था। मैं रो पड़ी।'

'ऐसी क्या बात हो गई ? तुम्हें शिवालिक पर्वतमालाएँ छू नहीं सकतीं ; गंगा की लोल लहरें हिला नहीं सकतीं, फिर पिता-श्री की किस बात... ?'

'बस यही उन्होंने भी कहा : बहू, तुम तो सब शास्त्र-पुराण पढ़ चुकी हो, मैं नया क्या कह सकता हूँ ! हाँ, जीवन के कुछ कटु-मधु अनुभव सुनाता हूँ। जीवन से जुड़े बिना सब वेद-वेदांग व्यर्थ हैं। चलते-चलते थक कर किसी वृक्ष के नीचे बैठता था तो ऐसा अनुभव होता था जैसे वह अपनी फूली-फूली आँखों से मुझे एक टक देख रहा है, टहनियाँ हिला कर पसीना पोंछ रहा है.... ।'

× × ×

'कुपित हो गए क्या ? मेरे सिर की सौगन्ध, कहो न, यक्ष का क्या हुआ ?'

'उसने एक छोटे पहाड़ की चोटी से सबसे बड़े, सबसे ऊँचे पहाड़ तक का रास्ता मेघ को बताया और उससे प्रियतमा के पास अपना सन्देश पहुँचा देने का आग्रह किया।'

'पूनम पर पूनम पार करता रहा। पता न था, अँधेरे की बारी है अब। जो चाँद के किए न हुआ, उसे कजरारे मेघ को करना है।

'अरे ओ धूमल मेघ, क्या मेरी उदासी और व्याकुलता तुम भी नहीं समझते ? तुम्हारे भरे-भरे नयन भी मेरे मन का रीतापन नहीं भाँप पाते ? मेरा संदेशा मेरी प्रियतमा तक पहुँचा दो न !

'तुम्हें देखते ही मुझे पिछली बरसात याद आ गई जब वह मेरे पास थी। हम दोनों सट-सिमट कर बैठे होते और तुम्हारी रिमझिम फुहार हमारी पलकों पर हौले-हौले बिछलती रहती ; हम चौंक कर तुम्हारे सुन्दर अपराध को घूरते तो तुम अपनी प्यारी बिजली को छेड़ कर चमका देते और हमारी अधखुली-अधमुँदी आँखें चुँधिया जातीं।

'ओ मेघ, पहाड़ पर ऊँचे चढ़कर मैंने ये टटके खिले कुटज के फूल तोड़े हैं और निरन्तर झरते आँसुओं से इन्हें धोया है। इन्हीं अँजुरी भर गन्ध-भरे फूलों से मैं तुम्हें अर्घ्य देता हूँ ; तुम्हारी पूजा करता हूँ। तुम मेरा सन्देश पल-छिन मेरी ही बाट जोहती प्रिया के पास पहुँचा दो !

'उससे कहना ; जी रहा हूँ, मगर दिन और रात उसी की याद में घुल कर ! अरे हाँ, तुम आकाश में सैर करते हुए जाना। आकाश तो हर पल रंग बदलता रहता है न ! कभी डरावना लगता है, कभी प्रसन्न बदन, कभी चित्रों से सजा-सजा।

'तुम्हें अपने भीतर एक स्निग्ध गन्ध का अनुभव होगा। संज्ञा-शून्य-से तुम कहीं ठिठके न रह जाना। सुन्दर-सुखद प्राकृतिक दृश्य मन को घेरते हैं, तुम कहीं अटके तो मेरे सारे सपने टूट-टाट कर यहाँ-वहाँ बिखर जायँगे।

'सौन्दर्य-पान से जीवन में गति और स्फूर्ति आनी चाहिए। वह प्यास बढ़ा कर गुमराह करने लगे तो उस ओर से आँखें मूँद लेना।''

□

३३

ऊँचे-से-ऊँचे पद का मद कभी कालिदास के बोलों से नहीं छलकता। कानों में मिसरी उँडेलते हैं उनके शब्द। उन्होंने गहरी निगाह से सामने देखा। हँसे कि वियोग कदाचित् योगी बना देता है चपल प्रकृति के विलासियों को भी। वह उनके प्रणय के उन्मेष के एक-एक क्षण को सिहरती उँगलियों से छू-छू कर जैसे प्राणवन्त और दीर्घजीवी बना देता है। तब उन्हें ऐसा लगने लगता है कि श्रम की थकान या सन्तोष की स्निग्धता ही सब कुछ नहीं है। इस बेगानी दुनिया में किसी का होकर जीना-मरना ही वास्तविक जीवन है ? हाँ, प्रेम की छाँह में कदाचित् विश्व भर की चिलचिलाती हुई धूप चटक-चाँदनी बन जाती है जो !—बोले :

आनन्द का एक छन्द भी जीवन भर के सौ-सौ विसंवादी स्वरों को झुठला देता है। सो यक्षी के साथ बिताए हुए एक-एक मास, पक्ष, दिन की सुधि उसके मर्म के व्रण पर चन्दन का लेप चढ़ाती रहती थी।

विद्या अनमनी-सी बात बदलने लगी :

कहते हैं, सत्ययुग में गणेशजी के दश भुजाएँ थीं और वह सिंह की सवारी करते थे।

''त्रेता में थोड़ा बदलाव आया, उनके छह बाँहें ही बच पाईं और वह मोर पर चलने लगे।

''फिर द्वापर में चार भुजाएँ रह गईं और उनका अंग-रंग बदल गया, लाल हो गया।

'और इस कलियुग का तो कहना ही क्या, अब उनके केवल दो हाथ बच गए हैं और रंग भी उजला हो गया है।'

'तुम्हारा मन क्या कहता है, तुम्हें इस बात पर विश्वास है?'

× × ×

'यों यह साबित कर दिखाने की उतावली मुझमें नहीं है कि मेरा यक्ष सीढ़ियों से लुढ़क कर लंगड़ा हुआ, विवश या बेसहारा नहीं है !

'नित्य प्रति के जीवन में वह एक निष्ठावान व्यक्ति ही था, कर्त्तव्य कर्म में कभी न चूकने वाला, तरुण, सहज स्वभाव का, व्यवस्थित वेश-भूषा वाला और अच्छे चरित्र का भी।'

विद्या ने दाहिनी कोहुनी से कालिदास की छाती में गुदगुदी लगाई। फिर चुटकी काटकर कुछ कान में कहा।

कालिदास ने मूक भाषा में कोई शब्दहीन भाव प्रकट किया। फिर कहने लगे :

यह कोई बहाना नहीं कि वह नौकर था, अगर नौकर भी था तो क्या हुआ, वह राजाओं के राजा—कुबेर का नौकर था। अलकापुरी में रहता था। उस अलकापुरी में जहाँ किसी यक्ष की आँखों में कभी आँसू दिखलाई देते हैं तो वह किसी रोक-टोक से आगबबूला होने पर नहीं, बल्कि किसी ऐसी खुशी से ही वह छलक-छलक जाते हैं जो ओठों में समा नहीं पाती। उनके और ताप नहीं। बस, प्रियमिलन से ठंडक पहुँचने की सम्भावना वाली काम-वासना की जलन ही हुआ करती है। उन्हें कभी-कभार प्रणय-कलह से ही वियोग की पीड़ा झेलने की भी नौबत आती है और वहाँ के धनपति युवा के अलावा और कुछ नहीं होते। सो रूप, यौवन और सम्पत्ति की एक ही नगरी है अलका।

'रामगिरि में वह भले ही झुग्गी-झोंपड़ी में दुख के दिन काट रहा हो, अलका में तो उसके एक भव्य भवन है, वह भी कुबेर के घर से, उत्तर की ओर से बिलकुल सटा हुआ, उसका इन्द्रधनुषी तोरण दूर से ही चमकता है। और उस घर के ठीक द्वार पर मन्दार का, मझोले कद का, एक वृक्ष है कि जिसके गुच्छ-गुच्छ फूल तनिक हाथ उचकाने से ही हाथ लग सकते हैं। हाय रे, वह पेड़ भी तो उसकी प्रियतमा ने ही अपने हाथों रोपा और फिर उसे स्वयं सींच-सींच कर बड़ा किया है !

'घर में अपना एक पोखर भी है, जिसकी सीढ़ियों में मणियाँ जड़ी हुई हैं और उसमें बिल्लौरी डंठल वाले द्वार के ढेरों सुनहरे कमल खिले रहते हैं। बरसात शुरू होते ही सभी पोखर-तालाबों के हंस उड़-उड़ कर मानसरोवर पहुँच जाते हैं, किन्तु उस सरोवर में आवास बनाए हुए हंस वहाँ से हिलने का नाम तक नहीं लेते जब भी मानसरोवर उसके बिलकुल पास-पड़ोस में है !

'काम भी क्या था उसका ! मानसरोवर में खिलने वाले कुछ स्वर्ण-कमलों को सूर्योदय होते-होते तक तोड़ कर कुबेर की पूजा की डलिया में सजा देना। दिन रात में बस एक यही काम। फिर चाहे सूनेपन की लहरों में लहराओ, चाहे पैरों में पायल बाँधकर स्वर्ण-कदली के बाड़े वाले बागान में नाचो, गाओ, ऊँचे उठो।

'छूट मिली थी कि हवा के बोझ से दबो मत, उसमें अपना आनन्द-छन्द घोल दो। पर ऐसा होता कहाँ है ! भोग की आग में जीवन जल जाता है। विलास की नशीली प्यास में चिराँयघ भी केवड़े की सुगन्ध-जैसी जान पड़ती है। सागर के हाहाकार से आकाश की छाती छिली जाती है, किनारे पर बैठे लोग उसकी गम्भीरता की कहानी कहते थकते नहीं हैं।

'जिस एक काम के बदले कुबेर ने उसे इतनी सुविधाएँ दी थीं, एक सवेरा ऐसा भी आया कि उस दिन वह करवटें बदलता रह गया। उठा नहीं, कर्तव्य का आलोक पथ भूल गया, क्षणिक सुखद परछाइयों के पीछे भटकता रहा। ऐसे में जो हो सकता था, हुआ।

'कुबेर का दिया दण्ड, धन की गर्मी से छूटा पसीना न था, जीवन-सन्तुलन की एक छोटी-सी सीख थी। अतिवाद के अन्तरिक्ष में बहे-बहे फिरते मन को ठोस भूमि पर उतारना था। रंगीनी से खनकते सुरों को स्वच्छ करना था।'

विद्या बोली कि आपको मेरी एक मामूली-सी बात इस हद तक बेचैन कर देगी, मैं कभी सोच ही नहीं सकती थी। वस्तुत : मेरा संकेत अपने ही जीवन की ओर था। मेरे माता-पिता नहीं, भाई-बन्धु नहीं,—सब आप ही हैं। ऐसे में जब आप राजसभा में जा बिराजते हैं या कहीं घूमने-फिरने चले जाते हैं, तो मैं अपने डंठल पर कैसे अकेले-अकेले खिली रह

सकती हूँ? आपने मुझे अपना प्रेम दिया है, वह एक प्रिय वेदना की तरह मेरी आत्मा की धरोहर है। उसी के साथ मुझे उभरना है, फैलना है। भविष्य के स्वप्न मैं उसी की आँखों देखती हूँ। मेरा अतीत अब उसी के गीत बन कर गूँजना चाहता है। ऐसे में, तन्मयता की वैसी ही किसी विसुध वेला में आपके माता-पिता की मैं कोपभाजन होऊँ और वह मुझे शाप दे बैठें तो... ।'

कालिदास ने उसके फड़कते ओठों पर हाथ रख दिया :

'ऐसा कलुषित और कड़वा नहीं सोचते। तुम्हारी गीली उँगलियाँ सुन्दर प्रतिमाएँ ही गढ़ें। मिट्टी को मिट्टी में न मिलाओ। तुम्हारी गढ़ी प्रतिमाएँ देवताओं की गिनती में आएँ ...

'रंगीन डोरे उलझाकर आप सुन्दर फन्दा बनाना खूब जानते हैं! जभी आपकी पार्वती जब वसन्त ऋतु के फूलों से सज-सँवर कर शंकर के चरणों में बिछ गईं तो शंकर के माथे से आग निकलवाकर आपने काम को ही जलवा दिया। बेचारी पार्वती सखियों के सामने ठगी-सी रह गईं। उनकी अज्ञात श्रद्धा मूक भय में बदल गई। वह सिर झुकाए-झुकाए पाँवों के नीचे की धरती को धँसने की-सी स्थिति में डावाँडोल होते देख ज्यों-त्यों घर लौट गईं।'

कालिदास मुसकराए :

'अहा! प्रियंगु की लता में कोंपलें और कलियाँ निकल आईं। किन्तु तुम क्यों चिहुकीं?'

'यह तो सरासर स्त्री जाति का अपमान है। पंखों की तरह फड़कते पाँवों चलकर कोई रूपश्री अपने आराध्य के चरणों में सर्वस्व अरपने आए और वह प्रेम की जड़ पर ही कुठार चला दे, यह कैसी हृदयहीनता है पुरुष जाति की?'

'हृदय की एक ही कही, उस घड़ी माथे की, बुद्धि की आग ने हृदय की भावुकता को सस्ती होने से बचा लिया। नहीं तो जो उनके चरणों तक भी नहीं पहुँचते ऐसे हजारों कामुक नर-नारी शंकर-पार्वती का रूपक बना कर अपने को ठगते! रूप पर पाप की छाया न पड़े, इसलिए ज्ञान के भगवान शंकर को क्षण भर कठोर होना पड़ा।'

विद्या को कालिदास ने जब पहली बार देखा था, उसने अपने कपोलों में एक अजब-सी सुरसुरी-भरी ऊष्मा का अनुभव किया था। इस घड़ी वह जैसे देख रहे थे, जाने क्यों अपने गुलगुले आसन से उछली और फिर सँवर कर हल्के बैठ गई। समय जल्दी-जल्दी रंग बदलता है। कितने कम दिनों में ...। तो क्या हुआ, झख मारे समय, उसके कपोलों की उस दिन की ऊष्मा अब भी ठंडी नहीं हुई है।

कालिदास सोच रहे थे : "इसका हृदय तो मीठे पानी का सोता है। यह चुप और पवित्र भावों से भरी है। विश्व भर के सुख-दुःख इसके प्राणों के लिए कमल के फूल और डंठल भर हैं। चार पग भी चलती है, तो जैसे धरती के आशीर्वाद से कभी आँचल भर रही हो, कभी उसे आकाश में उछाल रही हो ! स्वर्ग इसके प्रसन्न मुख पर उतर कर टिक गया है, पृथ्वी इसके पाँवों को जैसे अब भी पालने पर देखती रहती है।

"उजड्ड-गँवार हँसी-ठट्ठे में जीवन बहा देते हैं, यह हर साँस चटक-खिल कर वातावरण को मन्द-सुगन्ध से भरती रहती है।"

जैसे कोंपल फूटने को हो, विद्या का अधर तनिक फड़का ही था कि कालिदास ने मधुर हर्षोन्माद में ललकारा :

'हाँ, कहो, कहो ! रति-विलाप से तुम्हारा हृदय पसीजा या काम की गर्वोक्तियों से चौंका ?

'तुम कुबेर को हँस रही थीं, यह इन्द्र कैसा है ? काम उसका बँधुआ दास है। किसी भी ऋषि-मुनि को चरित्र से हिलाने-डिगाने के लिए अप्सराओं के साथ उसे भेजता है। वस्तुतः वह मनुष्य के दर्प-दम्भ को चूर ही करता रहता है। योग-जप से मन सधता नहीं है और तब भी मनुष्य है कि देवता होने का ढोंग करता ही रहता है।

'मेरे लिखे को ध्यान से देखोगी तो पाओगी, मैंने मनुष्य को मनुष्य ही रहने दिया है। देवचरित्र को भी लोकमानस में उतारने के लिए यथासम्भव उसकी मानवीय चेष्टाओं का ही चित्रण किया है। पुरुष-सूक्त में विराट् पुरुष के चित्रण में यह जो कहा है कि वह सब ओर से धरती को घेरे हुए है फिर भी वह धरती से दस अंगुल अलग है। मनुष्य बाना बना कर, भूखा-प्यासा रहकर, देवत्व साधता है ! उधर भुक्खड़ देवता

है कि मनुष्य का रक्त पीता है।

'तुम्हारी बातें बिखर जाती हैं, क्योंकि मन बिफरा हुआ होता है। यों गाँठ कच्ची नहीं होती, मगर कचनार झरने लगता है तो झरता ही चला जाता है। अब इस पुस्तक का पृष्ठ पलटो। पढ़ो कि यक्ष भी कालिदास है, कुबेर भी कालिदास। हँसो कि यक्षप्रिया भी कालिदास ही है। कभी तिल को ताड़ बनाना पड़ता है, कभी ताड़ को ... ।'

'तिल!' कहा और छितरी हँसी में डूब गई। ... ''शंकर भी आप ही हैं, पार्वती भी आप ही .. आप कल्पनाओं की टूटन भी हैं, विचारों की बैसाखी भी ! आपकी कल्पना में यह काजल मेरी आँखों में छाया अँधेरा भी हो सकता है। मगर ऐसी तीखी कल्पना से तितलियों के पंख भले ही खुरच जाएँ, पार्वती का तप तो कसैला होने से रहा। आप शंकर भले-भले हो सकते हैं, पार्वती कदापि नहीं।'

'क्यों भला ?'

'काम को जला डाला, अपना संकल्प दुहराओ, संवेदना को सोने दो। शंकर के कक्ष में तुम पार्वती का चित्र उकेर सकते हो, स्वयं पार्वती नहीं हो सकते।'

'आखिर क्यों ?'

'चमकती रेत में तलफती हिरनी का प्रभावी चित्र आँकना तुम्हारी तूलिका की विशेषता हो सकती है, तुम अपने चेहरे पर उसे चिपका नहीं सकते। दूसरे से उधार ली हुई आँखों में अपने सपने नहीं उभरते। अच्छा, अभी इसे जाने ही दो, मेघदूत ने स्वक्षी यक्षी को कैसा गढ़ा है, यही बताओ ...''

कालिदास भौंचक। वेदों और उपनिषदों की ऊष्मा से जो माथा हमेशा दहकता रहा, उसमें इतने सारे शिरीष के फूल ! तभी उसी दिन मुझे अथर्व सुनाया था :

'पुनरेहि वाचस्पते
देवेन मनसा सह
वाचस्पतिर्निगच्छत
मय्येवास्तु मयि श्रुत॥

इसमें पुस्तक में पढ़े हुए ज्ञान को जीवन में धारण करने की बुद्धि के लिए वाणी के स्वामी से प्रार्थना है।

'मैंने कहा था : 'पढ़ा बहुत, अब उसे गा कर देखो। नाद-ब्रह्म पर-ब्रह्म से साक्षात्कार कराता है। असीम के पथ पर ही ध्रुवतारा की ज्योति होती है।'

उस घड़ी विद्या ने पूरी गम्भीरता से उत्तर दिया था :

''ऐसे पुराना समसामयिक होने से रहा। संसार छोटे-छोटे सोचों में बँट गया है। शब्द ब्रह्म न रहा। विस्तार से कहीं अधिक सीमाओं का आविष्कार हो गया। शक-हूण, और बौद्ध-जैन, आर्य-अनार्य—कितनी ही टुकड़ियों में मानवता बँट गई है। भूख-प्यास से भरी दरिद्रता लक्ष्मी की बड़ी बहन है।''

—जैसे चाँद की गोद में मृगछौना कूदा हो—उसे सहसा हँसी का एक झटका-सा लगा। उसकी आँखों में ज्योति तरंगित हुई :

''अब समझी ! आप कहना चाहते हैं कि आपकी यक्षी बजाती-गाती है। वह रूपवती ही नहीं, गुणवती भी है ? हाँ, भाई, सो तो होगी ही। जो-जो मैं नहीं हूँ, वह सब तो उसे होना ही चाहिए। उसके बालों में बादल उलझे होंगे, दाँतों से बिजली उकसी होगी ? लहराते आँचल में स्वर्ग की हँसी फँसी होगी !'

'अरे वाह!'—कालिदास छलके : 'शब्द तो तुम्हारे तेवर पर चढ़ कर अर्थ हो जाते हैं !

'तुम भरसक मटिआए रहती हो ! मेरा हल्कापन तुम्हें बोझिल लगता है। अरे, तुमने तो मेरी आँखें खोल दीं ! सच मानो, हमारे भाव-विचार साझे ही जीते हैं। सचमुच ही यक्षी गाती-बजाती है। बौराए गीत गाती है कुम्हलाए स्वर से। प्रेम से संगीत का गहरा लगाव है न।

''फिर भी तुमने अपने अनुभवों के रंग भर कर चित्र को पंखिल बनाया होगा ! साँसों में घुँघरू बाँधे होंगे।' अब ढंग से कहो न !'

''अच्छा बाबा, बताता हूँ :

''देखो, फूल की पंखड़ी कीचड़ में गड़ी है या नहीं? पौदे की जड़ हवा में उड़ रही है या नहीं ! यक्ष कहता है :

तन्वी श्यामा शिखरिदशना ...

''प्रियतमा मेरी फूल-सी हल्की-फुल्की, कम उमर की है। अभी कुल सोलह वसन्त ही देखे हैं उसने। दाँतों का गढ़न ऐसा है कि हर घड़ी हँसती-सी दिखती है। परिपक्व बिम्ब फल-से अधर और ओष्ठ, चौकन्नी हिरनी की आँखें, अलका की अनिन्द्य सुन्दरियों में तुम उसे रूप-शिल्प का प्रथम प्रयोग ही समझो।

''चकवे से बिछड़ी हुई चकई पर क्या बीत रही होगी! विरह-वेदना की तीव्रता में वह पाले की मारी पद्‌मिनी-सी दिखती होगी इन दिनों!

''मुझे यहाँ से साफ-साफ दिख रहा है—रोते-रोते उसकी आँखें सूज गई होंगी, भाप-सी गरम साँसों की वजह से ओठ बदरंग हो गए होंगे, हथेलियों पर ठोड़ी टिकाए वह बैठी होगी! लम्बे बिथुरे केश उसके मुखड़े के इर्द-गिर्द छिटक रहे होंगे। जिससे एक ऐसी दर्द-भरी तसवीर बन रही होगी, जैसे काले-कजरारे मेघों से चाँद घिरा हो।

''पहुँच कर अपनी आँखों देखोगे ही—वह या तो पूजा का थाल सजाती हुई दिखेगी, या फिर अपनी कल्पना से मेरे छीजते तन की तसवीर उकेरती हुई; नहीं तो पिंजड़े में पड़ी मैना से यह पूछती खड़ी दिखलाई देगी कि क्यों री, तुझे कभी उनकी याद आती है, जो मुझसे भी बढ़कर तुझसे, चोंच-से-चोंच मिलाए बोलते बड़बड़ाते रहते थे!

'यह सब न होगा तो फिर वह मलिन वस्त्र पहने हुए अपनी गोद में वीणा लिए बैठी होगी, मुझे सम्बोधित कोई अपना बनाया गीत गुनगुना कर जब मन्द सप्तक के गान्धार से गाने का उपक्रम करती होगी तब आँसुओं में फूट पड़ने से तन्त्री के तार गीले हो जाते होंगे। वह हल्के-हल्के उन्हें पोंछ कर उन पर स्वर-सधी उँगलियाँ फिराती होगी तो फिर-फिर ठाठ के स्वरों का आरोह-अवरोह ही भूल-भूल जाती होगी!

'आगे गान्धार ग्राम की सातों मूर्च्छनाएँ उसके हाथों और गले के चमत्कार से किसी को भी भाव-विह्वल कर देती थीं, वियोग का बेसुधपन अब सब उलट-पुलट देता होगा।

ऐसा भी हो सकता है कि वह उस समय द्वार-देहरी पर फूलों से दिन

गिनने का सिलसिला चला रही हो या फिर आरम्भ के दिनों के मिलन-सुख की कोई-कोई खास घड़ी, कोई-कोई खास चेष्टा याद करके वियोग-रोग से बुरी तरह व्यथित मन को बहला रही होगी। गोधूलि की तलहटी में प्रकाश ढूँढ रही होगी।''

—आँखों में सँझाते आकाश का ठंडा प्रकाश सँजोए हुए विद्या ने कहा :

''इन गीली संवेदनाओं में मेरा विनोद डूब गया है। ऐसा भाव कि ज्वार वाला समुद्र जैसे बालू की बेला बन गया हो ! नारियल का गाछ झंझा में झुककर छोटी टहनियों वाला क्षुप हो गया हो।

''पुरुष का यहाँ-वहाँ भटकता, धूल उड़ाता हुआ मन सुना था, उसकी ऐसी सघन विरह-वेदना बेशक किसी ने नहीं सुनाई थी।

''तुम्हारे यक्ष का व्याकुल मन पथ-भूले पंछी की तरह शून्य में डैने फड़काता है। जैसे सीता ने राम के विश्वास के लिए कुछ अत्यन्त व्यक्तिगत बातें हनुमान को बताई थीं, वैसे ही तुम्हारा यक्ष मेघ से कुछ ऐसा कह रहा है जिससे उसकी गति में थिरकन पैदा हो; वह ऊँचा उड़ता रहे, ऐसा कि कोई उसे उड़ान में न पकड़े। वह अपनी ही परछाई का पीछा करता हुआ अलका पहुँच जाए; और यक्षी को आश्वस्त करे कि फिर से न लौटने वाले दिन उनके होते हैं जिनके जरा-मरण के फेरे होते हैं ! उसके दिन तो अब बहुरने ही वाले हैं जब उसकी यह मलिन वेश-भूषा अपने आप उतर जायगी जैसे वसन्त के आते ही पतझर के पीत पात। ये थोड़ी-सी वियोग की घड़ियाँ तो मिलन की मिठास में तीव्रता लाने के लिए अभिशाप के वेश में वरदान-सरीखी हैं !'

कालिदास ने उसकी ओर भुजपाश फैलाया, पर वह छिटक गई :

''भावान्तर हो जायगा। हिरनी अब छलाँग लगाने ही वाली है। आने वाले सुख के पूर्वाभास से उसके बिम्बोष्ठ काँप रहे हैं। मुझे उसके पाँवों की पैंजनियाँ सुनाई दे रही हैं।''

कालिदास ने मचलकर कहा :

'यह हुई न एक बात। मेरा 'मेघदूत' रचना अब सफल हो गया। मानव मात्र का मन थोड़े-से हेरफेर से एक जैसा ही होता है। वह तुम-जैसी

सर्वज्ञ विदुषी को छू सका तो जानो, सहज सरल मन पर उसका कैसा संक्रामक प्रभाव होगा ?

"वस्तु अपनी विशिष्ट प्रस्तुति से ही प्रकाश पाती है, रचने वाले के उदात्त-अनुदात्त व्यक्तित्व से नहीं। देखो न, कीड़े रेशम बनाते हैं; कीचड़ कमल खिलाता है, लकड़ी आग पैदा करती है; विषधर नाग मणि सिरजते हैं।"

विद्या बोली :

"हो सकता है कि आकस्मिक और महत्वहीन, कला-सृष्टि की शर्त न हो किन्तु कलाकार के व्यक्तित्व की उदात्तता आवश्यक है। अब आप अपने को ही देखिए। यदि आपको जीवन से महान् प्रेम और गहरा लगाव न होता; प्रकृति के आत्मिक सौन्दर्य से आपके प्राणों का पुलक-भरा गठबन्धन न हुआ होता तो आपकी रचना कदापि ऐसी रसवन्ती न होती।

× × × ×

'चूल्हे के आगे अंडी, भिंडी, आक और सरकंडों का ढेर लगा लेने से कोई भी स्वादिष्ट भोजन पकने वाला नहीं है !"

कालिदास हँसे :

'यह सब तुम कैसे जानती हो ?'

'पुस्तकों से !'

'अपने अनुभव से तो नहीं ?'

'पुस्तकें अनुभव नहीं तो और क्या हैं ? मेरे न सही, हमारे पूर्वजों के विश्वसनीय अनुभव ... ।'

"मगर 'मेघदूत' मेरा अपना अनुभव नहीं है।' आदिकवि से प्रेरित, किन्तु मेरी अपनी ही कल्पना-भर है।"

"आदिकवि का अनुभव ही आपकी कल्पना बना—क्या आप यह कहना चाहते हैं ? नहीं, उन्हें भी चाहे राम का थोड़ा-बहुत अनुभव रहा हो, रावण का शौर्य्य और ऐश्वर्य तो उनकी भी कल्पना की ही सृष्टि है !"

आगे मैंने कई बार कल्पना की रचनाशीलता पर तुमसे बातें की थीं। तुम कल्पना के नाम से चौंकती-चिहुँकती क्यों हो ? यह सृष्टि भी तो

एक कल्पना है; इसके स्रष्टा भी एक कल्पना ही। सह सको तो कहूँ, मैं जिसे सौन्दर्य कहता हूँ, केवल वही कल्पना नहीं है, लोग जिसे सत्य कहते हैं वह भी एक कल्पना ही है। अवश्य ही आनन्द नहीं; आनन्द विशुद्ध अनुभव है। नए गीत से नए राग से, जैसे नए सिरे से हृदय जगता है और वह सुर के सहारे कहाँ-कहाँ किसलिए उड़ता चला जाता है, उसे या किसे भी नहीं मालूम !'

विद्या कहना चाहती थी कुछ, कहा कुछ। कहना चाहती थी कि मनुष्य जो चाहता है, जो देखता है, जो करता है, वही वह सपने में या कल्पना में भी बड़बड़ाता है। परन्तु बोली यह कि एक चना उछलकर भी भाड़ नहीं फोड़ सकता। आप वैशिष्ट्य को तरह न दें, रामायण बाँचनेवाला हर ऐरा-गैरा नत्थू-खैरा कालिदास नहीं हो जाता। सन्देश हनुमान ले जाएँ या उद्धव, वह नितान्त व्यक्तिगत होगा। मेघ तो सभी एकनिष्ठ प्रेमी वियोगी जनों का प्रतिनिधि-सा है। उसका सन्देश आले में रखा दीपक हर्गिज न होगा, आकुल प्राणों ने उसकी बत्ती बढ़ाई होगी। आकाश की नीली गहराई सुलग रही है। आपका यक्ष भी वक्ष फाड़कर भावना के छन्द की चन्द बूँदें छिड़क रहा होगा। दुःख ही तो हृदय की पहचान है। अंगारी मुसकान प्रिया के लिए ठंडे बोल आँसुओं गें घोल रही होगी। बताइए न, क्या सन्देश भेजा आपके यक्ष ने ?'

इस घड़ी विद्या की छवि : फूल की पंखड़ी पर जैसे मकरन्द-बिन्दु चमक रहे हों, मूँगे-से अधर से मोती-सी मुसकान छिटक रही हो ! कालिदास का स्वर गद्गद् हो गया :

'क्या कहता बेचारा ! वियोग की व्यथा वाणी को बुरी तरह उमेठ रही थी। दर्पण पर धूल की परत बिछ गई थी। अन्तर का ज्वार किनारे पर फुफकार रहा था। तो भी कहा : मेंहदी की डालों में देह दिखती है; चौंकी हिरनी की दीठ में तुम्हारी चंचल चितवन। चन्दा में मुखड़ा, मोर के पंखों में लहरें लेते केशपाश। नदी में उठती भँवरों में तुम्हारी आँकी-बाँकी भवों के उतार-चढ़ाव। तुम इतनी रेखाओं में बिखर गई हो कि लाख कोशिश करने पर भी कहीं एक ही ठौर पूरी की पूरी नहीं दिखतीं !

यह जानते हुए भी कि तुम्हारे इस ऐसे रूप, सौन्दर्य और लावण्य को

दुहराया नहीं जा सकता, मैं चट्टान पर मैंसिल, गेरू और तरह-तरह की पिघलती धातुओं के रंगों से तुम्हारी, मुझ पर नाराज, आकृति आँकने की भरसक कोशिश करता हूँ। थोड़ी-बहुत सफलता मिलती है तो मैं भी तुम्हें मनाने की मुद्रा में, तुम्हारे पाँवों पर झुका-बिछा अँकना चाहता हूँ: मगर हाय रे भाग्य! मेरी दोनों आँखों में गंगा-यमुना उमड़ आती हैं और मुझे कुछ सुझाई ही नहीं देता! फिर मैं अपने को वैसे उकेरूँ तो कैसे? ईश्वर कितनी ईर्ष्या करता है मानवीय संवेदनाओं से! मैं चित्र में भी तुमसे नहीं मिल सकता।

'बहुत-बहुत देर तक सोच में डूबा रहता हूँ, फिर सँवर कर अपने को दिलासा देता हूँ कि वह भी काफी समझदार है, थोड़े बचे वियोग के दिन पलक-झपकते गुजार लेगी। बावरी हर्गिज न होगी कि हमीं पर यह पहाड़ टूटा है ! अरे, इस संसार में सुख-दुख का चक्र तो सबके लिए समान रूप से चलता ही रहता है !

'हे मेघ ! तुम जब ये सारी बातें तरतीब से सुनाओगे तो उसे किनारे की मिट्टी धसकती हुई हर्गिज नहीं जान पड़ेगी कि किसी यक्ष को भला यक्षिणी की क्या कमी होगी ! उसने किसी दूसरी को गले लगाकर मेरी प्रीत भुला-बिसरा दी होगी ? नहीं, बल्कि उसे प्रेमतत्त्व जाननेवालों की यह बात मन को मलिन होने देने से बचाएगी कि रात-दिन के संग-साथ में प्रेम को कभी कुछ ऊँच-नीच का सामना करना भी पड़ सकता है; किन्तु वियोग के दिनों में तो सुखभोग न होने और उसी के लिए हर घड़ी लालायित रहने पर, स्नेह प्रगाढ़ प्रेम में परिणत होता ही चला जाता है !'

□

३४

पाँवों से लिपटी धूल आसमान पर चढ़ गई थी। मीठे दर्द की अगुआई सन्दली हवा कर रही थी। भीनी-भीनी सुगन्ध किन्हीं दूर खिले फूलों के गुच्छों की सुधि दिला रही थी। इधर विद्या का अज्ञान निरस्त हो चुका था। उसकी अन्तर्दृष्टि तत्त्व तक पहुँच गई थी। वह अहैतुकी भक्ति से भर कर कालिदास से कुछ पूछना चाहती थी। हृदय की गाँठ खुले तो सारे संशय अपने आप मिट जाएँ।

लकड़ी जलाओ तो आग से पहले धुआँ निकलने लगता है। धुआँ निकलना बुरा नहीं है, बल्कि पक्का प्रमाण है कि धुँए की झीनी चादर आग की लौ पर ही पड़ी है।

कर्णधार अर्णव पार कराए ; लहरें जलयान को सीधा नहीं बहने देतीं।

विद्या ने पूछा :—

''आपका मन रज-तम से विद्ध नहीं है। अन्तः प्रविष्ट सत्व में सदा स्थित है। ऐसे में क्यों वह प्रकृति में आसक्त है ? स्त्रियों के रूप का निर्माण विधाता से भी अधिक आसक्ति से करता है। उनसे तो कभी चूक भी हो जाती है, आपसे नहीं होती।''

कालिदास ने विनोद में कह दिया :

'प्रकृति ही तो सब करती-धरती है। पुरुष का क्या ? वह तो साक्षी भर है।

'प्रकृति चाँदनी की मादकता घोलती है। केसर की धूप उजालती है। पुरुष का क्या, वह सारे नजारे देखता है, स्पन्दित तक नहीं होता।

'बादल उमड़े, छँट गए। वर्षा की सन्ध्या जैसे दिवास्वप्न देख कर जग गई। संझौती के दिए जल गए। प्रकृति ने कितनी खरोंचें लगाकर शून्य पट पर अनगिनत आकृतियाँ उरेहीं। पुरुष का क्या, ताप भोगा या धुआँता रहा; दहा ही जाता है सब या .... ?'

'आज दिनों बाद आपका पोर-पोर पीर-थकन-भरा-सा ढीला-ढाला, उतरा-उतरा लग रहा है। एक बड़े पेड़ के नीचे खड़े को जैसे आकाश फुनगियों पर टँगा दिखता हो, मुझे कुछ ऐसे ही दिख रहे हैं आप !'—विद्या अँगराई लेती हुई बोली।

कालिदास उसे घूर कर मुसकिराए :

'यह अच्छी रही। ऐसे तो हम तोता-मैना होकर रह जाएँगे ! सब किया-दिया बेकार ! अन्धेर हो जायगा। कभी तुम अकड़ोगी, कभी मैं। फिर सौ साल के घिसे-पिटे शब्दों में एक-दूसरे को मनाएँगे ! अच्छे मिले ! हमें न लोक की चिन्ता, न परलोक की। देश और काल हमारे आसपास जैसे रुक-ठहर गए हों? नहीं, ऐसे तो मुझसे जिया न जाएगा। जभी मैंने हामी भरदी !'

विद्या चौंकी :

'काहे की हामी !'

'वही, मगध जाने की ! सम्राट् अग्निमित्र ने बुलावा भेजा है। विद्वानों, कवियों, कलाकारों को इकट्ठे बुलाया है !'

'तो यह कहो ! यह हुई न एक भलमनसी की बात ! पिता-श्री ने आदेश दे दिया ?'

'आदेश क्या ? उन्होंने तो पीठ भी थपकी : विद्वान् सर्वत्र पूज्यते ! और गले लगाकर विदाई भी दे दी !'

'अच्छा, तो बात यहाँ तक आ पहुँची है ! जभी तुम मुँह लटकाए खड़े थे ! मैं भी कहूँ कि आज ... 'अच्छा, पिता-श्री ने और क्या कहा ?'

'कहा कि राजकुमारी को, अपने लौट आने तक के लिए राजभवन में रख जाओ! वहाँ उसे सहजता का सुख न मिलेगा!'

'ऐसा कहा पिता-श्री ने ?'

'क्यों ? यह तो उन्होंने तुम्हारे भले के लिए कहा है। यहाँ तुम हर

घड़ी मेरी याद में खोई रहोगी। तनिक खटका होते ही तड़प उठोगी कि शायद मैं घूम-फिर कर आ गया। ... वहाँ कम-से-कम सखी-सहेलियों में बहली तो रहोगी ? सुख-चैन से समय तो कटेगा !'

'अरे ओ निष्ठुर पुरुष, ऐसे सारे सुख खो कर, ठुकरा कर ही तो मैंने तुम्हें पाया है ! अब और कहीं सुख कहाँ ? तो भी तुम जाओ ! मैं जंगल में जी लूँगी, तुम राम बनो ; मैं गाय-बछरुओं के संग-नदी-पहाड़ पार करती रहूँगी, तुम कृष्ण बनो ; मैं राजभवन के सघन-शून्य में समो लूँगी अपने बिफरे-बिखरे मन को, तुम बुद्ध बनो !'—राजकुमारी ने ऐसा बहुत कुछ सोच डाला घुटी साँसों में भटके मन में। मुँह खोलकर कुछ न कहा। आँखें जैसे पथरा गई हों, सामने खड़े कालिदास उसे कहीं न दिखे। इस घड़ी वह कहीं दिख भी जाते तो उनका रूप एक अद्वितीय महाकवि का न होकर सर्व-सामान्य पुरुष का ही होता। वस्तुतः विद्योत्तमा भी इस घड़ी विश्व की एक महाविदुषी न होकर स्त्री मात्र थीं। नर-नारी की यह अनन्यता ही यथार्थ है और शेष सब आदर्श, मूल्य, शील, श्रेष्ठ मानव-मस्तिष्क की उदात्त परिकल्पनाएँ भर हैं—ऐसे समय ही यह उघड़ता है।

× × ×

'बौराए हुए हाथी को कमल के डंठल से नहीं बाँधा जा सकता। शिरीष के फूल से हीरे को नहीं तराशा जा सकता। शहद की चंद बूँदें टपका कर सागर के खारे जल का शर्बत नहीं बनाया जा सकता।'

× × ×

'अब गंगा की बुद्धि का लेखा-जोखा लो ; पहली छलाँग लगाई तो स्वर्ग से छूट कर शंकर के जटाजूट पर उतर आईं। वहाँ से कूदीं तो पहाड़ पर पछाड़ खा गईं। वहाँ भी जी न जमा तो लुढ़कती हुई धरती पर आ गईं। धरती का सपाट मैदान भी न सुहाया तो फिर गहराइयाँ ढूँढती हुई समुन्दर में जा गिरीं।'

× × ×

अँधेरे को घेरे बिना प्रकाश नहीं फूटता ! अन्धेरा ही प्रकाश को सार्थकता देता है।

अब विद्या से बड़ी विदुषी तो सरस्वती ही होंगी। उसकी भारी भर्राई आवाज चौंकाने वाली थी। पलक झपकते वह क्या से क्या हो गई थी। आसपास ऐसा सन्नाटा-सा छा गया था, जैसे आकस्मिक हिमपात से धरती सिकुड़ गई हो, और उस ठंडक की जकड़ से कभी छुटकारा मिलने वाला न हो। कालिदास ने लक्ष्य किया तो उन्हें अपने बेसुधपन पर खीझ-सी आई। वह विद्या से सटकर खड़े हुए तो उसने धुँधलाई आँखों उन्हें देखा। फिर जब तक वह कुछ पूछें-पूछें, जैसे दहकता सोना छू गया हो ; कच्चा मन आँचों के आँचल में छुप गया हो, विद्या उँगलियों की उलझन सुलझा कर परे हट गई।

—'यह रूप जब पहली बार मेरी आँखों की धूप में छना था, पलकों पर बादल छा गए थे, पुतलियों में कौंध भर गई थी। जीभ में मिठास घुल गई थी जब पहले पहल यह नाम उस पर तैरा था। मैं अपने हाथ से छूट गई थी, जब सब संकल्प-प्रतिज्ञा भूल कर उसकी होने की आकुल आकांक्षा मन की सतह पर उतर आई थी। सोचने लगी थी कि जिसे देख लेने पर फिर और कुछ देखने की इच्छा जाती रही, मैं यदि उसकी न हो सकी तो शेष जीवन के लम्बी परछाइयों के-से दिन कैसे पार होंगे !'

कालिदास रुआँसे स्वर में बोले: ऐसा भी क्या ! मैं अभिमन्यु की तरह अकेला कोई चक्रव्यूह भेदने तो नहीं जा रहा जो तुम ऐसी उदास हो गई कि अब स-शरीर लौटूँगा या नहीं ! अरे, तुम्हारे पिताश्री तो निकास पर भारी चट्टान डालकर अपने गहरे ज्ञान की गुफा में सोए पड़े सभी विद्वानों को अपने साथ लिवाए लिए जा रहे हैं ! वहाँ वह अपनी शास्त्रीय योग्यता और जीवन के छोटे-बड़े अनुभवों के आधार पर सभी समस्याओं का समाधान ढूँढ निकालेंगे।'

जैसे खारे स्रोत से मीठा पानी निकला हो, विद्या के सूखे ओठ गीले हो गए : 'आगे तुमने पिता-श्री का नाम कहाँ लिया था ?'

फिर जैसे मन ही मन कोई हिसाब लगाया हो, उसके मुँह से एक ठण्डी साँस निकल गई : अब तो मेरी जीवन-डोर तुम्हीं से बँधी है। तुम

चाहो, मेरी अन्तर्वेदना को केसर सुँघा दो ; चम्पे की माला पहना दो या फिर सूँघती हिरनी बना दो !'

कालिदास ने कहा :

'जहाँ बचपन से अब तक रहीं, उसे यों भूल गईं ? उसे याद कर आँसुओं की झड़ियाँ क्या लगातीं, अँखड़ियों की कोर भी कभी न भिगोई। अब इस इतने विशाल हृदय को एक छोटा-सा बिछोह व्याकुल कर दे जिसकी अवधि बदन तोड़ने, उँगलियाँ चटकाने भर की हो तो बात समझ में नहीं आती। क्षण भर की छाँह मुझे घर बसाने नहीं बुला रही।

'वह तो ऐसा है कि अशोक ने कलिंग-विजय के पश्चात् बौद्ध धर्म को अपनाया ही न था ; विजयी होने के बाद भी फिर कभी युद्ध न करने की प्रतिज्ञा भर नहीं की थी बल्कि उसने बौद्ध धर्म को विश्व भर में फैलाने का कठोर व्रत भी ले लिया था। जगजाहिर है कि उसे इसमें काफी सफलता भी मिली थी। परन्तु इतने पर भी उसमें धार्मिक कट्टरता न थी। वह वैदिक धर्म क्या, जैन धर्म का भी विरोधी न था।

'मौर्य साम्राज्य में अशोक का वह आदेश झुठला दिया गया था कि किसी के धर्म में किसी तरह की रोक-टोक नहीं की जायगी। जिसे जैसे जी आए, ईश्वर की उपासना करे। मौर्यकाल में बौद्ध धर्म का झडा ऊँचा करने के लिए वैदिक धर्म को नीचा देखना पड़ा। ब्राह्मणों को बहुत सताया जाने लगा, क्योंकि वह वैदिक धर्म के प्रवक्ता थे।

'पुष्यमित्र ने ऐसे कट्टर और कमजोर साम्राज्य को समाप्त कर वैदिक धर्म के पुनः प्रतिष्ठापन और नए अभ्युत्थान के लिए जो अथक प्रयत्न किया ; जो झूठ, खोखला और दिखावटी था, उसे समाप्त कर सत्य, ठोस और वास्तविक को उजागर किया था ; मानवता के शत्रुओं की विजय जन-जीवन की पराजय है ; संस्कृति के शाश्वत मूल्यों का विध्वंस है ; निष्करुण कलुषित अन्धविश्वासों का भीरु अनुसरण है—इस निष्कर्ष को अपने समय के शिलापट्ट पर अंकित किया था, सम्राट् अग्निमित्र उसी के ठंडे ठहराव, उमस-भरे उत्साह, कर्दमित प्रवाह अथवा विवेक-ज्योति के चौफेर प्रसार का परीक्षण करने-कराने के प्रयासी हैं। सम्राट् पुष्यमित्र ने छत्तीस वर्षों में जो किया, उसे आठ बरसों में ही अग्निमित्र को

उलट-पुलट कर भली भाँति निरख-परख लेना है। एक दिन सूनी-सूनी दोपहर में उदासे-से अग्निमित्र पिंड़कुलियों की बोली सुन रहे थे। माथे की शिकनें बताती थीं, कुछ छिगुन रहे थे। तभी किसी नए दुर्वासा ने द्वार पर हाँक लगाई। आँखों पर निंदियारे मकड़े ने जो जाल बुना था, झड़ गया। मगध का वह विक्षिप्त भविष्य-वक्ता, जिसे उसी की अबुझ प्यास पी गई थी, खँडहरों और विजन वनों से ऊबकर साम्राज्य से सम्मानित होने निकला था। द्वारपालों ने ड्योढ़ी पर रोक दिया।

'सूर्यास्त के बाद जैसे कुएँ में कोहरा छा गया। उसने पथ बदला था कि जैसे लक्ष्य पर पहुँच गए। बदले हुए पथ ने बदला लिया : ऐसे लक्ष्य नियराता नहीं और भटकाता है; और दूर हो जाता है। उसकी प्रतप्त वाणी से राजभवन अभिशप्त हो गया। वह अभ्रभेदी स्वर में चिल्लाया : कुल आठ बरस के ठाठ हैं ये। पानी की भँवरियाँ न देख; चुन्नट लहरें न गिन, आठ वर्ष, आठ दिन !'

कालिदास के खुले बदन पर अँगुलियों से लकीरें खींचते हुए विद्या ने उनकी पुतलियों में झाँका; दो नीली मछलियाँ निर्मल सर में तैर गईं :

'हाँ, तुमने तो कहा ही था कि कवि किसी संस्कृति या परम्परा का प्रवक्ता ही नहीं, निर्माता भी होता है। वाल्मीकि और व्यास के बाद अब तुम्हीं उस दायित्व का वहन कर सकते हो !'

कालिदास ने कहा :

''कविता की स्थिति और प्रगति का सीधा सम्बन्ध समाज से होता है। जागरूक सृजन की आकुलता तभी व्यापक होती है जब वह सामाजिक पीड़ा और उल्लास को वाणी देती है। रामायण पढ़ो, त्रेता का हुलास आँखों में तैर जायगा; महाभारत के पन्ने पलटो, द्वापर को क्या सालता था, खुलासा हो जायगा।

'किन्तु ... किन्तु ... यह क्या ? यह तुम्हारा ललाट है या ओस-भीगा कुमुद ! और ये गाल चुटकियों से मसले हुए स्वर्ण-कमल-जैसे क्यों हो रहे हैं ? तुम्हारी चहकते पंछियों की-सी आँखें तो मेरे चुम्बक चुम्बन से ही खुलती-मुँदती हैं, क्यों इस घड़ी मर्माहत हिरनी की डरी-डरी आँखों से होड़ कर रही हैं ? शब्द तुम्हारे ओठों पर फूल-से खिलते हैं, अभी

जैसे हवा के दबाव-से झर रहे हों !

"जैसे आभा पर धूल की परत बिछ रही हो ; इन्द्र-धनुष पर बादल छाने लगे हों ; सितार के तारों में जंग लग गया हो ! शब्दों की लड़खड़ाती क्षीण ध्वनि ही सुनाई देती हो, झंकार-भरी प्रतिध्वनि नहीं ! जैसे किसी दीवार की दरार से मुक्ति की सिसकियाँ सुनाई दे रही हों, तुम्हारी साँसें कुछ ऐसी ही तो सुनाई देती हैं !"

विद्या ने मन ही मन मान लिया : 'मेघदूत का कवि उदात्त संवेदनाओं से अछूता नहीं हो सकता ! जिसने कामी यक्ष को भी रामगिरि पर देखा था कि जहाँ का जल जनकनन्दिनी के स्नान करने से परम पवित्र हो गया था। और भी कि जहाँ कभी राम भी रहे थे तो सीता के साथ ही, वहाँ वह अकेला वियोग के दिन बिता रहा था ! राम और सीता के सन्दर्भ को हृदय की एकान्त नीरवता में ग्रहण किए बिना यक्ष के प्रेम की सघनता और वियोग की तीव्रता को वाणी नहीं दी जा सकती थी। यक्ष की विक्षिप्तता राम की ही याद दिलाती है। उस राम की जो सीता के वियोग में वन-वन डोलते और वन-पाखियों और हिरनों से सीता का अता-पता पूछते फिरे थे। चंचल और फिसलन-भरे प्रेम में ऐसी अनन्यता कहाँ ?

"कवि ने मेरे प्राणों की नीरवता पढ़ ली। दो हृदयों के एक होते ही प्रणय अपने जाने-माने आवास को छोड़ देता है और नए के सन्धान में धीरे-धीरे अकेला हो जाता है। जाने क्यों, प्रणय तुच्छ को मान देकर मगन रहता है! यश, धन, मान,—इनमें दो प्राणों के एक होने से अधिक सुख कहाँ है ?

"मैं ? मैं कुछ चुहल-भरी मीठी स्मृतियों में मन उलझा कर बाट जोहती रहूँगी ! पीली हो जाऊँगी, झर जाऊँगी, जब तो वसन्त आएगा ! उनीदी आँखें दिवास्वप्नों से बहल जाएँगी, तुम जाओ, राजे-महाराजों के मन की संस्कृति के निर्माण में अपनी लेखनी को थका दो, पातंजल योग और मनु की संहिता के सहारे एक स्वर्णाभ सौध का निर्माण करो ! मैं रहूँगी तो तुम्हारे रचना-कौशल की प्रशस्ति सुन-सुन कर अपना व्यक्तिगत दुख भुला दूँगी। विश्व-मानवता गढ़नेवाला किसी एक आकुलता को सदा के लिए चुपा भी दे तो यह कोई बहुआयामी सांस्कृतिक क्षति न

होगी। तुम जाओ, मैं यहाँ, वहाँ, कहीं भी रह लूँगी। प्रणय-सौन्दर्य का स्त्रष्टा कवि कितनी ही विद्याएँ रच सकता है !''

—यह सब पल भर में सोच डाला, कहा कुछ भी नहीं। पिछले दिनों प्रेम-वर्षा हुई थी ; पथ में फिसलन भर गई थी ! पाँव रपटने पर छोटी-मोटी चोटें ही आईं, जोड़ नहीं उखड़े।

अब सब शान्त था और वह अपनी सीमा में लौट चुकी थी !

□

३५

गौतम बुद्ध एक ऐसे आध्यात्मिक स्तर के महामानव तो थे ही जिन्होंने ऋषियों और देवताओं के साझे श्रम से शताब्दियों से जड़ जमाए हुए वैदिक धर्म को एक झटके में उखाड़ फेंका था। कहाँ उपनिषदों के ऋषियों की आत्मोपलब्धि और कहाँ वैदिकी हिंसा। यजमान, पुरोहित और यज्ञ की टिकटी पर धर्म चढ़ा हुआ था। कहाँ ऋषि-महर्षियों का सत्सङ्कल्प कि जीवन ही यज्ञ हो और कहाँ यज्ञ का अर्थ बलि-प्रदान,—अत्यन्त निरपराध और कातर-दृष्टि पशुओं का निर्दयतापूर्वक शिरश्छेद,—नहीं, यह कदापि जीवन-यज्ञ नहीं हो सकता। बुद्ध की करुणा, तभी गहरा रंग लाई थी। उनके द्वारा प्रवर्तित आध्यात्मिक जीवन-यापन एक आत्यन्तिक आनन्द की अवस्था समझा जाने लगा था; किन्तु जिसका शुक्ल-पक्ष होता है, उसका कृष्ण-पक्ष भी तो होता है। निरुद्देश्य काषाय धारण करने वाले भीख माँग कर खाने में ही आनन्द और शान्ति का अनुभव करने लगे। देश आलसी और अकर्मण्य होने लगा। ऐसे में पुष्यमित्र ने सर्वोच्च सत्ता की बागडोर सँभाली थी और सत्य-सनातन को पलटाने में अपने को खपा दिया था। उन्होंने शास्त्रज्ञों के समर्थन से अश्वमेध भी किए कि लिखे-पढ़े अन्धविश्वासियों का विश्वास जीता जा सके; प्रजाजनों को विश्वास हो जाए कि आगे जो काम राम ने और दूसरे वैदिक धर्म के अनुयायी राजाओं ने किया था, पुष्यमित्र वही या उनसे भी बढ़कर कर रहे हैं। भारत का अनादि काल से प्रचारित धर्म यही है।

संगोष्ठी में महाराज विक्रमादित्य और उनके नवरत्नों के सम्मिलित

होने से एक अपूर्व गरिमा आ गई थी। तीन दिनों तक मनु की संहिता के अनुसार प्रजा-जनों की आचार-संहिता का पुनः परीक्षण किया गया और सफलता के आँकड़ों पर खुशियाँ मनाई गईं। जब कालिदास की कनपटी पर ये बटखरे मारे गए तो उनका सिर सीने पर झूल गया। सुरक्षा और दूसरे निर्माण-कार्यों के समान साहित्य को किसी सँकरे साँचे में तो नहीं ढाला जा सकता क्योंकि उसे किसी देश या काल के खाँचे में बन्द नहीं किया जा सकता। देश और काल उसके नियामक नहीं हो सकते, वह स्वयं देश-काल का निर्माता होता है।

और यह कालिदास के लिए जितना नया था, उतना ही अलग। वह कविता को मानवता से जोड़ना चाहते थे। उसे स्वर्ग-नरक की निरी अबूझ भूल-भुलैयाँ में निरुद्देश्य भटकाना नहीं चाहते थे।

धर्म उनका ध्यान नहीं बँटा सकता था; अर्थ उन्हें सत्पथ से नहीं भटका सकता था ; काम उनके लिए पौरुष का प्रतिमान भी था, सुन्दरता में चार चाँद लगानेवाला भी। सूरज निकलने से चाँद निकलने तक कला-साधना और चन्द्रोदय से सूर्योदय तक जीवन-साधना करनेवाले को मोक्ष के लिए पृथक् प्रयास नहीं करना पड़ता। सत्कर्म ही मोक्ष का द्वार खोल देता है।

× × ×

दो बरस पहले भी कालिदास मगध आए थे जब सम्राट् पुष्यमित्र का साम्राज्य था। तब यह अशोक का पेड़ बड़ा और मौलसिरी का छोटा था। इस बार बात बदल गई है, मौलसिरी आकाश से लग गई है, अशोक एक बड़े खम्भे-सा जहाँ-का-तहाँ खड़ा है।

जब साँझ की परछाइयाँ लम्बी होने लगीं, उनसे भीतर न रहा गया, वह बाहर राजोद्यान में निकल आए और बत्तियाँ जलने तक अकेले घूमते रहे। कोई सूखी पत्ती भी पाँव के नीचे आ जाती तो वह उसकी चरमराहट सुनकर ठिठक जाते थे। उस घड़ी वह यह नहीं सोचते होते थे कि जैसे पंछी दोनों डैनों से आसमान में उड़ान भरते हैं, ऐसे ही ज्ञान और कर्म—दोनों की मिली-जुली शक्ति से ही परम पद पाया जा सकता है।

बल्कि वह यह सोचते होते थे कि उद्यान को नन्दन वन बनाए रखनेवाले मालियों के बाँस-फूस के झोपड़ों तक इन बत्तियों की चितकबरी परछाइयाँ भी जब-तब ही पहुँच पाती हैं। महल खड़ा करनेवालों को भरसक खपरैल भी नसीब नहीं होता। सृष्टि रे, स्रष्टा बेघर है!

उनकी आकाश-सी निर्मल आँखें ओस से सज गईं। वह लम्बे डग भर कर उद्यान के बाहर निकल आए। देर से देर तक सोचने वालों का सोच तभी तेज होता है जब समय निकल जाता है।

—वह लगातार बुदबुदा रहे थे।

टहलते समय एक ऐंठी टहनी तोड़ ली थी कलियों-लदी मौलसिरी की। उसे घुमा-घुमा कर जब-तब सूँघ लेते थे—"भूने हुए दाने जोती-निराई धरती में भी नहीं अँकुरते। साहित्य, संगीत और कलाओं से घिरे रहने पर भी अफरे-बिफरे धनियों का मन संवेदनशील नहीं हो पाता। क्रय की सामर्थ्य विक्रेता की बेबसी को नहीं समझ पाती। क्योंकि वह कला ही नहीं, कलाकार को भी खरीद सकते हैं।

"अन्तर्यामी को देखा तो नहीं जा सकता, उसका अनुभव भर किया जा सकता है।

"मैं किसी की निन्दा-स्तुति या आलोचना करके सहानुभूति खींचने के लिए कवि नहीं बना। टसुए बहाकर मोती उगाहने का धन्धा भी मैं नहीं करता। भरी नाक छनकने से करुण रस की कविता नहीं बन जाती। मुझे उलटी हवा से लड़ना भाता है।

"सम्राट् अग्निमित्र मुझे बहुत मानते हैं। किन्तु नीची नज़र किए ऊपर चले जाते हैं जब कभी सामने की खिड़की पर मैं दिखाई देता हूँ। बहुत हुआ तो कभी मुसकिरा देते हैं, कभी हाथ हिला देते हैं। उनके राजपाट की बढ़ोतरी में मेरे विचारों, उद्गारों का सहयोग तो चाहिए ही चाहिए; किन्तु मेरी कविता दमघोंटू ढाँचे को तोड़कर और सीमित सम्भावनाओं की सँकरी गली छोड़कर बढ़ चलने की कसमसाहट लिए हुए भी उन्हीं की द्वार-देहरी पर खड़ी रहे, यह तो वह जरूर चाहेंगे। कोई एक ही विचारधारा बहु-आयामी मानव-जीवन को समग्रता में नहीं समेट सकती। चार वेद, अठारह पुराण, और एक सौ आठ उपनिषदें इसी ओर संकेत

करती हैं। हरे-खारे पानी से चुन-चुन कर अनमोल रतन निकालने होते हैं !

"खड़े-खड़े क्या-क्या सोच डाला ! विचारों के बिखराव पर झुँझलाहट होती है। सरसरी दृष्टि से देखने पर सब अटपटा लगता है। समय सरकता चला गया, मुझे खड़े-खड़े सोचते रहने में कुछ भी झिझक नहीं।

"क्या करना है राजदरबार में बैठकर ? बीते की परख, उलट-पुलट, खींच-तान ; अगले कल के लिए कुछ नई-नई योजनाएँ ! देखनेवालों की अनगिनत आँखें राजा को घेरती हैं ; दरबारियों को घूरती हैं ; कवि क्या होता है ?

"राजा कुछ भी हो सकता है, कवि भी। कवि और कुछ भी हो सकता है, राजा नहीं।

"जलता है तेल, नाम होता है दिये का। बत्ती भी जलती है। स्नेह जलाता ही तो है। तेल-बत्ती मिलकर जलें, जलाएँ; प्रकाश फैलाने का श्रेय मिलेगा दीपक को ही।

"जो है उससे पीछे न देखो तो आगे की न सूझे। आगे-पीछे को छोड़कर महज आज, अभी पर दीठ जमाए रहना कठिन काम है। शम्बूक, एकलव्य को छोड़कर रामायण-महाभारत पढ़ना क्या पढ़ना है ! राम और कृष्ण को धरती पर लाने के लिए देवताओं ने कठिन प्रयास किया ; ऋषियों ने कठोर तपस्या की ; किन्तु वे संसार को किस स्थिति में छोड़ कर गए ? कैसे गए ? एक रावण और एक कंस को मार डालने से क्या सारे संसार की सभी बुराइयाँ मर गईं ? सीता और द्रौपदी के दुःखों का अन्त हो गया ?

"इसी अतीत के गर्भ से तो वर्तमान का जन्म हुआ है ! और यही वर्तमान भविष्य का जन्मदाता होगा। तब अकेले, बिना सिर-पैर के किस वर्तमान में सोच जिए ? वर्तमान हर क्षण अतीत हो रहा है, हर क्षण भविष्य ; ऐसे में सोच किस वर्तमान में रुके, टिके, घरौंदे बनाए ?

"कोई बड़े शोख ढंग से शंकाएँ उछालता है, कोई उसे गया-गुजरा समझ कर, उसके माथे को मन्त्रों से बींध देता है। कोई उसे निपट गँवार न करार दे, इस डर से वह पक्के माथे को मन्त्रों पर पटकने देता है।

एक बार खुसर-फुसर करनेवाले को नास्तिक घोषित कर दिया गया तो उसका जीवन दूभर हो जायगा। राज-दण्ड उसके सारे तर्क-वितर्कों का भुर्ता उड़ा देगा और मन के विद्रोह करते रहने पर भी वह आठों अङ्ग उमेठ कर मिट्टी पर लोट जाएगा।

—"सपनों का भी कोई एक सिलसिला होता है, ऐसे अटपटे बौड़म सपने! 'अरे हाँ, आ रहा हूँ। दिवास्वप्न देख रहा था...," बड़बड़ाते हुए कालिदास उठ खड़े हुए। आगतों का स्वागत किया। वे बोले कि कल तड़के महाराज विक्रमादित्य उज्जयिनी के लिए प्रस्थान करेंगे ; क्या कालिदास जी उन्हीं के साथ जाना पसन्द करेंगे या सम्राट् अग्निमित्र ने उन्हें अभी रुकने कहा है!

कालिदास जी ने बालों के ऊपर उँगलियाँ फिराईं। फिर जैसे एक बड़े प्रकोष्ठ में अचानक दो दीवारें डाल दी गई हों और वह किसी जादू के जोर से देखते ही देखते छोटी कोठरियों में बँट गया हो! वह क्षण भर प्रश्न करने वाले की उस सवालिया मुद्रा को ताकते रहे। जैसे एकबारगी कोई जवाब न सूझ रहा हो, आँखों और भवों की कुछ ऐसी ही भङ्गिमा बनाए रहे।

'बहुत कठिन काम है कवि होने के साथ-साथ कुछ और होना।'—अतीत को एक बार अत्यन्त निकट से निहारते हुए वह सकपकाए-से कभी आगतों को ताकते, कभी अपने आपको। पल भर को वर्तमान के आग्रही मन का प्रवाह पीछे की ओर तेजी से भागने लगा : "मेरा खास लिहाज करके महाराज ने यह प्रश्न पूछा है। नहीं तो वह सीधे कहला सकते थे कि सवेरे चलना है। महाराज की पतंग कब न थी आकाश में चढ़ी-चढ़ी ; पर उस दिन जब मैंने सभा की विद्वन्मण्डली के विशेष अनुरोध पर 'कुमारसम्भव' का पारायण प्रारम्भ किया तो महाराज पहले ही श्लोक पर कुछ ऐसे रीझे कि हँसी-खुशी की तहों पर तहें जमती चली गईं। कवि को अँधेरे से क्या मिलता है और उजाले से क्या, किसी को नहीं बताया जा सकता। जीवन भर बैल की तरह खटने पर भी भुखमरी का भय जिसके माथे पर हमेशा मंडलाता रहता है, एक-एक दाने का मोल वही तो समझ सकता है। एक बेहद मामूली प्रजाजन की तीखी

टिप्पणी पर जो अपनी पत्नी को घर से निकाल दे सकता है वही तो राजा राम हो सकता है। एक भी बिगड़ैल या मूरख-मुँहफट प्रजा की बोली-ठोली अगर अपने राजा के विरुद्ध उठती है तो उस प्रजा को हमेशा के लिए चुपा देना किसी ऐसे-वैसे राजा के लिए भी क्या कठिन है? किन्तु उस सामान्य प्रजाजन के तिरछी-बरछी-से निर्णायक और प्रतिनिधि स्वर को गौरव देकर लोकाराधन करना तो किसी राजा राम का ही कठोर तप हो सकता है!

"कवि की भावना, कल्पना और अनुभूति लग-भिड़ कर कैसी पथरीली धरती की खुदाई करती है या सीप-घोंघों-भरे सागर में रतन ढूँढ़ने कितने गहरे उतरती है यह सब आकस्मिक या दैवाधीन नहीं है। कठोर साधना से सहजता सधती है।"

—कलेजे से लगाकर रखने के लायक बोल थे बेशक, परन्तु वह उन्हें टक-टक देखते भर रहे। भीतर क्या-क्या खटपट मची थी, टकसाली बोली का सीधा कोई-सा भी जवाब न सूझा।

अग्निमित्र ने कालिदास को रुकने के लिए नहीं कहा था। जानते थे, अलग से कहना जरूरी न था। अलग से बुलावा भी कहाँ भेजा था। जानते थे, इस संगोष्ठी का समाचार मिलने पर वह रुकेंगे नहीं। नई ब्याही पर स्नेह भी आड़े न आएगा। समय बीतते पता चलता है? अग्निमित्र तब सम्राट् न थे, न कालिदास विद्यापति। गंगा-किनारे दोनों मन की थकान मेटने कैसे-कैसे सपने बुनते थे! राजा होकर राजा न होने का कोई और ही आनन्द है!

कालिदास जनम के सुरीले, गंगा के किनारे-किनारे टहलते हुए कोई कविता गुनगुनाते होते और अग्निमित्र सपनों भरी बड़ी-बड़ी आँखें उनके उजास उछालते सस्मित ओठों पर एक टक टिकाए हुए; तभी सड़क पर किसी बैल गाड़ी की चरमाहट सुनाई देती या फिर पेड़ की किसी टेढ़ी-मेढ़ी डाल पर कोई काग टरनि लगता तो उनके चौड़े-चमकीले माथे पर कैसी-कैसी उलझी-पुलझी रेखाएँ उभर आती थीं!

आज कालिदास उन्हीं के निर्देश से सबसे अलग इस अनोखी राजकीय नाट्यशाला—मागधी में—ठहराए गए हैं और महाराज विक्रमादित्य को

पुछवाना पड़ा है कि जैसे सब साथ आए, ऐसे ही लौटेंगे भी क्या ?

उत्तर की प्रतीक्षा में सब खड़े हैं। सम्मान पाने में सुख है। सम्मान करने में उससे भी अधिक। कालिदास की आँखें कह रही थीं, वह जो कहना चाह रहे थे, उन्हें उसके उपयुक्त शब्द ही नहीं मिल रहे थे। ठीक तभी सादे वेश में अग्निमित्र आते दिखाई दिए। उनकी अञ्चित गति सहज विनम्रता से ऊँचाइयों को छू रही थी। मुसकान कह रही थी : नहीं, अभी नहीं। महाराज विक्रमादित्य के भेजे लोग दोनों को अभिवादन कर उलटे चलकर लौट गए।

अग्निमित्र ने हँस कर टोका :

'पिंजड़े का क्या हाल है ?'

'पिंजड़ा ?—हाँ ! ठीक है, बहुत ठीक है ! आकाश कुछ और दूर हो गया है ; धरती ने तन-मन को मिट्टी-मिट्टी कर दिया है !'

'ऐसा ? जी खपाओ तो मिट्टी सोना...

'सोने से क्या होगा ? साधना जागना है। सिद्ध नहीं, साधक होना ही मुझे जँचता है।'

''तुम इतनी ऊँची जगह पहुँच गए हो कि कहाँ से उठ कर यहाँ पहुँचे, इसे ही भूल गए। विद्या ने तुम्हें इतना ऊँचा उठा दिया कि तुमने अग्निमित्र की गिरावट पर एक नाटक ही लिख मारा !'

कालिदास कट कर रह गए। मन ही मन सोचते रहे : ''मनुष्य में कितनी तेजी से गिरावट आ रही है। इरावती को यह दिन-प्रतिदिन सड़ता-गलता जाता संसार यों भी अच्छा नहीं लगता ; घिसे-पिटे आदर्शों से हट कर वह एक ऐसे स्वस्थ यथार्थ की खोज में है जिसे बाहरी दबावों से पशु की भाँति भीरु और कातर न रहना पड़े और जिसकी नींव में संघर्ष नहीं, व्यापक सुख हो।

''वह 'मालविकाग्निमित्रम्' अग्निमित्र को अभी नहीं दिखाएगी, यह उसकी प्रतिश्रुति थी, भूल गई।''

अग्निमित्र ठठा कर हँसे : 'तुम सकपकाए हुए क्यों हो ? मेरे मित्र ही नहीं, एक महान् कलाकार भी हो ! तुम्हें जीवन गढ़ने आता है। मुझे तो

तुम्हारी कोमल कल्पनाएँ भी रोमाञ्चक ही प्रतीत हुईं। काश कि उसी तरतीब से सब घटित हुआ होता !'

अब कहीं जान में जान आई। कहा-सुनी की नौबत न आई। कालिदास एक बार द्विविधा में पड़ गए थे : 'सचमुच ही राजा से मैत्री एक अनहोनी-सी बात है। मैंने तो उस रचना में स्रोत और परिवेश के जरिए अपने युग के राजनीतिक और सामाजिक तथ्यों को ही सांस्कृतिक परिधान देने का प्रयास किया है। यह संभव है कि माध्यम की नवीनता के कारण वहाँ पूरा परिप्रेक्ष्य उजागर न हो पाया हो, किन्तु मैंने प्रयास में भरसक कोताही नहीं की है।'

आगे भी कालिदास उनकी ही अधिक सुनते थे, स्वयं कम से कम बोलते थे। आज तो कुछ बोले ही न थे। अग्निमित्र के ठहाके ऐतिहासिक थे।

ठीक इसी समय किधर से भी इरावती प्रकट हुईं।

अग्निमित्र ने कहा : देखो न, तुम्हें बताना ही भूल गया था। तुम यहाँ आ रहे हो, यह संवाद इरावती के पास भेज दिया था। अब जब सब लौट रहे हैं तब यह यहाँ पहुँच पाई है। कोई इक्का-दुक्का ही मगध घूमने रुकेगा, नहीं तो बड़े सादेपन से सब विदा माँग लेंगे। तीन दिनों की संगोष्ठी में सब गहगहाया हुआ लग रहा था। तुम्हारा वहाँ यह कहना कितना सच था कि कैसे भी कल आज नहीं हो सकता। थोड़ा-बहुत अन्तर रहेगा ही। रहना भी चाहिए, हम एक दिन आगे जो आ गए हैं। तुम्हारी इस एक बात ने मुझे चौंका दिया। पुराने को ज्यों का त्यों लौटा लाना सम्भव नहीं है।

इरावती ने क्षमा की मुद्रा में हाथ जोड़े। कालिदास ने भी उत्तर में निःशब्द हाथ जोड़ लिए। पुँछी-सी मुस्कान उनके ओठों में तड़फड़ा रही थी।

इरावती मन्द्र सप्तक के धैवत और निषाद स्वर के संगम-स्थल से बोली :

'कुपित हैं ?'

'ऐसी अनधिकार चेष्टा मैं कैसे कर सकता हूँ ?'—कालिदास ने सिर झुकाए ही झुकाए कहा। जैसे कलेजा कण्ठ में आ गया हो, उनकी बोली भर्राई-सी थी।

अग्निमित्र ने फिर एक ठहाका लगाया ! कालिदास जी उस रास्ते से घूमने निकले हैं जो आगे की ओर कम, पीछे की ओर ज्यादा जाता है। नाटक लिखा है जिसमें मेरा अल्हड़पन बड़ी बारीकी से चित्रित किया है, मगर जो सम्राट् पुष्यमित्र का दायित्व सँभालने में टूटा जा रहा है, उसकी थकान का एक बूँद पसीना भी नाटक के पर्दे पर कभी न चमकाया !

इरावती ने चौंक कर पूछा :

'आप किस नाटक के बारे में कह रहे हैं महाराज ? मैं कुछ समझी नहीं।'

कालिदास की आँखों में अपनी कच्ची तजबीज का पानी भर आया : 'अनजानते इरावती पर अविश्वास करने का अपराध मुझसे हो गया। फिर यह रहस्य किसने भेदा होगा ?'

अग्निमित्र ने हास का कैलास खड़ा कर दिया। 'महीने भर पहले कोई विद्वान् यहाँ दे गया था कि महाकालेश्वर के पुजारी ने लिपिबद्ध प्रसाद भेजा है। एक ही मसि और लिखावट में पूरा नाटक लिखा हुआ है ! क्या तुमने भी उसे नहीं देखा ? तुम्हारा भी आँका-बाँका चरित्र उसमें चित्रित है।'

इरावती अर्थगर्भ हँसी हँसी। और कालिदास की ओर भवें टेढ़ी कर यों देखा जैसे वह अपने भोलेपन में कोई भारी अपराध कर बैठे हों।

अग्निमित्र हँसे कि कालिदास ने मिताई का मोल चुका दिया। नाटक लिखकर मुझे अमर कर दिया। इतिहास के पृष्ठों पर तो कितने-कितने नाम गिनाए जाते हैं, कौन याद रखता है उन्हें ? सम्राट् पुष्यमित्र ही को लें, सब दिन विद्वानों से ही घिरे रहे, कहाँ कुछ लिखा गया उन पर ? चूँ भी नहीं किया किसी काव्य-प्रतिभा ने और उन्हें कला के क्षेत्र से चुपचाप बाहर कर दिया। धक्का-मुक्की की तो बात ही क्या ?

कालिदास जी भौंचक। उनकी समझ में नहीं आ रहा था कि यह

सब हास-परिहास भर है या विद्रूप व्यंग्य ! तभी एक कबूतर ने पखों की लयबद्ध फड़फड़ाहट से पूरे प्रकोष्ठ को संगीतमय कर दिया।

इरावती ने कहा : 'विदिशा में मैं कभी-कभी रात-रात भर नाचती रह जाती हूँ। वेणु, वीणा और मृदंग—सब भीतर ही बजते रहते हैं, बड़ा आनन्द आता है। वाणी से अधिक शक्ति मौन में है। दर्शकों की करतल-ध्वनि से कहीं अधिक अभिभूत आत्मा की एकाग्रता उल्लसित करती है। कलात्मक उपलब्धि उस उल्लास के ऊपर और क्या हो सकती है ?'

कालिदास बोले :

"वह जो सर्वोपरि है। लोक-रञ्जन तो उसका व्यावहारिक पक्ष है। पृथ्वी जहाँ की तहाँ अड़ी-खड़ी नहीं रह सकती। उसकी प्रत्येक गति पुराने को उड़ाती और नए को खिलाती रहती है—हम देखते हैं। किन्तु इस दर्शन का एक पक्ष ओर है। हमारी अग्रगति का स्रोत स्तब्ध हो गया है, लम्बी-लम्बी साँसें लेकर हम अपने भविष्य को धुँधलाते रहते हैं; उल्टा-सीधा सोच-सोच कर कुछ होने और कुछ करने के उत्साह को व्यर्थ ही जलाते जाते हैं। 'चरैवेति चरैवेति' का अर्थ केवल पाँव-पाँव चलना ही तो नहीं है। एक स्थिति से दूसरी स्थिति की ओर, एक आधे-अधूरे संकल्प से दूसरे ध्रुव लक्ष्य की ओर बढ़ना और निरन्तर बढ़ते रहना भी तो है।"

अग्निमित्र ने आह्लादित हो कर बीच में ही टोक दिया :

'तो फिर 'मालविकाग्निमित्रम्' में तुमने मेरा संघर्ष और शौर्य्य क्यों नहीं चित्रित किया ?'

"महाराज क्षमा करें, जिसके शासन-काल में एक के बाद दूसरा युद्ध होता रहेगा वह राजा सैन्य-संचालन चाहे जैसा कर ले, प्रेम नहीं कर सकता। प्रेम शान्ति और सुख की ओर संकेत करता है। कवच पहन कर वीणा नहीं बजाई जा सकती। आपका प्रेमल जीवन आपके समय को अपेक्षाकृत शान्त और सुखी ही घोषित करता है। प्रेम कोई खण्डित अभिव्यक्ति नहीं है। सौम्य होना दुर्बल होना नहीं है।"

अग्निमित्र इस बार देर-देर तक हँसते रहे, फिर स-सम्भ्रम उठ खड़े हुए : 'देखो न, मैं तो पूछना ही भूल गया। मुझे आते देख कर जो जल्दी -जल्दी चले गए, वे कौन थे ?'

'वे महाराज विक्रमादित्य के भेजे हुए लोग थे। पूछने आए थे : कि वह अपने सभी सभासदों के साथ उज्जयिनी लौट रहे हैं। जैसे आया था, क्या मैं उन्हीं की साथ वैसे लौट भी रहा हूँ ?'

इरावती ने तनिक तिनक कर कहा :

''ऐसा कैसे हो सकता है ? महाराज ने अभी मुझे इसीलिए तो यहाँ बुलवाया है कि आप आ रहे हैं ! पंछी अपने पिंजरे में भी ऊँची टेर लगाता है ; किन्तु बाहर का खुला आसमान उसे उड़ान भरने के लिए भी उकसाता है !

''मैं जब महाराज के पास होती हूँ तब सब खिड़कियाँ खुली-खुली लगती हैं। चाँद-तारों-भरा आकाश, जहाँ मैं होती हूँ, चुपके-चुपके वहीं उतर आता है। मैं जैसे गोधूलि की घाटी से निकल कर प्रकाश के पहाड़ पर आ जाती हूँ।

''एक दिन मैं ऋग्वेद उलट-पलट रही थी। तभी दसवें मण्डल के पिनचानबेवें सूक्त ने मुझे बाँध लिया। अट्ठारह ऋचाओं ने देर-देर तक मुझे भरमाया। बादल बिजली का रूपक तो कुछ जमा नहीं। उर्वशी और पुरूरवा के परिसंवाद ने मुझे एक नृत्य तैयार करने को उकसाया। मेरे पैर इतने हल्के हैं कि उन्हें लय से बँधते देर नहीं लगती। वह मैं आप दोनों को इकट्ठे दिखाऊँगी। दो दिन रुकिए न ! मैं अभी बहुत थकी हूँ।''

सम्राट् अग्निमित्र हँसते-हँसते राज-प्रासाद की ओर मुड़ गए।

□

३६

नंदनवन ही क्यों न हो इन्द्र का, यदि वहाँ रहना पड़े हृदयहीनों के साथ तो उससे तो कहीं अच्छी जंगल-जंगल मारे फिरने की मौज और मस्ती है। जहाँ पेड़ छाँह देते हैं सुस्ताने के लिए; मीठे फल देते हैं खाने के लिए; सोते-झरने पानी देते हैं पीने के लिए।

—सघन संगीत में एक मेघमन्द्र श्लोक गुनगुनाते हुए कालिदास विशाल प्रासाद-कक्ष में एकाकी रात बिता रहे थे। आगे बादल, बिजली, हवा धूप, चाँदनी—किसी से भी वह रागात्मक सम्बन्ध जोड़कर अकेलापन दूर कर लेते थे, अब स्वभाव में थोड़ा संशोधन हुआ है। इन दिनों उन्हें आँसुओं-भरे क्रन्दन से भी नहीं चौंकाया जा सकता ; हास-उल्लास-भरे आनन्द छन्द से भी नहीं।

वह सोच रहे थे : रात आधी से भी अधिक बीत गई। पंछी अपने-अपने घोंसलों में कल के सपने बुन रहे होंगे। मेरी ही आँख क्यों नहीं लग रही? तभी उधर किसी का दबा-दबा-सा स्वर सुनाई दिया, फिर तुरत सन्नाटा छा गया। प्रहरियों का खाँसना और जमुहाई लेना जब-तब सुनाई देता है, कहीं दूर कुछ कुत्तों का भौंकना या आपस में लड़ना भी सुनाई दे जाता है; परन्तु ध्यान पर कुछ चढ़ता नहीं है। आह ! किसी का प्रिय होना भी कभी-कभी कितना अप्रिय लगता है !

विद्या सोच रही होगी : आज के दिन का भी पहला पहर बीत गया। दूसरे-तीसरे पहरों का तो कुछ पता ही न चला कि वे कैसे आए-गए हो गए या फिर गए बीते ! तो क्या अब साँझ ढलने पर ही उनका आना हो सकेगा ?

इरावती भी जाने-अनजाने मुझे स्मरण करती ही रहती होगी। आज वह यहाँ, विशेष कर मुझी से मिलने आई है, यह वह जिस ढंग से कह रही थी, वह औपचारिक कदापि न था। उसने समय को पहचान लिया है। जो है, उसकी वह आलोचना नहीं करती, उसमें निर्बाध प्रवेश कर जाती है। उसे नकारती नहीं है। उससे आप ऊपर उठ जाती है। मालविका अग्निमित्र के लिए अनिवार्य हो गई तो उसने बिसूरने या राजाओं के चंचल-स्वभाव की आलोचना करते रहने में अपने को खपाना उचित नहीं समझा, कला-साधना में डूब गई। कला ने उसके मन का मैल धो-पोंछ दिया। मन मगन हो गया आनन्द छन्द में। अब वह ऋग्वेद-सामवेद पढ़ती है। उषा, उर्वशी और यम-यमी संवाद पर नृत्य-रचना करती है। भरत के पूर्व ब्रह्मा ने नाट्यवेद रचा था ; शंकर ने ताण्डव में और पार्वती ने लास्य में उसे उतारा था। भरत ने नाट्यशास्त्र में उसे विस्तार दिया तो इरावती ने बार-बार अभ्यास कर उस कसौटी पर अपनी कला को निखारा और आज उसे रानी होने से कहीं अधिक गर्व कलाकार होने का है। उसने चुम्बकीय आकर्षण से अग्निमित्र को नहीं वरा था, अपने तरुणाये रूप की रक्षा के लिए किसी रक्षक का आश्रय भर लिया था। ईश्वर ने उसे अप्सराओं का-सा रूप दिया था, वह किसी भी मठ-मन्दिर में अरक्षित थी।

जैसे कोई अनजान स्थान देखने निकलता है तो उसे एक ऐसे साथी की तलाश करनी होती है जो वहाँ की भाषा जानता हो और वहाँ की तमाम खूबियों-खराबियों का अच्छा-खासा जानकार हो। इरावती के लिए अग्निमित्र हू-ब-हू वैसा ही साथी है। वह एक समर्थ माध्यम है जो उसे किसी भी ऊँचाई तक पहुँचने में मदद कर सकता है। सारी सुविधाएँ जुटा दे सकता है।

इरावती अपने उन नए आविष्कारों का मेरे समक्ष प्रदर्शन करना चाहती है जो अग्निमित्र द्वारा सुविधाएँ जुटाने पर उसने अपने भीतर झाँककर मर्म की सुवास के रूप में पाए हैं।

उत्तेजित और उत्पीड़ित होकर जो खो दिया था, उसे अन्तर्मुखी होकर उसने अब जिस स्वच्छ निर्मल नए रूप में पुनः प्राप्त किया है, उसी का

प्रदर्शन आज वह करेगी। विद्योत्तमे, उसे तुम दो दिन दे दो ; तीसरे दिन मैं सवेरे-सवेरे यहाँ से चल पड़ूँगा। ... "

अब जल्दी-जल्दी जमुहाई आने लगी है। थोड़ा सो लेता हूँ। सपने में मत आना। अच्छा-अच्छा, आ ... ।

× × ×

धूमिल, नीरव, निर्जन पर स्वर्ण-किरणों के बाण बरसने लगे। प्रासादों की अद्‌भुत बनावट निस्तब्ध किए देती थी। चलते समय विद्या ने आत्मीयता के सहज आवेग को हँसते आँसुओं से जैसे प्रकट किया था, अभी उसकी एक-एक रेखा उभर आई। कालिदास ने उद्वेलित हृदय से विश्वास की ऊष्मा लिए हुए कुछ शब्द बन्द ओठों में हल्के-हल्के खोले :

अपने तईं तो हर कोई खिंचता है। मगर मतलब निकालने वालों का कोई और ढंग होता है। वह काम निकाल कर आँख दिखा देते हैं। अग्निमित्र वैसे नहीं हैं। वह ऐसा कुछ न कहेंगे जिससे मैं बुझा-बुझा रहूँ। न मुझे यहाँ किसी काम से लगना है, न अन्तःप्रेरणा के अतिरिक्त किसी अप्रिय आदेश-निदेश के आगे झुकना। महाराज विक्रमादित्य आधे रास्ते पर कहीं विद्वन्मण्डली के साथ काव्य-शास्त्र-विनोद कर रहे होंगें, मैं सम्राट् अग्निमित्र की प्रतीक्षा कर रहा हूँ। दाहिनी आँख फड़क रही है। टोह में है हवा किसी अनसूँघी सुगन्ध की। और लो, अन्तःपुर की दासियों का एक झुण्ड इधर ही आता दिखाई दिया। ये बेपढ़ी छोरियाँ दुखियारे घरों की पैदावार हैं। झोंपड़े रत्न की खान भी होते हैं, मरभुखे क्या जानें !

कालिदास गुमसुम बैठे रहे। मतवाली कोयल ने कब लताओं को नचाकर चुप्पी साध ली ; पवन ने कब फूलों की सुगन्ध वातावरण में फैला दी और भौरों की गूँज ने कब सुमधुर संगीत से अपने आसपास को झुमा दिया, लक्ष्य न कर सके।

जिसके अंग-अंग पद्‌म-पराग से सुरभित थे ; हिरन की आँखें, खिंची भवें और घुटनों तक केश लहरा रहे थे उसने आगे बढ़ कर अभिवादन किया और उसके पीछे सारी की सारी परेवों की आकृति की अँजुरी बाँधे

हुई सहचरियाँ सिर झुकाए खड़ी रहीं।

अभिवादन के बाद जब वह बोली तो लगा, सुरों के फूल खिल गए ; शब्द-शब्द मधुर मौन की गुनगुनाहट बन गए :

'कला-कक्ष में महारानी इरावती के साथ महाराज आपकी प्रतीक्षा कर रहे हैं।'

कालिदास क्षण भर को भाव-विह्वल हो गए : उनकी अन्तरात्मा में छिपा अमृत कब वाणी से फूटेगा ? सोचते रहे कि यह पाटलिपुत्र क्या है ? यहाँ के सभी प्रासादों में मणि-माणिक्य जड़ें हैं ! दासियाँ हैं जो सिर से पाँव तक के आभूषणों पर ओप चढ़ा रही हैं। उज्जयिनी को छोड़कर कोई दूसरा नगर इसके सामने न टिक सकेगा। यहाँ सम्राट् अग्निमित्र हैं, वहाँ महाराज विक्रमादित्य। दोनों मेरे अपने। इस सुख-सौभाग्य का क्या कहना ? किसी कवि या कलाकार की कला-साधना को ठीक-ठीक समझकर कोई स्नेह उड़ेले या आदर दे तो फिर और क्या चाहिए ? विद्वान् चाहे जितने बड़े हों, किसी की कला-साधना की दिल खोलकर प्रशंसा करें, संभव नहीं। प्रशस्ति गाते समय उनका बड़प्पन हवा हो जाता है, छुटपन ही लहरता-फहरता है। यही हाल आश्रयदाता राजाओं का है। उन्हें रक्त-मज्जा वाली मांसल कलाकृतियां तो सुहाती हैं किन्तु रंग-गन्धवाली प्रातिभ कलाकृतियाँ उनके चित्त पर जब-तब ही चढ़ती हैं। शब्द-शब्द की एक-एक तह से निकलने वाली ध्वनि-प्रतिध्वनि सुनने वाले अन्तःश्रोत्र तो किसी-किसी के ही होते हैं।

जैसे सँवरने में देर हो गई हो, हड़बड़ाकर कौशेय परिधान कन्धे पर रक्खा और चलने लगे। दासियाँ दाएँ-बाएँ हो गईं, जो आगे खड़ी थी, पीछे चलने लगी।

अन्तःपुर का रंग-कक्ष खूब सजा-धजा था। इरावती उर्वशी की मानसिकता से तालमेल बिठाकर अपनी नाटकीय समझ और नृत्य की सामर्थ्य का प्रदर्शन करने को उद्यत बैठी थी। सम्राट् अग्निमित्र के मन में एक आवेग सा उमड़ रहा था 'मालविकाग्निमित्रम्' को दूसरी बार इरावती से अभिनय के साथ सुनने पर कि इस घड़ी जिसे वह कालिदास के सामने उड़ेल कर हल्का होना चाह रहे थे। कालिदास ने अभिवादन

की मुद्रा में हाथ उठाए हुए कक्ष में प्रवेश किया। अग्निमित्र उपचार और उद्गार के कील-काँटे मिलाए बैठे थे। उठकर कालिदास के गले में मोतियों का हार पिन्हाया और अंजलि में नव रत्न जटित सोने का नारियल सजा कर रक्खा। फिर भुज भर भेंटते हुए कहा :

मित्र, कल तुम्हारे मुँह से अचानक एक बहुत बड़ी बात निकल गई थी ! कील-काँटे ऐसे सही थे कि अपनी ओर से कुछ जोड़ने-तोड़ने की गुँजाइश ही न थी। तुमने कहा था। नहीं, तुम्हारे कहने का अर्थ था कि इतिहासकार तुम्हारे बारे में लिखते हुए यह स्वीकार करेंगे कि भारत में रामायण-महाभारत-युग के बाद भी एक ऐसा युग आया था जिसने कालिदास गढ़ा था ; एक ऐसा समय, जिसमें मनुष्य प्रेम कर सकता था। एक ऐसा समय, जिसमें दम घोंटू ढाँचे को तोड़ कर सारी खिड़कियाँ खुल गई थीं जिनसे साँसों की कसमसाहट कम हो गई थी। दुन्दुभी की जगह वीणा ने ले ली थी।

कालिदास की मुसकान में आकांक्षाओं की निर्मलता थी। वह सिर झुकाए चुप खड़े थे। उनके मुँह पर एक करुण कान्ति झलक रही थी। आनन्द का यह रहस्य उनकी सकुचाई बोली नहीं खोल सकती थी। सम्पूर्ण मनुष्य गढ़ने का प्रयास इससे रुकनेवाला नहीं है। राग-विराग, उदय-अस्त जीवन के खण्ड-खण्ड रूपों को अखण्डता की ओर ही लिए जा रहे हैं। हिमालय की ऊँचाई से ही चिपकी रहतीं, तो गंगा समुद्र की गहराई का परिचय नहीं पा सकती थीं।

अग्निमित्र ने उन्हें दोनों हाथों से पास के आसन पर बिठाया। कमल के कुल दल खुल गए।

अग्निमित्र के इंगित पर अपनी ही छवि की छाया में बैठी इरावती उठ खड़ी हुई तो जो जहाँ था, वहीं निश्चल हो गया।

यह स्थिति कुछ सोचने की नहीं, अनुभव करने की थी। सम्पूर्णता में जीवन को समेटने की थी। ओने-कोने ताकने-झाँकने पर दृश्य का सर्वोत्तम ही छूट जा सकता था।

वेणु-वीणा-मृदंग-कांस्यताल की वृन्द-ध्वनियों में से इरावती का चन्दन-गन्धी स्वर लहराया :

"ओ३म्
विश्वानि देव सवितर्दुरितानि परासुव
यद् भद्रं तन्न आसुव।"

इस आनन्द-ध्वनि से कक्ष मंगलमय हो गया। नृत्य थमा तो सब बदला-बदला-सा लगने लगा। मौन गाने लगा था, पायल के केवल एक दाने से हल्का-हल्का स्वन छन रहा था। इरावती ने कहा :

उर्वशी और पुरूरवा का आख्यान है तो वेद में, पर वह घुटा-घुटा-सा है। मैंने भावाभिनय द्वारा बाँसों के वन में ठंडी और धीमी हवा बहाने की कोशिश की है। सूखे बाँस की कैसी बाँसुरी बनी, अपने-आप सुनें :

परिसंवाद की भाषा आधुनिक तो थी नहीं, जो कालिदास के अलावा किसी के पल्ले पड़ती, परन्तु कालिदास आँख-ओठ और हाथ-पाँव के एक-एक स्फुरण, कम्पन और न्यास को देखने में ऐसे तन्मय थे कि उन्हें हर क्षण उर्वशी का ही ध्यान रहा, इरावती की रसभाव में डूबी कला के लिए एक भी प्रशस्ति का शब्द उनके मुँह से न निकला। यों उनकी आँखें बहुत कुछ कह रही थीं, ओठ भी कुछ कहते-कहते काँप कर रह जाते थे।

हँसते-हँसते अग्निमित्र के पेट में बल पड़ गए : हँसते-खेलते स्वर्ग के पथ पर पैर देना क्या बुरा है ? मैं मगर हक्का-बक्का रह जाता हूँ, जब सबको हचर-मचर करते देखता हूँ। इरावती के इस बारीक से बारीक भावों के प्रदर्शन पर जी चाहता है, उसके हाथ चूम लूँ, पाँव चूम लूँ ; किन्तु मित्र, तुमसे एक बात पूछता हूँ : हँसी-खेल नहीं है कला-साधना। आसमान पर चढ़कर दिया जलाना है यह तो। हँसकर न उड़ाओ। हथेली में आसानी से आने वाली है यह कि जी भर कर लुटाई जा सके सर्व-साधारण में ? वेद यदि हप करने लायक होता तो दस्यु इसे कब न कब खा-पका चुके होते। ये कलाएँ हवा पर न उड़ती होतीं, हद से न बढ़ गई होतीं, तो इनके पर कुतर कर सभी लोग इन्हें पालतू बना लेते और हाथ तोड़-ताड़ कर निगल जाते।

तो ... मित्र, मुझे यह बताओ कि रात-दिन एक कर जिस कला की ऊँचाइयों और बारीकियों को पसीने से नहला कर निखारा गया, उसे परखने और सराहने वाले केवल हम दोनों हों ?

कालिदास मुसकिराए :

''नटराज का ताण्डव और नटवर कृष्ण का कालिय के फन पर किया गया नृत्य कितनों ने देखा था ?

'महाराज ! जो सहज है, वह संगीत-कला नहीं है। पंछियों का कलरव, नदी का कल-कल—सुनने में अच्छा लगता है, सर्व-सुलभ है वह तो ; किन्तु वह संगीत-कला नहीं है। हवा के झोंकों से टहनियाँ झूमती हैं ; मोटी मोटी डालें भी टूटने की स्थिति तक झुक-झुक जाती हैं किन्तु वह ताण्डव-लास्य नहीं है ; अंगहार नहीं है ; नृत्य नहीं है।

'महाराज, सच तो यह कि ऐसे असाधारण शारीरिक कष्ट से प्राप्त होने वाले आत्मिक सुख का निर्वचन नहीं हो सकता। महारानी इरावती के ऐश्वर्य-सुख भोगने वाले शरीर को जो कभी न मिला होगा, वही उनकी आनन्दमयी आत्मा को उपलब्ध हो रहा होगा। क्षमा करें महाराज, यों भी ललित कला का आनन्द सतही स्तर पर नहीं उपलब्ध होता। देवता हुए बिना देवता की पूजा नहीं की जा सकती। जिन कन्धों पर पीढ़ियों का बोझ है और जिनकी नींद प्रजाजनों का आर्त क्रन्दन हर लेता है, उन राजे-महाराजों के लिए भी अपने होने का उद्देश्य भूले बिना ललित-कला के प्रशान्त कक्ष में प्रवेश सम्भव नहीं है।

'लोक-कला में लोक पहले है, कला हल्के-फुल्के मनबहलाव के लिए पीछे से झलक दिखाती है। यों पानी में परछाई देखने वाला सूरज-चाँद को ही देखता-दिखाता है।'

अग्निमित्र ने अट्टहास कर कहा : बाल की खाल की कई-कई परतें एक साथ उतार दीं। मेरे पल्ले एक भी न पड़ी। आगे तुम मुझे उर्वशी और पुरूरवा की कथा ही खूब खोलकर सुनाओ, फिर मैं वेद-पुराण समझूँगा।

कालिदास ने अनुभव किया कि ऐसे समय सम्राट् एक सहज मनुष्य हो जाते हैं। अपनी सभी अभिव्यक्तियों, गहराइयों और ऊँचाइयों से परे हट कर दूधिया हँसी-मुसकानों से धुले-पुँछे एक प्रौढ़ शिशु। ऐसे में उन्हें कैसे भी दृश्य नहीं लुभाते ; कैसे भी विचार नहीं विचलित करते, तब वह तन्द्रा-मग्न होते हैं या प्रकाश में किलोलते, कहा नहीं जा सकता।

रुक-रुक कर कालिदास ने अग्निमित्र की आँखों से आँखें मिलाईं : महाराज महारानी इरावती को देख रहे हैं न ! वह जब-तब स्वेद-कण पोंछती हैं ; जब-तब मुसका कर आपकी ओर देखती हैं। उर्वशी और पुरूरवा के दुहरे अभिनय में वह अपनी कला-साधना के सौधशिखर पर थीं। महाराज जब विस्मित-चकित हो उन्हें देखते थे, उनकी थकान मिट जाती थी। चन्दा की चाँदनी चाहे जैसी उज्ज्वल-निर्मल हो, दुनिया अन्धी होती तो उसकी क्या सार्थकता होती! आपकी एक-एक विस्मित-चकित दृष्टि महारानी की उमंग की आकाशगंगा को उछाले दे रही थी।

कथा तो कथा है। उसे संवेदनीय बनाने में कलाकार की कृतार्थता है। महारानी कृतार्थ हैं।

आपने कथा पूछी है। कथा का क्या, वह तो अपने तईं ऊबड़-खाबड़ और छूँछी होती ही है। महारानी इरावती उसे कलात्मक पूर्णता प्रदान कर चुकी हैं। मैं ऋषि-मुनियों की उलझी-पुलझी सूझ-बूझ को महारानी की एक मीठी मुसकान भर दिए देता हूँ :

पुरूरवा चन्द्रवंश के अवतंस थे।

विराट् पुरुष की नाभि से ब्रह्मा की उत्पत्ति हुई। ब्रह्मा के पुत्र हुए अत्रि। अत्रि के नेत्रों से चन्द्रमा का जन्म हुआ। चन्द्रमा ने बलपूर्वक वृहस्पति की पत्नी तारा का अपहरण कर लिया। वृहस्पति ने पत्नी को लौटाने के लिए चन्द्रमा से बहुत अनुनय-विनय की, पर बात कुछ बनी नहीं। इसी बात को लेकर देवताओं और असुरों में घनघोर संग्राम छिड़ गया।

वृहस्पति देवताओं के गुरु हैं और शुक्र असुरों के। इनकी अनबन बहुत पुरानी है। शुक्र ने चन्द्रमा का पक्ष लिया तो देवाधिदेव महादेव ने वृहस्पति का। देवराज इन्द्र ने भी सभी देवताओं के साथ वृहस्पति को ही अपना समर्थन दिया। एक तारा के लिए इस भयानक संग्राम में दोनों दलों के बहुतेरे खेत रहे।

अंगिरा ऋषि को यह देवासुर-संहार अच्छा न लगा। उन्होंने ब्रह्मा से विनय की कि यह युद्ध बन्द हो। ब्रह्मा को बात जँच गई। उन्होंने चन्द्रमा को भरपूर डाँट पिलाई और तुरत तारा को वृहस्पति को लौटा देने कहा।

चन्द्रमा ने ऐसा ही किया। मगर पानी सिर के ऊपर तक चढ़ चुका था। तारा गर्भवती हो चुकी थी। यह सन्तान चन्द्रमा की थी। सन्तान पैदा हुई तो वृहस्पति को भी लालच हो आया कि काश वह उन्हीं की औरस सन्तान होती ! परन्तु ब्रह्मा ने समझा-बुझा कर तारा से उगलवा लिया कि यह शिशु चन्द्रमा का है। शिशु का नाम बुध रखा गया।

आगे चलकर इसी बुध का, इला के गर्भ से, दिग्विजयी पुत्र पुरूरवा हुआ।

एक दिन देवर्षि नारद इन्द्र की सभा में पुरूरवा के अपूर्व रूप, ऐश्वर्य और पराक्रम का वर्णन कर रहे थे जिसे उर्वशी बड़े ही मनोयोग से सुन रही थी, सो वह सम्मोहित-सी पुरूरवा के पास चली आई।

स्वर्ग की देवांगना मनुष्यलोक के एक सुन्दर रूप पर मोहित होकर स्वर्ग-सुख को ठुकरा कर धरती पर उतर आए, यह कोई ऐसी-वैसी बात तो नहीं है, परन्तु हुआ यही।

किसी जनम के अन्धे को जैसे आँखें मिल गई हों, उर्वशी को देखकर पुरूरवा को अपने रूप की सार्थकता पर उचित ही गर्व हुआ। उनकी बड़ी आँखें और बड़ी हो गईं। शरीर में रोमांच हो आया। उन्होंने गद्गद स्वर से उसका स्वागत किया और जीवन भर उसी के दाम्पत्य सुख की कामना की। उर्वशी को दोनों हाथ लड्डू मिले। उसकी एक ही शर्त थी कि उसके दो पालतू मेमने हैं, जिनकी देखभाल का दायित्व पुरूरवा स्वीकार लें।

उर्वशी के शरीर से कमल के फूल की धूल की-जैसी सुगन्ध निकलती रहती थी। मुँह की सुगन्ध बावरा बना देने वाली थी। सो पुरूरवा ने उर्वशी की रूप-सुधा वर्षों छक कर पी।

अब कहीं देवलोक की नींद खुली। उर्वशी के बिना स्वर्ग फीका-फीका लगता था। इन्द्र ने उर्वशी को लौटा लाने के लिए गन्धर्वों को भेजा। वह रात के सन्नाटे में मेमनों को उठा ले गए। इस पर उर्वशी ने खर्राटे लेते पुरूरवा को वह सब कह डाला जो एक वारांगना किसी पथभ्रष्ट विलासी को कह सकती है। सच तो यह कि वेश्या स्वर्ग की हो या धरती की, वह कभी कुछ भी करने पर किसी कुलांगना-सी पवित्र और

एकनिष्ठ हो ही नहीं सकती। पुरूरवा मेमने लौटा लाए, फिर भी वह एक गन्दा बहाना बनाकर चली ही गई।

पत्नी या गृहिणी का गौरव रम्भा-उर्वशी के समान सुन्दरी या चिर-तरुणी होने में नहीं है, उसकी कुलीनता, शालीनता और पति-प्राणता के आगे देवता-देवी भी सिर झुकाते हैं, अप्सराओं और नगरवधुओं की आसवगन्धी निर्लज्जता की तो इस सन्दर्भ में स्मृति भी अमंगलकारी है।

जिसके जीवन और यौवन को रौंद कर, निचोड़ कर उर्वशी स्वर्ग लौट गई, वह तड़प-तड़प कर चाहे प्राण गँवा बैठता, परन्तु उसकी यह आशा तो कभी न पूरी होती कि बिछड़ते समय वह उर्वशी की आँखों में दो बूँद आँसू देख सकता।

तब भी अपने सूने रंगमहल में पुरूरवा छटपटाता रहा। अनमनापन हद से गुजर गया तो वह निपट बावरे की तरह यहाँ-वहाँ भटकने लगा। और एक दिन कुरुक्षेत्र में सचमुच ही वह सरस्वती नदी के किनारे कई सखियों के साथ किलोलती दिखाई दे गई। फिर क्या, गिड़गिड़ाने लगा कि यदि वह पुनः कृपा न करेगी तो यह जी कर क्या करेंगे ! सामने कुछ भेड़िये दिखाई दिए तो उसने उनकी ओर इशारा कर कहा कि यदि उर्वशी उसे न अपनाएगी, तो वह इन्हीं भेड़ियों को अपनी देह सुपुर्द कर देगा।

इस बार उर्वशी ने मुँह खोला : राजन् ! कहीं सचमुच ही तुम ऐसी मूर्खता न कर बैठना। पुरुष हो, साहस से काम लो। ये भोले-भाले भेड़िये तो अभी देखते ही देखते तुम्हें चट कर जाएँगे।

मैं सीधी सुनाती हूँ।

राजन्, कान खोल कर सुन लो और हो सके तो गाँठ लगा लो : सीधे-सादे हो तुम ! दिया लेकर ढूँढने पर भी तुम-सा दूजा न मिलेगा। किन्तु मेरी तरह की स्त्रियों और भेड़ियों का हृदय एक ही साँचे में ढला होता है। इससे दया-माया की आशा करना मूर्खता है। हम भोले-भाले लोगों को झूठ-मूठ का विश्वास दिलाकर सीध बाँध कर फाँस लेती हैं और फिर दूसरे नये-नयों की टोह में रहती हैं।

× × ×

इरावती गुमसुम बैठी थी। एकबारगी बोल उठी : कसर क्यों बाकी रखते हैं कालिदास जी, एक उर्वशी के लिए सारे वेद-पुराण तो झूठे न पड़ेंगे ? मगर ये ऋषि-मुनि भी जिन्दगी भर क्या भाड़ ही झोंकते रहे ! उर्वशी ने अंगूठा दिखा दिया, तब पुरूरवा को ऊँच-नीच सूझी ? इस पँवारे से बादल-बिजली का रूपक क्या बुरा है ?

—यह कहते समय इरावती बिजली की तरह ही कौंधी, चमकी ; और अग्निमित्र ने ऐसा उन्मुक्त अट्टहास किया कि सचमुच ही बादल गड़गड़ाने लगे।

□

३७

“एक तराजू लटक रही है। बटखरे की जगह माथा है, दूसरे पलड़े पर मन। नहीं-नहीं, पूरा का पूरा मैं। अच्छा, यदि मन मैं हूँ तो यह माथा किसका है ? कौन मेरे वजन का लेखा-जोखा लेता है ? नाप-जोख माथा करता है तो फिर मन क्या करता है ?”

“मन रचता है, माथा राई-रत्ती तक को तोलता है। वजन बताता है।

“किसे ?

“वजन अनुशासन तो नहीं है। नपी-तुली वास्तविकता है। अनजानते रचे हुए का हल्कापन, भारीपन है। तो क्या जो अनजाना-अनचाहा आप उभर-उबल आया हो, उसे रचना कहा जा सकता है ? रचाव ऐसा इकहरा तो नहीं होता ? मन की हर बहक रचना तो नहीं है। माथे पर टूटा हर ठीकरा बटखरा तो नहीं होता। ऐसे में मन और माथे की जुड़वाँ कोशिश ही रचना कही जा सकती है ?

‘मन अकेला होता है, माथा अड़ोस-पड़ोस को भी अपने तन्तुओं में लपेटे रहता है। खाली या अकेला माथा खुराफाती होता है।

“मन अकेला हो सकता है। अकेला मकड़ा जाला बुन लेता है। माथे को फिकर होती है : मन अकेले-अकेले क्या उधेड़ता-बुनता रहता है ? माथा ठनकता है : वह क्यों न अकेले अपने बूते रच-वच कर मस्त रहता कि मन को भाए न भाए, भाड़ में जाए मन !

“इरावती ने जिस लय में तीन ताल की बंदिश का प्रदर्शन किया, लगता था, कितना भी माथा मारने पर फेर-बदल नहीं किया जा सकता।

उसने मन से रचा था वह सब। एक ताल वाले में भी लगभग मन की वैसी ही तन्मयता थी। चौताल और आड़ा चौताल में जरूर माथे का जोर था। पसीना बहुत बहा। जमा नहीं वैसा मेरे मन में।

''भरत मुनि ने जो एक अपूर्व अद्‌भुत नाट्य-संसार रचा है, दक्षिण-प्रवास में मैंने उसका पर्याप्त अभ्यास किया था। 'मालविकाग्निमित्रम्' में उसका हल्का-फुल्का आभास मिलेगा। मैंने जो उसमें गीत, नृत्य तथा वाद्य को नाट्य की आत्मा का दर्जा दिया है, वह समय बिताने या पर्दा बदलने के अवकाश भर के लिए नहीं है।

''बीती बातें टालते भी तो नहीं बनता, नयापन उससे टूटने में नहीं है। इस बार उसका विस्तार विभिन्न रूपों में प्रस्तुत करूँगा : सच तो यह कि इस बार मैं उर्वशी को एक नया जन्म दूँगा।

''इरावती के लिए कला-साधना एक ऐसी प्यारी बीमारी है, जिससे अब वह छुटकारा पाना नहीं चाहती। जब उसकी आशा पर मालविका ने पानी फेर दिया ; अग्निमित्र ने कला-प्रेम के बहाने वासना की आग को घी की नई आहुति से धधकाया, तब इरावती ने भी परिस्थिति के आगे घुटने टेक दिए। इच्छाशक्ति की असाधारणता ने एक हद तक उसका साथ दिया। मधु-पान उसने लगभग छोड़ ही दिया। कला के आस्वाद की मादकता उसके घुँघरुओं में उतर आई है। अभ्यास नहीं, अनन्य-चित्त हो कर आराधना करती रहती है निरन्तर। नई-नई सूझें उसे और-और उमगाती हैं। अब उसे अभाव नहीं, भाव के बहुतेरे ब्यौरे सूझते हैं, विशाल और अतल पर एक समान अधिकार है। झल्लाहट नहीं। अनहोनी नहीं गिनती। सम्भव है ; साधना से सब सम्भव है।

''इरावती कला की देवी है ! मेरी बहन ! गुरु भी ! 'उर्वशी' में उसकी अन्तर्मुखी साधना को मैं लोगों की आँखों में उतारने की भरपूर चेष्टा करूँगा। भगवान शिव सहायक हों सुन्दर रचने में !

—''आगे संघर्ष, फिर समन्वय और तब ऐक्य, विश्वमानवता के विकास का यही क्रम हो सकता है ; कला की विश्वसनीयता विश्वजनीनता का भी। स्वर्ग में सुन्दरता है, भोग है, प्रेम नहीं है। ऐसा क्यों नहीं कि उर्वशी प्रेम ढूँढ़ने धरती पर आए ? प्रेम-रस का आस्वाद तो उसने कभी

न किया था वहाँ ! सूखी-सूखी-सी दिखती धरती पर ही उसने छक कर प्रेम-मधु का पान किया।

"भोग लोक में केवल सुख है ! कर्म-भूमि सुख-दुख के संमिश्रण का आनन्द देती है। आँसुओं के साथ हँसी, भूख के बाद तृप्ति।"

—इतनी देर तक निःशब्द सोचते रहने से विना कुछ घटित हुए भी जैसे सोच की जड़ दूर तक हिल गई थी। भले ही कुछ टूटने-जुड़ने की धमक नहीं सुनाई दी, पर कहीं गहरे चुपचाप कुछ अदल-बदल जरूर गया। अपनी पूरी बनावट में जो मन सृजन-रत था, उसमें कुछ नए उन्मेष के रूप में नए स्पन्दनों का प्रवेश सुलभ हो गया। कालिदास पानी की नई धार देखने उठ खड़े हुए थे कि कुछ हँसी-खिलखिलाहटें उनकी लय तोड़ती हुई भीतर आ गईं।

कालिदास को पहले जिसने देखा, वह मालविका थी। वह उसे नए उगे सूरज की तरह चमकते दिखे। इस विस्मय से उसकी आँखें फैल-फैल गई थीं कि इस नए उगे सूरज का माथा चन्द्रमा का था। यह रूप तो आँखों की अकिंचनता को माँजनेवाला था। हल्के उभरे दाँतों की कान्ति नीरवता पर सुधा का लेप चढ़ा रही थी।

कालिदास सुवासित मुसकान पिए हुए जब-तब मालविका पर निर्गल दृष्टि टिका देते थे। माथे में केसर की बिन्दी, गले में मोतियों का हार। जैसे कोई नया स्वप्न देखने नींद पुकार रही हो। जैसे किसी नए आनन्द के सन्धान में अतीत ने पुराने गीत को नई स्वर-लिपि दी हो !

तभी सहचरियों ने जैसे तोतों की तरह रटी-रटाई दुहराई :

महारानी इरावती ने रात आपके नाटक के कुछ चुने हुए अंश महाराज और महारानी मालविका को अभिनय के साथ सुनाए थे। महारानी धारिणी ने ऊपर के वातायन से उसे चुप-चुप देख-सुन लिया। वह अपने ऊँचे चरित्र के चित्रण से जैसे आपा खो बैठी। उन्होंने अभी मालविका रानी को कुछ उपहार के साथ यहाँ भेजा है। नाटक देखते समय महारानी धारिणी के बदन पर जो भी गहने थे ; मणि-माणिक्य हीरे-मूँगे की जितनी मुँदरियाँ थीं, सब आपकी सहधर्मिणी विद्योत्तमा के लिए भेजकर उन्होंने प्रणति निवेदित की है। कहती थीं, महाराज को राम बनना नहीं भाया,

दशरथ बने। तीन रानियों के इकलौते राजा ! आपने किन्तु उन्हें कौसल्या की ही गरिमा प्रदान की है। कहती थीं : अब उन्हें मृत्यु-भय नहीं है।

मालविका ने नाटकीय ढंग से सिर झुकाकर कहा :

"महारानी कहती थीं : कोई शास्त्र-पुराण पढ़ो या सुनो, सब धर्म, अर्थ, काम, मोक्ष की कथा सुनाते हैं। आपके नाटक में यह सब प्रपंच नहीं है। हँसी-खुशी है। जीवन का आनन्द है। केवल आनन्द ! मन जाने-अनजाने उसी में ऊभ-चूभ होने लगता है। आपने नाटक में मुझे तो सातवें आसमान में ला बिठाया है, पर मैं लाज की मारी अपने ही अंगों में सिमटी-सिकुड़ी रह गई। मुँदी आँखों जो देखा सो देखा।"

कालिदास के हाथ अपने आप जुड़ गए :

'धन्य हैं महारानी !'

फिर मालविका से बोले :

"मेरी सारी भावनाओं का एकमात्र केन्द्र प्रेम ही है उस नाटक में। उसी के कारण खारे आँसू मीठे हो गए हैं, और सिसकियाँ सुरीली। और तो और, महारानी धारिणी की रुखाई भी हरी-भरी हो गई है।

"मैंने कलापक्ष में एक साहस भी किया है। भरत मुनि ने नाटक की विषय-वस्तु को सम-सामयिकता से अलग-थलग रखने का निर्देश दिया है। मेरा विषय युद्ध या युद्धोत्तर हारा-थका देश न था। बल्कि सम्राट् पुष्यमित्र द्वारा धर्म-संस्थापन के बाद देश की बदली हुई जलवायु का एक हल्का, परन्तु प्रामाणिक आभास, मानवीय संबंधों के सन्दर्भ में, प्रस्तुत करना था और कोई सूरत नजर नहीं आई तो मैंने आपके ही सिर सेहरा बँधने दिया।"

'मेरे सिर सेहरा ?'—कहकर मालविका हँस पड़ी।

कालिदास को उसके हँसने का ढंग फूहड़-सा लगा। चौंक कर पूछा :

'आज तक आप कभी मेरे सामने न हुईं ; उज्जयिनी में सामने होने पर झटपट मुँह घुमा लिया था। फिर आज अचानक ... ?'

इस पर हँसी का तूफान-सा आ गया जिसमें मालविका के कपड़े उड़ चले ; केश लहर उठे और वह देखते ही देखते मालविका न रही। उससे मिलती-जुलती आकृति का एक किशोर कुमार हो गई। कालिदास ने

अदृश्य को देखनेवाली हृदय की आँखों पर बहुत बल दिया ; किन्तु कुछ दिखा नहीं। उनके पाँव तब तो एकबारगी बालू में धँसने लगे, जब उन्होंने ध्यान से देखा कि वे लड़कियाँ न थीं ; यह तो कुछ हँसोड़ शरारती लड़कों की ही जमात है। अन्तःपुर में ये इसी रूप में रहते हैं। उपहार के गहने भी हाथी-दाँत के खिलौने थे।

कालिदास इस विशिष्ट हास-परिहास में बाहर से तैरते दिखाई देते थे ; किन्तु भीतर-भीतर ऐसा अनुभव कर रहे थे जैसे वह जिस सिंहासन पर बैठे हुए थे वह भूकम्प के बिना ही उलट गया हो !

सोचने लगे कि ये कीड़े-मकोड़े इस फुलबगिया में घुस कैसे आए ? इनकी अकल ठिकाने लगानेवाला यहाँ कोई नहीं ? वह कुछ जली-कटी बकें भी तो सुनेगा कौन ? वे तो उल्टे पैरों पिछले गलियारे से निकल भी चुके थे ! पलभर को एक उड़ती-उड़ती-सी नजर उन पर जरूर डाली थी कि वह बुरा न मानेंगे। रनिवास में उनका भी दम घुटता है। उनकी यह चाल, यह अल्हड़ चितवन, इस कसे-कसे शरीर की सुडौल बनावट, मुड़-मुड़ कर पीछे देखने की आदत सहज नहीं, सीखी-सिखाई हुई है। कि वह हँसने-हँसाने के यन्त्र भर हैं। उनकी ग्लानि का अन्त नहीं। वह न स्त्री हैं, न पुरुष। क्षमा करें उन्हें। वह जैसे निःशब्द कह रहे थे :

जी धक्-से रह गया था जब हमें आप-जैसे दूर से आए महान् अतिथि को हँसा कर मन बहलाने भेजा गया था। महारानी इरावती को नाचते-गाते देखा था, उसी की नकल उतारने कहा गया था हमें। अब यह मत पूछिए कि किसने कहा था ! क्यों कहा था ? यहाँ एक आदेश से दूसरे आदेश पर सिर के बल चलना पड़ता है। आप नाटक लिखिए, हम उसके पात्र नहीं हो सकते। हमें आँसुओं को हँसाना पड़ता है। दर्द करते हुए सिर को सजाना पड़ता है। आप रँगी-पुती दीवारें देखिए, नींव की सोचिएगा तो चेहरे का रंग उड़ जायगा।

सचमुच ही कालिदास को मगध का वैभव देखकर ऋग्वेद याद आता था :

'विश्वं पुष्टं ग्रामे अस्मिन्ननातुरम् !'

ठीक तभी, किन्तु इसबार सचमुच ही मालविका अग्निमित्र के साथ

पधारी थी और संकोच से मणिकुट्टिम पर से दृष्टि नहीं उठा पा रही थी।

कालिदास को अपना बनाया चित्र याद आ रहा था :

'दीर्घाक्षं शरदिन्दुकान्तिवदनम्'

बड़ी-बड़ी आँखें, शरद ऋतु के चाँद-सा चमकता मुखड़ा, लचीली बाँहें, भरे-उभरे ...

रूप को पूरी गरमाई से प्यार करने वाला कवि आत्मा के उदात्त रूप से सूतभर भी खिसकता न था। ऐसा निर्वैयक्तिक कि रूप माँ उमा का हो या नर्तकी मालविका का, पूरी तटस्थता से शिशु के-से पवित्र हाथों से तूलिका चलाता था। वह अन्तःप्रेरणा के आगे तब तक झुकता न था जब तक अनुभूति का शील लालित्य को लांछित न होने देने का संयम उसके रंगों में न भर दे !

आड़ी-तिरछी रेखाएँ खींचीं, एक न एक रूप उभर आया। उसीसे बातें कीं ; आँखें भर आईं, दिल खिल गया। मालविका हो कि उर्वशी, उसके आमने-सामने होने की कब कामना की ! दिन और रात अपना उरेहा रूप देखते रहे, जी न भरा। पीढ़ियाँ देखती रहेंगी और यह रूप ऐसे का ऐसा ही रहेगा। तुम मालविका हो, रहो ;

अग्निमित्र हँसे :

'दिन में तारे दिख रहे हैं न ? हाँ, यह लाजवन्ती तुम्हारे सामने खड़ी भी नहीं रह पा रही है !'

'ऐसा भी क्या ?'

'अरे तुमने जिसे मोतियों से तोला, वह छुई-मुई कभी तुम्हें अभिवादन करने का भी साहस न जुटा पाई।'

'कोई उलझन होगी !'

'खनकती हँसी न सही, तनिक मुसकरा देने भर से भी तो आधा अभिवादन हो जाता !'

—इस बार चाँद घटाओं से घिर आया। हँसी की बूँदा-बाँदी-सी होने लगी। उसने सहमे हाथों कालिदास के चरण छू लिए।

अग्निमित्र ने करतल-ताल से प्रकोष्ठ को निनादित कर दिया।

यों कालिदास ने हाथ रोकने के लिए झुक कर हाथ बढ़ाए थे, फिर

कुछ सोच कर हाथ जोड़ लिए।

अग्निमित्र हँसे :

"तुम आते हो तो पाटलिपुत्र पाटल-सा महक उठता है। बोलना चाहता हूँ, बोल नहीं पाता, चुप रहूँ, रहा नहीं जाता। हवा में कस्तूरी की गन्ध फैल जाती है, मन हिरन ..."

कालिदास ने सिर झुका लिया : 'आप मुझे लज्जित कर रहे हैं सम्राट् !'

'लज्जित? वह देखो, इरावती पधार रही हैं, वह तुम्हें जल्दी-से-जल्दी विद्योत्तमा को सौंप देना चाहती हैं। तैयारी पूरी कर ली है ! प्रातःकाल तुम्हारे ही साथ, कहती थीं : विदिशा के लिए प्रस्थान करेंगी। वह उर्वशी पर तुमसे त्रोटक लिखवाएँगी। उन्होंने उसका नाम भी सोच लिया है— 'विक्रमोर्वशीयम्।' आकाश से कहती थीं : मालविका उपहार में आई, पर उसके आते ही पहले का सब फीका-फीका लगने लगा, इसलिए आप पर लिखे गए नाटक का नाम 'मालविकाग्निमित्रम्' ही उचित है। आपके भीतर की आग की लपटों पर उसी की सुगन्ध छाई रही, इसलिए भी पहले उसी का नाम रहना उचित है। व्याकरण का तो बहाना है, वस्तुतः वह आपके स्वच्छ हृदय पर कुहरे की तरह छाई, और आपका सुदृढ़ हृदय उसी हल्के बोझ से दब गया। उसी के उष्ण उच्छ्वास ने आपकी नींद हर ली। नहीं, कालिदासजी ने बहुत सोच-समझ कर आपके सार्थक जीवन-नाटक का सोद्देश्य नामकरण किया है।"

"क्षमा महारानी, नाट्य में आपकी गहरी अभिरुचि ने ही मेरे कौतुक को उभारा था। जीवन में जो अनुदिन घटित हो रहा है, वह तो क्षणिक है। पत्थर या रेत-जैसी नहीं, पहाड़ और समुद्र-जैसी स्थिरता उसे कला ही प्रदान कर सकती है।"

'यह सच है, वह झूठ है !'

'क्या ?'

"कलाकृत होकर कोई रूप, कोई शब्द, कोई सन्नाटा भी स्थायी हो सकता है।"

"फिर झूठ क्या है ?"

"कि मैंने अभिरुचि जगाई। अभिरुचि जगाई दक्षिण-प्रवास में नाट्य-शास्त्र के अट्ठाईसवें से तैंतीसवें तक—छह अध्यायों के अध्ययन-मनन ने; अभिरुचि जगाई उन्नीसवें अध्याय में स्वरों के रस-विनियोग के अनुभव ने, अभिरुचि जगाई भरत ने। नाट्य के लिए ही पहले-पहल रसों की परिकल्पना और उसके व्यावहारिक अनुशीलन ने। आप संभवतः अपने इस अवदान से बेसुध हैं कि कविता को संगीतमय और संगीत को कवितामय बनाने का श्रेय एक अकेले आपको ही जाता है। जो संगीत नहीं जानता वह आपकी कविता का मर्म नहीं समझ सकता। अर्थ मर्म नहीं है।'

'किन्तु ...'

"किन्तु-परन्तु नहीं" आप सम्भवतः यह कहना चाहेंगे कि स्वयं भरत ने चारों वेदों से नाट्य के चारों तत्त्वों—संवाद, गीत, अभिनय और रस के अधिग्रहण को स्वीकार किया है। इतना ही नहीं, वेदमूलक होने के कारण ही नाट्य को पंचम वेद भी कहा गया है। यह सब ठीक है, किन्तु परम पवित्र होने पर भी बाँसुरी बेल, आँवले या आम की लकड़ी से नहीं बनती। इन पेड़ों की तुलना में आप बाँस हैं, पोले, हल्के; किन्तु त्रिभुवन को मोहनेवाला स्वर आपके ही छिद्रों से छनता है। यह भाषा है कि बाँसुरी का स्वर ? भाव है कि मन की समाधि ? नाटक का परिसंवाद भी क्या है ? संवादी स्वरों के उतार-चढ़ाव का रागात्मक सौष्ठव ही तो है ! कवि, यह न भूलें कि आपकी रचना का पथ सुन्दर और लक्ष्य आनन्द है।

× × ×

"बीती रातों से इस रात में एक ही अन्तर था कि कोई सोया न था। बीते दिनों से आने वाले दिन में यही अन्तर होगा कि तब सब यहाँ आए-आए थे, अब सवेरा होते-होते जानेवालों का आखिरी दल भी यहाँ से रवाना हो चुका रहेगा।

"इरावती लौटेंगी तो जैसे कला-साधना की पहचान ही मगध से विदिशा पहुँच जाएगी। यों मेरे आने-जाने का क्या, मगध सदा से राजनीति

का अखाड़ा रहा है। राजनीति चाहे धर्म की हो, चाहे धुरी से उतरी कविता की। यों भी कब मगध का अतीत संगीतमय था ? दुख का दर्शन कहीं और जनम और पनप सकता था?

"मैं तो शब्दों में जीवन की धड़कन ही पिरोता हूँ। जीवन के अश्रु-हास, उतार-चढ़ाव, सत्य-शिव घूँट-घूँट न पिलाऊँ तो शब्दों की साँस ही उखड़ने लगे। कोरे शब्द तो मरुभूमि के कगारे हैं, उनसे प्राणधारा प्रवाहित हो—यही मेरी साधना है। प्यास भी सिरजनी होती है, प्यास की बुझन भी। धुआँ भी, लपट भी। तन के रन्ध्र में प्राणों का रस भी ; मन के सूनेपन में आत्मा का कल-कूजन भी। ..."

—छोटे-छोटे पड़ाव पार हो रहे थे। कालिदास क्या-क्या सोचते चल रहे थे। बिखरे विचारों के पाश से अपने को कसने की कोशिश करते थे, पर पाश टूट कर फिर अपने आप जुड़ जाता था। मन पर कभी कुछ ठंडा-सा ठहर जाता था, फिर बदन तोड़ते ही, अँगड़ाई लेते समय के शब्द जैसे ओठों से छूट जाते थे :

सम्राट् अग्निमित्र का एक ही आग्रह था : 'दुःख मत लिखना। दुःख तो इतना है ही ! दुनिया में अपनी सूक्तियों और सुभाषितों से आन्तरिक सुख सिरजो ; दुखियों का दुःख दूर करो।'

"मैं सम्राट् को कैसे समझाता कि मिट्टी के चबूतरे पर मटमैले कपड़े पहने बैठे हुए लोग कम दुखी हैं, उन्हें रामायण-महाभारत का रोना-धोना भी आनन्द ही देता है। न देता तो उसे क्यों फिर-फिर देखते, फिर-फिर सुनते ?

"सिंहासन पर बैठे हुए ही सुख का स्वांग भर रचते हैं, भीतर-भीतर किसी समकक्ष से डरे-डरे रहते हैं ; किसी के उत्कर्ष से जले-भुने, और प्रेम की विडम्बना में कितनी ही रूपसियों को सुन्दर कारागृहों में बन्द कर मन्द-मन्द मुसकिराते हैं।

"सूक्तियों और सुभाषितों से जीवन गढ़ने में सहायता मिलती है ? किन्तु, कुल मिलाकर अपने सृजन का लक्ष्य तो जीवन गढ़ना ही है और जीवन के सुख को दुख ही उजागर करते हैं। मृत्यु-भय न हो तो जीने का आनन्द ही जाता रहे।"

इरावती हँसी : ''महाराज इतनी दूर तक दृष्टि नहीं फैलाते। उनका अभिप्राय दुःखवाद से होगा।''

'हो सकता है। मैंने भी तो गँवई-गाँव के लोगों तक की बात कही-सुनी है और उनसे सीख माँजी है। वह हमेशा दुख-सुख बोलते हैं, सुख-दुख नहीं।'

रात बहुत बीत गई, बात कहीं समाप्त होती ही न थी। हवा का बहना बन्द हो गया था। पेड़ का एक पत्ता भी कहीं नहीं हिल रहा था। कालिदास पटमण्डप के एक प्रकोष्ठ में इरावती के प्रश्नों का उत्तर भर देते जाते थे। शायद वह बोलते-बोलते थक गए थे और अब कुछ देर चुप रहना चाहते थे। तभी इरावती ने छेड़ा :

''मैं यदि रूपवती न होती, और सामान्य लोगों की भीड़-भाड़ में यूँ ही अनीचीती रह जाती तो विधाता का क्या बिगड़ जाता ?''

''यह क्या कह रही हैं आप ? लोग कहानी भी कहते-सुनते हैं तो राजा-रानी की। आप तो महारानी हैं ...''

'हाँ, कालिदासजी, इस उपहास के योग्य तो मैं हूँ ही !'

'उपहास ?'

''और नहीं तो क्या? ऊपर सौत, नीचे सौत,—यह क्या महारानी हुए बिना सम्भव है?''

''यह तो बुहत पुराना रोना है महारानी बहन! जब से दुनिया बनी है, राजा-रानी की कहानी तब से ऐसी ही है शायद।''

'तो मैं क्या करूँ ?'

''साधना ; जो आप सदा से करती आई हैं। उदात्त हुए बिना समाधान पाना असम्भव है। अहंकार के द्वार से सारी बुराइयाँ आती हैं जीवन में। आप अपना जीवन ईश्वर के हाथों सँवरने दें। अकेले रहने की स्वतन्त्रता आपको प्राप्त है। तन्मय कला-साधना से आप सुरक्षित हैं।''

''कालिदासजी, आप केवल आदर्श ...''

''हाँ, महारानी बहन, मनुष्य की पशुता का पक्षधर मैं नहीं हूँ। पशुता तो जनम-घुट्टी में पिलाई ही जाती है, परन्तु मनुष्यता आती है ईश्वर का हो लेने पर। ईश्वर के हाथ का खिलौना होने पर नहीं, उसे मानव-जीवन

का लक्ष्य मान लेने पर। भावना और बुद्धि—दोनों से यह अनुभव कर लेने पर कि उसकी स्वीकृति के बिना मानवजीवन आधा-अधूरा है, पूर्णता वही है।''

''अच्छा, तो आप पुरूरवा को क्या मानते हैं ?''

'राजा !'

'राजा ? मनुष्य नहीं ?'

'नहीं।'

'तो फिर उस पर लिखने का प्रयोजन ?'

'प्रयोजन है, मैं पौराणिक युग के एक काल्पनिक नाम को वास्तविक रूप दूँगा। यहाँ वह विलासी नहीं, एक प्रेमी होगा। प्रेम ही उसे ऊँचे उठाएगा। प्रेम मनुष्य ही कर सकता है।'

इरावती बोली :

''आपको पुरूरवा-उर्वशी की कहानी पर विश्वास नहीं होता ? मुझे उर्वशी मान लीजिए। प्रमाणित करने की आवश्यकता नहीं।''

''मैं ऐसा कैसे कर सकता हूँ ? आप कभी बालिका रही होंगी, कभी वृद्धा भी होंगी। उर्वशी चिर तरुणी है, कल्पना की सिरजी हुई।

''आप कला की समाधि में जा सकती हैं, चिर-यौवनोन्माद ही उर्वशी की पहचान है। वह उन्मत्त भोग-विलास के लिए स्वर्ग-सुख ठुकरा सकती है। आपकी कठोर साधना कला-तीर्थ को स्वर्ग से ऊपर उठा सकती है। आप देवी हैं, वह ...''

''किन्तु ... ''

''कला लक्ष्य हो जाए जीवन का तो वह ईश्वर को पा लेने से कम सुखद नहीं है। उसके सामने लौकिक कामनाओं का क्षणिक सुख क्या है ? सच तो यह कि असाधारण होने के लिए साधारण कामनाओं से ऊपर उठना ही होगा। दोनों साथ ...''

''हाँ तो ग्राम्य सुख के अभाव की क्षति-पूर्ति के रूप में कला-साधना ... ।''

''नहीं, अभाव की क्षति-पूर्ति से मन बहलाया ही जा सकता है, ऊँचे नहीं उठा जा सकता। अभाव और विराग एक ही नहीं है।''

—यह कहते समय कालिदास ने इरावती को देखने के लिए पीछे की ओर गर्दन मोड़ी थी और इधर-उधर से खरोंच-खरोंच कर शक्ति संचित की थी। लाख बहन बनी हो, थी तो महारानी ! एकाएक सनसनाता हुआ हवा का झोंका आया। कालिदास अपने ही ऊपर भभक रहे थे : ''सावधान ! जहाँ अधिक छूट की गुंजाइश हो, वहीं अधिक संयम बरतना चाहिए !''

इरावती के मन पर कालिदास के द्व्यर्थक वाक्य ने गहरी छाप डाली थी। वह अपने आप बुदबुदा रही थी : अभाव और विराग एक कैसे होगा भला ?

× × ×

कालिदास उज्जयिनी लौट आए। विद्या से उमड़ कर मिलने गए, पर वह पर्यंक से लग गई थी, झटपट उठ भी न सकी। ठोड़ी को हाथों में लेकर कुछ सोचा, फिर क्षीण स्वर में बोली, जैसे मन का बोझ झिल न रहा हो: 'आनन्द?'

'हाँ, होता, यदि'!

'यदि ?'

'यदि मैं मगध न गया होता !'

'एक सूखी-मुरझी मुसकान विद्या के ओठों से उलझ गई ;

'नहीं, ऐसी तो कोई बात नहीं। आप मगध क्यों न जाते, वहाँ आपके मित्र रहते हैं।'

'मित्र ?'—'हाँ, मगध में मग ब्राह्मणों की एक उपाधि है—मिश्र। वे सूर्योपासक होते हैं। मित्र सूर्य का ही एक नाम है। किसी राजा-महाराजा को सूर्य कहलाना अच्छा लगता है। इसका अर्थ यह नहीं कि सब महाराज विक्रमादित्य हो सकते हैं। होना चाहते हैं। आश्चर्य है कि राम और कृष्ण चन्द्र कहलाए ! यों राम सूर्यवंशी थे। सो पुष्य सम्राट् होने पर मिश्र से मित्र हो गए !''

'हाँ, वेद में भी तो, सबको मित्र की दृष्टि से देखने का ... ।'

—बोलते समय विद्योत्तमा के ओठों की पपड़ियों में जमी हँसी की

एक परत-सी उतर गई। चम्पा-चमेली की तरह इकहरे फूले गाल कमल की तरह दल पर दल खोलने लगे।

—कालिदास ने इस अटपटे समय में उन्हें चूम लेने की चेष्टा की ; पर वह बिलकुल व्यर्थ गई। विद्या ने झटपट क़रवट बदल ली थी। कालिदास सिटपिटाए-से लज्जा की गोद में धँसते-से रहे। उनकी नाक में औषधि की तीखी और नशीली बास-सी लगी। उनका शिलीभूत धीरज पिस-सा गया। सहमे-सकुचाए-से बोले : इरावती ने विलमा लिया ...

'क्यों नहीं ? आगे वह देवदासी थी।'

'तुम उसे जानती हो ?'

'मैं उसके स्वयंवर के समय पिता-श्री के साथ गई थी। वह भी मेरी ही तरह एक गरीब ब्राह्मण की लड़की है। उसकी सुन्दरता उमड़ी पड़ती थी, वह मेरी तरह सिमटी-सिकुड़ी न थी। वह मेरी तरह हिचकती-झिझकती नहीं चलती थी। उसकी गति में स्वर्गिक उल्लास था। स्वभाव में भी नन्दन कानन के फूलों का-सा खुलाव।''

''लेकिन तुम्हारे विवाह के समय तो उसने ऐसी कोई चेष्टा नहीं की थी कि वह तुम्हें पहले से जानती है !''

विद्यावती ने हँसकर करवट बदल ली : बस रह गए पेड़-पौदों में भी स्त्री-शरीर का उभार-निखार देखते। अरे, मैं तब आठ-दस की हूँगी। तुम्हारी पार्वती को तो छूट थी, वह हमजोलियों के साथ कबड्डी खेल सकती थी, गेंद खेल सकती थी। मैं तो तब बन्द मन्दिर में 'श्री सूक्त' का पाठ किया करती थी : हिरण्यवर्णां हरिणीं ...

''अरे वाह ! तो तुमने कैसे''

''समझो, बाड़ टूटी थी, मैं फुलबगिया में तितली पकड़ने घुस गई थी।'' कहकर ठठाकर हँसी :

'अरे, जिसका विवाह हो रहा था, उसका नाम-रूप कैसे न जानती !'

''हाँ, सो तो है,'' कहकर कालिदास हँसना चाह ही रहे थे कि माँ आ गईं।

'अब कैसी हो बहू ?'

ठीक हूँ, माँजी, कहती हुई हड़बड़ा कर उठ बैठी ! तभी उनकी दृष्टि बेटे पर पड़ी। बोलीं : 'अरे कालिदास ! तू कब आया ? नहीं, ऐसे तेरा जाना नहीं हो सकता। उस रात कोई न कहता था : बहू बचेगी।'

कालिदास ने अपराध बोध के-से आहत स्वर में कहा :

''माँ, मैं उस समय उर्वशी-पुरूरवा का नृत्य-संगीत देख-सुन रहा था। इरावती ने तैयार किया था।''

□

३८

"एक समय असमंजस का आया है। सपने टूटने लगे हैं। विश्वास डगमगाने लगा है। क्या मैं समय के पहले आ गया हूँ ? ऐसा सामान्य भी तो नहीं कि समय के साथ हो लूँ !

"मैं देवता को भी मानवीय धरातल पर लाना चाहता हूँ। मनुष्य किसी स्वर्ग के लिए नहीं, अपनी धरती के लिए ही तपे। मनुष्य के लिए मनुष्यता से अधिक किसी उदात्त-भाव की आवश्यकता नहीं है ...

"कुम्हार के आवे की तरह मेरा हृदय जलता है, जब कहीं संसार को एक सहज, किन्तु परिपक्व भाव मिलता है ! चंदा को निचोड़ने में पसीने से नहा-नहा जाता हूँ, तब कहीं रस की एक बूँद टपका पाता हूँ !"

× × ×

—'अरे, आप एकालाप कर रहे हैं ?'—कहती हुई विद्योत्तमा आँखों में आँखें डाले हुए पास आकर खड़ी हो गई :

—'हम जिन्हें भी महान् मानते हैं, समय से पहले आना उनकी नियति है। सामान्य जन ही समय के साथ आते-जाते हैं।'

'अरे वाह ! मैं लम्बे डग भरता हूँ तो तुम दुलकी मारने लगती हो ! क्या कहना चाहती हो ? मेरे क्षणिक वियोग में आँसुओं की बौछार से सूखे ओठों को जरा जोर लगाकर खुलने दो न !'

"मैं कहना चाहती हूँ कि आप महान् हैं, इसीलिए इरावती ने आपको और नहीं रोका। और लो, आप समय से पहले आ गए ! सामान्य होते

तो जब कहा था, तभी आ गए होते !''

'क्या कहा था मैंने ?'

'आपने पिता-श्री का हवाला दिया था कि उन्हीं के साथ ... ''

''देखो विद्या, जब तुम मुझे न मिली थीं, मैं अविद्या के चक्कर में यहाँ-वहाँ अटकता-भटकता फिरा था। अविद्या से ही संसार चलता है—पढ़ रक्खा था :

'अविद्यया मृत्युं तीर्त्वा
विद्ययाऽमृतमश्नुते !'

'मैं इस उक्ति का नए ढंग से अपने जीवन में संयोजन करता था। जीवन में लेखन को घुला देने की चेष्टा करता था। तभी मेरी स्वच्छन्दता भी संयत थी। चरित्र परिस्थितियों से कैसे टकराता और कैसे सन्तुलित होता है—इसका मैं विशेष ध्यान रखता था। विद्या के अधिगत होते ही दृष्टि में अन्तर आ गया। अब मैं अनुभव को ही रचना के केन्द्र में रखता हूँ ... ''

'क्या मतलब ? अपने अनुभव से आपने मदन-दहन कराया है ?'

'हाँ विद्या, मैंने देखा, सती से बिछुड़ कर शंकर चैन नहीं पा रहे थे। यहाँ-वहाँ तपस्या करते फिर रहे थे। उमा ने चरणों में सिर रक्खा तो उनका तन-बदन सिहरने लगा। मैंने कहा : धत् तेरे की। अपने शंकर तो पुराने ऋषि-मुनियों-जैसे ही निकले ! तनिक कंकण-किंकिणि-नूपुर-धुनि सुनी और लगी समाधि टूटने ! यहाँ मेरा अपना अनुभव काम आया। मैं तुम्हें देखकर उत्तरायण से दक्षिणायन हो गया था या नहीं ? शंकर ने भी अपनी कमजोरी छिपाने के लिए मदन को जलाकर अपना क्रोध ठंडा कर लिया। हो गई छुट्टी गंगा को माथे पर बिठाए फिरनेवाले के बेहद गर्म माथे की ! फिर जैसे तुमने समझ लिया था कि मेरे आगे एकबारगी तुम्हारा हथियार डालने का कोई गहरा अर्थ है ! कान तक तना हुआ धनुष शिकार किए बिना नहीं टूटा है। ऐसे ही पार्वती ने भी भोगी योगी की कमजोरी भाँप ली। इस मामले में स्त्रियों की पैनी समझ का लोहा मानना ही पड़ता है।

"पार्वती मन ही मन बुदबुदाई : जो प्रेम कर सकता है, वह कुछ भी कर सकता है ! मुई तपस्या ऐसी क्या होती है जो मैं नहीं कर सकती ? लोग हँसेंगे : लोहे से लोहा कटता है ! हँसेंगे तो हँसे, आखिर सोने ने लोहे की सूरत क्यों अपना ली ? उनका प्रेम परिपक्व होने पर भी कसैला क्यों है ? उन्होंने मुझे जाँचना चाहा है—एक कच्ची, क्वांरी को ?"

"फिर क्या ? पार्वती ने भी वही हथकंडा अपनाया। आँख मूँदकर जम गई तपस्या के आसन पर। इधर शंकर के मन में आगे भी खलबली मची थी कि कहीं यह सोने की चिड़िया हाथ से न निकल जाए ! ..."

"बस-बस, अब बस भी करो ! तुम पुरुष कितने धूर्त होते हो ! सती से ऐसा प्रेम था शंकर को तो उन्होंने पार्वती को तभी क्यों नहीं ठुकरा दिया था, जब वह माता-पिता की सहमति से पहले-पहल उनकी सेवा में उपस्थित हुई थीं ? सच तो यह है कि उन्हें कभी सती से उत्कट प्रेम था ही नहीं। वह सीता का बाना बनाकर सीता के वियोग में वन-वन डोलते फिरते राम को—मर्यादा पुरुषोत्तम को परखने जो गई थीं !

"राम ने सती को पहचान लिया तो सती ने भी तो दुनिया को जतला दिया कि राम क्या होता है !

"शंकर अन्तर्यामी हैं तो उन्हें सती के सीता का रूप धरने में कहाँ दुर्बलता दिखाई दी ? ऐसा करके उन्होंने राम का चरित्र बेशक निखार दिया !

"फिर क्यों शंकर का मन मलिन हुआ ?"

"सच तो यह है कि पुरुष सब एक-जैसे ही होते हैं ! देवता होने पर भी उनके हृदय से ईर्ष्या और शंका नहीं जाती।"

"बस, अब और नहीं। अमर्यादित परिहास हमारा ही उपहास है। पार्वती ने क्या कहा था अपनी सखी से—वेश बदले हुए स्वयं शंकर के लिए—

'निवार्यतामालि किमप्ययं वटुः
पुनर्विवक्षुः स्फुरितोत्तराधरः !
न केवलं यो महतोऽपभाषते
शृणोति तस्मादपि यः स पापभाक्।'

—सखी री, अब और नहीं। इसे रोक, यह फिर कुछ बकना चाह रहा है। देखती नहीं, इसके ओठ फिर फड़क रहे हैं। तू नहीं जानती कि यह जो किसी महान् की छीछालेदर कर रहा है, वही भर बुरा नहीं है, बल्कि उसे जो कान पट कर सुन रहा है, वह भी पाप कर रहा है।''

''अच्छा जी, तो यह बात है ? किन्तु जो किसी भोली-भाली लड़की को काम-कला का पाठ पढ़ाता है, वात्स्यायन मुनि के नाम की दुहाई दे-दे कर, वह पुण्यात्मा है ?''

''नहीं। किन्तु इस द्वार-देहरी के चौखट पर पाँव रखने का वह साहस ही क्यों करती है ? उस भोली-भाली के लिए तो तप का चिकना-चुपड़ा पथ पार्वती ने पहले ही खोल दिया था। अब यह बात और है कि वैसा कठोर तप किसलिए ?''

साँचे में ढली विद्या उदास भाव से इधर-उधर नजर दौड़ाकर उसाँस छोड़ती हुई कालिदास के गले में बाँह उलझाकर झूल गई।

कालिदास भरे-पुरे स्वर में बोले : ''हुई न यह एक बुद्धि की बात। सब शास्त्रों का यही निचोड़ है। कोई उजड्डु और अनपढ़ हो या शेखी बघारनेवाला महापण्डित, काम किसी को राम नहीं बनने देता ! कुआँरेपन की कोरी कल्पनाएँ रंगीन यथार्थ ढूँढने निकल पड़ती हैं जंगल-पहाड़ों में, पलट कर सुस्ताती हैं रंग-महल में। सरसराते रेशम के कपड़े हों या वल्कल वसन ; रत्न-जटित हर्म्य-प्रासाद हो या घास-फूस की कुटिया ; गुलगुली, गुदगुदी लगाती सेज हो या सूखी धरती ! उबलते-ज्वार में निश्चल प्रेम भर हो तो ... ''

''तुम इतने बड़े कवि ! तुम्हें ऐसी ओछी बातें करते झिझक नहीं होती ? इतनी जल्दी-जल्दी क्या-क्या बोल गए, मुँह भी नहीं दुखता ? मैं तुम्हें शिव समझती थी ...''

''किन्तु मैं पार्वती निकला ? कहा और उसे भरपूर दबोचकर आकाश में उछाल दिया।''

× × ×

''दब्बू और कायर कोई और होगा। दुराचार से पुरूरवा का दूर का

भी वास्ता न था; पर जब उसने नारी-कण्ठ से निकला करुण क्रन्दन सुना और सुनी 'बचाओ-बचाओ' की गुहार, तब उसकी बाँहें कसमसा उठीं; सीने में उनचास पवन की सनसनी समा गई।''

—विद्या कालिदास के कहने के ढंग पर हँसी न रोक सकी। वह कुछ ऐसे हाव-भाव दरसा रहे थे, जैसे वही पुरूरवा हों।

कितने ही दिनों बाद आज विद्या ने पूछा था कि आप 'विक्रमोर्वशीयम्' में पुरूरवा को कैसा दिखा रहे हैं ? और कालिदास ने बताया था कि देखना-दिखाना ऐसा बेलौस नहीं होता कि उसमें अपनी 'अस्मिता' बनाए रखने की गुंजाइश ही न रहे। दिखाने में चुनने-छाँटने का विवेक उजागर होता है। दिखाना तो है, पर क्या और कितना ? एक हल्की लय में गौरव नहीं गाया जा सकता। स्वरों की शानदार सजावट और कसावट में शिल्प तो उभर कर आता है; किन्तु कथ्य दब जाता है। ऐसे ही पुरातन से पूरी तरह कट जाना और एक सर्वथा नई ज्योति उजालना भी आसान है, पर आदि स्रोत से सर्वथा कट जाने पर तो धरती पर एक त्रिशंकु को ही जन्म देना होगा। जैसे अलक्ष्येंद्र के पाँवों की धागक में कोई गाण्डीव की टंकार समोने का साहस करे !

प्रागैतिहासिक युग में जब अभी धरती क्वाँरी-सी थी; जब प्राचीन भारत का प्रतिष्ठानपुर देवोपम सुन्दर राजकुमार पुरूरवा को पाकर धरती पर स्वर्ग की सुषमा बिखेर रहा था, एक दिन एक अनोखी घटना घटी। पुरूरवा अभी-अभी रथ से उतर कर सूर्य को नमस्कार कर ही रहे थे कि आकाश से नारी-कण्ठ का कुररी-सा आर्तक्रन्दन सुनाई दिया।

अप्साराएँ थीं। स्वर्ग की सुन्दरताएँ। रो रही थीं कि उनकी सखी उर्वशी को एक दैत्य चुराए लिए जा रहा है और स्वर्ग अपने आप में मगन है। उसे किसी की चीख सुनने की फुर्सत नहीं है।

धरती सुनती है वह पुकार। धरती का राजा आश्वासन देता है कि वह अभी-अभी केशी दैत्य से निबट कर उर्वशी को छुड़ाए लाता है। घबराई हुई सहेलियाँ हेमकूट पर उनकी प्रतीक्षा करें।

जैसा कहा था, पुरूरवा उर्वशी को लौटा लाए। दैत्य की लोहे की-सी बाँहों में जकड़ी हुई उर्वशी बेहोश है। सखियाँ चिन्ता में डूबी हुई। तभी

हौले-हौले उसके हाथ-पाँव सुगबुगाते हैं। आँखें खुलती नहीं है, पर वह कसमसाती-सी एक अंगराई लेती है। पुरूरवा की बेसँभाल खुशी का अन्त नहीं है। वह मन ही मन सोच रहे हैं—

कि जैसे अँधेरे से घिरी रात चाँद के उगते ही उजाले में दमक उठती है कुछ ऐसा ही हाल बेहोशी खतम होने पर उर्वशी का है। चेतना लौटते ही वह ऐसी दिख रही है जैसे किनारे ढहने से गदली हुई गंगा नए सिरे से निर्मल हो रही हों!

सखियाँ समझाती हैं कि अब धीर धरो। खतरे की कोई बात नहीं। महाराज ने तुम्हें बचा लिया। तो उर्वशी ललक कर पूछती है कि क्या इन्द्र ने?

उत्तर देने पर पुरूरवा के प्रति उसका पूर्वराग जगता है।

इधर पुरूरवा का आधा सोया-आधा जगा अनुराग भीतर-ही-भीतर कुड़मुड़ाने लगा : ओठ न हिलते तो इसका भी आभास न होता कि कुछ फुसफुसा रहे हैं। जैसे घनी बरौनियों से आँसू छलक रहे हों, शब्द उनके मुँह से फिसल रहे थे :

'बूढ़े विधाता के हाथ की करामात यह नहीं है। वेद रटते-रटते उनका सौन्दर्य-बोध तो कब का पत्थर हो चुका होगा, वह किस साँचे में यह रूप ढालते?

'हो, न हो, इसका निर्माता पूनम का चाँद रहा होगा या सुन्दरता को सुलगाने वाला कामदेव या फिर वसन्त ही।'

उधर उर्वशी ऐसे हाव-भाव दिखाती रही, जैसे महीनों से चारपाई से लगी हो! उससे चला नहीं जा रहा हो और सहेलरियाँ हैं कि उसे स्वर्ग के नरक में धकेलने का बीड़ा उठाए हुई हों।

पुरूरवा की उमड़ी तरुणाई और रौबीले चेहरे पर से उसकी दृष्टि हटती ही न थी। सो कँटीली झाड़ी में अपना आँचल उलझा लिया और बड़ी व्यग्रता से सखियों से कहा कि वह तो हार-हार गई, उलझी सुलझती ही नहीं है।

सहेलियों ने हँसी पीकर आश्वासन दिया :

'बहुत बुरी तरह उलझी है, ईश्वर करे, कभी न सुलझे !'

× × ×

विद्या गुमसुम-सी थी सो सहसा तालियाँ पीटकर गरदन से लट झटकाने की मुद्रा दिखाई। फिर तनिक सकपकाई, घबराई और फिर विह्वल स्वर में फूटी :

''मुझे तो तब परियों के चेहरे भी दिख रहे थे। लम्बे, दुबले, ऊँचे खिंचे हुए। सिरे पर पतली नाक। नीचे को झुकी नीली-हरी बड़री अँखियां, मूर्खता की झलक लिए हुए तर्क-पूर्ण बातें।

''क्या इन्हीं परियों के लिए लोग जल्दी मरकर, पर मार कर, स्वर्ग की सैर करना चाहते हैं ? इन्द्रसभा की यही श्रृंगार हैं ?—मैंने वैदिक मन्त्रों में माथा मारकर इस किस इन्द्र को ढूँढ़ना चाहा था ?''

कालिदास का जैसे जी उचट रहा था। ऐसी लम्बी-चौड़ी खोपड़ी का यह ऊबड़-खाबड़पन एकबारगी असह्य हो रहा था। झल्लाकर बोले :

''ठीक है। मैंने तो प्रेम की खोज में स्वर्ग को धरती पर उतारने का उपक्रम किया था, तुम्हें नहीं पसन्द है ...। हाँ, हो सके तो महाभारत पढ़ो, तेजी से, मगर बहुत लपक कर नहीं—कर्म का कोलाहल ही सुनाई देगा तुम्हें सब कहीं। एक बार फिर पढ़ो, गुदगुदी गद्दी पर बैठकर नहीं, चौकी पर कम्बल डालकर, तो तुम्हें कन्धों से घुटनों तक दबे वैराग्य का मर्मस्पर्शी स्वर सुनाई देगा। व्यास बाँहें उठाकर कहते सुनाई देंगे :

'ऊर्ध्वबाहुर्विरौम्येष
न हि कश्चिच्छृणोति मे
धर्मादर्थश्च कामश्च
स धर्मः किं न सेव्यते ?'

'त्याग और वैराग्य की महिमा बखानने से तो भोग-लिप्सा की विभीषिका का प्रदर्शन मन को और अधिक मथता है !''

''कैसे समझाऊँ मैं किसी हिचकोले खाकर लपके जाते मन को कि तनिक रुको, मुड़कर देखो, मैंने विराग की अस्मिता को उजागर करने के

लिए ही आरम्भ में अनुराग के चंचल और उज्ज्वल चित्र आँके हैं। जो भी हल्के-फुल्के राग-रंग से आकृष्ट हो मेरे साहित्य में डुबकियाँ लगाएगा वह अन्त में आनन्द-मंगल और आत्म-कल्याण के प्रशान्त पुलिन पर ही पहुँचेगा। हाँ, प्रस्तुति की मेरी अपनी स्वल्पाक्षर शैली है। तेजी से लपक चलने का युग अब आने ही वाला है। घोड़े जुतें, उड़ चलें। मन बना, क्षणभर साहित्य बाँच लिया ; हँसी-खुशी से छलछला उठे। दिन-पर-दिन भावुकता से मुक्त यथार्थ की ओर अभिरुचि लुढ़केगी। ऊपर की छानबीन बढ़ती जाएगी, गहराई उथली होती जाएगी। सहृदयता का स्थान बौद्धिकता ले लेगी। अगले युगों के लोग शास्त्रार्थ और बहस के जरिए आत्मा को पाना चाहेंगे। वह एक बार ही भूल जाएँगे कि—

नैषा तर्केण मतिरापनेया
न मेधया न बहुना श्रुतेन
यमेवैष वृणुते तेन लभ्यः
तस्यैष आत्मा विवृणुते तनुं स्वाम्।''

विद्योत्तमा चहकी :

''कैसे सनकी हैं आप ! कभी कुछ कहते हैं, कभी कुछ !''

''क्यों नहीं ?''—कालिदास सहसा गम्भीर हो गए : ''प्रेम बन्धन नहीं है, दो किनारों के बीच सागर घहराए, यही गहराई का तकाजा है। गढ़े गढ़ैया में उतर कर रोली-केसर की तरह कीचड़ के छींटे उड़ाना होली खेलना नहीं है।''

विद्या विहँसी :

''अच्छा, अभी अनागत समय की सरणि या सारणी से मुड़कर परी-लोक की कहानी ही कहो कि फिर क्या हुआ तुम्हारी उर्वशी के कुसुम्बी दुपट्टे में उलझे काँटे का ? आँचल के जाल में तड़फड़ाते पुरूरवा के प्राणों का ? पहाड़ की चोटी पर छोड़ आई दुपट्टे की सुगन्ध का ? हृदय के रक्त के रंग के, बिना-डंठल के खिले, फूलों का?''

कालिदास ने बाँहें उठाकर उतरे स्वर में कहा :

''रस-कलश की छलकन कहीं थमे तो बताऊँ कि सौ दोष मिल कर

भी किसी एक गुण को सदा के लिए नहीं ढक सकते।

"पुरूरवा पराक्रमी ऐसा है कि असुरों के साथ युद्ध में इन्द्र भी उसे अपना सहायक मानते हैं : 'अस्माकं चायं सांयुगीनः सहायः।"

"उर्वशी को असुरों के चंगुल से बचा-छुड़ा लाने पर इन्द्र के दूत ने पुरूरवा को बधाई का सन्देश देते हुए आग्रह किया कि आप स्वयं चलकर इन्द्र को उर्वशी सौंपते तो क्या ही अच्छा होता ; किन्तु स्वाभिमानी पुरूरवा ने मना कर दिया : नहीं, अभी नहीं, ठीक समय पर मैं उनके दर्शन करूँगा। [फिर मन में गुना : ढाक के पत्तों के दोने में फूल रखकर नहीं, इस ठगौरी की महकी-महकी साँसों उसाँसों में पिरोकर भी नहीं।]"

विद्या ने क्वाँरे कमल-से मुँह पर मँडलाती मक्खी को फूँक से उड़ाकर चाह-भरी आँखों से कालिदास को देखा :

"आपकी ज्योति तो रजकण से ग्रह-नक्षत्रों तक फैली है। समय सँवलाएगा तो कैसे ? आप एक धार से सौ धारों में बहते रहिए ..."

"रानी औशीनरी की कल्पना मेरी अपनी है। 'गृहिणी गृहमुच्यते' को मैं गृहस्थ मात्र के लिए महामन्त्र मानता हूँ। उर्वशी या उस आकृति-प्रकृति की कोई भी स्त्री-मूर्ति अपने घने केशों की अँधेरी गुफा में सूरज-चाँद को भी बन्दी बनाकर रख सकती है, उससे मनमानी करवा सकती है ; गुफा अपने काले पर्दों में दुनिया भर के उजाले को चक्कर खिला सकती है, पर वह उसे अमृत नहीं पिला सकती। सच तो यह कि वह उसके मुँह में घट भर-भर कर वारुणी उड़ेल सकती है। उसके हृदय में अमृत होता ही नहीं है, वारुणी होती है। स्त्री की खाल ओढ़े हुए उस सुर-सुन्दरी परी को प्रेमी अमृत भी पिलाए तो वह उसके मुँह से लगकर सुरा हो जायगा।"

विद्या विहँसी :

'अरे मेरी तो आँखें डबडबा आईं। यह किस नाटक का स्वगत है ?'

'वह अभी लिखा नहीं गया। उसमें दुर्बलता को शक्ति सम्बोधित किया गया है। मेरी पीड़ा साँसों पर चढ़कर घूम-फिर आई है। उसके ओठ कुम्हला गए हैं ; कण्ठ सूख गया है, खुले-खिले बोल मुरझा गए हैं। विद्या मेरी दुर्बलता है ; मेरी शक्ति है !'

'चलो हटो, मैं चिनगियों में चाँद नहीं ढूँढती। मैं तुम्हारी समवेदना कहाँ हो पाई हूँ ! मेरे लिए तो गृहस्थी का पथ अब भी अनचीन्हा है। तुम अपनी पीड़ा में बन्द छन्द काव्य-नाटकों में छितराओ ! विद्या तुम्हारी है, तुम उर्वशी के हो, मालविका के हो ... '

"पार्वती के क्यों नहीं ? यक्षी के क्यों नहीं ? देखो, घुटने पर कोहनी न टेको ; हथेली माथे से न लगाओ, मुझे जवाब दो !'

'तुम उठकर भेंटो सबसे। चट्टानें तुम्हारी छेनी की चोट खाकर रिरिया रही हैं ; तुम्हारी तूलिका की रंगोली छुअन से निर्मल पट काँप रहा है ; तुम्हारे कड़े हाथों में सिमटी माटी सकुमार आकार पाने के लिए छटपटा रही है ...। इन्हें देखो। घर-गृहस्थी से इनका तालमेल बैठाने रुकोगे तो तुम्हारी भावना की चिन्दी-चिन्दी उड़ जाएगी ! तुम्हारी कल्पना आँसुओं-डूबी आँखों के किनारे छड़-वंशी लेकर मछलियाँ फँसाने बैठ जाएगी ! तुम्हारी अनुभूति गुमसुम पथ निहारते प्राणों पर से तैर कर परी-लोक की सैर पर निकल जाएगी !"

कालिदास को जैसे किसी ने भीतर से मरोड़ दिया ! काश कि इस तिक्त बोध को उनके सौ-सौ मीठे सपनों की मूक पुकारें झुठला देतीं !

विद्या की फैलती-उजलती छाया से जैसे फिर एक किरण फूटी : संसार के लिए राम ने अपना घर उजाड़ दिया था ; कृष्ण ने वृन्दा से चिरविदा ले ली थी, बुद्ध ने संसार को जगाने के लिए अपने घर में सुख की नींद सोई पत्नी को सपने देखने के लिए छोड़ दिया था। घर को सांसत में डाले बिना कौन संसार का हुआ है ? क्यों नहीं तुम भी घर से मुँह मोड़कर संसार के हो जाओ ? परियों की कहानियाँ लिखो ; राजा-रानी के गुण गाओ ! मेरा क्या ? मैं तो स्वयं शक्ति हूँ—दुर्बलता की शक्ति। सब सह लूँगी ;—ऐसे शिव को भी, जिनके माथे में मेरी कोई सौत नहीं ; जिनके गले में मुझ पर फुफकारने वाला कोई साँप नहीं ...

□

३१

आँखें आज हृदय से भी अधिक गहरी हो रही थीं ; उन्हें अपना घर सोने का पिंजरा दिखाई दे रहा था। और पाँवों के नीचे कुंई और कमलों-भरे तालाब और सिर के ऊपर सजे सात तारे उन्हें हर घड़ी किन्हीं शर्तों की याद दिलाते लगते थे :

''विद्या वियोग नहीं सह सकती। इस पिजड़े के बाहर मैं न निकला तो दम ही निकल जाएगा। किन्हीं हरे-भरे पेड़ों की छांव में रुक-रुक कर, चिड़ियों की चहक में अपने प्राणों की लहक घोलने को जी चाहता है। कहते हैं, सच्ची चाह दो बिछड़े हुओं को जोड़ देती है, और फिर समय सब ठीक कर देता है ; पर एक दूजे में समाए हुए को यह ऐसा क्यों होता है कि कभी अलग से, यादों में, उसकी झाँकी लें ? जिसे दूसरे एक नजर देखने को तरसते हैं उसे, उसकी परछाइयों को बरौनियों में जकड़ ले ? सचाई मौत की तरह डरावनी होती है। मनचीती रेखाओं से जिसे स्वयं उकेरा जाता है उससे लिपटना कितना आनन्ददायक है !

''जीवन क्या स्वयं एक कल्पना ही नहीं है। कविता कल्पना है, वह सत्य भी हो सकती है। जीवन तो सत्य नहीं है। तह की तह जमे अँधेरे में जब-तब एक तारा चमक जाता है ! कविता समर्पण है। समर्पण ही पूर्णता है।

''मैंने जीवन की बहुरंगी घटनाओं और क्रियाओं में कविता देखी है ; विचारों और अनुभवों में तो हमेशा उसकी सुगबुगाहट रहती ही है।

''क्या होता है संसार के सुख-दुःख को कुछ और घटा-बढ़ा देने से ?

पर कुछ ऐसे संवेदन-शील व्यक्ति होते ही होते हैं जो एक चकवे की चीख से पूरी की पूरी रामायण छान लेते हैं; बादल-बिजली के खेल से सिहर कर आकाश का सारा दर्द देश राग के सुरों में समो लेते हैं !

क्यों प्रकृति ऐसे कल्पनाशील व्यक्ति गढ़ती है ? और जब गढ़ती ही है तब उन्हें काम से काम रखने वाली कोरी मानवीय आकृतियों में फेंटने की मूर्खता क्यों करती है ?''

—''अरे वाह ! अपने मुँह मियाँ मिट्ठू बनने का यह अच्छा ढंग निकाला ! नवरत्नों में तुम्हारी गिनती क्या होने लगी, वाल्मीकि-व्यास की परम्परा में तुम्हारी उपस्थिति भी प्रामाणिक रूप में रेखांकित हो गई ! इसी बल-बूते तुमने घर की चारदीवारी फोड़ कर बाहर की हवा खाने का संकल्प ले लिया जान पड़ता है।''

''अब कहो ! तुम तो भरसक वाल्मीकि-व्यास से परहेज करती रहीं, तुम्हें ऐसी कल्पना करने की क्यों कर सूझी ? तुम्ही, नहीं, संसार भर की स्त्रियाँ ऐसी ही कल्पना करती हैं कि उनका परदेशी यहाँ-वहाँ ताक-झाँक करता निठल्ला घूम रहा होगा, और वह बेचारी पिंजरे की तीलियाँ गिनती हुए कजली गा रही होती हैं ! जब कि उनका परदेशी, बहुत सम्भव है कि दो रोटियों के जुगाड़ के लिए कहीं झमाझम बरसते पानी में अपना पसीना बहा रहा हो !''

विद्या क्षण भर को चुप हो गई। जैसे उसकी काल्पनिक कल्पना से कालिदास की कल्पना यथार्थ के अधिक निकट हो ! सचमुच ही जब कालिदास मगध की सूखी भूमि को अपनी रसवंती वाणी से भिगो रहे होंगे, अजब क्या कि तब उसका मन उन्हीं की स्मृति के सुख से उछाल ले रहा हो !

मगध में ऐसी कोई बात जरूर रही होगी तब, जिससे महावीर और बुद्ध को यहीं अहिंसा का दर्शन मिला ! वह क्या केवल वैदिकी हिंसा के ही विरुद्ध उठाई हुई आवाज थी ?

कालिदास ने कुरेदा :

''क्यों ? चुप क्यों हो गई ? मैंने कल्पना की है कि मृत्यु प्रकृति है, जीवन विकृति। मैंने कभी मृत्यु को सत्य नहीं कहा। जब भी जानता हूँ

कि आज हो या सौ साल बाद, जन्म लने वाले की मृत्यु निश्चित है।''

''मृत्यु ! मृत्यु ! मृत्यु !!! तुम्हें कोई शुभ शब्द शायद बोलने नहीं आता ? टेढ़े-मेढ़े, बीहड़ और रेतीले किनारे पर खड़ा आदमी भी नदी की शीतल जल-धारा के गुण गाता है ! सम्भव हो तो हम जीवन के नए-नए स्रोतों का ही सन्धान करें ; कसैले और कड़वे अनुभवों को भी एक नए स्वाद की तरह चखें ....''

''आज कानों ने जो एक नई गूँज सुनी है, वह अब तक किन कोलाहलों में खोई पड़ी थी ? यह ज्योति किन भागती परछाइयों की लपेट में थी ? मरते-मरते भी कोई जी उठे ...''

''फिर वही मरते-मरते ? आज तुम्हें क्या हो गया है ? जीवन से ऐसी वितृष्णा का कारण क्या मैं हूँ ?''

''अरे नहीं ! —हवा में हाथ उछाल कर कालिदास ने कहा : 'तुम नहीं, बुढ़ापा !'

विद्या एकटक कालिदास की ओर देख रही थी—'तुम नहीं' सुनकर उसने गर्व का अनुभव किया। फिर ओठ काटकर हँसी : 'बुढ़ापा ?'

''हां, बुढ़ापा ! विषयों में मन नहीं रमता। पच्चीस वर्षों का ब्रह्मचर्य युवावस्था में दगा दे गया। आधी रात के सन्नाटे में मुझे एक अनसुनी पुकार सुनाई देती है—एकदम दिन ढल जाने पर सँवलाई सन्ध्या की-सी। जैसे रात में कमल मुँद जाते हैं और सपनों में पलकें, कुछ उसी तरह मेरे मन में तुम्हारा तन मुंद जाता है। मैं बन्द हो जाता हूं तुम्हारी अनुभूतियों में ... ''यह बुढ़ापे की बकवास है न ? झकझोरी पुरवैया -सी झुरती ? परछाईं-सी उजाले-उजाले तिरती ?

''अरे नहीं,'—कालिदास ने नाटकीय भंगिमा अपनाई। निचुल फुसलाकर फुसफुसाया : बूढ़े हो गए ; किन्तु सन्तान ... ?

''मैंने कहा : सन्तान का अर्थ है विस्तार। अब कालिदास का विस्तार होगा ? मैं तो संक्षेप में सब कुछ कहता रहा, वाल्मीकि का भी कोई विस्तार न बना। ऐसे में ..

विद्या रुआँसे स्वर में बोली : और कुछ न पूछा ? निचुल ने यह नहीं कहा कि महल न होते तो झुग्गी-झोपड़े न होते ? कि चीड़ की ऊँची घनी

फुनगी ही बौने पेड़ों की छितरी छांहों की वजह है ?''

''क्या मतलब ? दर्पण में घायल आकांक्षा की परछाईं-सी उभर आई दिखती है !''

''ऐसा भी क्या ? मतलब साफ है : महाराज के कोई सन्तान होती तो· · · ·।''

''तुमने कभी महाराज के चेहरे पर असन्तोष या अप्रसन्नता की हल्की-सी भी झलक देखी है ? फिर जो फल पहले लगें, उन्हें ही पहले पकना भी चाहिए या नहीं ? मगर महाराज के असीम संतोष ने उसे झुठला दिया। मेरी भी यह कोई ग्रन्थि हो सकती है कि अनजानते ही 'कुमार-सम्भव' नाम रखकर भी मैंने कुमार (कार्तिकेय) का सम्भव (जन्म) नहीं लिखा। मालविका या इरावती को भी सन्तानार्थिनी के रूप में नहीं चित्रित किया। सुना है, महाराज मुझे पुत्रेषणा पर लिखने के लिए प्रेरित करेंगे। रामायण का उदाहरण उनके सामने हैं। बुद्ध के हठी धर्म के कारण जो निरुद्ध हो गया था, पुत्रेषणा पूरी न हुई तो पवित्र मातृत्व का क्या होगा ? क्या मेरी सौन्दर्य-सृष्टि ''पण्यस्त्री रतिपरिमलोद्गारिणी'' ही होकर रह जाएगी ?''

''कोई अन्तर नहीं आया—बारह वर्ष बीत गए। वर्तमान अतीत होता गया, भविष्य अपने आप सँवरता रहा।

''अतीत में जो गीत गुनगुनाया गया, उसी की अनुगूँज से वर्तमान गुंजरित रहा। बबूल में आम के फल नहीं लगते। जौ बोने पर गेहूं की पैदावार नहीं होती।

''एक अकेली विद्या और छह-छह ऋतुएँ। कोई सौत नहीं ; सब की सब सहेलियाँ बनी रहीं। न कभी वसन्त में फूल कर कुप्पा हुई, न कभी शिशिर में सांसों की गरमाई की कमी रही। उमर के साथ लक्ष्य गहराता रहा, उससे मधुर और गम्भीर संगीत निनादित होता रहा। सरिता से समुद्र भरता रहा। दूसरों के लिए जीने के व्रत ने कभी मन को ओछा न होने दिया।''

कभी-कभी दोनों उलझते भी थे तो इसी विषय पर कि विद्या कालिदास को अधिक मानती थी या कालिदास विद्या को।

जीवन संघर्ष है ; क्रान्ति है—जैसे अनुभवों से उन्हें नहीं गुजरना पड़ा,

सुन्दर-असुन्दर, प्रिय-अप्रिय—के सन्धान में ही मन मगन रहता आया। बाह्य जगत् में उन्होंने जो-जो देखा, सब को अन्तर्जगत् के योग्य नहीं माना। और जिसे नहीं माना उसे ईमान को सम्मान देकर कभी अपने साहित्य का विषय भी नहीं बनाया।

कालिदास का सजग प्रयास था कि वह वही लिखें जिसे न केवल भली भाँति जानते हों, बल्कि जिसे वह 'हृदा मनीषा' मानते भी हों।

चौरस्ते पर लोग जो करते हैं, जीवन में परस्पर जैसे बरतते हैं वह सबका सब नाटक में अनुकरणीय हो सकता है, जीवन में अनुकरणीय नहीं है। कालिदास ने विवेक की धार कटाई-छंटाई से पैनी की है। रचना निरा अनुकरण नहीं है।

हम एक दूजे के लिए जीते हैं—विद्या कहती है—यह कोई सीख नहीं, जो हम दुनिया को दें?

कालिदास विद्या को हँसाते रहते हैं : "तुम्हारे दुर्निवार प्यार ने मुझे इस योग्य तो बनाया कि मैं संसार को अपना संस्कार, अपना सर्वस्व दे सका। और जब तक हूँ, तुम्हारे अपार प्यार की शीतल छाया में, अपना द्रवित प्रकाश उलीचता ही रहूँगा।"

अग्निमित्र जब अचानक चले गए, कालिदास की आँखों के आँसू निचुल के मर्म में चुभे थे। कालिदास यही कहते-कहते विकल-विह्वल हो उठते थे : "सम्राट् अग्निमित्र ने इस उक्ति को झुठला दिया था कि राजा किसी का मित्र नहीं हो सकता। वह शक्तिशाली और दुर्बल के बीच की खाईं पाटने में विश्वास करते थे। उनकी रसिकता प्रेमल प्रकृति की सरस अभिव्यक्ति थी। मैं उन्हें आँखों से कम, हृदय से अधिक देखता था। चिहुँकती है पीर कि वह कौन थे जिन्होंने मेरे तलवे ही छिलने दिए; पसीने को लू के थपेड़ों से बचाया ही नहीं, प्रशस्तियों की सुरभित साँस से उसे सुखाया भी। मेरे अनुभव की भूमि पर जो ऐश्वर्य का पहाड़ खड़ा हुआ, वह कौन थे जिन्होंने मुझे दुर्गम घाटियों से उठाकर समतल पर ला खड़ा किया था?

"मैं निरा प्रासंगिक रहकर किन्हीं समृद्ध संग्रहालयों का व्यंग्य न बन जाऊँ, इसीलिए बहन इरावती आनन्द के आडम्बरों को त्याग कर समग्रता

अभी तक सरस्वती-वीणा के तारों को ही छूता-छेड़ता रहा हूँ। अभी शब्द सुरों में ढले कहा हैं ? धीर धरो, महाराज मुझे भरपूर सुने बिना कहीं न जाएँगे। धन्वन्तरि ने मुझे पूरी तरह आश्वस्त कर दिया है। क्षपणक ने भी भविष्यवाणी की है· · · ·''

'क्या कहा है क्षपणक ने ?'

''कहा हैं कि महाराज अमर हैं। जब तक सूर्य-चन्द्रमा हैं : विन्ध्य-हिमालय हैं· · · ·

''गंगा-यमुना हैं ; समुद्र-मरुभूमि हैं· · ''—कह कर विद्या हँस पड़ी। कालिदास खिल उठे ;—''यह हुई न एक बात ! इसी हँसी की अगवानी में मैं अटपटे बैन बोल रहा था। महाराज ने जीवन भर परोपकार किया है, दूसरों को सुखी करने के लिए अपने सुखों का बलिदान। जिससे बड़ा कोई धर्म ही नहीं है। उन्होंने प्रजा-जनों से नाम मात्र का कर लिया है, और उससे हजारगुना बढ़ाकर उन्हीं के कल्याण-कार्य में खर्च किया है। काल उनका क्या कर लेगा ?

''वर्षा की बाढ़ दोनों किनारों को ढहा देती है : शरद का चाँद छोटे-छोटे गडहों और तालाबों की कुइँयों में भी खिल-खिला कर हँसता है।

''तुम तो स्वयं अज्ञान की ज्योति और ज्ञान की छाया हो। तुम्हारी प्रगल्भ वाणी सुन-सुन कर मेरी ब्राह्मी लाजवन्ती लता की तरह सिकुड़ जाती हैं। मैं और किसी पर भरोसा नहीं करता, मगर तुम्हारी ओढ़ी हुई सरलता और ग्रन्थिल हृदय पर करता हूँ जो शंकित, ईर्ष्यालु आदि तो है, पर श्रद्धालु भी कम नहीं है। तुम्हारा हर झूठ सत्य हैं क्योंकि कामार्थ-दर्शन में सत्य और मिथ्या अलग-अलग दो अवधारणाएँ नहीं हैं।''

विद्या ऊबी-खीझी-सी झुंझलाई :

''निम्न प्रकृति की क्रूर-कुटिल बातों में तुम कितना रस लेते हो ! यों इनका अस्तित्व है ; ये यथार्थ भी हैं, किन्तु तुम जैसे सिद्ध साधक के लिए नहीं। तुम तो सुन्दरता और पूर्णता के रचनाकार हो, तुम्हें प्रकृति से गम्भीर होना चाहिए !''

''कालिदास ने कहा : ''फूहड़ हुए बिना तुम्हारी मौलिकता हाथ लगने

में जीवन की व्यर्थता जीती रही थीं न! अग्निमित्र ने कभी उन पर इतना प्यार लाद दिया था कि उनकी अनुपस्थिति में वह अपने ही विकेन्द्रित अस्तित्व का भार न ढो सकीं। ढह गईं। भाषा को एक नया शब्द अवश्य दे गईं—राजरोग।

"अग्निमित्र का उत्तराधिकारी कहने को मित्र ही है; किन्तु वह दुर्बलों पर शक्ति प्रयोग न करेगा, उनके तन को रुग्ण, मन को भग्न और आत्मा को आहत कर अपने दुःशासन की जयजयकार न कराएगा—कौन कह सकता है?

"भरे सागर के भीतर से जैसे झाग निकलता है; सुगन्ध के वासन्ती आवरण से जैसे फूल निकलते हैं ऐसे ही, सुन्दरता के शिल्पी हृदय से इरावती के प्राण निकल गए होंगे।

"समय बीतते पता चलता है? कितने पुराने मूल्यों के मूल्य पर नया आता है! झिड़को तो मुसका कर; मुसकिराओ तो आँसू पोंछ कर!

"आज महाराज विक्रमादित्य ने बुलाया है,—फिसलते से रेशमी स्वर में विद्या ने बताया है। यह बुलावा बाहर राजसभा के लिए नहीं, भीतर—सपनों में डूबी बड़ी-बड़ी आँखों-जैसे अधमुँदे अधखुले भवन के भीतर का हैं।

कालिदास जीवन के पक्ष में रहे थे, जीवन के साँचे के पक्ष में नहीं। पल भर को उनकी साँस रुक-सी गई थी। फिर विद्या की हल्के से ठोड़ी ऊपर उठा कर धीमे स्वर में पूछा था: "क्यों कर भला?"

और सुबकते-से स्वर में विद्या ने कहा था: "पिता-श्री सहसा अस्वस्थ हो गए हैं। डर से मेरा तो मन हिम हो रहा है। आँख मूँदने पर मैं किसी दूसरी दुनिया में फिसल जाती हूँ। उसाँस और मुस्कराहट की अठखेलियों पर न जाओ, मेरे भीतर झाँकने की कोशिश करो। कठफोड़वा पके पेड़पर चोंच मार रहा है; पथरीले सन्नाटे में पंडूक उदासी पिघला रहा है; तुम्हें मेरे भरे-भर्राए स्वर में क्यों दूसरी ध्वनि नहीं सुनाई देती?"

"कालिदास धड़कन की ध्वनियों के कायम न थे। उनके बोल अनमोल थे। मैं जो गाने आया हूँ, महाराज ने अभी उसे सुना कहाँ है? मैं तो

वाली जो नहीं है और तुम्हारे पढ़े शास्त्र तो-मेरे लिए उद्धरणमात्र हैं।''

फिर धीरे-धीरे माथे का आध्यात्मिक तनाव भौतिकता में सहज हो गया।

कालिदास परिहास पी कर बोले :

''समय के षड्यन्त्र से बच निकलने के लिए हम नित नए जालों में फँसते चले जाते हैं। हम, हृदय को उर्वर बनाना जानते तो काँटे चुन-बीन कर हृदय को हर स्तर पर स्वच्छ कर लेना भी अवश्य सीख जाते।

''डाढ़ के दर्द से तड़पते हुए को सुवासित पान खिलाने से क्या लाभ ? ऊपर उठने के लिए छोटा होना बड़प्पन का उपहास नहीं। यह किसी बलशाली का निर्बल को दिखाया दम्भ भी नहीं है।''

फिर निस्पन्द तरी को लहरों के भरोसे छोड़ देने की, थपेडों के आमने-सामने होने की नेक सलाह दे कर कालिदास जी किधर को भी चल दिए।

जैसे झोंके खा रहे हों नींद के, कालिदास टक बांध कर माता-पिता की बातें सुनते हुए झुक-झुक जाते थे। मां ने कहा :

''काल प्रवाह किस वेग से बहता जा रहा है ; दिन-रात, मास-वर्ष,— किसी शून्य में समाहित होते चले जा रहे हैं, तुम्हारे घर में रह कर मुझे इसका कभी अनुभव न हुआ। बहू ऐसी कि 'यथा नाम तथा गुणः।' तुम ऐसी कि जहाँ सुनो, वहाँ तुम्हारा ही कीर्ति-गान। मन्दिर में भी, जब सुनो तब, तुम्हारी ही जयजयकार। पिता बोले :

''हम बड़े सौभाग्यशाली हैं, कालिदास ! हमारी साधना सिद्ध हो गई ; आज हमारे आनन्द की सीमा नहीं है। हमारी पोटली कभी बँधी थी, आज खुल गई है : एक ही शब्द निकला है उससे : अहोभाग्य ! तुम्हें पा कर हमारा हृदय जो अनुभव करता है, संसार के सभी माता-पिता को वैसा ही अनुभव हो !''—यह कहते समय सहज बुद्धि और सरलता में पगे पिता की आँखें छलक आईं !

माँ के मुँह पर प्रसन्नता और सन्तोष की आभा थी। वह भीड़-भरी सड़कों की ओर देख रही थीं। उन्होंने पति के मनोभाव को ताड़ लिया था, सो हँस कर बोलीं :

''अब हमें वन लौट जाने दो। तुम दोनों ही ऐश्वर्य के गर्व से मुक्त

हो और कर्तव्य पालन में तल्लीन। तुम भूल-चूक से ऊपर उठे जागरूक जीवात्मा हो, तुम्हें अब हमारे . . .''

कालिदास ने शिशुओं की-सी तोतली बोली में क्षमा मांगते हुए अपनी प्रार्थना की दृढ़ता पर बल दिया :

''मुझसे चूक हुई माँ ! मुझे कविता के व्यामोह ने तुम दोनों की उचित सेवा और सतत सान्निध्य से थोड़ा अलग रक्खा। अब इस अपराध की आवृत्ति नहीं होगी माँ ! विद्या से भी शुश्रूषा और संकोच में त्रुटि हई होगी। यों विद्या प्रकृति से धर्मशीला है और मर्यादा से मण्डित भी ; किन्तु अनुभव-हीनता . . .''

माँ ने लपक कर कालिदास के मुँह पर हाथ रख दिया।

''चाँद-तारों के प्रकाश में स्वप्न गढ़े जाते हैं, सत्य सूर्य से प्रकाशित होता है। विद्या विक्रमादित्य का सत्य है।

''तुम दोनों की ओर से कोई त्रुटि नहीं हुई। अब हमीं दोनों इस स्वप्नमय चित्र से दृष्टि हटा कर . . . .''

''नहीं माँ''—कालिदास व्यग्र हो गए—''ऐसा न कहो, महाकाल की सौगन्ध खा कर कहता हूं, हम तुम्हारी तपस्या में कभी विघ्न न बनेंगे। तुम्हारे ही कठोर तप की छाया मेरी सुकुमार कविता पर है, इसे संसार को जानने दो माँ ! और पिता-श्री के अमोघ आशीर्वचनों से ही मेरा माथा अभिमन्त्रित और अभिषिक्त है ; इसकी ऊँचाई उन्हीं के आचार विचारों की ऊँचाई है, इसे विश्व-विदित होने दो माँ !

''जब तक हो, पास रहो, मेरे इस बाल-हठ को न ठुकराओ। मैं दुर्भाग्य की यह कचोट न सह सकूँगा माँ ; मैं मर जाऊँगा।''

पिता ने उठकर पुत्र को हृदय से लगा लिया। माँ ने अपने शीश पर आकाश से बरसते हुए प्रकाश को, जैसे उँगलियों से छू कर, अनुभव किया।

× × ×

धन्वन्तरि की ही इच्छा से रुद्राभिषेक का विराट् आयोजन किया गया था। स्वस्तिवाचन से यज्ञागार गूँज उठता था, फिर रुद्राष्टाध्यायी का अखण्ड पाठ 'आयुर्यज्ञेन कल्पताम्' को साकार करता होता था। जैसे

धन्वन्तरि का सुझाव था—औषधियों से तन का उपचार होगा ; मन्त्र मन को स्थिर करेंगे और तन-मन के स्वस्थ सहयोग से आत्मा प्रसन्न होगी। वस्तुतः सारी शक्तियों और सभी रहस्यों का केन्द्र मन है ;

'तन्मे मनः शिवसंकल्पमस्तु।'

महाराज विक्रमादित्य पूर्ण स्वस्थ हो कर कितने ही दिनों बाद राजसभा में आए तो जैसे सभासदों के जीवन में नवजीवन आ गया। ईख की गाँठ ज्यों-ज्यों नीचे की ओर मुटाती है त्यों-त्यों उसमें रस भी अधिक भरता है और मिठास भी। हरे पेड़ तो बबूल के भी होते हैं, परन्तु सावन के अन्धे को हरा-हरा ही सूझता है। मीठे फलों की याद भी नहीं आती। और यहाँ ऐसे सभासद हैं जिन्हें राजे-महाराजों की ऊँची-ऊँची उपाधियों से कुछ लेना-देना नहीं है, उन्हें तो बस महाराज विक्रमादित्य चाहिए ; केवल महाराज विक्रमादित्य।

महाराज सभी सभासदों से कुशल-क्षेम पूछ कर कालिदास की ओर मुड़े : "कोई कैसी भी नई उपलब्धि हो, उसकी खिल्ली उड़ाने वाले कहीं-न-कहीं से निकल ही आते हैं, परन्तु आप ऐसे अकेले सौभाग्यशाली हैं, जिनकी ओर कोई भी उँगली उठाने का साहस नहीं करता। मैं अधिक अस्वस्थ रहने पर भी आपके दोनों नाटकों के किसी-न-किसी दृश्य की स्मृति में, आँसुओं में डूब-डूब जाता था हृदय में हर्ष लिए।" कालिदास ने निःशब्द सिर झुका लिया। तभी आठों रत्नों ने महाराज के स्वर में स्वर मिलाया : "हम भी प्रायः इनकी कविता गुनगुनाते ही रहते हैं। अनुशासित शब्द, मर्म को मथनेवाले अर्थ और सुन्दर छन्दों में झंकृत ऐसे रस-भाव अन्यत्र कहाँ ?

"यों तो पुराणों में कहने के लिए क्या कुछ नहीं है ? धर्म, अर्थ, काम, मोक्ष—सब में सब के खेमे अपूर्व सजे हैं ; परन्तु उनमें में रस-भाव की ऐसी सघनता के कहाँ दर्शन होते हैं ? वैसे 'पुराणमित्येव न साधु सर्वं' लिखकर कालिदास जी ने सब कुछ लिख दिया है। महाराज का ध्यान गया होगा, यह पुराण शब्द पुराने के ही अर्थ में नहीं है, 'पुराणं पञ्चलक्षणम्' की ओर भी स्पष्ट संकेत है। वेदों का अतिक्रमण तो आस्था और मर्यादा का अतिक्रमण होता, हां, उर्वशी की पौराणिकता को इन्होंने

अवश्य नया मानवीय कलेवर दे दिया है जिससे उर्वशी अब सब की उर-बसी हो गई है ! उसकी विश्वसनीयता पर अब कोई उँगली नहीं उठा सकता।"

कालिदास जैसे अनझिप क्षणों में ठिठक गए हों ; जैसे स्वर कन्नी खा गया हो ; जैसे फेरफार ढाल कर किसी ने सारे शब्द चटका लिए हों !

उनके हृदय का तीव्रता से अनुभूत सत्य दूसरों द्वारा प्रमाणित और प्रतिष्ठित जो हो रहा था !

—"आपके नाटक अभिज्ञों और सामान्य जनों के बीच समान रूप से समादृत हुए हैं ! दृश्यों में आप कैसे भी फूल खिलाते हैं वे रंगीन और सुगन्धित हो जाते हैं और शब्द ऐसे सुनाई देते हैं जैसे वाणी की वीणा का अनुरणन हो ! आप कृतार्थ हैं !"

महाराज जब बोल रहे थे, पास के सरोवर से उज्ज्वल-नील कमलों की सुगन्ध आ रही थी ; हंस-बत्तख, चकवे-चकई और दूसरे जलपंछियों का कलालाप सुनाई दे रहा था। मन्द-मन्द मुसकिराते हुए उन्होंने मुड़ कर विद्वन्मण्डली से कहा :

"राम जब अत्रि मुनि का आतिथ्य ग्रहण कर दण्डक वन की ओर बढ़ने लगे तो उन्होंने अत्रि मुनि से निवेदन किया कि वह मार्ग-दर्शन के लिए अपने शिष्य-प्रशिष्यों को कुछ दूर संग-साथ चलने कहें। इसे सुन कर अत्रि मुनि हँसे :

'सर्वस्य मार्गद्रष्टा त्वं
तव को मार्गदर्शक?'

—आप तो सबके मार्गदर्शक हो, आपको कौन मार्ग दिखाएगा ?

यही मैं कालिदास जी से कहना चाहता हूँ। सत्ता अपनी शक्ति के अतिरेक में नए सूर्य-चन्द्र भी रच लेती है। अवश्य वह सूर्य जलाता ही अधिक है, प्रकाश कम देता है ; और यह चन्द्रमा भी राजयक्ष्मा की ओर बढ़ती हुई विलासिता को ही अधिक उद्दीपित करता है, माथे को शीतल और मन को शान्त कम ही कर पाता है।

"सत्ता का परिवर्तन होता ही रहता है। यथा राजा तथा प्रजा। जब

कहीं की प्रजा आलसी, उद्दण्ड, अशिक्षित या चरित्रहीन हो तो कुछेक अपवादों को छोड़ कर, उसका सीधा सम्बन्ध राजा से ही जोड़ना चाहिए।

"ऐसे ही शिव-संकल्पों के प्रति जो समर्पित नहीं है। निरा बौद्धिक है। तर्क वितर्कों से अपने गर्हित चरित्र पर पर्दा डालता है, उसकी चित्तवृत्ति अनिवार्य रूप से स्वच्छन्दता पसन्द करेगी। दूसरी ओर गृहस्थी कोई वायव्य धर्म नहीं, एक ठोस व्यवस्था है। उसकी अपनी आचार संहिता है। क्या ही अच्छा हो कि अब आप एक ऐसा काव्य लिखें जिससे राजा और प्रजा—दोनों को ही अपनी मर्यादा का बोध हो!

"अभी हमारे आस-पास जो हैं, उन्हें हम बाह्य विश्व के विविध सम्बन्धों से ही जानते हैं, एक मनुष्य के रूप में नहीं। जो इतिहास हो गए हैं उनसे सीधा सम्बन्ध जोड़ने की क्षमता आप में है।" कालिदास ने सिर झुका लिया : मैं आपका अभिप्राय समझ गया। श्रम विफल हो जाता है, आँधियों का अनुसरण करने से; और जब भी सत्ता पलटती है, आँधी आती ही आती है। कैसी भी उत्ताल तरंगों में तरी तिरती रहे,—शायद यही सफल गृहस्थी है। राजा और प्रजा के लिए उसकी एक ही जैसी उपयोगिता है। दूसरी ओर काव्य हमारी भौतिक सीमा भी है। आध्यात्मिक विस्तार भी। यों मुझे धर्म-शास्त्र-अर्थशास्त्र-जैसा कुछ नहीं लिखना है। काव्य स्वयं स्थायी को समेट कर अवान्तर को चलता कर देता है। मैं समझता हूं, राजा और प्रजा—दोनों के लिए रघुवंशियों का आदर्श यथेष्ट होगा। उनके जीवन ने विश्व-मानवता के प्रतिमान गढ़े हैं।

भगवान के गुण-कीर्तन से भक्ति बढ़ती है या नहीं; या फिर उनके नाम की माला फेरने से प्राणों को झकझोर देने वाला हाहाकार शान्त-निर्मल प्यार में बदल जाता है या नहीं, मुझे नहीं मालूम। किन्तु जन्म से ही शुद्ध, संस्कारी, वाञ्छित परिणाम मिलने तक अविराम काम करते रहनेवाले, समुद्र तक फैली धरती के एकच्छत्र सम्राट् और याचकों की कैसी भी चाह पूरी करने वाले रघुवंशियों के जीवनादर्श को अपना कर चलने वाले की किसी भी देश-काल में अप्रासंगिकता असम्भव है।

रघुवंशियों ने दान करने के लिए ही अर्थ-सञ्चय किया, भोग-विलास के लिए कभी नहीं; सत्य बोलने के लिए ही मितभाषण को अपनाया,

विवाद में पराभव के भय से कदापि नहीं। किसी भी युद्ध में अपनी विजय केवल यश के लिए ही चाही; हारे हुओं का धन लूटने के लिए हर्गिज नहीं। और विवाह भी विशुद्ध वंश की निरन्तरता बनाए रखने के लिए ही किया।

बाल्यकाल में विद्याभ्यास, युवावस्था में गृहस्थी की बागडोर, वृद्धावस्था में ऋषि-मुनियों-जैसी जीवन-प्रक्रिया और अन्त में परमात्मा में ध्यान जमा कर प्राणायाम द्वारा प्राण-त्याग˙ ˙ ˙ ।

समग्रता में समुज्ज्वल इसी वंश को राम-जैसा मानवीय प्रतिमान सिरजने का सौभाग्य प्राप्त हुआ था।

''प्रसीदतु महाराजः। रघुवंशमेव वक्ष्येऽहमितः परम्।''

× × ×

''अरे सुना तुमने? इस बार तुम्हारे लाड़ले ने सचमुच ही तारे तोड़े हैं, आकाश से, हाथ उचका कर! देर-सवेर वह उमर के साथ बढ़ता ही गया है। बरी नहीं हुआ चाहता कवि के उत्तरदायित्वों से। इधर-उधर का कुछ हड़प कर जोड़-तोड़ बैठाने वाला कवि वह नहीं है!''

निचुल आज महाराज के लिए 'रघुवंशम्' की प्रतिलिपि तैयार कर रहा था मन्दिर के पिछवाड़े। मुझे देख कर कभी आँख न चुराई, न फैलाई। बस, लपक कर पाँव छू लिए। फिर हँस कर कहा:

''कालिदास जी का यह सबसे नया महाकाव्य है—रघुवंशम्। इसमें उन्होंने अपने भी पिछले किसी मुहावरे को मुँह न लगाया। किसी चरमराई कल्पना की खींच-तान नहीं की, एक बिलकुल ही नया, अप्रतिम प्रतिमान उकेरा है इसबार।''

—कालिदास के पिता—महानन्द सारस्वत माता सर्वमंगला को सम्बोधित कर रहे थे: ''तुम्हारे बेटे ने बड़ा नाम कमाया है। नाम कमाना बड़ी बात है। विद्वानों और कला-पारखियों के बीच अपने नाम को क्षण-क्षण उद्धरण के योग्य बनाए रखना बहुत बड़ी बात है।''

सर्वमंगला ने कहा:

''तुम्हीं बहुत चिन्तित रहते थे: पुरखों की हँसी से उसकी किलकारियाँ

तोलते। जब उसकी हँसी लार से सनी रहती थी तब भी तुम उसकी लार के फुग्गे में परिपक्वता झाँकना चाहते थे ! मैं हँसाती थी, जैसे हवा फूलों को, तुम उसे यह-वह सिखाने के सिलसिले में कान उमेठ कर, बाँहें मरोड़ कर, गरदन दबोच कर रुलाते ही रुलाते थे· · · ·

महानन्द ने कहा :

''वही आँसू तो मोती बने। तुम्हारे प्यार ने उसे रूपवान बनाया ; मेरे अनुशासन ने उसे आसमान में उड़ान भरने के लिए पंख दिए। बाहर से रूखा और कठोर दिखने वाला हर व्यवहार बिलकुल वैसा ही नहीं होता। काठ-पत्थर से गढ़ा देवता मोम-सा पिघलता है। सूखे-सूखे-से दिखते नारियल के भीतर मीठा पानी होता है !''

सर्वमंगला बोली :

''अब कच्चा-पक्का जो बोलो, तब उस डाँट-फटकार के चौखटे में आज के कालिदास का चित्र तो कदापि न रहा होगा। धूल के पर्दे से सोने का फूल भी पीतल का जैसा ही दीखता है। एक चुटकी धूप धूल को सोने के दाने बनाती है।''

महानन्द तनिक झुंझलाए-से स्वर में बोले :

''अन्धेरा और उजेला देखने के लिए आँखें एक-जैसी ही होती हैं। मैं अभी उजेला दिखा रहा था कि· · · ·''

''हाँ-हाँ, अब तो उसका अंधेरा भी उजेला दिखेगा तुम को ! तब उसका उजेला भी अनदेखा ही निकल जाता था। चाहे-अन-चाहे वह जो भी बोलता था, आपको तीखा और रूखा लगता था। अब तो हर पेड़ चन्दन दिखाई दे रहा है ; हर फूल कमल। अब वह सृजन की अकुलाहट का मारा एक कवि प्राणी भर नहीं है, देश और समाज, उसके तन और मन-जैसी सभ्यता और संस्कृति का अनन्य निर्माता भी है। अभिव्यक्ति की आकुलता, फिर वह चाहे व्यथा-कथा हो, चाहे आनन्द-मन्दाकिनी की लोल-हिलोर, उसने उसे व्यापकता दी है। वह तन की ठिठुरन और मन की कंचन धूप को सब की संवेदनाओं से जोड़ता रहता है।''

महानन्द सारस्वत ने लम्बी जमुहाई ले कर कहा : ''अरे बाप रे ! तुम तो उसके सृजन के तथ्य की मुझसे कहीं बड़ी पारखी निकलीं, कुछेक

को छोड़ कर इतनी गहराई तक उतरना सब के बूते की बात नहीं है। जाने किसने तुम्हारे मन की पुरानी सीलन उघाड़ दी ? नएपन से बिदकने-चिढ़नेवालों की आँखें आगे ही आँज दी थीं कालिदास ने मेघदूतम्-कुमारसम्भवम् लिख कर, इस बार तो रघुवंशम् बाँचने पण्डितमण्डली पहरे पर तैनात हैं, शास्त्र और ब्रह्मास्त्र गठिया कर। सब की आँखें चुँधिआई हैं सारे सन्दर्भ उभारने के क्रम में। भूरी मिट्टी की गन्ध से नथुने फड़कते हैं, नीली छुअन से आँखे चमकती हैं। और रघुवंशम् की अपनी पहचान बनती जाती है। सब से हट कर पाटों को तोड़ती हहराती हुई नदी में कोई तिनके का सिरा दूर से दिख जाए तो वह भी कम नहीं है, किन्तु यहाँ तो राम-सागर-गामिनी वाल्मीकि की कविता-मन्दाकिनी के समान्तर एक कसी हुई नई सुरसरि बही है जो आकार में चाहे छोटी हो, प्रकार में कहीं भी छितरी-बिखरी नहीं है।''

□

४०

दक्षिण की हवा सुगन्ध-भरे पंखों से राजभवन में विराजमान विद्वज्जनों के माथे सहला रही थी। अपनी-अपनी बुद्धि का कोना-कोना छान डाला था सबों ने कि क्या आगे भी कभी, टकटकी बाँध कर देखने पर भी, काव्य-प्रतिभा की ऐसी निर्मल प्रभा देखी थी!

महाराज के मुख पर चाँदनी छिटकी हुई थी। अपने काम से काम रखने वाले छिपाए नहीं छिपते; किन्तु इस घड़ी किसी की ऊब-ऊँघ को सहजता से पहचानना कठिन था। महाराज के आदेश से अब निचुल रघुवंश का सार सुना रहे थे, सो सिलसिला ठीक ढंग से रखने के अलावा और कोई गुंजाइश भी न रह गई थी :

आज जब हम पहाड़ों, बीहड़ों और नदियों के पथों से यात्रा करते हैं, तब यह भूल जाते हैं कि ये पथ हमने नहीं बनाए; हम इस पर चलने वाले यात्री भर हैं; कि ये पथ हमारे पूर्वजों के बनाए हुए हैं!

ऐसे ही पूर्वजों के अग्रणी थे वैवस्वत मनु जिनके जीवन के आदर्शों पर ही नीति-धर्म बने। आगे चलकर राजनीति और अर्थ-नीति के आधार भी उन्हीं के आदर्श और आचरण बने। वे ऐसे थे ही कि उनके चरण-चिह्नों पर चलने में किसी को भी गर्व का अनुभव होता। उदाहरण के लिए हम मनु-वंशी दिलीप को लें। हृदय की ही तरह उनकी छाती चौड़ी थी, साँड़ के-से कन्धों से कसी लम्बी बाँहें, ऊँचे कद पर खूब-खूब फबती थीं। वह अपने समय के सबसे बड़े बलवान और सबसे अधिक तेजस्वी होने के कारण धरती पर खड़े सुमेरु पर्वत के समान जान पड़ते थे। जैसी

आकृति, वैसी ही उनके विशिष्ट प्रज्ञा थी। प्रज्ञा के अनुरूप ही शास्त्रों का ज्ञान था। शास्त्रों के ज्ञान के योग्य ही उनके कार्य-कलाप थे और कार्य-कलाप के अनुसार ही उन्हें सर्वत्र सफलता प्राप्त थी। उनकी मानवीय कोमलता और राजनीतिक कठोरता देख कर समुद्र की याद आती थी जिसमें जितने रत्न हैं, उतने ही भयानक जीव-जन्तु भी। वह प्रजा-जनों को शिक्षित, सुरक्षित तो रखते ही थे, उनके भरण-पोषण का दायित्व भी स्वयं ही उठाते थे। सच तो यह कि प्रजा-जनों के वास्तविक पिता वही थे और उनके कहे जाने वाले पिता जन्मदाता भर थे।

सब था, पर उनके कोई सन्तान न थी। पंथ देखते उमर सिराई, हवा में गिरह न लगी तो न लगी। राजपाट काट खाने को दौड़ता। सो वह एक दिन योग्य मन्त्रियों के हाथों उसे सौंप कर धर्मपत्नी सुदक्षिणा के साथ गुरु वसिष्ठ के आश्रम की ओर चल पड़े।

राज-पाट मिट्टी है, तपोवन सोना। सोना भी तो बिकाऊ होता है, तप अनमोल है। राज-पाट से ऊबे-खीजे राजे-महाराजे भी तपोवन में ही शान्ति की साँस लेते हैं। महर्षि वसिष्ठ के पास पहुँच कर रोए; गाया। सुहानी भ्रान्ति की रूहानी कहानी कही। संख्यातीत रूपों में दुख बखाना। तो भी महर्षि ने उन्हें आसन लगाकर या आँख मूँदकर तप करने, माला फेरने नहीं कहा। श्रम करने कहा। गाय चराने कहा। फिर क्या, राजा जी दिन भर गाय चरा कर साँझ पड़ने पर आश्रम लौट आते थे। पहली-पहली बार ब्याई हुई गाय खूब भरे थन के बोझ से और राजा दिलीप अपने भारी-भरकम शरीर की वजह से रास्ते पर जो मस्तानी चाल चलते होते थे, रानी सुदक्षिणा आँखें फाड़-फाड़ कर उसे देर-देर तक देखती रहती थीं। क्या ही अनोखा दृश्य होता था वह! ऐसा ही एक आंखों में न समाने वाला दृश्य उन्होंने आश्रम आने के दिन रास्ते में देखा था। झुट-पुटे के कुछ पहले, पूरे दिन खेती के कामों में खटकर बथान अगोरने वाले ग्वालों को मालूम हुआ कि महाराज-महारानी का रथ पास ही रुका खड़ा है! घोड़े सुस्ता रहे हैं। तब वे बरगद के दोनों में मक्खन के गोले रख कर (खाली हाथ बड़ों के पास जाना मना है न!) खुशी के ज्वार को प्राणों से बाँधे हुए भागे-भागे आ खड़े हुए थे और महाराज उनके सहमे

हुए भर्राए चेहरों पर चमक पैदा करने यूँ ही पूछ बैठे थे कि वह धुआँरे से उठते हुए धुएँ के गुब्बारे से ढका हुआ कौन-सा पेड़ है? और वह पेड़ जिसकी लचीली डालें कचर-कचर कर रही हैं, क्या कहलाता है?

कैसे खुशमिजाज हैं महाराज! हर रंग में मस्त, हर रूप में सुन्दर!

ऐसे इक्कीस दिन बीत गए। सवेरे का कच्चा सोना शाम तक लाल होकर पिघलता रहा। किरण धुँधलाती-उजलती रही। बिना किसी धूमधाम के महर्षि का आश्रम गहगहाया रहा। बाईसवें दिन महाराज की गोभक्ति परखी गई। वह नकली न थी। पुत्र के लालच से ही वह नहीं उमगी-उमड़ी थी। गाय तो माय है। बेटे की चाल-ढाल पर आगे भी कड़ी नजर थी; अब तो बेटे ने अपना कलेजा ही चीर कर दिखला दिया था। माँ मान गई थी। हरख कर असीसा। राजा-रानी कृतार्थ लौटे। पुत्र हुआ तो ऐसा कि उसी के नाम पर वंश का नाम चल पड़ा। राम भी राघव — रघुवंशी ही कहलाए। लव-कुश को भी कोई रामवंशी नहीं कहता। राम ने इन्द्र की सहायता से रावण को मार गिराया था। रघु ने डट कर इन्द्र से लोहा लिया था। इन्द्र अश्वमेध के घोड़े चुराता है, — इसे रहस्य नहीं रहने दिया था। विश्व-विजय कर चुकने पर राज किया तो सर्वस्व दान कर दिया। अपने खाने-पीने के कुछ मिट्टी के बरतन भर घर में रहे। व्यङ्ग्य विधाता का। ऐसे में एक ऋषिकुमार आया कि उसे गुरु दक्षिणा के लिए चौदह क़रोड़ अशर्फियां चाहिए। रघु ने उसे निराश लौटने न दिया। स्वर्ग पर चढ़ाई करनी चाही कि मारे डर के कुबेर ने स्वयं रघु के यज्ञागार में अशर्फियाँ बरसा दीं। रघु ने अशर्फियों को हाथ न लगाया, ऋषि कुमार को सारी की सारी उठा ले जाने कहा; मगर कोई लालची, ऋषि क्या होगा? उसने पसीना बहा कर ठीक उतनी ही अशर्फियाँ गिन कर उठाईं जितनी देनी थीं गुरु को। साकेत के निवासी दाँतों उँगली काट कर यह महान् दृश्य देखते रहे कि जितनी गुरु-चरणों पर चढ़ानी थीं उतनी से एक भी अधिक ऋषि-कुमार ने नहीं छुई और रघु के मन में यह कामना घुट कर ही रह गई कि मांगने वाले ने जितना मांगा, हाय रे, उसे उतना ही दिया तो क्या दिया!

जाते-जाते ऋषि कुमार ने गद्‌गद स्वर से उन्हें उन्हीं के अनुरूप पुत्र

होने का आशीर्वाद दिया। पुत्र हुआ। नाम रखा गया अज। रूप और गुण दोनों में अज रघु से कहीं उन्नीस नहीं पड़ता था। कि जैसे दिए से दिया जला हो! एक दिन विदर्भराज का भेजा हुआ दूत अज को बुलाने आया कि उसकी बहन इन्दुमती का स्वयंवर हो रहा है, उसमें वह कृपाकर अवश्य भाग लें। रघु ने देखा, समय का भी एक नियत समय होता है। अज जवान हो गया, अब इसका ब्याह होना समय की सही पहचान भर नहीं, समय का सम्मान भी है। सो उन्होंने चतुरङ्गिणी सेना सजाकर धूमधाम के साथ राजकुमार अज़ को विदर्भ की राजधानी भेज दिया। कई पड़ाव पार कर वह निदर्भ पहुँचे। देश भर के राजे इकट्ठे हुए थे। विदर्भराज ने सबसे बढ़-चढ़कर अज का स्वागत किया। पूरी फुलबगिया में बस एक ही गुंजार। लोगों की दृष्टि सामनेवालों पर नहीं, सामनेवालों से घिरे, छिपे-से राजकुमार अज को ढूँढ़ती दिखती थी। लोकप्रियता भी तात्कालिक विजय की एक बड़ी दलील है। स्वयंवर तो एक मामूली बहाना था। सबने बादलों से ऊपर उठे चाँद को देखा; तने तने रह गए, राजकुमार अज तरु-शिखर पर जा विराजे। राजकुमारी तने और फुनगी को एक ही नजर में पहचान गई। वरमाला अज के गले में पड़ी। सारे राजे बिम्बों की भाषा भूल गए। स्वयंवर रूप की ही कसौटी नहीं होता था, बलवीर्य की थाह भी किनारे पर बैठे हुओं को उससे मिल जाती थी। मुट्ठी भर लोगों में रिगटा हुआ सब पर खुल जाता था।

कुमार कार्तिकेय के साथ जैसे देवसेना आई हो, राजकुमार अज के साथ इन्दुमती जब साकेत पधारी, तब रघु-सम्मेत सभी ने उनका भव्य स्वागत किया।

स्वयंवर बदन में झुरझुरी भर देता है। द्रौपदी का दुबारा-तिबारा रहा होगा, पहला स्वयंवर इन्दुमती का ही था। असफल हो गया।

इधर रघु जो लड़के को गद्दी देकर तपोवन में जा बसने का मन बना चुके थे, अज के गिड़गिड़ाने पर जंगल जाते-जाते रह गए। किन्तु साँप जैसे केंचुल दुबारा नहीं चिपका लेता, रघु ने भी उतार फेंकी राज्यश्री फिर नहीं धारण की। कुछ दिनों बाद वह स्वर्ग सिधारे और इन्दुमती ने एक पुत्र — दशरथ को जन्म दिया। अकेले में सूखने की नौबत ही आई तो

विधना को यह हरापन रास न आया।

एक दिन, जब अज इन्दुमती के साथ वन-बिहार कर रहे थे, आकाश से एक फूलमाला इन्दुमती के वक्षःस्थल पर गिरी और वह मूर्च्छित होकर मर गई। अज बहुत रोए, ज्यों-त्यों सँवरे। फिर गङ्गा और सरयू के संगम पर जल्दी ही ढह गए।

तब दशरथ गद्दी पर बैठे। दिलीप की तरह चढ़ी उमर में इन्हें भी पुत्र का मुँह देखना बदा न हुआ। शिकार खेलने का शौक था। कितने ही निरपराध बनैले उनके धनुष-बाण की प्यास बुझाते थे। कोई उछल-ता-कूदता, चौकड़ी भरता आँखों के सामने से गुजरता तो जैसे एक सीमा तक उनके भीतर उत्साह और अपेक्षा ही जगाता था। घटिया स्तर के मनोरञ्जन उन्हें रुचते न थे, जंगल के नए-नए हिस्सों में चुनिन्दा पशु पक्षियों पर घात लगाने का आनन्द ही कुछ और था। कभी साँझ गहरा जाती, धुँधलका छा जाता तो फूलों और कोंपलों की सेज सजाकर सहज कविता की ऊँचाई छूने वाले दृश्यों के बीच वहीं रात बिता देते। आत्म-विश्लेषण की प्रक्रिया के बीच भोर भिनसारे हाथियों के झुण्ड के कानों की फटाफट सुनकर उठ बैठते।

एक दिन अनहोनी हो गई। गम्भीर होने के लिए प्रतिबद्धता आवश्यक है। किन्तु संस्कृति की मुख्य धारा से हटकर दशरथ मन-मानी कर बैठे। संस्कृति प्रेरणा और प्रभाव का स्रोत होती है। वह घिसी-पिटी भर नहीं होती। सम्मान और प्रतिष्ठा उसके अनुदान नहीं, साझीदार हैं। किसी भी नई उपलब्धि को असंस्कृत नहीं होना चाहिए।

राज्य-श्री की कामना करने वाले के लिए युद्धभूमि के अलावा कहीं भी हाथी का वध करना मना है; किन्तु एक दिन मुँह-अंधेरे थकान से झाग उगलते हुए घोड़े को भगाकर दशरथ तमसा के किनारे पहुँचे, जहाँ साँझ-सकारे तपस्वी जन नहाने और पीने के लिए तूम्बे भरने आया करते थे। एक ऋषि-कुमार तूम्बा भर रहा था, वह आवाज उन्हें हाथी के पानी पीने की सी लगी और फिर क्या, बिना सोचे, बिना रुके, उन्होंने शब्दवेधी बाण छोड़ दिया। इस उद्धत यथार्थ ने जो सार्वभौम मार्मिकता सिरजी,

मानवता के इतिहास में उसके अगले पृष्ठ पर शम्बूक ही है। पिता ने एक मातृ-पितृ-भक्त ऋषिकुमार मारा, पुत्र ने एक नितान्त निर्दोष तपस्वी। चलो पलड़ा बराबर हो गया। यह और है कि इन नृशंस हत्याओं का मूल्य दोनों को चुकाना पड़ा। किन्हीं घोड़-यज्ञों से इस अन्याय की क्षति-पूर्ति न हो सकी। हाय रे! क्या झोपड़पट्टी उजाड़े बिना राज-भवन के क्रीड़ा-कौतुक-उद्यान नहीं बन सकते? जीवन की जड़ें कहाँ ढूँढ़ी जाएँ? निर्दोष, निरपराध की मृगया तो राजसी प्रकृति की एक मामूली-सी पहचान है। नाव डुबो देनेवाले को कर्णधार कहते हैं। एक राजा के लिए शास्त्रों की अभिज्ञता उसकी सामर्थ्य नहीं है, बल्कि अभिज्ञता की सीमा का अतिक्रमण ही उसकी वास्तविक सामर्थ्य है। दशरथ ने वही किया। श्रवण कुमार मारा गया। दशरथ ने चिकने-चुपड़े, शहद में डुबोए शब्दों से उसके अन्धे माँ-बाप को मनाने की बहुत कोशिश की, मगर वे लाख-दो-लाख का हर्जाना या अनुदान पाकर पुत्र की आत्मा का सौदा करनेवाले न थे। उन्होंने मौत माँगी और जलती चिता में जीवित ही जल मरे।

हाँ, हर घर को अपना समझनेवाले अपने को तब घर-घर ढूँढ़ते फिरे जब अश्रु जल लेकर अन्धों ने शाप दिया कि जाओ, जैसे पुत्र के शोक में हम तड़प-तड़प कर मर रहे हैं, तुम भी मरोगे।

राजा को जैसे भर आँख आँसुओं के बदले अँजुरी भर मोती मिले, उन्होंने गद्‌गद स्वर में कहा : मैं तो आशा और विश्वास की कड़ियाँ खींचते-खींचते थक गया था, आपने भरोसे का एक दिया मेरे अँधेरे रास्ते में जला दिया। आपका वचन मिथ्या नहीं हो सकता। नीली छत और काले बादलों के पर्दे के पीछे से मेरा सुनहरा भविष्य झाँक रहा है। आपने मेरी सामान्य मृत्यु को असाधारणता प्रदान की। आगे मैं दुःखित और लज्जित था, अब मेरे आँसू आपके अभिशाप के सजल वर से धुल गए हैं; — मैं इन्ही आँखों पुत्र का मुँह देख सकूंगा। मृत्यु के मूल्य पर ही सही, देखूँगा अवश्य। औचक खेत-खलिहान में आग लग गई, पूरी पैदावार जल गई। परन्तु जलना ही आखिरी सत्य न था। राख की ऐसी उपजाऊ खाद बनी कि अगली फसल लहलहा उठी। दुख का बाना

बनाकर पधारे हुए सुख को मैंने पहचान लिया।

दशरथ नाम जो था, सो इस घटना के बाद दस हजार वर्ष और इन्तजार करना पड़ा। फिर चार लड़के तीन रानियों से एक साथ ही पैदा हुए। नाश और निर्माण का यह संत्रास विश्व कभी भूलेगा नहीं। परम्परा के प्रति हमारा यह अटूट श्रद्धा. का भाव ही है जो हम जब-तब राम के साथ श्रवण कुमार को भी याद कर लेते हैं। भूमि अपनी धुरी पर नहीं, भूमिपति के इशारे पर घूमती है।

धर्म की हड्डियाँ तब नहीं हिली थीं, जब निष्पाप, निरपराध तीन प्राणी बाण-सन्धान-विलास-कालानल में जल मरे थे, फिर तब क्यों न उन पर चर्बी चढ़ जाती जब बड़े-बड़े ऋषि-महर्षियों ने घी की आहुतियाँ दे-दे कर यज्ञ की अग्नि को धधकाया; समिध और शाकल्य की लपटें ऊँचे उठकर पुत्र के लिए किए गए इस यज्ञ का स्वर्ग तक प्रचार किया और जिनके मुँह से सब देवते खाते हैं, स्वयं वह अग्नि-देव ही रानियों को खीर खिलाने प्रकट हो गए। रानियों ने खीर खाई। फिर क्या, सीधे देवलोक ही धरती पर उतर आया। धरती भले ही ऊपर-ऊपर से मिट्टी-मिट्टी दिखती हो, एकबार ही कई-कई सोने की खानें सतह पर उतर आईं। तीन माएँ, चार पुत्र। माएँ होड़ बदकर प्यार लुटातीं; दो-दो पुत्र गुँथे-गुँथे -से संग-साथ डोलते; भरपूर प्यार बटोरते, कैकेयी राम को सबसे बढ़कर मानतीं, कौसल्या भरत को। राम को पुकारो तो राम-लक्ष्मण एक साथ आएँ; भरत का अर्थ भी भरत-शत्रुघ्न—दोनों था। चुपड़ी खाने के लालची को रूखी-सूखी क्योंकर सुहाती! चारों प्यार का सागर मथकर नित नए रतन निकालते।

जीवन मर्यादा पुरुषोत्तम का हो अथवा किसी सामान्यजन का, उसकी गति सीधी नहीं होती।

राम जनमे; बड़े हुए; ब्याहे गए; बात यहीं नहीं समाप्त हो गई। ताड़का-वध और धनुर्भङ्ग के बाद राम की कीर्ति प्रामाणिक रूप में रेखाङ्कित हो गई। निष्कण्टक अवश्य नहीं हुई। हँसी-खुशी के वातावरण में बारात लौटी आ रही थी कि अचानक आँधी आ गई। सबकी आँखों

में धूल भर गई। हवा के झकोरों ने सब अस्त-व्यस्त कर दिया। महाराज दशरथ का मन अधिक अनुशासित कभी न था। उनकी मानसिक गतिविधियाँ तेज हो गईं। विभक्त चेतना बौद्धिक अनुसन्धानों में व्यग्र हो गई। सूर्य एक धूलि-धूसर गोल घेरे में घिर गए। ऐसा जान पड़ता था, जैसे गरुड़ पक्षी ने किसी साँप को दबोच लिया हो और इसी खींच-तान में साँप के माथे की मणि छिटक गई हो! जिधर सूरज थे उधर से स्यारों का हुआँ-हुआँ सुनाई देने लगा। किसी महान् अनर्थ की आशङ्का से महाराज दशरथ ने गुरु वसिष्ठ को सगुन विचारने कहा तो उन्होंने गोल-मटोल उत्तर दे दिया कि अन्त अच्छा ही होगा। देखते ही देखते एक तेज का पुञ्ज आकाश से सरक कर धरती पर उतर आया। आगे ठिठके सैनिकों की आँखें चुँधिया गईं। मलने-पोंछने पर थोड़ी सफाई आई तो मिचमिचाती आँखों से उस राशि-राशि तेज में एक मानवीय आकृति दिखी। भगवान् परशुराम थे। पितृकुल की पहचान यज्ञोपवीत और मातृकुल की धनुबणि! क्या ही अद्भुत व्यक्तित्व था — जैसे चाँद के साथ सूरज या फिर साँप से घिरा चन्दन वृक्ष। दशरथ काँप उठे कि अरे, यह तो भगवान् परशुराम हैं! इक्कीस बार धरती को क्षत्रिय-हीन बनाने का प्रयास कर चुके हैं। इधर मेरे बच्चे हैं दो-दो दाँत के! नाम दोनों का एक है पर कितना अन्तर हैं दोनों में! एक यदि मोतियों के हार में जड़ी हुई मणि है तो दूसरा नागमणि है! वह हाथ जोड़ कर अर्घ्यपाद्य निवेदित ही करते रह गए जबतक भगवान् परशुराम जल्दी-जल्दी राम की ओर बढ़ गए। बोले कि तुमने जनकपुर में धनुष नहीं तोड़ा, मुझे तोड़ा है; मेरे अभिमान के टुकड़े किए हैं। अबतक दुनिया में एक ही राम था, अब जैसे पुराने पेड़ में एक नया पल्लव निकल आया है।

तो भी कोई बात नहीं है। अग्नि है तो क्या जंगल, क्या सागर-जल, दोनों ठौर एक-जैसा ही जलना आता है उसे। नदी-किनारे के पेड़ की जड़ पानी के धक्के से सड़ती रहती है, ऐसे में अगर वह हवा के एक हल्के-से झोंके से भी चरमरा कर ढह जाए तो इसमें हवा की बहादुरी की ऐसी कोई बात ही नहीं है कि उसकी विरुदावली गाई जाए। पिनाक

पुराना था, छूते ही टूट गया! अब और उल्टी-सीधी बातें बेकार हैं। कोई पछतावा नहीं कि तुमने मेरा यश चुरा लिया! कोरी बातों से क्या, मेरे कुठार की धार से जी न बैठ गया हो तो लो, यह रहा मेरा धनुष, इस पर बाण सन्धानो और फिर लड़ाई-झगड़े की कोई बात ही नहीं, मैं चुपचाप अपनी हार स्वीकार कर लूँगा। मैं आत्मश्लाघी नहीं हूँ, बात से बात निकल आने पर हुई-अनहुई दुहरा भर देता हूँ।

सुनकर राम के ओठ तनिक फड़के; हल्की सी मुसकान जो उलझ गई थी! बोले कुछ नहीं, उनका धनुष ही हाथ बढ़ाकर ले लिया। राम के हाथों में गुलेल हो गया वह। लगा कि कोई एक कोरा-छूछा बादल इन्द्रधनुष से सज गया। इधर परशुराम की आग कब की बुझ चुकी थी, धुआं-धुआं हो रहा था तन-बदन। हँस कर हार स्वीकार ली। काफी ऊलजलूल बक चुके थे, अब इन मौन क्षणों को आवेगहीन, उदासीन अभिव्यक्ति से अधिक तीव्रता किसी अनुनय या आक्रोश से मिलनेवाली न थी। नीरव निर्जीव नहीं होता। तो भी राम ने झुककर उनके चरण छुए और क्षमा मांगी। ऐसे होते हैं राम!

लौटते समय परशुराम के पैर में पत्थर से ठोकर लग गई। पर उनके ओठों पर समुद्र की लहरों की तरह लहर-लहर हो रहे थे मुक्ति के मन्त्र। फिर जैसे किसी ने उनके मुँह का दरवाजा भिड़का दिया हो, बिखरते स्वरों के कम्प ने हृदय के भीतर घेरा बांध दिया।

राजा दशरथ राम को छाती से चिपकाते हुए आनन्द के आंसू बहा रहे थे कि जैसे वह उन्हें दुबारा मिले हों!

तभी वसिष्ठ ने कहा : न चाहनेवाले निर्जीव, निःशब्द या धूमिल हों अथवा भड़भड़िया; क्रोध से कांपते, अनर्गल प्रलाप करते हुए; — दोनों को ही मुग्ध और अभिभूत करनेवाला राम होता है।

और यह कि राम का रास्ता भी निष्कण्टक और निर्विध्न नहीं है। तो राम-पथ के पथिक को भी न आत्ममुग्ध होना चाहिए, न ही चोर की तरह चौकस। अन्तः प्रेरणा के आगे भी उसे तभी झुकना चाहिए जब किसी अप्रिय अनुभूति की आशङ्का न हो। सब के गले तभी लगे, जब

सबके हृदय की धड़कन सुनने की क्षमता अरज ले। बहती गङ्गा भी तट से लौटा देती है कि वही छलांग लगाए जिसमें प्रवाह से चेतन-संघर्ष करने की ऊर्जा हो। परशुराम राम का व्यक्तित्व निखार कर ही नहीं चुक जाते, समय के प्रवाह की ओर से असावधान न होने का दृप्त सन्देश भी देते हैं कि समय किसी राम पर ही रुक जाने वाला नहीं है।

बारह वर्ष बीत गए स्त्री-पुरुष के आदर्श और मर्यादा की संरचना में लगे राम-सीता के। बूढ़े दशरथ ने चुपचाप राम को अपना उत्तराधिकारी घोषित कर दिया। बूढ़ी प्रज्ञा को अपनी तीन फाँक हुई रसिकता और दूसरे कुकृत्यों की सुधि न रही। अन्त उनका बहुत बुरा हुआ। आप पाप भुला बैठे; पाप सिर पर सवार हो गया। श्रवण कुमार ने राम को जंगल-जंगल भटकने भेज दिया; अन्धे माँ-बाप ने राजा दशरथ को अन्धे की लाठी बनने अपने पास बुला लिया।

राम ने एक कामुकी के नाक-कान कटवा लिए। राम भूल गए कि ऐसे कहीं कोई सीता नहीं उरेही जा सकती। राम की जल्दबाजी का मोल चुकाना पड़ा शान्त सीता को। वर्ष भर नारकीय यन्त्रणाएँ झेल कर, एक किसी प्रेम-पिपासु नारी के कठोर अपमान का बदला सधाना पड़ा निर्दोष सीता को। रावण की कामवासना की अग्नि में जलकर सोने की लङ्का राख हो गई। वह सोना जला-पिघला अपनी जगह; सीता के सोने को भी लोक-मत को अपने अनुकूल बनाने के भुलावे में पड़े राम की जली बातों में जलना पड़ा। लोकमत फिर भी सोलह आने अनुकूल न हुआ। ठंड धूप नहीं सेंकती; धूप ठंडक को नहीं रोती। हाय रे! राम भी यह भूल जाते है कि संसार में ऐसा कुछ भी नहीं, जो सबको एक-सा प्यारा लगे? सूरज के उगने पर कमल खिल जाते हैं; कुमुदिनियाँ मुँद जाती हैं, और कोई-कोई मणि तो जल भी उठती है। कोई ठिठुरन-भरी हवा में कछुए की चाल चलता है; कोई सात तह ऊन ओढ़े रहने पर भी सी-सी करता रहता है।

राम ने भी बहुतों को जीवन के नुक्कड़ तक पहुँचाया; बहुतों को पार उतारा; बहुतों को बैठे-बैठे बात बघारने का अवसर दिया और कुछ को

वह सब दिया जिसे अभिव्यक्त करने के उपयुक्त शब्द विश्व भर के कोषों में नहीं हैं।

सम्पाति ने बताया कि सीता को रावण चुरा ले गया है। फिर क्या, हनुमान ने एक छलांग लगाई और इस पार से उस पार पहुँच गए। खोज-ढूँढ़ कर उन्होंने अपनी आँखों सीता को देख लिया। वह राक्षसियों से घिरी थी, जैसे कोई संजीवनी लता विष-बेलों के बीच उगी हो।

लौट कर हनुमान ने ब्योरेवार सारा हाल कह सुनाया, राम वानरी सेना सजा कर चल पड़े। समुद्र के किनारे डेरा डाला। विभीषण को कानोंकान खबर हुई तो वह सर पर पाँव रखकर भागा आया और अकेले-अकेले राम से जा मिला। राम ने भी राजनीतिक समझौता कर लिया। घमासान युद्ध हुआ। लक्ष्मण ने मेघनाद को मार गिराया। सुग्रीव ने कुम्भकर्ण के नाक-कान काट लिए। राम ने उसे यह कहकर सदा की नींद सुला दिया कि तुम्हें तो हर घड़ी सोना ही पसन्द था, तुम्हारे भाई ने तुम्हें व्यर्थ ही जगने की जहमत दी थी।

रावण की बराबरी नहीं कर पाते थे राम। वह रथ पर होता था, राम पथ पर। इन्द्र ने अपना रथ सारथी के साथ भेज कर अनुरोध किया कि वह उनका कवच भी धारण कर लड़ें। ऐसा ही हुआ। रावण की चिन्दी-चिन्दी उड़ गई। विभीषण लङ्का के श्मशान में शवसाधना की मुद्रा में राजसिंहासन पर बैठा।

रावण ने राम को धरती पर लाया था; लङ्का में भी उसी ने बुलाया था। अब वहाँ जो कुछ था, धूमिल था; निःशब्द था; निष्प्राण था। राम का मन आँसुओं में घुलता न था। उसकी बनावट विचित्र थी। उसमें आत्मीयता कितनी थी और तटस्थता कितनी, ललक कर मिलने आई सीता ही बता सकती थीं जिन्हें सहज आवेग के शब्द भूल कर शिष्टाचार की भाषा बोलनी पड़ी थी। अस्तु,

एक दिन जिस पुष्पक विमान पर छटपटाती सीता को खींच बैठा कर रावण लङ्का भगा ले आया था, आज उन्हें उसी पर बड़े ही स्नेह और आदर से बिठाकर, व्यग्रता में बिताए गए मौन क्षणों को एक नई झङ्कार में बदलते हुए राम स-दल-बल अयोध्या लौट रहे थे। रास्ते में उन स्थानों

और घटनाओं की याद दिलाते रहे थे जिन्हें देख-सुन कर सीता के मनोभावों में पहले-जैसा हरापन और टटकापन लौट आए कि जिनसे कितने ही अश्रु-हास, विनोद-अनुताप गुंथे थे; कितनी ही स्मृतियाँ और अनुभूतियाँ चिपकी हुई थीं। अनर्गल वह यों भी नहीं बोलती थीं, बीती कुरेदने से, सम्भव है, वह जलन कुछ कम हुई हो जो अभी-अभी लोक के आलोक में चिता पर रखकर जलाने से उनके तन-मन में पैदा हुई होगी। उदासीन वह न थीं। राम को किसी भी मूल्य पर पाना चाहती थीं। प्रणय ही वह तत्त्व था जो आशा और विश्वास की उष्णता में उदात्तता समोए हुए था।

कैकेयी की लाज में गल कर बही हुई रातों के थके-थके, अनुताप से खारे आँसू; कौसल्या के सुषुप्त वात्सल्य में पुनर्जागृति की हिलोर उठाते धारोष्ण दूधिया आँसू; सुमित्रा के प्रशान्त निर्मल सागर-नयनों के शीतल आँसू; स्मृतियों से कभी न छूटी गुरु वसिष्ठ की बाट जोहती, आशीष से डबडबाई, आँखों के अच्युत आँसू और फिर भरत के हर घड़ी धड़कते हृदय की, साँस-साँस की अनुगूँज से लय में छलकते आँसू; जन-समुद्र की आँखों में उमड़े आँसू;—राम के राज्याभिषेक के लिए और कितने तीर्थों, नदियों और समुद्रों का जल चाहिए था?

राम राजा हुए। गहरे में डूबे हुओं के हाथ ऊपर उठे दिखे। आँखों में मुँह छिपाए सपनों की प्रासङ्गिकता बढ़ गई। सचाई पर काई जम गई थी, सख्त हाथों खुरच दी गई।

अँधेरा था, बहुरे दिन के उजाले ने उसे झुठला दिया। मगर सीता के बाँटे चार दिन की चाँदनी ही थी। माँ बननेवाली थीं। निम्न संस्कार के किसी प्रजा-जन को यह कहते सुना गया कि वह राजा राम ही थे जिन्होंने किसी शत्रु-राजा के यहाँ साल भर रह आई पत्नी को चुपचाप स्वीकार लिया। फिर क्या? जैसे कोई लावा फूटा और उसने पलक झपकते जिन्दगी की हरियाली निगल ली; फुनगी पर फूले फूल उमस-भरी हवा के एक ही झोंके में धूल हो गए। राम ने निरपराध सीता को एक ढोंग रच कर घर से निकाल दिया। लक्ष्मण-जैसा भाई दुनिया में दूसरा न हुआ। वाल्मीकि के आश्रम के पास तमसा के किनारे रथ रोक कर सीता

को उतार दिया और राम का वज्र गर्जन आँसुओं की झड़ियों के बीच सुना दिया। सीता चिहुँकी; चौंकी : नहीं, यह देवर की दिल्लगी नहीं, कटु यथार्थ ही है। साँझ का धुंधलका, घोंसलों की ओर उड़ चले पंछियों का धूमिल स्वर-वितान आसमान में तना हुआ। शून्य के निस्तब्ध नयन छलकते आँसुओं-से चमकते तारों से भर गए थे। सीता ने धुन्ध के घेरे में गर्दन घुमाई, साँस में धुआँ भर गया। आँसुओं से ढकी आग तनिक झिलमिलाई। आँखें मुँद गईं। ओठ काँप कर तनिक खुले। दांतों की चमक बोलों से लिपट गई। कहा सीता ने : भाई लक्ष्मण, लौटकर अपने राजा भैया से पूछना — मेरे ही स्वर में; मेरे ही बोल दुहरा कर कि राजाजी, आपने आक्रोश और आक्षेप की धधकती चिता में मुझे सबके सामने उठा कर डाल दिया था, फिर अपनी भौचक-सी आँखों देखा भी था कि लपटों की परछाइयों में स्वयं अग्निदेव ने बाँहें उठा मेरे तन-मन की पवित्रता की मुक्त कण्ठ से उद्‌घोषणा की थी : 'आग में आग नहीं लगती', — आपने अपने कानों सुना था न?

फिर अपने आँखों देखे को अनदेखा कर, कुछ मन्दमतियों की गन्दी बातों में तुम आ गए और बिना बूझे-समझे मुझे घर से निकाल दिया। तो क्या यह तुम्हारे विश्व-विख्यात (!) रघु-कुल के गौरव के अनुरूप हुआ?

**''वाच्यस्त्वया मद्‌वचनात् स राजा
वह्नौ विशुद्धामपि मां समक्षम्
यल्लोकवादश्रवणादहासीः
श्रुतस्य किं तत्सदृशं कुलस्य?''**

इतने पर भी सीता की कुलीन कामना यही रही कि आपके राज्यकाल में पृथ्वी को धारण करनेवाले कूर्मदेव निश्चिन्त होकर पाताल गङ्गा में तैरा करें; वराहदेव नदी-किनारे उगे मोथे खोद-खोद कर चबाएँ और मस्त घूमें-फिरें; शेषनाग भी अपने फन को सुस्ताने दें; दिग्गज डंठल समेत कमल खाएँ और चाहें तो एक ही ठौर गड़े हुए पहाड़ भी थोड़ा घूमें-टहलें!

धर्म की चहारदीवारी ने सीता को बेघर कर दिया। वनवास का अभ्यास

था और गर्भ को राम के कुलदीपक उजाले हुए थे जिससे बेड़ियाँ काटने में हिचकिचाती रहीं। नस-नस की विद्रोह की फड़कन कसमसाए देती थी, अवश्य विदेह की याद आत्म-हनन के आवेश-भरे वेश और हिरन के छौने के (चमड़े के) बिछौने से छुट्टी पाने के प्रयास को विफल कर देती थी। प्रेम कितना सहता है! अन्तश्चेतना पर कुलीनता की कैसी गहरी छाप होती है!

जिस दिन कुश-लव जन्मे, शत्रुघ्न वाल्मीकि के आश्रम में ही डेरा डाले हुए थे। वाल्मीकि ने उन्हें बातों में उलझाकर संकेत से मना कर दिया कि इसकी कानोंकान खबर राम को न होने पाए। यह काम वह स्वयं करेंगे। (टूटे सपने की तरह) सुन्दर विचार और कल्पनाएँ जो छिन्न-भिन्न हैं उन्हें वही तार-तार जोड़ेंगे; पिरोएँगें। वह रामायण रचेंगे। पूर्ण मनुष्य की पवित्र और सच्ची मैत्री मानसिक रूप से कच्चे लोगों पर नहीं उतरती। दृष्टि की विशालता दुर्बल-चरित्र मनुष्यों में सम्भव नहीं हैं।

वही हुआ। सांस्कृतिक सर्जनात्मकता ने मानवीय संवेदनाओं को छन्द, लय से अलंकृत महाप्राण वाणी दी। रामायण लिखी गई। कुशीलव की भाँति कुश-लव ने अयोध्या में गन्धर्व-कण्ठ से उसे गाकर सुनाया तो सबकी टकटकी बँध गई; आंखें छलछला आईं। राम को भी कौतुक हुआ। राम के और सब गुण तो जगजाहिर थे; धनुषबाण उनके व्यक्तित्व के स्थापित प्रतीक-से थे; किन्तु वह ऐसे कला-प्रेमी भी थे, संगीत और काव्य-साहित्य के मर्मज्ञ ही नहीं, उस पर अपने को निछावर करने वाले, यह रहस्य आज ही प्रकट हुआ। ज्यों ही उन्हें मालूम हुआ कि यह रचना — शब्दों की भी, स्वरों की भी, — महर्षि वाल्मीकि की है, उन्होंने उन्हें अपना राज्य अर्पित कर दिया। महर्षि से ही उन्हें मालूम हुआ कि ये कुशीलव (गाने-बजाने वाले) और कोई नहीं, स्वयं कुश-लव हैं। महर्षि ने पवित्र चरित्र सीता को फिर से अपनाने के लिए भी उनसे आग्रह किया। राम ने अत्यन्त विनीत भाव से महर्षि को बताया कि आपकी बहू तो हम सब के सामने आग से कुन्दन बनकर निकली ही थी; किन्तु रावण की दुश्चरित्रता की कहानी कुछ इस प्रकार घर-घर में कही-सुनी जाती है कि प्रजाजनों को सीता की चारित्रिक शुद्धि पर सहसा विश्वास

ही न हुआ। मेरी प्रार्थना है कि आप कैसे भी सीता को राजी करें। वह इनके सामने अपने पातिव्रत्य को पुनः प्रमाणित करें……

पिता से भी बड़े महर्षि की बात सीता ने नहीं काटी। अयोध्या आईं। पुरुष राम ने नारी जाति को जो खिलौना समझा, इससे उनके हृदय को काफी चोट पहुँची। विरक्त जीवन की विद्रूपता ने जैसे उन्हें भीतर ही भीतर तोड़ दिया था। यज्ञ में राम ने सीता के मिट्टी में मिले जीवन को सोने से तोला था। उनके एकपत्नीव्रत होने का जैसे ढिंढ़ोरा पिट गया था। किन्तु सीता तो द्रव्य न थीं जो अपने खाँटी सोना प्रमाणित होने से बाजार में बढ़े मूल्य पर इतरातीं। हाँ, ढाढ़स की बात यह हो सकती थी कि उन्हें जीते जी जो देखने-सुनने को मिला, मरने के बाद उससे अधिक निर्मम और कुछ न होगा। किसी मर्यादा-पुरुषोत्तम ने एक पतिव्रता-शिरोमणि की सौम्यता के साथ जैसा निष्ठुर खिलवाड़ किया, संसार में उससे क्रूर-कठोर अब और कुछ न होगा।

नगरवासियों की फूटी आँखों से तब अश्रु-धारा उमड़ पड़ी जब गेरुए वस्त्र में सिर नीचा किए हुए सीता सामने दिखाई दीं। उन्होंने पवित्र जल लेकर आचमन किया और कहा : 'धरती माता, मैंने यदि तन-मन-वचन से भी कभी पति से कोई छल न किया हो तो तुम मुझे अपनी गोद में ले लो।'

धरती फटी, उसमें सीता समा गई।

सीता का क्या? धरती से निकली थीं, धरती में समा गईं। अब राम की बारी है। सागर से उठ कर आए थे। जाएँ, अब सरयू में गहरे गोते लगाएँ!

रावण को मार गिराना सम्भव है। नियति की आँख बचा कर निकल जाना राम के लिए भी सम्भव नहीं है।

राम गए। कुश नए राजा हुए। नई हवा में सुनहरी पत्तियाँ सरसराईं। नई धूप में नए-नए धब्बे थिरके।

एक रात जब सब सोए पड़े थे, कुश की नींद उचट गई। उन्होंने कभी की न देखी एक ऐसी स्त्री की झलक अपने सोने के कमरे में देखी जो प्रोषितपतिका (जिसका पति परदेश में हो) के उतरे, उदास वेश में थी। वह कुछ फुसफुसाती रही। उसकी साँस और दिल की धड़कन जैसी

साफ सुनाई दे रही थी, बोल नहीं। पीड़ा हो कि उल्लास, जो भी कचोटता या हुलसता था उसके भीतर, वह चाहे-अनचाहे बाहर आने को बेचैन था; किन्तु जैसे अभिव्यक्ति की आकुलता ओठों से फिसलती भर थी, छहरती न थी। वह शायद स्वयं अयोध्या नगरी ही थी जो एक दुखियारी का बाना बनाकर कुश को अपना दुखड़ा सुनाना चाह रही थी कि देखते-देखते यह क्या से क्या हो गया! राम के जाते ही जैसे उसकी आत्मा पिंजड़ा तोड़ कर उड़ गई। अब वह व्यङ्ग्य-विद्रूप भर बन कर रह गई है राम की नगरी का। भाई-भाई के बटवारे में मिली इस नई-नई कुशावती नगरी का व्यामोह कम कर अपने पूज्य पूर्वजों की धरोहर अयोध्या को पतझड़ की उघड़न और सन्धों से बाहर की फूलमती बहारों तक फिरसे लाने की भरपूर कोशिश करनी चाहिए।

शीलवान् कुश ने वैसा ही किया। अभावों से टकराती कसमस करती कुलीनता को विकृतियों का चित्र बनने से बचा लिया। हँसी-खुशी का सिलसिला फिर से शुरू हो गया। कुश के आँसुओं से छिटकी हँसी तारों तक पहुँच गई।

ध्रुव का पुत्र सुदर्शन अभी कुल छह साल का हुआ था, जब ध्रुव स्वर्ग सिधार गए। हाँ, सुदर्शन के पुत्र अग्निवर्ण हुए कि जिन पर पहुँच कर रघु का वंश अपना नाम खो बैठा। अग्निवर्ण परले सिरे के भोगी-विलासी निकले। मर्यादा पुरुषोत्तम का प्रभाव आखिर कितनी पीढ़ियों तक राजाओं के मौलिक चरित्र की दुहाई बनता? वह राजयक्ष्मा से मरे। जब मरे तब उनकी रानी गर्भवती थीं। सम्भव है, उनके भी कोई पुत्र ही हुआ हो; किन्तु उसका नाम कोई नहीं जानता।

मौत की कोख से निकली यह जिन्दगी बहुत बड़ी ठगोरी है। इधर लोग हैं कि उसे कुछ नामों के खिलौने देकर पल भर विलमाना चाहते हैं। मानवता की नींव चाहे मनु ने रखी हो; चाहे रघु ने, चाहे राम ने, दीवारें ऊँची की हैं पीढ़ियों ने। किसी के बिदकने या चिढ़ने से क्या फर्क पड़ता है, दीवारें न हों तो प्रासाद काहे पर खड़ा होगा? नए ढंग-ढर्रे दीवारों की ऊँचाई की पड़ताल करते हैं, हर बार नींव की खुदाई करने

का आदर्श नहीं निभा पाते। समय, सम्पर्क और सुविधा का सवाल आड़े आ जाता है। ....

× × ×

दूर तक फैले मरु में महकते फूल उगाते हुए निचुल ने एक साँस में वह सब कह डाला था जो एक राग-रथी ज्ञान के पथ से यात्रा करते समय देर तक गुनगुनाता रहता है।

कुश के बाद की ग्यारह पीढ़ियाँ फलांग कर निचुल की सौन्दर्यधर्मी दृष्टि अग्निवर्ण के विलास-कक्ष में उतर आई थी। ऊँचाई की भी परछाईं बौनी ही होती है, इस ओर भी गाहे-ब-गाहे नजर जानी चाहिए।

पेड़ पर धूप चढ़ सकती है, छाँह तो नीचे हो सिकुडती-फैलती है।

महाकाव्य में इन पीढ़ियों के मुख की प्रमुख रेखाएँ उभारकर ही आँकी गई हैं। आनन्द-मंगल और चिन्ता-विषाद की बारीक से बारीक लकीरें भी बड़ी सावधानी से उकेरी गई हैं। कितनी प्रतीक्षाएँ, कितनी उपलब्धियाँ, कितनी अव्यक्त वेदनाएँ और कितनी अनचीन्हीं मुसकानें रघु-वंश को अनुकूल बहाव और उत्कूल प्रवाह देती रहीं, आप लेखा-जोखा लेना चाहिए।

यों उड़कर पकड़नेवाले रोग ने अब भविष्य के तूमार बाँधने को बेतुका सिद्ध कर दिया था। तभी निचुल यही बोलकर चुप हो गए: ''कोई-सा भी जाना-अनजाना शाप-ताप कैसे भी हरे-भरे वंश को जला ही देता है। तभी मनु, रघु और राम जिस वंश के करीर थे, वह भी सन्दिग्ध और अनिश्चित भविष्य के झूले झूलता रहा।

''फुनगी से लगा फूल भी सुरक्षित नहीं है, वह भी कभी सूखता और झर जाता है ... ।''

पल भर को सन्नाटा-सा छा गया। जैसे भरी सभा को काठ मार गया हो; जीभ तालू से सट गई हो; अभिव्यक्ति किसी और साँचे में ढलना चाह रही हो!

एक कोने से किसी का उसाँस से भीगा स्वर सुनाई दिया :

'सूर्योदय से सूर्यास्त तक की कहानी खत्म हो गई।'

महाराज ने छूटते ही उसकी ओर रुख किया: "नहीं, सूर्यास्त अगले सूर्योदय की संभावनाओं से शून्य नहीं होता। उतार-चढ़ाव विकास की ही प्रक्रिया है। अस्त उदय की प्रतीक्षा है।"

सब उसी फुदनेदार वेशवाले की ओर देखने लगे तो वह सकपका गया। वह महाराज का ही कोई चहेता और बराबर की उमर का था। शायद साला। अदबदा कर कुछ खसखसे स्वर में अब सब महाराज की हाँ में हाँ मिलाने लगे।

सम्मान ओढ़ने-बिछाने के ही काम आता होगा; उसे पहनकर सभा में ऊँचे बैठना सभा की शोभा नहीं बढ़ाता। सत्य से ऊबे हुए लोग ही छिछली चाटूक्तियों में डूब पाते हैं। थोड़ा-थोड़ा जोड़कर धनी तो नहीं हुआ जा सकता, कृपणता अवश्य बढ़ाई जा सकती है। उदार हुए बिना दाता नहीं हुआ जा सकता।

धन्वन्तरि बोले :

"औरों के बारे में मैं दावे के साथ कुछ नहीं कह सकता; किन्तु कालिदास का यह कथन स्वयं उन्हीं पर बिलकुल ठीक बैठता है कि जहाँ कोई अलौकिक आकर्षक व्यक्तित्व दिखे, समझ लो, वहाँ किन्हीं मानवीय गुणों की कमी नहीं है :

"यत्राकृंतिस्तत्र गुणा वसन्ति।"

वररुचि ने आँखों में सौहार्द की चमक भर कर कहा :

"यों तो कालिदास जी सकल गुणों की खान हैं ही। कवि हैं, गायक और चित्रकार भी उसी कोटि के हैं; किन्तु इन सब गुणों पर असली चटक रंग चढ़ानेवाली तो उनकी विनम्रता है। इन्होंने न कभी यह कहा कि—'यः पठेद्रामचरितं सर्वपापैः प्रमुच्यते।'

न यह कि—'यन्न भारते, तन्न भारते।'

वराहमिहिर ने एक हल्की-सी मुसकान पर पूरे परिवेश को उठा लिया :

'समय के साथ सामाजिक और राजनीतिक परिस्थितियों में बदलाव आएगा, धर्म तब संस्कृति में रूपान्तरित हो जाएगा। उस संस्कृति के महान उन्नायक ही नहीं, स्रष्टा भी कालिदास जी ही माने जाएँगे।"

क्षपणक ने अधबीच में से दो क्षण छीन लिए :

"एक ही ढंग से सोचने का दम्भ तो भगवान बुद्ध ने ही अपने विशुद्ध आचरण के झटके से झाड़ दिया था जिससे पुराने को नए सिरे से जमाने में सम्राट् पुष्यमित्र को पर्याप्त प्रयत्न करना पड़ा। कालिदास जी ने पुराने को पलटाने पर उतना बल नहीं दिया जितना दृष्टि के माँजने पर। नए को उन्होंने नकारा नहीं है। कुटिल राजनीति के आमने-सामने पारदर्शी प्यार को खड़ा कर दिया है।"

बेताल भट्ट ने भवें नचाकर पाँच-सात नगीनों-जड़ी मुँदरियाँ चमकाते हुए अपनी हथेली ठोडी से हटाई :

"कालिदास जी के नाटकों और काव्यों में परम्परागत अन्तश्चेतना की गहरी छाप है सही, किन्तु ऐसा नहीं कि वह उससे टस से मस नहीं हुए। उन्होंने तो अध्यात्म की मरुभूमि में भी प्यार के ही विरवे रोपे हैं। पवित्र एवं परितृप्त दाम्पत्य प्रेम ही स्वस्थ-सफल मानवजीवन की कुंजी है—यही उनकी साहित्य-साधना का सन्देश जान पड़ता है। पारस्परिक प्रेम आर्थिक विपन्नता के दारुण झोंके भी झेल ले सकता है; किन्तु आर्थिक प्रचुरता के जंगल में विफरा मन कहीं रुकना नहीं जानता। रनिवास रूपसियों के प्यासे सुखों की प्रदर्शिनी होता है। ...सो कला, मन बहलाव के लिए नहीं, मन को गढ़ने और मांजने के लिए,—यही कालिदास जी का जीवन-सन्देश जान पड़ता है।"

धटखर्पर ने एक कवि के मनोलोक की छान-बीन करते हुए कहा :

'ऐसा भी समय आता है जब सुन्दर विचार और कोमल कल्पनाएँ टूटे सपने की तरह छिन्न-भिन्न हो जाती हैं तब परम्परा में मन उलझा-पुलझा रहना नहीं पसन्द करता। विद्रोही हो उठता है। तब मान्यता पर वास्तविकता चढ़ बैठती है। सीता कह उठती हैं कि 'लक्ष्मण, जरा अपने राजा से पूछना!' यह मोड़ आकस्मिक नहीं, परिस्थितियों की मरोड़ की अनुगूँज है। यह अंधेर नहीं, किरणें बिखेरने वाली आहत वास्तविकता है। तनाव, खीझ, निराशा और असमंजस की स्थितियाँ विवादी स्वर में नया प्रभाव पैदा करती हैं।'

शंकुक का तर्क अद्‌भुत था :

'यह कालिदास जी का सौभाग्य है कि उन्हें महाराज विक्रमादित्य की

छत्र-छाया में, सभी सांसारिक चिन्ताओं से मुक्त होकर स्वतंत्र चिन्तन और ऐच्छिक लेखन की सुविधा प्राप्त है; सबको तो ...'

'एक स्वर से सबने विरोध में अट्टहास किया कि क्या ऐसा होने पर सब कालिदास हो जाएंगे? घटखर्पर जी क्यों नहीं हुए? फिर कालिदास ने तो कभी कोई सुविधा नहीं माँगी! महाराज ने स्वयं संजीदे स्वर में उनसे अनुरोध किया ...'

महाराज ने दोनों हाथ उठाकर सबको शान्त किया: 'धर्म की तरह काव्य एवं दूसरी कलाओं में भी मेरी गहरी निष्ठा है; किन्तु मैं न धर्मान्ध हूँ; न किसी खास कील-काँटे का कायल। इरादे में सचाई और काम में शुद्धि—कालिदास की कविता को अपने अक्षुण्ण अस्तित्व पर अद्भुत विश्वास है। उसे सम्मतियों या अनुकूल समीक्षाओं की बैसाखी की प्रतीक्षा नहीं है। उसका स्वरूप अब अपनी पहचान बना चुका है, उसकी उपस्थिति सहृदय-समाज की, जाने कब की, जानी-पहचानी है। अब तो उसे पढ़े-सुने बिना जीवन निर्जन-सा लगता है। मैंने जो भी उन्हें दिया, वह उनका पावना था; उनसे जो मुझे मिला, अपने से अलग, उसे सोचते हुए, खिड़की के बाहर के अंधेरे पर मेरी आँखें टिक जाती हैं, घूम-फिर कर वहीं ठिठकी रहती हैं।

'आगे ऐसा भी तो समय कम नहीं बीता, जब हम एक दूसरे को दूर से भी नहीं जानते थे। और अब ऐसा है कि मेरा ही भविष्य उससे जुड़ गया है, जो मुझे उनसे मिला है। शैली और स्वरूप का बदलाव शिल्प और कथ्य का बदलाव है, इससे कविता अपनी सार्थकता नहीं खोती। स्वयं कालिदास आज अपनी कविता को नई कविता कह रहे हैं, कल को मूल्यों में बिखराव आ सकता है, तब टूटन और बिखराव की हलचल में शाश्वत सौन्दर्य और स्वर्गिक प्रेम के कल्पक कालिदास को भी पुराना कहा जा सकता है। यों पुराने कालिदास भी वैसे ही पुराने होंगे—जैसे सूर्य और चन्द्रमा पुराने हैं, कमल और केवड़े के फूल पुराने हैं; गंगा-यमुना नदियाँ पुरानी हैं; विन्ध्य और हिमालय पहाड़ पुराने हैं।

'एक शब्द में कहूँ तो कहूँगा: जो शाश्वत है, वह पुराना क्या, नया क्या?

'शब्द जो नहीं कह पाते, उसे मौन कहता है।

'कालिदास की कविता को ऋतुएँ अपनी हार्दिकता अर्पित कर देती हैं; कोयल मधु-घोली बोली देती है तो भौंरे गुंजार। हंस के जोड़े उससे ताल-बद्ध चाल सीखते हैं तो पपीहे मर्म को मरोड़ने की कला :

मधु द्विरेफः कुसुमैकपात्रे
पपौ प्रियां स्वामनुवर्तमानः
शृंगेण च स्पर्शनिमीलिताक्षीं
मृगीमकण्डूयत कृष्णसारः।

यह जीवन की यथार्थता से पलायन कर प्रकृति की कोमलता में खोया रहना तो नहीं है!''

महाराज ने जिस भावार्द्र स्वर में यह सब कहा, एक साथ सब ठठाकर हँस पड़े। सहसा वातावरण हल्का हो गया। महाराज की ओर मुँह उठाकर दुहाई देने की मुद्रा में घटखर्पर ने संभवतः यह कहना चाहा था कि अब कौन किसे समझाए कि मेघों का मचलना देखकर मोर भले नाचने लगते हों; किन्तु कालिदास जी की प्रखर अनुभूति भीतर से रुआँसी हो आती है; प्यार से लवालब भरे रहने पर भी अनचीन्हीं उदासी से कुछ यों घिर-घिर जाती है:—

'मेघालोके भवति सुखिनोप्यन्यथावृत्ति चेतः!

□

४१

उस रात मर्म की बात कानों ने सावधान होकर सुनी। फिर क्या, पाँव उचके और किधर को भी चल पड़े। रोएँ तब भी खड़े थे जब कोयल ने शुभ यात्रा के गान सुना दिए; मतवाले पंछियों का कलरव पथ के दोनों ओर बन्दनवार-सा तन गया। छाती तब भी धड़क रही थी जब पथ पर बिछे फूल अपनी सुगन्ध लुटा कर हल्के हो रहे थे। जन्म से मरण तक का सिलसिला एक ही झटके में टूट गया था। जन्म पर वश न था, मृत्यु पर है। मरना नहीं है। बरसात में हवा के तेज झोंके लचीली टहनियों को झकझोर देते हैं; मगर तब भी पहाड़ टस से मस नहीं होता, कुछ ऐसा ही होना है।

''मेरे अनुभव और अभिज्ञता का समीकरण ही मेरी कविता है। मैंने जिन सुख-दुःखों को मानवीय मूल्यों और संवेदनाओं की कसौटी पर खरा उतरते देखा है, उनसे अधिक को न रेखाओं से बाँधा है न स्वरों से। जो मार्मिक होता है उसे रचना नहीं पड़ता। रचना का अनिश्चित कौशल कला के झरने को रंगीन पत्थरों से घेरने-जैसा है।''

सूरज कब उगा था? अब डूबने-डूबने को है।

कालिदास दिनभर चलते रहे। संझा कहाँ गुजारेंगे? रात कहाँ टिकेंगे? वह मुँह में ही बुदबुदाएः

''ओ आस्था, राग के अपने अचल अनुराग-भरे रूप का उफान आत्मा की गहराइयों में से बाहर आने दे। मेरे व्यक्तित्व का क्या, तरुण दृष्टि से ही मैंने सृष्टि का सौन्दर्य देखा है। मेरे बूढ़े होने भर से फैली-पसरी

सृष्टि नहीं बूढ़ी हुई जाती। फिर मैं ही भला क्योंकर बूढ़ा होने लगा? मैंने तो उसी अजर-अमर में, सबसे अलग-थलक, एक तरह अपने को खो दिया है। मैं अब व्यक्ति भर नहीं हूँ। सौन्दर्य और आनन्द ने अपने में घुला-मिला कर मुझे अपना व्यापक व्यक्तित्व दे दिया है; व्यक्ति कालिदास अब सौन्दर्य और आनन्द का शाश्वत सत्य हो गया है।

''प्रकृति की परिवर्तनशीलता का सबको पता है। पतझड़ के बाद वसन्त आता है; गर्मी के बाद वर्षा। यह क्रम कभी टूटता नहीं है। लगता है, यह वह वसंत नहीं, जो पिछले साल आया था। जब भी वसंत तो वही है, हमीं एक साल में पिछली ताजगी गँवा बैठे हैं; बढ़ने के नाम पर घट गए हैं! वसन्त न घटा है, न घटेगा, घट-बढ़ तो हमारी ही नियति है। जब हम न रहेंगे, तब भी ऐसे ही उमगता हुआ वसन्त आएगा। मैं वही शाश्वत वसन्त हूँ।

''ऐसा कभी न था, जब मैं न था। नाम दूसरा रहा होगा। ऐसा कभी न होगा, जब मैं न हूँगा। नाम दूसरा हो सकता है।

''मैं किसी भगोड़े युग का स्वप्न-दर्शन नहीं हूँ। किसी मरभुखे युग का रोष-आक्रोश भी नहीं हूँ। तथ्यों के आँकड़ों के बल-बूते विश्वविनाश का संत्रास फैलाने वाली थोथी बौद्धिकता मेरी आत्मज्योति की छाया भी नहीं छू सकती। मैं नहीं नहीं, हाँ हूँ; केवल हाँ।

''तुम्हारे काँटे मैंने फूलों से ढक दिए हैं। तुम्हारे सर्द सन्नाटे में मैंने गुनगुनी गुनगुनाहट भर दी है।

''प्रेम प्रकाश है, तुम अँधेरी तनहाइयों में भटक गए हो। शान्ति समग्रता है, तुम आधे-अधूरे के अन्धड़ में विवश पत्ते की तरह उड़ते रहे हो!

'अरे ओ, तुम कौन हो—मौन या गूँगे? अपने को देखने वाले या अन्धे? तुम्हारे कान अमृत स्वर छक कर विसुध हैं या तुम बहरे हो?

''फुनगियों में पत्तियाँ, कलियाँ, फूल-फल। जड़ सूखी-सूखी-सी तने से पपड़ियाँ उतरती हुई। यह विश्व एक वृक्ष-जैसा ही तो है!

''ढूँढने वाले को शरीर की ऊष्मा में आत्मा की ठंडक भी मिलती है।

''पगडंडी की धूल सन्नाटे में खनखनाती है; ठोकरें लगने पर झनझनाती है।''

महल से निकलकर वह धूप-धूल-झक्कड़ में ऐसे चल रहे थे जैसे उन्हें अभी-अभी कहीं पहुँचना हो।

झिझक होती थी किसी से पूछते कि रास्ता किधर को जाता है। एक चिड़चिड़े से औचक पूछ बैठे थे तो उसने झिड़क भी दिया था। सहिष्णुता ऐसी कि कभी त्योरियों में बल न पड़े।

ऐसा भावावेश उन्हें केवल कुमारसम्भव की रचना के समय ही हुआ था। मगर तब क्वाँरे थे। यह खटका नहीं लगा था, रहस्य था कि अपना क्या होगा! जीवन-धारण के लिए कम-से-कम पर बल देते थे। बरबस खिंचे चले जाएँ, ऐसा कोई स्वर न सुनाई देता था।

अब तो बरौनियों की छाँह में चाँद सुला चुके थे। महल-अटारी में नीली छतरी छुप गई थी। सपने जगाने वाले स्वर उन्हें मीड़ों में सुला चुके थे। ऐसी कोई पीर कसकती कभी न देखी, देखी तो ओठों पर मुसकान थिरकती देखी।

यहाँ रास्ते में अनमिले लोगों की तो लम्बी कतार है, शायद लौटती बेला इनसे कोई बात हो। अनउगे दिन रात के खिले-मुरझे फूल अंजुरी में भरे लिए आएँ या कौन जाने, रीती अँजुरी बीती रात की बुझी फुलझड़ियों की राख ही न भर लाए।

वर्षा के आँसूओं से धुलकर शरद की चाँदनी चटकीली होती है। कितनी ही ज्वाल-जलन पचाकर वर्षा शीतल जल बरसती है।

ऐसे कैसे तीखे क्षण टूटे डैने फड़काते हुए धीरे-धीरे उस ओर उड़ गए! चाँदनी जीना शरद को आता है, वर्षा की अनझिप आँखें तो कभी सूखती ही नहीं हैं।

इस घड़ी कोई अपने आपसे बात न कर रहा था, सभी यह भूल गए थे। समय किसी राम, श्याम पर भी नहीं रुकता, यह सोच झकझोर देनेवाला था। कोई नए जीवन के लिए पुराने दृष्टान्त किन फटी झोलियों में सँजोए!

राग-विराग समझाने वाले बहुतेरे पुराने खुर्राट रास्ते में मिले थे। बहुत-सी वारदातों को देखने वाले गाँव के बड़े-बूढ़े कालिदास जी से जाने क्यों, उमड़ कर मिलते थे। जंगल-पहाड़ पार करते समय लोग भीड़

की भीड़ बटोरने लग जाते थे, कालिदास बनैलों के बीच ऐसे विचरते थे जैसे हिरनौटों और खरगोशों के बीच। अहिंसक मन की यही सही पहचान है कि वह निर्भय होता है। सबके बीच बने रहने का इरादा हो तो सब से अकेले रहो। वह; उधर जो लुढ़कती-पुढ़कती चट्टान नीचे खिसकती चली आई है, उसे पहाड़ ने ढकेल-ढकाल कर अलग नहीं फेंक दिया है, न ही वह टूट कर गिरी है। अपनी अलग पहचान बनाने के चक्कर में उसने स्वयं अपने आप को अलग-थलग कर लिया है। संघ-बद्ध था तो पहाड़ था अब वही शिलाखण्ड एक नए नाम के अभिमान के साथ अकेला हो गया है।

धूप तेज थी। वर्षा के बादलों को सिर पर उठाए फिरने वाले के सिर में भी भट्टी-सी जल रही थी। सूखे ओठ ऐसे चाट रहे थे कालिदास कि जैसे इनमें विद्योत्तमा के ओठों की मिठास घुली हो! एक टेकरी पर पल भर विलमे। कच्चे गुच्छे लटक रहे थे किसी फल के। पेड़ झुका-सा था फलों के बोझ से। विद्या की छवि फिर उभरी। उसे बाहुपाश में कस लेने की कोशिश। पुरवा का एक ऐसा झोंका आया कि थके-थके-से मन में दुबका हुआ मन उकसने लगा। थके चेहरे पर ठंडक तैर गई। खुशी की लहरों में उन्हें अकेले-अकेले लहराना कुछ जँच न रहा था। टेकरी के सन्नाटे को गुँजा देने वाली आवाज में विद्या को पुकारा। प्रतिध्वनि ने जैसे मुँह चिढ़ायाः विद्या को तो ...

एक नई कल्पना को अनुभूति के स्तर पर उठाने, जीने निकल पड़े थे ब्राह्म मुहूर्त में विद्या को सोई छोड़कर। कहाँ-कहाँ घूमते-घूमते हिमालय की उपत्यका की ओर मुड़े थे। परदेश में घर का सपना देख रहे थे। घर की बातों को मन ही मन दुहराते हुए कभी हँसते, कभी आँखें पोंछ लेते थे। प्रतिभा बावरा बनाए हुए थी। सब-जैसे होते तो समृद्धि की रुपहली-सुनहली धूल में लोटते; भोग-विलास की अँगीठी तापते या फिर अबुझ वासना की गदली गहराइयों में डुबकियां लगाते।

इन नई परिस्थितियों से वह उत्तेजित नहीं होते थे, उनसे समझौता जो किए हुए थे। उन्हें समझौते के सब ढंग-तरीके मालूम थे। आगे भी तो दक्षिण के चप्पे-चप्पे से मित्रता गाँठ चुके थे। बकबास मारने का अभ्यास

न था उन्हें। किसी का माथा भुँकाते न थे। चुप-चुप रहते थे कि घड़ी-घड़ी कुछ नया सोचते रहते थे, धड़कने पर कमर बाँधे हुए उनके हृदय से कौन टकराता? नदी उमगती-उमड़ती रहती है, उसे क्या पता कि किसी की नाव मझधार में डगमग कर रही होगी। निराशा उनके आसपास फटकती न थी, विद्या का अटूट प्रेम उनकी सभी आशाओं का एकमात्र विश्वस्त विश्राम-धाम था। मौलिक प्रकाश को प्रतिकूल हवाओं में भी बने रहना आता है।

मन, वचन और कर्म से सत्य को धारण करने वाले—श्रद्धालु कालिदास जिस एक उजड़े-से स्वर्ग के ढूह में घूमते-घूमते ठिठक गए, वह कभी महर्षि कण्व का आश्रम था। दस हजार ऋषि-कुमारों का भरण-पोषण के साथ विद्या-दान देने के कारण महर्षि कण्व कुलपति कहे जाते थे। परिस्थितियों का अतिक्रमण कर जग नव निर्माण में लग गया। लोग कण्व को भूल-बिसर गए। किसी नए-पुराने के प्रति उत्सुकता सबके एक-सी नहीं होती। कालिदास के थी। उनके विस्मय की चितेरी कल्पना थी; तो प्रणय की रचनाकार तीव्र संवेदना। प्रकृति जैसे उनके कानों में कहती रहती थी कि मैं हर घड़ी तुम्हारे साथ हूँ। हर स्तर पर—ऊँची आध्यात्मिक अनुभूति के, और सतही भौतिक चेतना के स्तर पर भी। तुम्हारी हर साँस में मेरी ही सुन्दरता की सुगन्ध है; हर गति-विधि में मेरे सुरों का समारोह। मैंने तुम्हें पुरुष-रूप में वर लिया है।

कालिदास पसीने से तर-ब-तर थे। बदन से चिपकी धूल सुनहले अंगराग-जैसी फब रही थी। वहाँ के सभी छोटे-बड़े बिरबों ने जैसे उन्हें महर्षि कण्व के आश्रम की कहानी सुनाने की ठान ली थी। तड़के उठे पंछियों को आज ही एक कवि के आगे दिल खोलने का मन था। वह जनम से निरे पंछियों में ही अपना आनन्द-उल्लास बाँटते रहे थे, ऐसा तो नहीं कहा जा सकता। वह भी तो एक आनन्द-मगन पंछी ही था कि जिसके आकस्मिक करुण क्रन्दन ने धरती पर पहली बार एक कवि सिरजा था। यों वहाँ तमसा का किनारा था, यहाँ मालिनी का है।

कालिदास ने धुँधली स्मृतियों को पंछियों के कलरव से नहलाकर ताजा और नया कर लिया। सब एक साथ बोल रहे थे; किन्तु वह

अलग-अलग सबकी सुन रहे थे: सामाजिक समता या राष्ट्र के प्रति प्रतिबद्धता-जैसे विषय पर आचरणहीन व्याख्यान न था वह। राष्ट्र कालिदास के लिए सांस्कृतिक इकाई है; एक विशाल राज्य के रूप में, राजनीतिक स्तर पर संघटित इकाई भर हर्गिज नहीं। अनेकता में एकता के सम्मिलित जीवनानुभवों का आलोकवलय है राष्ट्र। कालिदास बिना किसी पूर्वाग्रह के उसी के अतीत और अनागत-समेत समकालिकता के चितेरे हैं। पंछी उन्हें अतीत के गीत सुना रहे थे। मालिनी की रुक-थम कर सरकती जलधारा उनसे प्रवाह माँग रही थी जो बीते को आने वाले से नए रस-भाव से जोड़ कर जग-जीवन को आनन्दमय, मंगलमय कर दे।

तभी एक वृद्ध विहग ने थोड़े-से शब्दों में उन्हें वह पुरानी कहानी सुना दी :

पुरुवंश में एक प्रतापी सम्राट् हुए थे दुष्यन्त। वह एक दिन शिकार खेलने निकले। सेना और सवारियों से घिरे हुए थे। हजारों हिरनों का शिकार करते हुए एक जंगल से दूसरे जंगल की सैर करते रहे। आखिर भूख, प्यास और थकान उन्हें महर्षि कण्व के इस आश्रम में ले आई, ठीक उसी जगह, जहाँ अभी आप विराज रहे हैं! सूना-सूना आकाश, अकेला-अकेला चन्द्रमा! नहीं, मुँदे-मुँदे मन के वन की खुशी-धुली हँसी। मिली थी उन्हें शकुन्तला।

हृदय के रोते रहने पर भी आँखें हँसती हैं।

वे दिन भी क्या दिन थे जब सुन्दर ही सुन्दर दिखता था; उर का मधुर सुर ही सुनाई देता था, क्रन्दन और कोलाहल में भी! कवि, तुम भले ही उजाड़ में आए हो, तुम्हें हरे घाव भरने होंगे; बीते दिन बहुराने होंगे।

पहले के अनुभवों से समृद्ध एक नया आश्रम गढ़ना होगा; तपोवन का ब्रहचर्य नहीं, संन्यास का अन्तःशुद्ध आनन्द लौटा लाना होगा।

तुम्हें एक नई शकुन्तला गढ़नी होगी! न राजर्षि विश्वामित्र की तरह, न महर्षि कण्व की तरह। कभी वह इस खण्डहर की अखण्ड आत्मा हुआ करती थी, विकसित सभ्यता उसे नए कलेवर में ढाल सकती है। अपरिपक्व काम की अचिन्त्य उत्तेजना में टूटकर बिखरी-बिफरी नहीं,

शिष्ट प्रणय की विशिष्टता में अटूट, आश्रम के पेड़-पौदों, पंछियों और हिरनौटों ही-जैसी।

कवि, शकुन्तला को भुलाकर हमारी सभ्यता बदरंग हो गई है, तुम नई लकीरें खींचकर अपनी संस्कृति की एक ऐसी जीवंत छवि उरेहो जिसमें राग-विराग सम अनुपात में हों, अतिशयित और अतिरंजित कोई एक पक्ष न हो! ललचे-ललचे-से नयन रूप-माधुरी पीने झुकें तो तृषा का कहीं अन्त न हो; उलझी सुलझे ही नहीं। या फिर थेर-थेरी का बाना बनाएँ और धरती की मीठी तपन भी न सह पाएँ; जीवन की अगन भी साँसों को असह हो!

ठंडी हवाओं ने दुष्यन्त का पसीना पोंछा। कोयल और दूसरे चहकते पंछियों ने जैसे स्वागत-गान गाया। हरे-भरे पेड़-पौदों की शीतल जुड़-छैयाँ ने तन-मन की थकन एक बार ही मेट दी। सब था, महर्षि न थे, सो सन्नाटा छाया हुआ था। दुष्यन्त ने हाँक लगाईः कोई है? उनके ऊँचे स्वर से निर्जनता निनादित हो गई। वह अनसुना उदात्त स्वर सुनकर लक्ष्मी-सी सुन्दरी एक लड़की तपस्विनी के वेश में आश्रम के भीतर से निकल आई। रूप, यौवन और शील से सम्पन्न वह लड़की एक संभ्रान्त व्यक्तित्व को देखते ही बोल उठीः अतिथिदेव का स्वागत है।

फिर आसन, पाद्य, अर्घ्य अर्पित कर विनम्र स्वर में बोलीः आदेश हो, आपकी क्या सेवा की जाए? आश्रम में पधारने का कैसे कष्ट किया?

दुष्यन्त ने भी विनम्र स्वर में ही कहाः मैं राजर्षि इलिल का पुत्र दुष्यन्त हूँ। महर्षि के दर्शनों के लिए आया हूँ।

शकुन्तला ने मुसकाकर कहा कि तब तो आपको दो घड़ी प्रतीक्षा करनी होगी। वह मेरे लिए फल लाने बाहर निकल गए हैं।

दुष्यन्त ने कहा :

सुन्दरी, तुमने अपना परिचय तो बताया ही नहीं। तुम क्योंकर इस वन में पधारी हो? पहली ही दृष्टि में तुमने मेरा मन मोह लिया है। महर्षि कण्व तो नैष्ठिक ब्रह्मचारी हैं, तुम उनकी लाड़ली नहीं हो सकती। फिर यह मेरा बावरा हुआ मन तुम्हारे रूप की मदिरा का पान करता हुआ

अघाता क्यों नहीं है? निश्चय ही तुम क्षत्रिय कन्या हो!

शकुन्तला ने हँसकर कहाः आपका अनुमान ठीक है। मैं राजर्षि विश्वामित्र की पुत्री हूँ। मेनका मेरी मां है। महर्षि मेरे धर्मपिता ही हैं।

दुष्यन्त हुलसा :

फिर तो तुम हर तरह मेरी पत्नी होने के योग्य हो। तुम्हारी अनियारी चितवन से क्षत-विक्षत होकर ही मेरा हृदय यहाँ से हिलने का नाम नहीं ले रहा। मैं तुम्हें किसी भी कीमत पर पाना चाहता हूँ। तुम कहो, सोने का हार, कुण्डल, जड़ाऊ रेशमी साड़ियाँ, अलग-अलग नगरों के अलग-अलग ढंग के ढेरों गहने-कपड़े—सब तुम्हें भेंट करूँ। सच तो यह है कि मैं राजा दुष्यन्त हूँ, तुम मेरी रानी बन जाओ तो मेरा सारा राज-पाट ही तुम्हारा हो जाए!

शकुन्तला ने सिर झुका लियाः नहीं, पिता ही मेरे सब कुछ हैं। वह मेरा हाथ जिसे पकड़ा देंगे, मैं उसी की हो जाऊँगी। मैं अपने तपस्वी पिता की अवहेलना कर आपको पति बनाने में असमर्थ हूँ।

दुष्यन्त ने आत्मा की महिमा बखानी और शकुन्तला को उत्तेजित किया कि वह स्वयं अपनी आत्मा की पुकार सुने और उसी के अनुसार बरते। और वह लगभग रानी हो गई, एक छोटी-सी शर्त के साथ कि दुष्यन्त-शकुन्तला के समागम से जो पुत्र पैदा हो, वही राज्य का उत्तराधिकारी हो!

उफनती कामवासना में आकण्ठ डूबे राजा ने बिना सोचे-समझे झटपट हामी भर दी और लपककर उसे बाँहों में बाँध लिया। आश्रम के एक-एक पेड़ जड़ से फुनगी तक फूलों से सज गए। गुंजार करते भौरों ने भी चुप्पी साध ली थी, कानोंकान किसी को खबर न हुई। दुष्यन्त उसे आश्वासन देकर झटपट चलता बना कि जल्दी ही उसके आदमी आकर शकुन्तला को राजधानी लिवा ले जाएँगे। सोनमछरियोंवाले सागर का क्या, उसे कितनी मणियों की सुध रहे। और वह दिन कभी न आया जब अनगिनत कांटों में खिले उस एक फूल की अलग से याद आती। सवेरे से शाम तक भीड़-भाड़ का जीवन, समुद्र रौंदते जहाज को ताल-तलैयों वाले गांव की याद आती?

इधर राह जोहते शकुन्तला की आँखें पथरा गईं। समय पर उसने

एक सुन्दर शिशु जना। उसके मन में चाह पर चाह उभरती रही। उजले पाख के चन्दा की तरह वह रोज-रोज बढ़ने लगा। प्यासे की अँजुरी से पानी ज्यादा छलकता है। पंछी छांव के सहारे लिए पंख फड़फड़ाता है। लड़का जल्दी-जल्दी बढ़कर बनैलों से निपटने भी लगा। आखिर महर्षि कण्व की राय से बिना बुलाए बच्चे को लेकर शकुन्तला राजा के दरबार में गई। राजा ने उसकी काफी लानत-मलामत की। उसे वेश्या तक कहा। जब वह बुरी तरह फटकार खाकर रोती-धोती हुई, बेटे के साथ लौटने लगी तब अचानक सबको चौंका देने वाली आकाशवाणी हुई! हवा का एक झोंका आया,—नहीं सुधियों के आँधी-अन्धड़ ने जैसे सबकुछ को उलट-पुलट दिया। आँसू जिन्हें दूर-दूर बहा ले गए थे, वे सारे सपने धुलकर पलट आए।

× × ×

कालिदास एक ही ठौर बैठे-बैठे काफी कुछ घूम चुके थे। इस अतीत-संगीत ने एकान्त चिन्तन के अनगिनत व्रण भर दिए थे। उसाँस में हौल फूटे : पारा था, जुड़ गया; पाहन होता तो उसके यहाँ-वहाँ बिखरे टुकड़े जुड़ न सकते।

तभी दूर किसी आम्र-वन में बौरों में दुबकी कोई बौरी कोयल कूक उठी :

प्यार में जीने-मरनेवालों की कहानी यों ही नई-पुरानी होती रहती है। धरती हृदय होती है, आकाश माथा। दोनों का टकराव किसी समझौते के मुकाम पर ही सुस्ताता है।

अनुराग पूर्णता पर पहुँचकर विराग का रूप ले लेता है। धरती ठोस होने के कारण ही खोखली है, आकाश बाह्य-शून्य होकर ही भीतर से पूर्ण है।

राम-सीता के जीवन का चरम अनुराग ही विराग में विसर्जित हुआ था।

राधा और कृष्ण ने अन्तर्मुख अनुराग की प्रगाढ़ता के कारण ही बाह्य-मिलन की ऐकान्तिकता को कभी प्राथमिकता नहीं दी।

शकुन्तला ने प्रमाणित कर दिया था कि धरोहर की समृद्धि ही पर्याप्त नहीं होती, उसके संरक्षण में कृपणता, दीनता या तन्द्रा की तनिक भी गुंजाइश नहीं है।

मूर्तिमान् तप पिता ने स्वर्ग की एक वेश्या के रूप पर रीझ कर प्रमाणित कर दिया था कि कैसी भी तप की कठोरता चारित्रिक शिथिलता को नहीं संभाल पाती। काम सौ-सौ तारों को अंगूठा दिखा देता है।

माँ ने उस स्वर्ग की पवित्रता की बँखिया ही उधेड़ दी थी जो तप से डरता है। उसने इन्द्र की कायर अधिनायकता को भी उजागर कर दिया था जो एक ओर तो यज्ञ का देवता है और दूसरी ओर यज्ञ से बेहद डरता है।

कण्व ने भी खुली आँखों देख लिया था कि आश्रम का परिवेश भी आनुवंशिक संस्कारों को निर्मूल नहीं कर पाता। मनुष्य बुद्ध मारजयी हुए, देवताओं के राजा ऋषि-पत्नी अहल्या के जार। जिसने छक कर सारे सांसारिक सुख पिए, उसे और जो भी मिला हो, अमरता नहीं मिली। सीता और राधा ने दैहिक सुख नहीं के बराबर भोगे, उनके हिस्से के, न भोगे हुए सुख ने ही उन्हें अमर कर दिया। अनिन्द्य सुन्दरता महाशक्ति के रूप में विश्ववन्द्य हुई। त्याग के बिना पूज्य नहीं हुआ जा सकता। प्रेम का औदात्य पूजा है। प्रेम कोई करता है अकेले-अकेले; पूजा पीढ़ियाँ करती हैं, इकट्ठे बैठकर।

× × ×

धूप की सलवटें उजागर हुईं; परछाइयों ने करवटें जो बदलीं। पाँच कोस चलकर पहली बार पसीना पोंछने विलमे। केवल सोच ... केवल चिन्तन ... ऐसा कैसा बदलाव!

विद्या कहीं से छिप-छिप कर भी देखती तो सिर पीट लेती! यों भी कब कहने से चूकती है कि कवि क्या हुए, सुन्दरता के माप-तौल में ही जीवन को बटखरा बना दिया। और तो और, अपने उपास्य की देवी पत्नी तक को नहीं छोड़ा। नख-शिख वर्णन की नींव ही तुमने उनके अपरूप रूप से रखी जो तुम्हारे परवर्तियों को सब दिन भूलभुलैयां में डाले रहेगी! तुम्हारी झलाझल धरोहर उन्हें यही तो सीख देती रहेगी कि नारी के युवा शरीर की बनावट पर रीझे शब्दों की बुनावट ही कविता है!

सच तो यह कि नींद के ऊबड़-खाबड़ रास्ते तय करते-करते सपने थक-थक गए थे। फिर ज्यों ही अलस अंगड़ाइयाँ दीवारों पर टँगे दर्पणों

में रेखांकित हुई, वह अचकचाकर उठ बैठे। निर्बन्ध हास्य चत्वर में बिखर गया। कोई गहरी स्वर-लहरी प्रात पवन में डूबी-उतराई। जैसे विद्या ही हँस रही थीः कोई नए किनारे प्रणय-सिन्धु के फिर ढूँढ रहे हो? चींथ-चींथ कर चीथड़े कर दो चुप्पी साधे प्यार के दुपट्टे को। बकने दो उसे अपने तन की तनहाइयों में। सौ-सौ प्यार,—एक ही बकवास।

इरावती के अन्त में से उर्वशी का वसन्त फला-फूला। अब शकुन्तला तुम्हारे सिर चढ़ी है।—सौ-सौ-तारों वाला चंदा का डोला उठाए फिरो। तप का बोझ उठाने वह रूप नहीं गढ़ा गया। वह अनसूँघा फूल किसी ऊँची नाकवाले के लिए खिला है।

प्रतिभा विचारों की चढ़ाई चढ़ आईः विद्या के व्यंग्य धुँधलके में उड़ते रूई के गाले-जैसे होते हैं। शकुन्तला की आँखों में कौमार्य्य की स्वच्छता होगी, विद्या की आँखें—जैसे नील झील में बहुरंगे अनुभवों के खुले-खिले कमल!

एक ही नगरी में! इतने पास-पास! फिर भी विद्या को देखे कितने दिन हो गए। अब उसकी यादों की परतें छीलते रहने में ही आनन्द आने लगा है। सोच के जाले फैला कर और विचारों के तम्बू तान कर मैं इन दिनों उधेड़-बुन में पड़ा रहता हूँ, विद्या की गुलाबी उँगलियों की हल्की-सी छुअन भी इस एकाग्रता को तोड़े बिना नहीं रह सकती थी। बहुत बार वह उँगली मेरे मुँह में रख देती थी तो एकान्त की व्यर्थता मुझसे नहीं सही जाती थी, और ... कभी बड़े लाड़-प्यार से मेरी आँखों में आँखें डालकर छुई-मुई-सी सिकुड़ी-सिकुड़ी फुसफुसाकर कहतीः—ए... अगर वाल्मीकि-व्यास बनने का ऐसा शौक था तो सामान्य जनों-जैसे जीवन के झमेले में क्यों पड़े?

मैं उसकी पीठ में चिकोटी काट कर कहता :

'जीवन झमेला नहीं, उल्टे, झमेला ही जीवन है। उन्हें ऊँचे आदर्श गढ़ने के लिए ऊँचे पहाड़ों पर रहना पड़ा था। मैं तो जीवन की ऊँचाई-नीचाई को समतोल करता हूँ। जीवन केवल आदर्श से नहीं चलता। उच्च आदर्श चाहिए सहज संभावनाओं को उभारने के लिए। उचित यथार्थ की मिट्टी पर आदर्श का प्रासाद!

विद्या सृजन की व्याकुलता की घड़ी में मुझे छेड़ती थीः पार्वती फूलों से सज-धज कर गईं, शंकर ने उनकी कोमल कामना जला दी। तपस्विनी शुकन्तला महर्षि पिता के शुभाशीर्वादों से आँचल भर कर चक्रवर्ती पति के राजद्वार पर पहुँची; बुरी तरह ठुकराई गई।

''यह सब क्या लिखते हो? कोई प्रणय-पीड़ा की मारी हुई नारी किसी हृदयहीन प्रलय-पुरुष के पास जाती, सिर झुकाकर खड़ी होती और फिर लज्जा का जहर पीकर डगमग पग घर लौट जाती है, किसी ऐसे की बड़ी बड़ाई लिखने में तुम्हें सार्थक लेखन का सुख मिलता है? तुम्हारी जगह से अगर मैं लिखती होती तो जानते हो, क्या लिखती? लिखती कि पुरुष का कठोर पौरुष चाहे जितना बखानो, ईश्वर के लिए, उसके हृदय की झूठी तरफदारी न करो।''

मैं उसके चिकने-घने केशों में चुप-चुप उँगलियाँ उलझाकर (इस कोमल स्पर्श से उसे अजब-सी गुदगुदी लगती है; कन्धे पर हाथ रखने से तो जैसे बोझ पड़ जाता है) कहताः ''गरीब-गुर्बों पर थोड़ी दया करना भी सीखो। पुरुष को प्यार के अलावा भी बहुत कुछ करना पड़ता है। स्त्री-पुरुष रात-दिन आमने-सामने बैठकर एक दूसरे को प्यार करते रहें तो उस पवित्र प्रणय को प्रलय में बदलते देर न लगे। बाहरी रख-रखाव वहीं तक अनमोल है, जहाँ तक वह व्यक्तित्व की आन्तरिकता को घायल नहीं करता। शंकर भरसक अपने ढीठ प्रति-पक्षी को क्षमा ही कर रहे थे, जब वह वसन्त के बहाने एक मानसिक उत्पात खड़ा कर रहा था। जब उसने उनके तब तक के सब किए-दिए को ही भुचड़ देना चाहा तब फूल पत्थर हो गए; झरने खौल उठे और ऐन तड़के ठंडा सूरज तमतमा उठा।

बात ठहरी किसी अहिंसक तौर-तरीके पर। मैंने कहा, ''देखो विद्या, मिट्टी की सात तहों में ताप छिपा बैठा है। पानी पानी-पानी हुआ जाता है, खुदी मिट्टी को कीचड़ बनते देर नहीं लगती; ठंडे पानी की ऊष्मा भी अमृत नहीं होती।

''राम ने बाली को एकबारगी मार ही क्यों दिया? आगे उसे बुलवाते या लक्ष्मण से समझौते और समझदारी का संदेशा भिजवाते। किसी की

एक न सुनता तो सुग्रीव का कहा करते। राम-बाण को तो सूखी पत्तियों-सा खड़खड़ाना न था, चुप-चुप पसीने से नहाए प्राणों के पार चला जाना था। राम बाली को एक अवसर देते आत्म-मंथन का; सुधरने-सँवरने का!

"अच्छा, विक्रान्त और दुर्दान्त बाली को छोड़ो। पसीने की तरह नकली सुन्दरता टपकाती आई चहकती शूर्पणखा को लो। क्या उसे बहन या बेटी संबोधित कर, शील की सीख देकर मानवीय संवेदनाओं की फूल-सी महक से भिंगोया नहीं जा सकता था? नाक-कान काटना तो उसके प्रेम-रोग की शल्य चिकित्सा-जैसा था; कोई रासायनिक उपचार उसके लिए उचित न था?"

जैसे विद्या की मुट्ठी में मेंहदी बन्द थी; खुल गई। पाँवों का महावर साड़ी के पाड़ से ढका था, उघड़ गया।

मैंने कुंकुमी धूप को चन्दनी चाँदनी की तरह सहला कर, पैनी बारीकी को कुछ और तेज धार दी:

"बात यह है विद्या कि मैं प्रेम-विवाह के पक्ष में नहीं हूँ। प्रेम की उन्मत्तता क्षणिक उत्तेजना में सारे सामाजिक बन्धनों को छिन्न-भिन्न कर विक्षिप्त स्वतंत्रता में, चार दिन की चाँदनी का नशीला सुख भोगती है और फिर ...?

"शंकर तब एक विषैला उन्माद ही फैलाते यदि उस कामोन्मत्त-सी पार्वती के आकस्मिक आवेश को गले लगा लेते। उच्छृंखल प्रेम समाज के हित में नहीं है। नियम बन्धन नहीं है; संयम प्रेम का अनादर नहीं है। प्रेम के छिछलेपन को सामाजिक नियम और आत्म-संयम रस-भाव-भरी गहराई ही देते हैं। मन साफ-सुथरा और सुहावना हो, तन के तने चँदोवे के भीतर चन्दा-सा! टेढ़ी-मेढ़ी लिखावट चल सकती है, उल्टी-सीधी कविता नहीं। प्रेम कविता है!"

छोटे से चौखट में जड़े बड़े दर्पण की तरह विद्या के बोल होते हैं। वह तन का पन्ना पलट कर मन में मन चिपकाए हुए हैं। हृदय से हृदय की, और बाहर से बाहर की बनावटी सराहना करती हुई ओठ टेढ़ा कर लेती है :

"सीता में क्या खोट थी? किसके शाप से वह मिट्टी में मिलीं?"

सुनकर अपने अवदान के अभिमान को खरोंच-सी लगती तो भी टकटकी बाँधकर उसके कोंपल-से हिलते अधर से छहरती हँसी पर मेरी बिसुध आँखें टिक जातीं: हाय रे! यहाँ ऐसी कोई बात ही नहीं, जिसमें हम दोनों का समान मत हो? अपनी ओर से तो मैं दूर की कौड़ी लाया था, दुर्वासा के शाप की कल्पना करके; पर विद्या का पहाड़ की तलहटी में सोया प्रश्न सहसा जग कर जमुहाई लेने लगा?

—"किसी तुरत की ब्याहता, नई-नवेली का अपने पति के ध्यान में डूबा-खोया रहना कोई ऐसा अपराध नहीं जिसके लिए एक ऋषि के शाप की क्लिष्ट कल्पना की जाए! सच तो यह कि दुश्चरित्र दुष्यन्त के चरित्र को जबर्दस्ती ऊँचा उठाने के लिए व्यर्थ ही एक ऋषि को अपराधी के कठघरे में ला खड़ा किया गया है। जो ऋषि ऐसी सीधी बात भी नहीं समझता कि एक उमर होती है जब अनचाहते भी ऐसा हो जाता है, वह हर तरह क्षमा के योग्य है, उस पर तप का दुरुपयोग करना या शाप बकना क्या अच्छा लगता है? दुष्यन्त के यहाँ उगलते वह हलाहल, तो पुरुष-जाति उसे पिए बिना हर्गिज अमर न होती! सारे अवगुण स्त्रियों में ही ढूँढे जाते हैं! शकुन्तला को वेश्या कहते समय दुष्यन्त की जीभ कहाँ जली?"

झपट्टा मारने की-सी मुद्रा में वह यह सब नहीं कहती है। कभी उसके चेहरे पर सलवट पड़ती ही नहीं है। उसके मस्तिष्क में अलबत्ता बिजली दौड़ती रहती है। रगेतती है मेरे हर शिल्प को; हर सोच को।

मेरे लिए ये परेशानियाँ न नई होतीं, न अनचाही। वस्तुतः ये अनोखे अनुभव भर होते, क्योंकि मेरे हृदय पर इनकी छाप होती। ये कुछ सजग सपने होते जो मेरी कल्पना को प्रज्वलित करते।

विद्या के कुछ संस्कार धरोहर हैं, कुछ व्यावहारिक चिन्ताओं और कठिनाइयों के मोड़ से उपजे। मेरी ही तरह उसका आरम्भ भी तो भविष्य के हमारे आपसी सम्बन्धों और दायित्वों का पूर्वाभास न था। बेमेल और बेतुकी हमारी जोड़ी न हुई तो इसलिए कि इसका विश्वास देवता ने किया; ऐसा न होता तो मैं अघोरी बना घूमता होता। मेरे लेखन से दूसरों की भावनाओं को ठेस न पहुंचे, जाने-अनजाने इसका प्रयास तो सदा रहा

है। इसमें इतराने की भी कोई बात नहीं, ऐसा प्रयास सबको करना चाहिए। एक लहर-सी उठती है, कई दूसरी लहरों में खो जाती है। सन्तुलन न बिगड़े, और सारा सम्बन्ध बना रहे, लहर इतने से भी अपने को कृतार्थ अनुभव करती है।

शापवाली लहर जब मेरे मन में उठी थी तब सबसे पहले यक्ष उसकी चपेट में आया था। वह तो स्त्री न था!—यह कहने पर भी विद्या बिदकी थी। "वह स्त्री न था, परन्तु स्त्री को प्यार जो करता था! तुम्हारी दृष्टि में यह भी तो अक्षम्य अपराध है तभी अपनी पत्नी को प्यार करने वाले को दण्डित किया गया। दुष्यन्त विलासी था, कभी किसी को प्यार न किया। प्यार के मामले में वह कोरा और अछूता था, तभी बाल-बाल बच गया। इधर शकुन्तला ने पूरे मन से प्यार किया, जभी उसे किसी ऋषि के शाप ने डँस लिया।"

आदर्श से लबालब गोली-सी बोली! कान तरस जाते हैं उसके अधखुले मुँह से समवेदना का एक शब्द सुनने के लिए!

विद्या की छरहरी गरदन में बाँह डालने से अभी उन फूलों की गन्ध में कोई अन्तर आने वाला न था जो निरन्तर उसके मुँह से झर रहे थे। मगर वह हाथ उछाल कर, खिलखिलाकर हँस पड़ी :—

"अरे वो तो मैं यूँ ही...। तुम्हारी रचना एक ऐसी हरियाली है, जिस पर मिट्टी सोना उगलती है। पिचकी-पिचकी, ढीले अंजर-पंजर की चित्रकारी किसी ऐसे की होगी, जो कभी खोटे को खरा होने की सुविधा ही नहीं देना चाहता। इधर या उधर। बुरा तो बुरा, भला तो भला। ऐसा नहीं कि जिन्दगी की लहरों में उखाड़-पछाड़ ही नहीं, भीतर तक पुँछने-धुलने की संभावना भी होती है।"

यह सब कुछ पलों में ही हो गया। कालिदास जैसे किसी तंग और अंधेरी गली से बिना चले ही बाहर निकल आए। उनका लिखा विद्या को भरपूर नहीं रुचता-जँचता, यह टीस उन्हें हँसी-मजाक के दौर में भी घुलाए डालती थी। लिखते-लिखते आँखों की ज्योति प्रखर हो गई थी और हाथ भी सध गया था। बुझे-बुझे स्वर में प्रज्वलित प्रसन्नता प्रकट की। विद्या के भरे हुए शरीर को देखते हुए उसकी एक उँगली पकड़

ली। फिर एक किनारे आलती-पालती मारकर बैठ गए। आगे जिस चौखट से लगे खड़े थे उसके भीतर से किसी मुँहबन्द वनफूल की सुगन्ध फैली कि जैसे पत्तों से लिपटे रहने के दिन गए, अब खुले में फूल उड़सने की घड़ी है। अब जो भी नंगी-बूची जगह दिखे उसे टटके फूलों से सजने का ही जतन करना चाहिए!

विद्या बोली :

''जी चाहता है, इस बार महाकालेश्वर के उत्सव पर जब तुम्हारा नाटक खेला जाए, मैं ही शकुन्तला की भूमिका में उतरूँ।''

कालिदास हँसे :

''किस शकुन्तला की भूमिका में—भरत की माँ की या ...?''

'अरे नहीं!'

—विद्या की मस्ती जैसे मोड़ काटकर आगे निकल गईः 'जिसके कमल की पखंड़ी पर ओस की बूँदें झलमलाती रहती हों!'

'हो सकता है!'—कालिदास फिर हँसेः 'कवि-पत्नियाँ चिरयुवती तो होती हैं!'

'अरे नहीं', विद्या पूरी मस्ती में मचलीः—'जब तुम दुष्यन्त की भूमिका में उतरो!'

कालिदास ने कान मूँद लिए—'नहीं, मैं ऐसा ही ठीक-ठाक हूँ। मुझे कभी दुष्यन्त नहीं बनना है,—नाटक में भी नहीं।'

''फिर तुमने ऐसा चरित्र चुना क्यों? गढ़ा क्यों?''

इस पर कालिदास हँसे कि रोएँ? आँखें पोंछ कर बोले :

'इसलिए कि मेरा नाटक देखने या पढ़नेवाला दुष्यन्त न बने!'

'अरे तो फिर उस मामूली-से मनचले को धीरोदात्त बनाने से फायदा?'

''फायदा है कि आँखवाला देखकर सीखेः कोई कैसे और कितना ऊँचा उठ सकता है! कैसे रसाभास का रस में और रूप-लोलुपता का सौन्दर्य-चेतना में कायाकल्प हो सकता है!'

''आरपार दिखती दरार जिन्दगी की तसवीर की एक टेढ़ी-मेढ़ी लकीर हो सकती है। कोई संस्कारी चित्रकार बाहरी बनावट को सूक्ष्म संवेदनाओं तथा रक्त, स्वेद और आँसुओं के रंग से अछूता कैसे छोड़ सकता है?

भूलें होती हैं, प्रायश्चित से उनकी परिमार्जना भी होती है। भूलें अन्तिम सत्य नहीं हैं।

''कभी एक उचटती-सी दृष्टि डालो पुण्य पुरातन पर। वहाँ गहरी चुप्पी में भी कुछ गुनगुनी साँसें सुनाई देंगी। खूब साफ न सही, कुछ डोलती-सी परछाइयाँ भी दिखेंगी।

''दुनिया के दुख ने प्रेम की मस्ती झाड़ दी है। अब सुख जैसे कोई चढ़ता-उतरता नशा हो! पहले प्रेम की वेदना का भी एक अपना आनन्द होता था। मैंने उसका थोड़ा-बहुत सन्धान किया है। स्वच्छन्द को कुलीन बनाने का प्रयास किया है।

''रंग-रलियों का रंग मैंने भरसक उतारा है। वासना को सुवासित नहीं होने दिया है। फल को असमय नहीं पकने दिया है। सुख-सौभाग्य के वातावरण में पले-बढ़े को चाटुकारों से घिरकर मनमानी करने की छूट नहीं दी है।

''कला-साधना कुण्ठाएँ तोड़े, आत्मा को विकसित कर रसास्वाद के योग्य बनाए, रसिया नहीं; स्त्रैण नहीं;—नामवरी के लालच में पड़कर मैंने इस पर से अपनी दृष्टि कभी न हटाई। कोहरे की पर्तें तोड़कर ही ज्योति को उपरले स्तर पर चमकाने की कोशिश की है ...''

'किन्तु ...'—विद्या की अधमुँदी आँखें अकस्मात् दुगुनी बड़ी हो गईं :

''मैं तो यही जानती हूँ कि जो सही जगह जानकर, ठीक-ठीक समय पहचान कर और काम की सर्दी-गर्मी की टोह लेने के सिलसिले में सब सुनकर भी बहरे का बाना बनाए रहे; सब देखकर भी अन्धे की तरह टटोले; सब समझ-बूझकर भी बेवकूफ की तरह सिर लटकाए रहे, वही विद्वान् और बुद्धिमान है।

''और यह भी कि बिना किसी का दिल दुखाए, बिना किसी दुष्ट के आगे घुटने टेके और बिना सही रास्ते से डगमगाए अगर दूसरों से कुछ कम भी कमाता है तो उसे कम नहीं समझना चाहिए।''

''अर्थात् यह सब जोड़-तोड़ किस लिए? क्यों न हाथ पर हाथ धरे बैठा रहा जाए?''

'अरे नहीं',—विद्या ने सिसकियाँ भरीं, फिर मेरी दोनों हथेलियाँ अपने

कुछ कहा। वह सिटपिटाई-सी मेरे नजदीक आई। छुईमुई-सी सकुच कर बोली :

"माँ मन्दिर में बुला रही हैं।" मैंने चुप-चुप हामी भर दी। गई तो लौटी नहीं। माँ उसे अपने साथ राजप्रासाद लेती गईं। सूचित कर दिया कि वह अस्वस्थ है। उसे अभी कवि नहीं, कविराज की आवश्यकता है। कुछ दिन आने-जाने के लिए भी मना कर दिया कि सामने पड़ने पर उसका विचार बदल सकता है। उसे बचाने बचें छोह से।

ऐसे ही अकेले-अकेले दिन पर दिन घिसते गए; रातें मँजती गईं; पल-छिन जुगनुओं की तरह जलते-बुझते रहे। पंख-पखेरू भी संग-साथ खोजते हैं। घर के सन्नाटे में चिपका अँधेरा किरण के स्वर में ही मुँह खोलता है। सच, मुझे अपने अपराधों के लिए अनुताप नहीं है। है तो आत्मोत्सर्ग के लिए है कि जिसका मूल्यांकन मूढ़ करेंगे।

× × ×

रंगमंच की सजावट देखते ही बनती थी। महाराज के स-दल-बल पधारने से भीड़ बेहद बढ़ी, बेशक बहकी नहीं। कलाकार पात्रों में डूबे-खोए रहे। जिस देवदासी ने शकुन्तला को जिलाया, उसकी ज्वलित कला पर मरने वालों की संख्या पतंगों को पीछे छोड़ गई।

कालिदास की आँखें महाराज के आसपास झिझकती-सी विद्या को ढूँढती रह गईं। झुँझलाईं भी कि अजब अकड़ हो गई इतने ही दिनों में! महाराज ने फूल बरसे कि अब इससे अच्छा कुछ नहीं लिखा जा सकता। फिर मुसकाकर कहा: खेद है कि अस्वस्थता के कारण विद्या न देख सकी। उसे जल्दी ही दिखलाना होगा। हर दर्शक कालिदास की जय-जयकार कर रहा था। भीड़ छँटते ही स्तुतियों और प्रशस्तियों से छके-से कालिदास मन्दिर के अन्दर महाकाल के सम्मुख भरी-भरी आँखें मूँदकर ध्यानस्थ हो गए :

'ममापि च क्षपयतु नीललोहितः
पुनर्भवं परिगतशक्तिरात्मभूः ।'

बहुत हुआ। और चक्कर नहीं। मुझे मुक्ति दो भगवन्! मेरे जनम-मरण के फन्दे काट फेंको।

ठीक तभी कहीं से हाँफते आए निचुल ने बेतहाशा ढिठाई की। सामने डट कर खड़ा हो गया। अपना चुचका मुँह कालिदास के बड़े कानों के करीब लेजाकर पगलाया-सा चिल्लाया : 'मुक्ति नहीं, पुनर्जन्म।'

कालिदास झुँझलाए: 'फिर लगे पहेलियाँ बुझाने! साफ-साफ क्यों नहीं कहते? घास गले के नीचे उतरी नहीं कि जुगाली चालू!'

निचुल ने दाँत निपोर कर रुआँसे स्वर में कहा :

'आपको इतनी जल्दी मुक्ति नहीं मिलने की! पुनर्जन्म आपकी नियति है। (रुक रुक कर) देवी विद्योत्तमा ...'

कालिदास समाधि से जगे-से चौंके: 'क्या हुआ विद्या को? सुना था:अस्वस्थ है! परन्तु मैं हूँ: मेरे जीते जी विद्या को कुछ न होगा।'

निचुल के गोरे चेहरे पर सागर से घुमड़ कर उठे वर्षा के बादल छा गए। आँखो में शरद की बिजली-सी कौंधी :

'कविगुरु, होगा नहीं, हो चुका।'

''क्या हुआ मेरी विद्या को? जल्दी बताते क्यों नहीं?''

...''बता ही तो रहा हूँ कविगुरु! ... पुत्र हुआ है। अभी-अभी ब्राह्म मुहूर्त में देवी विद्योत्तमा ने कार्तिकेय के समान सुन्दर और तेजस्वी एक पुत्र-रत्न को जन्म दिया है ...।''

□

आचार्य जानकीवल्लभ शास्त्री
की
साहित्य-सर्जना

काव्य : रूप-अरूप, तीर-तरंग, शिप्रा, मेघ-गीत, अवन्तिका, संगम, उत्पल दल, राधा (प्रणय पर्व, पुरुषार्थ पर्व, दर्शन पर्व, विनोद पर्व, निर्वेद पर्व प्रभास पर्व, उत्सर्ग पर्व), आधुनिक कवि (भाग-14), बाल लता, धूप तरी, श्यामा-संगीत, हंस किंकिणी, सुरसरि, शिशिरकिरण, वैसाखी, प्यासी पृथ्वी, धूप दुपहर की (गज़ल-संग्रह), सप्तपर्ण

गीति-नाट्य : पाषाणी, तमसा, इरावती

उपन्यास : एक किरण : सौ झाइयाँ, दो तिनकों का घोंसला, कालिदास, अश्वबुद्ध

कहानी : कानन, अपर्णा, लीला-कमल, बाँसों का झुरमुट, चलन्तिका

कथा-काव्य : गाथा

नाटक : अशोकवन, सत्यकाम, ज़िन्दगी, आदमी, प्रतिध्वनि, देवी, नील झील

ललित-निबन्ध : मन की बात, जो न बिक सकीं

संस्मरण-आत्मकथा : स्मृति के वातायन, निराला के पत्र, नाट्य-सम्राट् : श्री पृथ्वीराज कपूर, हंसबलाका, कर्मक्षेत्रे : मरुक्षेत्रे, एक असाहित्यिक की डायरी, अष्टपदी, नीललोहित

समीक्षा : साहित्य-दर्शन, चिन्ताधारा, प्राच्य-साहित्य, त्रयी, महाकवि निराला (सम्पादित), मानस चिन्तन (सम्पादित), चण्डीदास, अनकहा निराला, स्थायी भाव और सामयिक साहित्य

सम्पादन : राका, बेला

निराला-निकेतन

आचार्य जानकीवल्लभ शास्त्री पथ

मुजफ्फरपुर-८४२००१